近幽者默
林语堂传

施建伟 著

图书在版编目（CIP）数据

近幽者默：林语堂传/施建伟著.——北京：华文出版社，2017.7

ISBN 978-7-5075-4715-3

Ⅰ.①近… Ⅱ.①施… Ⅲ.①林语堂（1895—1976）—传记 Ⅳ.① K825.6

中国版本图书馆 CIP 数据核字（2017）第 156568 号

近幽者默：林语堂传

著　　者：	施建伟
责任编辑：	张明华
特约编辑：	刘琳琳
出版发行：	华文出版社
社　　址：	北京市西城区广外大街 305 号 8 区 2 号楼
邮政编码：	100055
网　　址：	http://www.hwcbs.com.cn
电　　话：	总 编 室 010-58336239　　发行部 010-58336267
	责任编辑 010-58336211
经　　销：	新华书店
印　　刷：	三河市宏盛印务有限公司
开　　本：	710mm×1000mm　1/16
印　　张：	34
字　　数：	505 千字
版　　次：	2017 年 9 月第 1 版
印　　次：	2017 年 9 月第 1 次印刷
标准书号：	ISBN 978-7-5075-4715-3
定　　价：	56.00 元

本书若有印装质量问题，请与发行部联系调换

【再版前言】

中国现代文学史上最难写的一章

施建伟

一

"林语堂是中国现代文学史上最难写的一章",这是林语堂在《论语》时期的好友徐訏的原话。拙著《林语堂传》,初版于1999年4月问世。当年,北京十月文艺出版社的拳头产品——《中国现代作家传记丛书》在体例上一律没有前言,我觉得言犹未尽,责编答:在后记里说吧。所以初版的那篇洋洋数千言的后记,实际上是越俎代庖。因此,这次再版,不仅有再版前言,而且还保留1999年版的后记。

二

2014年2月14日,中央电视台4套《跨越海峡两岸的大师——林语堂》播出后,一位多年未曾谋面的老友从海外来电,他以幽默的口吻调侃道:主讲嘉宾颜值巨变。是的,岁月,这是谁也无法逃避的现实。老友是2003年初在美国华语电视频道KTSF-26——《跨越地平线》的节目中看到我的,一晃十几年过去了。

想来,我选择林语堂研究,已有三四十年之久,一路走来,话题不断。

就近说吧,2012年香港《文学评论》第20期上,刊出了一篇报道。文中转述海外和港台地区学者批评大陆林语堂研究中的弊端:无视林氏对价值观的坚持。在信息时代,居然有人如此违背事实,令人费解。长期以来,某些生活在所谓言论自由语境下的人,常以讽刺挖苦大陆学者的"集体失语"为时尚,在林语堂研究领域,类似情况屡见不鲜。对此,笔者曾多次以实话直说为回应。今次,为提醒批评者——真相比偏见更重要,曾决心"封笔"的我,被迫"食言",不得不旧事重提,以便让事实来说话。

那是1989年元旦刚过,我专程从上海启程经厦门直奔漳州平和县,探访林语堂的出生地。记得当时我做了随机性的抽样调查,发现绝大多数当地的老漳州,竟然不知林语堂为何人,令人无比惆怅。而在应对"林语堂何许人也"的提问时,我的答案只有一个:他是一位举世闻名的文化名人,他应是漳州的骄傲……漫长的二十七年过去了,现在的漳州,人人都把林语堂看作漳州的骄傲。

特别是2007年12月6—9日,林语堂国际研讨会在漳州举行,以"国际研讨会"名义为林语堂举办纪念活动,在这位举世闻名的文化名人的家乡,这是史无前例的,笔者有幸参与盛会。会上,不论是与会的官员和学者,还是会外的漳州百姓都众口一词地宣称林氏是漳州的文化名片!我作为20世纪80年代最早一批在林语堂研究的禁区里吃螃蟹的人,在大会发言中,回顾了自己探索历程中的甜酸苦辣,对比眼前的盛况,在这巨大的反差面前,万千感慨,可以用一个字概括:值!

三

我在会上做了《林语堂的精神遗产——坚持独立思想和独立品格》的发言,全文如下。

林语堂始终坚守自己的价值观——历史证明他的价值观与当今世界主流文化的核心价值观是接轨的。然而,在那时,这个显而易见的价值观却被垄断话语权的权威们粗暴地否定了。因此,从某种意义上来说,林语堂当年曾是一位孤独的寻梦者。

从上世纪二三十年代开始到六七十年代的四十多年间,林语堂虽然在国际上享有很高的声誉,但他在国内一直是个有争议的人物。我是在八十年代初撰写《中国现代文学流派论》的有关章节时,阴差阳错地"误入"了当时还被视为学术禁区的林语堂研究领域的——现在的青年读者也许不相信,我在大学中文系时是无法(准确地说是不允许)阅读林语堂的著作的,因为学术上的"凡是"派,根据某人在特定环境下说的某些话,已把林语堂定性为反动文人。从50年代起,我们这一代人首先是从鲁迅的作品中知道林语堂的名字,那些有关"打落水狗"或批判"幽默"的片面注解,造成了一代人对林氏的第一印象。实际上,一般人在五六十年代根本读不到林语堂的原著原文。80年代初,拿着校党委的介绍信,证明是学术研究的需要,我才在上图、徐家汇藏书楼等处读到林语堂的一些作品。从这些不完整的资料中,我惊讶地发现原始的史料与当时文学史的流行观点之间竟有如此落差。于是,我一不小心进入了"雷区","林语堂是鲁迅早就下过结论的人……"这是一个极有杀伤力的警告。不少好心的朋友、前辈曾不止一次地提醒我。然而我铁了心,不能对文学史上明显的冤案熟视无睹。

  读过我所能找到的文字数据后,我的结论是,林语堂在风风雨雨的六十多年中,始终坚持独立思考的品格和对理想主义的追求,从不放弃知识分子的独立人格。他只做自己愿意做的事,说自己愿意说的话,不随波逐流,不趋炎附势。他继承了中国古代士人的精神和传统,百折不挠地守卫自己的核心价值观。在"五四"以后,左右双方都以"舆论一律"为己任的年代里,林语堂是为数不多的坚持发出自己的声音、拒绝失语的独立人士。因此,就成为左右双方轮番交替攻击的靶子:时而把他当作盟友,加以拉拢;时而又把他视为不驯服的挑战者,口诛笔伐。这种复杂的情势使他成了中国现代文学史上"最不容易写的一章"。他曾自诩为"一团矛盾",而那些对他的评价,也真是一团矛盾、矛盾百出……但这种复杂的情势也激励了知难而进的有识之士对林语堂探索的兴趣。

  上世纪80年代以来,中国社会的巨变为学术界输入了新的活力,当然我们也不奢望在一个早上就能轻松地宣告某个时代的结束。"集体失语"时代的终结,也许必然要经过一个相当漫长而又艰难曲折的过程。记得在1989年8月,拙文《林语堂出国以后》刚刚在《文汇月刊》7月号上发表,虽然,8月2日的《文汇报》和8月3日的上海人民广播电台都为拙文的刊出发布专题新闻,但是,一些使人啼笑皆非的消息也接踵而至。一天,有位好心的朋友神秘地告诉我:当地某高层指着即将停刊的《文汇月刊》龙颜大怒地说:"现在(请注意这个'现在'的时间概念是1989年夏)居然有人还想为林语堂翻案。"闻者无不为我担忧。然而我坚信历史不会再走回头路,不可能又重新回到那个"集体失语"的时代。后来,我有机会在一家销售量很大的报纸上,以学术研究的视角,对此做出响应:"为了忠于历史,80年代初,我仔细地读完全部《论语》,惊讶地发现原始史料与文学史上的结论之间竟有如此的距离,我甚至怀疑,某些对林语堂和论语派说长论短的人可能从来也没有读过林语堂的文章。因此,我觉得对林语堂,我有话要说!"文章就以《我有话要说》刊出,表明我拒绝失语。

  作为一位享有国际声誉的文化名人,保持独立人格和独立思想的品格,是林语堂留给后人、特别是中国当代知识界最珍贵的精神遗产。这份遗产所包蕴的思想价值和文化价值远远超过世人所称道的林语堂在一切领域里所有成就的总和。

  2007年12月,在漳州召开的林语堂国际研讨会上,我与万平近先生同被誉为"林语堂研究领域的开拓者"。当下冠以《施建伟:鲁迅曾是林语堂的精神导师》的那段视频,就是大会期间凤凰电视台所录制的。二十年来,我曾在中国的上海、台北、香港以及美国等地多次因林语堂的话题而面对电视台的节目主持人,但唯独这次访谈播出时制作人用了这样一个别出心裁的标题。

四

  20世纪70年代末以来,中国现当代文学正逐步恢复它的本来面目。随着对林语堂研究的深入,国内对林语堂的评价,大致上有三种意见。第一种意见认为,鲁迅早已给他定过性,因此,"反动文人"的铁案,永世不得翻身。有人痛斥林语堂,但除了重复或注解鲁迅那几句话以外,没有更多的资料。第二种意见认为,林语堂是"五四"以来著名的文学家、翻译家、评论家,也是一位热烈的爱国者,不应全盘否定。文化名人徐铸成先生1983年和1988年两次对记者谈话时,都明确表示了上述意见。不料,在学术界引起了各种不同反响。第三种意见则认为,现在的林语堂研究存在不少空白点,当务之急是发掘资料,摆出事实,填补空白,而不是忙着给他定性。《文汇月刊》1989年7月号上的拙文,就代表了第三种意向。

五

要说我对林语堂的关注还得从《流派论》说起:《近二十年中国文艺思潮论》的作者李何林先生,是我现代文学入门的导师——20世纪50年代后期,我在南开大学图书馆的开架阅览室中,找到一本封面已破烂不堪的《近二十年中国文艺思潮论》,于是"五四"时期流派蜂起的景象又展现在我的面前,我动心了……然而,在那样的岁月里,我又是那样的处境,不可能从事什么流派研究。直到20世纪80年代,我才幸运地承续了中断了二十多年的思路。在撰写《中国现代文学流派论》的有关章节时,我阅读了林语堂所编的《论语》等刊物和同时代的相关的报刊,找到了一些现有的文学史未曾收录的新资料,比如1934年7月26日,《申报》上刊出一篇《声讨鲁迅林语堂》的檄文,摘录如下:

……大会提交声讨鲁迅林语堂应如何办理案,决议(甲)发表通电由梅子、高完白、童赤民起草。(乙)函请国内出版界在鲁迅林语堂作风未改变前拒绝其作品之出版。(丙)函请全国报界在鲁迅林语堂未改变作风以前一概拒绝其作品之发表及广告。(丁)呈请党政机关严厉制裁鲁迅及林语堂两文妖。(戊)警告鲁迅及林语堂迅即改变其作风,否则誓与周旋。……

如果说,1926年在北京,他们同时被列入军阀的黑名单,证明了鲁迅和林语堂在反对军阀统治的斗争中,是同一战壕里并肩战斗的战友,那么,八年后,在上海,他们又同时被"声讨",这至少也说明了林语堂和鲁迅一样,被当局认为是反现实反体制的叛逆作家。然而,有的论著,却把当年在"文化围剿"中与鲁迅同时被"声讨"、被"围剿"的对象,说成是"围剿"左翼文艺的"反动的文学派别",这岂不是颠倒黑白吗?

于是,我决心要还原林语堂的本来面目,让人们了解真实的林语堂。

六

伟大的"五四"新文化运动以来,中国文化界经历了一次又一次的分化。

这种分化，深刻地体现了中国知识分子以及整个中华民族在其觉醒过程中的曲折性和艰难性。如果说，鲁迅成为无产阶级的文学家代表了分化的一种结果，那么，林语堂的复杂经历则体现了分化后的另一种路向。

但是，由于林语堂的影响早已超越国界，所以，若从全球性的视角来评析林语堂的功过得失，那么，林语堂在中国文化和文学史上的作用和地位，我认为主要不在于他在"分化"时的表现，而在于"分化"后，他作为中国文化走向世界的一个先驱者，为中西文化的交流而在世界文坛上所进行的锲而不舍的努力。

实际上，如果把林语堂的文化交流活动当作整个中华民族文化在走向世界过程中的一种探索和尝试，那么，也就不拘泥这一探索的积极结果和消极影响各占多大比重——不论是正面的获得，还是反面的失去，都算是根深蒂固的中国传统文化在更新转型过程中所付出的一笔学费吧！

七

为了追寻林语堂的足迹，1991—1993年我曾受聘于林语堂故乡闽南地区的华侨大学，当时，形成了一个以华侨大学海外华人研究所为核心的林语堂研究的学术群体。虽然，由于人员流动，这学术群体只有短短两年寿命，但是，他们的学术成果已得到海内外同行专家的充分肯定。

1994年10月，我应邀赴台北参加纪念林语堂诞辰百周年学术研讨会时，有幸与林语堂的家属林太乙夫妇、林相如女士等人直接交流，并与林氏在台湾的大弟子黄肇珩、马骥伸夫妇以及台湾的学者专家们就林语堂研究直抒胸怀。我不仅在大会上宣读了论文，而且还针对各种尖锐的提问，进行了热烈的争辩。在阳明山上的林语堂纪念馆里，我饱览了台湾学者的研究成果。

1995年8月，应香港作联曾敏之先生和中华文化促进中心之邀，我赴港做了《林语堂的幽默情结》的学术报告。香港电台也就林语堂研究问题，对我做了半小时的采访报道，此时，正值林语堂诞辰100周年。因为按公历计算，到1995年才真正是林氏诞辰百周年。因此，山西和福建分别都有纪念林氏的学术研讨会。

八

从学术"禁区"到当下的局面,我作为一个中国现代文学研究者,为林语堂研究在近年来取得的成果而感到出自内心的喜悦。

近三十年来,我已发表和出版了有关林语堂的专著十册,研究论文、人物传记、随笔杂感等,合计四五百万字;在中国北京、上海、台湾、香港以及美国等地多次接受电视专访。然而,每次为一篇文章或一本著作画上最后一个句号时,我从来没有松口气的感觉。也许是徐訏的那句话——"林语堂是中国现代文学史上最难写的一章"——给了我无形的压力。我总觉得,我,或者说我们与这位博学的文化名人之间,有着一条历史的沟。要跨越这条沟,必须付出时间、精力和勇气。

九

最后说明一点,原著五十万零二千字,再版未做过多的增删,为的是保存历史原貌,这个"原貌"的核心则是早在二十五年前,1991 年拙著《林语堂在大陆》出版时,我大胆地把童年时的林语堂定位为"头角峥嵘的梦想家",把他的家庭定位为"一个梦想主义的家庭"。第一章的标题开门见山就是"头角峥嵘的梦想家",而且用整整两个章节、四十六页的篇幅、五千多字的内容,充分论证"梦想"对林语堂命运的决定性影响。当然,与马丁·路德·金的美国梦,与今天众口一词的"中国梦"相比较的话,林语堂的梦只是出国留学成名成家的个人主义的梦,与前两者的宏大梦想无法相提并论。在 1999 年 4 月版的《林语堂传》中,我一字不动地保存了 1991 年文本中的第一、第二章的标题。我之所以强调这次再版对原版未做过多的增删,只是免得有人以为突出林语堂的梦想家的性格有跟风之嫌,说笑了。再版与原版的区别是增加了再版前言、再版后记,并改正了原版中的若干文字错误。

施建伟
2016 年 12 月 12 日于无境斋

目　录

第一章　头角峥嵘的梦想家　/1
山地的孩子——一个梦想主义的家庭——头角峥嵘的梦想家

第二章　生活在杂色的世界里　/16
生活在杂色的世界里——外国传教士的影响——父亲的"家学"——去厦门上学——第一次见到外国兵舰——圣约翰大学的高才生——不能当牧师——教会学校的双重影响

第三章　曲折的浪漫史　/37
赖柏英——陈锦端——廖翠凤

第四章　清华学校里的"清教徒"　/45
清华学校里的"清教徒"——初识"有一流才智的人"——辜鸿铭的启示

第五章　"在丛林中觅果的猴子"　/59
出国留学——"在丛林中觅果的猴子"——告别哈佛大学——在法国和德国——获得博士学位

第六章　《语丝》所孕育的文坛新秀　/74
　　重返北京——初涉文坛——跻身于"任意而谈"的语丝派——在《语丝》的摇篮里成长——反对"勿谈政治"

第七章　与警察搏斗的"土匪"　/96
　　女师大学潮——用竹竿、石块与警察搏斗——以"土匪"自居——关于"费厄泼赖"的讨论——"痛打落水狗"

第八章　"打狗运动"的急先锋　/113
　　"三一八"惨案——痛悼刘和珍、杨德群——怒斥"闲话家"——"打狗运动"的急先锋——从"任意而谈"到任意而"骂"——被列入了"通缉名单"——加入了南下的行列

第九章　厦门大学的文科主任　/135
　　出任厦大文科主任——国学研究院的"窝里斗"——惜别鲁迅——鲁迅离开后的风波

第十章　国民政府外交部秘书　/154
　　在"宁汉对立"时来到武汉——目睹了风云变幻的时局——在"宁汉合流"后离开武汉

第十一章　追随蔡元培先生　/158
　　从武汉到上海——重逢鲁迅——受到蔡元培器重——深受学生爱戴的英文教授

第十二章　《剪拂集》和《子见南子》　/164
　　《剪拂集》：对《语丝》的怀念——《子见南子》掀起轩然大波

目 录

第十三章 "教科书大王"的癖嗜 /174
"教科书大王"和"版税大王"——"南云楼"的误会——对中文打字机的癖嗜

第十四章 创办《论语》半月刊 /190
提倡幽默——在邵洵美的客厅里——两位得力的助手

第十五章 中国民权保障同盟的"宣传主任" /199
"土匪"心又复活了——抗议希特勒的暴行——面对总部和胡适的矛盾

第十六章 欢迎萧伯纳 /206
上海刮起一股"萧"旋风——与萧伯纳共进午餐

第十七章 杨铨被暗杀以后 /211
血溅亚尔培路——他没有参加入殓仪式,但参加了出殡下葬仪式——"要谈女人了!"和《论政治病》

第十八章 "有不为斋"斋主 /216
畅谈"读书的艺术"——忆定盘路四十三号(A)的庭园——廖翠凤是位贤内助——"有不为斋"的独特情调

第十九章 活跃于文坛的"幽默大师" /235
论语派的主帅——退出《论语》编辑部——《人间世》创刊——关于"论语八仙"种种

第二十章 与赛珍珠相遇 /258
赛珍珠是个"中国通"——接住赛珍珠抛来的球——

《吾国吾民》在庐山脱稿——《四十自叙》

第二十一章　"据牛角尖负隅"　/267
生活里不完全是鲜花和掌声——和鲁迅"疏离"——"欲据牛角尖负隅以终身"

第二十二章　向外国人介绍中国文化　/279
《吾国吾民》一炮打响——举家赴美

第二十三章　人生旅途上的新航程　/285
临别赠言——对美国文明的感受——与鲁迅等人在《文艺界同人为团结御敌与言论自由宣言》上签名——"西安事变"在美国的反响

第二十四章　《生活的艺术》畅销美国　/293
东西文化比较研究观的总纲——推出"生活的最高典型"的模式——异想天开的"公式"——幽默大师的玩笑——"每月读书会"的特别推荐书

第二十五章　卢沟桥的炮声传到大洋彼岸　/305
林语堂深信中国必胜——廖女士担任了妇救会副会长——勇敢者的足迹：全家爬上了冒烟的活火山——从佛罗伦萨到巴黎

第二十六章　《京华烟云》问世　/314
"我在写一段非常伤心的故事"——"现代中国的一本伟大小说"——林语堂心目中的理想女性姚木兰——约请郁达夫译成中文

目录

第二十七章　怀念战乱中的故国 /323
巴黎上空战云密布——把钱存入中国的银行——抚养六个中国孤儿

第二十八章　从法国到美国 /328
在国际笔会上声讨希特勒——出名后的苦闷——从一个奇特的视角阐述中国古代的妓女、姬妾

第二十九章　回到抗战中的故国 /333
在香港痛斥日、汪——到国外去为抗战做宣传——向"文协"捐献私宅——以抗战为背景的《风声鹤唳》

第 三 十 章　再回抗战中的故国 /342
提出治世药方的《啼笑皆非》——在大后方高谈东西文化互补——《赠别左派仁兄》

第三十一章　美国出版商的警告 /349
怀着双重的抱憾离国——何应钦给过他两万美金吗？——接受三所美国大学的荣誉博士称号——林语堂的苦恼

第三十二章　发明中文打字机的苦与乐 /356
发明中文打字机的苦与乐——面临倾家荡产的绝境

第三十三章　林语堂和苏东坡 /363
他最偏爱的作品:《苏东坡传》——苏东坡是他的精神榜样

第三十四章　　在坎城　/371
在海边别墅"养心阁"——反映华侨爱国主义精神的《唐人街》——把孔子和老子做比较——明快打字机最后的命运

第三十五章　　塑造理想的女性　/380
《杜十娘》与《朱门》——李香君、芸娘、李清照

第三十六章　　和赛珍珠决裂　/387
林语堂后悔莫及——林、赛的政治分歧

第三十七章　　南洋大学校长　/394
南洋大学建校新加坡——提出当校长的条件——校长和校董会的冲突——谈判——决裂

第三十八章　　医治受伤的心灵　/406
医治妻女们受伤的心灵——虚构了一个乌托邦的"奇岛"——林氏笔下的武则天

第三十九章　　乡情：浓得化不开　/417
初访台湾——反对"两个中国"的阴谋——《匿名》和《从异教徒到基督教徒》

第四十章　　美食之家　/422
"伊壁鸠鲁派的信徒"——和张大千的友谊——中西美食文化比较

目录

第四十一章　尽力工作，尽情作乐　/428
尽力工作,尽情作乐——一个旅行爱好者——钓鱼的乐趣

第四十二章　《红牡丹》和《赖柏英》　/434
应邀在美国国会图书馆做报告——中南美洲六国之行——一本"香艳"小说:《红牡丹》——乡情和爱情的叠合:《赖柏英》——《逃向自由城》与《无所不谈》

第四十三章　归去来兮　/450
庆祝七十大寿——再访台湾——不能自已的乡情

第四十四章　阳明山麓的生活　/457
阳明山麓有一块"生活的艺术"试验田——在台北结交的朋友们——请黄女士处理私人信件

第四十五章　他是一个"红学家"　/462
林语堂和《红楼梦》——喜爱中国书画

第四十六章　"金玉缘"　/468
"金玉缘"——个性截然不同的一对夫妇——阴阳互补的美满婚姻

第四十七章　活跃于国际文坛　/476
在国际大学校长大会上畅谈东西文化的调和——林语堂与国际笔会的历史渊源——国际笔会第三十七届大会上的《论东西文化的幽默》

第四十八章　五十年前的凤愿　/481
主编汉英字典——阳明山麓的"有不为斋"——烟斗是他生命的一部分——写作是一项艰苦的脑力劳动——林语堂的孔子观

第四十九章　悲剧发生在幽默之家　/492
中风的"初期征兆"——长女自尽——廖翠凤患了恐怖症——《念如斯》

第 五 十 章　"一团矛盾"　/500
在台港两地欢庆八十大寿——总结一生的《八十自叙》

第五十一章　在最后的日子里　/509
发生在圣诞节前夕的事——念念不忘六十年前的恋人陈锦端——在最后的日子里

后　记　/517

再版后记　/523

第一章 头角峥嵘的梦想家

山地的孩子——一个梦想主义的家庭——头角峥嵘的梦想家

林语堂,幼名和乐,又名玉堂。1895年10月10日,也就是光绪二十一年农历八月二十二日,诞生于闽南漳州平和县坂仔村。

父亲林至诚,祖籍原在漳州北乡五里沙,1880年前后来坂仔传教,迁居这里。但在林语堂的文章里,被称为"家乡"和"故乡"的,不是五里沙,而是平和县坂仔村。

平和县地处博平岭山脉南段,境内崇山峻岭,层峦叠嶂。一千米以上的山峰就有六十四座之多,而五百米以上的山岭也有二百二十一座。蜿蜒绵贯的双尖山把全县分为西北和东南两大块。

秀水总是和雄山相伴。在纵横交错的山脉下是星罗棋布的河网,全县有大小河溪一百三十多条,呈现出放射状的水系特征。被林语堂称为家乡的坂仔,位于西溪河谷,是群山环抱中的一块肥沃的盆地。

坂仔又称"铜壶"[①],在坂仔村附近有座"铜壶宫",是当地林氏的族庙。"铜壶宫"里供奉着封神榜里的赵公明的神像。在村边的大路旁,还有一座"坂庵",庵门口挂着一位秀才题的"铜壶滴漏"的木匾。坂仔别称"铜壶"是因"铜壶宫"而来,还是先有"铜壶"的别名,再筑"铜壶宫",这就不得而知了。

坂仔南面是十尖山,远山绵亘,无论晴雨,皆掩映于云雾之间,极目遥

[①] 林语堂在许多中文著作中都说"坂仔又名东湖"。因为"东湖"和"铜壶"闽南话语音相近,林语堂久离家乡,只记住发音,而把"铜壶"写成"东湖",这也是可以理解的。

望,山峰在云霞中忽隐忽现。北面,石起山如同犬齿盘错,峭壁陡立,危崖高悬,塞天蔽日。传说,那山巅上的一道大裂痕,是神仙经过石起山时,一不小心把大趾误插在石壁上所留下的痕迹。这大自然的幻术,曾为童年的小和乐构筑了无数神奇的梦想。

美丽的西溪横穿坂仔,河床宽阔,两岸相距约一百多米,但常年有水的主航道仅二十多米宽。枯水季节,妇女们都直接到河床中间去洗衣、洗菜。那由鹅卵石和沙土构成的河床,是水牛的栖息地,也是林语堂弟兄们幼年时嬉乐的天堂。干涸的河床,远山近水,牧童水牛,捶衣嬉逐,构成了坂仔独有的民情图和风景画。

西溪虽有急流激湍,但不深。在那没有现代化公路的年代里,河流是坂仔的主动脉,这里离厦门一百二十公里,坐船要花费三四天时间。漳州西溪的"五篷船"只能到小溪,由小溪到坂仔约有十二三公里,还须换乘一种很小的轻舟。

林语堂出生于坂仔教会生活区内的一间平房里。屋旁边是大小礼拜堂、钟楼、牧师楼等西洋式的建筑,周围有荷花池、龙眼树、兰花树、水井、菜地,以及那为小和乐的童年生活增添了不少乐趣的"后花园"。这些都是教会的财产,林家不过借住在这里而已。

在坂仔,小和乐常常走到溪边,遥望远处灰蓝色的群峦,在阳光下炫耀着自己变化多端的服饰,观赏着山顶上的白云,一边变幻着柔软的身段,一边任意地漫游。老鹰在高空盘旋……

有时,小和乐攀上高山,俯瞰山下的村庄,见人们像蚂蚁一样小,在山脚下那方寸之地上移动着。这壮观的山景,令他敬畏,使他感到自己的藐小。他常想:怎样才能走出这深谷?越过山峰的世界是什么样的呢?成年后,每当他看到人们在奔忙、争夺时,儿时登高山俯瞰"蚂蚁"的情景又浮现于他的眼前,他回味着儿时所感受到的大自然的壮美和神秘,以及人的藐小,他认为自己的一切灵感和美德都是坂仔山水所赋予的:这雄伟的高山雕塑着他的个性,激发了他丰富的艺术想象力,是他一生取之不尽、用之不竭的艺术源泉。在他的审美趣味和思想性格里,随时都可以发现坂仔山水的倩影。正像许多人都愿意称自己是自然之子那样,林语堂一再自诩是"山地的孩子"。

　　大自然的博大神秘,大自然的神圣纯洁,陶冶着他幼小的心灵,大自然的灵气溶入了他的血液。这个山地的孩子,在不知不觉中以故乡的山水作为他观察世界、体验生活的唯一参照系。后来,他之所以会把纽约的摩天大楼看作是细小得微不足道的玩具,就是来自童年时对高山的记忆。正如他在《回忆童年》中所说:

　　　　生长在高山,怎能看得起城市中之高楼大厦?如纽约的摩天楼,说他"摩天",才是不知天高地厚,哪里配得上?我的人生观,就是基于这一幅山水。人性的束缚,人事之骚扰,都是因为没有见过,或者忘记,这海阔天空的世界。要明察人类的藐小,须先看宇宙的壮观。

　　无限深情地怀念家乡的山水,这是林语堂创作中久盛不衰的题材。他相信,自然是他的力量之源,家乡的山水是他的艺术生命和思想信仰的一个有机组成部分,已经"进入"了他"浑身的血液"①,成为他身体中不可分割的一部分。

　　一个人降世以后,他的生存环境是陶冶性格的第一张温床。林语堂在风景秀丽的坂仔山谷度过了一个欢乐的童年,他在所有的自传、回忆文章中,总是反复强调他之所以成为现在这样的一个人,全部仰赖青山,他的思想、观念、性格,以至人生观、美学观、世界观的形成,完全得之于闽南坂仔的秀美的山陵。在《四十自叙》中,林语堂又用诗的语言把这种自然的陶冶力绝对化了。他说:

　　　　我本龙溪村家子,环山接天号东湖;
　　　　十尖石起时入梦,为学养性全在兹。

　　在林语堂的笔下,坂仔的山水具有大自然的奇妙的魅力,披上了一张神

---

① 林语堂:《赖柏英》。

秘的面纱。虽然这里不无夸张的成分，但是，坂仔，确是林语堂艺术生命的一个源头。

后来，到了古稀之年，林语堂在《回忆童年》中再谈幼时所受的各种影响时，就比较全面和客观了。他说童年时对他影响最深的是三个方面，"一是我的父亲，二是我的二姐，三是漳州西溪的山水"。不再把一切都归之于青山了。

俗话说风筝飞得高是靠了线的牵引。而"牵引"林语堂的，是一根由多股不同质地的棉纱合成的优质"线"。

林语堂的家庭是组成这根"牵引线"的主要"棉纱"。

家庭是社会的细胞。在19世纪末和20世纪初的中国，林语堂的家庭是社会母体中一个有特征性的细胞。与一般中国家庭相比，林家所以显得特殊，是因为父亲林至诚既是一个虔诚的基督教牧师，又是一个崇拜儒家同时具有维新思想的人。凡是到过林家的人，几乎都有一个共同感觉，在林家，两种文明并存的例子，俯拾皆是：

四书五经、圣贤经典和教会的《圣经》放在一起；

《鹿洲全集》《声律启蒙》等线装古籍和美国传教士林乐知介绍西方文化的译著、油印的各种报纸共同占据着书架的空间；

林牧师在教堂布道时所穿的黑色长袍和牧师太太的裹脚布同在一屋；

客厅里，一面挂着一幅彩色石印的光绪皇帝像，一面挂着一幅外国人像画，画上一个年轻的西方姑娘笑盈盈地捧着一顶草帽，里边装满了新鲜的鸡蛋；

林太太的那只古色古香的针线篮里，一个中国主妇所必备的全套缝纫工具和一本美国妇女的家庭杂志常年放在一起。外国杂志的光滑的画页被林太太利用来存放各种不同颜色的绣花线。

提起林家在社会母体中的特殊性，还得从林语堂的祖父母一代说起：林语堂的祖父是漳州北郊贫瘠的五里沙村的农民。1865年，太平天国侍王李世贤的部队撤离漳州地区时，祖父被征为挑夫，随军撤退，从此，杳无音信。后来，祖母再婚，但子女却仍然姓林。祖母是个虔诚的基督教徒，同时也是一个身强力壮、勇敢无畏的农妇。有一次,她曾经用一根扁担打退十多个土匪的袭击,在封建意识笼罩下的农村,也可算得上是一个有传奇色彩的女中豪杰了。

父亲林至诚,自幼和母亲相依为命,穷苦的家境逼迫他在生活中苦斗。他是一个善于经营的小贩,平时卖甜食,每逢雨天,他根据漳州人喜欢在雨天吃油炸豆的习惯,临时改卖炸得又松又脆的豆子。他还是一个有耐力的好挑夫,常不辞劳苦地把五里沙的竹笋挑到二十公里外的漳州出售。有时,也挑米去牢狱出卖。

林至诚肩膀上有一个醒目的肉瘤,这颗由扁担磨压出来的肉瘤记录着一次辛酸的经历:林至诚十二三岁时,他那信奉基督教的母亲,决定以儿子的汗水来证明自己对教会的忠诚,要林至诚无偿地为一位牧师搬运行李,全程约八九十公里。在教堂里,以动人的词藻描绘博爱、平等的天堂,说起来并不费事;而身体力行地在人世间构建这座天堂,却比宣讲《圣经》要复杂得多。看来,那位牧师并不想在这个小挑夫身上实践上帝关于博爱平等的理想。所以,他和他的太太不仅把衣服、铺盖全交给小挑夫搬运,而且,牧师太太又把一些瓶瓶罐罐和一只三四磅重的瓦炉也压到林至诚的肩上。当她把每一件可放的东西都放进挑担里以后,这个毫无怜悯心的女人却悠然地说:"小伙子,你很好。你挑得动。这样才不愧是条好汉。"① 然而,廉价的赞美丝毫也没有减轻小挑夫肩上的重量,这一副超负荷的重担,终于使林至诚的肩膀上留下永远抹不掉的疤痕。不但林至诚一生难忘那副担子的折磨,就连他的子女——林语堂们也都永生牢记父亲肩上的疤痕。

这个疤痕,使林至诚获得了为人"务须行善"的教训。从此,他深晓肩挑重担的滋味。"因这缘故,他对于穷人常表同情"②。直到晚年,他还敢于路见不平鼎力相助。由于他见义勇为,有一次几乎同一个收税的人打起来。起因是为了一个卖柴的老汉,那老汉费了三天工夫到山里砍了一担柴,足足跑了二十里路,到墟场才卖了二百文铜钱,而那抽税者竟要勒索一百二十文。恰巧林至诚经过此地,目睹税吏敲骨吸髓的劣迹,他仗义执言,上前干

---

① 林语堂:《八十自叙》。
② 《林语堂自传》。

涉,于是双方恶语相侵,围观者也越来越多。林至诚是位明晓事理的牧师,他知道,搬弄教堂所宣扬的天堂或地狱的诫谕,是无法使利欲熏心的税吏回心转意的,只有现实生活里与之有切身利害关系的权威,才会使对方有所顾忌。于是,林至诚威胁说要告到县里,这一招果然奏效,税吏的气焰顿时收敛,并故作姿态地表示因尊重这位颇有声望的老牧师的意见,减少了税金。事后,只要提起这件事,林至诚还怒气冲天,耿耿于怀。

二十四岁那年,林至诚进入教会神学院,这是他生活的一个转折点。1880年前后,他受教会派遣来到坂仔的基督教堂,任"启蒙伴读兼传福音"。

在林语堂的印象里,父亲前额稍高,下巴端正,胡须下垂,并不健壮。有一次,外出传道,出汗过多,回家时没有及时把汗水擦干,竟然因此而患肺炎,几乎送命。他会一时冲动,在月色皎洁的夏夜走到农民们乘凉的桥头上,向聚集在那里的人传道。和教会的同事们在一起时,常常可以听到他那爽朗的笑声。他幽默诙谐,在教堂里传教时,也会忍不住说笑话,是个富于想象的乐天派,锐敏而热心,常为乡民解决争端,还喜欢为人做媒。林语堂还记得父亲最喜欢讲外国传教士塔拉玛博士在厦门传教时的一个笑话:

> 当年的教堂里是男女分坐,各占一边。在一个又潮又热的下午,他(指塔拉玛博士)讲道时,看见男人打盹,女人信口聊天儿,没有人听讲。他在讲坛上向前弯着身子说:"诸位姐妹如果说话的声音不这么大,这边的弟兄们可以睡得安稳一点儿了。"[①]

林语堂认为父亲林至诚在长老会的牧师中,"以极端的前进派知名",其实,所谓"前进"是相对而言的。从林至诚敢于接触西方文明和维新思想这一点上,他的开放态度比那些盲目排外者的拒斥态度当然要"前进"得多。然而,林至诚把洋教士灌输给他的基督教文化当作拯救中国人灵魂的福音,这与当年的民主主义革命家相比,那顶"极端的前进派"的桂冠显然应该属于后者,而不属于林至诚。尽管如此,从热心"西学"热心"维新"的角度来

---

① 林语堂:《八十自叙》。

看,林至诚的思想是开明的,他一心赞成光绪的新政,支持"百日维新"运动,一直把光绪的画像挂在客厅墙上。另一方面,他如饥似渴的向西方追求新知识的自觉性,感动了他的好朋友、外国传教士范礼文博士,范博士向他提供了许多介绍西方宗教文化和科学文明的书刊。在这些书刊的导游下,林至诚进入了一个充满遐想的新天地。从此,林至诚醉心于设计一个又一个理想的方案,决心要把全家所有的男孩子都送进教会中学、教会大学,直到出国留学。如此庞大的计划,对于一个每月只有二十块薪俸的乡村牧师来说,近乎梦想。

父亲的梦想,是小和乐儿时经常享用的精神美餐。林语堂和他的弟兄们是幸运的,因为他们有一位雄心勃勃的父亲,他们是父亲梦想的直接受益者。夜深人静,父亲坐在床上,孩子们围在他的身边。父亲挑着床头的油灯,口吸旱烟,像讲故事似的,津津有味地叙述德国柏林大学或英国牛津大学的情况。他如数家珍地称赞着外国大学的长处,介绍各国的风土人情、科技知识。当时,刚发明飞机,在西方也还是罕见的新玩意。可是,林至诚虽然从未见到一架真正的飞机,竟能详细讲述飞机的构造原理、结构形状和飞行情况等等。小和乐听得着了迷。

不了解情况的外人见林至诚如此见多识广,甚至以为他是刚从欧美归国的留学生呢。其实,有关外国的情况,林至诚全部取材于教会寄给他的那些书刊。一半是转述书报上的资料,另一半则是合理想象下的发挥。每天晚上,父亲都要向林语堂弟兄几个描绘外国的那些新奇而又陌生的事物,一幅幅五彩缤纷的画面充塞了林语堂的脑海,在林语堂幼小的心田里,播下了一大把希望的种子,他多么希望有朝一日能身临其境地漫游父亲所描绘的那片乐土!

到世界上最好的大学去留学,这是父亲为儿子们编织的梦,在潜移默化中,成了儿子们自己的梦。于是,全家分享着同一个梦。

"梦想"沟通了全家,小和乐就生活在这样"一个绝对的梦想主义的家庭"①之中。在父亲的熏陶下,全家都变成了梦想家。虽然,梦想家们并没有意识到出国留学和一个月薪二十元的穷牧师的经济实力之间有多少距离,

---

① 林语堂:《从异教徒到基督教徒》。

但是他们的"梦"是认真编织的。父亲和蔼可亲,不是摆出家长的威严向孩子们强迫灌输自己的梦想,而是把林语堂弟兄们当作共同目标的追求者,一起筹划和商讨。父亲兴奋得闪闪发光的眼神,使林语堂对前途充满信心。乐观主义,像一股强大的热流,填满了理想和现实之间的沟壑。

一个不能轻易实现的希望,对于空想家来说,不过是失望的先声而已。但对于执着的追求者,希望却像发芽的种子,充满春意。"望子成龙"的林至诚,不辞劳苦地在希望的土地上辛勤耕耘。功夫不负有心人,他是应该有所收获的。

事实证明,林至诚不是那种躺在梦幻里自我陶醉的人。从开始编织理想图案的那一天起,他就顽强地奋斗不息。第一步,他把林语堂的大哥、三哥送到鼓浪屿的救世医院医科学校就读,二哥送到上海圣约翰大学学习。为凑齐入学的最低费用,他忍痛变卖了在漳州的唯一祖产——一座小房子。签约的时候,他忍不住流泪了,泪珠滴湿了契约纸。父亲为实现"梦想",无私地奉献了一切。

不久,二哥在圣约翰大学毕业,留在圣大任教,便又资助林语堂进入了圣约翰大学。林语堂又帮助了弟弟,像传递接力棒似的,父子相传,兄弟相助,再加上争取到的奖学金,乡村穷牧师的几个孩子,竟然奇迹般地都获得了进大学深造的机会。特别是林语堂,还出洋留学,得到硕士、博士的学位,载誉而归,把父亲的"梦想"变成了真实的现实。

林至诚是一个充满自信的乐天派,是他,为林语堂指出了通向大海的航道。几十年后,当林语堂驰骋文坛的时候,谁会想到,他起步于一位乡村牧师设计的一连串"梦想"之中。

林语堂的母亲叫杨顺命,出身贫寒,虽然长得并不好看,但在小和乐的心目中,这是一位温柔谦让天下无双的慈母。她从未骂过他,她给予了林语堂无限的母爱。林语堂曾用无限深情的笔调来描绘他那引以为自豪的母亲:

> 说她影响我什么,指不出来,说她没影响我,又瞻之在前,忽焉在后。大概就是像春风化雨。我是在这春风化雨的母爱庇护下长成的。

我长成,我成人,她衰老,她见背,留下我在世。说没有什么,是没有什么,是没有什么,但是我之所以为我,是她培养出来的。你想天下无限量的爱,是没有的,只有母爱是无限量的。这无限量的爱,一人只有一个,怎么能够遗忘?①

十岁那年,林语堂弟兄三人离开坂仔到厦门鼓浪屿读书。为节省往返旅费的开支,三兄弟寒假也没有回家,整整一年离别母亲,开始不大习惯,常常想家,想母亲。但男孩就是男孩,林语堂很快就沉溺于丰富多彩的学校生活之中。到暑假临近时,林语堂越来越感到世上没有任何事情能够代替回到母亲身边的那种快乐。终于盼到了放假回家的这一天,他们乘船沿西溪逆流而上,愈接近坂仔,河水愈浅,船速也愈慢。三兄弟再也忍受不住这缓慢的船速,当离家还有一二里远时,他们干脆跳下船去,沿河岸拼命奔跑。途中,他们反复计划如何去见母亲,一个说,在门外大喊一声:"我们回来了!"另一个说,装出一个老乞丐的声音戏弄母亲,向她要一点水喝;第三个人说,匿入家里,见到母亲时突然大声叫喊,吓她一跳……然而,一见到母亲,他们的第一个反应是不顾一切地投入母亲的怀抱,路上精心策划的那些"诡计",早已丢到九霄云外。

母亲的文化程度不高,却能看懂闽南语拼音的《圣经》。她为人老实直率,不摆牧师太太的架子,富有同情心,见到烈日下汗流浃背的路人,她会请人家到家里歇凉。平时让农民到家来喝杯茶,也是常事。

她是一位有八个孩子的母亲,繁重的家务累得她精疲力尽,一到晚间,两只脚连迈过门槛的力气都没有。她对子女们献出了天高地厚般的慈爱,子女对她也感德报恩。林语堂十来岁的时候,两位姐姐就代替了母亲的大部分家务劳动。

慈爱的母亲和幽默成性的父亲,这天赐的机遇,难得的搭配,合成了一个快乐的家庭,使林语堂幸运地获得了一个欢乐的童年。小和乐自幼沐浴在爱的阳光下——父亲的爱、母亲的爱、兄弟姐妹们的爱——这是一个和睦

---

① 林语堂:《回忆童年》。

友爱的家庭。这情深似海的家庭用爱滋润着林语堂的心田。

小和乐生性顽皮，又绝顶聪明，父母特别疼爱他。父亲每天早上在教堂布道后回家，母亲就把煮好的猪肝面端到疲倦的父亲面前，父亲吃了几筷便喊小和乐过来，由父子两人分享面条。这碗猪肝面，"味道好极了！"在林语堂的记忆里，儿时与父亲共享的那碗猪肝面是世上最鲜美的佳肴。

林家有兄弟六人，姐姐两个，林语堂在家里排行第五。大哥林孟温，二哥林玉霖，三哥林和清（憾庐），四哥早年夭折，弟弟林幽；大姐瑞珠，二姐美宫。与林语堂关系最密切的是比他大四岁、属虎的二姐，林语堂在二姐"半母半姐"的疼爱下度过了愉快的童年。在家里，二姐对他的影响仅次于父亲。

小和乐和二姐相亲相爱，二姐是他童年时最友好的游戏伙伴，同时，她又像母亲一样关照着小和乐的温饱饥寒。姐弟俩常是一对顽皮的小搭档。有一次，他俩读过林纾的翻译小说后，就把那些异国的奇闻轶事重新排列组合，姐弟俩共同编造出一个情节曲折而又恐怖冒险的故事。这是林语堂在文艺创作上的最初尝试。这部没有记录下来的"处女作"，在母亲那里获得了良好的效果。母亲饶有兴味地欣赏着姐弟俩所讲述的故事，真以为是一部世界名著中的片断。母亲的受骗，更激发了小作者们的创作热情，姐弟俩愈编愈有劲，随编随讲，每天为母亲编讲一段，像现在的电视连续剧似的。久而久之，终于露出破绽，母亲如梦初醒，恍然大悟地喊起来："根本没有这种事，你们是来逗我乐的。"说完哈哈大笑起来，又急忙用手捂住嘴——因为她牙齿残缺，所以每逢在大庭广众面前发笑时，总是用手捂着嘴，这是习惯。看着母亲捂嘴笑的样子，姐弟俩开心极了，因为他们"创作"的目的，就是为了使母亲快活。

小和乐是一个头角峥嵘而且喜欢恶作剧的孩子，调皮的和乐便常利用父母的宠爱故意撒娇捣乱。比如，有时，兄姐们都安分守己地准备功课，他却不守规矩，独自跑到院子里玩耍，母亲对这个顽皮的孩子束手无策。这时，二姐便当仁不让地出来管教他，说来也怪，小和乐居然会驯服于二姐的软硬兼施之下，正是：一物降一物。当然，也有例外的时候。有一次，小和乐与二姐争吵过后，被关在门外，不许他进家门，他便从窗外扔石头进去。叫道："你们不让和乐进来，石头替和乐进来。"还有一次，他和二姐争吵，淘气的林语堂急中生智想出一个报复二姐的"妙计"：他钻入后花园的一个泥洞，像猪一样在里面打滚，目的是要弄脏自己的衣服，爬起来后，他得意地对二姐喊道："好啦，现在你要替我把脏衣服洗干净了！"——因为，按照家务分工，二姐承担着为全家人洗衣服的任务。

二姐和小和乐所玩耍的那些别出心裁的游戏，是林语堂童年生活里灿烂的一页，而二姐激励他读书成名的愿望，更是难忘的一课。二姐聪明美丽，刻苦好强，父亲在油灯下所编织的那些"梦想"深深地打动了她的心。飞出坂仔，翱翔在辽阔的天空，这是林家孩子们的共同愿望，也是二姐的心愿。她从鼓浪屿毓德女校毕业后，希望能到福州的教会学校升学。但父亲算了一笔账，即使免交学费，仅是川资杂费，一年至少要六七十元，实在力不从心。因为，林至诚有八个孩子，他立志要使男孩子都受高等教育，直到出国留洋，女孩子便只好让她们走"女大当嫁"的老路了。父母多次给二姐提亲。晚上，父母到二姐房里，只要一提起婚嫁之类的话题，二姐马上吹灭油灯，转身睡觉。一直拖到二十一岁，在当地人眼里已经是"老姑娘"了，才勉强答应出嫁，而在这之前，这位未婚夫已经苦苦追求二姐多年了。二姐上大学的"梦"夭折了，父亲感到内疚，林语堂则觉得自己之所以能升学，只因为是个男孩，占了便宜，挤掉了二姐升学的机会，对此，林语堂深感惭愧。

1912年的夏秋之交，林至诚一家同乘帆船沿西溪而下。两岸青山绿水，风景秀丽，美不可言。在以往的每次航程中，林语堂都尽情地饱餐这山川的灵气，欣赏月夜的景色。薄暮时分，航船停泊江中，船尾总有一小龛，插几根香，敬妈祖娘娘和关圣帝的神位。夜色苍茫中，远处渔船的篝灯明灭，隔水飘来悠扬婉转的箫笛声，船夫抽着旱烟，喝着苦茶，向林语堂讲述古代的传说和故事，林语堂曾多次陶醉在这良辰美景之中。然而，此刻，依然是这样的帆船，也依然是这样的景色，但林语堂的心情却异常沉重。因为，这同一条船上，载着去上大学的林语堂，也载着出嫁的二姐。林语堂获得的深造机会，正是二姐失落的梦，同一个命运之神却做了如此不公正的安排。所以，一路上，林至诚全家都在情感的旋涡里颠簸，无心享受大自然赐予的美景。

六十多年后，林语堂对这次不寻常的航行仍记忆犹新，他以深沉的笔调

追忆了当年的情景:

> 那年,我就要到上海去读圣约翰大学。她也要嫁到西溪去,也是往漳州去的方向。所以我们路上停下去参加她的婚礼。在婚礼前一天的早晨,她从身上掏出四毛钱对我说:"和乐,你要去上大学了。不要糟蹋了这个好机会,要做个好人,做个有用的人,做个有名气的人。这是姐姐对你的愿望。"我上大学,一部分是我父亲的热望。我又因深知二姐的愿望,我深深感到她那几句话简单而充满了力量。整个这件事使我心神不安,觉得我好像犯了罪。她那几句话在我心里有极重的压力,好像重重的烙在我的心上,所以我有一种感觉,仿佛我是在替她上大学。第二年我回到故乡时,二姐却因患鼠疫亡故,已经有八个月的身孕。这件事给我的印象太深,永远不能忘记。①

姐弟俩那次感人肺腑的告别,使林语堂铭心刻骨,永世难忘。他暗暗下定决心:不辜负二姐的期望,要"读书成名"。以后,无论在何时何地,无论到了什么年龄,只要一提起那四角钱,他都忍不住要流泪。他说:"我青年时所流的眼泪,是为她流的。"

小和乐自幼就是个出名的野孩子,他的哥哥弟弟们也几乎没有一个不调皮的。林家的那一群男孩,在坂仔人眼里,都是些长着"头角"的小捣蛋。他们的出格行为曾在坂仔长期流传。那是在1907年前后——

坂仔的基督教堂竣工以后,教堂前的钟楼上挂着一个美国人捐赠的大钟。正是这口大钟,使林语堂弟兄们在坂仔人心中留下了不可磨灭的印象。

那时,每逢做礼拜,洪亮的钟声不断传递着异域文化对中国传统文化的冲击波,这冲击波惊醒了、同时也激怒了沉睡中的坂仔传统社会。有人公开骂,有人腹诽。终于,一些敌视教会的村民开始行动起来了。1908年前后,由一个落第的儒生牵头,用募捐集资的办法,在教堂的同一条街上,修建了

---

① 林语堂:《八十自叙》。

一座佛庙。原来也打算挂一口大钟,与教堂的钟对峙,后来由于种种原因,改用一只大鼓代替。

一个礼拜天,教堂像往常那样鸣钟。忽然,从庙里传出一阵鼓声,打鼓的儒生说:"耶稣叮当佛隆隆。"决心要用鼓声来压倒钟声。林语堂弟兄几个自然站在教会一边,他们跑上钟楼,拼命地拉绳打钟。林家的孩子们年幼力薄,而那儒生虽然是个鸦片鬼,但毕竟是成年人,若一对一地单兵作战,孩子们显然不是成年人的对手。可是,机灵的孩子们采用车轮战的办法:一个人累了,便下去休息,由另外一个来接替。几个孩子轮流不断,只要鼓声不停,他们便继续拉绳打钟,一个儒生怎么斗得过这一群沉醉在竞赛乐趣中的孩子呢!在儒生眼里,这场"钟鼓之争"内含着深不可测的意义,而在林家兄弟眼里,这不过是一场有趣的游戏。而只要是有趣的游戏,小和乐不是"主谋"也是积极的参加者。

可是,从某一个礼拜天起,那鼓声突然消失了。原来,那个失业的穷儒生为了吸鸦片,把大鼓卖掉了。放假时,林家的孩子们回到坂仔,本打算再在"钟鼓之争"中显一番身手,岂料大鼓已经"失踪",他们就以"胜利者"自居,而坂仔居民也为再也无法观赏那热闹的对台戏而扫兴。

若干年后,坂仔的老年人还不时地追忆当年钟鼓齐鸣的场面;又若干年过去了,当年"钟鼓之争"的目击者所剩无几,而教堂、钟楼以及林语堂的故居均已荡然无存,唯有那口外国运来的大钟静悄悄地躺在院落的一角……①

"钟鼓之争"使林至诚的孩子们以顽皮而闻名坂仔。几乎谁都知道,林家孩子中最顽皮是那个名叫和乐的小男孩,他那智力型的恶作剧,曾使铭新小学的教师毫无办法。

有一次,学校考试,在阅卷过程中,教师惊讶地发现全班学生都轻而易举地得到了高分,教师为学生们的突飞猛进而欣慰时,又觉得事情有点蹊跷,明知有"鬼",却不知道"鬼"在哪里,而学生们都在暗暗好笑。原来,考试的前一天,林语堂潜入教师的住所,偷看了试题。教师也想到了泄密的可能,于是把可疑对象逐个排除,但就没有怀疑到林语堂身上。因为,林语堂

---

① 1989年初,笔者到坂仔访问时,发现了这口钟。据知情者介绍,1958年大炼钢铁时,曾拟将它作为废铁熔化,但因无法打碎,才未被毁。

一向是成绩优异的高才生,他不需要复习就可以考得高分,从不把考试当一回事。教师断定林语堂没有"作案动机",所以,一开始就把他排除在怀疑对象之列。然而,正是这个稳拿高分的优生,为了表示对考试的轻视,也为了寻开心,故意去偷看试题,让全班同学人人都得高分。

大作家并不是天生的。林语堂也是经过长期的千锤百炼才达到散文家和小说家的写作水平。铭新小学的作文老师曾批评过林语堂作文行文的拙笨,评语是一句文言文:"如巨蟒行小径。"林语堂觉得这句评语很有意思,便自言自语,重复地念着:"如巨蟒行小径,如巨蟒行小径……"突然,灵感来了。这是对对子的灵感:"似小蚓过荒原"的下联自然而然地脱口而出。成年以后,每每回想起这一副偶成的对联,林语堂总感到非常得意。

一个"头角峥嵘"的孩子!似乎成了人们对小和乐众口一词的评价。那么,他到底有哪些"头角"呢?顽皮吗?好恶作剧吗?这些都是孩子的通病,也许有人认为这根本算不上"头角",因为这是孩子的天性……实际上,对小和乐来说,他不断编织的一个又一个新奇的梦、孩子的梦,这才是真正属于小和乐自己的"头角"。

林语堂自诩有一个梦想家的父亲和一个梦想主义的家庭,在这梦想家的摇篮里,小和乐的头顶上曾升起过无数个彩色的梦。童年时代的小梦想家为把梦想变成现实,曾做过许多有意义的尝试:

他梦想当医生,要发明包医百病的灵丹妙方。他认真地试验着,配制了一种治外伤的药粉,取名为"好四散",不顾两位姐姐的取笑,小和乐自信"好四散"有药到病除的奇特功效。

他梦想当发明家,常到码头上去观看来往鼓浪屿的小轮船,船上的蒸汽引擎使他很感兴趣。他还想依照虹吸原理制造一架抽水机,让井里的水自动流进菜园里。苦苦钻研数月之久,最后因为有一个关键问题无法解决,只得暂时放弃发明抽水机的打算。

他梦想长大后开一个"辩论"商店,因为小和乐是一个有辩论才能的孩子,哥哥们称他为辩论大王。他想发挥自己善于言辞的优势,像摆擂台似的,提出辩论命题,向人挑战,或接受别人的挑战。

他梦想成为一个全世界闻名的大作家。幼时,小和乐曾天真地对父亲说:"我要写一本书,在全世界都闻名……"1903年,八岁的小和乐为实现当作家的愿望,偷偷地学习创作。他的第一部"作品"是一本有趣的"教科书",这自编的"教科书"倒还真有点独特的风格,采用一页课文接着是一页插图的体例。与看图识字的幼儿教材有相似之处,又不尽相同。因为小和乐采用文言文的三字经的形式来编写自己的"教材",第一页上写着:

  人自高 终必败 持战甲 靠弓矢
  而不知 他人强 他人力 千百倍

另一页上编写了一只蜜蜂因采蜜而招到焚身之祸的故事。一天,大姐发现了小和乐的这本"处女作",所有的兄弟姐妹都争相传阅。大家都觉得小和乐的作品十分有趣,因此,一见林语堂就逗趣地背诵:"人自高,终必败……"使这位胸怀大志的小梦想家害臊得抬不起头来——七十年后,1975年4月,在国际笔会第四十届大会上,林语堂被选为国际笔会总会的副会长,他的长篇小说《京华烟云》也在这次大会上被推举为诺贝尔文学奖的候选作品。当年小梦想家不知天高地厚的梦想竟奇迹般地变成了现实。

  飘在空中的和浮在水上的梦想,可能永远是个梦;但如果梦想的种子落在奋斗的土壤里,就会唱出希望之歌。这希望的春芽,虽然藐小,却青翠欲滴,孕育着一个偌大的绿色的世界,这就是小和乐的那些彩色的梦的结果。

第二章　生活在杂色的世界里

生活在杂色的世界里——外国传教士的影响——父亲的"家学"——去厦门上学——第一次见到外国兵舰——圣约翰大学的高才生——不能当牧师——教会学校的双重影响

早在一千二百年前，林语堂的家乡闽南地区便是唐代对外贸易的重要口岸；宋元时代，对外交往尤其发达，时与近百个国家和地区通商贸易。闽南泉州港曾与亚历山大港并称为世界东方两大贸易港，港湾外船舶云集，侨居泉州一带的外国商人、传教士、旅游者数以万计。

在旧中国的黑暗岁月里，天灾人祸逼迫着饥民背井离乡出海求生，最近的目的地当然是海峡对岸的台湾。所以，现在的台湾同胞多半是从福建漳州、泉州一带迁去的。有的则远涉重洋，漂泊到世界各地。据史籍记载，林语堂的出生地漳州平和县，远在明代就有人出国谋生。在输出劳动力的同时，异域文化也因此找到了渗透到这封闭国土里来的缝隙。平和县的番薯，就是明万历年间（1573—1620）从"吕宋"（即菲律宾）引进的薯种。可见，林语堂的家乡自古以来就是中外交往的走廊。而鸦片战争以后，这里也和中国沿海的许多地方一样，成为多种文化碰撞的交会地带。

林语堂诞生的时候，闽南和中国其他地方一样，被儒家思想——中国传统文化的主导意识——支配了几千年。这里的乡民，除孔孟之外，还常常提到朱熹，但不要误以为漳州人对这位宋代名儒有特殊的好感，而是由于朱熹在八百年前出任漳州知府时，曾用心良苦地制定了一套实施"男女大防"的严密措施，以致到林语堂童年时代，还可以领略朱熹当年政绩的遗风：那时，

第二章 生活在杂色的世界里

坂仔每家每户的门口,都挂着一面竹帘子。妇女们只能躲在屋子里隔着竹帘往外看,而在外面街上的人,都无法看到里面的内情。以断绝男女交往的彻底性而言,这是其他地方所无法攀比的。据说,这些都是朱熹为坂仔乡民定下的规矩。对此,宁可信其有,因为,中国的儒家一向肯在"男女大防"上狠下功夫的,朱老夫子既是一代名儒,自然要表示出他对"男女授受不亲"的圣人遗言坚信不疑,"竹帘"的创举,不过是略施小技而已。

科举盛行的时候,福建的读书人向来是科场上最厉害的竞争者。在这片古老的土地上,以科举取胜,读书做官,被公认为天经地义的事,因此,在这种文化气氛的熏陶下,林语堂一家以"读书成名"为座右铭,就不足为奇了。

父亲林至诚,对一切西方的东西皆有兴趣,并自觉地追求新的知识。但在一般中国人眼里,牧师林至诚一家人,不过是"把灵魂抵押给了洋人"的洋教徒罢了——今天,似乎不必再简单地把这种反感一律斥之为保守的排外思想,因为,鸦片战争以来,世界列强一直是以坚船利炮来显示西方文化的特色的,对于和大炮鸦片同时登陆的洋教士和他们手中的《圣经》,大多数中国人有一种本能的反抗心理。这里,有对外来侵略的正义反抗,自然也不可避免地掺杂着被扭曲得变形的民族意识。

看来,大红大绿,黑白分明,这只是画家调色板上的色彩,而历史的色彩,从来就是杂色的,因此,就不必期望生活在杂色世界里的人只呈现出一种色彩。

林语堂曾不止一次地衷心感谢教会对他的培养,他特别感激几位外国的传教士。首先是那位身高六英尺的范礼文博士。范礼文博士夫妇是林语堂幼年时第一次接触到的外国人。这对洋教士夫妇来坂仔时,就住在林家的楼上,他们的生活起居,引起了林语堂的极大兴趣。从他们吃的牛油罐头到他们所掉下的一个发亮的领扣儿,都使林语堂感到十分新鲜。

与那难闻的牛油气味同时进入林家的,是范礼文夫妇带来的大批宗教书报,从此,异域文化的气息就永远留驻在林语堂家中。范礼文把著名的外国传教士林乐知和他的华人助手蔡尔康等人翻译的大批书籍带到林家,激起了林语堂全家对西方文明的热烈向往。在这些著译的精神媒介下,林语堂一家兴奋地漫游于异域文化的殿堂,做着出国留洋的美梦。林乐知的著译影响了林语堂一家的命运,决定了林语堂的生活道路。

林乐知(1836—1907),二十四岁那年由美国监理公会派到中国,在中国传教四十七年之久,曾获得清政府广方言馆的"钦赐五品衔",后来又得"钦加四品衔"。他不仅会讲中国话,看中国书,而且能用中文写作。除创办与主编报纸外,林乐知还在上海创建了中西书院,并协助了中西女塾和苏州东吴大学的建校。1887年,林乐知积极参加广学会的创立工作。他出版过各种著作四十多种,比较著名的是《中东战纪本末》《五洲女俗通考》等。

1868年,林乐知出版了《中国教会新报》周刊,1875年改名为《万国公报》。该刊明言:"本刊是为推广与泰西各国有关的地理、历史、文明、政治、宗教、科学、艺术、工业及一般进步知识的期刊。"可见,《万国公报》所刊内容已远远越过教会新闻的范畴,而是向中国输入西方文明的一条传送带。《万国公报》的经常撰稿人除林乐知外,还有韦廉臣、李提摩太、慕维廉、狄考文、艾约瑟、李佳白、潘慎文、花之安等著名的外国教士。这份报刊全盛时,曾发行过四千份,在19世纪末叶的中国,这是一个空前的数字。林语堂的父亲便是它的最忠实的读者,报上内容为林至诚提供了编织"梦想"的丰富材料。

林乐知等外国传教士"文字布道"的目的是:要以西方文明来改造中国的现实。维新运动时,广学会的传教士们自称是维新派最好的朋友,而维新派也把传教士们办报纸、立学堂、译西书等工作当作传播"西学""西法"的主要媒介。可是,戊戌变法以后,林乐知却在《万国公报》撰文声明:自己和康有为梁启超没有多大关系。

显然,林乐知的"文字布道"中所传播的"西学""西法",是失真变形了的西方文明。然而,当年,林语堂一家正是把这些哈哈镜里的图像当成了西方文明的真身,囫囵吞枣地全盘吃进。林语堂在回忆往事时说:"有一个在我生命中影响绝大、决定命运的人物——那就是外国教士 Young J. Allen(按:中国名字林乐知),他自己不知道他的著作对于我全家人有何影响。"林语堂又说,父亲"借林乐知的著作而对于西方及西洋的一切东西皆极为热心,甚至深心钦羡英国维多利亚后期的光荣,决心要他的儿子个个读英文和受西洋教育。"①

远在闽南山村里的林语堂一家,肯定不会知道林乐知在同文书会第六届年会上,有过一次坦白的发言。林乐知在发言中承认,自己所做的一切,不过是为了改造中国人的头脑。如果当初就了解到这些,难道林语堂还会去崇拜这个居心叵测的洋人吗?林乐知在年会上说:

> ……我认为现在是我们工作的紧要关头,我和别人多年来都和这个工作发生过关系。我们已经得到了很大的进展,最主要的令人鼓舞的事是思想的同化。我们来到这里已经有了很长的一个时期,我们中有的作为商人,有的作为传教士。显然,不论从商业的观点或传教的观点来说,中国人接受我们的教导都是很慢的。我们注意到他们虽然是刚刚开始在同化我们的思想,他们买我们的商品或购买外国制造的东西,同时也在学着去做这些事情,只要他们开始学习和自己制造,我们就会发现有一种同化外国思想的倾向。就我们的宗教工作来说,我想他们有接受这种思想并加以采用的自发的和自然的倾向。中国人现在已开始接受我们的教导和采纳我们的观点,以此来适应他们的需要。我认为这很容易从他们的已取得的成绩中得到证明,当他们的认识和信念到了一定的程度,他们就会接受甚至对一切所能运用的东西全部接受。我们就是要使本会对那样一个目的作出很大贡献,接触他们的信念,把办法摆在他们的面前,鼓励他们采用。这对他们对我们和对全世界都有实际的好处。这个国家的健康的发展将有利于全世界,所以我们做的虽然还很少,但我们是在为造福中国和全人类的伟大事业而工作。②

可惜,包括林语堂父子在内的所有中国人,在当时都无法了解传教士们的广学会、同文书会活动的内幕。所以,林语堂对林乐知们的感激,显然是抽掉了林乐知们的主观动机,而是从自己受益的客观效果上来说的。

---

① 《林语堂自传》。
② 《同文书会年报·第六号(截止1893年10月31日)》,《出版史料》1989年第2期,第51页。

这也不错,没有林乐知们的提倡,就不可能有为林语堂提供就读机会的教会学校;没有林乐知们的传播媒介,林语堂父子们就得不到"西学""西法"的知识——哪怕是经过哈哈镜的变形后失真了的"西学""西法"——林语堂所说的"决定命运",自然是指林乐知们传播的"西学"激发了林家父子们一个个遥远的彩色的梦。当梦想变成现实时,梦中人便去感谢提供梦境的林乐知们,表面看来,这一切倒也顺理成章。不过,这也难怪,当光绪皇帝和康有为、梁启超等维新派首领都视林乐知们为知己时,更何况是年幼无知的林语堂呢!

林语堂六岁启蒙,父亲把儒家的经典著作当作小和乐的启蒙读物。一到假期,林家就变成一座别具一格的家庭学校。

清晨起来,小和乐与男孩子们一起担任打扫庭园和屋子的工作,还要从井里汲水注满水缸,再浇灌菜园。用水桶下井打水是要掌握一定的技巧的,不然任凭你怎样晃动,水就是进不到桶里去。经过多次失败,小和乐总结了打水的经验:等靠近水面时,再让水桶慢慢倾斜……林语堂觉得打水很有趣,但满满的一桶水对一个幼童来说是个沉重的负担,况且厨房里的那只大水缸要十二桶水才能装满。

早餐后,摇铃上课。林至诚亲自教子女读四书五经、《声律启蒙》、《幼学琼林》等。

那时,闽南一带流行一部康熙年间的刻本《鹿洲全集》,著者蓝玉霖是福建漳浦人,号鹿洲。雍正年间,先后任广东普宁县令、广州知府,曾著书七种,合为全集。林至诚十分崇拜蓝玉霖,所以把第二个儿子取名为玉霖,并把《鹿洲全集》作为子女读书的教材,还规定子女们都要背诵其中的《清漳赋》。林语堂的国学修养,首先要归之于父亲的"家庭学校"。在受业国学的同时,传统文化的各种精华和糟粕,鱼龙混杂地渗入了林语堂的思想意识之中。

父亲倾心"西学""新学",向往牛津大学、柏林大学,可是传授给林语堂的却是四书五经,这似有矛盾,其实却不矛盾。因为,虽然林至诚敞开胸怀地拥抱了异域的文明,但是,他毕竟是在传统文化的培养基里成长起来的。

像空气、像阳光、像水分一样,传统文化每时每刻都在不知不觉中影响着每一个人,几乎所有的中国人都难以抗拒这种潜移默化的巨大的渗透力。那时,人们的心路历程的起点都被安置在同一条起跑线上,那就是从他懂事的那一天起,传统意识已经浸透了他的灵魂,即使是热衷"西学"的林至诚也不例外。1907年,坂仔新教堂落成时,林语堂见父亲特地赶到漳州城里,取回一副朱熹手迹的对联拓本,精心装裱在教堂的新壁上。用儒家的格言来装饰宣扬基督教的讲台,这就是林至诚牧师亲手缔造的"中西合璧"。

1905年,林语堂才十岁。他原在坂仔教会办的铭新小学就读。可是,望子成龙的父亲不满意铭新小学的师资和教学方法,唯恐因此而危及孩子们的远大前程,所以在1905年决定让林语堂三兄弟到厦门鼓浪屿的教会小学住读。

弟兄三人乘船沿西溪顺流而下,山景、水田、村落、农家……在船边缓缓而过。晚上,船泊在岸边竹林之下,竹叶飘打在船篷上。林语堂躺在船上,盖着一条毯子,仰望着头顶上五六尺高的地方,竹叶在随风摇曳。辛苦了一天的船夫,口衔烟管,吞吐自如。其时沉沉夜色,远景晦冥,隐隐可辨。忽有箫声随着水上的微波乘风而至,如怨如诉,悲凉欲绝,林语堂神宁意恬……

乐何如之!美何如之!林语堂多么希望有一架摄影快镜把此情此景永久留在记忆之中。他自言自语地说:"我在这一幅天然图画之中……对着如此美景,如此良夜,将来在年长之时回忆此时岂不充满美感么?"①在这西溪的小船上,林语堂又一次体验到大自然的无限魅力;在这只可意会不可言传的意境中,他把自己的整个身心都交还给了自然。

从坂仔到厦门旅途上的每一件事,对于长期生活于闭塞的山村里的林语堂都是新鲜的。当时,他只顾激动地以自己的灵魂去拥抱自然,而肯定没有意识到:正是在这条小船上他开始了走向世界的航程。

厦门是列强强迫清朝对外开放的通商口岸。那里的教会学校的办学条件要比铭新小学优越得多。

---

① 《林语堂自传》。

林语堂在厦门鼓浪屿念完小学就进入厦门寻源书院,即教会办的中学。林语堂能在这种免收学费又免收膳费的教会学校就读,从经济方面上说,对于一个穷牧师的儿子,这实在是难得的最佳选择了。

寻源书院的美国校长毕牧师是一个贪得无厌的人。当时,鼓浪屿正在发展,毕牧师看准了做房地产生意能赚大钱,就把主要精力放在地产交易上。这位美国人虽然觉得中国人落后,但是中国的算盘还是先进——因为那时还没有发明电子计算机——而且用中国人制造的算盘来计算赚了中国人多少钱,真是其乐无穷。所以,打算盘的声音日夜不停地从校长室里传出来。毕牧师对中国学生的管理十分苛刻,不准学生们出去买消夜的点心。他把校长室设在正对楼梯口的房间,就是为了便利监视学生的行动。

这种办法怎么难得住调皮捣蛋的林语堂呢——表面上,学生们经过校长室门口时,无人携带食物。但是,宿舍里的寄宿生却照样经常吃夜宵。原来,在林语堂的策划下,学生们先用竹篮子把买回的东西从窗口吊上楼去,再故意空着双手大模大样地从校长的房门口经过。

教会学校古板的教学方法和严格的管理制度,束缚了林语堂不羁的个性。他那旺盛的求知欲像一块干燥的海绵一样,渴望知识的水分来滋润他的心田。可是教会学校规定学生不准看中文报纸,不准看闲书。所谓闲书,实际上就是功课以外的书。林语堂求知的天性受到了无情的压制。若干年后,成了名的林语堂,曾持续不断地攻击现行教育制度的弊病。他对教育制度的切齿之恨,首先来自教会学校里的亲身经历。

当林语堂对知识像饥者求食一样的渴望时,现代的学校制度却是建立在两种臆断之上:一是以为学生对于各门功课都毫无兴趣;二是以为学生都缺乏学习的自觉性。因此,课程的安排完全是强制性的。林语堂对这种忽视学生个性发展的教育方法,非常反感。他说:

> 我自知对于自然科学和地形学是兴味最浓的;我可以不需教员之指导而自行细读一本十万字的地理书,然而在学校每星期只需读一页半,而费了全年工夫才读完一本不到三万字的地理教科书。其余各门功课,都是如此。此外,强迫上课之暗示,或对教员负责读书之暗示,皆

极为我所厌恶的,因而凡教员所要我读的书我俱不喜欢。……如果当时有一图书馆,充满好书,任我独自与天下文豪神交,我当得特殊的鼓舞。不幸在中学时,没有图书馆设备,而厦门这一所教会学校与其他非教会学校大异之点,就是我们教会学校学生不看中文报纸,或其他一切报纸。①

学校原是学习知识的天堂,可是寻源书院竟然用各种措施禁止学生读课外书,这是天性自由的林语堂所最不能容忍的。寻源书院视学生看书为非法行为,从早晨8时至下午5时,把学生关闭在课堂内。凡在校时偷看杂书,或在课堂里交换意见,皆是罪过,是犯法。只许学生静坐室内,任凭教员摆布。林语堂认为,这完全是在浪费时间。于是,他只好在课堂里偷看自己喜爱的书。他说:"上课和不上课的分别是,在假期,我可以公然看书,而在上课的时候我只好偷偷地看书。"

作为反抗,林语堂不仅偷偷地看自己所喜欢的书,而且他还用作弊来报复这种死板的教育方法。实际上,凭林语堂的天资,应付学校的考试简直不费吹灰之力。每次都轻而易举地取得了好成绩。他是以第二名的成绩,从中学毕业的,但林语堂不承认自己是个用功的学生,而考试时名列前茅,实在是因为对他来说,只考书上的那点内容,太容易了,——当然,他的同学们是决不会同意这种"太容易"的说法的。他之所以要出各种点子,带头作弊,是出自反抗性和好奇心交织下的逆反心理。

好奇心使林语堂已不满足于"偷考卷"之类的传统作弊方法,他和同学们为对付"背书",别出心裁地创造了一种智力型的作弊法。林语堂曾得意地介绍了他的"杰作":

  我们捉弄老师的鬼办法之中,有一件是背书的事,很好玩儿,每个学生都很得意。我们当年都站在走廊下等候,有的人被叫进屋去背书,通常是在两页到三页之内。他背完之后,就以开门为信号儿叫另一个人进去背,他做信号儿,表明要背的那段文字是在前一半儿或后一半

---

① 《林语堂自传》。

儿,由于把门开三四次,别人就知道要背的是哪一部分了。①

这个学业优异的孩子却常被经济上的贫困所折磨。

家里每星期给林语堂一枚铜元的零用钱,主要是供理发之用。一枚铜元在当时可以买一个芝麻饼再加四粒糖。一个正在长身体的少年,通常都有惊人的食欲,林语堂也不例外。所以,那时他特别馋嘴。要是他能像富家子女那样口袋里有足够的零用钱,可以随意选购爱吃的零食的话,他哪会去对一碗素面馋涎欲滴呢。遗憾的是,一枚铜元的经济实力,使他唯有减少理发次数,才有可能实现吃一个小麻饼的愿望。而为了一碗廉价的素面,他不得不万分虔诚地祈求上帝的恩赐:他在鼓浪屿的海边,紧闭双目,默祷上帝让他交好运,赐予他拾到一只角子的机会,默祷后睁开眼睛,不见上帝赐予的角子;再紧闭双目,更真诚地祈祷,再睁开眼来,仍不见角子;林语堂不死心,又再三闭目祷告,仍然没有感动上帝……他失望了。

穷困使林语堂处处受窘。鞋破了,没有钱买新鞋,只好穿着露出脚指头的破鞋去踢足球。后来,林语堂在追述这些穷困的往事时,则常常用幽默的形式化解了往事的辛酸的内核。

来厦门上学之前,西方文明对林语堂来说是美好而又神秘的。在坂仔,林语堂一家都叹服西方先进的科学技术,但林家所能接触西方文明的唯一渠道,是外国传教士和他们所带来的书报。在厦门,林语堂才真正耳闻目睹了西方文明显示它在中国存在的最有力的一种方式:战舰上的水兵和大炮。

1907年,日俄战争结束不久,旅顺口还是一片断垣残壁,老罗斯福就派遣美国舰队来访问中国了。舰队到厦门时,寻源书院的学生应邀前往参观。林语堂穿着露出脚趾的破鞋,瞪眼看着美国海军的操演,赞赏着那些钢铁怪物的雄伟形象,林语堂羡慕、赞叹,同时也畏惧。

林语堂把他在厦门所见到的外国人分成三个类型:传教士,穿着清洁无瑕和洗熨干净的白衣,林语堂对他们有本能的好感;酗酒的外国水手,在鼓

---

① 林语堂:《八十自叙》。

第二章 生活在杂色的世界里

浪屿街上狂歌乱叫,令林语堂恐慌;头戴白通帽的外国商人,坐着四人抬的轿子,对中国的赤脚顽童随意地拳打脚踢,使林语堂讨厌。

世界是杂色的,生存于这世界上的各种文明自然也是杂色的。喝醉的外国水手呕吐在鼓浪屿大街上的秽物,和外国商人留在中国儿童身上的皮鞋印,与美妙动听的西洋音乐同时存在于厦门。出身于牧师家庭的林语堂,自然要比一般人更容易接受"世界是杂色"的观念。所以,对校长的恶感并不影响他对校长夫人的好感。那时,林语堂对西洋音乐简直着了迷。美国校长毕牧师夫人(Mrs. Pitcher)是一位端庄淑雅的女士,林语堂不仅喜欢听她唱的歌,而且连她说话的声音在林语堂听来也温柔悦耳,抑扬顿挫,不啻音乐之美。传教士女士们的女高音合唱,使林语堂印象深刻,终生难忘。

鼓浪屿是厦门的一个小岛,风景如画,素有海上花园之称。岛上有外国人的俱乐部,每当外国军舰到厦门,举行欢迎式时,总要请俱乐部的铜乐队在一个绿草如茵的运动场上演奏。

平时,外国人在俱乐部里打网球、喝咖啡、吃冷饮,由中国西崽伺候。林语堂常和街上的儿童们从围墙的穴隙中窥视里面的活动,这才是名副其实的看"西洋镜"哩。

俱乐部开舞会时,寻源书院的学生常常立在窗外,观看里面的男男女女穿着晚礼服,翩翩起舞,这使初来乍到的林语堂瞠目结舌。因为在坂仔,朱熹所规定的竹帘子还在忠实地执行着"男女大防"的使命;而在鼓浪屿的外国俱乐部里,不仅没有竹帘子之类的防线,而且还男拥女抱地跳舞,使少见多怪的林语堂觉得这是令人难以置信的人间奇观。林语堂后来在《自传》里说:

> 这是鼓浪屿闻所未闻的怪事,由此辗转相传,远近咸知外国男女,半裸其体,互相偎抱,狎亵无耻,行若生番了。我们起初不相信,后来有几个人从向街的大门外亲眼偷看才能证实。我就是偷看者之一,其丑态怪状对于我的影响实是可骇可怕之极。这不过是对外国人惊骇怪异之开端而已;其后活动电影来了,大惊小怪陆续引起。

1912年，林语堂中学毕业了，下一站将是他生命轨道上的一个重要的站头——大学。

离开寻源书院那一天终于到来了。上午，举行毕业典礼，美国领事安立德(Julean Arnold)在典礼上发表演说。毕业式后，一阵淡淡的离愁涌上林语堂的心头。他坐在卧室的窗台上，眺望远处的运动场和近处的建筑，翌日早晨，同学们就要各奔前程了，这是最后的时刻。林语堂静心冥想了足足半个小时，回顾四年的中学生活，他希望中学生活里一切有意义的时光永远留驻在自己的脑海之中。

毕业后怎么办？当然上大学！上什么大学？当然是圣约翰！这是父亲和哥哥早就为林语堂设计好的前程。那一年，二哥林玉霖即将从圣约翰大学毕业，已经可以资助林语堂去上大学了。但是，家里的经济仍很拮据，因为自从几年前卖掉了祖母在漳州的房子之后，家里再没有可变卖的祖产了。事到临头，父亲算了又算，还缺少一百块大洋，林至诚有一个富有的学生，只要开口，借一百块钱是不成问题的。但父亲总觉得老师向学生借钱，难以启齿，直到临行前，实在别无他法，林至诚才抹下脸来，硬着头皮去借来了这笔钱。看到父亲为借钱而为难的样子，林语堂的心都快要碎了，他立志要以发奋成才来报答父兄们的养育之恩！

终于来到了圣约翰！圣约翰，林语堂梦寐以求的地方，从林乐知的书刊上，从父亲和哥哥的嘴里，在他自己的梦境中——林语堂早就熟悉了圣约翰。

这座圣公会办的教会大学，坐落在苏州河畔，全部校舍都是清一色的西洋建筑。每栋红砖楼房里面，似乎都隐藏着林语堂所渴望探求的西方文化的奥秘；每一间教室中间，仿佛都是一个旋涡。但那不是陷阱，也不是圈套，而是许许多多交织在一起的问号，知识的问号，人生的问号，未来的问号……

圣约翰，也像一艘航船，这是艘给林语堂带来希望的航船。在中国传统文化的汪洋大海里，这是一艘每颗螺丝钉都来自西方世界的航船，然而，它的乘客都是中国人。林语堂企图借助这艘航船登上文明的彼岸。

1912年的圣约翰，以它高水准的英文教学而名冠全国，它培养了中国的一代外交人才,是颜惠庆、施肇基、顾维钧等外交家的母校,所以,它在国际上享有相当的声望。当林语堂刚入学的时候,圣约翰也许没有意识到:这个牧师的孩子将为圣约翰的校史增添自豪的一页。

可是,林语堂却从来也没有盲目地赞扬过圣约翰,他对母校的褒贬,倒是持论公正的。他说,圣约翰"的确是学习英文最好的大学,而在学生们的心中,这也就是圣约翰大学之所以存在的缘故。虽然它是圣公会的,它对大多数的学生的秘密使命却是培植为成功的买办来做上海大亨们的助手。事实上学生英文的平均水准,并不超过一个买办的条件"①。

一个向量,是正是负,要看你追求什么;一个砝码,是重是轻,要看你怎样追求。林语堂追求的是知识,在知识面前,他永远是一个饥饿的孩子。然而,从中学到大学,从厦门寻源书院到上海圣约翰,林语堂求知的天性不断受到种种人为的束缚。儿时,小和乐是家庭的宠儿,他的求知欲在坂仔的小天地里得到了充分发挥,离开坂仔以后,厦门和上海的教会学校的各种不近人情的教学管理制度使"头角峥嵘"的林语堂感到难以忍受。虽然,从经济的角度,林语堂始终感激教会学校为他这个穷孩子提供了有力的资助。但从文化教育的角度上看,教会欠了林语堂一笔"债",那就是教会学校不准中国学生接触中国文化、特别是民间文化的规定,使林语堂和中国传统文化之间出现过一个长达十多年之久的文化"断层"。对于自幼酷爱中国文化的林语堂,这是一个巨大的精神损失。他曾愤慨地说:"我的中等教育是完全浪费时间"②。

平心而论,"完全浪费"一语,有点偏激。因为,书院毕竟给予了他外语、地理、算术、地质等科学知识。然而,权衡得失,好像得不偿失。因为,学校教育一刀切地割断了中国学生和本国文化的联系,甚至不准学生看中国戏剧,以致,林语堂在二十岁之前知道古犹太国约书亚将军吹倒耶利哥城,知道耶和华命令太阳停住以使约书亚杀完迦南人等《圣经》故事,却不知道孟姜女哭塌长城的民间传说,不知道后羿射日、嫦娥奔月、女娲补天等中国神话故事。这一切都是这个文化"断层"所造成的后果。

---

① 林语堂:《从异教徒到基督教徒》。
② 林语堂:《八十自叙》。

所谓"断层"的意思也不是绝对的,并不是一刀两断的意思,并不是"断"得对中国文化一无所知。因为,早年,父亲的"庭训"使他对儒家经典打下了一个扎实的根底。所以"断层"只是指相对地削弱了林语堂和民间文学、市民文学的联系。林语堂万分惋惜地谈论过这个"断层"所造成的损失。他说:"基督教教育也有其不利之处,这点我们可以很快看出的。我们不只要和中国的哲学绝缘,同时也要和中国的民间传说绝缘。不懂中国哲学,中国人是可以忍受的,但不懂妖精鬼怪及中国的民间故事却显然是可笑的。刚好我童年所受的基督教教育太完美了。那是因为我的教会是加尔文派。我不准去听那些漳州盲人游吟歌手用吉他伴奏所唱的古代美丽的故事。……我十分愤怒。我被骗去了民族遗产。这是清教徒教育对一个中国孩子所做的好事。我决心反抗而沉入我们民族意识的巨流。"①

在圣约翰大学,林语堂和在寻源书院时一样,是一个常年考第二名的高才生。只要稍微再花一点功夫他有把握去争取第一名的,但他不愿意。原因很简单,林语堂向来对课堂学习不大认真,觉得太容易了,无需花费力气,这是其一;其次是林语堂有一条座右铭:凡做什么事都不愿居第一。所以,无论在哪一所学校,每逢考试来临,别的学生正在"三更灯火五更鸡"的苦读时,他总是逍遥自在地游荡。

当年,上海的苏州河还没有受到严重的环境污染,虽然说不上清澈见底,却也是个鱼虾藏身之地。圣约翰大学的学生们常来此以垂钓为乐趣,可以捕捉到鳗鱼、鲫鱼和其他小鱼。但到考试前夕,平时热闹的河湾顿时显得冷冷清清,因为学生们要为高分而拼搏,哪里顾得上钓鱼。然而,就在河湾最冷清的那几天里,常常有一个衣着朴素的学生,逍遥自在地悠然垂竿。由于竞争者减少,钓得的机会相对增多,所以每天都能满载而归,这个学生就是林语堂。

有一次,临考前一天,一位同学被林语堂在苏州河边的丰收所诱惑,决定跟林语堂一起去钓鱼。晚上,那同学高兴地检点着自己的战利品,而在次日的考试中,这个胜利的钓鱼者在考场上却失败了。可是,同去钓鱼的林语

---

① 林语堂:《从异教徒到基督教徒》。

堂仍然考出了高分。看来,林语堂的学习方法只适合他自己,你可以羡慕,却难以模仿,简单的模仿,只会得到"东施效颦"的结果。

林语堂不愿让考试来束缚自己的天性。想钓鱼,就去钓鱼,决不为分数而放弃钓鱼,他自信如果再努力一点,他可以在班上成为第一名,但他不干,宁可轻轻松松的得一个第二名。正好在同学中间有一个和他一样聪颖、肯为分数而死记硬背的"傻小子",于是,第一名就让这个"傻小子"夺走了。对此,林语堂毫不可惜,因为他深知死读书得来的分数,就像留在松软的沙滩上的脚印,随时会被潮水抹掉。

大学二年级结束时,林语堂大出风头。

结业典礼上,他荣获三种奖章,同时又代表讲演队登台领取优胜的银杯。在同一典礼上一人四次登台领奖,创造了圣约翰大学的领奖纪录,轰动全校。

当时,圣约翰大学和圣玛丽女子大学为邻,林语堂创造领奖纪录的佳话,很快传到了女校。于是,圣约翰的宠儿又变成女校姑娘们心目中的白马王子,他像一片云彩,飘逸在苏州河边的教会文化小区的上空。

浪花总是沿着扬帆者的路开放的。林语堂轻易荣获高分的奇迹被传为美谈的同时,他在体育竞赛中取得的奖章也引人注目。这位校园明星与传统高才生的老气横秋弱不禁风的面貌截然相反。他朝气蓬勃,文武双全。

林语堂是多项体育运动的出色选手。既是圣约翰大学划船队的队长,又是一英里赛跑纪录的创造者。1915 年 5 月 15 日至 22 日,第二届远东运动会在上海虹口公园举行,在由菲、日、中三国选手参加的国际运动会上,中国队囊括足球、排球、游泳、田径四项冠军,荣获总分第一。林语堂代表中国参加过远东运动会,几乎获得奖牌。

他打网球,踢足球,还从夏威夷留学生根耐斯那里学会了打棒球的技术,是一名精于投上弯球和下坠球的垒手。

圣约翰的校园有美丽的草坪,芳草如茵;有高大的乔木,绿荫如盖。生性向往自然山水的林语堂,常在这草木葱茏的景色中流连忘返。然而,最吸引他的,还是那激发他竞争意识的运动场。网球场、足球场、棒球场上时常可以看到林语堂矫健的身影。圣约翰时代的业余运动员生涯,为他造就了

壮健的体魄,使他终生受益。林语堂在回忆校园生活时说:

> 我在圣约翰大学的收获之一,是发展饱满的胸脯;如果我进入公立的学校,就不可能了。①

青春似火。在圣约翰的那几年,林语堂风华正茂,是校园里的风云人物。这位全能型的校园文化积极分子,还是一名口才出众的演说者,经常在演讲比赛中获胜。林语堂自幼爱好辩论,儿时,有人问小和乐长大后的志向,他回答说:(一)做一个英文教员;(二)做一个物理教员;(三)开一个"辩论"商店。"辩论"商店这一条,在大人眼里,自然是孩子的戏言,但在小和乐,这却是认真的回答。他以有"辩才"、爱好"辩论"而闻名于同龄人之中。在家里,他还有一个绰号:"论争顾客"。此刻,大学校园为这位爱辩论的"论争顾客"提供了竞赛的场地。

可是,父亲对林语堂在文体方面的成绩并不感兴趣。有一次,父亲来上海,去运动场观看比赛,参赛的林语堂借机大显身手,但父亲看后不以为然,因为父亲只关心智育,不关心体育,老人家认为体育竞赛中的胜负与智力上的角逐不相干,他只关心儿子在智力竞争中的成果。

也许,这是近代中国特定社会环境下的一种历史的巧合,中国新文化和新文学运动的健将们,大多数是从理工科转到文科的。因此,"弃×从文",成了鲁迅、胡适、郭沫若、郁达夫等人的共同经历。林语堂的道路,虽然不能硬套"弃×从文"的模式,但他和鲁迅等人也有一个相似之处:他并不是因为对数理化不感兴趣才去当文学家的。

儿时,小和乐曾经有过当物理教员的志向。那时,林语堂对创造发明机器有浓厚的兴趣。在学校刚学到虹吸管的原理,立即理论联系实际,想发明一个汲水装置,让井水自动地流进家园。小和乐一见机器就会着迷。在去厦门的小轮船上,他目不转睛地凝视着船上的机器装置,构思着自己的"小

---

① 林语堂:《从异教徒到基督教徒》。

发明",后来在学校见到活塞引擎图,他终于充分了解到蒸汽机的原理。

他在中学时,最喜欢数学和几何,初入圣约翰,林语堂注册入文科,是出于偶然的因素。直到大学毕业二十多年后,林语堂已成为遐迩闻名的文学家,但只要一提到当年在圣约翰入学注册读文科的往事,他仍为那次历史的误会而感到惋惜不已。甚至还说:

> 至今我仍然相信我将来最大的贡献还是在机械的发明一方面。……我仍然相信我将来发明最精最善的汉文打字机,其他满腹的计划和意见以及发明其他的东西可不用说了。如果等我到了五十岁那一年,那时我从事文学工作的六七年计划完成之后,我忽然投入美国麻省工学院里当学生,也不足为奇。①

林语堂的大学生活是一帆风顺的,但这并不意味着航船所行驶的是一条笔直的航线。刚入学时,林语堂根据父亲的意思在圣约翰的神学院注册。可是,不久,他成了弗洛伊德学说的崇拜者,他发现:

> 一切神学的不真,对我的智力都是侮辱。我无法忠实的去履行。我兴趣全失,得的分数极低,这在我的求学过程中是很少见的事。监督认为我不适于做牧师,他是对的。我离开了神学院。②

播种是要选择土壤的,即使是一颗有顽强的生命力的种子,撒在树顶上或岩石上,也无法生根发芽。林语堂怀着一颗充满着青春活力的心,跃跃欲试,像一只活泼的小松鼠,寻找着一切可吃的东西,而神学院的条条框框,使他感到极不舒服。在生活的每一领域里,他几乎都在向一切羁绊挑战,神学领域,自然也不例外。有一次,林语堂代替父亲讲道,他心血来潮地大肆发挥,父亲,作为一个虔诚的牧师,对儿子的那番标新立异的演说,无所措手足。这一次别开生面的讲道,发生在大学二年级的时候。那年夏天,林语堂

---

① 《林语堂自传》。
② 林语堂:《从异教徒到基督教徒》。

回家过暑假,父亲让他讲道,林语堂当仁不让,他选择了一个讲题:"把《圣经》当文学来读。"他对坂仔的乡民们畅谈耶和华是一位部落之神,帮助约书亚消灭亚玛力人和基奈人,宣传耶和华的"进化"观念,他还即席发挥,说《约伯记》是犹太戏剧,《列王记》是犹太历史,《雅歌》是情歌,《创世记》和《出埃及记》是有趣的犹太神话和传说,等等。这次离经叛道的演讲,使父亲清醒了:儿子的才智出众,但不适宜当神职人员。

林语堂在英语上的造诣,追根溯源,首先得益于圣约翰大学的教育。那时,圣约翰大学在全国被公认为是学习英文的理想天地。林语堂花费了一年半的时间掌握了英文的基本功,还在大学一年级的时候,就因为优异的英语成绩而被 echo 编辑部看中,入选为 echo 刊物的编辑者。

天赋之手若不举起勤奋的利斧,也劈不开成功的道路。林语堂不做无用的"功",所以,考试前夕,他悠然钓鱼,但对于他认为有价值的学问,林语堂比谁都刻苦用功,这就是林语堂成功的秘诀。因此,他不仅是一个"快活的天才",而且是一个"勤奋的天才"。

林语堂在实现自己预定的学习目标时,总是善于选择适合于他本人性格素质的最佳的学习方法。劲儿使在刀刃上,做的是高效率的有用"功"。对于毅力和勇气相当的登山者来说,谁能找到最佳的攀登路线,谁就会最先登上顶峰。在攀登知识高峰的征途中,林语堂选择的路线倒不一定是什么捷径,也不一定适宜于别的登山者,但却肯定是最适宜于他自己攀登的途径。他学英文的法宝就是一本袖珍牛津英文字典。他钻研牛津字典,并不是把一个英文字的定义一连串地排列出来,而是把一个字在一个句子里的各种用法举出来。所以,表示意思的并不是那定义,而是那片语。在一个字与同义字的比较中,把这个字的本质和独特的意思充分表现出来,生动而精确。林语堂决不放过任何一个英文字或片语的用法,直到弄清楚为止。林语堂说牛津字典的最大好处是里面含有英国语文的精髓,他从这本字典里学到了英文中精妙的片语,而且字典的体积也很小,只占两双袜子的地方,不论到任何地方去,都便于随身携带。这本袖珍牛津字典,使他终生受益。

一只篮子,放满了鸡蛋就无法再放苹果。林语堂一心不能两用。既然把主要精力扑在牛津字典上了,他就无暇顾及中文学习了,甚至连中国的毛笔也竟弃而不用,代之以灌墨水的钢笔,当时称为自来水笔。进圣约翰大学之前,林语堂瞒着寻源书院的老师,私下阅读中国的古籍。他读了《纲鉴易知录》和《史记》,并且对苏东坡的诗文有浓厚的兴趣。然而,一本小小的牛津字典,居然割断了他和传统文化的联系,他的中文荒废了。

林语堂始终认为,教会学校的环境人为地制造了这个文化上的"断层"。圣约翰大学是培养买办的地方,这是当时的社会公论,学校当局也毫不隐讳这一点,所以学校的教学计划以提高学生的英文水平为己任。但它毕竟设立在中国境内,即使为了装点门面,也要让学生读一点中国书。所以,在这种情况下开设的中文课,不过是一种点缀而已。英文不及格对圣约翰的学生来说,是大逆不道,不准毕业,而中文课哪怕年年考试不及格,毕业文凭仍旧可以照拿不误。在这种情况下,所聘的中文教员往往是极不称职的。

中文的民法教员姓金,是个前清的老秀才,戴着一副大眼镜。这个前朝遗老不仅不懂民法,而且不懂教学法。教材是一本用大字编印的将近一百页的民法书,精力充沛的林语堂完全可以一口气把它读完。可是学校却规定要讲授一个学期。金老夫子每次上课时,先花费十五分钟时间照本宣科地读十行,读完之后,眼睛不望学生,也不看书本,一言不发地在自己座位上缩成一团,就像佛家坐禅入定似的。学生们自然不会伴随金老夫子一起坐禅沉思,各人都在下面做自己所喜欢做的事。对新科学知识一无所知的金老夫子,有一次大概想卖弄一下。他对学生说,坐汽车可以一直驶到美国,连中国和美国之间横隔着太平洋这一类最起码的地理知识都不晓,所以他便成了学生们的笑柄。

林语堂并没有像其他学生那样,以取笑教员的无知作为课堂消遣。他充分利用金老夫子坐禅入定的空隙,大量阅读自己所爱读的书,别人感到最无聊的中文课,成了林语堂"自学"的大好时光,他觉得此时看书,于人无损,于己有益,何乐不为。张伯伦的《十九世纪的基础》,给了他丰富的世界近代史知识。他还读了赫克尔的《宇宙之谜》、斯宾塞的《伦理学》、韦司特墨的《婚姻论》和达尔文的进化论。

当刚入学时的那种新奇感消退以后,林语堂又开始不满圣约翰的课堂教学了。这位渴望潜入知识海洋去探宝的青年人,不满足于仅仅在知识岸边的观望和徜徉,他深感在课堂上收益甚微,他甚至讨厌上课,因为上什么课都不能像自己读书那样可以自由选择书本。虽然每次考试必得高分,但他不以此为自豪,反而痛恨考试制度和"学分制"。他觉得考试得高分,不过是成功地愚弄了教师而已,无助于增进知识。

年级越高,林语堂的胆子也越大。到后来,他不仅在中文课上偷偷地读自己的书,即使在他所喜欢的英文和法文课,以及心理学课上,他都不肯安分。历史教授曾对林语堂啃下了张伯伦的大部头原版书而诧异,同时也对林语堂在历史课上经常向窗门外张望而感到不快。一切迹象表明,这个圣约翰的宠儿已经厌恶圣约翰的课堂,他不再把课堂当作获取知识的源头了。

林语堂想迈出教室四壁的狭小天地,登上"书"的航船,他觉得到哪一所大学都没有关系,最重要的是要有一个好的图书馆。圣约翰在他面前已不再是一座神秘莫测的知识库,特别是图书馆的藏书情况使林语堂十分失望。出国留学以后,林语堂进一步体会到自己在大学时代的损失,因为,与哈佛大学的丰富藏书相比,圣约翰大学图书馆的那五千册藏书,实在是少得可怜,更何况那五千册书中有三分之一是宗教书籍。当年,林语堂非常认真和细心地浏览了圣约翰大学图书馆的书库。

林语堂全盘否定了填鸭式的教学方法,可是他却肯定了一些外国教授的学识和热情。巴顿·麦克奈(Barton Mcnair)、瑞迈尔(Remer),还有一位有着很重的美国布鲁克林口音的教授,都是林语堂所敬重的外国传教士。使林语堂最为钦佩的外国教师则是圣约翰的校长卜舫济博士(F. L. Hawks Pott),"一个真正伟大的人物"[①]——这是林语堂对母校校长的评价。在林语堂的心目中,作为教育家的卜舫济,可以和英国伊顿学校校长安诺金博士和天津南开大学张伯苓校长媲美。卜舫济是一个"中国通",娶了一位中国淑女为妻。他按照为上海造就洋行买办的培养目标,制定了一整套教学管理和生活管理制度。卜舫济严格治校,办事认真,每天清晨,林语堂都见他在早祷会后手拿黑色皮包,带着学生宿舍的舍监巡视整个校园。然后,在9点钟前坐进办公室,决定当天的工作安排。林语堂赞扬卜舫济办事一丝不

---

① 林语堂:《从异教徒到基督教徒》。

苟,生活极有条理。比如,看一部长篇小说,规定每周读一章,决不多读一页,也不少读一页,一年读完。外国教师的言教身传,使林语堂形象地感受到西方文化精神的真谛。林语堂在回忆自己的前半生时,曾说:

> 我这对于西方文明之基本态度不是由书籍所教的,却是由圣约翰的校长卜舫济博士(F. L. Hawks Pott)和其他几个较优的教授而得;他们都是真君子。而对于我感力尤大者则为两位外国妇人,一为华医生夫人,即李寿山女士(Mrs. Harmy then Miss. Deprey),她是我第一个英文教师,一个文雅娴淑的灵魂也。其次则为毕牧师夫人(Mrs. P. W. Pitcher),即寻源书院校长之夫人,她是温静如闺秀之美国旧式妇女。完全令我倾倒的不是斯宾塞的哲学或亚兰布(E. A. Poe)的小说,却是这两女士之慈祥的音调。在易受印象的青年时期,我之易受女性感力自是不可免的事。这两女士所说的英文,在我听来,确是非常的美,胜于我一向听得的本国言语。我爱这种西洋生活,在圣约翰有些传教士的生活——仁爱、诚恳而真实的生活。①

林语堂在教会学校中度过了自己的青少年时代。成年以后,他对教会学校说过许多感激的话,也说过许多遗憾的话。感激,是因为圣约翰为他提供了一艘漫游西方文明的航船;遗憾,是因为在西方文化方面的"得"是以中国传统文化方面的"失"为代价的。长期的教会学校生活造成了他在中国文化上的"断层",当他以西方文化本位来反思中国文化时,他觉得得到的比失去的多,而当他以中国文化本位来进行中西文化比较研究时,他却常常惋惜失去的东西。他说:

> 得失两项相对比,我仍觉圣约翰对于我有一特别影响,令我将来的发展有很深的感力的,即是它教我对于西洋文明和普通的西洋生活具有基本的同情。由此看来,我在成年之时,完全中止读汉文也许有点利

---

① 《林语堂自传》。

益。那令我树立确信西洋生活为正当之基础,而令我觉得故乡所存留的种种传说为一种神秘。因此当我由海外归来之后,从事于重新发现我祖国之工作,我转觉刚刚到了一个向所不知的新大陆从事探险,于其中每一事物皆似孩童在幻想国中所见的事事物物之新鲜,紧张和奇趣。同时,这基本的西方观念令我自海外归来后,对于我们自己的文明之欣赏和批评能有客观的、局外观察的态度。自我反观,我相信我的头脑是西洋的产品,而我的心却是中国的。①

晚年,林语堂常以自己是"一团矛盾"自诩,对教会学校的矛盾态度,自然是这"一团"中的一个。

---

① 《林语堂自传》。

第三章 曲折的浪漫史

赖柏英——陈锦端——廖翠凤

爱的大海宽广而深沉,但每一艘爱情的航船仅能搭乘一对旅伴,林语堂经历了两次失恋的痛苦之后,直到第三次,才成功地找到了愿登上他的爱情之舟的终身伴侣。

在坂仔,那浅蓝色的起伏绵亘的山丘中,半山腰上,到处开满了鲜花:春天是火红般的蔷薇,夏天是含笑或鹰爪花,秋天是一串一串的木兰珠芯,冬天则有可爱的茶花或俏丽的腊梅花。在这四季都是花香飘溢的地方,隐藏着一座被林语堂戏称为"鹭巢"的小屋。那里住着他初恋的少女赖柏英。

清晨,赖柏英婉转的声音在荔枝林里回响,林语堂的心神随着她的声音飘逸到了梦幻般的世界,这是林语堂少年时代最欢欣的时刻。

赖柏英的母亲是林语堂母亲的教女,如果按照封建的辈分来排,林语堂还是赖柏英的长辈哩。可是,这一对同龄的伙伴,自幼青梅竹马,两小无猜。

林家在山谷底的西溪河畔,和半山上的"鹭巢"相距五六里的样子。村里逢集时,赖柏英下山来赶集,给林家带来新鲜的蔬菜、竹笋或者她母亲做的糕点。炎热的夏天,山上凉快,林语堂就上山去玩。赖柏英俨然以"鹭巢"的女主人自居,拿荔枝来招待客人。她还和客人们比赛吃荔枝,她总是得胜,男孩子们才吃一粒,她已经连吐三粒核。她有一个绝招:荔枝核从她灵巧的嘴唇里吐出来并击中一米半以外的目标。荔枝吃多了要坏肚子的,但赖柏英自有对付的办法:喝一勺酱油就行。

他们还常到小溪流中去捉鱼捉虾。在河岸上,有许多蝴蝶和蜻蜓。他们异想天开地设计了一种有趣的游戏:赖柏英的头发上戴一朵花,然后悄悄地躲进树丛里,等着蝴蝶落到她头发上,她才慢慢地站起来,轻轻地从树丛里走出来。这游戏的趣味就在于看她能走多远,而不会把蝴蝶吓跑。蓝绿色的燕尾蝶很机警,赖柏英一站起来,它们马上飞走,而那种橘黄带有黑色的蝴蝶很容易抓到。但最容易抓的是蜻蜓……

情人眼里出西施。这位头栖蝴蝶的少女,在林语堂眼里,浑身上下,无处不美:她鹅蛋形的脸是美的,她那被称作"橄榄"的偏瘦的身材也是美的,她站在半山腰的晴空下,头顶青天,乌丝随风飞舞的画面,当然美不可言……然而,最美最美的——在情人眼里——不是她的面容和身材,而是她的那一双脚。

赖柏英喜欢赤足。她经常静悄悄地走过草地,站在林语堂身后,猛然蒙住林语堂的眼睛,天真地问道:

"谁?"

"当然是你嘛!"林语堂说着,一把抓住她的手,她敏捷地挣脱开,逃走了,他在她后面追赶……

……他注视着她那双飞驰着的脚——在情人眼里——这是一双举世无双的美足!

"她的脚在群山间,是多么美丽!"一句《圣经》中的话,从林语堂的知识信息库里跳了出来。

《赖柏英》是林语堂所创作的"自传小说",其中虽有相当多的虚构成分,但关于赖柏英的描写大半是真实的,小说中的"新洛",就是林语堂以自己为模特儿创造的一个男主人公。林语堂借"新洛"的嘴,又一次赞赏了初恋少女的那双脚。

"新洛"在谈及赖柏英时,说:

"我崇拜她脚上的泥巴。"

"整个新加坡还没有一个女孩子够资格吻她脚上的泥土呢。"

"人生必有痴,必有偏好癖嗜。没有癖嗜的人,大半靠不住,而且就变为索然无味的不知趣的一个人了。"①

---

① 林语堂:《论趣》。

林语堂对赖柏英的脚的"崇拜",可以算得上是林语堂的偏好癖嗜之一。

一首诗要有诗眼,而女人的"诗眼"就是她的魅力。魅力到底是什么,谁也说不清,是蒙娜丽莎神秘的微笑,是林黛玉多情的眼泪,是索菲亚·罗兰性感的嘴唇,还是邓肯优美的身段和舞姿……不管魅力是什么,有一点却可以完全肯定:在林语堂的心目中,赖柏英的魅力在脚上。

失恋后,林语堂把对赖柏英赤足的偏爱移情到他自己的脚上。在北京当大学教授时,他就喜欢不穿鞋子在系办公室的地毯上行走,认为这是"生活中最奢侈的享受之一"。他说:"人的双脚,即因为上帝为了叫行走而造成它们,所以是完美的。对于它们不能再有什么改良,而穿鞋是一种人类退化的形态。汤玛斯·渥尔夫曾在《望乡》一书中亲切地写天使脚趾翘起,因为他生来就是如此。"宣传赤足的优越性、赞扬赤足之美成了林语堂终生的偏好。他还说:

赤足是天所赋予的,革履是人工的,人工何可与造物媲美?赤足之快活灵便,童年时快乐自由,大家忘记了吧!步伐轻快,跳动自如,怎样好的轻软皮鞋都办不到,比不上。至于无声无臭,更不必说。①

自然,最美最美的是赖柏英的那双赤足,因为只有她才是林语堂心目中翘起脚趾的那个"小天使"。

林语堂对赤足的赞美,后来还影响到林夫人廖翠凤女士。廖女士有一句名言:"美的基础,就在脚上。"这是后话。

那年假期,林语堂从圣约翰大学回到坂仔,他向赖柏英透露了出国留学的抱负,同时也倾吐了久藏在心中的愿望,要求赖柏英跟他一起去创造新的生活。但赖柏英却坚持要留在山村,伺候双目失明的老祖父。她不是一个爱情至上主义者,在忠孝和情爱之间,她选择了前者,放弃了后者。反过来,她还企图说服林语堂留在家乡。

这时,雄心勃勃的林语堂,像一只已经展翅的山鹰,不会再满足于"鹭

---

① 林语堂:《论赤足之美》。

巢"周围的狭小天地,想翱翔在更高更远的天涯海角。他同样也不是一个爱情至上主义者,所以,在理想和情爱之间,他的选择也是前者。

于是,那延续多年的充满幻想、充满诗情画意的初恋,不得不匆匆落下帷幕,他们遗憾地但又是友好地分手了,在两颗纯洁的心灵上留下了一段永远是魂牵梦萦的初恋之情。

1963年,被林语堂称为"自传小说"的《赖柏英》出版后,林语堂的这一段鲜为人知的初恋史就公布于世了。值得一提的是:在现实生活中林、赖的恋情,发乎情,止乎礼,没有越轨行为,而在"自传小说"里,不知出于什么动机,林语堂竟虚构了赖柏英怀孕的情节。[①]

和赖柏英分手后,一位美貌的少女闯入了林语堂的情感世界,她就是陈天恩医师的女儿陈锦端。

陈天恩是基督教竹树堂会长老,生有九子八女。早年追随孙中山先生,在"二次革命"的讨袁战争失败后,一度逃亡菲律宾。回国后,热心教育,并创办了榕城福建造纸厂、厦门电力厂、淘化大同公司、福泉厦汽车公司。陈天恩的次子希佐、三子希庆是林语堂在圣约翰大学时的好友。周末,三个好朋友常在一起看电影,逛校园,或者到附近的杰克餐厅吃牛排。

那时,青年男女几乎没有什么交往的机会,即使做礼拜,圣约翰的男生和圣玛丽的女生也是分别去教堂的。但因为有两个哥哥在圣大读书,所以,在圣玛丽上学的陈锦端便有机会结识哥哥们的好友林语堂。

陈小姐不仅楚楚动人,而且天真烂漫。她活泼大方,丝毫没有同龄女孩子的那种故作忸怩的毛病。她有艺术的天赋,画得一手好画。在林语堂的心目中,她就是美的化身,他喜欢她爱美的天性,喜欢她无忧无虑的自由个性,喜欢她……她那瀑布似的秀发,用一个宽长的夹子夹在脖子后面,额前的刘海在微风中吹动,她发亮的眼睛在对他会心地微笑,他已一见钟情地爱上了她,简直愿意把自己的心掏出来呈献在她的面前!

爱情点燃了他的智慧的火花,他的智慧是属于她的。

[①] 林语堂在《八十自叙》里肯定"赖柏英是我初恋的女友",但林太乙的《林语堂传》否认林、赖的恋爱关系,本书采用林语堂本人的《自叙》中的说法。

第三章 曲折的浪漫史

"什么是艺术?"锦端问。

"艺术是一种创造力,艺术家的眼睛像小孩子的眼睛一样,看什么都是新鲜的。将看到的以文字以画表现出来,那便是艺术。"他说,"我要写作。"

"我要作画。"她说。

由于陈锦端的存在,他觉得世界上的一切都是美好的:雨珠沿着窗子的玻璃坠落,是美的;叶子从树枝飘落,也是美的;一只麻雀飞到屋檐下避雨,仍然是美的。

虽然,他俩从未单独在一起——旁边总有她的两个哥哥"保驾"——但是,林语堂对陈姑娘的爱慕之心已溢于言表,而她似乎也无法抗拒这位才子的强大的吸引力。于是,丘比特的箭在两个青年人的头顶呼啸。

放假回到厦门,林语堂经常借找陈希佐为名,到陈家做客,真正的目的当然是找陈小姐。陈天恩医师知情后,决定棒打鸳鸯,因为陈天恩早已听说林语堂对基督教的信仰不坚定,所以认为林语堂虽然聪明,但却靠不住,不能把自己的长女许配给他。

婚姻大事取决于"父母之命,媒妁之言",这在"五四"以前,是中国的老规矩。因此,陈天恩医师没有遇到很大的困难就成功地阻挠了女儿的恋爱。①

当初,处在热恋中的林语堂还在盲目地编织着才子佳人的美梦,他在柔情蜜意中憧憬着未来,他忘记了严酷的现实。什么传统观念,什么"门当户对",什么"父母之命",根本无暇思索。他就像一个纵马疾驰的骑手,只顾骑着骏马往前奔驰,而不问前途如何:马会不会冲进深渊? 船会不会触到暗礁? ……在爱情的魔力的诱惑下,他完全忘记了自己和心上人之间横着一条又深又宽的鸿沟……现在,林语堂的爱情幻想曲遭到了致命的打击,他垂头丧气地回到坂仔,悲痛欲绝,那痛苦似乎都凝固在脸上了,既不扩散,也不消失,他一动也不动,一声也不吭,呆呆地坐着。家里人见他愁容满面,却不知道究竟发生了什么事。

夜深人静,母亲手提灯笼来到屋里,想安慰他几句。这时,他再也克制

---

① 关于林语堂与陈锦端的爱情悲剧的资料,来源于林太乙的《林语堂传》。

不住了，那在胸口滚动了许久的泪泉，冲决了理智的闸门，急骤地喷涌出来。失控的感情，像脱缰的马，像暴发的山洪倾泻下来。他痛哭不止，一直哭到瘫软在地下，只有在二姐去世时，他曾这样伤心地哭过。但眼泪是不可能填平那世俗的鸿沟的。

次日，大姐瑞珠回娘家，听说了和乐在失恋后的失态。大姐不仅没有安慰他，反而滔滔不绝地责备他：

"你怎么这么笨，偏偏爱上陈天恩的女儿？你打算怎么养她？陈天恩是厦门的巨富，你难道想吃天鹅肉？"

陈天恩知道自己的干涉会使林语堂受到伤害，为了不使这个有才气的青年过分悲痛，他替林语堂做了一个媒——把邻居廖悦发的二小姐廖翠凤介绍给林语堂。

豫丰钱庄老板廖悦发，也是厦门鼓浪屿的富商。在厦门有自己的码头、仓库和房产。妻子林氏生有三男三女，廖家既是虔诚的基督教徒，又有根深蒂固的男尊女卑的传统意识。对女儿的管教十分严厉，女儿从小都要学会烹饪，洗衣服，缝纫。吃饭时男女分桌，在廖悦发面前谁都不敢多说话。廖悦发是个家庭暴君，外貌威严，脾气暴躁，动辄骂人，尤其是骂老婆和女儿。儿子们都学他的样子，所以，男人骂女人，成了廖家的风气。

说来也巧，廖翠凤的二哥是林语堂在圣约翰的同学，而林语堂的大姐曾在毓德女校与廖翠凤同学。大姐很赞成这门亲事，向林语堂和家人们介绍了廖二小姐的许多长处，说她是端正大方的姑娘，皮肤白皙，有一对明亮的大眼睛，高高的鼻梁，人中很长，一对大耳朵，薄薄的嘴唇，有大家闺秀的风度。在家人的推动下，失恋的林语堂接受了这门亲事，而廖翠凤则早已从二哥那里听说林语堂是圣大出类拔萃的特优生，曾在一次典礼上四次上台领奖，开创了学校得奖的纪录。现在，这位带有传奇色彩的风云人物揭开了神秘的面纱，活生生地出现在廖二小姐的面前——林语堂应邀在廖家吃饭时，廖二小姐躲在屏风后偷偷地观察这位圣大的高才生，见他一表人才，又无拘无束。吃饭的时候，林语堂胃口极好，而廖二小姐却在数他吃几碗饭，并把他在旅途中穿的那些脏衣服拿去洗了。……一股情感的热流在姑娘的胸中激荡,因为,"白马王子"已经闯入了姑娘情感世界里的那一片最神圣、最纯洁的"禁区"。

订婚前,母亲提醒女儿:"语堂是个牧师的儿子,但是家里没有钱。"

"穷有什么关系?"女儿轻松地回答。

因为廖二小姐择夫的标准是"才",她爱的是林语堂人才难得,她不爱富嫌贫。她对自己能与林才子结亲而感到十分自豪。她回答母亲的那一句话,真是一言九鼎,奠定之后五十多年的金玉良缘的第一块基石。后来,每逢回忆往事,廖翠凤都要为当初的果断选择而得意地吃吃而笑。

1915年,林语堂和廖翠凤订婚后,仍回圣约翰大学读书。1916年毕业后,林语堂又忙于筹备出国留学,于是婚事一拖再拖,叫廖姑娘苦等了四年之久。廖姑娘担心半路上杀出一个"白雪公主"来拐走她的"白马王子"。有时,她实在忍不住了,就对人说:"这位林语堂先生和我订婚四年了,为什么还不娶我呀?"①

1915年,也就是伟大的"五四"新文化运动爆发前四年,按照中国传统社会的惯例,即使是订了婚的未婚夫妇,也仍然不能越过"男女授受不亲"的防线。当然,生活在通商口岸鼓浪屿的廖家,要比当年一般的中国家庭开通些。然而,所谓"开通"的内涵,充其量,不过是允许林语堂和廖翠凤在廖家那间敞开了大门的大客厅里相对而坐罢了。对20世纪90年代的青年情侣来说,这简直是难以接受的束缚,但在当年,林语堂和廖翠凤,对家庭的这点恩赐已经满足了。廖女士说:"五十年前,订婚夫妇能相对而坐,已经是了不起的开明。"况且,他俩还可以瞒着家长偷偷地鸿雁传书哩。

1919年7月9日,有情人终成眷属,林语堂和廖翠凤在一座英国圣公会的教堂里举行西洋式的婚礼。然后,踏上开往美国的轮船,林语堂去哈佛大学的旅程,就是这对新婚夫妇的蜜月旅行。

婚后,林语堂对妻子说:"把婚书烧了吧,因为婚书总是离婚时才用得着!"②

在林语堂看来,婚礼婚书都只是形式而已,两心若是久长时,又岂在形

---

① 林如斯等:《吾家》。
② 林语堂:《八十自叙》。

式?为了表示忠于爱情的内容和对婚姻形式的轻视,林语堂夫妇一致同意把婚书拿出来付之一炬。

林语堂和廖翠凤都很有先见之明,因为这张"离婚时才用得着"的婚书,对于白头偕老的"金玉良缘"来说,确实是毫无用处的。

林语堂与廖二小姐订婚时,那位使林语堂神魂颠倒的陈小姐去美国米希根州的霍柏大学攻读美术了,留学回来后,在上海中西女塾教美术。陈小姐三十二岁时才与留美生、厦门大学教授方锡畴结婚。林语堂在上海时,陈小姐是林家的贵客,每次都受到隆重的接待。据林太乙回忆:

> 父亲对陈锦端的爱情始终没有熄灭。我们在上海住的时候,有时锦端姨来我们家里玩。她要来,好像是一件大事。我虽然只有四五岁,也有这个印象。父母亲因为感情很好,而母亲充满自信,所以会不厌其烦地、得意地告诉我们,父亲是爱过锦端姨的,但是嫁给他的,不是当时看不起他的陈天恩的女儿,而是说了那句历史性的话"没有钱不要紧"的廖翠凤。母亲说着就哈哈大笑。父亲则不自在地微笑,脸色有点涨红。我在上海长大时,这一幕演过许多次。我不免想到,在父亲心灵最深之处,没有人能碰到的地方,锦端永远占一个地位。①

与陈锦端的爱情悲剧造成了林语堂永远无法弥补的心灵创伤。只有最接近他最熟悉他的人,才能从细微末节中察觉出林语堂是带着一颗受伤的心走完自己的生活道路的。他一直在极力掩盖自己的隐痛,可是,有时却会情不自禁地暴露出内心的秘密。直到耄耋之年,他还念念不忘旧情。

那时,他已身体虚弱,行动不便,靠轮椅活动。一天在香港干德道的三女儿家里,见到陈锦端的嫂子——陈希庆太太,林语堂关心地问起陈锦端的近况,听说她还住在厦门,高兴地对希庆太太说:"你告诉她,我要去看她!"

平时,在这个问题上一向通情达理的廖翠凤,见丈夫竟然讲出这样不切实际的话,不得不出来提醒他正视自己的现状。她说:"语堂,你不要发疯,你不会走路,怎么还想去厦门?"

---

① 林太乙:《林语堂传》。

第四章　清华学校里的"清教徒"

> 清华学校里的"清教徒"——初识"有一流才智的人"——辜鸿铭的启示

　　1915年,林语堂和廖翠凤订婚后,林语堂又回到了上海圣约翰大学,一头扎进了牛津字典的小天地里。这时,中国文化界发生了一件影响深远的大事:1915年9月,陈独秀的《青年杂志》在上海创刊了。

　　当时,生活在圣约翰校园里的林语堂,虽然与《青年杂志》共处于同一个城市,但教会学校清规戒律的樊篱,隔断了林语堂与中国文化界的一切联系,使他根本不知道《青年杂志》的存在。

　　1916年9月15日,《青年杂志》改名为《新青年》,随着时间的推移,《新青年》的影响越来越大,成为中国新文化运动中的一支火炬。这一年的年底,《新青年》编辑部由上海迁到北京。

　　林语堂是和《新青年》编辑部在同一年里由上海到北京的。1916年的北京,正处于"文学革命"的前夜,山雨欲来风满楼。

　　1916年底,科举出身、点过翰林、后来又在辛亥革命后的南京临时政府中担任过教育总长的蔡元培,被任命为北京大学校长。蔡元培锐意改革,接纳新潮,主张学术思想自由,兼容并包,广延各派学人来北大任教。不久,陈独秀、李大钊、胡适、周树人、周作人、刘半农、钱玄同等新文化精英云集北大。于是,在北京形成了一个以《新青年》为中心,以北京大学为根据地的倡导新文化的大本营。1917年初,胡适的《文学改良刍议》和陈独秀的《文学革命论》,先后在《新青年》上发表。1918年,鲁迅的《狂人日记》问世,一场声势浩大的思想解放运动,首先在文学这个阵地上打响了。

《新青年》编辑部从上海迁到北京的那一年,林语堂以第二名的成绩从圣约翰大学毕业,由校方推荐到北京清华学校任英文教员。

清华学校(1928年改为清华大学)是1912年用美国退还的部分庚子赔款建立起来的。学校坐落在北京近郊前清端亲王的花园里。学校的图书馆、大礼堂、体育馆、游泳池在当时国内堪称一流。林语堂就职时,那座规模宏大的图书馆正在建筑中。清华学校的学制分为中等科和高等科两级,总共八年之中,前五六年基本为中学程度的科目,后二三年才安排上大学的课程。毕业后按学生的成绩和志愿分别插入美国的各个大学。在教师阵营相当坚实的清华学校,林语堂是一个称职的英文教员,也是一个洁身自好的青年。星期天,有的同事去"八大胡同"嫖妓,而林语堂却在校内主持一个圣经班的功课,他是自动兼教圣经班的。他不饮酒,也不近女色,有的同事取笑他是"处男",他自己也承认,在婚前没有过性经验,所以,胡适有时就友善地称他为"清教徒"。

当年,在北京的那一批新文化运动的倡导者们,几乎都是由中国学校培养出来的,他们熟读四书五经,身受传统文化的毒害,又是反戈一击的"叛徒",他们都有深厚的国学根底。相比之下,在清华园的林语堂由于教会学校割断了他和中国文化的联系,仅靠从父亲的"庭训"中所得到的那点中文知识,简直贫乏得可怜。自惭形秽的林语堂为自己的中文知识而感到羞耻。

直到晚年,林语堂还清楚地记得当年在清华学校时的困境:

> 我曾经说过,因为我上教会学校,把国文忽略了。结果是中文弄得仅仅半通。圣约翰大学的毕业生大都如此。我一毕业,就到北平清华大学去。我当时就那样投身到中国的文化中心北平,您想象我的窘态吧。不仅是我的学问差,还有我的基督教教育性质的影响呢。……我身为大学毕业生,还称是中国的知识分子,实在惭愧。……为了洗雪耻辱,我开始认真在中文上下功夫。①

---

① 林语堂:《八十自叙》。

"为了洗雪耻辱",就必须发奋"补课",认真做学问。学问学问,顾名思义,当然要学学问问。但是,林语堂实在不好意思去"问"别人,因为他连许多最基本的中国文化知识都不知道。堂堂清华教员,而且就要出国留学,可是竟对本国文化的常识一知半解,不问则已,一问不就露出马脚来了吗?

正是这一特定情景,使林语堂在清华学校任教的三年内,和琉璃厂的书店书商们结下了因缘。

老北京都知道,琉璃厂是书铺会集之地,学者、行家们常能从那里找到价廉物美的古旧书籍。林语堂在清华时,常逛琉璃厂,这条街上有好些书店、纸店、卖印章墨盒子的商店。中间东首有"信远斋",专卖蜜饯糖食和远近闻名的酸梅汤,这是林语堂所喜爱的零食。每逢正月初一到十五间,琉璃厂附近的市集,游人特别拥挤,林语堂有时也来凑热闹。南新华街自和平门至琉璃厂中间一段,东西路旁皆书摊,西边土地祠中的书摊较整齐,东边为海王村公园,杂售儿童食物玩具,最吸引人的是糖葫芦。琉璃厂东门内有火神庙,为高级的古玩摊、书摊荟萃之地。

琉璃厂、隆福寺的书肆主人,早先大多是南方人,据说多为进京会试名落孙山的前清举子,因赧颜归里,便流落京师,为谋生去经商,旁的生意不会做,只好卖书。念书人卖书算最接近本行,虽是半路出家的生意人,但对书籍的知识却相当精通,拜他们为师,倒真是找对了路子。在清华学校里,出于自尊的本能,对于诸如"杜诗评注"之类的问题,林语堂羞于向同事们求教。于是,他就来到琉璃厂和隆福寺街,那里旧书铺的老板们个个精于目录学、版本学。林语堂放松了在学府空气中绷得紧紧的大脑神经,在与书铺老板和伙计们的随便闲谈中获得了各种文化知识,填补了自己的空白。

"这儿又有一本王国维的著作《人间词话》。"林语堂故意装出十分熟悉王国维著作的样子,其实,他是生平头一次翻阅王国维的书,而善于经营的书商则赶紧过来向顾客介绍这本书的版本的优劣,想要卖个好价钱。

"这儿又有一套四库集录。"随着林语堂的喊声,书商急忙过来说明,同样的版本,敝店如何不顾血本薄利多销。老练的商人怎么也想不到,面前的这位清华教员,从他嘴里第一次了解到四库集录的版本知识。

去琉璃厂的次数和林语堂的中国文化知识的增长速度是成正比的。在持续的"不耻下问"中,林语堂变成了琉璃厂和隆福寺街书铺里的常客,他可以与精通古籍版本和目录学的老板们自由攀谈,像一个内行那样地讨价还价了。

当林语堂徘徊在琉璃厂的书铺之间,正在紧张地进行传统文化知识的"补课"时,李大钊、陈独秀、胡适、鲁迅等新文化运动的倡导者们,却正在为传统文化对自己的毒害过深过重而感到痛苦。因为,当年《新青年》队伍中的反传统的战将们,哪一个不是传统文化的受害者?唯其深受其害,才更痛感批判传统的必要性。而林语堂呢,由于文化"断层"的存在,使他面对陌生的中国文化,不能像李大钊、陈独秀、胡适、鲁迅等人那样,有的放矢地批判旧文化,提倡新文化;他也不可能以受害者的切身体验,去猛烈地揭露封建礼教的吃人本质,并发出"救救孩子"的怒吼。

可是,林语堂也没有袖手旁观,他从自己的语言学研究的角度,表明了对新文化运动的态度。1918年2月出版的《新青年》4卷2期,刊出了林语堂(署名林玉堂)的《汉字索引制说明》一文。《新青年》4卷4期上又刊出了林语堂和钱玄同的一组通信,题为《论"汉字索引制"及西洋文学》。与《新青年》杂志上所刊出的那些提倡"文学革命"的文章相比较,林语堂只在自己熟悉的语言学领域里,发表了一些赞赏钱玄同的汉字改革的主张。这两篇文章,既不是林语堂的力作,也没有产生巨大的社会反响,只是表明林语堂在新文化运动的发难阶段,并不是一个冷漠的观众。但在那些叱咤风云的倡导者面前,他不过是一个初出茅庐的后生。

然而,山不在高,池也不在深。不要看轻了"初出茅庐"的林语堂。因为,从所涉及的内容来看,他的文章正好触及"文学革命"初期被人忽略的一个死角。胡适在为《中国新文学大系·建设理论集》所写的"导论"中说:

> 在文学革命的初期提出的那些个别的问题之中,只有一个问题还没有得到充分的注意,也没有多大的进展——那就是废汉字改用音标文字的问题……如果因为白话文学的奠定和古文学的权威的崩溃,音标文字在那不很辽远的将来,能够替代了那方块的汉字做中国四万万人的教育工具和文学工具了,那才可以说是中国文学革命的更大的收

获了。①

如果真像胡适所说的那样,那么,林语堂在《新青年》上的文章,倒是难得的填空补白。

在狂飙突进的中国新文化运动中,林语堂有幸接触了被他赞誉为"两位有一流才智的人":胡适和陈独秀。他们给予林语堂"难以磨灭的影响"②。

林语堂在清华学校的那三年(1916—1919),正值胡适和陈独秀在《新青年》上揭起"文学革命"大旗的时候。1916 年 8 月 21 日,在美国哥伦比亚大学攻读博士学位的胡适,从大洋彼岸给《新青年》主编陈独秀寄信,提出"文学革命"八条件。同年 11 月,胡适作《文学改良刍议》,这篇首倡"文学革命"的檄文,分别在《新青年》2 卷 5 期(1917 年 1 月 1 日出版)和《留美学生季报》春季号发表。胡适的文章,虽是一个发难的信号,但语气却相当平和。接着,陈独秀撰文为之声援。1917 年 2 月 1 日出版的《新青年》第 2 卷第 6 期上,刊出了陈独秀的《文学革命论》,主张明确,观点鲜明,在文化界引起普遍的震动。1917 年 1 月,陈独秀正式就任北京大学文科学长后,立即向蔡元培推荐胡适。

1917 年 7 月 7 日,胡适启程回国,8 月来到北京,应蔡元培之邀任北京大学教授。胡适到达时,北京文化界满怀着期待,热烈欢迎这位首举"文学革命"义旗的风云人物。胡适果然不同凡响,他引用了荷兰神学家 Erasmus 的话说:"现在我们已经回来。一切要大有不同了。"语出惊人,摆开了大干一场的架势。如果说那时的胡适是"登高一呼,应者如云"的人物,那么林语堂只是云海中平平常常的一小片浮云。这一天,林语堂只是以清华学校一个普通的英文教员的身份参加欢迎,并没有引起胡适的特别注意。直到那两篇填空补白的文章在《新青年》发表后,胡适才重视林语堂的名字。

当《新青年》的同人们与林纾(林琴南)、辜鸿铭等守旧派短兵相接的时候,正在穿越文化"断层"的林语堂不敢贸然地在名人们的论战中班门弄斧,但他"直觉地同情"新文化阵营这一边。不久,他开始和胡适交往,并建立了

---

① 胡适:《新文学的建设理论》。
② 林语堂:《从异教徒到基督教徒》。

私人的友谊。他俩的私谊,对林语堂后来的留学生活产生过重要的影响。

1916—1919年的北京,既是新文化运动的策源地,荟萃了新文化新思想的精英,同时也麇集着旧文化旧思想的遗老遗少。

兼容多种文化,这是林语堂从父亲那里承继过来的文化心理。所以在清华期间,林语堂不仅对"文学革命"倡导者们的真知灼见心向往之,而且对突然展现在他面前的古老文明的回光返照,也感到非常好奇。他像一个饥饿的孩子走进了长着各种果树的果园,这里的每一种鲜果都使他馋涎欲滴,他想把所有的品种都摘下来,亲口尝一尝它们的滋味。在林语堂眼里,凡是教会学校里没有学过的东西,统统都是有趣的。他像一个在新大陆探险的孩子,睁眼注视着五彩缤纷的世界,开始了精神漫游的历程。他说:

> 中国对于我有特殊的摄力,即如一个未经开发的大陆,而我随意之所之,自由无碍,有如一个小孩走入大丛林一般,时或停步仰望星月,俯看虫花。我不管别人说什么,而在这探险程序中也没有预定的目的地,没有预定的游程,不受规定的向导之限制。……我素来喜欢顺从自己的本能,所谓任意而行;尤喜自行决定什么是善,什么是美,什么不是。我喜欢自己所发现的好东西,而不愿意人家指出来的。我已得到极大的开心乐事,即是发现好些个被人遗忘的著者而恢复其声誉。……每天早晨,我一觉醒来,便感觉着有无限无疆的探险富地在我前头。大概是牛顿在身死之前曾说过,他自觉很像一个童子在海边嬉戏,而知识世界在他前头有如大海之渺茫无垠。[①]

北京,是林语堂所说的"没有预定目的地"的"探险程序"中的第一站。那时,清王朝虽已被推翻多年,但是溥仪照旧在故宫里保存着自己的小朝廷。故宫外面,还有大批皇亲国戚和各式各样的前朝遗老。不要以为遗民们都是酒囊饭袋,其实,即使是做幕僚清客,也还得学一点"帮忙"或"帮闲"的本领的。要懂得琴棋书画,要会引经据典,要能察言观色随机应变……林

---

① 《林语堂自传》。

语堂到北京时,他没有机会目睹被推翻了的清王朝黑暗腐败的暴政恶迹,却发现了那些前朝遗民身上的优雅的文化修养,清代王公大人们的"风度"使林语堂惊叹不已。

前清时一品至九品的官吏,英文称为 Mandarin,林语堂把它翻译为"满大人"。在林语堂眼里,他们是几世纪以来的文物礼俗所养成的"中国文明的一种结晶品"。林语堂说,也许清朝是中国历史上最腐败的时代,但是那些贪官污吏却是极文雅的先生们。他们有洪亮的声音,雍容的态度,又有一口音韵铿锵的官话,出口成章的谈吐。他们以"风雅"掩盖了贪污、纳贿等肮脏的勾当。林语堂对"满大人"的风雅的"官话"极感兴趣。林语堂又说,能讲官话是"一种艺术",是要半世的修养才学会的。坐着听人讲"官话",如听一出好戏,声音是从喉管深处出来的,到了嘴里,又有一段抑扬顿挫的功夫,其中又有应有的咳嗽、停顿、拈须等做点缀;句读是流利铿锵的,措词是温文尔雅的,前后是有照应的;有"一则""二则""三则"的分段,又夹杂"国计民生""涓滴归公""未可厚非""不无小补"的文言词句。这些有前朝"满大人"遗风的人,在静听别人讲话时,一口一口的"是的"来得非常安详,犹如钟鼓之有节奏;在其发言时,每段段末,也有"高明以为何如"重叠的波浪,听来非常悦耳。

北京的前朝遗民的"遗风",给林语堂留下了强烈的印象,后来,在上海办《论语》半月刊的时期,林语堂将这些印象经过艺术加工,成为一篇讽刺时弊的幽默小品文:《思满大人》。对于那些能说一口漂亮的"官话"的前朝遗民,林语堂非常欣赏他们的风度、气质、文化修养,但这绝不等于说,林语堂容忍他们的贪污腐化。这种把形式从内容中剥离出来的方法,是林语堂的思维特点,在评价辜鸿铭的时候,表现得尤其突出。

猎奇的兴趣,使林语堂乐于向一切人求教,不管是大人物还是小人物,是进步的还是反动的。二十年后,林语堂曾在《吾国吾民》和《生活的艺术》中,列举了一大批他所崇拜的精神导师或朋友,可是却偏偏"漏"掉了一个极为重要的人物——辜鸿铭。这位被林语堂誉为"绝顶聪明"的辜鸿铭,在中西文化比较研究方面给林语堂的启示,直接或间接地决定了林语堂的学术研究方向。也许,这是幽默大师故意设置的玩笑,他想在玩笑中隐藏起"两脚踏东西文化"的来龙去脉,把无孔不入的批评家们引入迷津。看来,这个玩笑开得是成功的。成功的证明就是:现在有不少人正沿着林语堂的逻辑指向,"漏"掉了辜鸿铭对林语堂在东西文化比较研究方面的影响。

辜鸿铭(1857—1928),福建同安人,生于南洋槟榔屿,原名汤生,自号汉滨读易者。早年留学英、德、法等国,获得爱丁堡大学、德国工业大学等校的文凭,精通英、法、德、意和拉丁、希腊等数种语文。二十四岁回国,曾为张之洞幕僚,外务部左丞。辛亥革命后任教于北京大学,政治态度极为保守。推崇孔子学说,宣扬封建思想,反对新文化。著有《读易堂文集》等,译有《痴汉骑马歌》,以向外国人介绍中国文化为己任,用英文撰写宣传儒家思想的著作:《春秋大义》,并把《论语》《中庸》等儒家经典翻译成外文。

辜鸿铭是民国以来最著名的前朝遗老,他的古怪言行流传甚广,是当年北京的笑料。林语堂到清华学校任教时,曾耳闻目睹过许多有关辜氏的奇闻轶事:辜在清末的外务部供职时,曾应召陈言,直言时弊,说:"用小人办外事,其祸更烈。"得罪了袁世凯;在当张之洞幕僚时,不满于穷奢极侈地庆祝"万寿节"的腐败现象,他作了一首打油诗:"天子万年,百姓花钱。万寿无疆,百姓遭殃。"可是在清帝退位后,他却仍然效忠皇帝,留着一根长辫子。北京还到处流传着辜氏有喜爱小脚女人的脚臭的怪癖。辜氏以儒家的最后一个"卫道者"自居的顽固态度,使这个悲剧性格在历史舞台上竟然成功地扮演了一个喜剧的角色,他的那些滑稽可笑的喜剧性动作,表现了一种比阿Q还要阿Q的精神现象。

历史是笑着向过去告别的。辜鸿铭逝世后,刊出的悼念文章里,没有沉痛的悲哀,只有滑稽的笑料。因为,辜鸿铭是一个通晓儒道精义的狂生,生性怪僻,落落寡合。他穷困时,愈是援助他的人愈挨他的骂,若接济他钱财,"则尤非旦夕待其批颊不可,盖不如此,不足见其倔强也"[①]。他任气忤物,往往开罪于人。他为人刚愎,与众不同,是一个天生的标新立异者:众人所承认的,他反对;众人所喜欢的,他则不喜欢;众人崇拜的,他藐视。林语堂以

---

① 林语堂:《辜鸿铭》。

自己的标准来看待辜鸿铭的性格,对其偏好怪癖不以为非。

早在圣约翰大学,林语堂已经接触辜鸿铭的著作,他很欣赏辜氏犀利的文字和好作惊人之语的矫健笔锋。那时,林语堂每天课余必读北京出版的英文日报 *Peking Cazette*。当时,辜鸿铭应该报主编陈友仁之约,每月都要写四篇稿子。辜鸿铭和陈友仁都在海外长大,陈友仁出生于西印度,从两人的优美的文笔中,林语堂首先发现的是两人身上的"洋气"。在林语堂的词汇中有"洋气"即有骨气,他在纪念孙中山逝世的文章中曾赞孙中山身上的"洋气"。辜鸿铭和陈友仁有许多相似之处,比如,两人都极精通英文,实际上英文是他们的母语,陈友仁的中国话,就像外国人学汉语一样别扭。而辜鸿铭的外文著作,在欧美影响远远超过他的中文著作在中国的影响,两人又都擅长议论,把思想分析发挥得淋漓尽致。他们的文章,深得林语堂的垂青。

林语堂钦佩辜鸿铭的学识,喜欢他的幽默性格;同时也敬重陈友仁的盎格鲁撒克逊学者的风度和人格。林语堂从他们的身上找到了自己的某些影子。但是,这两位前辈政治思想上,却截然对立。在袁世凯称帝的那一年,林语堂清楚地记得,陈友仁虽然身处"天威咫尺"下,仍不顾个人安危,直言无隐地力斥其非,与一般中国官僚大相径庭。而辜鸿铭则身在民国,心向清廷,逆流而动,至死不变。辜鸿铭是旧世界的自觉的殉葬者。

林语堂读大学时,"革命党"的陈友仁和"保皇党"的辜鸿铭在那张英文报纸上曾有过一场针锋相对的笔战,给林语堂留下了深刻的印象。这是一次棋逢敌手的较量,两人的英文水平都很高,又都精于谩骂。陈友仁骂辜鸿铭是江湖术和抄经文士,而辜鸿铭则骂陈友仁是一个失去国籍、半英国化的印度人,是洋人的走狗。

1916年,林语堂在北京见到了辜鸿铭,这个文笔尖刻、语气凶恶的"保皇党",原来是一个其貌不扬的老头儿。瘦高的身材,有一对明亮的大眼睛,眼睑下有很重的眼袋,变了颜色的牙齿残缺不全,双手瘦得像干枯的鸡爪,穿着长衫,戴着小帽,还有一条灰色的细辫子拖在脑后。不知道他来历的人,看他的这副模样,会把他当成一个不走运的太监。那天,林语堂看见这位传奇人物在中央公园里,怀着一颗孤独而骄傲的心,独自散步。年轻的林语堂,克制着自己不去搅扰这位古怪的名人。因为林语堂觉得自己不配去接近这位精通马太·安诺德、罗斯金、爱默生、歌德及席勒的专家。

仁者见仁,智者见智。林语堂透视辜鸿铭,看到的是幽默和诙谐。林语堂十分欣赏辜鸿铭为纳妾制度辩护时,信手拈来的一个巧妙的比喻:辜鸿铭解妾字为立女,妾者靠手也,所以供男人倦时作靠手也。辜曾向二位美国女子作此说。女子驳曰:"岂有此理?如此说,女子倦时,又何尝不可将男人作靠手?男人既可多妾多靠手,女子何以不可多夫乎?"言下甚为得意,以为辜辞穷理屈矣。不意辜回答曰:"否否。汝曾见一个茶壶配四只茶杯,但世上岂有一个茶杯配四个茶壶者乎?"

林语堂认为辜鸿铭的幽默起源于倔强的个性和愤世嫉俗的见解。林语堂欣赏其个性,但对其愤世嫉俗的见解不以为然。可见,林语堂对幽默载体中所载的内容还是有识别能力的。因为林语堂也是一位有倔强个性的人,这个性使其还不至于陷入"国粹"家的"民族自大狂"的陷阱。所以,当辜鸿铭骂英国人是"流氓崇拜",骂民国后的中国人是"顽石不灵神经错乱之民国华人"时,林语堂则觉得一个人愤世嫉俗到开口骂人,实在过分。

辜鸿铭说:"今日中国变乱病在失调(作用上的)而已,而欧美之无政府状态,乃在残缺(器官上的)。"又说,"中国虽有盗贼贪官污吏,然中国的社会整个是道德的,西洋社会是不道德的。"

对此,林语堂不敢苟同,反驳道:"夫以德化民,以政教民,孔道理论上何尝不动听?西洋法律观念之呆板及武力主义之横行,专恃法律军警以言治,何尝无缺憾?然中国无法治,人治之弊,辜不言,中国虽言好铁不打钉,而盗贼横行,丘八抢城,淫奸妇女,辜亦不言。春秋大义诚一篇大好文章,向白人宣孔教,白人或者过五百年后亦可受益,而谓中国不需法治,不需军警,未免掩耳盗铃。"

顽固守旧的辜鸿铭认为:"中国所以不需宪法,一则因中国人民有廉耻观念——有极高的道德标准,二则因中国政府系创立于道德的基础,而非创立于'商业'的基础。"

林语堂据理论争,他以幽默的反话驳斥了辜鸿铭的见解,说:"儒家之弊,正在蔑视法律,以君子治国,殊不知一国之中,哪里有这许多君子可为部长为院长为所长为县长为校长乎?君子不够分配,而放小人于位,以君子之道待之,国欲不乱,其可得乎?既为君子,则不必监察也,君子横征暴敛,不必得百姓同意,凭其良心可也;君子营私舞弊,不必看其账簿,听其逍遥可也;君子勾结外敌,不必立法院通过,听其自订条约可也。向来中国政治只是一笔糊涂君子账。君子有德政,则为之竖牌坊;君子犯法,则不拘之下狱。是犹一商人公司,以君子之道待经理,无查账,无报告,捐款亦不追究。此种公司谁敢投资乎?不意辜氏正以此为中国政治哲学之优点。"

辜鸿铭也曾痛骂过袁世凯,但不是骂其窃国欺世复辟称帝,而是怒斥其背叛清王朝。他说:

> 袁世凯的行为,连盗跖贼徒之廉耻气义且不如。袁世凯原奉命出山以扶清室。既出,乃背忠弃义,投降革命党,百般狡计,使其士兵失了忠君之心,然后拥兵自卫,成为民国总统。袁世凯不但毁弃中国民族之忠义观念,且并毁弃中国之政教,即中国之文明。……许多外人笑我痴心忠于清室。但我之忠于清室非仅忠于吾家世受皇恩之王室——乃志于中国之政教,即系忠于中国之文明。

辜鸿铭把封建专制王朝与伟大的中国文明画上了一个等号,因此,对清朝皇帝的态度变成了对中国文明的态度。这种荒唐的逻辑,林语堂怎么能不反对。但同时,林语堂又以把内容和形式剥离开来的办法,一方面反对辜鸿铭的政治立场,另一方面赏识辜鸿铭坚持信仰,为信仰而献身殉葬的精神。林语堂说:

> 辜作洋文,讲儒道,耸动一世,辜亦一怪杰矣。其旷达自喜,睥睨中外,诚近于狂。然能言顾其行,潦倒以终世,较之奴颜婢膝以事权贵者,不亦有人畜之别乎?①

林语堂在上海听人说起关于辜鸿铭这个怪杰狂生的各种奇闻时,将信

---

① 林语堂:《辜鸿铭》。

将疑。1916年到北京后,他才真正相信自己在上海听到的那些传闻原来竟是事实。有一次,林语堂的朋友看见辜鸿铭在真光电影院看电影,辜氏的前排坐着一个秃顶的苏格兰人,那时,有的中国人有盲目崇洋的倾向,可是辜鸿铭却要以羞辱白人来表示中国人的优越感。辜氏用旱烟杆轻轻地敲击那个苏格兰人的秃顶,冷静地说:"请点着它!"那苏格兰人吓坏了,赶紧拿火柴替辜氏点烟。辜氏露出了胜利者的神态——觉得为中国人争回了面子。辜氏的"狂"和"怪",实际上是一种变态和病态的心理现象。一位名叫索美塞得·毛姆(W. Somerset)的外国人曾对辜鸿铭精通外国文化及极端轻视外国文化的形象做过生动的描写:

"可是你们,你们可晓得你们在做什么?"他(按:指辜鸿铭)喊道,"你们凭什么理由说你们比我们好呢?你们的艺术或文字比我们的优美吗?我们的思想家不及你们的深奥吗?我们的文化不及你们的精巧,不及你们的繁复,不及你们的细微吗?咳,当你们穴居野处茹毛饮血的时候,我们已经是进化的人类了。你可晓得我们做过一个在世界的历史上是唯我独尊的实验?我们企图不以武力管理世界,而用智慧。许多世纪以来,我们都成功了。那么为什么白种人会轻视黄种人呢?可要我来告诉你?因为白种人发明了机关枪。那是你们的优点。我们是赤手空拳的群众,你们能够把我们完全毁灭。你们打破了我们的哲学家的梦,你们说世界可以用法律和命令的权力来统治。现在你们在以你们的秘密教导我们的青年了。你们用你们那可恶的发明来压迫我们了。你们不晓得我们有机械方面的天才吗?你们不晓得在这国度里有四万万世界上最务实际最勤恳的百姓吗?你们以为我们要花了很长久的时间才学得上吗?当黄种人会造和白种人所造的一样好的枪支,而且也会射得一样直的时候,你们的优点便要怎样了呢?你们喜欢机关枪,你们也将被用机关枪判决。"

……………

"你看我留着发辫,"他说,把小辫子拿在手中,"那是一个标记。我是老大中华的末了一个代表。"

即使是非常敬仰辜鸿铭的林语堂,也无法容忍辜氏的"民族自大狂"。因此,辜氏的"狂"言经常以反面材料出现在新文学倡导者的文章中,就不足为奇了。1918年,鲁迅在《随感录三十八》中批判了五种"合群的爱国的自大"的病态心理。虽然,鲁迅是对普遍存在着的各种社会病态心理的高度概括,但实际上有的句子简直就好像是引的辜氏的原话。

对于中国近现代史来说,辜鸿铭是一个矛盾的人物。在滚滚而来的新文化潮流面前,他那学贯中西的全部聪明才智和表现这些才智的幽默、诙谐、机智,全部都浪费在对旧文化进行强词夺理的诡辩上。有意思的是,这个逆流而动的悲剧角色的戏剧效果却是喜剧性的,甚至是闹剧性的,林语堂从一开始就意识到了这一点。

但林语堂欣赏的是辜鸿铭幽默诙谐的风格、隽妙机智的辩才和出类拔萃的外文写作水平,特别是辜氏的中西文化比较研究的方法,使林语堂在方法论上受益不浅。林语堂扬弃地继承了辜氏所开创的用英文向外国人介绍中国文化的事业。从表面上看,辜鸿铭和林语堂都是直接用英文写作向外国人介绍中国文化。但是,从"民族自大狂"到"两脚踏东西文化",林语堂的工作不仅是对辜鸿铭的超越,而且是对辜鸿铭的否定。两者的本质区别在于:辜氏立足于中国文化本位,把民族文化的糟粕当作精华"输出";而林氏在早年曾从西方文化本位来反观中国文化。但中年以后,林氏摆脱了洋教士林乐知和教会学校的影响,立足于中西文化互补融合的立场,认为中西文化各有长短优劣,应该以己之长,补人之短,以人之长,补己之短。

辜鸿铭和林乐知,分别代表了两个极端。辜鸿铭以中国传统文化代言人自居,全面肯定中国文化,不遗余力地证明传统文化永久的合理性;林乐知是西方文化的代言人,力图以西方文明来对中国文化进行彻底改造。然而,正是这两个截然不同的人,都对林语堂的文化观念产生过正负两方面的双重影响。世界就是这样的不可思议,生活就是这样巧妙地把两种截然对立的观念矛盾统一于林语堂身上。正像林语堂受益于林乐知的,是后者所指向的那座通往西方文化的桥梁,成年以后的林语堂没有把林乐知宣传的东西当作西方文化本身而全部生吞活剥;林语堂得益于辜鸿铭的是辜氏比较研究东西文化的思维导向,而不是辜氏复古守旧的立场。

林语堂曾以"一团矛盾"自诩,确实,也只有像林语堂那样能分别从林乐知和辜鸿铭身上各取所需的人,才有资格以"一团矛盾"自诩。

大海之所以成为大海,是因为它从不拒绝任何一滴水,那么,有什么理由去责难对一切知识都有兴趣的学者呢。林语堂扬弃了辜鸿铭和林乐知的文化观念中的谬误的内核,借鉴了其外壳的某些有用的成分,"拿来"成为建构他的中西文化融合观的原材料。

在中西文化交流史上,至少有一点,辜鸿铭是开风气之先的——在辜氏之前,世界了解中国的唯一渠道是那些西洋传教士和外国冒险家所写的歪曲中国的著作,或者是由他们翻译成英文的中文论著。而中国人用外文直接向外国人介绍中国文化的新阶段,是辜氏开创的,不管你如何厌恶或嘲笑辜鸿铭的"狂"或"怪",这是无法否认的历史事实。林语堂所以称赞辜氏的"一流才智",主要根据也正在于此。因为,林语堂认为,和辜鸿铭同时代的中国人里,"没有一个能像他这样用英文写作,他挑战性的观念,目空一切的风格,那种令人想起马太·安诺德的泰然自若及有条有理地展示他的观念和重复申说某些话语的风格,再加上汤玛斯·喀莱尔的戏剧性的大言,及海涅的隽妙。"①

辜鸿铭长林语堂三十八岁,从林语堂第一次接触辜氏的论著开始,这位福建同乡就像影子、像幽灵一样紧紧地跟踪着林语堂。辜鸿铭的名字经常出现在林语堂的文章里。也许,林语堂已经意识到,但却始终没有明确地指出,在向西方世界传播中国文化的过程中,辜氏不仅过大于功,而且简直可以说是帮了倒忙。因为,辜氏以复古守旧、绝对尊儒、盲目排外的立场来介绍中国的"固有文明"。所以,在辜氏的笔下,中国文化传统的一切,是绝对的好——辫子是好的、小脚是香的、忠于封建皇帝是天经地义的。辜鸿铭良莠不分,以丑为美地"输出"传统文化,实际上不是弘扬中国文化,而是扭曲了中国文化在世界上的形象。又因为他"输出"的是"赝品",这样的"赝品",输出越多,越妨害世界对中国文化的真正了解。

---

① 林语堂:《从异教徒到基督教徒》。

第五章 "在丛林中觅果的猴子"

出国留学——"在丛林中觅果的猴子"——告别哈佛大学——在法国和德国——获得博士学位

1919年,中国在巴黎和会上的失败,成了"五四"运动的导火线。

1919年1月,第一次世界大战中的战胜国在巴黎召开和平会议。中国代表在"和会"上提出废除列强在华的势力范围,撤退外国军队和归还租界等七项"希望条件",以及取消"二十一条"和收回在大战期间被日本乘机夺去的德国在山东的权益等要求。

4月30日,巴黎和会无理地拒绝了中国的要求。消息传到中国,激起了伟大的"五四"运动。

5月4日上午,北京各大专学校学生三千余人,聚集在天安门广场。同学们手里拿着各式各样的标语牌,上面用中文、日文、英文写着"取消二十一条""还我青岛"等口号,有的还画着山东的地图和各种讽刺画。集会者不顾军警的阻挠,举行示威游行,愤怒的示威者冲进亲日派曹汝霖的住宅,放火烧了曹宅。次日,各校学生同时罢课,下午2时,爱国学生三千余人在北大三院礼堂集会,各校代表都表示了斗争的决心。

林语堂任教的清华学校,远离市中心。5月4日未及进城参加集会和游行。所以,在5月5日的会上,清华学校的代表当众宣布:"我校僻处西郊,未及进城,从今日起与各校一致行动。"

清华学校的学生从此站到了运动的最前列。6月3日和4日,数千学生走上街头演讲,被捕者近千人,其中清华学生就占相当比例。学生的斗争,引起了清华学校校长张煜的不满。学生晚间开会,张煜就切断电线,从中破坏。不料,张煜的做法反而激怒了学生,他们点起蜡烛继续开会,而校方则请封建帮会"小锣会"来压制学生。结果,一场驱逐校长的风潮,由此而发。

"五四"运动使林语堂对蔡元培的品格有了进一步的了解。从此,蔡元培又成了他终生崇敬的对象。那是"五四"以后,北京各大学的教职员在清华开会,不少人登台演说时慷慨激昂,而提出的对策不过是发个通电抗议抗议罢了。这时,林语堂只见蔡元培雍容静穆地站起来,以低微而沉重的声音说:"我们这样抗议有什么用处?应该全体总辞职。"会后,不管别人是否响应,蔡元培当晚就一个人登上南下的火车离开了北京。林语堂对此佩服不已。

当时,清华的教员林语堂在想什么和做什么呢?——他"觉得自己的学问不够,还不能对国家做出任何贡献。他一定要扎实自己的学识基础。这使他迫不及待地要去西方求学,同时也要多读中国经典之作"①。

在生活的面前,林语堂是一个永不知足的索取者。一到清华,出国留学的事就提到议事日程上来了。

浪花总是沿着扬帆者的路开放。从家庭的宠儿到圣约翰的"校园明星",林语堂的生活是一帆风顺的。清华又一次为这个幸运儿提供了机遇。清华的全称是"清华留美学校",是培养赴美留学生的基地。清华每年都把毕业生送往美国留学,除供给学费外,每月另有八十美元津贴。清华又规定,任教三年的在职教师,也可由校方资助出国留学。根据这条规定,林语堂在1919年顺利地获得了留美的机会,美中不足的是,他只得到了半额奖学金,每月四十美元。

尽管是半额的奖学金,但他还是决定要把新婚的妻子廖翠凤一起带出去留学。这时,林语堂根本不算什么经济账,八十减半是四十,而四十再除二,等于二十,这简单的算术表明了一个严酷的事实:林语堂的实际生活费只及其他留学生的四分之一。可是,爱情的价值是无法用简单的加减乘除来计算的,所以,经济上的困难并没有动摇新婚夫妇一起赴美的决心。

爱情毕竟不能代替粮食充饥。林语堂之所以胸有成竹,是因为手里握

---

① 林太乙:《林语堂传》。

第五章 "在丛林中觅果的猴子"

有两张王牌:其一,银行家的女儿廖二小姐出嫁时拿到一千银元的陪嫁。1919年一块通称墨西哥银洋的银元,价值略高于一块美金。如果每月从中取出四十元来贴补生活开支,这笔一千银元的陪嫁,可供林语堂夫妇用两年零一个月。林语堂的第二张王牌与胡适博士有关:自从林语堂在《新青年》杂志上发表了《汉字索引制说明》和《论"汉字索引制"及西洋文学》两文后,引起了胡适的注意。胡适凭自己的眼力,认定林语堂是一个人才。正受命为北京大学"招兵买马"的胡适,很想把林语堂"挖"过来。打听到林语堂只得到半额奖学金后,胡适的"人才流动"计划,就可以付诸行动了。因为,刚从美国回来的胡适,对美国的生活水准、中国留学生所需要的最低开支等情况,了如指掌。当林语堂"当局者迷"时,胡适却是"旁观者清":八十元供一个人用绰绰有余,而现在林语堂夫妇共享四十元,一人才二十元,肯定不够用。了解到林语堂的家底后,胡适决定为林语堂雪中送炭,每月资助他四十美元,不过有一个附加条件:林语堂学成回国后,要脱离清华到北大来任教,因为这四十美元是以北京大学名义补贴给林语堂的。

水往低处流,人朝高处走。当年北京大学是中国新文化运动的大本营,文化精英的荟萃之地。林语堂"对新文化运动是坚定支持的"[①],对"首善之区"的最高学府北京大学早已仰慕多时。现在,既有胡适的牵线,又有"物质刺激",当然求之不得。所以,胡适的建议正中下怀,两人一拍即合,达成了一项口头上的君子协议。

1919年秋季,林语堂自以为经济上有了保证,就在临行前和廖翠凤完婚。廖女士下了花轿就登上了去美国的海轮"哥伦比亚"号。林语堂出洋留学的航程,就是这对新婚夫妇的蜜月旅行。

父亲林至诚从坂仔赶来为林语堂送行。山村穷牧师当年在油灯下编织的"梦想",已经被林语堂实现了。这现实甚至会比当年的梦想更加动人——新媳妇与儿子同行,父亲可以放心地把儿子交给这个能干的媳妇。

实现梦想本是欢欣鼓舞的喜事,但此刻,离别的愁绪笼罩了父子俩的心,他们都有一种不祥的预兆:这是生离死别! 后来,林语堂夫妇在德国莱

---

① 林语堂:《八十自叙》。

比锡听到了父亲去世的消息。

在"哥伦比亚"号上,同船有六十二位清华毕业生,包括桂中枢、钱端升、钱昌祚,还有像林语堂一样拿半公费的郝更生、吴南轩、樊逵羽等人。廖女士像照顾一个大孩子似的关照着丈夫的生活琐事,提醒他:蓬松的头发该上点发油;皮鞋该擦一擦;等等。

在哈佛大学,林语堂就读于比较文学研究所,在布里斯·皮瑞(Bliss Perry)、白璧德(Lrving Babbitt)、契特雷治(Kittrege)等教授的指导下学习。皮瑞教授在学生中最孚众望,林语堂的论文《批评论文中语汇的变化》一文,曾得到皮瑞教授的好评。契特雷治教授在莎士比亚研究课上讲授伊丽莎白时代的英文,林语堂只听了一两次课,因为缺乏兴趣,就再也不去听课了。但契特雷治教授的学问,使林语堂非常佩服,林语堂称他为"活的百科全书",他常穿着灯笼裤,身子笔直地在哈佛的校园里漫步,很有风度。

在这些教授中名声最大、对中国现代文学影响最深的,要数白璧德教授。在20世纪初的美国文坛上曾经有过一场剧烈的论争,白璧德就是其中一方的代表。白璧德的新人文主义思想是以传统的、保守的文化价值观对近现代资本主义文明的一种反观。白璧德企图恢复古典文化(古希腊文化、儒家文化、基督教文化和佛教文化)的精神和传统的秩序,以此来匡救现代文明的弊端。他强调理性和道德意志的力量,崇尚中庸平和的人生境界。白璧德认为世界应该是有秩序、有纪律、有规矩的,不能任凭个性张扬、自由膨胀。因此,白璧德在文学上倡导一种传统的、典雅的、保守的古典主义,白璧德自称其为人文主义。为了区别文艺复兴以后的人文主义,一般人把它称为新人文主义,这种新人文主义不仅是一种文学理论,同时也是一种人生哲学。白璧德的新人文主义在美国文学批评界引起了轩然大波。

白璧德教授学识渊博,讲课又善于旁征博引,举一反三,一些带着挑战心态走进课堂的青年人,常被他雄辩的逻辑力量所慑服。他无愧于当年哈佛大学里唯一能授予硕士生学位的文学教授。中国现代文坛上的留美派作家,不少人都是白璧德的入门弟子,后来,有的人成了白璧德主义的信徒,另一些人却成了叛逆。前者有著名的学者梅光迪、吴宓和梁实秋,梅光迪和吴宓当年曾和林语堂坐在一条长凳子上聆听白教授的高见,而梁实秋师从白

第五章 "在丛林中觅果的猴子"

璧德时,林语堂则早已回国当教授了。林语堂以吾爱吾师但更爱真理为座右铭,并以张扬个性为天职,终于不肯接受新人文主义的观点,并自觉地站到导师的对立面,为白教授的论敌斯平加恩(Spingarn)辩护。这位年轻的中国留学生在美国名教授面前所表现出来的独立思考精神,体现了这个"山地的孩子"无拘无束的一贯性格。

在白璧德与斯平加恩的争论中,林语堂以巨大的热情比较研究了双方的论点。十年后,林语堂在为自己辑译的《新的文评》一书作序时,曾详细地回顾了这次争论对他的审美观的影响,在哈佛大学,林语堂毫无顾忌地站到导师的论敌斯平加恩这一边,而斯平加恩极端推崇克罗齐,认为克罗齐的"艺术即表现即直觉"的美学理论,从十个方面革新了传统的文艺理论体系,而林语堂的收获是:发现自己与克罗齐的看法完全吻合。反对中国的文体观念和文章法规的林语堂,同样反对新人文主义的秩序、纪律和规矩,于是他从斯平加恩、克罗齐那里找到了直觉随感式的艺术路向——随意写来,如行云流水,"行于不得不行,止于不得不止"。

林语堂不是故意给白璧德难堪,因为,在林语堂的整个学生生涯中,凡是他所读过的学校,到处都留下了向教师挑战的记录,他始终是一个独立不羁的"山地的孩子"。

哈佛大学对林语堂的吸引力,与其说是它那阵营坚强的教授群,还不如说是它那收藏丰富的图书馆。

林语堂夫妇住在波士顿赭山街五十一号,就在卫德诺图书馆后面。房东太太告诉林语堂,卫德诺图书馆的藏书如果排列起来有几英里长。图书馆成了林语堂夫妇的乐园,除了上课时间外,他们都泡在图书馆里。因为穷,连买两张足球赛票也舍不得。别人在看戏看球赛,他们就从图书馆里借本书带回家来,用书本娱乐自己。

对于林语堂来说,卫德诺图书馆就是哈佛,哈佛也就是卫德诺图书馆。在图书馆里任意选择自己爱读的书,从中汲取知识,林语堂认为这是最佳的学习方法。他说:

> 我一向认为大学应当像一个丛林，猴子应当在里头自由活动，在各种树上随便找各种坚果，由枝干间自由摆动跳跃。凭他的本性，他就知道哪种坚果好吃，哪些坚果能够吃。我当时就是享受各式各样的果子的盛宴。①

把哈佛大学比作丛林，把自己比作在丛林中觅果的猴子，这是一个形象的比喻。丛林为猴子提供了果子的盛宴，可是"贪心"的猴子并不满足丛林的赐予——读一所学校骂一所学校（当然也记得学校的好处），这是林语堂在国内的求学经历，这经历同样也适用于他的留学生活。

童年时代，洋教士的书刊与小和乐绘制了外国大学光彩夺目的画面。然而，一接触实际，理想的光环顿时烟消云散。林语堂留学期间失望地发现美国大学教育的种种弊端并不亚于国内的大学。后来，林语堂借着评论《英美德大学》（佛烈思纳著）一书，结合自己在美国大学的见闻，趁机发挥，结结实实地把美国大学讽刺了一通，点了许多学校的名——当然，哈佛例外，因为，对母校总得笔下留一点情——林语堂在《哥伦比亚大学及其他》一文中，以嘲笑的口吻列举了哥伦比亚及芝加哥大学博士论文的选题：《中学便餐室的管理问题》《公立学校的安装水管问题》《初等学校佣人服役之分析》《善购物料需要教育之证据》《学生坐位姿势及书桌尺寸之研究》。林语堂挖苦道："这种治学是有渊源的。"林语堂披露：著名的克孙教授（Professor Cason）在国际心理学会第九届年会上宣读了论文：《寻常讨厌事物之原来与性质》。克孙教授花费几年工夫，考据出二万一千种讨厌事件，但是后来除去重复及许多"伪讨厌"之例以后，将该表减至五百零七种。这五百零七种排比起来，定出分数，由零到三十分。比如：

饭菜里有毛发二十六分；
卧床不洁二十八分；
看见秃驴的光头二分；

---

① 林语堂：《八十自叙》。

第五章 "在丛林中觅果的猴子"

  看见蟑螂二十四分；
  …………

  既然这样的论文可以拿到国际性的学术会议上宣读，那么有其师必有其徒。林语堂讽刺美国的博士论文，不仅选题简单，而且内容也可怜得很。林语堂说，博士论文做法有一定的要诀，大致不会超越这个标准模式：

  （一）问题，（二）书目，（三）×与个人关系，（四）×与社会关系，（五）×与国家关系，（六）×与世界关系，（七）结论。这"×"，也许是书桌尺寸，也许是中国皮蛋，都没有关系，根据论文的题目而定。同时要列表格，附上四五幅以上的曲线升降图，统计数字要有小数点，折合为百分比。最好再发社会调查单，再把回收的答案整理一下，附上说明，这便是一篇"科学化的论文"。

  留美期间，林语堂对美国大学的商业性质有切身的感受。所以，后来他曾以幽默的笔调撰文告诫读者：如果你看见哥伦比亚大学函授学校的广告，切不可轻易写信去询问。一询问，便有函电交驰而来，函是函信，电是电话，你会惊异这大学招徕生意之本领。林语堂看了广告曾怀着好奇心情随便写信去询问过，结果，很快就收到了哥伦比亚大学的回信：

亲爱的学生：

  我有先见之明吗？在我每日收到很多的信中，我常选择几张来回答。

  老实告诉你，在有几位的函中，我观察诚意与兴味之证据，这几位，正是我们所欢迎的学生。

  我多么愿意让你看我们收到的来信，表示满意于我们用函授方法灌输知识的"开放门户"。

  如果我没相错了你及你的好动机，一定于几天之内，收到你填好的格式，要求在这写字间会谈。

  我快乐地期望着。

透过这封热情洋溢的信，林语堂仿佛看到了信后面隐藏着一双充满期待的眼睛，正虎视眈眈地盯着他的钱袋。所以，林语堂没有回信。过了两三天，哥伦比亚大学又来一封信：

亲爱的问讯者：

　　我小的时候，妈妈常叫我外出买送东西，而在我的指头上缠一根绳，叫我不要忘记。

　　我们，不论老少，常好忘记。这张短函是提醒你，不要忘记你想由函授学校增加知识的好动机。

　　我们已经快乐地许你不给费的谈话服务。

　　现在你要把你的动机变成决断，而让我们早日收到你谈话的邀约。

　　我们再附上格式一张，也许你上次的格式已经遗失。请不要迟疑。别人正在等着啊。

林语堂没有理会，于是一星期后，哥伦比亚大学又来了一封紧急信件：

最后通讯

亲爱的溜学者：

　　你不对我们负一点义务吗？昨天在昨天死了，留下多少未还的债务。

　　耶鲁大学费罗不司教授说："最耐久的快乐是心灵的快乐，而最快乐的人就是有快乐的思想的人。"

　　所以我们乐于看见你对于修德进业的兴趣，即寄给你说明书并灵敏地许你享受我们顾问的服务。

　　我们没有收到你的回信，觉得莫知所以。你岂不对你自身及对我们负点义务吗？到底有何事使你错过这种优待？

　　我们早一点约会吧！至少也写几行说你对于这样重要的事，何以失了兴味。

林语堂仍旧不回信。可是,哥伦比亚大学咬住不放,由教授亲自打电话来。林语堂表示无意进函授学校学习,一口拒绝了教授约见他的要求。但教授毫不生气,留下自己的姓名和电话号码,并恳切地告诉林语堂,万一回心转意,仍欢迎……哥伦比亚大学的这种精神,给林语堂留下了深刻的印象。

第一学年结束时,林语堂以各科都是 A 的成绩,通过了哈佛的考试。系主任看了看林语堂在圣约翰大学的成绩单,觉得让这样的优秀生关在哈佛的课堂里听课,等于浪费时间,系主任破例准许林语堂不必再上课,即可获得硕士学位。但是要他去德国的殷内(Jena)修一门莎士比亚戏剧,这可是林语堂不肯听契特雷治教授的莎士比亚课所得到的报应。

系主任的特许也并没有使林语堂高兴几天。因为,一件意外的事情完全搅乱了林语堂夫妇的兴致:一天,清华学校留美学生监督施秉元在没有说明任何理由的情况下,突然取消林语堂每月四十美元的奖学金。消息传来,简直是晴天霹雳。林语堂原想去责问,瞻前顾后,终于作罢。因为,清华学校远在万里之外,天高皇帝远,在美国的事情,还不是监督说了算。而监督施秉元原是清华的校医,靠了自己是驻美大使施肇基的侄子这一人事关系,才弄到这项许多人觊觎的美差。直到不久后施秉元上吊自杀了才算真相大白:原来施秉元在做股票投机生意,用克扣留学生奖学金的钱做资本,结果投机失败,送掉了性命。

取消奖学金等于断绝了林语堂的经济来源。即使系主任不建议他去殷内,林语堂在美国也待不下去了。因为,祸不单行,就在取消奖学金之前,廖翠凤两次住院开刀,早已花完了那一千元的陪嫁。廖女士得的是阑尾炎,早在横渡太平洋时,廖女士便发病了,那时是慢性的,不急于马上开刀,但是痛苦不堪。廖女士天天在船舱里忍受病魔的折磨,林语堂在一旁爱莫能助。而同船的清华留学生们却以为这对新婚夫妇似漆如胶,白天还要躲在船舱里说悄悄话。他们一度曾考虑在夏威夷上岸治疗,可是后来病痛逐渐减轻,他们决定冒险继续前进。到美国六个月后,病又犯了。这回可是急性的了,来势凶猛,不得不开刀切除阑尾。林语堂夫妇都知道是小手术,一开始并不把它当回事,廖女士进了手术间,林语堂则安心地学习英文法,谁知用了整整三个小时,手术才告一段落,林语堂觉得有点不对劲,因为手术时间太长了。果然,此后不久,廖女士的伤口感染,不得不第二次开刀。交纳了手术和住院的费用,林语堂口袋里只剩下十三块钱,首先要解决吃饭问题,赶紧去买了一大罐老人牌麦片,就靠这罐麦片,林语堂撑过了一个星期——以后,林语堂的肠胃对麦片产生了逆反心理,永远也不想吃它了。

廖女士急忙给她哥哥打电报,请汇款一千美元。一周后,收到汇款,林语堂才摆脱了顿顿吃麦片的境况。第二次手术后,廖女士在医院里住了很久,直到2月份才出院。出院那天,满街是雪,林语堂设法借了一辆雪橇亲自把妻子接回住所,夫妇俩高高兴兴地庆祝了一番。

那时,留美学生的《中国学生月刊》举办有奖征文比赛,林语堂应征投稿,每投必中连续三次获得一等奖,每次奖金二十五元,后来,他觉得有点不好意思,就不再投稿了。

奖学金取消后,经济上的危机迫使林语堂离开美国到法国东部的乐魁索(Le Creusot)去半工半读。那里的一个由美国主办的"中国劳工青年会"接受了林语堂的求职申请,并愿意为林语堂夫妇支付从美国到法国的旅费。困境中的林语堂为得到这个好差使而欣喜若狂。1920年,林语堂夫妇动身来到乐魁索的"中国劳工青年会"。

这个机构主要是为在法国的中国劳工服务。因为,第一次世界大战后期,中国参加了以英法美为首的协约国,作为参战国,中国派遣十万名劳工到欧洲战场,任务是运送并埋葬死尸。1919年第一次世界大战结束后,法国男劳动力奇缺,许多劳工仍在欧洲逗留。

林语堂为中国劳工编写识字课本。夫妇俩住在青年会外面的一栋房子里,睡床非常之高,床垫子又非常之厚,这是林语堂在中国和美国都未经历过的。住得倒很舒服,唯一的缺点是住房里没有厕所,上厕所要跑到后花园之外,十分不方便。

他们打算在青年会工作一段时间,积蓄一点钱,然后再到德国去完成学业。可是,林语堂既不会法文,也不会德文。所以,他一边工作一边刻苦自修德文,林语堂研究语言学,学习外文有窍门,所以,很快就入门了,居然能自己动笔给殷内大学写德文信,申请入学。在林语堂学德文的时候,廖女士却跟一位法国太太学法文,两位女士成了好朋友,学习之余,一起上街,成为一对购物伙伴。在法国太太的参谋下,廖女士买了一件浅褐色的大衣,相当满意,廖女士还穿着这件法国大衣和林语堂在乐魁索城合影留念。

第一次世界大战中,欧洲各国人员伤亡惨重,法国是主要交战国,所以在战后,青年男子更是奇货可居。不少中国劳工青年会里的中国男人,都与法国姑娘缔结了良缘。而林语堂在乐魁索时却关心着另外一件私事:咸丰十年,太平军路过漳州时,林语堂祖父被征为民夫,跟太平军走了,后来始终音信杳然。不知从哪儿传来的消息,说祖父可能漂泊到了法国,所以,林语堂在乐魁索时,抱着一线希望,查阅了华人劳工的大量资料,想从中发现线索,这种异想天开的念头,当然是不会如愿以偿的。

旅法期间,林语堂一边积蓄学费,一边自修德语,生活十分紧张,竟连著名的世界大都会巴黎都无暇去参观,只好在火车的车窗口,贪婪地捕捉著名的巴黎铁塔、罗浮宫、爱丽舍宫等名胜古迹。但他们却到过凡尔登,德法两国军队曾在这里进行过殊死的血战,在那被炮火所犁过的土地上,曾吞噬了几十万生命。林语堂见到那里没有一棵树,没有一幢房屋,遍地都布满了弹壳和刺刀……

廖翠凤在那昔日的战场上走来走去,林语堂以为她在寻找什么战争纪念品哩。一问,才知道,她想在遗弃的军需品中找双旧靴给林语堂穿。生活逼得这位钱庄老板女儿已不羞于在外国拾破烂了。为了维持生活,在整个留学期间,她不得不经常变卖出嫁时母亲给她的首饰。但由于洋人不识玉器等中国首饰的价值,卖不出好价钱,廖女士心疼得很!

林语堂的入学申请被殷内大学批准后,林语堂夫妇从乐魁索来到德国东部的殷内。殷内是德国大诗人歌德的故乡,一座美丽的大学城。殷内和海得尔堡一样,是个颇有古风遗俗的小城。大学生是俱乐部的主角,他们和自己的女房东一起去郊游,有时他们还用古老的决斗方式来解决争端或保持荣誉,好斗者的皮肤上伤痕累累,而伤痕愈多愈能得到同龄人的羡慕和尊敬。

自由自在的德国大学生生活,正是林语堂理想中的乐园,他从中享受到了无穷的趣味。他和妻子手拉着手去听课,又手拉着手一同去郊游。什么时候把功课准备好,就随时主动请求考试,不存在上课、点名、请假、缺课等束缚。他们自觉地刻苦读书,完全是出于对知识的渴望和追求。他们去参观歌德的故居,歌德探索知识的巨大热情使林语堂深受感动。歌德的《少年维特之烦恼》和《诗与真理》,都是林语堂所喜爱的作品。但在德国文豪中,最使林语堂钦佩的却是海涅,海涅的著作使林语堂入了迷。

与哈佛所呈现的美国新大陆的特色相比,古色古香的殷内则典型地呈现了欧洲旧大陆的五光十色。这里有旧式的古城堡,狭窄的街道,那古老的民情民俗,使林语堂尤其迷恋。林语堂喜欢这旧大陆的丰富多彩,不像在美国,无论在纽约还是旧金山,举目所见是千篇一律的冷饮柜台,是同样的牙刷,同样的邮局,同样的水泥街道。

就读于殷内大学期间,林语堂夫妇住在公寓里,生着壁炉,但没有冷热水管子,用水壶和盆打水洗澡,生活设施方面是无法与美国的现代化住宅相比的。可是,林语堂的第一个反应不是生活设施的优劣,他想到伟大的歌德和席勒也是用同样的壶和盆洗澡,但是却写出那么好的诗,于是就对殷内的壶和盆产生了一种特殊的好感。能在这样的盆里洗澡,而且每天可以享受愉快的散步,林语堂觉得这真是人间天堂的生活。

在殷内大学读了一个学期,林语堂又转到以印欧比较语法学驰名的莱比锡大学,攻读语言学。

莱比锡大学中国研究室的中文书籍非常丰富,林语堂为一个外国大学能有如此汗牛充栋的中文藏书而惊讶不已。同时,他还能从柏林大学借到所需要的中文书。林语堂充分利用了这些外国大学的中文藏书,继续他的文化"补课":认真地研究中国的音韵学,不久他便钻进了《汉学师承记》《皇清经解》,尤其是那部由清末大学士阮元刻的《皇清经解续篇》等古籍书中。

也许,这正是林语堂文化经历的奇特之处:他不是在中国文化古都北京而是在异邦莱比锡的学府里,熟悉了中国训诂名家王念孙父子、段玉裁和顾炎武等人的考据成就。

想不到一个中国人竟在外国大学的中文研究室为自己进行中国文化的"补课",这实在是耐人寻味的轶事。然而,这是无可否认的事实:莱比锡大学的那段经历在林语堂穿越文化"断层"的艰苦历程中是十分重要的一

第五章 "在丛林中觅果的猴子"

步——圣约翰系的"铃",被莱比锡"解"掉了。

也是林语堂的幸运,莱比锡大学有一位造诣极高的汉学家,叫康拉狄(Conrady),康拉狄教授精通中国的古文,读白话文倒反而有困难。教授具有德国学者彻底认真的学风,不仅研究中文,还涉猎其他东方语言,他开了一门泰国文法课,有四五位学生跟他精研泰文文法。康拉狄知道林语堂曾在清华学校任教,就对林语堂倍加器重,他热诚地欢迎林语堂,为林语堂选择莱比锡大学而引以为荣,并积极地为这位中国博士生提供了许多方便。

初到莱比锡,举目无亲的林语堂每逢休息的日子就和妻子去郊游。每星期到火车站附近的浴池里痛痛快快地洗个澡,买些爱吃的点心,夫妇俩回家打牙祭。日子一长,林语堂也在莱比锡交上了新朋友:一是斯密特莱博士(Schindler)夫妇,这位博士后来成了 *Asia Major* 杂志的出版人。另一位朋友是 Frau Schaedlich,她一度是林语堂的房东,有一个英俊的儿子,这位犹太妇人与廖女士很合得来,她俩常常在一起吃鳗鱼。

在莱比锡,林语堂曾出乎意外地受到过"性骚扰"。那是在莱比锡博览会期间,林语堂住在郊外,女房东是一个耐不住孤独寂寞的寡妇,近乎色情狂。博览会期间经常和一个男人同居,她向林语堂夸耀那男人有歌德的风度,还主动把自己和那男人寻欢作乐的细节宣扬出来。她那已成年懂事的女儿,对母亲的荒唐行为十分厌恶。这个寡妇平时以酒浇愁,喝啤酒,吃咸肉,不停地抽烟。还把自己写的情诗给林语堂看,存心勾引。林语堂对女房东的引诱置之不理。一天,女房东把挑逗升级了,见林语堂经过房门口,她突然假装昏倒,要林语堂过去扶她起来。林语堂灵机一动,急忙把廖女士叫来,请廖女士去照顾女房东……总算摆脱了干扰。

游学之年,是林语堂思维高度发展、学术突飞猛进的时期。在攀登知识高峰的征途中,林语堂是一个成功的登山运动员,但在社交生活里,他却是一个幼稚的学步者。幸亏他娶了个能干的贤内助,两人相亲相爱、相互依赖,才熬过了四年的留学生活。

廖女士是一位称职的管家,不仅能实事求是地制定出保持收支平衡的经济计划,而且精打细算地安排着每一个银元的用途,入不敷出时,她变卖自己的首饰。到德国和法国之前,她已经精明地计算到德国马克大贬值可能给他们带来的经济好处。当然,也有失误的地方,比如过早地卖掉美金,以致吃了亏。对外国生活习惯与社交礼仪的适应能力,林语堂远不如妻子。还在横渡太平洋的海轮上,廖女士对西餐桌上的礼貌规矩已经完全精通,而林语堂却总是弄不清该用哪只勺儿喝汤,用哪只叉子吃鱼,并且一直记不得擦黄油的小刀是不可以放在桌布之上而只可搁在放面包的小碟上的。在喝酒或饮茶时,林语堂常把自己的杯子和邻座的弄乱,因此错拿别人的酒杯或茶杯,这在林语堂是司空见惯的。

由于廖女士的随时指点和及时纠正,已经使林语堂出洋相的次数大为减少。但要杜绝,几乎是不可能的,因为林语堂从不把此类生活细节当成一回事,出了差错照样心安理得。自然,有时所谓"洋相"是他俩共同的作品。最滑稽的事,发生在哈佛大学绥尔教授家里。有一天傍晚,林语堂夫妇应邀去绥尔教授家赴宴,响过门铃,女仆出来开门,问这两位中国留学生有何贵干,林语堂夫妇手拿请帖,神气地回答:应邀赴宴。女仆不仅没有表示热情欢迎,反而一脸惊讶地说,绥尔教授今天没有邀请任何客人。这回轮到林语堂夫妇惊讶了,明明发了请帖,怎么不请客。于是,女仆和林语堂夫妇共同来验证这张请帖。这一回可是大家都惊讶啦!——原来是林语堂夫妇弄错了日期,提前了一个星期赴宴!既来之则安之,林语堂并不急于回去,绥尔教授只好出来欢迎,绥尔太太赶紧准备夜饭,而林语堂夫妇也不客气地吃了一顿饭。

绥尔教授家的客厅里,摆着一副巨大的北极熊的牙齿。墙上挂着美国总统威尔逊的珍贵画像。画上,威尔逊总统和他的三位女儿围桌而坐,其中的一位女儿就是这间客厅的女主人绥尔夫人。教授夫人名叫翟茜·威尔逊,是被学校指定来照顾林语堂夫妇的社交生活的,由教授夫妇来指导外国留学生的社交礼仪,这是哈佛的惯例。所以,说到底,林语堂夫妇弄错赴宴的时间,绥尔夫人也有某种间接的责任。因此,提前一个星期来的客人,仍旧是受欢迎的客人,是师生又是宾主,绥尔夫妇和林语堂夫妇,大家谈笑如故,欢欢喜喜地共进了一顿临时赶出来的晚餐。

平时,廖女士洗衣服,做饭,林语堂躬任洗涤碗碟的工作。廖女士对丈夫要求严格,督促林语堂注意衣着的整洁,饮食方面,竭力保证林语堂的营养,对自己则绝不讲究。两人相敬如宾,许多外国人还以为他们是一对兄妹,直到廖翠凤身怀六甲,大家才晓得他俩原来是夫妇。在外国,穷人最怕进医院,鉴于前两次廖女士住院开刀的经验,林语堂夫妇不敢再在外国生孩子了,于是不得不决定回国分娩。为了在回国前拿到博士学位,林语堂在酷暑中日夜奋战,虽然,忙得汗流浃背,但是,在一向不怕考试的心理惯性的驱动下,林语堂丝毫不感到恐慌。

林语堂胸有成竹地预测自己一定能顺利地获得博士学位的桂冠,所以竟提前预订了回国的船票。林语堂通过了博士论文答辩走出考场时,已经正午12点了。廖女士正怀着忐忑不安的心情倚闾而望。

"怎么样啊?"廖女士担心地问道。

"合格了!"林语堂兴高采烈地回答,答案早就写在林语堂的那张欢畅的脸上了。

一个响亮的吻!廖女士顾不得自己是在大街上,就急忙用这种外国习俗来向凯旋的丈夫表示热烈的祝贺!

接着,林语堂博士夫妇并肩到餐室午餐。当晚,他们按预定的计划离开莱比锡,到威尼士、罗马、拿波利斯等地游览两周,然后回到久别的故国。

第六章 《语丝》所孕育的文坛新秀

重返北京——初涉文坛——跻身于"任意而谈"的语丝派——在《语丝》的摇篮里成长——反对"勿谈政治"

1923年夏,林语堂夫妇结束了四年的留学生活,回到了日夜思念的祖国。

林语堂博士带着即将分娩的妻子衣锦还乡,先在坂仔小住,流连忘返于家乡的青山绿水之间,天真烂漫的童年生活又重现于记忆的银幕。

父亲的梦想已经变成现实,可是植树人却无法观赏这挂满枝头的累累硕果了。因为,当林语堂还在莱比锡大学攻读博士学位的时候,父亲就已经去世。在父亲的墓地上,林语堂遥望远处的青山上飘浮着幻变无穷的云彩,这是群山为自己所编织的梦,巍巍的高山把云彩送往天涯海角,而自己却永远根植于脚下古老的土地——山就是父亲,父亲就是山,无私的父亲啊!

一股激情在林语堂胸中涌动。啊!世上的一切有什么能比故乡的山陵更亲切更伟大!他把对父亲的怀念,对所有亲人的怀念,全部移情于对家乡山水的眷恋之中。

他有意识地让自己的记忆反复显现那青山的轮廓和线条,让它永存于大脑的信息库里,让山影深深地烙在他的心坎上,溶入他的血液,成为一种永恒的"内驱力",引导着他的精神世界,使他的生命永远散发出青山的气息。

大女儿林如斯是在厦门降生的,因为难产,母女俩差一点送了命。

1923年9月,林语堂手里抱着爱的结晶,心里盛满着故乡的祝福,告别了坂仔,踏上了北上的路。

1923 年,北京和整个中国北方一样,都是北洋军阀的天下。自从 1922 年第一次直奉战争以后,奉系军阀退出了山海关外,直系军阀和官僚掌握了北京的政权。1923 年 6 月,曹锟赶走了黎元洪总统,10 月,用现金支票收买"猪仔议员",演出了贿选总统的政治闹剧,把北京搞得乌烟瘴气。

同年,1 月 26 日,在上海,孙中山与苏联代表联合发表《孙文越飞宣言》。从此,民国的缔造者孙中山走上了新的道路。2 月,刚登上政治舞台的中国共产党领导了京汉铁路工人大罢工。罢工遭到镇压,四十余人被杀害,数百人受伤,这便是历史上著名的"二七"惨案。

林语堂就是在这样的时候重返北京的。古都对他并不陌生,那里有熟悉的大学文化区,有他所敬重的新文学运动的领袖们,还有那给予过他无穷乐趣的琉璃厂。

四年前,离开北京时,林语堂只是清华学校的一个不起眼的英文教员。四年过去了,今非昔比,现在他在人们的眼里是镀过金的洋博士。北京大学敞开了自己的大门,热情地接纳了学成归来的林语堂。

林语堂到北京大学任职,是胡适引荐的结果。

胡适从 1917 年 8 月到北京大学任教后,为北大引进过不少有用之才。旁的不说,单就举荐林语堂这件事,便可以看出胡适独具"伯乐"的慧眼,看准了"千里马"就敢花本钱。前面说的那项"君子协定",便是"伯乐"胆识的证明。

根据这项口头协议,作为林语堂学成回国后来北大的条件,北大每月资助林语堂四十美元,四年近两千美元。这笔钱曾两次解救了林语堂的燃眉之急。如果没有这两千美元,林语堂是不可能苦撑四年的。

1923 年 9 月,林语堂一到北大,就去向校长蒋梦麟道谢,衷心感谢北大对他的雪中送炭。那时,胡适正在南方养病,蒋梦麟对林语堂郑重其事的道谢感到莫名其妙,直到林语堂说明了来龙去脉,蒋梦麟才明白了事情的原委,忍不住哈哈大笑起来。蒋梦麟这一笑,也同样使林语堂莫名其妙。于是蒋梦麟把事情点穿,才真相大白:原来,北大校方并没有授权胡适去资助林语堂的生活费,而求贤心切的胡适,为了抓住林语堂这个人才,竟然私下和林语堂订了个君子协定。也许,订约的时候胡适没有考虑到自己所应承担的义务。想不到,林语堂因为妻子两次手术,昂贵的医疗费迫使粮尽弹绝的林语堂两次打电报向胡适求援。接到十万火急的电报,胡适义无反顾地决定遵守君子协定的诺言,不求助于北大校方,而自己承担责任,私人掏腰包,两次寄钱给林语堂。

想不到这两千美元竟是胡适私人的钱!林语堂为胡适的友情所感动,并赶快在1923年底把这笔钱全部归还胡适。奇怪的是,林语堂和胡适竟长期对此严守秘密,缄口不提。直到胡适逝世后,林语堂才透露了这段半世纪来鲜为人知的文坛佳话,作为对胡适的真挚的怀念。

林语堂到北京大学后,被聘为英文系语言学教授,主要讲授《文学批评》和《语音学》,妻子廖翠凤则在预科教英文。

四年前,林语堂离开北京时,新文化运动正如火如荼,而火种就是北京大学。然而,1923年9月,迎接林语堂的却是另一番景象。昔日,"五四"高潮时热火朝天的情景已成为历史,当年的新文化统一战线已开始分化,先驱者们,有的高升,有的退隐,有的前进,有的落伍。北大,以致整个文化界都显得冷落,就连后来被誉为"旗手"和"主将"的鲁迅,也只能用"寂寞新文苑,平安旧战场。两间余一卒,荷戟独彷徨"①来形容自己孤独的心情。林语堂所敬仰的新文化倡导者陈独秀,这时已辞去北大文科学长,南下广州,专任中国共产党的总书记之职。而林语堂所敬仰的另一位新文化倡导者胡适,已与陈独秀为首的《新青年》团体正式分手,并于1922年5月7日创办了《努力周报》。

初到北大,林语堂在教学之余继续从事古汉语音韵的研究。他钻研了《广韵》《音学辨微》等中国古代音韵学的著作,作为对教会学校所造就的"文化断层"进行最后的穿透。

然而,兴趣广泛的林语堂,是不会把自己的学术视野仅仅停留在语言学的范畴之内的。1923年12月1日的《晨报五周年纪念增刊》上,刊出了林语堂的《科学与经书》一文。以后,他又陆续发表了海涅诗歌的译文,同时,开

---

① 鲁迅:《集外集·题彷徨》。

始了杂文和散文的写作。从此,这个"山地的孩子",踏上了"灵魂冒险"的征途。

1923年至1924年之间,林语堂在文坛上所留下的最清晰的脚印,是那两篇提倡幽默的文章,即1924年5月23日发表在《晨报副刊》上的《征译散文并提倡"幽默"》,和同年6月9日刊于《晨报副刊》的《幽默杂话》。

幽默作为一个审美范畴,虽然普遍地存在于古今中外的人类社会文化生活的各个领域,然而,在中国传统的文论中没有幽默这一术语。幽默一词传入中国,首先要归功于林语堂,是他首倡把英文humour音译为幽默。最初鲁迅觉得不够妥当,"但想了几回,终于也想不出别的什么适当的字来,便还是用现成的完事。"①由此可见,林语堂那两篇文章,不仅是林语堂的幽默生涯的起点,而且也是中国现代幽默文学的第一页。②

那时,新文化阵线的分化和分裂已经完全公开化和表面化。北大文科教授明显地形成两派:一派以中国现代小说的奠基者鲁迅和他的兄弟周作人为首;另一派则以首举"文学革命"义旗的胡适为领袖。

林语堂和胡适是北大英文系的同事。系里的教授陈西滢(陈源)、徐志摩和温源宁等人都是胡适派的中坚力量。按说林语堂与胡适有着一种天然的文化联系,无论从哪个方面来看,林语堂参加胡适派是合乎逻辑的。可是,出人意料之外,林语堂与胡适派趣味不合,却喜欢周氏兄弟的"放逸"。若以个人友谊而言,关于两千美元汇款的佳话就是两人交情的明证。但私交友谊是一回事,个人趣味爱好又是一回事,林语堂没有因为感恩胡适而牺牲了自己的个性。

一般人看到的,往往是胡适和林语堂趣味相投的一面,的确,这是事实,他们有许多共性特征。比如,都是英美派留学生,而且都深受西方文化的熏陶。早年,他们都曾以西方文化本位来反观过中国文化,胡适公开声称:"我是主张全盘西化的。……全盘接受了,旧文化的'惰性'自然会使他成为一

---

① 鲁迅:《译文序跋集·〈说幽默〉译者附记》。
② 施建伟:《幽默:林语堂和鲁迅的比较》,《鲁迅研究动态》1989年10月号和《鲁迅研究月刊》1990年7月号。

个折衷调和的中国本位新文化。"①但后来,胡适又说"全盘西化"的提法有语病,改用"充分世界化"②的提法。林语堂在"西化"问题上,一开始似乎比胡适走得更远,他在《给玄同先生的信》中说:"今日中国政象之混乱,全在我老大帝国国民癖气太重所致……欲一拔此颓丧不振之气,欲对此下一对症之针砭,则弟以为惟有爽爽快快讲欧化之一法而已。"可是,后来林语堂在修正他的中西文化观时,也比胡适修正得更多。20世纪30年代,他最喜欢用"两脚踏东西文化,一心做宇宙文章"来形容自己的中西文化融合观。

其实,胡适和林语堂的中西文化观也有其不同的一面,比如,胡适倾向于"重客观",他师法美国的杜威,用实验主义的科学方法剖释中国的思想,分析中国的社会文化生活。而林语堂则倾向于"重主观",醉心于建构自己的中西合璧的文化体系,他不盲从古今中外的任何伟人或任何主义。

林语堂和胡适在旨趣上的不同,是他们的气质、性格差别的必然反映。胡适自幼丧父,和寡母相依为命,母亲管教严格,每逢小胡适淘气闯祸时,总要被母亲狠狠地教训一番,同时母亲自己也痛哭流涕。而且,由于儿时体弱,母亲不准他和村里的"野蛮"孩子一块玩耍。所以胡适从小举动斯文,被老人们戏称为"糜先生"。既有了"先生"之名,便不能不装出点"先生"的样子,更不能跟着顽童们去"野"了。

与胡适少年老成的个性截然不同的是林语堂的顽童个性。充满幽默情趣的家庭,赐予林语堂一个快乐的童年。在坂仔,他是一个在大自然怀抱里自由打滚的野孩子,常常顽皮得出了格。要是林语堂和胡适生活在同一个村子里的话,可以肯定,胡母是不准小胡适去跟林语堂这种"野蛮"孩子在一起玩的。无忧无虑的天性,使林语堂对一切都满不在乎,他要享受不受任何人干涉的自由。"犹如一个山地人站在英国皇太子身旁而不认识他一样。他爱说话,就快人快语,没兴致时,就闭口不言。"③具有这种个性的林语堂,不可能喜欢胡适周围那群爱写一本正经的政论文章并随时准备做官的士大夫们。

---

① 《独立评论》第142号"编辑后记"。
② 胡适:《充分世界化与全盘西化》。
③ 林语堂:《八十自叙》。

第六章 《语丝》所孕育的文坛新秀

1924年底,《语丝》和《现代评论》先后问世,新文化阵营里的分化进一步加剧,北大教授们形成了壁垒分明的两派,即语丝派和现代评论派,林语堂面临着友谊和志趣之间的选择,顽童的个性,竟使他站到了胡适派的对立面,成了周氏兄弟的忠实盟友,后来回想起来,连林语堂自己也对这一选择感到奇怪。说怪也不怪,这是因为周氏兄弟提倡随意而谈、无所顾忌的文风,与天性放逸的林语堂喜欢自由地说自己的话的愿望不谋而合。所以,他成了语丝派的急先锋。

《语丝》是一个喜欢涉及社会现实的刊物,专门发表"碰壁人物的牢骚"文章,它"不愿意在有权者的刀下,颂扬他的威权,并奚落其敌人来取媚。……在不意中显了一种特色,是:任意而谈,无所顾忌,要催促新的产生,对于有害于新的旧物,则竭力加以排击,——但应该产生怎样的'新',却并无明白的表示,而一到觉得有些危急之际,也还是故意隐约其词。"①

《语丝》脱俗不羁的风气与林语堂的顽童个性之间有着某种天然的精神联系。在无所顾忌、任意而谈的《语丝》天地中,林语堂又找到了童年生活中的乐趣。当年,这个头角峥嵘的山地孩子向家里投掷石块,在泥洞里打滚,以智力型的作弊来戏弄教师——《语丝》使他的顽童性格又复活了。当然,他已经不是那个向二姐撒娇的小和乐。这时,林博士的"头角"是戳向混浊的社会的。《语丝》无所顾忌的这一面,被林语堂发挥到令人吃惊的地步:有人骂他们是"学匪",林语堂们就以"土匪"自居,干脆写文章——《祝土匪》。林语堂的知己朋友郁达夫曾对《语丝》时期的林语堂有过一段贴切的评语,他说:

> 林语堂生性憨直,浑朴天真,假令生在美国,不但在文学上可以成功,就是从事事业,也可以睥睨一世,气吞小罗斯福之流。《剪拂集》时代的真诚勇猛,的确是书生本色。②

---

① 鲁迅:《三闲集·我和〈语丝〉的始终》。
② 郁达夫:《中国新文学大系·现代散文导论(下)》。

当年的语丝派是一支"叛逆者"的队伍,而血气方刚的林语堂以生于草莽死于草莽的"土匪"自居,所以他决不会跻身于一本正经的"正人君子"们——即使那里有为他雪中送炭的胡适——而投奔以"不伦不类"为标榜的"叛逆者",是合乎他的性格发展的逻辑的。

现代评论派以《现代评论》周刊为阵地,以"精神的独立"为标榜。在女师大事件、"五卅"惨案、"三一八"惨案中,该刊以"公正""不偏不倚"的"正人君子"的超然态度发表意见,与语丝派的态度形成了鲜明的反差。

语丝社的同人们常在北京中央公园来今雨轩聚谈。一杯清茶,几碟白瓜子,也常有叫面吃的,但意不在食而在聊天。藤椅放在古柏下,清风徐来,倒也舒适。

《语丝》诸子,个性各异,郁达夫潇洒,孙伏园静逸,钱玄同常红脸,刘半农矫健,周作人轻易不开口,但一张口泰然自若,说话声调低微而有余音,鲁迅诙谐百出,但兄弟俩已闹翻,所以相互间尽可能地回避,不照面。郁达夫喝过两杯茶就会嬉笑怒骂,有时竟会高兴得像个孩子那样,躺在老藤椅上,一手摸着自己的和尚头,兴奋地谈论各种高见。而林语堂则喜欢海阔天空地畅谈留学异邦时的所见所闻。在这样的《语丝》茶会中,林语堂总是愉快地享受着那种无拘无束的气氛,如鱼得水。

语丝派自称是"一班不伦不类的人",借《语丝》这块阵地"发表不伦不类的文章与思想"。① 他们在"随便说话"的旗号下,指点江山,激扬文字,粪土当年万户侯。上至北洋军阀总理、总统,下至充当打手的警察和三河县的老妈子,他们统统都敢骂。年轻的教授林语堂更是一个敢说敢骂的"急先锋"。论敌们指摘语丝派"骂人",林语堂挺身而出,满不在乎地为"骂人"叫好。他说:

> 凡有独立思想,有诚意私见的人,都免不了多少涉及骂人。骂人正是保持学者自身尊严,不骂人时才是真正丢尽了学者的人格。所以有

---

① 周作人:《答伏园论〈语丝的文体〉》。

人说语丝社尽是土匪,猛进社尽是傻子,这也是极可相贺的事。①

现代评论派的"正人君子"们痛骂语丝派是"学匪",可是,林语堂不以为耻,反以为荣,他和鲁迅都干脆以"学匪"派自居,使"正人君子"们瞠目结舌,无可奈何。

其实,语丝社同人也并不是天生的好斗分子,那些刺耳的指责和尖刻的措词,不过是逐渐升级的论战所带来的副产品。创刊之初,《语丝》同人与现代评论派并非水火不容,双方曾相安无事地渡过了一段河水不犯井水的平静日子。《语丝》第2期上还刊登过胡适翻译的一首诗。第3期和第5期又先后刊登过徐志摩翻译的波特莱尔的《死尸》和诗作《在一家饭店里》。

1925年3月12日,伟大的革命家、中国民主革命的先行者孙中山因肝病医治无效,在北京逝世,留下了"现在革命尚未成功,凡我同志,务须……继续努力,以求贯彻"的遗嘱。

孙中山逝世后,一方面,广大人民群众把对孙中山的悼念活动变成了遍及全国的政治大示威,成了革命力量的大检阅。林语堂与数万北京人民一起瞻望孙中山的灵柩从协和医院移往中央公园,他在庄严的军乐声中,看见宋庆龄身着孝服,随在灵车后。白幡下,成千上万的民众臂戴黑纱,胸戴白花,跟在后面送葬。观者莫不下泪。林语堂激动不已……另一方面,北京《晨报》和上海《时事新报》这些研究系控制的报纸上,连篇累牍地发表毁谤孙中山的文字,甚至诬蔑他"恃红党宣传费以生活","蹂躏人民自由十倍于军阀"。一向钦佩孙中山的林语堂,被这些毁谤激怒了。在3月29日,林语堂写了《论性急为中国人所恶》一文,纪念孙中山先生。林语堂把孙中山的"性急"和传统文化的弱点"惰性慢性"做了对比,他为中国的未来呼唤。这篇论文还表明:林语堂对周氏兄弟已不是一般朋友间的尊敬,林语堂实际上已把他们弟兄俩当作自己精神上的导师来看待。文章开头,他先引用鲁迅的话:

---

① 林语堂:《论骂人之难》。

> 如鲁迅先生所云,今日救国在于一条迂谬渺茫的途径,即"思想革命"。此语诚是,然愚意以为今日救国与其说在"思想革命",何如说在"性之改造"。

文章结尾处又引用周作人的话:

> 岂明先生已经说过"照现在这样做下去,不但民国不会实现,连中华也颇危险……'心所为危不敢不告',希望大家注意",诚然应希望大家注意。

林语堂在文章中激赞孙中山能够摆脱中国人的乐天知命的中庸主义。林语堂当时是以欧化的中国人自居的,他留学归来后,与许多同时代的留学生一样,带回了一些"洋气洋癖",其中之一便是"急躁性",在麻木不仁的中国同事看来,是不识时务。林语堂赞赏孙中山能保持着救国救民的"急躁性",而且至死不变。所以在林语堂的心目中,孙中山就成了"非中国人",即十成的全欧化的中国人,其对立面是固守传统的一切,顽固不化的十足的中国人。吴稚晖是九成半欧化之中国人,而熊希龄、黄郛则欧化到一二成。摆脱传统,是中国"精神复兴"的前提,林语堂认为孙中山的伟大之处就在于他是一位与传统决裂的中国人。

《新青年》元老钱玄同,现在又是语丝派的骁将。他读到林语堂关于孙中山的议论后,很感兴趣。素以激昂慷慨闻名的钱玄同,又大发了一通慷慨激昂的议论。他写了一篇《中山先生是"国民之敌"》,发表在《语丝》第22期(1925.4.13)上。文章一开头便说,林语堂在《猛进》第5期上的那篇纪念孙中山的文章启发了他的思路:孙中山先生是国民的导师,孙中山的革命反抗精神是我们民族起死回生的唯一圣药。可是有祖传痼疾的国民们竟然讳疾忌医,把这位良医当成"国民之敌"。钱玄同的文章生动地体现了"语丝文体"在艺术上的一个最重要的特色:幽默和讽刺,他用反语的形式,讽刺和批判了那些诬蔑孙中山的谬论。

第六章 《语丝》所孕育的文坛新秀

1925年初,林语堂和钱玄同、刘复(刘半农)关于改造国民性问题的讨论曾引起广大《语丝》读者的注意。这次讨论的起因是:1925年1月28日,刘复从巴黎寄给周作人一封信,信中说,他在外国读到《语丝》时,他"最惬意的一句话"乃是周作人所说的:"我们已经打破了大同的迷信,应该觉悟只有自己可靠……所可惜者中国国民内太多外国人耳。"刘半农说:

> 我在国外鬼混了五年,所得到的也只是这一句话。……
> 我们虽然不敢说:凡是"洋方子"都不是好东西,但是好东西也就太少。至少也可以说:凡是脚踏我们东方的,或者是眼睛瞧着我们东方这一片"秽土"的,其目的决不止身入地狱,超度苦鬼!

刘半农的信表明他已经打破了对西方文明的迷信,他借周作人的话批评那些想用"洋方子"来救中国的人——"中国国民内"的"外国人"。刘半农所引用的周作人的"觉悟只有自己可靠"一语,反映了文化界在"五四"高潮过去以后,对改造国民性、学习西方等问题上的一种倾向。

《语丝》第20期在刊出刘半农的《巴黎通讯》的同时,刊出了钱玄同的《写在半农给启明的信底后面》。钱玄同以否定传统文化的姿态,先对刘半农、周作人的"觉悟只有自己可靠"一语中的"自己"两个字做了重要的注释和说明。他认为:这个"自己"应该是"指各人独有的'我自己'而言,不是指中国人共有的'我们中国'。"这样一注解,清楚地显示了他对传统的反叛立场。同时,他又强调:"中国国民内固然太多外国人,却也太多中国人。"① 对于刘半农的"打破大同底迷信",钱玄同说,他不仅只能"相对的赞成",而且还提出了一个重要的补正:"同时还应该打破国家底迷信。"

钱玄同在揭露了帝国主义对中国的压迫之后,同样也引用了周作人的那段话,并说应该"要针砭民族(咱们底)卑怯的瘫痪,要消除民族淫猥的淋毒,要切开民族昏聩的痼疾,要阉割民族自大的疯狂"。钱玄同宣称自己很爱国,但他所爱的中国不是那个被传统文明所糟蹋了的中国,不是那个爱磕

---

① 钱玄同所说的"外国人"是指想以西方文化观念来改造中国国民性的中国人;而文中的"中国人",在这特定的语言环境里是指保守固有文明的复古派,而不是指一般的中国人。

头、请安、打拱、除眼镜、拖辫子、裹小脚、拜祖宗、拜菩萨、拜孔丘、拜关羽、求仙、学佛、静坐、扶乩、做古文的那个中国,也不是说"中国道德为世界之冠",说"科学足以杀人"的那个中国。

钱玄同所希望的是一个接受西方文化的"欧化的中国"。

刘半农则认为,当时中国国民中"外国人"——也就是"欧化的中国"人——太多了。

而钱玄同认为,不是"欧化的中国"人太多,而是墨守传统的中国人太多了。

钱玄同和刘半农是《新青年》时期的亲密战友,一对老搭档。在"文学革命"发难时,为扩大新文化运动的影响,他俩设计了一个造声势的锦囊妙计:由钱玄同化名"王敬轩",在《新青年》4 卷 3 号上发表了一封给《新青年》编者的信,信中把旧文人反对新文化的各种意见统统归纳在一起。而刘半农则出面写《复王敬轩书》,对其逐一批驳。《新青年》同人们称这出假戏为"苦肉计",在社会上引起了热烈的反响,吸引了人们对新文化运动的注意。而现在在《语丝》上的讨论,却不是事先商量好的"苦肉计"了。

林语堂读了钱玄同和刘半农在《语丝》上的文章后,在任意而谈的风气驱动下,林语堂顾不得与刘半农从未谋面,忍不住也加入了钱、刘之间的讨论。写下了《给玄同先生的信》。正文开始之前,林语堂先尽兴地幽默了一番,说了不少风趣横生的俏皮话。言归正传以后,林语堂直截了当地承认:钱玄同的"欧化的中国"的主张正和他"近日主张"不谋而合。他不仅把钱玄同的主张推崇为"唯一的救国办法",而且,比钱玄同更进一步,因为,刘半农、钱玄同都认为"中国国民内太多外国人",意思是西方化的中国人太多。而林语堂则认为,"国内外国人太少,及欧化中国人之不可多得也"。意思是说西方化的中国人太少了。他干脆提出:

> 今日谈国事所最令人作呕者,即无人肯承认今日中国人是根本败类的民族,无人肯承认吾民族精神有根本改造之必要。……然弟意既要针砭,消除,切开,阉割,何不爽爽快快行对症之针砭术,给以治根之消除剂,施以一刀两断猛痛之切开,治以永除后患剧烈的阉割。今日中

国政象之混乱,全在我老大帝国国民癖气太重所致,若惰性,若奴气,若敷衍,若安命,若中庸,若识时务,若无理想,若无热狂,皆是老大帝国国民癖气,而弟之所以谓今日中国人为败类也。欲一拔此颓丧不振之气,欲对此下一对症之针砭,则弟以为惟有爽爽快快讲欧化之一法而已。

钱玄同提出"欧化的中国",现在听来,十分触目惊心,颇有"里通外国"之嫌。可是,林语堂在《给玄同先生的信》中,用词比钱玄同更偏激,简直到咒骂祖宗的地步,他竟要中国人承认自己是"根本败类的民族"。林语堂居然敢说,《语丝》居然敢登,读者居然不反感,这是"五四"以后特定的历史环境下的特殊现象。

因为,在"五四"以来批判中国国民性的时尚中,新文化阵营里,从鲁迅到胡适,从陈独秀到吴稚晖,从林语堂到陈西滢,几乎人人都使用了极端偏激的语言来批判国民性的弱点和民族的劣根性。似乎,非如此就难以表达他们对传统精神糟粕的深恶痛绝,非如此就不能吓退复古派似的。在语丝社同人中间,是很有几个语不惊人死不休的"狂人"的,老将钱玄同便是其中之一,新秀林语堂也大有后来居上的趋势。钱玄同在提出"欧化的中国"后,大概也估计到复古派的反抗,所以,他把话先说在前头:

> 我也很爱国,但我所爱的中国……便是"欧化的中国"……至于有些人要"歌颂"、要"夸"的那个中国,我不但不爱它,老实说,我对于它极想做一个"卖国贼",卖给谁呢?卖给遗老(广义的)……爽性划出一块龌龊土来……

要是断章取义,钱玄同的这段话可以被当作一个"卖国贼"的不打自招。然而,在当时,竟无人想断章取义地以"卖国贼"的名义置钱玄同于死地。这是因为林语堂、钱玄同们的惊人之语,都是出现于复古派卷土重来的1925年,尽管林语堂们有措词不当或偏激之处,但在反对复古逆流的斗争中,仍不失为有的放矢的反击。在"复兴古人之精神"的国粹派阴魂不散的时刻,新文化阵营对任何复古逆动的倾向和苗头都十分敏感。章士钊上台后,《甲寅》复活,林语堂和其他《语丝》同人们一样,心忧如焚!在复古派大军压境的情况下,大动肝火的岂止是林语堂和钱玄同,主帅鲁迅早已上阵出战了。

还在钱玄同和林语堂的文章刊出之前,鲁迅在1925年2月12日就猛烈地批判了复古倒退的现象,他说:"我觉得革命以前,我是做奴隶,革命以后不多久,就受了奴隶的骗,变成他们的奴隶了。"①。

鲁迅干脆提出:一切都要推倒重来,"什么都要从新做过"。鲁迅在4月14日的文章里,等于是直接在号召革命,他说:

> 世上如果还有真要活下去的人们,就先该敢说,敢笑,敢哭,敢怒,敢骂、敢打,在这可诅咒的地方击退了可诅咒的时代。②

到了4月29日,鲁迅几乎是以总爆发的姿态,愤怒地控诉"中国文明"的罪恶,比林语堂、钱玄同等人更深刻、更彻底地全面否定了"中国文明"的存在价值。鲁迅说:

> 中国人向来就没有争到过"人"的价格,至多不过是奴隶,到现在还如此,然而下于奴隶的时候,却是数见不鲜的……。所谓中国的文明者,其实不过是安排给阔人享用的人肉的筵宴。所谓中国者,其实不过是安排这人肉的筵宴的厨房。……这人肉的筵宴现在还排着,有许多人还想一直排下去。扫荡这些食人者,掀掉这筵席,毁坏这厨房,则是现在的青年的使命。③

与鲁迅的文章相比,林语堂提出的根治民族劣根性的六点主张,简直是十分温和的声音了。林语堂在《给玄同先生的信》中说:

> 弟尝思精神复兴条件适足以针砭吾民族昏聩,卑怯,颓丧,傲惰之

---

① 鲁迅:《华盖集·忽然想到(三)》。
② 鲁迅:《华盖集·忽然想到(五)》。
③ 鲁迅:《坟·灯下漫笔》。

第六章 《语丝》所孕育的文坛新秀

痈疽者六,书于左方以待参考……

1. 非中庸(即反对"永不生气"也)。

2. 非乐天知命(即反对"让你吃主义"也,他咬我一口,我必还敬他一口)。

3. 不让主义(此与上实同。中国人毛病在于什么都让,只要不让,只要能够觉得忍不了,禁不住,不必讨论方法而方法自来。法兰西之革命未尝有何方法,直感觉忍不住,各人拿刀棍锄耙冲打而去而已,未尝屯兵秣马以为之也)。

4. 不悲观。

5. 不怕洋习气。求仙,学佛,静坐,扶乩,拜菩萨,拜孔丘之国粹当然非吾所应有,然磕头,打千,除眼镜,送讣闻,亦当在屏弃之列。最好还是大家穿孙中山式之洋服。

6. 必谈政治。所谓政治者,非王五赵六忽而喝白干忽而揪辫子之政治,乃真正政治也。新月社的同人发起此社时有一条规则,谓在社里什么都可来(剃头,洗浴,喝啤酒),只不许打牌与谈政治,此亦一怪现象也。

如果孤立地来看,林语堂的声音也许有几分刺耳,但若把他的声音放回到发出这个声音的时代里去,和同时代的其他声音相比较,那么,在批判国粹主义复古派的时代大声浪中,林语堂不仅是与《语丝》大合唱的节奏合拍的,而且是《语丝》大合唱中不可分割的一个音符。反过来看,如果不置身于这激动人心的大合唱,林语堂也是孤掌难鸣,不可能发出如此高昂的音调。

钱玄同读到林语堂 4 月 7 日给他的信后,高度评价了林语堂的战斗精神。他认为,在中国,除鲁迅、陈独秀、吴稚晖三人外,林语堂是能彻底批判国民性弱点的第四个人。钱玄同为自己的发现激动不已。1925 年 4 月 13 日,他文思狂涌,挥笔急书,慷慨放言。他在《回语堂的信》中写道:

语堂先生:

您说中国人是根本败类的民族,有根本改造之必要,真是一针见血之论;我底朋友中,以前只有吴稚晖、鲁迅、陈独秀三位先生讲过这样的话。这三位先生底著作言论中,充满了这个意思,所以常被"十足之中国人"所不高兴。我觉得三十年前"中学为体,西学为用"这个老主意,现在并没有什么改变,不过将"用"的材料加多一些而已。……

　　八九年来,我最佩服吴、鲁、陈三位先生底话;现在您也走到这条路上来了,我更高兴得了不得。……

　　…………

弟玄同
1925.4.13日午前3点4分写完

　　林语堂是否排得上吴、鲁、陈之外的第四人,这一点并不重要,重要的是,林语堂在《语丝》的摇篮里突飞猛进地迅速成长,他的文章已产生了不可忽视的巨大反响。

　　语丝派所以成为早期新文学运动中的一个小品散文的王国,很大程度上在于它继承了《新青年》的那笔宝贵的精神遗产。当年呐喊于"文学革命"战场上的《新青年》的散文高手们,现在正是《语丝》的台柱。与周氏兄弟、钱玄同、刘半农等《新青年》老将相比,林语堂只能算文坛新秀,他是《语丝》所造就的新人。林语堂拿出了当年一头扎进牛津词典里的那种劲头,勤学苦练中文写作。功夫不负有心人,短短一二年的时间里,他已羽毛丰满,无愧于语丝派急先锋的称号了。

　　林语堂的杂文,慷慨激昂,体现了语丝派无所顾忌的泼辣大胆的风格。他的文风颇近于钱玄同,但驾驭文字的能力比钱氏稍逊一筹。但他自有其特色,那就是洋溢在文章整体结构中的那种幽默感是别人所难以企及的。当然,幽默,在语丝诸子中不是林语堂独家经营的专利,幽默风趣、诙谐滑稽之处,在《语丝》的文章中俯拾皆是,插科打诨,骂人戏谑,也在所不忌。钱玄同甚至曾公开为吴稚晖"口口声声自认为流氓"、鲁迅"主张摇身一变,化为泼皮,相骂相打"①的精神叫好。

---

① 钱玄同:《回语堂的信》,刊于《语丝》第23期。

第六章 《语丝》所孕育的文坛新秀

　　林语堂一方面也具备这"流氓与泼皮"的气魄;另一方面,他的幽默感却是融化于整个文章的结构和行文之中的,有时不见得能具体地指出哪一处或哪几处特别精彩,但读过全文,便深得幽默或讽刺的韵味。这是他取法于《新青年》老将们而又青胜于蓝之处。比如,他作了一首《咏名流》的歌曲,有四节歌词,还有五线谱的乐曲,歌词全文如下:

1. 他们是谁?
　　三个骑墙的勇士,
　　一个投机的好汉;
　　他们的主义:
　　吃饭!吃饭!
　　他们的精神:
　　不干!不干!
2. 他们骑的什么墙?
　　一面对青年泣告,
　　一面对执政联欢;
　　他们的主张:
　　骑墙!骑墙!
　　他们的口号:
　　不忙!不忙!
3. 他们的态度镇静,
　　他们的主张和平,
　　拿他来榨油也榨不出
　　　　什么热血冷汗;
　　他们的目标:
　　消闲!消闲!
　　他们的前提:
　　了然!了然!
4. 他们的胡须向上,

>他们的仪容乐观，
>南山的寿木也装不下
>　　那么肥厚嘴脸；
>他们的党纲：
>饭碗！饭碗！
>他们的方略：
>不管！不管！

语丝时代的林语堂，颇有犯上作乱的勇气。他在 1925 年 4 月 7 日给钱玄同的信中，就反对"勿谈政治"，提出"必谈政治"。但在"五卅"惨案以前，林语堂的笔锋主要是泛指旧文化及其卫道者们，直接抨击论敌的时候不多。"五卅"以后，语丝派和现代评论派全面接触，林语堂也直接向现代评论派的阵地冲锋陷阵了。

"五卅"惨案发生在上海。

1925 年 5 月上旬，上海日商内外棉纱厂资本家取缔工会，工人以罢工反抗。5 月 15 日，日本资本家枪杀内外棉七厂工人顾正红，打伤工人十余人。5 月 28 日，青岛日本纱厂资本家勾结奉系军阀枪杀罢工工人八人，重伤十余人。日本资本家的暴行激起中国人民的极大愤怒。5 月 30 日，上海各界民众一万多人在英租界南京路上举行反帝大示威，英国巡捕竟向徒手群众开枪扫射，当场打死数十人，逮捕五十多人，制造了震惊中外的"五卅"惨案。

5 月 31 日，上海二十多万有组织的工人成立了上海总工会。6 月 1 日，上海二十多万工人举行总同盟罢工，五万多学生罢课，绝大部分商人罢市。6 月 11 日，上海工商学各界二十多万人举行群众大会，通过了反对帝国主义的十七条交涉条件。同时，反帝的浪潮波及北京和全国各地。

林语堂从报上看到"五卅"的消息后，他和北京大学的绝大多数师生一样，义愤填膺。特别是那份报道"五卅"惨案现场的画报，像一粒火种，深深地落进林语堂的心里。那画报上印着血案现场的各种照片：马路上、人行道上躺着、蜷伏着、趴着、赤裸着弹痕累累的尸首，其中有好几张照片上的尸体已经腐烂，脸肿得非常大，四肢膨胀着，每个尸体上——胸部、脸部，或者腰部,都显露着被枪弹打穿的洞,涌着一团血。林语堂从来没有看到过这样悲惨又这样令人愤慨的画报。对被害同胞的同情,对杀人刽子手的痛恨,这两种情感像两条火蛇似的在林语堂的心里绞缠。

北京骚动了,北京大学在怒吼。总罢业开始了,工厂里没有机器的响声,每个烟囱都张着饥饿的嘴;学校的教室里空空荡荡;商店紧闭着铺门。工厂、学校、商店都悬挂着半旗,向"五卅"烈士致哀。

校园里,十字街头,马路中心,胡同里,路边,各个学校、团体组织的宣传队,募捐队,慷慨激昂地宣传着。那声泪俱下的演讲,像扔进汽油缸的火苗,轰的一声,点燃了听众的激情。一支支游行示威的队伍,一面散发印着《伤心歌》《上海的乱子是怎样闹起来》的传单,一面挥动着、张贴着各种标语口号:

> 为"五卅"烈士复仇!
> 反对把中国当做殖民地!
> 一致收回租界!
> 驱逐驻华军舰及陆军!
> 抵制英日货!
> 拥护弱国外交!
> ············

整个北京失去了往日的宁静,发出了愤怒的吼声。北京变了,北京人变了。尤其是在热闹的中心街市——前门、大栅栏、东单东四牌楼、西单西四牌楼、王府井大街,工人、店员、学生、市民,无数群众汇合在一起,像有一只无形的巨手把一个个火球装入每个人的心头。在这火球的刺激下,人们吐着强烈的愤怒和反抗的火焰。

林语堂的心也被这烈火点燃了。

同样是中国人,有的人却是另一种态度:在一次声援"五卅"的大会上,段祺瑞的代表某将军对群众高呼"打倒英帝国主义!""惩办杀人凶手"的口号不以为然,公开站出来高声指责群众道:"什么打倒帝国!难道民国杀了人就不用抵命了吗?汉高祖入关约法三章,第一章就是'杀人者死'。帝国与民国都不准杀人的。什么打倒帝国……"

这个草包将军连什么是"帝国主义"也不懂,竟来充当段执政的代表,可见这个执政府都是些什么货色!

星期一,林语堂跟随着北京大学的教职员和学生列队到东城铁狮子胡同的执政府请愿,向执政府递交请愿书后,游行队伍又向段祺瑞的私宅进发。到离段宅还有几米远的时候,一队手持装有刺刀的步枪的士兵,迎面拦住了去路。请愿者悲愤填膺,向兵士演说,宣传"五卅"惨案的真相,讲到帝国主义残杀中国人民的时候,忍不住失声痛哭。示威者个个眼睛涨得红红的,悲愤形于色,可是兵士们仍然无动于衷,把刺刀对准了反帝示威者的胸膛,把枪口瞄准了爱国同胞的头颅。面对这种助纣为虐的野蛮行径,悲愤的请愿者依然勇往直前,兵士们一面装子弹,一面口喊:"打!打!"可是请愿者依然前进,当官的只得下令后退——一场血案在最后一秒钟才化险为夷。

林语堂在北大师生的游行队伍中目睹了这千钧一发的场面。

波峰过去是波谷,热情到达沸点以后,如果不保持,就会冷却。"五卅"的高潮过后,募捐队首先感到收获日益下降:街上的行人第一次遇到募捐队捐的是银元小洋,第二、三次可能掏铜子,如果上一次街接连遇上五六个性质相同的募捐队,极个别人便开始皱眉头,连续两个星期后,连铜子都不情愿再出。到相约全国总罢市半天的那日子,北京的商店竟然照常营业,有的连半旗也懒得挂,拉洋车的照旧在街上兜客……

林语堂为这种"五分钟热度"的国民性而悲哀。在悲哀之余,林语堂万分愤怒,因为他见到有些人借此机会对民众冷嘲热讽,说什么"冷血动物",中国人"没出息",等等,并为军阀政客们的媚外政策辩护,要"代政府和外交总长叫冤枉",因为"那样的人民只能有那样的政府"。①

满腔热血的《语丝》诸子们忍不住了。1925年6月18日,鲁迅撰文一面反对青年们"又是砍下指头,又是当场晕倒"的反抗方式,一面斥责"中国有枪阶级的凶残,走狗帮凶们的卑怯",他说:

---

① 陈源:《闲话》,《现代评论》2卷45期。

我敢于说,中国人中,仇视那真诚的青年的眼光,有的比英国或日本人还凶险。为"排货"复仇的,倒不一定是外国人!

要中国好起来,还得做别样的工作。①

7月8日,鲁迅又在《补白(三)》一文中,坚决支持"五卅"运动中青年学生的爱国斗争。他说,有权者,袖手旁观者,也都于事后来嘲笑,实在是无耻而且昏庸!同时,他也要求学生们要正视自己,不要开头时太自以为有非常的神力,稍为成功,幻想飞得很高,结果坠落在地上时,伤势就格外沉重。他希望青年能作持久的斗争,像赛马一样,不耻最后,一定可以达到目的。

鲁迅上阵以前,林语堂早已对"正人君子"们所唱的"高调"十分反感。现在,既然,主帅已经出战,作为先锋的林语堂,自然不甘落后。1925年6月24日,他写了《丁在君的高调》一文,与现代评论派面对面地交火了。

这位丁在君是《现代评论》的一员大将,"五卅"运动蓬勃开展时,他对民众的爱国举动,泼了不少冷水。比如,他说:

"学生只管爱国,放下书不读,实上了教员的当。"

"我们应该慎重,不要再闹拳匪起来。"

"爱国讲给车夫听有什么用。"

"劝化了一百个拉洋车的,不如感动了一个坐洋车的。"

"抵制外货我们自己吃亏……若是我们立刻大家不吸'前门''哈德门'牌,山东种烟叶子的人今年就要损失二百多万。"

"中国弄到这般田地完全是知识阶级的责任。"

林语堂针对丁在君蔑视群众的老爷作风,直截了当地指出,"五卅"运动的中心应在国民群众而不应在官僚与绅士。林语堂说:

这回爱国运动,大家正忙得手忙足乱,应接不暇,对外宣传,对内讲演,募款救济工人,筹划抵制外货,正苦无名流来实在出力,实在做事,实在帮忙,丁先生却在旁边说闲话。其实此种不负责的闲话亦与不负

---

① 鲁迅:《华盖集·忽然想到(十一)》。

责的高调,相差无几。闲话,高调,空洞话,无用之话,无积极主张的话,其名不同,其实则一。①

最后,林语堂毫不客气地正告丁在君,这类"迎合官僚与军阀的'高调'是绝对而绝对唱不得的"。在驳斥丁在君的"高调"时,林语堂充分发扬了"无所顾忌"的语丝文风。

1925年10月26日,《语丝》出刊满五十期,与《语丝》风雨同舟的同人们欢聚一堂,畅谈《语丝》创刊近一年来的经验和教训。在这一含有庆贺"五十大寿"意味的漫谈会上,林语堂兴致勃勃地做了长篇大论的即席发言。他主张《语丝》要扩大内容,反对"勿谈政治",针对"正人君子"们所散布的要青年学生"勿谈政治""闭门读书""读书救国"等言论,林语堂认为,这正是"正人君子"们的"中华官国的政治学",把政治看作是官僚们的专利,与人民大众无涉。他主张《语丝》同人们应反其道而行之:应积极提倡凡健全的国民不可不谈政治,视谈政治为健全的国民的天职,而所谓"勿谈政治"只是一种民族的病态心理,这种遇事畏缩、消极、苟且偷安的态度是"中国民族普通惰性的表现"。在"五卅"高潮以后,面对着"勿谈政治"的消极倾向,林语堂和《语丝》诸子们挺身而出,提倡大谈特谈政治,充分体现了林语堂在困难时高度的社会责任感和饱满的爱国热情。林语堂在《语丝》漫谈会上的这篇发言,得到了语丝派其他成员的热烈响应,11月6日,林语堂把它加工整理,以《谬论的谬论》为题目,发表在《语丝》第52期上了。林语堂所以用这样的一个题目,是与鲁迅的"门牙"有关。因为从10月26日的《语丝》漫谈会到11月6日林语堂为《谬论的谬论》定稿的这一段时间内,北京人民的爱国群众运动又有了新的发展。10月26日,当林语堂在语丝社同人们面前提倡关心政治之时,北京各学校和团体五万余人正在天安门集会游行,反对段祺瑞政府邀请英、美、法等十二国参加"关税特别会议",主张关税自主。但巡警却断绝交通,并和游行者发生冲突,造成流血事件。10月27日,北京《社会日报》《世界日报》《舆论报》《益世报》《顺天时报》的新闻中都有这样一段话:

---

① 林语堂:《丁在君的高调》。

"学生被打伤者,有吴兴身(第一英文学校),头部刀伤甚重……周树人(北大教员)齿受伤,脱门牙二。"28日,《社会日报》《舆论报》《黄报》《顺天时报》再次报道了鲁迅的消息:"游行群众方面,北大教授周树人(即鲁迅)门牙确落两个。"

各报连续报道两次,鲁迅又是文化名人,因此,有关鲁迅被打落门牙的消息,不胫而走,一般人都信以为真。林语堂也为鲁迅万分担忧——因为26日那天鲁迅确实没有去参加《语丝》的座谈会,所以林语堂等语丝派同人们都将信将疑,或到鲁迅家里去慰问,或写信问候,那些敬重鲁迅的文学青年们,反应尤其突出。莽原社的青年小说家朋其(黄鹏基)见报后直接跑到中央医院询问,又来到西三条胡同二十一号,进门后直奔鲁迅的书房"老虎尾巴",见鲁迅安然无恙,还不放心,非要叫鲁迅张开嘴来,目睹门牙健在,才算放心。

新闻媒介在鲁迅的门牙上大做文章,使林语堂十分生气。林语堂断定:这是别有用心者故意制造的谣言,他们在论战中占了下风,想用幸灾乐祸的谣言来解心头之恨。林语堂原准备借"门牙"问题发挥一通的,但知道鲁迅要亲自写文章回击,林语堂就另选了题目——把漫谈会上发言的内容,扩充成一篇杂感:《谬论的谬论》。这篇杂感的矛头是直接对准北洋军阀政府的教育总长章士钊的,因为11月2日,在章士钊主持下,教育部部务会议决议规定:小学学生要读经,自初小四年级起,每周一小时,至高小毕业止。这是公然实行"读经救国"的倒行逆施。林语堂回顾了"五卅"以来,旧文化的遗老遗少们反对学生爱国斗争的各种奇谈怪论,他看出,这回由教育部出面明令读经,是对新文化阵营的一次反扑,所以,他就以"精神欧化"来对抗"读经救国",以提倡关心政治来反对"勿谈政治""闭门读书""读书救国"的谬论。

"五卅"运动爆发前不久,林语堂正和钱玄同等人在热烈地讨论"欧化的中国"和根治国民劣根性等问题。"五卅"惨案的血淋淋的现实,使语丝派无法再在书斋茶座里清谈国民性的弱点了。时代的航船把林语堂送上了惊浪险滩,林语堂毫不留情地以自己的笔纵横针砭,他那寓幽默讽刺于悍泼放恣的文风,在这一时期得到了淋漓尽致的发挥。

第七章 与警察搏斗的"土匪"

女师大学潮——用竹竿、石块与警察搏斗——以"土匪"自居——关于"费厄泼赖"的讨论——"痛打落水狗"

女师大的学潮,把《语丝》和《现代评论》双方的主要撰稿人鲁迅、周作人、林语堂、胡适、陈源、王世杰、燕树棠、丁在君等人都卷进了旋涡。双方剑拔弩张,展开了一场激烈的论战,在这场惊心动魄的论战中,林语堂是语丝派的一员勇猛的战将。

波及北京教育界和文化界内大批名人的女师大事件,是中国现代学生运动史和妇女运动史上一次著名的事件。

女师大创办于清光绪三十四年(1908),当时称京师女子师范学堂,民国元年改称北京女子师范学校,1919年改为国立北京女子高等师范学校,1924年改称国立女子师范大学。1922年至1923年间,女师大的校长是鲁迅的好友许寿裳。1924年3月,许寿裳辞职,继任者是杨荫榆。她1913年毕业于日本东京女子高等师范学校,1923年又获得美国哥伦比亚大学的硕士学位,归国后在女师大任教。但是,杨荫榆独断专横的家长作风和浓厚的封建顽固思想,很快便引起女师大师生们的不满。

女师大风潮始于1924年11月。起因是国文系预科三名学生暑假回家,因遇到军阀的战事,未能按时返校。校长杨荫榆竟以违反校规为由,勒令三人退学。当时,女师大哲教系预科也有两名学生遇到同样情况,她却不做处理。决定公布后,学生哗然。大家认为这三名学生缺课有客观原因,况且也不到三个月。强令退学,与章程不符,便公举学生自治会派代表与校长交涉,要求杨荫榆收回成令,但遭到了杨的辱骂,于是激起学生公愤,酝酿已久的学潮,以此为导火线而爆发。

1925 年 1 月 18 日,女师大学生自治会召开全校学生紧急会议,出席 237 人,其中有 172 人主张驱逐杨荫榆。1925 年 5 月 7 日,这一天是签订二十一条卖国条约的日子,杨荫榆及其支持者准备在"国耻"纪念日召开演讲会,想利用学生参加大会的机会,通过主持会议,来重振校长的权威,结果却被学生轰下了台。于是,杨荫榆恼羞成怒,大声呼叫警察入校,后来经劝阻才未发生流血事件。

第二天清晨,公布处的小黑板上贴了一张文告,宣布开除蒲振声、许广平、张平江、姜伯谛、刘和珍、郑德音等六人。

学生们被激怒了。学生会立即在操场上召集全体紧急大会。当场宣言:学生会早已不承认杨荫榆是校长,所以她没有开除学生的权力。大会决定,驱逐劣迹昭彰的杨荫榆出校。公推学生会总干事许广平封校长办公室、寝室及秘书办公室的门,并张贴布告,坚拒杨荫榆入校门。

《语丝》方面首先挺身而出的,是主帅鲁迅。女师大学生代表林卓凤专程谒见鲁迅,请他主持正义。鲁迅立即为学生拟写了《呈教育部文》,将杨荫榆溺职滥罚,贻害学生的情形详尽陈述,这篇呈文后来发表于同年 6 月 3 日女师大出版的《驱杨运动特刊》上。发表前鲁迅又做了二十余处修改。

5 月 10 日,鲁迅作《忽然想到(七)》,发表于 5 月 12 日出版的《晨报副刊》上。这是鲁迅第一次、也是语丝派为声援女师大学潮而做的公开亮相。他号召学生以牙还牙。他说对手如凶兽时就如凶兽,那么,无论什么魔鬼就都只能回到他自己的地狱里去!

1925 年 6 月 1 日出版的《语丝》第 29 期发表了鲁迅的《"碰壁"之后》,这是语丝派第一次在《语丝》周刊上对学潮发表意见。

周氏兄弟虽已反目,但在女师大风潮中,弟兄俩的大方向是一致的。5 月 22 日,《京报副刊》发表了周作人的《女师大的学风》一文,认为女师大是教育界前途之棘,不在于反对校长的"暴动",而在于"内部离间的暴露",想只开除几个学生,或用别的高压手段消除风潮,整顿学风,只会南辕北辙,适得其反。周作人希望杨荫榆能够因教育前途之棘而引咎辞职。

5 月 27 日,鲁迅、周作人、马裕藻、沈尹默、李泰棻、钱玄同、沈兼士等七人,联名在《京报》上发表《对于北京女子师范大学风潮宣言》,向社会各界澄清事实,说明学潮真相。这七位,或是《语丝》的主帅或骨干,或是《语丝》的同情者。所以,这份由鲁迅起草的宣言的公开发表,等于摆开了一个语丝派集体出战的阵营,对学生鼓舞极大。

5月27日,在鲁迅等七人宣言公开发表后,现代评论派觉得"闹得太不像样了",非说两句"闲话"不可了。于是,5月30日发行的《现代评论》(实际上29日已经出售)上,陈源(西滢)在他的"闲话"栏目中,发了一通并非闲话的东西。这篇题为《粉刷茅厕》的千字短文,从头到尾,没有一句是闲话,句句有的放矢。这个"的"就是语丝派。

由于陈源的挑战,语丝派与现代评论派就女师大风潮展开了论战,《语丝》方面摆出全线出击的势态,林语堂更是摩拳擦掌地站在第一线,每次《语丝》茶会上,都要就论战中出现的事态,发表自己的意见。

8月1日晨7时许,杨荫榆带领保安警察四十余人,以及侦缉队稽查等十余人蜂拥入校,强行解散学潮中态度最坚定的四个班级:大学预科甲、乙两部,高师国文系三年级,大学教育预科一年级。学生奋起自卫。杨荫榆一伙就关闭伙房,截断电线,断绝交通,并用铁链锁住校门,企图困毙学生。学生当然不能坐以待毙,在总干事许广平的倡议下,众人奋起,毁锁开门,与前来慰问的各界人士和亲属们会师。

8月10日,执政府教育部正式颁布了《停办女师大令》。8月17日,教育部决定在女师大原址筹办"国立女子大学",教育总长章士钊亲自任筹备处长。

8月19—20日,教育部专门教育司司长、女子大学筹备处主任刘百昭,偕同筹备员柯兴昌等两次前往接收校舍,都因遭到学生的反抗而未果。

8月22日下午,刘百昭组织两彪人马强行接收。两路人马与女师大护校学生及赶来声援学生的各界人士发生冲突。结果,外校的声援者十四人被捕,女师大七人受伤,其中重伤二人。

但是,女师大师生们并没有向暴力屈服,就在教育部颁布《停办女师大令》的当天,8月10日,鲁迅等六名教员发起召开女师大全体教员大会,并在会上成立"女子师范大学校务维持会"。刘百昭率领"男女武将"强占女师大校舍后,"驱杨"的师生们在西城宗帽胡同租赁房屋另立新址,于9月21日开学上课,与章士钊的"女子大学"分庭抗礼。

围绕着女师大事件,在《语丝》《京报》《莽原》《晨报》《现代评论》等报刊上,语丝派和现代评论派展开了激烈的论战。林语堂从一开始就是站在女师大学生这一边的,十年后,他在回忆往事时说:"当我在北平时,身为大学教授,对于时事政治,常常信口批评,因此我被人视为那'异端之家'(北大)一个激烈分子。"在《语丝》和《现代评论》"这两个周刊关于教育部与女子师范大学问题而发生论战时,真是令人惊心动魄。那里真是一个知识界发表意见的中心,是知识界活动的园地,那一场大战令我十分欢欣。"①

作为语丝派的一员,林博士虽然才智出众,但是因为《语丝》诸子都是出类拔萃的,所以,在这一代精华荟萃之地,20年代中期的林语堂,总是要排到周氏兄弟、刘半农、钱玄同等《新青年》老将之后的。因此,在论战中,不可能由他挑大梁,但他却可以称得上是主帅麾下最得力的大将。当年有人称他为"急先锋",并不是过誉之词。他即便没有每一次都参与"攻城劫寨",至少也对主帅的战略意图早已心领神会。所以,他的每一个战术动作几乎都与周氏兄弟配合默契。

1925年这一年,在林语堂的生活史上的确留下过不少"惊心动魄"的记录。他不仅用笔,而且用竹竿和石块等武器直接参加了1925年11月28—29日的"首都革命"。

1925年冬,在南方革命形势的推动下,北京的群众运动,以磅礴之势汹涌直前,女师大学潮实际上就是当时革命运动的一个组成部分。所以,9月间,北京学界沪案后援会等团体发起的示威游行中,提出恢复女师大、罢免章士钊等多项要求,绝不是偶然的。

1925年11月28—29日,北京人民举行大规模的示威游行,群众高呼:

打倒卖国段政府!

驱逐段祺瑞!

打死朱深、章士钊!

---

① 《林语堂自传》。

潮水般的示威队伍冲破军警们戒备森严的防线，奋起摘掉"京师警察厅"的牌子，捣毁了章士钊、刘百昭的住宅，又蜂拥至宣武门大街，火烧研究系政客的喉舌《晨报》馆。

在这次轰轰烈烈的"首都革命"中，惯于用笔战斗的林语堂，拿起竹竿和石块，与学生一起走上街头，直接和军警肉搏，做出了其他《语丝》成员从未采取过的激烈行动，成为街头暴力的反抗者。

文人敢于与警察搏斗，这首先要归功于圣约翰大学的体育锻炼造就了他的强健体格。在北京大学的示威队伍里，这位三十来岁的青年教授的出色的投掷技术博得了示威者的热烈喝彩。他捡起石块勇敢地回击军警和流氓们的进攻。从他手里扔出去的石块命中率极高，常常把武装军警打得头破血流。当年，在圣约翰大学，他曾苦练过投垒球的技巧，是一名优秀的垒球投掷手。林语堂自己也想不到这投垒球的技巧竟会在此时此刻此情此景中大显身手。作为一个业余的垒球手，这一天是他运动生涯中最光辉的顶点。

警察雇佣来的那帮流氓暴徒，个个都气势汹汹地向学生示威队伍掷砖头。但在示威者的自卫反击下，不得不抱头逃窜，在与警察、流氓的几次搏斗中，优秀的垒球投掷手林语堂的确立了大功。以后，只要一提起自己"加入学生的示威运动，用旗竿和砖石与警察相斗"[①]的经历，林语堂总是眉飞色舞，引以为荣。而廖女士听了，气得大发雷霆问他还要不要命了。因为，在一次搏斗中，林语堂的眉头被击中，流血不止，后来留下了一个很深的伤疤……

林语堂大显身手的示威游行，正是被现代评论派所指责的过激行为。陈源在《"首都革命"与言论自由》一文中，又说起"闲话"来了。他说："首都革命"实在叫人"非常的失望"。陈源冷嘲热讽地说：

　　这次"首都革命"的最大的结果，还要算是烧掉了一个《晨报》馆吧。28日群众高呼的口号有"人民有集会结社言论出版自由"那一条，29日

---

① 《林语堂自传》。

第七章 与警察搏斗的"土匪"

就有许多人手竖旗帜,大书打倒《晨报》及舆论界之蟊贼等语,遂蜂拥至宣武门大街,将该馆举火焚毁。这样的争言论出版自由,也很值得纪念的。

……不错,《晨报》是带有研究系的色彩的。至少,历史上与研究系有过关系的,无论如何,它对于国民党是常常砭斥的。可是这不过是信仰的不同,并不成什么罪状。除此以外,《晨报》始终反对军阀,批评政府。虽然态度稳健,却是稀有的独立奋斗的报纸。

然而,《晨报》却让争言论出版自由的民众烧毁了!

陈源们在对群众运动中的过激行动仔细挑剔的时候,教育总长章士钊已逃到天津避风头了。段祺瑞改组国务院,教育总长章士钊辞职,由易培基继任。段祺瑞政府被迫下令恢复女师大。女师大学生乘这"首都革命"的东风,胜利返校。

正当林语堂沉醉于"与警察相斗"的"欢欣"之中,鲁迅等在庆贺女师大复校之际,北京突然冒出一个"教育界公理维持会",真是一波未平,一波又起。

12月14日晚上6时,在撷英番菜馆里,聚集了一批声称要维持公理的正人君子们。于觥筹交错、杯盘狼藉之间,产生了一个"教育界公理维持会",后又改名"国立女子大学后援会"。他们向北京教育界发出了"致国立各校教职员联席会议函"。

出席撷英番菜馆晚宴的是些什么样的人呢?除万里鸣是太平湖饭店的掌柜,以及董子鹤这个莫名其妙的人物而外,陶昌善是农大教务长,他是章士钊的替身;石志泉是法大教务长;查良钊是师大教务长;李顺卿、王桐龄是师大教授;肖友梅是前女师大而今女子大学教员;蹇华芬是前女师大而今女子大学学生;马寅初是北大讲师。而王世杰、陈源、燕树棠、白鹏飞、丁西林、周鲠生、皮宗石、高一涵、李四光等几位都是北大教授,又大都住在东吉祥胡同,同时也都是现代评论派的中坚人物。

席间,"正人君子"们个个义愤填膺,声言要维持"公理"。北大教授王世杰说:"本人决不主张北大少数人与女师大合作。……照北大校章教职员不得兼他机关主要任务,然而现今北大教授在女师大兼充主任者已有五人,实属违法,应加以否认。"王世杰所说的"北大少数人"就是指语丝派里的那几个北大教授,自然包括北大英文系教授林语堂在内。

另一位北大教授燕树棠在席间攻击支持女师大风潮的语丝派教授们"形同土匪……"

树倒而猢狲不散,反而打出维护"公理"的旗号,大骂论敌是"土匪",是可忍孰不可忍!林语堂接过燕树棠的话头,索性以"土匪"自居,写了一篇反击的文章,题目便是《祝土匪》。林语堂讽刺一些以"学者"自居的人不敢维护自己良心上的主张,不敢坚持真理,而像妓女一样倚门卖笑,双方讨好,与这些出卖良心的"学者"相比,"土匪"倒不会把真理"贩卖给大人物"。他说,有史以来的大思想家都被当代学者称为"土匪""傻子"过,这是现在的土匪傻子可以自慰的地方。所以林语堂极力为"土匪""傻子"叫好,他说:

今日的言论界还得有土匪傻子来说话。……我们生于草莽,死于草莽,遥遥在野外莽原,为真理喝彩,祝真理万岁,于愿足矣。

只不要投降!

12月28日写完《祝土匪》,林语堂又读到了鲁迅的《"公理"的把戏》一文,鲁迅的文章是针对那个"教育界公理维持会"而发的。林语堂立即又写了《"公理的把戏"后记》,呼应了鲁迅的文章。他并不隐瞒自己是在为鲁迅摇旗呐喊。他说:

今天拜读了鲁迅先生《"公理"的把戏》引起我一些意思,似有可补充及插说之余地,所以也迎得我来补充插说几句。

……记得北大教授有谁当过中学小学的校长、教务长等等,谁当过善后会议议员,谁是什么会员,谁是什么重要党员了,不知凡几,都未见有王先生加以法律上的否认,独为帮助女师大,便有"照北大校章教职员不得兼他机关主要任务。然而现今北大教授在女师大兼充主任者已有五人,实属违法,应加以否认"一大套的官样文章。所以我一听教育公理维持会发起,倒也取局外人态度平心静气的听他公判一下,等到发现王先生并非讲公理,只是讲法律,我便大大放心了。

林语堂又针对燕树棠攻击语丝派"形同土匪"的言论,责问:"当刘百昭雇用三河县老妈子倒拖学生到报子街的时候,为什么不见燕树棠站出来维持'公理'?"

林语堂的这篇杂文,不仅非常典型地体现了"语丝文体"的风格,而且也充分体现了"浮躁凌厉"的个人风格。他是《语丝》所培养出来的一位杂文家,因为他的杂文创作生涯是从《语丝》起步的。在《语丝》的摇篮里,他从周氏兄弟、钱玄同、刘半农等《新青年》作家那里获得了丰富的艺术营养。由于他能虚心学习,同时又刻苦钻研,所以在短短一二年内,他竟能异军突起,成为语丝派中一位可畏的"后生"。

"党同伐异",古已有之,中外雷同,它像怪影、像幽魂似的追踪着文人学士们,历来都是一个使文士们困扰的话题。按照"党同伐异"的思维指向:批评,是加之于论敌的武器,捧场,是朋友间互赠的礼物。如果以上述逻辑来检验《语丝》的历史,肯定会对语丝派内部的关系感到不可理解。

语丝派与现代评论派论战时,团结一致,众志成城。可见,在"伐异"时,他们是一个强有力的整体。但在语丝派内部却并不你捧我、我吹你,而是互相切磋,彼此商榷,蔚然成风。甚至,指名道姓的批评也司空见惯。鲁迅反对"费厄泼赖"的例子,只是语丝派成员之间,经常性的开诚布公地交换意见的一个例证而已。这绝不是唯一的例证,更不是特例。

以"不管三七二十一地""随便说话"的语丝社,不仅对军阀恶势力无情抨击,对绅士名流讽刺嘲笑,而且在《语丝》同人之间,不同的意见也是"任意而谈"的,驳诘切磋,习以为常。比如:《语丝》第 20 期上有钱玄同和刘半农关于"欧化的中国"的讨论;《语丝》第 22 期上林语堂和钱玄同都敞开胸怀放言改造"民族性"的问题;第 26 和 30 期上周作人和雨村讨论"性道德"问题;第 34 期上穆木天、周作人、张定璜、钱玄同之间讨论"国民文学";第 33、36、

39期上俞平伯和郑西谛对《雪耻》一文的讨论；第54和57期上林语堂又和周作人、孙伏园就"语丝文体"展开讨论。由此可见，坦率的讨论，是《语丝》的一种风气。而在这种畏友诤友式的赤诚相见中，林语堂总是一个活跃分子。

正是在这样的气氛下，作为语丝主将的鲁迅，因为不同意某些《语丝》同人所持的"费厄泼赖"的观点，而提出了"痛打落水狗"的原则。与前面所列举的那些讨论一样，这本是语丝派内部一次正常的和普通的交换意见。后来，人们把这个例子"拔高"到阶级斗争、思想斗争的高度，这大概是语丝派同人们所始料不及的。

1925年12月29日，鲁迅在《论"费厄泼赖"应该缓行》一文中，直接点名的是林语堂，但实际上，林语堂并不是"费厄泼赖"的首倡者，最早提出"费厄泼赖"的是周作人。1925年11月10日，为讨论"语丝文体"的特色，周作人写了《答伏园论"语丝的文体"》，载于11月23日出版的《语丝》第54期，署名岂明。这封信回答了孙伏园10月27日在来信中所涉及的《语丝》的文体问题。周作人说，《语丝》"是我们这一班不伦不类的人借此发表不伦不类的文章与思想的东西，不伦不类是《语丝》的总评"。

"费厄泼赖"应是《语丝》的一个特色，当然不是唯一的、甚至也不是主要的特色，这是周作人的原意。11月28—29日，示威群众捣毁章士钊、朱深、李恩浩、刘百昭等人的住宅，火烧研究系喉舌《晨报》馆。章士钊逃离北京，住进天津租界。1925年12月1日，章士钊下台。在这理应乘胜追击的时刻，国民党元老吴稚晖在12月1日出版的《京报副刊》发表《官欤——共产党欤——吴稚晖欤》一文。他说，现在再批评章士钊，"似乎是打死老虎"，流露出对"死老虎"应网开一面的意思。几乎与此同时，周作人撰写《失题》一文，发表在《语丝》第56期上，把吴稚晖的不打"死老虎"的意向明确地表述为不打"落水狗"的主张。他说，本来想写一篇批判段祺瑞在《甲寅》周刊第1卷第18号发表的对青年学生满含杀机的《二感篇》，后来听说段要下野，因此就不准备写了。他说：

> 到了现在段君既将复归于禅，不再为我辈的法王，就没有再加以批

第七章 与警察搏斗的"土匪"

评之必要,况且"打落水狗"(吾乡方言,即"打死老虎"之意)也是不大好的事,所以我只得毅然把《恭读〈二感篇〉谨注》这一个题目勾消了。

……一日树倒猢狲散,更从哪里去找这班散了的,况且在平地上追赶猢狲,也有点无聊,卑劣,虽然我不是绅士,却也有我的体统与身份。所谓革命政府不知还有几天的运命,但我已不得不宣告自12月1日起我这账簿上《赋得章士钊及其他》的题目也当一笔勾销了事。

不打"落水狗"的"费厄泼赖"精神,与林语堂的自由主义根性有着内在的精神联系。因为,林语堂对英国绅士风度早就心向往之。再加上林语堂一贯尊敬周氏兄弟,以配合周氏兄弟为己任,所以,他立即提笔写就了《插论语丝的文体——稳健、骂人及费厄泼赖》一文。该文几乎都是在为周作人的观点做注释,或者是发挥周作人关于"语丝文体"的见解。最后涉及周作人提出的"费厄泼赖"精神时,林语堂说:

再有一件就是岂明所谓"费厄泼赖"。此种"费厄泼赖"精神在中国最不易得,我们也只好努力鼓励,中国"泼赖"的精神就很少,更谈不到"费厄",惟有时所谓不肯"下井投石"即带有此义。骂人的人却不可没有这一样的条件,能骂人,也须能挨骂。且对于失败者不应再攻击其个人。即使仪哥儿,我们一闻他有了痨病,倘有语丝的朋友要写一封公开的信慰问他,我也是很赞成的。最可厌的Kipling,昨天看见他有肺膜发炎之症,我们还是希望他能早日痊愈。大概中国人的"忠厚"就略有费厄泼赖之意,惟费厄泼赖决不能以"忠厚"二字了结他。此种健全的作战精神,是"人"应有的与暗放冷箭的魑魅伎俩完全不同,大概是健全民族的一种天然现象,不可不积极提倡。

林语堂在对"费厄泼赖"发了一通议论之后,自以为是配合了《语丝》主将,立了一功。大概怕喧宾夺主吧,所以又赶紧申明"'费厄泼赖'原来是岂明的意思"。可是,后来该文收入《剪拂集》时,林语堂又把这段有关"费厄泼赖""发明权"的声明删掉了。

牢牢记住辛亥革命以来种种血的教训的鲁迅,对于从吴稚晖、周作人到林语堂的这一系列不打"死老虎"或"落水狗"的观点,不以为然。12月29日,他撰写了《论"费厄泼赖"应该缓行》一文,直接提出痛打"落水狗"的主张。

因为,鲁迅深知"狗性"总是不大会改变的,无论它怎样狂嗥,其实不解什么"道义",所以倘是"咬人之狗",都在可打之列,无论它在岸上或在水中。鲁迅说,老实人见狗落水,以为它必已忏悔,不再出而咬人,实在是大错而特错的事。他告诫善良的人们,辛亥革命就是由于对鬼蜮的慈悲,不打"落水狗",反被狗咬了,中国才"一天一天沉入黑暗里,一直到现在",使此后的革命者要牺牲更多的生命。鲁迅大声疾呼:历史不许重演,胜利者不能放松警惕,不能被"落水狗"一时装出的可怜相所迷惑;他们一时"塌台",何尝真是"落水"? 一旦爬上岸来,仍旧先咬老实人,投石下井,无所不为。因此,不能"将纵恶当作宽容,一味姑息下去",而是偏要"党同伐异","即以其人之道还治其人之身",要痛打一切已落水的狗!

"费厄泼赖"的发明权属于周作人,可是鲁迅在反对"费厄泼赖"的时候,笔锋却对准了林语堂。对此,林语堂是完全谅解的——因为,从1924年7月18日,周作人向鲁迅送"绝交信"之后,弟兄关系完全破裂。同年8月2日,鲁迅迁居砖塔胡同六十一号,从此,怡怡兄弟,成为参商——鲁迅提出痛打"落水狗"、反对"费厄泼赖",是出自对《语丝》同人的爱护,但为避免节外生枝,所以在文章中故意回避了首倡者周作人,而只提了林语堂的名字。

明确地提出痛打"落水狗"的原则,这是鲁迅战斗精神的充分表现,这也是鲁迅之所以是鲁迅之处。但是,这并不能改变这次讨论的性质——是语丝派内部的一次交换意见。若把一次普通的交换意见"拔高"为你死我活的斗争,或说成是对林语堂的一次挽救——否则林语堂就要堕落!这就不符合当时的实际情况了。

《插论语丝的文体——稳健、骂人及费厄泼赖》一文,在12月14日出版的《语丝》第57期上发刊以后,12月19日,林语堂又在《国民新报副刊》上发表了《论骂人之难》一文,驳斥了陈源的"闲话",他说:

第七章 与警察搏斗的"土匪"

> 凡有独立思想,有诚意私见的人,都免不了有多少涉及骂人。骂人正是保持学者自身的尊严,不骂人时才是真正丢尽了学者的人格。……所以有人说语丝社尽是土匪,猛进社尽是傻子……这也是极可相贺的事体。

可见,面对"正人君子"们的进攻,林语堂没有实行"费厄泼赖",而是以"骂人"、以"土匪"姿态来对付论敌们的攻势。狗在咬人,岂能不打,必须以牙还牙!

如果以为"费厄泼赖"一提出来,林语堂就吃素念佛,不再"骂人",不再反击论敌的攻击,那就大错特错了。事实证明,林语堂一面在赞扬"费厄泼赖",一面仍在"骂人"(或者说"打狗")。林语堂从来也没有用"费厄泼赖"去作茧自缚。1925 年 12 月 28 日,也就是鲁迅撰写《论"费厄泼赖"应该缓行》的前一天,林语堂应鲁迅之约,为鲁迅所编辑的《莽原》撰写了《祝土匪》一文。

《莽原》半月刊创刊于 1925 年 10 月,是莽原社的刊物。莽原社是一个以鲁迅为核心的文学社团,高长虹、尚钺、向培良是社中的骨干。在鲁迅的指导下,《莽原》成了青年们对社会进行无情批判的阵地。

鲁迅邀约林语堂为《莽原》撰稿,标志着林语堂和鲁迅在与"正人君子"们的论战中已建立了亲密的战友关系。林、鲁的友谊是一个渐进的过程。早在《语丝》茶会等各种场合,他们就已认识,但作为朋友的交往却是从 1925 年 12 月开始的,也就是林语堂为《莽原》撰稿的前后,这时,林语堂的名字首次出现在鲁迅的日记里。根据日记记载,从 12 月 5 日到 29 日短短 24 天中,他们之间仅鸿雁传书便达七次之多,可见"主将"和"急先锋"的关系非同一般,他们的友谊正在迅速发展。

要详尽地考察林语堂和鲁迅的关系,1925 年 12 月里所发生的几件事情是值得注意的,特别是事情发生的时间顺序,事情之间的前后因果关系,尤其耐人寻味。现将这些事按时间顺序罗列如下:

12 月 5 日,鲁迅第一次和林语堂通信,并向林约稿。

12 月 6 日,鲁迅第二次寄林语堂信。

12月8日,鲁迅收到林语堂的信。同日,林语堂撰写《插论语丝的文体》一文,提倡"费厄泼赖"精神。

12月18日,鲁迅作《"公理"的把戏》,该文载于22日出版的《国民新报副刊》。31日,林语堂读到该文后,立即作《〈公理的把戏〉后记》,为鲁迅摇旗呐喊。

12月19日,林语堂的《论骂人之难》在《国民新报副刊》上发表,他以"土匪"自诩。那种悍泼的笔锋,与他12月8日文章中所提出的"费厄泼赖"精神简直是南辕北辙。

12月29日,鲁迅上午寄林语堂信,晚上,鲁迅收到林语堂的信并《祝土匪》一稿。林语堂在《祝土匪》中,声援了鲁迅和青年学生的正义斗争,文章采用反语的形式揭露和抨击了打着"学者""绅士""君子""士大夫"旗号的"文妖"们,以"中和稳健"的面目出现,却"将真理贩卖给大人物"。整篇文章,丝毫没有"费厄泼赖"精神,而是充满了"土匪"的战斗精神。鲁迅是读了《祝土匪》一文后,写就《论"费厄泼赖"应该缓行》的,所以,文中对"费厄泼赖"的那些批评,表面上对林语堂,实际上是对周作人的,或者,不是针对任何个人,而是针对一种倾向而言的,"实为公仇,决非私怨"的原则,在这里也同样适用。

1926年1月10日,林语堂的《祝土匪》和鲁迅的《论"费厄泼赖"应该缓行》在《莽原》半月刊同时刊出。

仁者见仁,智者见智,对于"费厄泼赖"的讨论,人们尽可以有各种不同的分析和"定性",但是,一个铁的事实是任何人也抹杀不了的,那就是:1925年12月,正当林语堂被鲁迅点名批评的时候,也是林语堂和鲁迅的友谊越来越密切的时候。半个多世纪以来,由于大陆上的中国人很难见到林语堂有关"打狗"的全部文章。① 所以,总以为林语堂一直是鲁迅的鞭笞对象。其实,鲁迅提出痛打"落水狗"的原则以后,林语堂立即撰文放弃自己的立场,他不仅心悦诚服地接受鲁迅的意见,而且,还积极投入鲁迅所发起的"打狗"运动,撰写了一系列"打狗"文章,在数量上甚至超过鲁迅,大有后来居上之

---

① 1983年以来,上海书店陆续影印出版了《剪拂集》《大荒集》《我的话》以后,这种情况已得到根本的改变。

势,成为名副其实的"打狗"急先锋。

1926年是全国革命形势高涨的一年。

元旦,国民党在广州召开第二次全国代表大会,会议接受孙中山遗嘱,重申了国民党第一次代表大会通过的政纲。

北洋军阀政府处于风雨飘摇之中。在北京,易培基接替章士钊出任教育总长。1月2日,鲁迅为首的女师大校务维持会推定易培基为女师大校长。学潮胜利结束。正义战胜了邪恶。

被语丝派称为闲话家的陈源,也在1月2日出版的《现代评论》3卷56期上宣称:从今年起"永远不管人家的闲事"了,摆出一副要光荣撤退的样子。

读到陈源的"闲话",鲁迅毫不客气地揭穿了陈源的秘密。1月3日,鲁迅在《杂论管闲事·做学问·灰色等》一文中指出:天下本无所谓闲事,有人来管,便都和自己有点关系,装出不管闲事的"超人""局外人"的样子,其实都是"故意装痴作傻"。

章士钊们这时已是"落水狗",但从现代评论派方面的舆论导向来看,"落水狗"们不像要痛改前非,这就激怒了最先提出"费厄泼赖"精神的《语丝》另一主将周作人。1月20日,周作人以岂明的署名,在《晨报副刊》上发表了《闲话的闲话之闲话》一文,批评了1月13日《晨报副刊》上发表的徐志摩的《闲话引出来的闲话》一文中恭维陈源的话。周作人指出:"这里可惜徐先生有了一点疏忽,我想这或者是因为那时不在北京,没有遇到那个所谓臭茅厕事件,所以不知道章士钊怎样地诬蔑女学生,刘百昭怎样地率领老妈子拖打女学生,而陈源先生那时是取怎样的一种态度。"

两位主将已先后出战,"急先锋"哪能沉得住气。1月23日,《京报副刊》上刊出了林语堂绘制的漫画《鲁迅先生打叭儿狗图》。漫画上的鲁迅,手持竹竿,猛击落水狗的头,而那只落水的叭儿狗正在水里挣扎。漫画生动形象地表现了林语堂"打狗"的决心,这一来,可就触到了陈源的痛处。陈源坐卧不安了,认为林语堂的漫画是针对他的。

漫画中的"叭儿狗"是一种社会典型的图像化,凡有"叭儿狗"特征者,都惶惶不安,疑心是在骂自己。陈源的疑心最大,这也不是没有道理的。因为,现代评论派方面虽有许多人都在女师大风潮中发表过支持章、杨的言论,但真正写文章把自己的意见诉诸文字的却并不多,所以,直接与语丝派打笔战的"闲话家"陈源,就成了很惹眼的出头鸟,吸引了语丝派方面的主要火力。用陈源自己的话来说,他是"半年来朝晚被攻击"。

而当时,陈源正与女作家凌叔华恋爱。《京报》《晨报》《语丝》《莽原》上成篇累牍的"打狗"文章,自然逃不过凌家长辈的眼睛。凌叔华的父亲凌福彭是北京有名的书画家,与齐白石、陈寅恪等画家、学者交谊甚笃。凌父见陈源竟是众矢之的,不管是非曲直如何,未来的女婿被众人痛斥为"叭儿狗",如今又有"打狗图",看了实在是不舒服,担心陈源将来会败坏了他书画世家的声誉。父亲的态度影响到女儿的感情,陈源着慌了,不得不托人说情,企图与语丝派停战。但同时,陈源又不肯认输,放不下绅士的架子,依然"硬撑",不断地"闲话"连篇。因为"闲话家"的笔是闲不住的。

1926年1月28日,陈源给徐志摩写了一封三四千字的长信,这封信摆出了与《语丝》算总账的架势,火力密集,主要的攻击目标是《语丝》的两大主将和急先锋(即周氏兄弟和林语堂三人)。陈源抓住林语堂起先赞成周作人的不打"落水狗"、而后又拥护鲁迅的痛打"落水狗"的矛盾态度,毫不客气地冷嘲热讽。他说:

> 我也是主张"不打落水狗"的。我不像我们的一位朋友,今天某乙说"不打落水狗"他就说"不打落水狗",第二天某甲说"要打落水狗",他又连忙的跟着嚷"要打落水狗"。我见狗既然落了水,就不忍打它了。

那张刺目的漫画,明眼人一看便知其中的影射对象,所以很使陈源耿耿于怀。他说:

> 说起画像,忽然想起本月二十三日之《京报副刊》里林语堂先生画的"鲁迅先生打叭儿狗图"。要是你没有看见过鲁迅先生,我劝你弄一份看看。你看他面上八字胡子,头上皮帽,身上厚厚的一件大氅,很可以表出一个官像的神情来。不过林先生的打叭儿狗的想象好像差一

点。我以为最好的想象是鲁迅先生张着嘴立在泥潭中,后面立着一群悻悻的狗。"一犬吠影,百犬吠声",不是俗语吗?可是千万不可忘了那叭儿狗,因为叭儿狗能今天跟了黑狗这样叫,明天跟了白狗这样叫,黑夜的时候还能在暗中猛不防的咬人家一口。

很显然,陈源以"今天跟了黑狗这样叫,明天跟了白狗这样叫",来影射林语堂先跟了周作人赞成不打"落水狗",而后又跟了鲁迅主张痛打"落水狗"的前后变化。言外之意,"叭儿狗"不是别人,正是林语堂。陈源自信他悠悠然说出来的那几句"闲话",将狠狠地刺痛林语堂。

对英国皇太子都敢于满不在乎的林语堂,难道会在乎几句不痛不痒的"闲话"吗?

做自己想做的事情,说自己想说的话,这就是林语堂的原则——不怕别人说他朝三暮四!因为,无论当初赞成周作人的主张还是后来拥护鲁迅的观点,都是出于他的自觉意志,是认识的深入,思想的发展,绝不是随心所欲的出尔反尔。再说,这又是语丝派内部的事务,岂容局外人来说三道四。因此,他根本不把陈源的"闲话"放在心里,继续积极参加鲁迅所发起的"打狗运动"。

为纪念孙中山先生逝世一周年,1926年3月10日,林语堂撰写了《泛论赤化与丧家之狗》一文。直接呼应鲁迅的"痛打落水狗"的主张。文章发挥了"语丝文体"的"骂人"传统,把论敌们直斥为夹着尾巴的丧家狗。这篇杂文不仅思想倾向和鲁迅的观点一脉相通,而且在表现方法上也借鉴了鲁迅的《论"费厄泼赖"应该缓行》。林语堂采用分层论述、层层深入的写法,全文分六段:

一、论今日尚谈不到打倒军阀;

二、论猛虎并非丧家之狗所能打倒的;

三、论中国人至多不过粉红化并无赤化之危;

四、论家未丧其狗必先丧;

五、论国民不应专责买办土豪阶级而独宽容丧家狗之文妖;

六、论国民应先打丧家狗再打军阀。

对照鲁迅的名篇《论"费厄泼赖"应该缓行》,也是分段立题的:

一、解题;

二、论"落水狗"有三种,大都在可打之列;

三、论叭儿狗尤非打落水里,又从而打之不可;

四、论不"打落水狗"是误人子弟的;

五、论塌台人物不当与"落水狗"相提并论;

六、论现在还不能一味"费厄";

七、论"即以其人之道还治其人之身";

八、结束。

比较《论"费厄泼赖"应该缓行》和《泛论赤化与丧家之狗》,可以看出,无论在内容或形式上,林语堂都是有意识地借鉴了鲁迅。林语堂的痛打"丧家狗"的观点是对鲁迅的痛打"落水狗"观点的补充和发展。这是"先锋"自觉地领会"主将"的战略意图,紧密配合"主将"协同作战的一个典型战例。

第八章 "打狗运动"的急先锋

"三一八"惨案——痛悼刘和珍、杨德群——怒斥"闲话家"——"打狗运动"的急先锋——从"任意而谈"到任意而"骂"——被列入了"通缉名单"——加入了南下的行列

正当林语堂紧紧追随鲁迅痛打"落水狗""丧家狗"的时候，血淋淋的事实无情证明了鲁迅的论断：中国无"费厄泼赖"可言——"三一八"惨案发生了。

1926年，由于实现了国民党和共产党的合作，国民革命运动在全国范围内迅速发展。广东的国民革命军正在积极准备北伐战争。在北方，奉系军阀驻扎在山东的张宗昌部队，在日本的支持下，向冯玉祥的国民军大举进攻，但在天津以南被国民军击败。于是，帝国主义又一次直接插手中国内战了。

1926年3月12日，四艘日本军舰侵入中国领海大沽口海域，掩护奉系军阀进攻天津，并且炮轰国民军，打死打伤国民军官兵十余人，国民军开炮还击。

然而，恶人先告状。3月16日，日本联合英、美、法、意、荷、比、西等八国，向中国政府提出最后通牒，借口国民军违反《辛丑条约》，要求中国单方面停止军事行动，撤除国民军在天津、大沽的防务，并向日本赔款、"谢罪"。最后通牒蛮横地勒令中国政府在四十八小时内，即3月18日午前做出答复。

日本等列强的强盗行径，激起了中国人民的无比愤怒，一次声势浩大的群众运动爆发了。3月17日，北京学生到北洋军阀政府的国务院请愿，要求拒绝最后通牒，而段祺瑞因刚刚在3月12日命令他的内阁总理贾德耀以"防

赤化"为条件,与列强达成了借款五千万的政治交易。所以,竟然站在帝国主义的立场上,下令痛打请愿学生,并阴谋策划了进一步大规模诱杀群众的毒计。

3月18日上午,北京的工人、学生、市民数千人,计划在天安门召开国民大会,抗议八国通牒,要求驱逐八国公使。

3月18日早晨8时半,上课的时间到了,但女师大的教室里空无一人。不少教师都到教务长办公室向刚刚上任两天的教务长林语堂打听原委——在女师大师生的拥戴下,由语丝派的打狗急先锋来任教务长一职,这是经过一年多学潮,来之不易的胜利成果——正在这时,电话铃响了,林语堂拿起话筒,听出对方是学生会主席刘和珍的声音。她以学生会名义为全校学生集体请假一天,希望教务长照准。刘和珍在电话里说:因为女师大学生要参加11点钟在天安门的抗议大会,会后恐怕还有游行……

林语堂知道,女师大学生在爱国运动中向来都是打头阵的。现在要去参加抗议集会,校方理应支持。所以,林语堂当即就代表校方爽快地批准全校学生集体请假一天。末了,林语堂还在电话里关照刘和珍:"以后凡有请假停课事件,请从早接洽,以便校方及时通知教员。"

在林语堂的支持下,女师大的队伍高举大旗,打着标语,来到天安门前。正午12时,游行请愿开始。热血沸腾的爱国群众高呼口号,唱着《国际歌》,向铁狮子胡同进发。女师大学生不妥协的反抗精神,在北京各界人民中间,早已享有盛名。这天,从天安门,经东长安街、东单、东四……到执政府国务院所在地铁狮子胡同。一路上,站在街道两旁声援游行示威的群众,看到女师大这面战斗的旗帜在游行队伍中迎风招展,都为这些新女性的飒爽英姿拍手鼓掌。这天,刘和珍正患感冒,但她毅然带病前往,走在女师大游行行列的最前面。

在八国公使的"最后通牒"面前卑躬屈膝的执政府,对本国同胞却如凶神恶煞,铁狮子胡同一带杀气腾腾。执政府国务院的大门由卫队和教导队防守,一个个彪形大汉实弹荷枪,手提大刀,如临大敌。国务院西口原陆军部旧址和东口靠近十条胡同的地方,也军警密布,剑拔弩张。这是一次预谋的屠杀!因为在群众示威之前,段祺瑞曾派人到天安门前引诱群众到已经

第八章 "打狗运动"的急先锋

设下罗网的执政府门前。段祺瑞的北京警卫司令李鸣钟还欺骗示威者并去信说:"对于这一天的运动,军警当妥加保护。"①那么,军警们是如何"妥加保护"的呢:

请愿队伍抵达执政府国务院东辕门后,推举代表 5 人,要求会见国务总理贾德耀,被无理拒绝。当游行队伍正准备离开这里,改为去吉兆胡同找段祺瑞时,突然,事先埋伏在北边大红门里的数百名大刀队,倾巢而出,冲向游行队伍,肆意挥刀乱砍。接着,只听见一阵警笛声响,执政府门前的卫队随即向群众开枪。当群众从东西辕门方向退避时,由于门太窄,道路堵塞,士兵们又乘机挥动铁棒击杀群众。

屠夫们策划得十分周密。在执政府门前立了五排执枪和背大刀的卫队,现场指挥者用警笛发令,警笛一鸣,便是一排枪,警笛一声接着一声,枪声就跟着密集起来。那凄厉的警笛吹得颇有节奏,可见杀人者是在从从容容地杀人。指挥者还用指挥刀指示卫队的射击方向,总是把卫队的枪口引向人多的地方。一阵阵的枪声下,群众一批批地倒下。

执政府门前,血肉横飞,惨不忍睹,而执政府楼上还有人手舞足蹈地拍手叫好。当场打死 47 人,负伤 132 人,失踪 48 人。

这是民国以来最黑暗的一天,如此残暴狠毒地屠杀徒手的请愿者,在人类历史上,只有 1905 年 1 月 9 日沙皇尼古拉二世及其走狗加邦牧师设陷制造的"流血的星期天"可以与之相比。

惨案发生后,北京警卫司令李鸣钟和执政府卫队上校参谋长楚溪春乘汽车到吉兆胡同的段宅去看段祺瑞。当时,段祺瑞正在同吴清源下围棋,见李鸣钟、楚溪春进屋,马上声色俱厉,大声对李鸣钟说:

"李鸣钟,你能维持北京的治安不能?你如不能,我能撤你,我能枪毙你!"

李鸣钟在门口立正鞠躬向后退,连声说:"执政,不要生气,不要生气,我能维持治安,我能维持治安!"

段祺瑞接着对楚溪春说:"楚参谋长,你去告诉卫队官兵,我不但不惩罚

---

① 陈源:《闲话》,《现代评论》3 卷 68 期。

他们,我还要赏他们呢!这一群土匪学生……"①

血案发生时,刘和珍正带着女师大队伍在执政府门前。她临危不惧,处变不惊,镇静地指挥同学们撤退。

"啪!"一颗罪恶的子弹射向刘和珍,斜穿心肺,这是步枪近距离直射所造成的致命伤。立刻,她倒在血泊中。

"刘和珍中弹啦!"女师大的同学们惊叫起来。

女师大的张静淑和杨德群同学原已避到较安全的地方,看见患难与共的战友被击中,心痛欲裂,不顾子弹在头上呼啸,大刀、铁棍在身边飞舞,她们奋不顾身地奔过来救护。

"啪!啪!啪!啪!"张静淑刚伸出手臂想扶起刘和珍,自己身上就连中四颗子弹。其中有一颗是手枪子弹。

前仆后继,杨德群同学又冒死冲到刘和珍旁边。

"啪!"

子弹从左肩射入,穿过胸,从偏右边出来。"沉勇而友爱"的杨德群牺牲了。

刘和珍挣扎着坐起来。这时,一个残忍无比的兵士拿着棍子跑过来,在她的头部和胸部猛击两棍。"全校同学钦爱的学生领袖"刘和珍牺牲了。

听到屠杀的噩耗,林语堂与许寿裳同车赶往血案现场。

这时,栅门已闭,尚留一条缝隙容许进出。林语堂和许寿裳以女师大校方负责人的身份进到里面,只见尸体纵横枕藉,鲜血满地,宛如一座阴惨的人间地狱。进门一看,头一个就是刘和珍的遗体……她的乱蓬蓬黑发下,半开怒视的一双眼睛,像发射出"死不瞑目"的余恨,额际留有微温,许寿裳瞥见门外人群中有熟悉的医师,急忙请他进来诊视,哪知道心脏早停止了跳动,没有希望了。

林语堂悲痛欲绝,现在离刘和珍早上打电话请假,不过三四个小时,想不到那次电话竟成了诀别。刘和珍热心国事的神情浮现在林语堂的眼前,悲哀压倒了一切。

---

① 楚溪春:《三·一八惨案亲历记》,《文史资料选辑》第3辑。

第八章 "打狗运动"的急先锋

林语堂和许寿裳是最早来到血案现场的女师大教师,他们还牵挂着其他同学的安危,提心吊胆地把所有的女尸全部辨认一遍,除了刘和珍之外,还有几具女尸。林语堂听说还有许多受伤者在医院里,他们就赶紧去探视。一踏进医院的候诊室,只见室内满是尸体,惨不忍睹,这些死者是在抬到医院或送医院的途中才气绝的。

林语堂他们突然发现:女师大学生杨德群的尸骸被放在一张板桌上,由于桌子太短,下半身悬空挂着……林语堂不忍再看了。

林语堂他们回到女师大就着手安排死者的后事。杨德群的遗体很快从医院搬回学校。而刘和珍的遗体因为在执政府,当局不允许搬动。林语堂和女师大的教职员费了九牛二虎之力,到19日晚才算把遗体运回校里,安放在大礼堂。

惨案发生的当天下午,段祺瑞执政府就密谋栽赃诬陷,诬蔑请愿群众是"暴徒",用"闯袭国务院,泼灌火油,抛掷炸弹,手枪木棍,丛击军警"等颠倒是非的言辞推卸屠杀群众的罪责。执政府卫队还找到几支旧手枪,说是学生们的凶器,又找了几把笤帚和几个煤油桶,装了一些煤油,说学生拿这些东西准备放火烧执政府。于是,一场蓄意的大虐杀转眼间变成了卫队们的正当防御了。

这"正当防御"的范围还在无限扩大。3月19日,段祺瑞又下令通缉五名"暴徒首领":中俄大学校长徐谦,北大教授李大钊、顾兆熊,中法大学代理校长李煜瀛,女师大校长易培基。

3月26日,《京报》披露了一张第二批通缉的名单,这名单包括上述明令通缉的五人在内,共四十八人,其中有林语堂。

铁狮子胡同里的枪声刚刚消失,东西牌楼沿途的血迹未干,通缉令却已张开了吃人的血盆大口,迫害的魔影狰狞地降临到北京。血的事实,血的教训,使朦胧者清醒了,而原来就清醒的人,则变得更加清醒。

连"向来是不惮以最坏的恶意来推测中国人的"鲁迅,也没有料到军阀"竟会下劣凶残到这地步"。那么,自由主义的林语堂,自然要被这暴行气得"每日总是昏头昏脑"了。

"三一八"惨案后的那几天,林语堂真不知道自己是怎么熬过来的。只要稍有静默之暇,他就觉得自己是在忍受着"有生以来最哀恸的一种经验"。他激愤难言,痛苦得近乎变了态,直到惨案过去三天之后,痛定思痛,他才开始思索,为什么激愤?为什么痛苦?

——因为,林语堂"觉得刘、杨二女士之死,是在我们最痛恨之敌手下,是代表我们死的"。

——因为,刘、杨两位女士"为亡国遭难,自秋瑾以来,这回算是第一次"!

林语堂到女师大任职后,刘和珍是他"最熟识而最佩服嘉许的学生之一"①,刘和珍的形象早已在林语堂的记忆信息库里占据了一个重要的位置。林语堂记得:两个月前,一个冰冷的夜晚,10点钟,刘和珍一个人提了一只非常大的皮箱来到东城船板胡同林语堂家里。这是因为前一天,女师大演剧时,学生们向一些教师借了点衣服作为演出的服装,演剧后的第二天,刘和珍就亲自到各家去分别归还。到船板胡同林宅时,虽然已经很晚了,但刘和珍仍兴致勃勃地与林语堂笑谈前一夜演出的情况。当时,见到她对个人的疲劳全不放在心上的那种神态,林语堂心里豁然一亮,他明白了女师大学潮之所以能坚持到最后胜利,就"是因为有这种人才"。

现在,林语堂面前的书桌上放着一本学生的作业,这是3月16日,也就是"三一八"惨案前两天,刘和珍交上来的英文作文簿。刘和珍遇难后,在沉重的悲愤压迫下,林语堂一直不忍去触动这件遗物。眼下,既已冲出悲哀的重围,林语堂毅然翻开了作文簿,最后一篇文章的题目:*Social Life in the College*,醒目地展示在眼前。文章叙述了刘和珍对知识的追求,以及对社会迫害的苦恼。

林语堂认真地读过作文后,惊叹:"她对于政治的识见,远在一班丧家狗之文妖与名流之上。"

他随手译出了刘和珍的英文作文中的一段:

人常说,学生时期为最快乐之日,但是我不敢赞同。我相信世上永

---

① 林语堂:《悼刘和珍杨德群女士》。

第八章 "打狗运动"的急先锋

无快乐之日,而学生时期,亦多纷扰。

譬如吾校,北京女子师范大学,自从我进校以来即永未见宁日。我不敢回忆我在校过去的生活。

现吾校已比较安静,我正预备静心求学。但是又风闻新教育总长马君武氏又正在阴图扰乱教育界。若今日之安宁,我们又不能享受了。啊,这是何等可怕!

面对死者的遗物、遗言,林语堂心潮澎湃,他摊开稿纸,悲愤地写下了一个题目:《悼刘和珍杨德群女士》。他写道:

刘女士是全校同学钦爱的领袖,因为她的为人之和顺,及对于校事之热心,是全校同学异口同声所称赞的。功课上面,是很用功,是很想自求进益的一个人,看见她的笔记的人大都可以赞同,而且关于公益事宜尤其是克己耐苦,能干有为,足称为中国新女子而无愧。我本知她是很有希望的一个人才,但是还不十分知道底细,到许季茀先生对我详述,才知道她是十分精干办事灵敏的女子。上回女师大被章、刘摧残,所以能坚持抵抗,百折不馁而有今日者,实一大部分是刘女士之功,可称为全学革命之领袖。处我们现今昏天黑地,国亡无日,政治社会思想都须根本改造的时期,这种热心有为、能为女权运动领袖的才干,是何等的稀少,何等的宝贵!

于是,3月18日早晨的电话;死不瞑目的遗容;提着大皮箱归还衣服时的夜话;特别是眼前的这本触景生情的作文簿……刘和珍的声音笑貌一起涌上笔端。

"落水狗"爬上岸来,仍要咬人!刘和珍、杨德群和执政府门前的五十多位死难者就是被"落水狗"咬死的!林语堂心胆俱裂!他奋笔疾书写完了最后一段:

刘、杨二女士之死,同她们一生一样,是死于与亡国官僚瘟国大夫奋斗之下,为全国女革命之先烈。所以她们的死,于我们虽然不甘心,总是死的光荣,因此觉得她们虽然死的可惜,却也死的可爱。我们于伤心泪下之余,应以此自慰,并继续她们的工作。总不应在这亡国时期过一种糊涂生活。

一九二六,三,廿一日
(二女士被难后之第三日)

在屠杀的恐怖下,林语堂置个人生死于度外,毅然大张"女革命之先烈"的战斗精神,充分展示了"土匪"气魄之雄风。

有不怕死的"土匪"敢写,同样也有不怕死的刊物敢登。1926年3月29日出版的《语丝》第72期上,刊出了林语堂的这篇《悼刘和珍杨德群女士》。文章被编排在该期《语丝》的卷首。这期《语丝》的稿件,全部与"三一八"惨案有关。目录如下:

《悼刘和珍杨德群女士》	林语堂
《无花的蔷薇之二》	鲁迅
《关于三月十八日的死者》	岂明(周作人)
《执政府大屠杀记》	自清(朱自清)
《我们的闲话》	效廉

这可以说是语丝派纪念"三一八"惨案的专刊,而打头阵的是"急先锋"林语堂。值得一提的是,虽然,写悼念刘、杨文章的不只林语堂一人,但是,林语堂的《悼刘和珍杨德群女士》写于3月21日;周作人的《关于三月十八日的死者》作于3月22日;鲁迅的《纪念刘和珍君》作于4月1日,刊于《语丝》第74期——所以,从脱稿的时间来看,林语堂是语丝派中最早撰文悼念刘、杨二女士的。

3月25日,女师大师生和北京各界人民在女师大礼堂隆重举行追悼刘和珍杨德群烈士大会,由许寿裳主祭,灵堂里挂满挽联、花圈,凄惨哀号,不忍久闻。有挽歌曰:

第八章 "打狗运动"的急先锋

悲遗像在筵,

血衣在筐,

抚棺一恸君知未?

只记取平生约誓,

待他日元凶授首报君知。

林语堂带着沉重的心情参加了追悼会,再一次悼念他"最熟识而最佩服嘉许的"女师大革命先烈。

正当林语堂在沉痛哀悼死难先烈之时,陈源却又在一边说起"闲话"来了。

陈源虽然也在文章中声色俱厉地怒斥了杀人凶手的暴行,但同时,他又要"群众领袖"对流血事件负道义上的责任。这种各打五十大板的声调,在"三一八"以后全民声讨杀人刽子手的怒潮中,显然是一种别具一格的调子。陈源的《闲话》①一开头是为群众说话的。接着他又指责卫队蓄谋屠杀群众。陈源也清楚,没有上级的命令,卫队士兵是没有胆量进行如此大规模屠杀的,所以,应该追究真正的元凶,"这主谋的是谁,下令的是谁,行凶的是谁?他们都负有杀人的罪,一个都不能轻轻放过"。应该彻底地调查案情,使罪犯们得到应有的惩罚。然而,接下来,他把笔锋一转,似乎死者也有责任——谁叫你参加示威;而死者的父兄师长更有责任——因为,谁让你们不仅不劝阻还要带领无知的少年去冒枪林弹雨的险,受践踏死伤的苦。"三一八"以后,社会曾有种种"流言",陈源把"流言"收集起来,做了逻辑归纳。他说:

我遇见好些人,也有率领小学生的中学教员,他们都说,那天在天安门开会后,他们本不打算再到执政府。因为他们听见主席宣布执政府的卫队已经解除了武装,又宣读了李鸣钟的来信,说对于这一天的运

---

① 《现代评论》3卷68期(1926.3.27)。

动,军警当妥加保护,所以又到执政府门前去瞧热闹。

陈源认为一部分群众是被骗去"瞧热闹"的。那个骗人者就是北京警卫司令李鸣钟,陈源在后面称之为"李氏",两者是同一个人。后来,有的论者误以为陈源所说的"李氏"是指李大钊,这是张冠李戴。因为,3月18日那天,李大钊是天安门抗议大会的执行主席之一,但陈源《闲话》中的"李氏"则肯定不是李大钊而是李鸣钟。由于大会主席所宣读的李鸣钟的那封信涉嫌一个阴恶的陷阱,也是这次惨案的一个疑点,所以,为了弄清史实,不妨再抄录几段原文:

> 我们不能不相信,至少有一部分人的死,是由主席的那几句话。要是主席明明知道卫队没有解除武装,他故意那样说,他的罪孽当然不下于开枪杀人者。
> 要是他误听谎言,不思索调查,便信以为真,公然宣布,也未免太不负民众领袖的责任。
> 要是李鸣钟真有信去,答应保护,事实上却并没有派军队去保护,那么李氏百口也不能辩他无罪。
> 要是李氏并没有去信,那么宣读的信,出于捏造,那捏造的人,又犯了故意引人去死地的嫌疑。

自从陈源自告奋勇地出来"粉刷茅厕"以来,他早已陷进了女师大的旋涡。后来一度声明不管"闲事",但这次见到女师大学生在惨案中死二伤七,他又忍不住了。他说,血染国务院的死者已经有五十人左右了,有的是孕妇,有的是数家兼祀的独苗,有的家里有老母妻子,每人都有一部令人辛酸的历史,但是要算杨德群"最可怜"了。"杨女士湖南人,家中不甚好,她在师范学校毕业后,教了六七年书,节衣减食,省下了一千多块钱,去年才到北京来升学。平常很勤奋。开会运动种种,总不大参与。"如果介绍情况到此为止,倒也无妨。可是,这位没有直接目击杨女士3月18日全部活动的陈源,竟完全以目击者的口气描述了杨女士遇难前后的情况,并用弦外之音暗示,

第八章 "打狗运动"的急先锋

是女师大的教员不负责任地把她推入绝境的:

> 3月18日她的学校出了一张布告,停课一日,叫学生都去与会。杨女士还是不大愿意去,半路又回转。一个教职员勉强她去,她不得已去了。卫队一放枪,杨女士也跟了大众就跑,忽见友人某女士受伤,不能行动,她回身去救护她,也中弹死。

陈源先斥政府"凭空捏造""诬赖卸责";再斥卫队蓄谋"干一干";三斥惨案的"主谋";在对政府方面打了五十大板之后,陈源又把板子举向群众这一方,他先责备妇女小孩本不该去示威;又责备父兄师长未尽劝阻的责任;三责大会主席的"那几句话"。接下来,四个"要是……"的排比句,追究李鸣钟的责任,追究散布"谎言"和听信"谎言"者的责任,还有"捏造"信件者的责任。这支闲话家的笔横扫了整个北京城,似乎北京城里的每一个人都要对惨案的发生负有这样或那样的责任,唯有在一旁冷眼观望,然后口吐"闲话"的陈源,浑身上下,清清白白。

在这弥天碧血溅京华的非常时期,既然有那份闲心来说"闲话",至少也是不合时宜,更何况那所谓"闲话",句句都裹藏着对论敌的杀机。

青年的血,使林语堂目不忍视,而血案后的流言,更使他耳不忍闻。他觉得自己已经从悲愤的情绪中升腾到了一个新的境界,这个新境界是什么,他认不清也说不准。"哀恸"过后,他要反抗,但他是"文字国"的国民,因此,无论是哀恸还是反抗,手中都只有一支笔。

林语堂一读到陈源的《闲话》,就想破口大"骂",忍了两天。3月30日,《京报副刊》第454号上,同时刊出了周作人、孟菊安、董秋芳等三人就杨德群死难经过分别撰写的文章,他们的文章都愤怒地驳斥了陈源的《闲话》。林语堂的想法和他们不谋而合。

孟菊安女士是杨德群的朋友。3月18日,她俩一起参加天安门前的抗议大会,又共赴执政府请愿。作为最直接的见证人,她亲眼目击杨女士3月18日从示威请愿到喋血铁狮子胡同的全过程,她以事实验斥了陈源所说的,"半路又回转,一个教职员勉强她去,她不得已去了"的流言。

而董秋芳则已不能克制自己的感情,对流言的制造者大骂起来:"这种畜生的畜生,生殖在人类里面,早就可怕,而且早就可杀了。"

林语堂赞赏董秋芳骂得痛快。对那些以"狗屁""献给它们的大人……以求取得主人之欢心"的"走狗",就是要骂它个狗血淋头,这便是林语堂一贯所主张的《语丝》的"骂人"精神。3月30日,林语堂作了《闲话与谣言》一文,他终于大骂特骂了。他说:

"畜生"生在人类里面,本来已经够奇了,但是畜生而发见于今日的大学教授中,这真使我料想不到。我要畅快的声明,这并非指猪,狗,猫,鼠,乃指大学教授中"亲亲热热口口声声提到孤桐先生的一位",亦即"白话老虎报社三大笑柄"之一。

林语堂所说的"大学教授"就是陈源。林语堂骂过"畜生"之后,仍不过瘾,于是又捧出了一顶"妖孽"的帽子,他说:"国之将亡,必有妖孽;今日之妖孽,单以北京首恶之区而论,已经指不胜屈了。"骂了"畜生",又骂了"妖孽",正在兴头上的林语堂似乎还未尽兴。于是又把笔锋指向"三一八"以后不赞成谴责段祺瑞的大学代表们。那是3月19日,北京九所高校教职员联席代表会上,在对要段政府负惨案责任的提案付诸表决时,竟有四所大学的代表不赞成谴责政府的提案。北大代表、现代评论派骨干燕树棠和师大代表马名海反对尤烈。林语堂越说越气,不禁又骂了起来。他说:

这回"三一八"的屠杀,虽然是出于政府之丧心病狂,但是事后发见政府以外丧心病狂的同胞就不少,正在那边敷衍政府。你们不知道屠杀后第二天九校教职员联席代表开会的丑话吗?为要通过声明此次段执政应负责任的一案,还大闹意见……教职员连一个屁都不放。可见得丧心病狂之同胞实在多。

"三一八"惨案后,卫队栽赃于示威者的那几支手枪、木棍,原是无中生有之技,却被不少人利用来大做文章。林语堂毫不留情地揭露了借手枪木棍做文章者的真实用心。他说：

> 《晨报》社论家曰："这回民众请愿是和平的，被卫队抢夺的也不过几支手枪木棍"。这是何等公正的态度，但是暗中已给人阴险的暗示，当日实在有几把手枪给卫队抢夺去，这手枪自然是共产党带去的，于是大家可以，并且应该，攻击共产党了。

警卫司令李鸣钟的那封信，实际上是一个圈套。然而，闲话家在《闲话》里以接连四个"要是……"开头的排比句式，使原来不太复杂的奸计，变得迷离扑朔起来。于是，林语堂站出来正告陈源，不要借李鸣钟的信来把水搅浑。林语堂简直是指着陈源的鼻子说：

> ……看这是多么公平中正的面孔，的确是研究系的老把戏，他用的方法是阴险的暗示的方法，因为他不肯明说李鸣钟的信是捏造，你要驳他，他却说我并没有说一定是捏造的，但是他却要给一班读者暗示李鸣钟的信有捏造的可能性，所以结论是徐谦等"又犯了故意引人去死地的嫌疑"，及"至少有一部分的死，是由主席的那几句话"……徐谦等会不会捏造李鸣钟来信宣读于众，自从惨案发生以来，没有人想得到，就是闲话家替他想到，并且用不负责的不明不暗的句法散布出来。在这个国民一致愤慨的时候，这个东西还有功夫来干这种阴险玩意，是否全无心肝，大众可以明白。

李鸣钟的信到底是怎么回事？北京社会各界都清楚：李氏确实写过信，因为如果这信是群众领袖捏造的，警卫司令早就出来辟谣了。而李司令始终未出来辟谣，可见是确实有信。证据俱在，无法否认。这种并不复杂的逻辑关系，陈源自然清楚。再说，抗议大会执行主席徐谦在宣读李司令保证"对于这一天的运动，军警当妥加保护"的信件时，肯定没有估计到这信是屠夫们预谋的陷阱。所以，徐谦等群众领袖不但动员群众去执政府请愿，而且徐谦女儿也参加了请愿，在铁狮子胡同险遭毒手，林语堂针对陈源的"要是

李氏并没有去信,那么宣读的信,出于捏造,那捏造的人,又犯了故意引人去死地的嫌疑"的闲话,据理驳斥:

> 况且徐谦女公子自己加入赴院请愿,从枪林弹雨中幸逃出来,徐先生若是事前知道,难道要他女儿去送死吗?

林语堂的《闲话与谣言》,虽然一开头就破口骂"狗",而且一骂到底,但并不是横蛮无理的泼妇骂街,而是骂得有理。寓理于骂,这是林语堂的所有的骂"狗"文章的共同特点,也是《闲话与谣言》的骂人特色。

"三一八"惨案后,整个北京城沉浸在浓重的悲凉中。同时,北京也成了一个"流言""谣言"和"闲话"的大旋涡。

人和人的魂灵是不相通的!同样目睹执政府前的血迹,人们却说着不同的语言。在举国愤慨的时刻,居然还有人制造流言,对这些"全无心肝"的"东西",难道不该骂吗?"三一八"以后,林语堂的火气很大,经常在文章中"骂人",他的"骂人"生动地体现了语丝派无所顾忌地反抗一切专断与卑劣的思想特色。

4月1日,被"三一八"惨案中断了的教学秩序开始恢复正常,女师大复课了,教务主任林语堂主持了复课典礼,并在会上慷慨陈言。

在复课典礼上发言的还有马幼渔、周作人和许寿裳。会后,林语堂和周作人,这两位一度曾主张不打"落水狗"的战友,又在一起痛斥知识阶级中的败类——"叭儿狗"。

林语堂和周作人在交谈中都觉得:北京的知识阶级——名人、学者和新闻记者都变坏了,所以政府方面敢于在北京的执政府前肆意杀人。"五四"时,学生们轰轰烈烈闹得比现在还厉害,但那时为什么不开枪,是因为舆论不允许。所以当局在舆论的压力下有所顾忌。现在却有一帮名人学者替段政府出力,顺了通缉令的意旨,制造各种"流言""谣言"或"闲话",转移人们的视线,为政府开脱,把责任归罪于群众领袖。这种丑态在"五四"时是没有的。对于知识界内部的败类的所作所为,林语堂和周作人都非常气愤。

第八章 "打狗运动"的急先锋

4月2日,林语堂在《京报副刊》上读到了周作人的文章《恕府卫》,其内容就是他俩昨天在女师大复课典礼后所讨论的那些问题。林语堂放下报纸,回忆起"五四"时期新文化阵营意气风发的情态,感慨万千。林语堂觉得现在的许多事情都坏在知识界内部的奸细——"叭儿狗"身上,这些"叭儿狗"一方面做老虎的间谍,一方面扰乱知识界自身的团结,使新文化阵营失去了"五四"时代的那种战斗力。林语堂想起了鲁迅在三个月之前的话,愈发钦佩鲁迅的痛打"落水狗"的高见。现在周作人的《恕府卫》一文,充分说明周作人已经放弃了"费厄泼赖"的主张,也和鲁迅一样举起了打狗棒。

林语堂作为周氏兄弟的亲密战友,在"打狗"问题上,表现得特别起劲,他想干脆来一个"打狗运动",把北京城里的"一切的狗",全数歼灭。他当即写下了《讨狗檄文》,他呼吁:

> 我们只有一条路可走,就是先把知识界内部肃清一下,就是先除文妖再打军阀……

他无所畏惧地公开号召:

> 我们打狗运动应自今日起,使北京的叭儿狗,老黄狗,螺狮狗,笨狗,及一切的狗,及一切大人物所豢养的家禽家畜都能全数歼灭。此后再来讲打倒军阀。

最后,林语堂画龙点睛地指出:

> 这篇写到此地有点像《讨狗檄文》,惟文字上太草率些,不大像檄文。其实就当做一篇讨狗檄文,也不要紧,讨狗的檄文,本来不应过于郑重。打狗还要用金棍吗?

《讨狗檄文》刊出后,立即引起了社会反响。4月13日,有人署名"侯兆麟",给林语堂写了一封一两千字的长信,与林语堂讨论《讨狗檄文》里的一

些问题。信的开头这样写道:

> 语堂先生:
> 　　看了某日《京报副刊》上你的"打倒文妖"的话,你说是一种讨狗檄文,你的这种不怕环境的精神,我委实疑心你"不是中国人"。——委实之委实就不知道你的"籍",我只知道你是个教授,又在报上见到你当选为女师大的教务长了。我痛痛快快底把你的文章读完,然这股儿痛痛快快的心理总想和你谈一谈才好:看见你说是讨狗的檄文不用好文章的,那不是讨论狗的问题亦不用好文章吗?我岂不是活该给你写一封信吗?
> 　　…………

4月17日,林语堂公开答复了"侯兆麟"的信。

> 兆麟先生:
> 　　狗之该打,世人类皆同意。弟前说勿打落水狗的话,后来又画鲁迅先生打落水狗图,致使我一位朋友很不愿意。现在隔彼时已是两三个月了,而事实之经过使我益发信仰鲁迅先生"凡是狗必先打落水里而又从而打之"之话。
> 　　…………
> 　　总之,生活就是奋斗,静默决不是好现象,和平更应受我们的咒诅。倘是大家不能肉搏击斗,至少亦能毁咒恶骂,不能毁咒恶骂,至少亦须能痛心疾首的憎恶仇恨,若并一点恨心都没有,也可以不做人了。这种东西,吾无以名之,惟称他为帝国主义者心目中的"顶呱呱的殖民地的好百姓"。
> 　　前清故旧大臣曾称我们为"猛兽"。我们配吗?
> 　　刚才因为我家里小姐听见邻家耍猴儿,叫我也叫他来院子里耍一耍。不打算一跨进门不见猴先见叭儿狗,委实觉得好笑。想打他又像无冤无仇的。后来看他走圈儿,往东往西,都听主人号令,十分聪明,倒

第八章 "打狗运动"的急先锋

也觉得有几分可爱。狗之危险,就在这一点,而且委实有点像猫,难怪鲁迅要恶他甚于蛇蝎。这总算是我对叭儿狗见识的长进吧。并此奉闻。

开口"打狗",闭口"讨狗",这时,林语堂是语丝派中"打狗"文章写得最多、喊得最响的一个人。所以,同时代人称他为"打狗运动的急先锋",这顶桂冠,他是当之无愧的。

从提倡"费厄泼赖",不打"落水狗",转变为"打狗急先锋",前后相距不到三个月。林语堂的转变,增强了语丝派"打狗"的战斗力,《语丝》同人们都为林语堂的变化而高兴,但社会上却传来了不少流言蜚语,攻击林语堂出尔反尔。林语堂以为,坚持真理修正错误是光明磊落的行为,所以,不怕别人说三道四。

浓重的黑暗笼罩在头顶,北京城里杀气腾腾。

在通缉名单之内的林语堂,虽说并没有被通缉所吓倒,仍在战斗,但也不能不做一些防备,避免无谓的牺牲。他事先察看了自己在东城船板胡同住宅附近的地形,选择好应急撤退的路线——跳墙逃走。他还做好绳梯,准备情况紧急时,攀绳梯越墙而走。

就在这样的环境下,林语堂仍然没有放下手中的笔。4月23日,为配合鲁迅的战斗,林语堂写了《"发微"与"告密"》一文。因为,鲁迅在4月13日写就了《大衍发微》,文中汇集了各种调查材料,将"三一八"惨案后,军阀政府开列两批通缉名单的隐秘公布于世,文章发表在4月16日出版的《京报副刊》上。鲁迅的文章启发了林语堂的文思,又一次激起了"急先锋"的"打狗"兴致。林语堂在《"发微"与"告密"》中写道:

所谓从官僚手段看去不大高明者,即其露出马脚,露的太显,当街出丑,于是使我们一些人有蛛丝马迹可寻,于是可使鲁迅先生有《大衍发微》的文章可做。倘是我们照此发微的路上走去,意义正是重大深长得很。段章马陈击杀国民,通缉异己,并不是一天一日偶然的事,其酝酿已久,由来渐矣,鲁迅先生以其神异之照妖镜一照,照得各种的丑态都显出来。结果呢,镜里所照,不仅有章马,还有文妖,不仅有野鸡在大马路拉人,还有暗娼在后头兜生意。……野鸡与暗娼原来何别?一种是官僚,一种是正人君子罢了。我读鲁迅先生的"发微"乃不禁喟然叹曰,北京的叭儿狗,何其若是之忠,吾固谓其好玩,足供闺淑拉出来路上走走漂亮漂亮而已,未知其用处若是之大也(按叭儿狗英文作 Pekingese,为世界狗类有名者之一,以好玩称,吠而不咬,可欺而不愠,故世人多爱之。但查《大英百科全书》则未提到其忠心一层,忠心似以笨狗、警犬等为最。若然则《百科全书》第十二版须于"皮经尼斯"条下,加以补正)。

林语堂的《"发微"与"告密"》一文写于 4 月 23 日,在此前后,北京的政治形势愈加动荡不安了。就在这篇充满火药味的杂文写就后的第三天,4 月 26 日《京报》总编辑邵飘萍被杀害。《"发微"与"告密"》就成了林语堂在北京时期的最后一篇任意而"骂"的杂文。

从"任意而谈"到任意而"骂",这是"语丝文体"在"五卅"前后的一次转变,也是林语堂杂文风格在"五卅"前后的一次转变。1924 年 11 月 17 日,《语丝》创刊号的发刊词里,已经明示:《语丝》同人不是安分守己的顺民,也不是循规蹈矩的学者、名流。但那时,《语丝》同人们的口气还是比较平和的。他们仅仅声称:

> 我们所想做的只是想冲破一点中国的生活和思想界的昏浊停滞的空气。我们个人的思想尽自不同,但对于一切专断与卑劣之反抗则没有差异。我们这个周刊的主张是提倡自由思想,独立判断,和美的生活。我们的力量弱小,或者不能有什么着实的表现,但我们总是向着这一方面努力。

所以,林语堂在《语丝》第 23 期上与钱玄同等人讨论"欧化"和国民性弱点的时候,尽管对国粹主义的复古逆向深恶痛绝,但是,他在针砭民族劣根性并提出复兴民族精神的六个条件时,基本上是以理服人地列出:非中庸;非乐天知命;不让主义;不悲观;不怕洋习气;必谈政治等六个条件。在这一阶段,林语堂的浮躁凌厉之气,已初显端倪——开始"骂人"了。譬如:

4月7日,林语堂给钱玄同的信中已经用"败类"等词怒斥民族的劣根性。林语堂的态度和整个"语丝文体"的风格是一致的。那时,语丝派与现代评论派之间,虽然已明显地表现出两派的意见分歧和志趣不同,但是,这种差异仅仅停留在双方各抒己见和各执己见的阶段。文风上,也只停留在"不管三七二十一地乱说"的水平线上,还没有出现短兵相接的肉搏战。

双方指名道姓的对骂,是由女师大风潮和"五卅"惨案所引起的。随着论战规格的升级,骂人的分量也越来越重,用词也越来越尖刻粗犷。最后发展到不再使用任何艺术的修饰,而把凡是说得出口的骂人话,最大限度地泼到对方的头上,直露无华,痛快淋漓。在中国文坛的论战史上,这是一次罕见的对骂。

正是在这样的文风下,任意而"骂"成了林语堂1926年至1927年间杂文创作的一个重要特色。

1926年4月,段祺瑞执政府被国民军驱逐倒台,段祺瑞、章士钊等都逃往天津租界。但是,接着,在帝国主义支持下的直奉联军进入北京,控制了北京政权。国民军退出北京。这时,京师西郊人民因不胜奉军奸淫抢劫之苦而迁入城中的难民达数万人,因无屋住,尽皆露宿。直系和奉系军阀,双方因分配权力、地盘的争斗愈演愈烈。此委一警备司令,彼也委一警备司令;此委一局长,彼亦委一局长。把北京搞得乌烟瘴气。

但在镇压群众运动方面,军阀们的利害是一致的。4月24日,直、奉军阀以"宣传赤化"的罪名,封闭《京报》馆,逮捕总编辑邵飘萍(振青)。26日,邵飘萍被奉军杀害。不久,北京卫戍司令颁布了所谓"维持市面"的条例,声称"宣传赤化主张共产者,不分首从一律处死刑"。北京人民失去了言论行动的自由,失去了人权的保障。

在残暴的军事专制统治下,北京成了一个恐怖和混乱的世界。社会上传说被列入通缉名单的人都要遭到捕杀,所以,那些被通缉者纷纷离家避难。在北京的外国医院成了这些人的临时"避难所"。

林语堂先到东交民巷西口的法国医院,但见医院里已挤满了避难者,并不安全。于是就在林可胜大夫家里藏了三个星期。那时,林语堂的大女儿林如斯只有三岁,而二女儿林无双则刚刚出世三个月。妻女们的安危,使林语堂牵肠挂肚。

残杀和迫害的消息接踵而至:邵飘萍被杀,《京报》被封;《大陆晚报》记者张鹏被监视;《中美晚报》宋发祥、《世界晚报》成舍吾,均被迫逃走。反抗军阀的舆论窗口被封闭了,只有叭儿狗可以任意狂吠。林语堂的"打狗"文章则难以发表了。

杀一儆百,这是屠夫们惯用的手段。邵飘萍被害事件,无疑是对文人们的警告。"五四"以来,一向以民主、自由风气见长的北京舆论界,突然陷入漆黑漆黑的深渊之中。自从冯玉祥的国民军4月份退出北京以来,直奉军阀撕下了最后的一点伪装,公开的、赤裸裸的迫害、枪杀事件层出不穷,文化精英们先是避难于外国医院,但邵飘萍遇害的事件表明,躲入外国医院只是暂时的应急措施,绝非长远之计,永久的办法是离开这个黑暗的王国。

于是,一场自北向南的"大迁徙"和"大逃亡"开始了。胡适、孙伏园、沈从文、许寿裳、沈兼士、顾颉刚、徐志摩、丁西林、叶公超、闻一多、饶子离等人,都是在"三一八"以后,1926年到1927年期间离开北京的。林语堂和鲁迅,这时也先后加入了南下的行列。

"大逃亡"的直接原因自然是军阀的残暴迫害,使文人们的人身安全得不到最低限度的保障。但除了政治原因之外,经济原因也是使北京文人大批南下的一个重要因素。这些文人大都是教授,主要经济来源是薪金。可是,由于北洋军阀政府的极端腐败,再加上内战的军费开支非常庞大,政府早就靠借外债度日,自1917年之后,南北对峙,北京政府失去了富庶的西南五省,税收日蹙。1926年前后,长江以南各省都处于相对独立的状态,北京的军阀政府政令不出直、鲁、豫三省,而这三省又由于连年的战乱,残破不堪。到1926年前后,强弩之末的北洋军阀,财政状况处于崩溃边缘,政府公职人员(包括北京八所国立大学的教职员)的工资经常停欠,所以当时北京国立八校的教职员闹索薪的风潮连绵不断。语丝派和现代评论派的主要骨

第八章 "打狗运动"的急先锋

干,在索薪风潮里常常都是本校的索薪代表——这一点上,也只有在这一点上,两派的目标是一致的——教员的薪俸积欠经年,经过请愿、坐索、呼吁,每个月也只能拿到20%~30%,教授们经济拮据,非常狼狈,情势逼得名人、学者、教授们纷纷南下。所以,这次"大迁徙",既是政治上的逃亡,也是经济上的"逃荒"。

"逃荒"也好,"逃亡"也罢,首先要考虑往哪儿"逃"。胡适、徐志摩、梁实秋、余上沅、刘英士、丁西林、叶公超、闻一多、章衣萍、饶子离,甚至连陈源,都先后于1926年下半年到1927年上半年到了上海、南京。而林语堂、鲁迅、沈兼士、孙伏园、顾颉刚、朱山根等则到了厦门。

在大迁徙的浪潮里,所以会有一批文人分流到厦门,完全是由于林语堂的关系。

林语堂在林可胜大夫家里避难时,从福建同乡那里了解到厦门大学在陈嘉庚的支持下实力雄厚,很有发展前途。这一信息,给避难中的林语堂带来了又一个彩色的梦。林语堂本着为乡梓服务的热诚,与厦大签订了聘约,接受了文科主任的职务。他抱着振兴厦大的希望,还推荐和聘请了鲁迅、沈兼士、孙伏园、陈万生、顾颉刚、张星烺、潘家洵、章川岛等人。一时间,教授专家联袂而至,名人学者云集鹭江。

林语堂是这支南下大军的牵线人。所以,他自然是第一个离开北京。

离开这险恶的环境,何尝不是一件好事。但是,并肩战斗的《语丝》同人,北大、清华的校园和图书馆,琉璃厂的书肆……使他无限留恋;那曾经飘扬着示威者的五光十色旗帜的天安门,那曾经揭竿抛瓦地巷战过的西长安街,曾经赤足冒雨游行过的哈德门大街,曾经血迹斑斑的东四牌楼,曾经尸身枕藉的铁狮子胡同,曾经倒下过刘和珍、杨德群的"死地"……都是林语堂永远也抹不掉的记忆。他在那里,留下了自己的激昂、悲痛和愤懑。

林语堂惜别北京,北京也同样在向林语堂惜别。特别是那些曾经并肩战斗过的战友,更是依依不舍。朋友们以对他的一次又一次的欢送、宴别来传达自己的心意。

5月10日晚,林语堂在北京大陆春饭店设宴向鲁迅、马幼渔、许寿裳等朋友告别。

5月13日晚,鲁迅、马幼渔、许寿裳在宣南春饯别林语堂。

5月19日,女师大开茶话会,欢送林语堂。

5月24日,林语堂向鲁迅辞行,并摄影留念。

…………

1926年5月下旬,林语堂携妻子和两个幼女,满载了朋友们的深情厚谊,离开了恐怖的北京。而在那次巷战中,被军警的石块砸伤后所留下的那个伤疤,却成了北京所给予他的一个抹不掉的纪念,永远留在他的脸上了。

第九章　厦门大学的文科主任

出任厦大文科主任——国学研究院的"窝里斗"——
惜别鲁迅——鲁迅离开后的风波

厦门大学创办于1921年,林语堂到这里时,厦大已初具规模。全校分设大学部、高等学术研究院和国学研究院。大学部又分本科和预科,本科又分文科、工科、医科、商科、法科、教育科、理科,共包括二十四个系。文科下设国文系、外国语言文学系、哲学系、历史社会学系。林语堂来厦大后,任语言学教授、文科主任兼研究院总秘书。

陈嘉庚先生是很有一番雄心壮志的,对厦大寄予厚望,请林文庆博士任校长,不惜以重金聘请国内名人专家。像鲁迅月薪每月是四百元,而且按月发放,从不拖欠,与北洋政府扣压教育经费、常年欠薪停薪的情况形成鲜明对比。但阅读过《两地书》的人,都知道鲁迅对厦门大学校长林文庆是不满的。因此,按照流行的观点,林文庆自然被推到了反面角色的位置。但在当地,人们认为林文庆半生坎坷,功绩卓著,是中国现代史上一位应该表彰的人物:

林文庆(1869—1957)生于新加坡,青年时获英国爱丁堡大学博士学位,又获剑桥大学哲学博士学位。二十五岁返回新加坡,二十七岁被新加坡政府委为海峡殖民地立法议员,并接受维多利亚加封的"A·E勋爵"衔。

二十八岁开始研究如何将英国的橡胶树种移植于热带土壤。他跟友人陈济轩等合作,在新加坡、马六甲、槟榔屿和怡保等四个地方开设了四个大规模的橡胶园。由于林文庆的倡导,马来亚的橡胶工业十年间跃居世界第二位,给华侨带来惊人的财富,林文庆本人也被誉为"橡胶种植之父"。

对于孙中山的革命活动,林文庆给予了大力支持。1900年,他参加同盟会,使孙中山在新加坡获从事革命活动的立足点。辛亥革命成功,林文庆一度担任孙中山的机要秘书,军医官,并被任命为临时政府的卫生部长。由于袁世凯弄权,林文庆愤而辞去各种职务,于1912年冬重返新加坡。

林文庆是厦门大学的第二任校长(首任校长邓萃英就任数月即离职),主持校务十六年又七个月,在荒凉的古战场上建立了一个规模宏伟的高等学府。他主持兴建的大建筑十七座,小建筑数十座,其中"生物学院"规模设施为远东之冠。由于世界经济萧条影响,陈嘉庚每年支付的办学经费三十万元捉襟见肘,自1928年至1937年,林文庆艰苦撑持,频往南洋募捐,直至日军攻陷厦门,他才携夫人重返新加坡。

日寇占领新加坡后,强迫林文庆出任华侨协会会长,他缄口不言,借酒浇愁,不肯为敌作伥,终于保持了晚节。日本投降后,他决心退隐林下,优游岁月。1957年元旦在新加坡逊山律寓所无病而终,享年八十八岁。

林文庆学贯中西,著作等身。早年与宋旺相合编《海峡华人异同》,唤醒海外侨胞团结奋励。他还将我国古代史籍、论文译成英文,不断介绍给西方人士,最有名的是译述《孔子学说原论》。他的著作《东方民族的悲观生活》及《由儒家观点论世界大战》亦曾轰动欧美出版界,他还曾将《左传》《离骚》译成英文。①

林文庆到厦门大学之初,曾向陈嘉庚讨教办学的宗旨。林文庆问:"究竟注重国学,抑或专重西文?"

---

① 有关林文庆的资料,引自于《鲁迅研究月刊》1992年第2期,笔者过去的著作,如《林语堂在大陆》等书中,曾完全按照《两地书》中鲁迅对林文庆的评论,把林文庆视为反面角色。现根据新发现资料,笔者认为有必要把两方面的材料同时列出,请高明的读者自己做出判断。

第九章 厦门大学的文科主任

陈嘉庚回答:"两者不可偏废,而尤以整顿国学为最重要。"①

林文庆就根据这个办学方针,组织国学研究院,罗致国内名人学者,从事国学研究和调查民间风俗言语习惯,等等。

成立国学研究院需要人,发展文科也需要人,所以,当务之急是引进人才。林文庆和林语堂在这一点上完全一致。然而,引进人才的目的,两者却不一样。林文庆的目的是根据陈嘉庚的旨意不遗余力地"整顿国学",可是,林语堂却借引进人才的机会,把遭到危险的新文化战友们举荐到厦大来。国学研究院原是校长计划中的提倡国学的基地,可是林语堂引荐了沈兼士为主任,张星烺为代理主任,鲁迅为教授,俨然成了新文化阵营的人才库。而且,这些曾在"五四"时期呼风唤雨的新文化运动的倡导者,现在也确有传播新文化运动火种的打算。于是,"五四"的火炬传递到了厦大。林语堂把一大批朋友集合在自己的周围,国学研究院成了林语堂的根据地。

1926年9月18日下午4时,国学研究院召开谈话会,讨论研究院季刊的编辑事务。到会者有林语堂、沈兼士、周树人(鲁迅)、顾颉刚、孙伏园、潘家洵、陈万里、黄坚、丁山等九人。而林语堂引进的教员即占七八个,绝对的多数。

9月20日,厦大文科举行开学典礼。行过简单的仪式之后,林语堂向师生们报告创办国学研究院的计划。他表示要扫除陈旧,改进文科,决心把文科办好。要求全体师生团结一致,共同努力。他还说,厦大很重视文科,所以本学期特意从北京聘来几位极有名望的教授来从事文科教学,首先要介绍的是大家仰慕已久的鲁迅——这时鲁迅应声站起来点头和同学们见面。同学们报以热烈的掌声,表示欢迎。接着,林语堂又依次介绍了沈兼士、顾颉刚等北方来客。

10月18日下午2时,国学研究院研究部召开第一次会议,由研究部主任沈兼士主持。出席者有张星烺、顾颉刚、陈万里、周树人、容肇祖等。会议议决了研究部教员自行研究的十个选题,这十个选题几乎都由林语堂引荐的教员们所承担。可见,林语堂给厦大引进的不是酒囊饭袋,而确是当时中

---

① 《林文庆在国学研究院成立大会上的演说》,《厦大周刊》159期(1926.10.16)。

国的文化精英。

在国学院计划出版的十种学术专著中,这批精英就占了九种,而林语堂本人就是两种专著的撰稿者。书目如下:

七种疑年录统编	林语堂、顾颉刚
马哥孛罗游记	张星烺
古小说钩沉	周树人
汉代方音考	林语堂
说文阙字考	丁 山
古代中西交通征信录	张星烺
中外交通史料丛书	张星烺
六朝唐代造象汇编	周树人
云冈石窟写页集	陈万里
中国古代风俗考	江绍原

在即将付印的国学研究院季刊的创刊号上,大部分文章也是出自这些"避难者"之手,其中林语堂一人就占了两篇。篇目如下:

发刊词	
今后研究文字学之新趋势	沈兼士
中国史书上关于马黎诺里使节之记载	张星烺
西汉方音区域考	林语堂
孔子何以成为圣人和何不成为神人	顾颉刚
嵇康集考	鲁 迅
云冈石窟小记	陈万里
释单	丁 山
述何晏王弼的思想	容肇祖
中国人种概论	史禄国
泉州访古记	张星烺

西汉货币问题之研究	王肇鼎
形声字之研究（珂罗掘伦著）	潘家洵译
论古韵（珂罗掘伦著）	林语堂译
本院成立会纪事	林景良
书评	史禄国

林语堂是怀着为乡梓服务的赤诚来厦大施展自己的抱负的。那时,林语堂的二哥林玉霖在厦门大学任哲学系副教授,弟弟林幽是外语系的讲师,而鼓浪屿又是廖翠凤的娘家。正巧,北方文化人纷纷南下,得此千载良机,不罗致人才,更待何年?

这时,林语堂全家都住在厦大的家属宿舍里。厦大坐落在风景优美的海边,实际上整个厦门就是一个风景秀丽的海岛,兼备山、海、岩、洞、寺、园、花、木诸种神秀,兼备民族风格、闽南特色和异国情调,有不少故垒古迹、历史文物可供观赏。厦大位于海岛的东南端,面对美丽的蓝色的大海,西边和闽南名刹南普陀为邻,北面是西姑岭和王老岭,东边是胡里山炮台,天高气爽风和日丽时,从厦大的海边,向南远眺,大担、小担和南太武山诸岛隐约可见。整个厦大校园,背峰面海,山光水色,春秋早晚,变幻无穷。

林语堂陶醉在这良辰美景中了。他以为在厦大天时、地利、人和,样样俱全,可以大干一番了。

新官上任三把火。眼看第一流的文化精英云集鹭江,研究经费也有了着落,似乎就只等研究成果铅印出来,便可以一鸣惊人了。林语堂高兴,文科的学生更是欢呼:"厦大忽然光辉起来了!林语堂来担任文科学长了!"可是,热情的青年和率直的文人都高兴得太早,因为一片危机的阴云正笼罩在林语堂的头顶。

林语堂的顶头上司是校长,校长林文庆博士是英国籍的华人,林文庆创建了国学研究院并自己兼任院长,林语堂和鲁迅等人都认为他又一次次地为研究院的发展设置樊篱。有时显得很慷慨,当年,北京大学和广州中山大学给教授的月薪是二百八十元到三百元左右,而林校长肯出四百元的月薪。可是,在小处又吝啬得很,规定一间房一盏电灯,鲁迅房间里有两盏,电工就非得摘走一只灯泡不可。林文庆急于事功,鲁迅等人则认为校长把下属当作奶牛,喂你精饲料,便要多挤你的牛奶。因此,林语堂等文化名人一到厦大,就赶紧问履历,问著作,问计划,问年底有什么成果发表。当教授们真的把稿子拿出来请他印刷,他又嫌印刷费用太高了。研究院刚成立没有几天,林文庆就忙着布置开展览会,但学校现有的展品少得可怜,只有一些从古墓中发掘出来的泥俑。于是硬逼着研究院的教授们拿出展品来。他的逻辑是:用重金聘来的教授就该有万能的本领,可以像变魔术似的,赤手空拳地变出各种东西来。实际情况当然不能使他如愿。

林文庆开始清醒过来了,依靠林语堂和北京的"逃亡者"来"整顿国学"是失策的。弄不好,国学尚未整顿,厦大倒变成了第二个北大、第二个女师大。一次次欢迎北京名人来厦大的欢迎会上,一阵阵的掌声后面,隐伏着一场不可避免的冲突。

11月20日,厦大校长忽然要削减国学研究院的预算。公开的理由是因为陈嘉庚先生营业不佳,百事节缩,遂致百事停顿。可是事后,林语堂了解到校长具条向陈嘉庚公司每月照领国学研究院经费五千元,只是领来以后,不花在国学院的建设上,而要教授们体谅陈嘉庚的困难,不要出版著作,不要出版刊物,把国学院的办公费削减到每月只有四百元,另外的钱,全被校长挪作他用了。

林语堂知情后非常气愤。因为国学院的预算原来就不多。现在院内的研究成果一种也没有印刷,刊物也没有出版,而国内外各处又有不少研究论著送来,理应增加经费才对。现在不仅不增加,反而要减少,真是岂有此理。力争后无结果,林语堂当即以辞去国学院秘书一职表示抗议。他只辞国学院的职务而不辞文科主任之职,表明林语堂只是抗议一下而已,并不想和校长闹僵。

11月25日,校长在国学院召开谈话会时,鲁迅挺身而出,对削减经费一事,向校长提出强硬抗议。鲁迅不仅声援林语堂的抗议,而且还以自己的去留为孤注,当面将了林文庆一军。除林语堂外,国学院的台柱是鲁迅和沈兼士。当时,沈兼士因为不习惯厦门的"交通之不便,生活之无聊"[①],已于10

---

① 鲁迅:《两地书(53)》。

月 27 日离开。如果鲁迅再辞职，国学院顿时倾斜，校长只得收回成令，取消了削减经费的前议。于是，林语堂也收回辞呈。但是，林文庆与林语堂之间已经产生了芥蒂。

林语堂是为振兴厦大，而校长则是想借力于南下的文化名人的社会声望。所以，初时，林语堂热心牵线引荐，林文庆也乐意接受。然而，蜜月很快过去了。当各路名人真的来厦大就职后，上起校长，下至兄弟科系，对人才济济的文科和国学院，却又侧目而视了。校长自己兼任国学院院长，林语堂以总秘书的头衔主持工作，但事事都受掣肘，不能指挥如意。综合性大学里通常都有一点文理科之间的矛盾，这在厦大也不例外，文科指责理科主任刘楚春（刘树杞）博士，利用兼任大学秘书掌管财物大权之便，极力刁难林语堂的文科。因为国学院的房屋尚未建造，暂借理科所属的生物系三楼办公。于是，国学院的一举一动都在理科的视线之内，添置了几种木器，有几个人请假，都成为理科攻击林语堂的话题，甚至连国学院的考古学会中陈设了北邙明器，理科的人见了骂道："这也配算作国学。"

一开始，林语堂对此置之不理，可是理科方面得寸进尺，刘楚春竟越俎代庖拆阅了有关国学研究院的文件——这原该由林语堂拆阅的——并代校长批阅。因此林语堂实际上被架空了，除了日常事务之外，其他事情，一概不得过问。国学院的预算，刘楚春可以随意削减，国学院申请购置设施，刘楚春可以批驳，林语堂要办的任何事情，都因经费问题而难以进行。而刘楚春自己的理科方面的学术研究院，在筹备期间，就可以支付教授的薪金。凡是客观地看问题的人，都为理科排挤文科而愤愤不平，也为林文庆校长在刘楚春的挑唆下排挤林语堂而感到惋惜，这就逼得性格爽直的林语堂，只有用辞职来抗议了。

广州中山大学早在 10 月 16 日就由朱家骅出面发电报到厦门，请鲁迅、林语堂等去广州"指示一切"。但鲁迅怕自己走后，林语堂的处境更加困难，所以不忍离去。按当时的情况，国学院内部如能齐心协力支持林语堂，那么，情况的发展也许是另外一种结果，可惜，国学院的窝里斗也愈演愈烈。

乍一看，国学院的人不是林语堂举荐来的，就是林语堂举荐的人再举荐的。因为，林语堂不是一个心地狭窄的人，所以，一方面举荐了鲁迅、沈兼士、孙伏园、章川岛等语丝派或接近语丝派的人,另一方面也容纳一些接近现代评论派的人,如顾颉刚。当沈兼士举荐只佩服胡适、陈源的朱山根时,林语堂表示赞同;朱山根再引荐田难干、辛家本、田千顷三人时,林语堂也同意了;田千顷又引荐卢梅、黄梅两人时,林语堂又同意了。这就使《现代评论》的色彩弥漫文科,鲁迅感到很不舒服。但在林语堂看来,这是十分自然的。因为,他与现代评论派的论战,并非是个人之间的恩恩怨怨,他对这派文人们的反感,也仅限于气质、作风、趣味上的差异。若论私谊,现代评论派的精神领袖胡适与林语堂过从甚密,而且林语堂也曾在《现代评论》上发表过文章。所以,在政治避难和经济"逃荒"的大浪潮中,林语堂不偏不倚地照顾语丝派和现代评论派双方。对此,鲁迅感到不解,且有反感,认为这是林语堂的糊涂。其实,林语堂并不糊涂,因为主张"近情"精神的林语堂,不可能像鲁迅那样以疾恶如仇的态度来对待现代评论派。

具有敏锐的社会洞察力和深谙世态人情的鲁迅,9月4日到达厦门后,才过半个月,就看出问题来了。他在9月20日给许广平的信中说:

……在国学院里的,朱山根是胡适之的信徒,另外还有两三个,好像都是朱荐的,和他大同小异,而更浅薄。一到这里,孙伏园便要算可以谈谈的了。我真想不到天下何其浅薄者之多。他们面目倒漂亮的,而语言无味,夜间还要玩留声机,什么梅兰芳之类。我现在唯一的方法是少说话;他们的家眷到来之后,大约要搬往别处去了罢。从前在女师大做办事员的白果是一个职员兼玉堂①的秘书,一样浮而不实,将来也许会兴风作浪,我现在也竭力地少和他往来。……

五天之后,鲁迅的预言应验了,白果果然兴风作浪了。鲁迅9月25日给许广平的信中说:

……白果尤善兴风作浪,他曾在女师大做过职员,你该知道的罢,

---

① 玉堂即林语堂。

现在是玉堂的襄理,还兼别的事,对于较小的职员,气焰不可当,嘴里都是油滑话。我因为亲闻他密语玉堂,"谁怎样不好"等等,就看不起他了。前天就很给他碰了一个钉子,他昨天借题报复,我便又给他碰了一个大钉子,而自己则辞去国学院兼职。我是不与此辈共事的,否则,何必到厦门。

鲁迅对这个白果反感至极,骂他像明朝的太监,可以倚靠权势胡作非为,"玉堂信用此人,可谓胡涂"。

照鲁迅看来,引进白果,是林语堂用人不当之举。如果只有白果一人,小泥鳅终难掀大浪,遗憾的是,北京来的教员,虽然同是避难者,却不肯"同病相怜",反而还把北京的对峙气氛也搬到厦门来了。对于这一点,鲁迅十分敏感。9月30日,鲁迅给许广平的信中说:

……此地所请的教授,我和兼士之外,还有朱山根。这人是陈源之流,我是早知道的,现在一调查,则他所安排的羽翼,竟有七人之多,先前所谓不问外事、专一看书的舆论,乃是全部为其所骗。他已在开始排斥我,说我是"名士派",可笑。好在我并不想在此挣帝王万世之业,不去管他了。

《语丝》方面的人开始纷纷离走,孙伏园准备去广州,沈兼士则于10月27日离开厦门,而鲁迅所讨厌的人却正在络绎不绝地进来。鲁迅在给许广平的另一封信中说:

……朱山根之流已在国学院大占势力,□□(□□)又要到这里来做法律系主任了,从此《现代评论》色彩,将弥漫厦大。在北京是国文系对抗着的,而这里的国学院却弄了一大批胡适之陈源之流,我觉得毫无希望。……这样,我们个体,自然被排斥。所以我现在很想至多在本学期之末离开厦大。他们实在有永久在此之意,情形比北大还坏。

鲁迅所讨厌的胡适,正是林语堂感恩戴德的知遇。因为,鲁迅和胡适都是林语堂的朋友,所以,按照林语堂的逻辑,鲁迅的朋友是他的朋友,胡适的朋友同样是他的朋友,林语堂当然要一视同仁。可是,这位心地纯正的"山地的孩子",没有估计到这些朋友的朋友,把北大两派教授的对立局面移植到厦大来了,而且从力量的对比来说,语丝派方面处于劣势,这就是鲁迅所说的"情形比北大还坏"。

这一年秋天,高僧太虚来南普陀讲经,太虚是佛门名人,应邀作陪的也都是文化名人。

10月21日下午,林语堂、鲁迅等厦大名教授都接到厦大隔壁的南普陀寺和闽南佛学院的请柬,说要公宴高僧太虚,请教授们做陪客。席间,太虚倒并不专讲佛事,常论世俗事情。倒是那些作陪的厦大教授们偏好问他佛法,什么"唯识"呀,"涅槃"哪。吃的当然是素斋,按厦门的饮食习惯是先上甜食,中间咸食,末后又上一碗甜食。散席后,有一位教员想与林语堂说话,但吞吞吐吐,似有顾虑。林语堂以为对方要谈什么学校的公事,既然此处不便说话,那么以后再说,就匆匆地告辞了大家,先走了。

于是,这位教员又拉住鲁迅,说:有些从北京"同来的人物",正在酝酿"窝里斗"的情况。那教员对厦大理科排挤文科、林文庆刘楚春排挤林语堂的内幕了如指掌,对国学院"窝里斗"的内情知道得不少,他很为林语堂内外交困的处境而担忧。据他分析:目前,林文庆刘楚春他们所以还没有对林语堂发动总攻,是顾忌国学院的人都由林语堂直接或间接荐来,外界以为国学院内部是众志成城的,一旦国学院内部相互倾轧的家丑外扬,林语堂的日子就难过了。那教员叹息地对鲁迅说:

> 玉堂敌人颇多,但对于国学院不敢下手者,只因为兼士和你两人在此也。兼士去而你在,尚可支持,倘你亦走,敌人即无所顾忌,玉堂的国学院就要开始动摇了。玉堂一失败,他们也站不住了。而他们一面排斥你,一面又个个接家眷,准备作长久之计,真是胡涂。①

---

① 鲁迅:《两地书(60)》。

这个教员所说的"他们"就是指那些正酝酿排斥鲁迅的人。"窝里斗"使鲁迅对厦大"毫无留恋",决意离开。所以,他对理科向国学院讨还房子的争斗,采取了"含笑而旁观之"的超然态度。

鲁迅含笑旁观的事情,对于苦撑文科局面的林语堂来说,是绝对笑不出来的伤心事。

林语堂是对得起厦大的,他为厦大引荐了中国第一流的文科人才,仅此一项,"伯乐"功不可没;林语堂也是对得起朋友的,无论是胡适的朋友,还是鲁迅的朋友,他都热心为之奔走;林语堂是对得起鲁迅的,虽然,外界对林、鲁在厦大的这段关系有各种误传或猜测,但在鲁迅自己的文字里,却如实地记录了林、鲁在厦大的友谊,为了证实误传之误,不妨摘录一些鲁迅书信和日记中的文字:

9月4日,鲁迅到厦门,暂住客寓,"打电话给林语堂,他便来接,当晚即移入学校居住了"①。

9月5日,鲁迅"同伏园往语堂寓午餐"②。

9月21日,"……中秋,有月,玉堂送来一筐月饼,大家分吃了"③。

9月25日,鲁迅搬到图书馆,"……所搬的房,却比先前的静多了,房子颇大,是在楼上。……但是我也许还要搬。因为现在是图书馆主任正请假着,由玉堂代理,所以他有权。"④

鲁迅曾想辞掉国学院的研究教授的兼职,而专任中文系的教授。可是,在林语堂的竭力劝说下,终于打消了辞职的念头。9月27日晚,"又将聘书送来了,据说林玉堂因此一晚睡不着。使玉堂睡不着,我想,这是对他不起的,所以只得收下,将辞意取消。玉堂对于国学院,不可谓不热心,但由我看来,希望不多……"⑤

10月10日,鲁迅给许广平的信中说:"此地的生活也实在无聊"的同时,

---

① 鲁迅:《两地书(36)》。
② 《鲁迅日记》(1926年9月5日)。
③ 鲁迅:《两地书(44)》。
④ 鲁迅:《两地书(46)》。
⑤ 鲁迅:《两地书(48)》。

谈及"玉堂的兄弟及太太,都很为我们的生活操心"①。

10月29日,孙伏园已往广州为鲁迅联系去中山大学后的安排,但一认真考虑去留问题,"玉堂的苦处"就成"牵制"鲁迅的一个非常重要的因素。鲁迅对许广平说,他之所以还在厦门熬着不走,"为己,只有一个经济问题,为人,就只怕我一走,玉堂立刻要被攻击,因此有些彷徨。"②

11月8日,鲁迅已经决计要走了,并下了斩钉截铁的决心,"即使无啖饭处,厦门也决不住下去的了"。然而,他所牵挂的还是林语堂,他说:"我还要忠告玉堂一回,劝他离开这里……"③

11月20日,"下午赴玉堂邀约之茶话会"④。

11月30日,鲁迅收到"商务印书馆所寄英译《阿Q正传》三本,分赠玉堂、伏园各一本"⑤。

12月12日,晚上,鲁迅和孙伏园"访语堂,在其寓夜餐"⑥。

12月14日,林语堂邀请鲁迅和孙伏园吃晚饭。

1927年1月1日,林语堂参加了厦大学生的文学社团泱泱社为鲁迅的饯行。

1月2日,林语堂伴同鲁迅参加泱泱社的送别活动,他们来到南普陀的小山岗上,那儿丛生着闽南特有的亚热带植物龙舌兰,周围点缀着好像馒头似的洋灰坟墓,林语堂、鲁迅和泱泱社的崔真吾、朱斐等人就以龙舌兰和坟为背景,合影留念。

1月7日,林语堂邀鲁迅在家里吃饭。

1月8日,林语堂等和鲁迅一起吃晚饭。

国学院在"窝里斗",这是事实,但林语堂与鲁迅不仅没有"斗",而且是风雨同舟,鲁迅书信和日记中的材料证实了这一点。实际上,林语堂是鲁迅在厦大时最亲近的朋友,是鲁迅去留的唯一牵挂。

---

① 鲁迅:《两地书(53)》。
② 鲁迅:《两地书(64)》。
③ 鲁迅:《两地书(75)》。
④ 《鲁迅日记》(1926年11月20日)。
⑤ 《鲁迅日记》(1926年11月30日)。
⑥ 《鲁迅日记》(1926年12月12日)。

林语堂是本着为桑梓服务的热诚来到厦大的,可是厦大没有为林语堂提供施展宏图的条件。照鲁迅的说法,这里的中枢是"钱"。绕着"钱",是争夺、骗取、献媚、叩头。因为,学校当局不知爱惜人才,同时,"人才"本身也不知自爱。林语堂在费尽心机为南下教员们争取聘书的时候,这些南下的"外江佬",自己的脚跟还没有站稳,就忙于排斥异己,制造流言,摆出一副非独霸天下不可的架势,正直的学者怎能与之共事?

10月中旬,林语堂病了,在病中,他前思后想,终于萌发了离开厦大的意向。正巧,中山大学来电报,请林语堂、鲁迅等去广州"指示一切"。林语堂和鲁迅商定,因为他身体不好不能坐船,所以先由鲁迅和孙伏园去中山大学看一看情况。如非去不可,便再打电报来叫林语堂。

可是,到了10月19日,林语堂变卦了,他觉得还没有到非离开厦大的地步。所以就劝阻鲁迅也不要去,于是只得孙伏园一个人20日动身赴穗了。

11月8日,林语堂和鲁迅做了一次深谈,林语堂十分关心鲁迅的生活,见到鲁迅一个人独自吸烟,喝绍兴酒,一天三餐的吃饭常常变成令人头痛的难题,有时不得不白水煮火腿当饭吃,有时买点面包和牛肉罐头充饥。林语堂一再请鲁迅原谅,认为这是自己"失了地主之谊",而鲁迅自然知道,这不能怪林语堂。相反,鲁迅觉得林语堂及其全家人都十分关心他的生活,其关心程度已足以使鲁迅感到过意不去。林、鲁联袂来厦门原来是有一番抱负的,现在不但"壮志未酬",反而要应付小人们的各种刁难,实在是始料不及的。鲁迅劝林语堂急流勇退……

林语堂也不是非要吊死在厦大这棵树上。武汉方面,林语堂的朋友陈友仁担任了外交部长,多次催请林语堂去外交部任职;而广州方面,鲁迅和孙伏园也为他联系好了。两处都虚位以待,等着林语堂上任。但是,林语堂总是下不了决心,因为这里是他的故乡,还没有为故乡父老做过什么有益的事情,怎能远走高飞呢!

11月20日,因为校方无理减缩国学院的预算,林语堂以辞职为抗议。鲁迅闻讯,立即托孙伏园转达自己的意见,劝林语堂"不必烂在这里"①。这

---

① 鲁迅:《两地书(79)》。

是鲁迅在一个半月内,第四次劝林语堂离开厦大。对鲁迅的忠告,林语堂"极以为然"①。

可是,五天之后,当校长恢复了国学院的预算,林语堂即被"软化",不仅自己不准备走,还反过来挽留鲁迅,希望鲁迅至少再待一年。②

11月27日,林语堂陪鲁迅去集美学校演说,归途中,鲁迅又一次诚恳地规劝林语堂和他一起去中山大学,这是继10月16日、10月19日、11月8日、11月20日先后四次劝说林语堂离开厦大无结果之后,鲁迅第五次劝说林语堂。

林语堂被鲁迅的诚意所感动,决定离开厦大,不过是否也去中山大学,却还拿不定主意。但鲁迅预言,林语堂若"再碰几个钉子,则明年夏天可以离开"③。

12月12日,为林语堂的去留,鲁迅又与之做了第六次深谈,鲁迅使林语堂抛掉了最后的幻想,现在,离开厦大,已成了不可改变的决定,剩下的问题只是什么时候走了。鲁迅放下了搁在心口的一块石头,对林语堂尽到了一个诤友的责任。那晚,鲁迅在给许广平的信中说:"玉堂现在亦深知其不可为,有相当机会,什九是可以走的。"④

厦大的现状使林语堂心寒,回想鲁迅劝他离开厦大时所说的话,林语堂心潮起伏,激愤难平。

当时,林语堂寓所在镇北关附近,那里虽已划归厦大校园,周围却是一片坟冢。林语堂从小就不喜欢谈鬼,一走过坟坑便要毛骨悚然。现在,门前举目都是成行成列整千整百的坟坑、土堆及碑石,有时他坐在坟中的碑石上,面对荒冢的王国,倒反觉得鬼之虚无渺茫,竟泰然处之,晚上连一个鬼梦也没做。周围的现实生活,何尝不也是一个鬼域的世界,北京、厦门……到处都是荒冢般的黑暗生活。林语堂自信还不至于去为鬼域冢国的现实歌颂太平。因为现实没有为他提供可以歌颂的素材,现实只为他展现过刘和珍

---

① ② 鲁迅:《两地书(81)》。
③ 鲁迅:《两地书(83)》。
④ 鲁迅:《两地书(93)》。

的血、杨德群的尸体、京报上的通缉名单和厦大那班争权夺利的小人……但也不必为此而痛哭流涕,因为,这两年来的生活,使林语堂像一个看惯了哭坟的人一样,已经无泪可落。

这一阵子,林语堂常常失眠。在那失眠的夜里,大海的呻吟和海风的呼啸与他做伴。这鬼域荒冢的国土正在慢慢地吞噬他的灵魂,他挣扎着,写下了自己的心声:

……有人以为洋海山川虫豸鱼鳖都会唱 Te Deum 歌颂上帝的功德,有人却要于夜静星稀的时候,在鬼域国里,荒冢场中,在海洋的浩叹及草虫的悲鸣中,听出宇宙的一大篇酸辣文章。喜欢瞌睡的人尽管瞌睡下去;不喜欢瞌睡而愿意多延长一点半生不死的苦痛的人,也就在冢国里谈谈笑笑。

一九二六,十二,十九夜作于厦门镇北关

当林语堂把这篇《冢国絮语解题》给鲁迅看时,鲁迅十分赞赏林语堂以"冢国"来比喻现实生活的黑暗环境。几天以后,厦大学生为欢送鲁迅而合影时,林语堂和鲁迅特地选择了文章中所描绘的"冢国"为背景,在一望无边的坟冢丛中,林语堂紧挨着鲁迅,而一群学生则在他们的两侧,留下了寓意深远的留影。

根据预定的计划,12月31日,也就是1926年的最后一天,鲁迅正式辞去厦大的一切职务。第二天,也就是1927年的元旦,广州《中山大学校报》刊载鲁迅应聘该校的消息——几个月来,积攒在林语堂心头的愤懑,总爆发了。

林语堂是非常崇敬鲁迅的,尤其是厦大时期的鲁迅,在林语堂的心目中是现代中国的"超人",是一个穿着尼采式长袍的"先驱者"。元旦之夜,林语堂从为鲁迅饯行的宴会归来,外面狂风大作,涛声澎湃,遥望海天相接之处,天容惨淡。他感到那汹涌的海浪,仿佛铺天盖地似的向他扑来,大海愤怒的涛声,引爆了林语堂胸怀里的那座火山,他激动地摊开稿纸,把那燃烧着的岩浆全部倾泻在上面。他写下了《译尼采论〈走过

去〉——送鲁迅先生离厦门大学》这几个力透纸背的字,林语堂借"呆汉"的嘴无情地诅咒现实:

这边是遁世思想的地狱:这边伟大的思想要活活的熬死,烹小。

这边伟大的感情都要枯萎:这边只有僵瘦骷髅似的感触镰镰的磷响!

你岂不已经闻到魂灵的屠场及肉铺的膻味?这城里岂不是充塞着屠宰的魂灵的腥气?

这边的魂灵不是已经颓丧如没浆肮脏的破布?——他们倒用这些破布来做新闻纸!

你岂没听说这旁的灵魂已经变成一种累赘的语戏?这城吐出的泔水的确可厌——而且这些泔水也被他们拿来做新闻纸。

他们互相追逐,而不知所止。他们互相激怒,而不知所为。他们只闻见赝币的玲珑,及金银的丁当。

....

萨拉土斯脱拉!以你一切的光辉,魁伟,良善为誓,啐这市侩的城而回去!

这边血管里的血都已秽臭,微温,起沫,啐这个大城,这个天地间渣滓泡沫漂泊沸腾之处!

啐这个充满着压小的灵魂,褊狭的胸膛,尖斜的眼睛,沾黏的指头的城——

啐这个充满着自炫者,厚颜者,刀笔吏,雄辩家,好大喜功者的城——

这繁盛着一切废疾,不名誉,淫欲,无信,熟烂,萎黄,不安的地方——

啐这个大城而回去!

....

《走过去》系尼采名著《萨拉土斯脱拉如是说》第三卷中的一节。林语堂

借"译"《走过去》,以萨拉土斯脱拉的"走过去"来影射鲁迅离开厦大:

> 萨拉土斯脱拉如是说。说完之后,他环看这大城而吁气,沉默了好久。最后他说:
> 我讨厌这大城,不但是讨厌这呆汉。你看城里各处——也无可改良,也无可改坏。
> 这大城有祸!——而且我愿意马上看见烧灭他的火柱!
> 因为日中以前,必先有这种的火柱出现。但是这些都有他预定的命运及时期。——
> 虽然如此,呆汉,我临行时赠你一句格言:谁不能往下爱一个地方,只好——走过去!——
> 萨拉土斯脱拉如是说,就走过那呆汉及城。
>
> 一九二七,一,一

林语堂彻夜不眠,奋笔疾书,几个月来压抑在胸口的闷气终于有了一吐而快的机会。早在 1925 年 11 月 30 日,《语丝》周刊第 55 期上,林语堂就发表过《Zarathustra① 语录》。这篇借题发挥的"译文",实际上是一挥而就的激愤之作。后来,林语堂又在《语丝》第 4 卷 12 期、15 期,《春潮》第 4 卷第 1 期等杂志上,先后发表了《东方文明》《新时代女性》《丘八》《萨天师与东方朔》等杂文,形成了一个"萨天师"系列,而作于厦门的这一篇理应是这个"萨天师家族"中的一员。它和林语堂的其他"萨天师"杂文一样:根据他所积累的全部思想资料和社会知识来解释中国民族性的弱点,他从民族劣根性的方位切入,以鲁迅为什么离开厦大为逻辑起点,抨击整个民族精神中的糟粕部分。矛头所指,不局限于厦大,对林文庆、刘楚春辈,甚至不屑一顾,连点名的兴趣也没有,这是一种宏观式的社会批评和文化批判。

林语堂文章中所预言的"火柱",果然出现了。

---

① 后来林语堂把他译为"萨天师"。

鲁迅要离开厦大的消息传出后,竟惹出了不小的风波。原先,厦大以重金招聘名人,是出于多方面的考虑,其中自然也不排斥借名人的牌子做广告来吸引学生的因素,这一招的效果很有成效,内地的一些学生听说厦大名人云集,就不远千里,慕名求师而来。所以,学校方面怕鲁迅这一走,失去了这一张宣传广告,因而执意挽留。而学生方面获悉鲁迅是被逼走的,十分愤慨,他们深知:如果学校不改革腐败的风气,所有南下的名教授都会被逼走。沈兼士走了,孙伏园走了,现在鲁迅也要走,下一个又该是谁走呢?

于是,以鲁迅的走为导火线,爆发了要求"改革"的学潮。1月7日,校园里到处张贴着要求"改革"的标语,琳琅满目。"重建新厦大"的呼声,振聋发聩。

厦大的学潮,像狂风怒浪,扫荡着腐败的枯枝残叶。鲁迅去广州的同时,理科主任刘树杞慑于学潮的威力,也离开了厦大。于是,学潮的矛盾就直指校长林文庆。学生会把他告到省政府,教职员又要求厦大和广州中心大学一样,取消校长制,改革成委员制。林文庆坐不住了,急忙跑到南洋,向校董陈嘉庚告急。厦大群龙无首,人人自危,有人放空气说,陈嘉庚性格刚愎,说不定一怒之下叫厦大停办关门;又有人揣摩,林文庆从南洋回校后,一定要把林语堂撵走,因为,这次风潮的导火线虽然是鲁迅的离开,但总根子还在林语堂身上,所以,陈嘉庚和林文庆绝不会放过林语堂的。

林文庆远走南洋告急,林语堂也深知事态严重。学校当局不肯承认自身的腐败,而把学潮的起因归之于理科与文科的倾轧,这是意料之中的。现在,理科主任已经走了,林文庆在向陈嘉庚汇报事情的经过时,总得再找只替罪羊出来,才好把自己的责任推卸得一干二净。因此,校内流传着的种种"流言",似乎也都"事出有因",至少反映了学校当局的思维导向和舆论导向。

在这"流言"四起的时候,大家显得人心惶惶,特别是由林语堂所引荐来的那批被当地人称作"外江佬"的南下教员。顾颉刚表示要与林语堂同进退,如果林语堂走,他也绝不留下。而另一些人则积极做各种"应变"准备,心急的人甚至已经把林语堂走后的新班子组成名单拟定好了。他们等不及"墙倒",就跃跃欲试地想去"推"了。

目睹这鬼域冢国里的各种丑恶表演,林语堂倒是处之泰然。因为,这时的厦大,已成为林语堂心目中的"讨厌"的"大城",他诅咒"这大城有祸!——而且我愿意马上看见烧灭他的火柱"。他已经准备好了退路。

第十章　国民政府外交部秘书

在"宁汉对立"时来到武汉——目睹了风云变幻的时局——在"宁汉合流"后离开武汉

1927年3月，林语堂离开厦门，乘海轮到上海，然后又在上海金利源码头转乘江轮，沿长江溯流而上，到达武汉。

他是应武汉国民政府外交部长陈友仁的再三邀请而去那里任职的。途经上海时，他去拜访了蔡元培。当时，正处于"四一二"政变前夜，国内局势错综复杂，瞬息万变，宁汉对立的局面已十分明朗。蔡元培站在南京方面，所以劝林语堂留下，但林语堂却仍旧照原计划启程了。

林语堂在武汉任外交部秘书的六个月，是他一生少有的"衙门"经历。林语堂曾一再表示厌恶官场。有人说，正因为他生来不愿做官，所以，一生只做了这六个月的"官"；也有人说，原先，林语堂也并不视仕途为畏途，而由于在武汉亲身经历了官场上的弱肉强食、明争暗斗以后，才使他极端厌恶官僚政客的嘴脸，下决心永远脱离政治的旋涡。也许，这两种说法的互相补充，才是比较完整的答案。且不说林语堂以后对做"官"有没有兴趣，这一次到武汉，却是在中国政局大动荡大分化大组合的1927年3—9月之间，在国民政府最危急最困难的情况下，当了半年的"官"，或者按照习惯的提法，他"投入了革命的怀抱"。当时，革命的风暴席卷了整个中国大地。

1926年7月1日，广东国民政府发布北伐宣言。7月9日，国民革命军正式出师北伐。那时，北方中国是在军阀割据之下，奉系军阀张作霖，拥兵二十五万，控制东三省、津浦路北段，以及京、津地区；直系军阀吴佩孚拥兵二十万，经营湖北、湖南、河南、陕西东部和河北中部、南部；另一直系军阀孙传芳拥兵二十万,盘踞在江苏、安徽、浙江、福建、江苏五省和上海市。1926年7月14日,国民党公布《北伐出师宣言》,指出帝国主义和封建军阀是中国和平统一的障碍,是中国人民一切苦难的总根源。

北伐军势如破竹,但在战场上的捷报后面,在胜利的凯歌声中,互争革命领导权的斗争,已经到了紧要的关头。北伐军攻克武汉后,广州的国民党中央决定迁都武汉,鲍罗廷、宋庆龄、陈友仁、孙科、宋子文、徐谦等到武汉考察,为迁都做准备。1927年1月1日,国民政府正式在武汉办公,但就在这时,曾经力主迁都武汉的国民革命军总司令蒋介石反对迁都武汉,提出迁都南昌,并截留了由广州往武汉途中的国民政府代主席谭延闿和国民党中央常委会代主席张静江。在蒋介石策划下召开中央政治会议临时会议,会上决定国民政府和中央党部改迁在他的总司令部行辕所在地南昌。经过尖锐复杂的政治较量,3月上旬,国民政府代主席谭延闿和一部分中央委员由南昌到达武汉。

林语堂就是在这动荡的3月到达武汉的。他抱着为国民革命服务的满腔热忱投向革命。一下江轮,只见满街都是拥护三大政策的标语,武汉政府管辖的湘鄂赣三省的工农运动,还在继续高涨。经过外交部长陈友仁的多次交涉,国民政府收回了汉口、九江的英租界。后来,许多人都忽略了一个历史事实:当年,林语堂在外交部的地位仅次于陈友仁(因为第一次国共合作期间,部长下面就是秘书。所以,秘书的职权相当于后来的次长或副部长)。

污秽的风吹破了林语堂那充满幻想的肥皂泡:昨天是盟友、兄弟,亲如一家,把最肉麻的话廉价地赠与对方;今日反目成仇斧钺相加,惨无人道的杀戮成为赫赫的战功。林语堂作为武汉国民政府的高级官员,在这瞬息万变的时代狂澜中,接受着灵魂的洗礼。他弄不清楚,也不想弄清楚其中的是非曲直。但是他没有丧失对美丑的鉴别力,依然保持着自己的爱恨观。他憎恨丑恶的现实,赞扬宋庆龄在时代旋涡中所表现出来的大无畏精神。在宁汉合流的大潮面前,敢于做中流砥柱的,不是赳赳武夫,而是这位伟大的女性。7月14日,也就是武汉国民政府决定"分共"的时刻,有影响的名人中,唯有宋庆龄敢于挺身而出,力排众议,发表了《为抗议违反孙中山的革命原则和政策的声明》。宋庆龄的反潮流精神,给林语堂留下了不可磨灭的印象,成为他终生敬仰的伟大女性。他说:"她(指宋庆龄)是我所奉为中国女界第一人,无论从她是革命者,抑或是受现代教育的妇女,抑或是自然而生的女性,也不论从中国的或外国的标准来看。"①所以,五年后,宋庆龄在上海组织"中国民权保障同盟"时,已经不愿介入政治的林语堂,竟也毅然投到宋庆龄的麾下,成为"同盟"的发起人之一。

但宋庆龄的抗议未能阻挡宁汉的合流。武汉的形势日益严峻。7月29日,汉口全市戒严,湖北省总工会被解散,《工人日报》被勒令停刊。7月30日,何键在汉口逮捕共产党人,仅市党部被捕者即达百余人,重要人员都被枪杀。8月3日,武汉国民党中央下令各军制裁共产党。8月7日,汪精卫在国民党湖北特委会临时宣传大会发表演说,号召要和共产党决一死战。8月8日,武汉国民党中央执行委员会决定清查共产党办法,规定:著名的共产党人应由军警严格监视,如有"反革命"行为,应即拿办;有共产党嫌疑者,三日内登报声明反共;既不退出,又不声明脱离共产党者,以"反革命"论。一时间,有的声明退党,有的自首变节,有的摇身一变成为屠夫。

1927年9月,南京、上海和武汉三方面的国民党代表,在南京召开国民党中央执监委员临时联席会议,成立国民党中央特别委员会,以蒋介石下野为条件,促成了国民党宁、沪、汉大联合,宣告国民党的统一完成,武汉的国民政府机构迁往南京(然而,经过几个月的明争暗斗,拥蒋复职声浪又起,1928年1月,蒋介石又重掌大权)。

宁汉合流的同时,林语堂结束了他的六个月的"官场"生涯。武汉所发生的各种事件,像刻在石头上的图案那样,在他的思想信息库中留下了永恒的记忆。大起大伏的时代激流使整个社会遭到空前的震荡和急遽的分化。鲁迅曾坦率地承认这时代激流的强劲的冲击波"轰毁"了他的"思路",其实,"思路"被"轰毁"的又何止鲁迅一人,林语堂的"思路"也是在那时被"轰毁"

---

① 《林语堂自传》。

的。然而林语堂却从此走上了与鲁迅不同的方向。

林语堂刚去武汉时,两湖工农运动还处在高潮期间。他看见街上挂着红带子的工人纠察队,工会、农会都可以罚款、捕人、打人、判决,捉人戴高帽子游街和枪毙"土豪劣绅"的事件也屡见不鲜。这使满脑"法治"的林语堂大惑不解,因为,林语堂是带着"满以为中国的新日子已经曙现"①的幻想投身革命的。转眼间,"分共""清党"开始,成千上万的工农被捕杀,血流成河,尸骨成山,林语堂更是目瞪口呆。这风云剧变的现实,使他晕头转向,翻云覆雨的政治动荡,使他看透了也看穿了,终于由失望到绝望,"对革命深感厌倦"②。

"决不做政治家"③!这是林语堂跻身官场六个月的体验和教训,形成了一种思维定式,贯穿了他的一生。由于他既不肯用共产党的阶级斗争观点,也不愿用国民党的"清党"立场来解释眼前事变,所以,他的结论只能是从此视政治为吃人的游戏,没有吃人的勇气和吃人的本领,就不要去做官。他认为当官"属于肉食者"的职业,而他天性"属于吃植物的",④所以不适宜从政。他发誓不再当官,无论是好官、坏官、清官、贪官。从此,林语堂不分青红皂白地把一切政治都视为吃人的怪兽,像"斯芬克司"一样,他不再想尝试这种危险的游戏。

1927年9月,他辞去了外交部秘书和由他兼任的《中央日报》英文副刊主编的职务。林语堂之所以辞职,一方面是由于"对革命深感厌倦",不想再从政了;另一方面,客观上是想干也干不成了,因为,1927年9月,武汉国民政府迁移到南京,一下子就敲碎了许多政府官员的饭碗。

告别不堪回首的武汉,林语堂如释重负,然而,到哪里去呢?厦大是回不去了。北大也回不去了,因为1927年8月6日奉系军阀张作霖颁布《大元帅令》,下令取消北京大学,把北大和北京其他高等学校合并成"京师大学校",由教育部长刘哲兼校长,北京学界正在白色恐怖之中……林语堂到哪里去呢?

---

① ② 林语堂:《八十自叙》。
③ 林如斯等:《吾家》。
④ 《林语堂自传》。

第十一章　追随蔡元培先生

从武汉到上海——重逢鲁迅——受到蔡元培器重——深受学生爱戴的英文教授

生来酷爱个性自由的林语堂,选定了上海作为他新的探险历程的出发点。在近代中国,上海一向是社会大动荡的避难所。因为那时的租界有治外法权、领事裁判权等列强所强加于中国的不平等条约,使租界成了不受中国法律制约的国中之国。而中国的政治流亡者,战祸的逃难者,失意的政客,败军之将,乃至被通缉的罪犯、盗贼,统统利用了租界的这种殖民地性质,把它当作自己的避难所。近百年来,每逢发生内战或动乱,江南富家士绅,内地财主,都纷纷到上海租界避难。

1927年国共分裂以后,屠杀的血浪染红了中国大地。北伐战争时期,各地所涌现出来的一大批工农运动的积极分子,现在成了南京政府捕杀的对象。1926年前后参加北伐战争的"左倾"作家,如创造社的郭沫若、成仿吾、郁达夫、冯乃超、李初梨、彭康、郑伯奇、王独清等和共产党员作家瞿秋白、周扬、潘汉年、蒋光慈、钱杏邨、杨邨人、楼建南等人,都先后亡命他乡。那些投笔从戎的教授、作家,也已从昨日的风云人物变成了今日的通缉犯。其中相当一部分人都在1927年下半年来到上海。由于"他们从血的地狱里闯出来,火气太旺,不但毒咒屠杀他们的敌人,并且恶骂一切旁观的人,甚至同情他们、只因见解稍有歧异的人。"①所以,他们的弃政从文,弃军从文,给上海文坛以至整个中国文坛注入了浓烈的火药味,影响是深刻而复杂的。除了

---

①　司马长风:《中国新文学史》。

第十一章 追随蔡元培先生

这批在血与火的战场上退下来的文人之外,北京的文人,或为逃避张作霖的迫害,或为生计,也都纷纷聚集上海。

这时的上海,已成为中国知识界的又一次大迁徙中的"中转站"或落脚点。新文学阵营方面有影响的《小说月报》《语丝》《新月》《文学周刊》《洪水》等也都在上海编辑发刊,新文学运动的重心已从北京转移到了这里,中国新文学运动的"第二个十年"开始了。

1927年9月,惊魂甫定的林语堂,带着一颗到"异地探险"的童心,来到了上海。在对事业的追求上,他永远是一个童心不灭的探索者。但他并没有腰缠万贯的本钱,可以到上海来当寓公。这个对世界充满好奇心的精神探险者的全部家当,就是他手中的那一支笔。当过教授、学者、文科主任、英文副刊编辑,又做过政府高官的林语堂,这一次竟在三百六十行中选择了最自由的一个行业——自由职业者——他准备当专业作家,以写作为生。

10月3日晚上,仪容端正,头发整齐的林语堂,戴着一副金丝边眼镜,西装革履,兴冲冲地来到爱多亚路长耕里(今延安东路158弄)的共和旅馆里。问过茶房,林语堂就被引到二楼的一间木结构房间里,林语堂一进门,鲁迅就赶紧站起来迎接……

原来,鲁迅和许广平也到上海来了。他们是9月27日由广州鸿安旅店出发,登上太古轮船公司的"山东号",经过香港、汕头,在海上航行了五天,于10月3日午后,在上海太古码头下船,就近住在这家设备较好的旅馆里。鲁迅不愿惊动别人,除三弟周建人之外,就只通知林语堂和孙伏园兄弟等最亲近的朋友。林语堂闻讯后立即前去拜访,成为鲁迅到上海后所接待的第一批朋友。

这两位《语丝》战友,自从厦门一别,已经有九个月没有见面了。当晚,畅谈到深夜。第二天上午林语堂又来拜访,中午,由孙伏园兄弟做东,请大家到"言茂源"吃午饭。饭后,鲁迅、许广平和林语堂等人又一起去合影留念,这是鲁迅到上海后的第一张照片。

这张六人合影,就是社会上盛传的鲁、许的"结婚照",参加者都是鲁迅最亲近的人。除许广平外,周建人是亲兄弟,孙伏园是鲁迅任山会初级师范学堂监督时的学生,孙福熙是孙伏园的弟弟,上海北新书局编辑,为鲁迅设计过《野草》和《小约翰》的封面,而林语堂作为合影者之一,足以表明林语堂和鲁迅非同寻常的关系。照片上前排自右至左,坐着鲁迅、许广平、周建人;后排站着孙伏园、林语堂、孙福熙。但是,在 1977 年 3 月出版的《鲁迅》画册中,站在许广平身后的林语堂和孙福熙两人被涂去了。

前排左起:周建人、许广平、鲁迅;后排左起:孙福熙、林语堂、孙伏园

　　林语堂和鲁迅,都是在思路被"轰毁"的情况下来到上海的,而且都决定以写作为生,做自由职业者。这一选择,曲折地反映了相似的遭遇为他们造就了一种共同的心态。但在具体到写什么和怎么写的选择上,林语堂与鲁迅既有相同的一面,也有相悖的一面。相同的是,"语丝"精神仍在他们的艺术血液里流动着;不同的是,林语堂把《语丝》提倡的"自由思想,独立判断"强化为在政治上不左不右的中间路线。到了上海以后的林语堂已不再像《语丝》时代那样"无所顾忌"地反抗"一切专断与卑劣"了,而是强调借助"幽默"的外壳来曲折地表现自己的不满和反抗。而鲁迅到上海后,则把《语丝》时期一般性地"对于一切专断与卑劣之反抗",提高到阶级斗争和政治斗争的高度,在马克思主义世界观的指导下,把自己的笔作为革命斗争中的"匕首"和"投枪"。因此,文学对于鲁迅来说,这时已经变成阶级的"齿轮"

和"螺丝钉",而对林语堂来说,文学只是个人的事业。这一深刻的分歧,注定了他们的友谊——不管曾是多么亲密无间——必定难以善始善终。所以,在林、鲁的分手问题上寻找个人的责任(许多人已为此耗费了大量的精力),显然是没有多大意义的,因为,偶然性的事件是改变不了必然性的进程的。

宁汉合流以后,国民党在南京建立了中央政府。南京政府效仿当时法国的教育制度,成立大学院代替教育部的部分职能。1927年11月,蔡元培被任命为大学院第一任院长,同时成立中央研究院,亦由蔡元培兼任院长。

林语堂深受蔡元培的器重,被聘请为研究院的英文编辑,兼任该院的国际出版品交换处处长。实际上是蔡元培的英文秘书,月俸三百元,相当于一个有名望的大学教授的工资。这是一个十分清闲的工作。

蔡元培给林语堂的这份差使使林语堂的生活有了保障,但他也并不是唯一的受惠者,因为蔡元培同时还聘请鲁迅、江绍原等为大学院的特约撰述员,月俸也是三百元。林语堂非常佩服蔡元培。前清进士出身的蔡元培,当过翰林院的翰林,与孙中山先生关系密切。蔡元培曾留学法国、德国,在国民党元老中,是一个"西方通"。"五四"前夜,他担任北京大学校长,把北大变成了民主精神的摇篮。他言行一致地提倡学术自由,邀请新旧各派著名学者到北大任教:一方面为陈独秀、胡适、李大钊、鲁迅等新青年派敞开了大门,另一方面也聘用旧派名儒刘师培、黄侃等人,连始终留着辫子忠于清室的辜鸿铭,也没有拒之门外。蔡元培平易近人,说话总是声音柔和,待人谦和温恭,在林语堂眼里他是一位温文尔雅的长辈。他家在上海愚园路,离林语堂家很近,所以每天早晨两人同乘一辆小汽车上班。林语堂性格开朗,一路上总是谈笑风生,每逢林语堂侃侃而谈地发表自己的各种见解时,蔡元培都是很客气地说:"是是,你的说法不错。"

"中央研究院"所属的国际出版品交换处在上海亚尔培路三百三十一号(现为陕西南路一百四十七号)办公。这是一幢坐北朝南的砖木结构的二层楼的花园洋房。楼前有草坪,四周有围墙。铁栏杆的大门上方是一个桥形的门框边,上面挂着"国立中央研究院"七个大字。实际上,这里只是"中央研究院"在上海的一个机构,但因为蔡元培的院长办公室设在这里,所以就堂而皇之地亮了"中央研究院"的牌子。大门的一边是汽车库,进入楼房,迎面便是一个小厅,东侧有一大间放有沙发、收音机的休息室,也做会议室。后来,中国民权保障同盟成立后,不少重要会议都在此举行。从楼梯上去,二楼东侧的一大间就是院长办公室,蔡元培、杨杏佛等都在这里办公。林语堂的办公室也在二楼,是一间极小的房间,里面放满了他收藏的元明善本书。

林语堂每天上午去亚尔培路办公,下午就闭门读书。林语堂的生活极有规律,井井有条,他拘谨严肃又才气横溢,却又不是放浪不拘,更没有世纪末的颓废情调。人们读过他的闲适小品文后,往往有一种误解,认为他就是生活在小品文所描写的那种闲适的境界之中。比如,他宣传"点卯下班之余,饭后无聊之际,揖让既毕,长夜漫漫,何以遣此。忽逢旧友不约而来,排闼而入,不衫不履,亦不揖让,亦不寒暄,由是饮茶叙旧,随兴所之,所谓或晤言一室之内,或因寄所托,放浪形骸之外,虽言无法度,谈无题目,所言必自己的话,所发必自己衷情。夜半各回家去,明晨齿颊犹香"。在上海时的林语堂是无缘享受如此闲情逸致的。因为他平常不喜欢同朋友随便来往,也不欢迎不速之客去串门聊天。他把空余时间几乎全部花在阅读古今中外的各种著作上。他实践了"书山有路勤为径,学海无涯苦作舟"这句中国的格言。

1928年9月,林语堂应上海东吴大学法律学院院长吴经熊之邀请,兼任英文教授一学年。他教英文有一套与众不同的教学方法,凡是上过他的英文课,对他的特别教授法,都印象深刻,终生难忘。

那时的大学生常有逃课现象,学校当局则以点名来维持校纪。可是,林语堂上课从不点名,悉听学生自便。因为他认为高明的教员自然会吸引学生,他自信自己的学识和教学方法,能够比点名更有效。事实果真如此,林语堂的课,虽不点名,但同学没有缺课的。而且,外班的学生还常常来旁听。所以,只要林语堂上课,教室总是挤得满满的,座无虚席。

考试是评定学生成绩的一种手段,这是谁也无法否认的。但林语堂的英文课,却不举行任何形式的考试(包括学期内或学期终的考试)。可是,到期末,每个学生照样有分数,而且他的计分标准,十分科学,同学们个个口服心服。他虽不举行死板的命题考试,但每次上课,实际上都在进行非正式的考试。每堂课上,他都随时指名提问,或让学生互相对话,这就是他对同学的测验、训练,也是考试。他更鼓励同学自由发问。这样,学期结束以前,他对每个学生的程度和学力,都已有了准确的估计。林语堂的记忆力很好,全班一百二十余人,上了三五堂课以后,几乎能认识一半,见面时能直呼其名。有时,对个别学生的功课情况没有十分把握,也决不随意打分数,而是请他们到讲台前,略为谈上几句,然后定分。这种定分方法,可谓奇特,但学生个个服气。据当年的学生回忆:"其公正的程度,还超过在一般用笔试命题来计分的方法之上。"[①]实际上,这样的打分方法,不是一般教员都可能使用的,因为除了学识上的条件外,教员必须为人正直,绝不徇私,否则,根据教员个人好恶任意评分,也就乱了套。

　　林语堂曾多次以受害者的身份,控诉现代教育制度和方法的各种流弊,呼吁改革。东吴大学的英文课堂就成了他改革教授方法的实验室。他教英文,从不采用呆板的填鸭式或注入式,上课时,他总是笑颜常在,从不摆出教育家的派头。他在课堂自由自在,笑话连篇,使同学们情绪轻松。他自己则"有时坐在讲桌上,有时坐在椅子上,双脚放在桌上",边讲边谈。为增进同学的理解和会话能力,他总以英文讲解。采用的教本是从报刊上摘录下来的文章编成的《新闻文选》,这些文章都生动有趣,实用。讲解时,他从不一句一段地灌输,往往选择几个意义似同而实际不相同的英文字词做详细比较演绎。比如:中文的"笑"字,在英文中有许多词,例如,大笑、微笑、假笑、痴笑、苦笑等。"哭"字也有种种不同的词,有大哭、假哭、饮泣、哀泣等,诸如此类,他会一一指出异同,并由同学当场造句,或课外做习题。像这样的启发式的教法,充分引导学生的思路,扩大信息量,使学生能触类旁通,举一反三,受益无穷。

　　虽然,林语堂是一位深受学生爱戴的教授,但他在东吴大学也只教了一学年,这是他在上海十年中的唯一的执教经历。

[①] 本书有关林语堂在东吴大学的资料,全部来源于薛光前《我的英文老师》。

第十二章 《剪拂集》和《子见南子》

《剪拂集》:对《语丝》的怀念——《子见南子》掀起轩然大波

在北京的《语丝》周刊,由于不愿意在有权者的刀下颂扬权威,并奚落其敌人来取媚,所以,它逃过了段祺瑞们的撕裂,但最终却被奉系军阀头子张作霖禁止、停刊。发刊《语丝》的北新书局也遭到封闭。1927 年 10 月 22 日出版的《语丝》第 154 期,就成为该刊在北京出版的最后一期。

然而,《语丝》同人们并没有因此而放下手中笔,1927 年冬,《语丝》编辑部迁到上海,由鲁迅亲自主编。1927 年 12 月 17 日,上海北新书局出版了《语丝》4 卷 1 期,这是该刊首次在上海印行。这一期的篇幅增加到 96 页。1928 年 12 月,鲁迅推荐柔石接替自己编辑《语丝》。1929 年 9 月,又改由李小峰编辑,到 1930 年停刊。

北京《语丝》的"急先锋"林语堂,仍是上海《语丝》的中坚力量。诚然,这时的现实环境已不允许他像从前那样"任意而谈"(或者说,任意而"骂")了,他的文风正从"语丝文体"向着"论语格调"过渡。1928 年 12 月,《剪拂集》的出版,对林语堂来说是一次反思。几十万人头落地的残酷事实,使他增长了"见识"。回顾"三一八"惨案时,自己曾拍案而起怒斥刽子手的往事时,他故意用"反话"来责怪自己当年的"幼稚"。林语堂不再想做无谓的牺牲,他也没有忘记,把自己的"经验"告诉那些后来的青年:

　　……时代既无所用于激烈思想,激烈思想亦将随而消灭。这也是太平人所以感觉沉寂的原因。

　　有人以为这种沉寂的态度是青年的拓落,这话我不承认。我以为

第十二章 《剪拂集》和《子见南子》

这只是青年人增进一点自卫的聪明。①

上述这段文字表明,1927 年的严酷事实,迫使林语堂由任意而"骂"转变为"寄悲愤于幽默"了。与《语丝》时代相比,林语堂在"清党"事件以后所写的文章中,更多地使用反语、隽语、曲笔、影射等,如果不注意他在文风上的这一显著的转变,就很可能会完全误解他的原意。比如,他说:

> 头颅一人只有一个,犯上作乱心志薄弱目无法纪等等罪名虽然无大关系,死无葬身之地的祸是大可以不必招的。至少我想如果必须一死,来为国牺牲,至少也想得一班亲友替我挥几点眼泪,但是这一点就不容易办到,在这个年头。所以从前那种勇气,反对名流的"读书救国"论,"莫谈国事"论,现在实在良心上不敢再有同样的主张。如果学生寄宿舍没有电灯,派代表去请校长装设,这些代表们必要遭校长的指为共产党徒,甚至开除,致于无书可读,则寄宿舍代表愚见亦大可以不必做,还是做年轻的顺民为是。校事尚如此,国事更可知了。这一点的见解是于"莘莘学子"实在有益的。②

有人说,上述文字是林语堂贪生怕死的自白。——其实,这是林语堂用反语抨击了无情的屠杀和镇压,同时也告诫人们不要做无谓的牺牲,要死得有价值。有人说,上述文字是林语堂当众宣告自己要做"顺民"。——其实,这是他用反语讽刺了那种草木皆兵的政治恐怖气氛。这哪里像一个"顺民"的口气,只有不愿做顺民的人,只有不怕头颅落地的人,才会在这种随时可能招来杀身之祸的时刻,还敢于出来用反语说几句不满和反抗的话。敢于把矛头直接对准社会现实——而不是对准文人内部——除了鲁迅之外,寥若晨星。林语堂能够不避风头、不沉默,实在是难能可贵的了。

林语堂的上述文字是为《剪拂集》所写的序言。集子收集了他

---

① ② 林语堂:《剪拂集·序》。

1924—1927年间发表于《语丝》《莽原》等刊物上的27篇文章。由于时过境迁,林语堂觉得这明日黄花更有保存的必要,就像生活在龌龊的城市中的居民,向往野外明媚的春光;就像太平时代寂寞的百姓,追思往昔战乱时的枪声一样。林语堂说:

> ……勇气是没有了,但是留恋还有半分。远客异地的人反要做起剪纸招魂无谓的举动;南下两年来,反使我感觉北京一切事物及或生或死的旧友的可爱。魂固然未必招得来,但在自己可得到相当的慰安,往日的悲哀与血泪,在今日看来都带一点渺远可爱的意味。所以我只把这些零乱粗糙的文字,当做往日涉足北京文坛摄来的软片。……虽然还是粗拙得很,却也索性粗拙为妙。这就是我所以收集保存它的理由。或者因为所照的学者名流,当日虽是布衣,现在都居荣官显职,将来一定还要飞黄腾越,因而间接增加这些他们布衣时代的遗影的价值,也是意中事吧?

如果林语堂真的没有"勇气"了,那他就应辍笔停耕,或者改作一些趋炎附势的文字。可是,他一面声言"勇气是没有了",一面又立即掉转笔锋,狠狠地刺了"现在都居荣官显职"的那些当日的"正人君子"们。这哪里像是没有勇气?出版反抗专断与卑劣的《剪拂集》,本身就是有勇气的表现。而该书的编选眼光,更是有勇气的证明。全书收有27篇文章,另有一张林语堂所绘制的漫画《鲁迅先生打叭儿狗图》和侯兆麟的一封信,入选文章都是充满火药味的浮躁凌厉之词。不仅入选标准如此,而且在编排上也体现了林语堂的思想:他打乱了时间的顺序,不按照写作时间先后来排列,作于1925年12月28日的《祝土匪》列为卷首,而作于1924年6月13日的《论泰戈尔的政治思想》排在最后第27篇。可见林语堂是根据内容的需要,把《祝土匪》作为开卷文章,这不仅是对《语丝》战绩的追思,也是对"土匪"的战斗精神的赞美,等于是骄傲地向世人宣告,林语堂仍是一个"土匪"!把《剪拂集》这样的"叛徒"的宣战书当作是"顺民"的自白,显然是对林语堂的误解,或者说是历史本身的误会。

第十二章 《剪拂集》和《子见南子》

1928年6月,鲁迅与郁达夫合编的《奔流》月刊在上海创刊。同年,林语堂的"独幕悲喜剧"《子见南子》在《奔流》1卷6期上发刊后,曾在社会上引起了一场轩然大波。

《子见南子》作于1928年10月30日,是林语堂一生唯一的戏剧创作。剧本根据《论语》和《史记》中的历史资料改编而成,是一出新编历史剧。

《子见南子》诞生于社会上尊孔复古的潮流又开始回潮之际。站在新文化阵营一边的林语堂痛恨复古思潮,尤其痛恨借孔子的旗号来复古,因为,根据林语堂的孔子观:孔子是一个近乎人情的幽默家,而不是一个乏味的一本正经的老夫子。

孔子的学说作为儒家的经典,在中国流传了几千年。孔子作为儒学的祖师爷,在中国思想史上曾享有至高无上的地位——天地君亲师——孔子成了偶像。所以,历代文人都是从仰视的角度来观察自己的祖师爷的。经过历代文人的加工化装,孔子已经变成了一个半神半人的先知先觉。

而林语堂却强调从"人"的角度切入孔学研究,他一生写过许多有关孔子的专题文章,并且第一个把《史记》中的《孔子世家》翻译成英文。林语堂的《子见南子》是他的"孔子观"的形象说明和艺术外化。发表以后引起了尊孔派的强烈反响。这一社会效果所造成的思维导向使人们总是认为这出新编历史剧是反孔的,是借古讽今。实际上,林语堂并不反孔,他所嘲讽和挪揄的不是几千年前的孔子,而是20世纪20年代中国社会的封建遗老,借以讥刺当时的尊孔读经的复古思潮。对于孔子本人,林语堂从来也没有采取过一棍子打死的态度,他只是否定了孔子"儒冠儒服,游说乞贷,开天下后世文人依附军阀的恶例"[①]这一面。总的来说,林语堂对孔子颇有好感,因为他从孔子身上发现了幽默在中国古代文化中的"根"。

自从1924年五六月间,林语堂在《晨报副刊》上首先把humour翻译成幽默之后,他一直在寻找幽默在中国的"根",他从老子、庄子、孔子、孟子等人身上发现了中国幽默的源头,认为《论语》《韩非子》和《诗经》里头,有"天字第一号的幽默"。他以一个学者的勇气,大胆地从幽默的角度切入了对孔

---

① 林语堂:《关于〈子见南子〉的话——答赵誉船先生》。

子个性的研究,后来,经过几十年的劳动,林语堂终于成为一个有独特见解的孔学家,而《子见南子》正是这位孔学家的起点。

《子见南子》通过艺术形象告诉读者:林语堂的孔子观的核心是反对被宋儒歪曲得面目全非的孔子,恢复孔子的本来面目。也许,20世纪20年代末复古和反复古之间的激烈的思想交锋,逼得当时的读者只能首先从思想斗争的角度去评价《子见南子》的价值,而无暇细细咀嚼作品中包含着的林语堂的独特的孔子观。长期以来,人们几乎众口一词地认为,《子见南子》的价值,在于它是新文化阵营方面的一声呐喊,是反复古的战绩,而忽略了剧本在孔学研究上的意义,它标志着一种标新立异的孔子观的诞生,这是孔子研究中的一条新路。

《子见南子》的发表意味着一种崭新的孔子观的发轫,在剧本发表以后的近半个世纪中,林语堂又陆续发表过数十篇有关孔子的文章。力图恢复孔子的血肉之躯,展现孔子丰富多彩的情感世界,还孔子的本来面目——这是林语堂的孔子观的思维中心,也是《子见南子》和其他孔学文章的文眼。而对于《子见南子》来说,最值得称道之处是把孔子从九天之上接回人间,让人们看到了一个有七情六欲的孔子,一个作为"人"的孔子。

林语堂将卫灵公夫人南子召见孔丘的史实,衍化成一出新编历史剧。剧中的孔子是准备到卫国来实现自己的政治理想的。但是,卫国能否接纳孔子及其理想,关键不在卫灵公而是南子,这就构成了孔子和南子无法回避的正面接触。孔子见南子是为兴乐复礼,所以言必称古昔帝尧文武周公。可是,年轻美貌、生性潇洒的南子,对孔子的复古理想不感兴趣。她平时的举止言行与孔子所推崇的周公之礼不合者颇多。现在,她的"热点"是要创办一个"文艺研究社",实践"男女交际之礼"。南子的唯情主义观点,自然是孔子所无法接受的,但孔子在她的宏论面前,实在难以坚持己见。请看两人的一段对话:

  南子 ……什么男女有别的话,在事实上,是否伪托古制,我实有点怀疑,在理论上,我也绝难承认。你说这个意思对不对?

  孔丘 (被这一场大议论岔住,如雷贯耳,正在惊服)aw……

第十二章 《剪拂集》和《子见南子》

aw……aw!

南子　先生你想如何,对不对?

孔丘　(不得已的)男女有别,这是三代相传,周公制定的。

南子　这个男女合组"六艺研究社"的办法,先生以为稳妥吗?

孔丘　(笑着)茶点一定好的!(又沉默着)

南子　衣冠呢?

孔丘　也当然齐整一点。

南子　(沉吟的)啊!我有时候想,饮食衣冠,就是人生的真义。比方雍渠她一生给我端茶,你试想她的人生的真义是端茶呢,还是她自己饮食衣冠呢?所以我想如果饮食衣冠能有相当的满足,人生的真义也就充实一点。

孔丘　(赞叹的)子南夫人,我想不到女子也有这样精到的议论与高超的见解。不过"饮食衣冠"四字,应该改为"饮食男女"。

南子　那末六艺社先生可赞成了吧?

孔丘　(感觉新的兴味)有夫人主其事,我自当遵命。但是恐怕士女之间时或有越礼之事,要请夫人防范才是。

南子　你又来了。我想饮食男女,就是人生的真义,就是生命之河的活源。得着这河源滚滚不绝的灌溉,然后人生能畅茂向荣。男女关系是人生之至情,至情动,然后发为诗歌,有诗歌然后有文学。先生听见过我们卫国的诗歌吗?

剧中的南子以"唯情"的武器,解除了孔丘的思想武装,孔子的甲胄——周公之礼,挡不住南子的"唯情"的利剑。孔子只得如实告诉子路:"不济事了,听天由命吧!"准备来卫国宣传自己主张的孔丘,这时已被南子逼进死角,不得不"暂时敷衍一下"。一方面是被迫"敷衍"节节败退,另一方面却乘胜追击,特别是当南子亲自与歌女们弹唱起舞时,孔子和子路都进入了情不自禁的境界。最后,南子与歌女合舞,将孔子师徒等人包围……舞毕,孔子似乎不是原来的孔子了,而子路也不像原来的子路了。结尾时的那一段对话是十分有趣的:

子路　夫子的意思如何,可以留在卫国吧?

孔丘　(所答非所问的)如果我不是相信周公,我就要相信南子的。

子路　那末,夫子可以留吧?

孔丘　(坚决的)不!

子路　因为南子不知礼吗?

孔丘　南子有南子的礼,不是你们所能懂的!

子路　那末为什么不就在这里?

孔丘　我不知道,我还得想一想……(沉思着)……如果我听南子的话,受南子的感化,她的礼,她的乐……男女无别,一切解放,自然……(瞬间现狂喜之色)……啊!(如发现新世界)……不(面色黯淡而庄严),不!我走了!

子路　哪里去?

孔丘　不知道。离开卫,非离开不可!

子路　夫子不行道救天下百姓了吗?

孔丘　我不知道。我先要救我自己。

南子的礼征服了孔子所信仰的周公的礼!剧本生动地描写了孔子在情与理的冲突中不知所措,在南子的"礼"和周公的"礼"之间动摇了。孔子既无法抵御南子的"礼",又不愿背叛周公的"礼",为回避矛盾,他不得不离开南子,离开卫国。结尾不仅引人深思,而且回味无穷——如果孔子不离开卫国,将会发生什么?

客观地说,《子见南子》没有"侮辱"孔子的意思。林语堂不过是企图用艺术形象来展现孔子性格的丰富性而已。剧本的"亮色"在于:艺术地表现了林语堂心目中的那个孔子——至于《子见南子》中的孔子是否真实地再现了作为历史人物的孔子,那是另外一回事了。剧中的南子,是林语堂所创造的戏剧形象,南子虽然穿着古装衣衫,却体现了现代摩登妇女的性灵,尤其是约见孔子时的那种撒娇的神态,是完全现代化的,与历史上的那个南子已不可同日而语。

剧本刊出后,各地学校争相排演,当那个经过林语堂改造的孔子走上舞

第十二章 《剪拂集》和《子见南子》

台时,观众耳目一新。而尊孔的复古派气得直跳脚。因为,复古派认为剧情不伦不类,特别是突出孔子的幽默性格这一层,简直是对祖师爷的大不敬。在上海初演时,尊孔派就议论纷纷。1929年6月8日,剧本在山东省立第二师范学生会的游艺会上演出后,终于引爆了地雷。一场席卷教育界、文化界、新闻界等社会各界的大风波爆发了。不仅波及南京政府,而且还使一位校长敲掉了饭碗。

这位因此而倒霉的校长就是山东省立第二师范的校长宋还吾。第二师范在孔子的老家曲阜,校址在孔庙与衍圣公府的包围之中。宋还吾受业于新文化运动的发祥地北大,平时,他便支持新文化,反对旧文化。

"孔丘为中国第一罪人";

"打倒孔老二";

"打倒旧道德";

"打破旧礼教";

"打破民可使由之不可使知之的愚民政策";

"打倒衍圣公府输资设立的明德学校"。

上述内容的口号不仅呼唤于游行队伍之中,还经常出现在学校和孔庙的墙上。早在《子见南子》演出之前,新旧文化双方早已剑拔弩张。

《子见南子》演出后,孔传堉等曲阜孔氏六十户族人联名控告山东省立第二师范学校校长宋还吾,呈请教育部查办。呈文说:

> 讵于本年6月8日该校演剧,大肆散票,招人参观,竟有《子见南子》一出,学生抹作孔子,丑末角色,女教员装成南子,冶艳出神,其扮子路者,具有绿林气概。而南子所唱歌词,则《诗经·鄘风·桑中》篇也,丑态百出,亵渎备至,虽旧剧中之《大锯缸》《小寡妇上坟》,亦不是过。凡有血气,孰无祖先?敝族南北宗六十户,居曲阜者人尚繁夥,目见耳闻,难再忍受。加以日宾犬养毅等昨日来曲,路祭林庙,侮辱条语,竟被瞥见。幸同时伴来之张继先生立催曲阜县政府饬差揭擦,并到该校讲演,指出谬误。乃该校训育主任李灿埗大肆恼怒,即日招集学生训话,谓犬养毅为帝国主义之代表,张继先生为西山会议派腐化分子,孔子为

古今中外之罪人。似此荒谬绝伦,任意漫骂,士可杀不可辱,孔子在今日,应如何处治,系属全国重大问题,钧部自有权衡,传埙等不敢过问。但对于此非法侮辱,愿以全体六十户生命负罪渎恳,迅将该校长宋还吾查明严办,昭示大众,感盛德者,当不止敝族已也。激愤陈词,无任惶悚待命之至。除另呈蒋主席暨内务部外,谨呈国民政府教育部长蒋

具呈孔氏六十户族人……

六十户孔氏族人直接向蒋介石、蒋梦麟告状,气势汹汹,惊动了南京国民政府里的许多要人。工商部长孔祥熙主张严办,教育部长派参事朱葆勤去山东济南,会同省教育厅所派督学张郁光,赴曲阜调查,结果发现呈文所控各条,毫无实据。于是省教育厅会同朱葆勤会呈教育部核办。8月11日,孔祥熙随蒋介石过济南时,对此事仍主张严办。教育部长蒋梦麟,监察院长蔡元培经过济南去青岛时,却有非正式表示,认为二师排演的新剧,并无侮辱孔子的情节,孔氏族人,不应小题大做。同时,广大新闻媒介都站在新文化运动这一边,介绍了宋还吾的答辩书和二师学生会的通电,揭发了内幕:原来,所谓六十户族人,具名的二十一人,并非户首,不过是青皮讼棍之流,而幕后的操纵者是曲阜著名大青皮孔祥藻和人品恶劣的孔教会长孔繁朴两人。二师学生在6月8日演出《子见南子》后,社会舆论原无异常反应。可是,十天以后,6月18日张继伴同日本的犬养毅来曲阜参观,圣公府大摆盛宴,这群中外名人离开曲阜后四天,六十户族人的呈文就出来了,此中草蛇灰线,有迹可寻。

虽然,宋还吾曾以长篇的答辩书据理抗辩,中央和山东省两级教育部门的联合调查也否定了呈文所控告的内容,但是,《子见南子》的演出风波,最后仍以宋还吾校长"调厅另有任用"告终。鲁迅把这次风波的有关材料汇编为《关于〈子见南子〉》,刊于《语丝》第5卷第24期。以示当年的《语丝》主将对当年的"急先锋"的支持。林语堂也写了《关于〈子见南子〉的话——答赵誉船先生》一文,对剧本引起的一系列反应感到"滑稽",他说:

……这出戏剧,居然能在曲阜扮演,扮演孔二者又是他老先生的圣

裔。这种时势,似乎可给二年前在对洋大人声明,孔教不合于今日,惟有耶教最"亨",而今年却在大声疾呼提倡礼教的贵人,及一班扶翼世教之徒,一个深思猛省的机会吧!

林语堂的剧本是在鲁迅的《奔流》上刊出的,当剧本演出后受到复古派攻击时,又得到《语丝》的舆论支持。因此,《子见南子》的风波,虽然比当年的"打狗运动"大为逊色,但也仍不失为是语丝派为坚持新文化方向,而在中国文坛上的背水一战。

可以这样说,林语堂和鲁迅,都是《语丝》在北京被查禁后,仍留在语丝派阵地上坚持战斗的仅剩者。林语堂和鲁迅,直到语丝派完全解体之前,他们都是最忠实的留守者,他们是最后撤离《语丝》阵地的殿后部队。

第十三章 "教科书大王"的癖嗜

"教科书大王"和"版税大王"——"南云楼"的误会——对中文打字机的癖嗜

林语堂在上海的十年,正是广大中国作家在饥饿线上挣扎的时候,而自由职业者的林语堂,却借助于多渠道的财源,过着优裕的生活。在二三十年代的中国文坛,林语堂的高收入是十分引人注目的。除了和鲁迅、江绍原等同时受惠于中央研究院三百元月俸之外,其余的收入则来源于他爬格子的辛苦钱。

当时,上海的稿酬在每千字三元左右浮动,特约稿例外。林语堂不仅写中文文章,而且发挥他能用英文写作的优势,经常向英文报刊投稿。同一内容,以中英两种文字撰写(如《怎样写再启》《说避暑之益》《为洋泾浜英语辩》等文),分别向中英两种刊物投稿的情况也屡见不鲜,这种"一稿两投",深受外文报刊的欢迎。因为,能够用中英两种文字同样出色地写作的中国作家,当时是屈指可数的,有的人英文写作水平虽高(如张海韵等)但懒得动笔。所以勤于笔耕的林语堂就成了英文报刊的经常撰稿人。他在英文《中国评论周报》(*The China Critic Weeky*)的"小评论"(*The Little Critic*)专栏中发表过几百篇受人欢迎的小品文,后来,这些文章结集为《小评论选集》,分上下两册,由上海商务印书馆出版。孙科支持的英文月刊《天下》,美国的《亚洲》《哈普》等杂志,也是他经常投稿的地方。

但这些中外报刊上的稿酬收入与他编写英文教科书的大宗版税相比,可谓小巫见大巫了。在 20 世纪 30 年代的文坛,林语堂曾是赫赫有名的"教科书大王"和"版税大王"。

第十三章 "教科书大王"的癖嗜

当时,出版教科书是一项盈利而又风险较小的经营项目。一本教科书,只要被学校接受为教材,为保持教材的稳定性和延续性,学校是不会随便更换的。而且,教材需要量大,每年都要再版,收入稳定。比如,上海商务印书馆出版了周越然编的《模范英文读本》后,赚了不少钱。在商品经济社会里,文化产品市场也与其他市场一样,充满着自由竞争。甲书店可以出教科书,乙书店也可以出,关键是要有销路。人家凭什么选用甲书店的,而不选用乙书店的,按理说,首要的是质量标准。而实际上,书店的经营方式、服务态度、广告宣传等其他因素也在起作用。一本新版的教科书,要在二三十年代的中国社会上树立信誉,得到学校的青睐,书店方面是要花费大量的心血的。总之,当年的上海教科书市场,在优胜劣败的竞争规律支配下,十分热闹。

1929年前后,林语堂因编写英文教科书而成为"版税大王"的同时,却也卷入了一场有关版权问题的诉讼案。这场官司的胜负,不仅关系到书店的利益,也直接影响到林语堂的名和利。

事情的起因是:上海开明书店老板章锡琛从商务印书馆《模范英文读本》赚钱的事实中受到启发,也准备在英文教科书市场上插一脚。他以出版商精明的眼力看准了《模范英文读本》的致命伤——编者周越然从未越过国门一步,所以他编的教科书实际上是闭门造车的产物,经不起比较和竞争。在洋人或出洋留学归来的洋博士眼里,周越然编的书要称"模范"读本是名不副实的。所以,章锡琛决定乘虚而入,由开明书店请专家来编写一套名副其实的"模范"读本。章老板一开始是委托方光焘编写的,可是方光焘忙于学校的教课,编书的事情一拖再拖,搁浅在那里了。章老板着急,而方光焘则进退维谷,正在书店和作者双方都为难的时候,半路杀出一个林语堂。

那时,林语堂初来上海,深知上海居而不易,给报刊写稿,收入有限,而研究院的月俸则是蔡元培的人情,但南京政府人事更迭频繁,要是研究院长易人,这人情月俸就难以为继了。所以,林语堂也想以编写英文教科书来保障其经济来源。一次,他向老朋友孙伏园透露了这个意向,孙伏园立即答应为之牵线。孙伏园早在创立《语丝》之前就是北京《晨报副刊》的编辑,后来又到《京报》,还在武汉《中央日报》编过副刊,长期跻身于新闻出版界,人头熟,信息灵,随即找到开明书店章老板。章锡琛久闻林语堂的大名,知道他曾留学于以语言学驰名的莱比锡大学,并获得博士学位,请这位吃过洋面包的洋博士来编写一套初中英文读本,在质量上肯定会超过从未出过洋的周越然的读本。所以,章老板听了孙伏园的建议,喜出望外——因为有了林语堂,不仅可以解决方光焘"难产"所造成的难题,而且还能使开明书店拿出优质的产品。有了优质产品,夺取英文教科书市场的雄心壮志就指日可待了。

　　林语堂的朋友都说他是一个幸运儿。其实,他的幸运,倒不在于他的机遇比别人多,而在于他总是能不失时机地抓住眼前那些稍纵即逝的良机。这次,林语堂又机灵地把握了开明书店这个机遇。当孙伏园把开明书店的信息反馈给林语堂以后,林语堂就与书店方面商量编写的事宜了。

　　与其说是商量,还不如说是谈判。对于编写教科书,虽然林语堂和开明书店双方都有兴趣,大家极愿办成,但在细节上又谈得很认真仔细,双方来往频繁,似乎又谈得很艰难。主要的焦点在经济财务方面,不明真情者对此也有些议论,认为林氏"门槛精"。实际上,为财务而谈判又何尝不可,即使谈得斤斤计较,也是可以理解的。因为,除了繁荣文化的共同目标之外,书店出书是要赚钱的,要有利可图,而专业作家则要以稿酬为生,在一心想赚钱的出版商面前,作者如只顾潇洒,结果将后患无穷。所以,二三十年代的上海文坛上,名人与书商发生经济纠纷甚至诉诸公堂的,不乏其例,连鲁迅也曾不得不请律师来解决他与北新书店李小峰的纠纷。因此,如果站在书店这一边来看,可能会觉得文人们计较钱财,有失风雅,而如果站在作者的立场上,岂能为贪图风雅之虚名,而蒙受经济上的实际损失。要说"门槛精",也是事出无奈,不得不精。所以,客观地看,谈判不论如何认真都是情理之中的。

　　当时开明书店尚属草创时期,资金有限,既不敢请专家来书店成立专门的编写班子,也无力以现金买下书稿的全部版权。所以,开明书店对林语堂编写的教科书就采用流行的计酬办法:付版税。双方谈判的要点是版税的百分比和预支稿酬的数目。当年,一般的出版物是照书价的 15% 付给作者稿酬,即"销售数×每册的定价×15% = 作者所得稿酬"。也有按 10% 计酬,特别优惠的则按 20% 计酬,比如北新书店付给鲁迅的版税。这种计酬法,书

第十三章 "教科书大王"的癖嗜

的销售额就显得相当重要,销售数越多,书店和作家的收益越大。而教科书向来都是销售额高的。于是,"门槛精"的书商们就压低教科书的版税。书商的理由也很充分:因为教科书的广告宣传费用大,还要分送样书、宣传品等,再加上交际费开支、付给经销户的"佣金"等。所以,教科书的版税一般就被压到10%左右。林语堂和开明书店谈判的结果是参照了商务印书馆付给周越然的标准,按10%支付。林语堂与开明书店还双方约定,以后如觉不妥,可以提出再议;从编写到出书,需要一个过程,在这期间,林语堂可以按月预支稿酬三百元,这预支款,将来在版税中扣除。

这个协议,使初到上海的林语堂有了可靠的经济来源。后来,当林氏的《开明英文读本》独占鳌头时,印数和销售数直线上升,版税成了他的主要财源之一,这就是"版税大王"或"教科书大王"的由来。

林语堂和开明书店达成协议后,他开始认认真真地编写教科书了——就像当初认认真真地谈判协议细节一样——他力求精益求精,以他的英文水平和语言学的知识,所编的教科书果然不同凡响。这套书由读本、文法和英文文学作品选集三部分组成,送教育部审定后,于1929年出版,林语堂以质量取胜,立即打开销路,开明书店也因此而异军突起于上海出版界。

其他书商从开明书店的崛起中得到了启示,看到了教科书市场的潜力,跃跃欲试者大有人在,首先动作的是世界书局。当年的世界书局仅次于商务、中华,在上海书肆中名列第三位,经理沈知方自以为凭世界书局雄厚的经济实力和灵活多样的经营方式,要挤垮开明书店还是有力量的。所以,沈知方就请大学刚毕业的林汉达也编了一套《标准英语读本》,与《开明英文读本》争夺教科书市场。于是,两位姓林的编书人,在各自的书店老板的支持下,展开了智能的角力赛。

在竞争对手面前,林博士和章老板都不敢掉以轻心,自从得到《标准英语读本》问世的信息,他们便一直密切地关注对手的动向。林语堂把章老板送来的那套世界书局的读本细细审核了一番,发现林汉达的读本与自己的那一本有不少相类似、相雷同的地方——突破口找到了!经过一番策划,开明书店方面写信给世界书局,抗议《标准英语读本》侵犯了《开明英文读本》的著作权,托世界书局编辑徐蔚南把抗议信转交世界书局经理沈知方,要求

177

谈判解决，而沈知方置之不理。

一不做，二不休，开明书店方面就正式委托律师袁希濂向世界书局提出严重警告，要求世界书局停止侵权行为，停止发行《标准英语读本》，并赔偿损失。沈知方以为世界书局有后台，而且财大气粗，没有把开明书店的警告放在心上，只是把那封抗议书交给编写者林汉达，认为著作权的问题是作者之间的纠纷，与书局无关，由作者林汉达自己负责解决就行了。沈知方还给林汉达写了介绍信，让他去找章锡琛。

沈知方此举，不仅表示对开明书店的蔑视，而且把出版商应负的责任推给了编写者，耍了一个金蝉脱壳之计。于是，涉世未深的林汉达被推到了第一线，他先去会见章锡琛，而章老板则请他直接与林语堂联系。林汉达两次登门拜访扑空后，就留了个便条，内中有表示歉意及竭诚求教之类的客套。

林语堂把林汉达的便条交给章老板后，开明书店就抓住了其中表示歉意之类的词句，把社交场上的虚礼客套话渲染成林汉达向林语堂道歉认错的证据，把林汉达的留言及他与章老板的谈话内容等件制版，编写了一则大幅广告，标题是《世界书局标准英语读本冒效开明英文读本之铁证》，在上海各大报刊上刊登出来，已经卷入争端的林语堂则进一步被开明书店方面推上了第一线。

世界书局方面恼羞成怒，决定破釜沉舟，沈知方以重金聘请名噪一时的女博士郑毓秀为律师，控告开明书店的诽谤罪，证据就是开明自己登的那幅广告。真是风云突变，转眼间，开明书店成了被告，世界书局反而变成原告，这原告可不简单，有李石曾为后台，又有郑毓秀为律师，而郑律师的后台更硬，她一向包打必胜的官司，并以此绝招而闻名上海滩的。

开明方面情况不妙。第一审开庭时，承办法官明显地偏袒原告，被告方面的律师袁希濂几乎没有申辩的机会。一审下来，袁希濂对开明方面说，这案办不了，没法子，只好"敬谢不敏"。骑虎难下的章锡琛深知问题的严重性，如果败诉，就要判诽谤罪，若依法赔偿，非把开明赔得破产不可。但也不能束手待擒，开明方面一面继续做广告宣传战，另一方面设计了智取一策：越过上海当局，上书南京教育部，因为教科书是归教育部审定的。

智取的方案是要林语堂挑大梁的，林语堂既然已经上了开明的船，自然

第十三章 "教科书大王"的癖嗜

要与之风雨同舟。前途是明摆着的,不是同舟共济渡过难关,就得同归于尽。所以,林博士也就拿出了他在美国和德国所学到的全部本领,把自己的读本与林汉达的读本对照比较,逐条列举林汉达抄袭、剽窃的铁证,指控世界书局的侵权之处,要求南京政府教育部保障他的著作权。

当过六个月的外交部秘书,现在又是中央研究院院长蔡元培亲信的林语堂,岂是等闲之辈,他深知这场官司的分量。如何写呈文,如何落笔去击中对手的要害,他都心中有数,他也知道该向哪些关键人物去鸣冤喊屈。而且,还看准了时机,当南京政府教育部编审处正在审查林汉达的读本的节骨眼上,他及时上书教育部,请求保障他的著作权。如果没有林语堂的上书,教育部的编审先生未必会反复认真地审阅世界书局的教科书。但现在既有指控,而且是有理有据的指控,先生们当然要再三斟酌,以显示他们的编审能力和水平。为审查世界书局送来的教科书,编审处会议频繁,会上众说纷纭,经过几次辩论,多数人认为林汉达确有抄袭冒妄的行为。当然,也有人为世界书局说话:都是引自外国著作,你林语堂可以引用,他林汉达为什么就不能引用呢!要说抄袭,大家都在抄外国人的著作。两种意见,各执一词,无法统一,最后只得付诸表决。根据表决,教育部做出决定,禁止世界书局的《标准英语读本》发行。世界书局在南京全军覆没。

在南京的败绩,不等于在上海的败诉,因为世界书局控告开明书店的诽谤罪,英文教科书被禁止发行,不等于开明书店没有犯诽谤罪。所以,开明方面仍不敢懈怠,获悉南京教育部的态度以后,立即把部批文件连夜制版,做了大幅广告,迅速送交各报刊出。次日,法院开庭判决,法官们原先早已决定判决开明书店败诉,现在开庭之前看到登有《标准英语读本》禁止发行的部批文件的广告,十分尴尬。但又因为种种原因无法改变初衷,只能硬着头皮判决开明书店的广告有侮辱世界书局和林汉达的地方,诽谤罪成立,但又从轻处罚罚金三十元结案。

上海法院的判决与南京教育部的部批文件互相矛盾,舆论哗然,认为判决不公。开明方面更是不服,申明要提出上诉,并以部批文件为尚方宝剑,刊登了《〈开明英文读本〉何故被人抄袭冒妄》为题目的大幅广告。

世界书局虽然在上海法庭胜诉,但胜诉是虚的,读本被禁止发行却是实实在在的打击,部批文件堵死了世界书局想靠编写英文教科书发财的生财之道。"抄袭""冒妄"等,原是文坛上最忌讳的词汇,现在开明方面利用新闻传播媒介使这些富有刺激性的字眼铺天盖地向世界书局袭来,世界书局在道义上失败了,在舆论上也失败了,节节败退。沈知方不得不央请徐蔚南设法调停,并从南京请来教育部次长刘大白出面疏通,与开明方面订立了城下之盟,不仅同意赔偿开明的损失,还把《标准英语读本》的纸型送交开明销毁。这场轰动上海出版界的版权诉讼案,以林语堂和开明方面的全面胜利而终告。

开明书店以弱胜强的战绩,使林语堂及其英文教科书的声誉激增,诉讼案中,你来我往的宣传战,等于是在为林语堂做义务广告。有人甚至说,《开明英文读本》是靠这场官司的义务宣传打开销路的,这就言过其实了。因为,如果读本的质量低劣,学校方面也是不会采用的。徐訏在谈到林语堂的英文教科书时,曾有公正的评价,他说他在读了《开明英文文法》之后,"始悟过去自己所受的英语教育之错误,深以未能有像语堂先生这样的老师教我英文为可惜"[①]。

林氏英文教科书不仅以质量取胜,而且开明书店还请著名画家丰子恺为读本配插图,可谓图文并茂。所以,转眼间,林语堂的教科书的销售数扶摇直上,把商务、中华的生意都抢过来了。几年之内,林语堂为开明书店编写出了一个英文教科书的系列,除那三本一套的《开明英文读本》外,还有《开明英文文法》、《英文文学读本》(上下册)、《开明英文讲义》(三册,林语堂与他的弟弟林幽合编),另外,开明书店的英语唱片正音片全套四张,共八课,也由林语堂编写其课本。

毋庸置疑,林语堂编写的英文教科书,是当时国内最佳的教材。他用文学故事做课本,语文与文法又结合得较密切,颇有特色,令人耳目一新,因而采用的中学很多,发行量相当大。开明书店因此发了财,林语堂也从源源不断的版税收入中获得了经济上的实惠,成为20世纪30年代中国文坛上的经济大户,也有人取笑他是以教科书起家的暴发户。

---

① 徐訏:《追思林语堂先生》,《传记文学》23卷第1期。

第十三章 "教科书大王"的癖嗜

说他"暴发"也是实情,不妨算一算细账:开明书店的每月版税七百元左右;中央研究院月俸三百元;后来编辑《论语》《人间世》《宇宙风》等杂志时的编辑费(《人间世》的编辑费每月五百元,《宇宙风》每月收入不下一千元);《天下》创刊后的编辑费;等等,再加上在中外报刊上零星投稿所得的稿酬,估计每月收入近两千大洋(按目前中国银行的比价是一银元兑换人民币二十元),折合现在人民币,当年的林语堂,每月收入四万元。年收入近五十万元。这就难怪有人要说他是靠教科书发了"横财"。

如果说,北京—厦门,是林语堂和鲁迅友谊的"蜜月"时期,那么,上海则是两人友谊的"离异"时期。

按照流行的观点,林语堂和鲁迅的关系可以概括为"结交—断交—复交—绝交"这样一个全过程。而林语堂则说:"鲁迅这个人,我始终没有跟他闹翻。"他以"相得者二次,疏离者二次"来概括自己和鲁迅的关系。

如果从 1925 年底林语堂的名字第一次出现于鲁迅日记时算起,到 1936 年 10 月 19 日鲁迅逝世为止,林、鲁长达十一年时间的交往,可以概括为以下四个时期:

(一)第一次"相得"时期(1925 年 12 月 5 日—1929 年 8 月 28 日),在这将近四年的时间里,仅在鲁迅日记里有案可查的林、鲁交往,就有八十八次。

(二)第一次"疏离"时期(1929 年 8 月 28 日—1933 年 1 月 11 日),在这三年零四个月的时间里,鲁迅日记里没有任何有关两人交往的记载。

(三)第二次"相得"时期(1933 年 1 月 11 日—1934 年 8 月 29 日),在这一年零七个月的时间里,林、鲁交往三十九次。

(四)第二次"疏离"时期(1934 年 8 月 29 日—1936 年 10 月 19 日),林语堂的名字从鲁迅的日记里完全消失。

从"相得"到"疏离",这是一种质变,当然是冰冻三尺非一日之寒。然而,从时间上看,1929 年 8 月 28 日,是林、鲁交往中的一个重要的转折点。因为,这天晚上,在上海四川北路上的一家叫南云楼的小店楼上,林、鲁之间有过一次南云楼风波,两人的矛盾公开曝光于上海文化界。

这就是所谓林、鲁间的第一次"正面冲突"。《鲁迅日记》是有关这次

"冲突"的最早的文字记录：

"28日　昙。……晚霁。小峰来，并送来纸版，由达夫、予尘作证，计算收回费用五百四十八元五角。同赴南云楼晚餐，席上又有杨骚、语堂及其夫人、衣萍、曙天。席将终，林语堂语含讥刺，直斥之，彼亦争持，鄙相悉现。"

关于这冲突的起因，流行的观点认为：这是两人思想分歧所引起的公开冲突。然而，如果仔细查阅原始资料，便会发现一个有趣的现象：所有的当事人和在场的目击者，没有一个人说这次冲突是由思想分歧所造成的；而所有认为由思想分歧而引发这次冲突的论者，竟没有一个人是当事人或目击者。

按照《日记》的思路：是因为林语堂"语含讥刺"，所以，鲁迅"直斥之"，因此，关键是要弄清楚林语堂"讥刺"鲁迅的具体内容。这一点，当事人鲁迅始终没有提及，另一个当事人林语堂，直到四十年后才旧事重提：

> 有一回，我几乎跟他闹翻了。事情是小之又小，是鲁迅神经过敏所致。那时有一位青年作家，名张友松。张请吃饭，在北四川路那一家小店楼上。在座记得有郁达夫、王映霞、许女士及内人。张友松要出来自己办书店或杂志，所以拉我们一些人。他是大不满于北新书店的老板李小峰，说他对作者欠账不还等等，他自己要好好地做。我也说了附和的话，不想鲁迅疑心我在说他。真是奇事！大概他多喝一杯酒，忽然咆哮起来，我内子也在场。怎么一回事？原来李小峰也欠了鲁迅不少的账，也与李小峰办过什么交涉，我实不知情，而且我所说的并非回护李小峰的话。……这样，他是多心，我是无猜，两人对视像一对雄鸡一样，对了足足一两分钟。幸亏郁达夫做和事佬，几位在座女人都觉得"无趣"。这样一场小风波，也就安然渡过了。①

由于时间相距太久，林语堂的回忆有张冠李戴之处，明明是李小峰请客，他误记成张友松做东。但是，对于自己当年心态的追忆，基本上是可信

---

① 林语堂：《忆鲁迅》。

的。他以明确的措词否定了自己有什么"讥刺"鲁迅的动机,被外人渲染得充满火药味的"冲突",在林语堂看来不过是"一场小风波"而已。按林语堂的思路,"风波"是因鲁迅的"多心"和"神经过敏所致",而他自己则是"无辜"。那天,鲁迅心情不好,是由李小峰欠账所引起,要说有矛盾,也是鲁迅和李小峰的矛盾,因为鲁迅"疑心"林语堂"回护"李小峰,于是酿成"风波"。

看来,林语堂和鲁迅对"风波"的起因,有不同的见解。

作为南云楼"风波"的见证人和"和事佬"郁达夫,对这场"风波"的起因,自有他的客观见解。郁达夫在谈到鲁迅和北新书店的版税纠纷事件时,曾详细地叙述了林、鲁南云楼风波的来龙去脉和前因后果①——

原来,自从李小峰在北京创办北新书局以后,鲁迅的著作都是交给北新书局出版的。李小峰本是鲁迅在北大教过的学生,当孙伏园脱离《晨报》副刊后,在鲁迅、周作人、林语堂的支持下经营《语丝》周刊时,当时还没有毕业的李小峰就做了《语丝》的发行兼管印刷的出版业者。北新书局在业务上的兴旺发达,主要是依靠出版鲁迅的著作。所以,当时有人说北新书店是靠鲁迅著作起家的。

20 世纪 20 年代末,北新书局在上海站稳了脚跟,却与鲁迅发生了版税上的交涉,也就是经济上的矛盾。据郁达夫回忆:"北新对著作者,平时总只含混地说,每月致送几百元版税,到了三节,便开一清单来报账的。但一则他的每月致送的款项,老要拖欠,再则所报之账,往往不十分清爽。"因此,当时有不少作者对北新书局有意见,起初,碍着情面,大家都忍着,后来,越来越不像话了,月款不按时送,账也不算。靠版税维持生活的鲁迅,在忍无可忍的情况下,只得撕破情面,请律师向北新书局提出清算版税的诉讼。

鲁迅要诉讼,李小峰就慌了手脚,因为欠债还钱这是古今中外的常理,鲁迅胜券在握。不过要鲁迅不上诉也容易,还债就行了。可是,北新书局已成年积月地欠鲁迅版税二三万元,要一次偿还,也力不从心,急得李小峰像热锅上的蚂蚁一样,四处托人向鲁迅讲情,请鲁迅不要提出诉讼,一切都可以谈判解决。李小峰心里明白,如果公堂对簿,因为鲁迅是原告,新闻媒介

---

① 详见郁达夫的《回忆鲁迅》一文,该文刊于宇宙风社 1940 年 7 月出版的《回忆鲁迅及其他》一书。1949 年后,难以寻觅。所以,论者们少有引用。

肯定要大做文章,经济损失倒还在于次,北新书局的信用、声誉将一落千丈,以后谁还会把书交给北新出版呢!

好在李小峰也是鲁迅的熟人,对鲁迅的性格脾气、社会关系早就摸得一清二楚,所以急忙用电报把郁达夫从杭州请到上海,要他做中间调解人,还有一位调解人是章川岛。经过几次交涉、调解,鲁迅看在朋友的面子上,答应暂不提起诉讼,而北新书店则保证把历年积欠的两万元分十个月还清,新近所欠的每月还四百元,绝不食言。

1929年8月28日,鲁迅和北新书局达成了协议,当晚北新书局请鲁迅、郁达夫、林语堂等在南云楼吃饭,就是双方和解的意思。当时,文化界和新闻界的好事之徒都瞪着眼睛准备看鲁迅和北新的版税"官司",这对北新来说,压力不小,现在有了解决的方案,李小峰自然高兴,而鲁迅虽然赴宴,但这并不意味着鲁迅已经彻底改变了对李小峰的看法,因为鲁迅曾吃过北新书局的亏。现在,纸上的或嘴上的东西,能不能付之实际行动,还得看一看再说,鲁迅的态度是合乎逻辑的。

而林语堂作为这场纠纷的局外人,他没有吃过北新书局的亏,对北新的种种做法缺乏切身体验。他以为,既然已得到调解,现在大家又在一张桌子上吃饭,事情不就解决了吗?这种想法,对于一个局外人来说,也是符合逻辑的。后来,宴席上,风云突变,完全出乎林语堂的意料,同样也出乎所有在场者的意料。

郁达夫既是鲁迅和北新纠纷的调解人,又是林、鲁"对视"时的和事佬,他的双重身份使他能对事情做出比较公正和客观的评判。郁达夫认为,这场风波的性质是:"因误解而起正面的冲突。"①

冲突的原因,是一个不在场的第三者,此人也是鲁迅的学生,就是前几天曾请鲁迅和林语堂吃饭的张友松。看来,张友松和李小峰的矛盾不小。那天,张友松因要办书店而请客时,攻击了李小峰,并声称他的书店要以北新为戒,而现在李小峰请客则攻击张友松,认为鲁迅所以会提起诉讼,完全是受了张友松的挑拨。按说这些矛盾和林语堂无涉,他完全可以不介

---

① 郁达夫:《回忆鲁迅》。

第十三章 "教科书大王"的癖嗜

入——也许正因为和自己不搭界,所以,林语堂便毫无顾忌地随便插嘴,并且在席间偶尔提起了张友松的名字,在郁达夫看来,这就是林语堂的"忠厚诚实"之处。

谁知这一下可撞到枪口上了。这时,鲁迅"脸色发青,从座位里站了起来,大声地说:'我要声明!我要声明!'"

鲁迅声明他和北新的诉讼和张友松无关。鲁迅还拍着桌子对林语堂"直斥之"。

那时,鲁迅已有了酒意,"一半也疑心语堂在责备这第三者的话,是对鲁迅的讥刺"①。而林语堂当然也要声辩他所讲的话并非是对鲁迅的讥刺,两人针锋相对,空气十分紧张。

打破僵局的是郁达夫,在这种场合,也只有郁达夫才能出来做和事佬。郁达夫一面按住鲁迅,劝他坐下,一面就拉起林语堂和廖翠凤,走下了楼。

"冲突"在高潮处结束。郁达夫目睹"冲突"的全过程,又了解产生"冲突"的特定环境,他的结论是:"这事当然是两方面的误解,后来鲁迅原也明白了;他和语堂之间,是有过一次和解的。"②

郁达夫的说法,实际上全盘否定了由"思想分歧"导致南云楼"风波"的流行观点。因为,对于彻底的不妥协的鲁迅来说,只有是"误解",才会有"和解"的可能,如果是"思想分歧"就没有"和解"的可能。众所周知,在"五四"以后的新文化阵营的几次"分化"中,由于政治思想立场的分歧,鲁迅曾多次与往昔的战友分手,以致决裂。在是非面前,鲁迅从来都泾渭分明疾恶如仇。为了坚持自己的立场,他不惜与过去的密友分道扬镳,就连自己的同胞手足也在所不惜。在思想分歧的面前,鲁迅的字典里,从来也没有出现过"和解"的词条。也正因为具备这种彻底的不妥协的战斗精神,才使鲁迅获得了新文化运动旗手的称号。这样的旗手难道会和异己的思想"和解"吗?

鲁迅是决不会放弃原则立场而随便"和解"的,而鲁迅又确实与林语堂"有过一次和解",如何解释这两者之间的矛盾呢?答案只有一个,那就是:南云楼上"风波"不是由"思想分歧"所引起的,这是一次"误解"。

---

① ② 郁达夫:《回忆鲁迅》。

必须指出:否定南云楼"风波"是由"思想分歧"所造成,并不等于否认林语堂和鲁迅之间的思想分歧。恰恰相反,他们之间确实存在着不可调和的思想矛盾,而且,越到后来,矛盾也越尖锐越深刻。但"误解"归"误解",矛盾归矛盾,这是两本账,不可混为一谈。事实已经证明,他们的"误解"可以"和解",矛盾却无法妥协。所以,林语堂和鲁迅最终的"疏离"是必然的、不可避免的,而"误解"则是偶然的。

1931年,林语堂代表中央研究院到瑞士出席国际联盟文化合作委员会的年会。顺便到英国住了几个月。

在林语堂离沪期间,上海发生"一·二八"事变,日军狂轰滥炸,整个上海在炮火下呻吟。在战乱中,廖翠凤一个人要照顾三个孩子,其中第三个女孩相如头年刚出生。廖女士整天提心吊胆,晚上睡觉时,全家都不脱衣服,和衣睡在楼下,以便一有情况随时可以逃难。后来,幸亏有位亲戚帮她们母女四人买了船票,廖女士就带着孩子们回到了厦门鼓浪屿的娘家。

1932年,林语堂从英国归国时,先到厦门去接廖翠凤母女。孩子们听说父亲要回来了,都高兴得不得了,大女儿如斯和二女儿太乙都涂脂擦粉地打扮得漂漂亮亮,坐着小船跟随大人到轮船上去接林语堂,因为她们将近一年没有见到爸爸了。

林语堂为孩子们带来了外国的礼物,一人一只瑞士表,廖女士原以为林语堂会买回大批洋货,谁知林语堂到厦门时,口袋里只剩下三毛钱,钱到哪里去了?

原来,林语堂带回了一件极贵重的东西——这东西并不对所有人都是"贵重"的——一架中文打字机的不完整的模型。

林语堂一生与中文打字机有不解之缘,说来话长——林语堂爱好机械发明,成年后的主要兴趣是研制中文打字机。当时,商务印书馆已推出根据《康熙字典》部首把字分类排行的中文打字机。机下装有二千五百印刷铅字的字盘,打字时即须在盘中找所要打的字。此外,在另一盘上,有三千多个铅字。若要用这盘上的字,必须用手拿起这个铅字,放在第一盘的空位上然后打。林语堂认为商务的中文打字机太笨拙了,人成了打字机的"奴隶"。

第十三章 "教科书大王"的癖嗜

他计划发明一架类似英文打字机打法的中文打字机,首要的工作是改良检字法。1924年,他发明了《汉字号码索引法》,主张首末笔留在字之外围,不可跟母笔顺序入于中部,"凡一字必有四个号码以定其字典上之位置"。他"分汉字笔画为十类,而以自一至十之号码名之,则凡一切之字无不有一定之数目"。同年,他又发表《国音新韵检字》,刊于图书馆协会专刊。这时,林语堂已担任了图书馆协会索引委员会会长。1925年,他又作《末笔检字法》,由商务印书馆刊印发行。到1931年,他对于汉字的首笔、末笔、新韵、号码四法皆已作详尽透彻的研究,并"实行将汉字重新排列,至是认为中文打字机的复杂问题已循序解决"①。1931年,他在瑞士开完会,到英国的主要目的是与英国工程师研究制造打字机的模型,花费了所有的钱,用了几个月的时间,带回了这架不完整的模型。

> 人生必有痴,必有偏好癖嗜。没有癖嗜的人,大半靠不住。而且就变为索然无味的不知趣的一个人了。②

林语堂对研制中文打字机的偏好癖嗜,真可以算得上是一个打字机"痴"了。正由于对打字机的癖嗜,使林语堂上了一个小佣人的当。那是刚到上海的时候,林语堂一度住在善钟路的公寓里,家里有个十六七岁的男佣,名叫阿芳,原来在兑换铺当差,林语堂看他聪明,便把他请来了。他会修理电铃、接保险丝、悬挂镜框、修理抽水马桶机件等,心灵手巧,凡是机械方面的事情他都一学就会,甚至无师自通。最使林语堂佩服的是这个阿芳还会修理打字机,林语堂喜欢这个有"癖嗜"的人,认阿芳为知音。那时,林语堂常在家里摆弄打字机,研究它的构造原理,拆拆弄弄的不知买了多少架外文或中文的打字机,他深知打字机这玩意不好对付。但想不到,没有文化知识的阿芳居然在打字机上大显身手。

阿芳到林家不久,就对林语堂的那台英文打字机发生兴趣,每天早晨,主人还在床上,阿芳便来打扫卧室了。而且,在卧室里一待就是两个小时,

---

① 上述有关中文打字机的资料来自林太乙《林语堂传》。
② 林语堂:《论趣》。

大部分时间都在玩弄那架打字机,几乎着了迷,还经常背着主人摆弄打字机。有一天,打字机坏了,林语堂自以为熟谙打字机原理,自己动手修理,白白浪费了两个小时的时间,毫无效果,知道肯定是被阿芳弄坏的,所以就斥责阿芳。但小男佣默不作声,既不辩解,也不认错。下午,林语堂出去散步,当他回家时,阿芳平静地说:"先生,机器修理好了。"一试,果然修好了。惊讶之余,林语堂对这位小男佣就另眼看待了,不再把他当作一般佣人使唤了。

林语堂十分欣赏阿芳在接电话时所表现的才能,他不仅用英语、国语、上海话、安徽话接电话,厦门话的难学是众所周知的,外省人除非有语言学的天才,否则对厦门话退避三舍,但阿芳不仅能用厦门话对话,而且还能用厦门土话骂人。林语堂觉得阿芳人才难得,想培养他,要为他出一多半学费,劝他晚上去念英文夜校。但他讨厌学习,生性就恨学堂,不肯去。

在林语堂的宠爱下,这位会修打字机的阿芳开始无法无天了。凡是他所不感兴趣的事情,就马马虎虎。他一个星期内打碎的碗、茶杯、酒杯是其他仆人一年中打碎的总和。叫他去买一盒火柴,他一去就是两个小时,回来带了一只新布鞋及一只送给小孩的蚱蜢,就是没有买火柴。他根本不懂得工作和游戏的分别,一收拾卧室就是三个小时,其中至少有一个小时在喂笼里的小鸟,或者与女仆打诨说笑,把秽箕放在饭台上,扫帚留在衣柜中,而本人却到花园里替小孩捉蚱蜢……这些都是常事。林语堂都容忍了。

后来,林家雇来了一个洗衣的婢女,从此,厨房里又翻出了新花样,新来的洗衣仆二十一岁,女厨子二十六岁,而阿芳十八岁,厨房重地成了他们嬉笑戏谑的舞台,调笑声日益增高。阿芳更加无心工作,不仅打扫房间的时间要拖到三个小时以上,而且连每天擦皮鞋的例行差使也竟忘记不做。林语堂教训了他一次两次三次,都没有结果。无法,林语堂便下了最后通牒:如果明天早上6时半不把皮鞋擦亮,放好在卧室前,便要解雇他。林语堂决心整饬纪纲,整天板起面孔,不同阿芳说话。晚上临睡前,又把三个佣人召集起来,重申关于解雇的警告,大家都面有惧色,尤其是那两个女仆。林语堂以为这一下家中的纪纲总可以恢复了,于是安然就寝。

第二天早晨,林语堂6点醒来,静听房外的动静,6点20分,那二十一岁的女仆把擦亮的皮鞋送来了。林语堂说：

"我是要阿芳自己送来，你为什么替他带来？"

"我正要上楼，顺便替他拿来。"她恭而有礼地回答。

"他自己不会带来吗？是他叫你的，还是你自己做主？"

"他没叫我，我自己做主。"

林语堂明知女仆在撒谎，但他不好意思揭穿她。想到自从阿芳来家后，承担了不少原先由林语堂承担的杂务，使自己可以抽出时间安心地读书写作，林语堂又一次原谅了阿芳，从此，一切听其自然。

在林语堂的庇护下，阿芳日益无法无天。一天，阿芳和女仆间的隐情终于东窗事发了：林语堂从外面回来，发现女仆正在换床单，林语堂觉得床单才换过一两天，不需要换，仔细一检查，才发现了秘密。原来，阿芳趁家里无人时，与那洗衣女仆在林语堂房间里幽会。"干柴烈火便在床上点着了。但匆匆忙忙，心慌意乱，床单上留下了痕迹"。林语堂把阿芳唤来盘问，他只得如实坦白，林语堂觉得又气又好笑，"狠狠地教育了他一顿"[①]。林语堂还费了一番功夫说服廖翠凤从轻发落，最后糊涂过去算了。

实际上，阿芳和女仆照样私通，只是做得更隐蔽一些，不再留痕迹了。这一对鸳鸯又串通一气不仅合伙偷窃家中贵重的银器，而且还在外面行窃，最后被捕入狱。这时，林语堂也帮不了阿芳的忙了。两年后，阿芳出狱，无颜再去见林语堂，而林语堂却一直非常想念这个聪明反被聪明误的阿芳。

[①] 章克标：《林语堂与我》，刊于《明报月刊》1988年3月号。

第十四章　创办《论语》半月刊

提倡幽默——在邵洵美的客厅里——两位得力的助手

林语堂一向为自己的童心不灭而自豪,他把自己比作一个在新大陆上"探险的孩子"。直到四十岁前后,他还朝气勃勃地宣称:每天早晨,"我一觉醒来便感觉着有无限无疆的探险富地在我前头"。他还说:

> 我仍是一个孩子,睁圆眼睛,注视这极奇异的世界……有如一个小孩走入大丛林一般,时或停步仰望星月,俯看虫花。我不管别人说什么,而在这探险程序中也没有预定的目的地;没有预定的游程,不受规定的向导之限制。……因为我素来喜欢顺从自己的本能,所谓任意而行。①

1932年,他攀上了"探险"征途中的一个新的制高点——幽默。"轰的一声,天下无不幽默"②,林语堂从此就获得"幽默大师"的桂冠。于是继教科书诉讼案之后,林语堂又一次成为上海文化界的新闻人物。

30年代幽默文学的兴起,自然是有其不可替代的时代原因,但也不能否认林语堂在提倡幽默过程中的特殊作用。幽默现象虽然古已有之,但在中国传统的文论中没有幽默这一术语,"幽默"一词传入中国,首先要归功于林语堂。早在1924年5月和6月,林语堂(署名玉堂)在《晨报副刊》上先后发表《征译散文并提倡"幽默"》《幽默杂话》两文,主张把英语的 humour 音译

---

① 《林语堂自传》。
② 鲁迅:《花边文学·一思而行》。

第十四章 创办《论语》半月刊

为幽默。然而,林语堂所放出的这只丑小鸭,并未引起文坛的垂青。直到 1932 年,林语堂在上海创办《论语》并再次提倡幽默时,这只被冷落多年的丑小鸭才变成了美丽的天鹅,腾飞于中国的文坛。

1932 年 9 月 16 日,《论语》创刊,一鸣惊人,创刊号就重印了多次。一时间,幽默成风,幽默文章流行于文坛,大小幽默刊物,一哄而起,以致 1933 年被称为"幽默年"。为什么"轰的一声"幽默居然席卷文坛?半个世纪以来,文学史家着实费了一番脑筋,作了无数纵横交叉的分析和探讨。

而当年发起创办《论语》半月刊的那些"同人"们,几乎没有人预先把社会背景、时代原因、文学规律等内外原因放在心中,甚至根本没有估计到《论语》创刊后会在社会上引起如此巨大的反应。

《论语》是在诗人邵洵美家的客厅里酝酿出来的。说《论语》社是"十人合股的有限公司"①,这本是曹聚仁的一句戏言,想不到有人信以为真,考据起这家"公司"和"股东"们的历史。实际上,根本不存在什么"公司""股东",《论语》的"缘起"完全出于自发。这"自发"的意思并不是要抹杀产生《论语》的时代原因,而是指《论语》的诞生没有党派的政治背景,而是文坛上的一群以不左不右为标榜的自由主义文士们的雅兴所致。

那是 1932 年的盛夏,位于上海大华电影院附近(现南京西路新华电影院隔壁的一条弄堂里)邵洵美家的客厅里,烟雾缭绕,谈笑不绝,原不是为筹备《论语》而召开的什么会议,自然也谈不上有什么召集人。因为,几个志趣相投的文人,在某个朋友家里无拘无束地谈天说地,插科打诨,这原是自由派文人们的一种风气。好客的邵洵美家的宽敞的客厅,是朋友们经常闲谈的场所。那一次,"大家讲起要出一本刊物来消消闲,发发牢骚,解解闷气,好在邵洵美开着时代书店可以发行出来,推销没有困难。关于刊物内容,谈得不多;刊物的名字叫什么,谈得最久。都想要有一个雅俗共赏,有吸引力、号召力、要喊得响、站得起,而且惊人又迷人,又是大家都熟悉的,用来一炮打响,出奇制胜。"②开始参加讨论的有林语堂、邵洵美、李青崖、全增嘏、沈有乾、林徽音、章克标和张光宇等,后来又邀请了潘光旦、叶公超等十多人。接

---

① 曹聚仁:《我和我的世界》。
② 章克标:《闲话〈论语〉半月刊》。

连好几个晚上,大家谈到深夜。末了,其他事情都商谈得差不多了,就是刊名还定不下来。林语堂特别挑剔,凡是别人提的,他几乎都不赞成,而自己提不出一个能让大家都满意的好刊名。

时代书店经理章克标在一旁既着急又恼火。着急的是刊名定不下来,下面的程序难以进行;恼火的是觉得林语堂的主意太大。他寻思:"你林语堂也太猖狂了,可是你自己也提不出好刊名来。看来这个刊物只有叫《林语堂》,你才满意吧。"

忽然,章克标从林语堂的"林语"两字的谐音想到了孔子的《论语》两字,他灵机一动,脱口而出:"就用《论语》作刊名!"

章克标的提议博得了满堂的喝彩,林语堂也不再反对,难产的《论语》终于呱呱落地了。大家接着又公推林语堂主编《论语》,因为在座的都是有职业的忙人,有的是书店老板、经理、编辑,有的是大学教授,有的是画家,都是业余作家。只有林语堂是专业作家,可以集中部分精力来照顾《论语》。

林语堂欣然受命,接受了同人们的委托,担当了《论语》的组稿、编辑、审稿等工作。同时责无旁贷地担任了表明《论语》立场的"缘起"的起草任务。

《论语》名义上是《论语》社同人的刊物,实际上是先有刊物,后来,发起人都以《论语》社同人自居,就像《语丝》创刊时一样,先有《语丝》周刊的刊名,然后,发起人再以《语丝》社同人自居。而事实上是先有刊名再有"社"名。

同人们又议定:《论语》的出版发行工作由邵洵美的时代书店承担。起先,时代书店对《论语》的销路没有把握,因为,"一·二八"战争后,全国最大的商务印书馆毁于战火,书刊市场匮乏,而纸张价格低廉(每令仅售二元),所以,上海滩上各种刊物如同雨后春笋。然而,大多数杂志红颜薄命,生命短暂。面对书刊市场的激烈竞争,同人和书店都对《论语》的前途没有把握。好在《论语》同人们都是以撰文为风雅的文士墨客,不靠卖文为生,谁也不计较稿酬。因此,创刊之初,时代书店仅每月支付给林语堂编辑费一百元①,而撰稿人都是尽义务的。这是林语堂等《论语》同人重事业而轻报酬的一个

---

① 据笔者访问文坛前辈赵家璧先生得知,当时,良友给赵家璧的月俸是一百元。而以当年林语堂的社会声望,时代付给林语堂的报酬是不高的。

第十四章　创办《论语》半月刊

例子。

发起创办《论语》是《论语》同人们(也就是以后的论语派)的共同愿望，因此，不能归功于林语堂一个人。要追溯《论语》的"缘起"似乎也不太复杂，因为创刊号上的开卷第一页就刊出《缘起》一文，以《论语》社同人的口气详述了出版《论语》的缘起。然而，不读不知道，读了更糊涂，如果谁按照研究史料的办法去读这篇《缘起》，只会得出这样的结果。因为它是一篇幽默文章，而绝不是创办《论语》经过情况的历史记录，里面的人和事，或完全虚构，或假借古人古事，谁当史料去读，肯定会上当。倘若不信，请读一读其全文(这样可以避免断章取义)，因篇幅关系，在此恕不引用这篇近两千字的妙文了。

《缘起》在史料上的主要价值，是曲折地反映了《论语》发起者们之所以创办《论语》的心理动机。这是林语堂亲自制作的第一个"幽默"样品，这个样品本身就向读者明示《论语》需要什么样的稿件，这是论语派在思想艺术倾向上为自己"定调子"的开卷文章，是论语派为自己的那本幽默文学史所写下的第一页。遗憾的是，在所有的林语堂文选中(包括他自己编定的和别人编的)①都没有选这篇堪称幽默文学的开卷之作。

《论语》创刊号的《编辑后记》，也是一篇幽默的样品。《后记》除了继续重复"因为同人中有位死了丈母，所以大家决心办报"的玩笑话之外，着重解释了命名《论语》的由来。林语堂写道：

> 诸位都知道《论语》是孔子门人所作的一部大书，我们当然是冒牌的。但是，我们并不是这个意思，我们并不存心冒孔家店的招牌。我们同人，时常聚首谈论，论到国家大事，男女私情，又好品论人物，又好评论新著，这是我们论字的来源。至于语字，就是说话的意思，便是指我们的谈天，因除了可以归入论字的话题以外，我们还有不少的谈话，这些全都归入这语字去的，这是语字的来源。这样的两个字拼凑起来，便成了论语，格式内容里也和孔夫子的《论语》差不多，因为也是甲一句，

---

① 由于种种原因，拙编《中国现当代著名作家文库·林语堂代表作》(黄河文艺出版社1990年1月版)也没有选录这篇《缘起》。

乙一句,东一句,西一句,拉拉杂杂一大堆大道理。所以如果有人责备我们假冒了孔家店的招牌,我们也不敢极口呼冤,而且是可以发出一种会心的微笑。不过要请他们注意的是,孔家店里的货品,《论语》并不占重要地位,在这以上还有《春秋》,那是孔老夫子用了他特有笔法作成,使乱臣贼子发生恐怖的大著。在目下这一种时代,似乎《春秋》比《论语》更需要,它或许可以匡正世道人心,挽既倒之狂澜,跻国家于太平。不过我们这班人自知没有这一种的大力量,只好出出《论语》,绝不敢存非分之想,也不敢有非分的举动的。——这一点我们特别声明。

林语堂所制定的《论语社同人戒条》(以下简称《戒条》)是研究中国现代文学流派史的重要资料。这《戒条》,既说明了《论语》与《语丝》的承续关系,也表白了《论语》与《语丝》的不同路向。《戒条》内容如下:

一、不反革命。

二、不评论我们看不起的人……但我们所爱护的,要尽量批评(如我们的祖国,现代武人,有希望的作家,及非绝对无望的革命家)。

三、不破口骂人(要谑而不虐,尊国贼为父固不可,名之为王八蛋也不必)。

四、不拿别人的钱,不说他人的话(不为任何方作有津贴的宣传,但可做义务的宣传,甚至反宣传)。

五、不附庸风雅,更不附庸权贵(决不捧旧戏明星,电影明星,交际明星,文艺明星,政治明星,及其他任何明星)。

六、不互相标榜,反对肉麻主义(避免一切如"学者"、"诗人"、"我的朋友胡适之"等口调)。

七、不做痰迷调,不登香艳词。

八、不主张公道,只谈老实的私见。

九、不戒癖好(如吸烟、啜茗、看梅、读书等),并不劝人戒烟。

十、不说自己的文章不好。

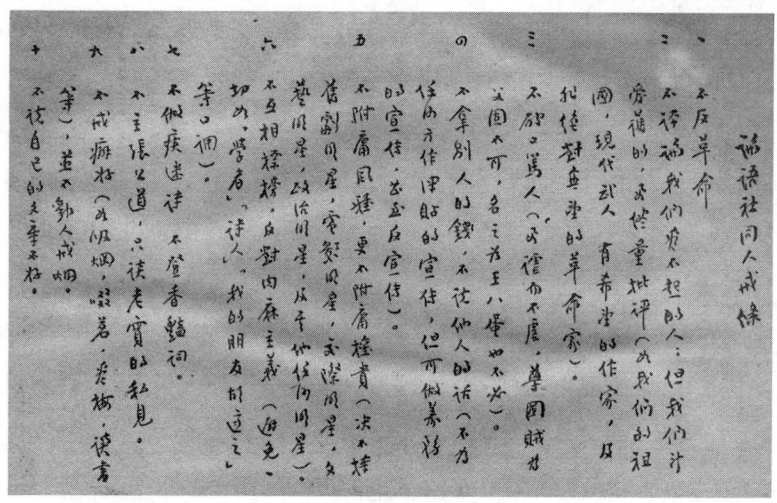

《论语社同人戒条》

有的文学史家说,林语堂所办的那些小品文杂志基本上是《语丝》的延续和发展。《论语》与《语丝》相比,不过是多了一块"幽默"的招牌。① 说"延续"和"发展"自有几分道理,但说区别仅在于多了一块幽默的招牌,未免失之偏颇。②

刊登于《论语》封里的《戒条》,实际上是林语堂及其同人们为《论语》规定的办刊方针,把《戒条》与《语丝》发刊词作一比较,两者的差异,不言而喻:当初《语丝》是关心政治的,特别是林语堂还撰文反对"勿谈政治";可是现在却把"不反革命"列为《戒条》之首,说明《论语》是以不谈政治为标榜的。当年,反抗"一切专断与卑劣"的《语丝》精神,在《戒条》中不便公开提倡了。那时,林语堂是一个很会"骂人"的文人,曾痛斥论敌为"叭儿狗""畜生中的畜生"等,而且还把骂人列入"稳健、骂人及费厄泼赖"的语丝文体三大特色之一。此刻,《论语》主编林语堂则在《戒条》的第三条标明"不破口骂人",从以"骂人"自诩到禁止骂人,标志着林语堂已由浮躁凌厉转变为"谑而不虐"。

---

① 曹聚仁:《我和我的世界》。
② 有关《语丝》与《论语》的关系。请参考拙著《中国现代文学流派论》(陕西人民出版社1986年12月第1版)中的章节。

虽然,《语丝》发刊词中的明快语言在《戒条》中变成了转弯抹角的隐晦文字,但是,《语丝》遗风依然有迹可寻。比如,"戒条"第四、五、六等三条中的"不拿别人的钱,不说他人的话""不附庸权贵""反对肉麻主义"等,都是用幽默的反语,流露了当年《语丝》精神中的"自由思想,独立判断"的宗旨。

从《戒条》的整个内容来看,林语堂承续了《语丝》的趣味主义和自由主义的一面,而故意回避了《语丝》当年"无所顾忌,任意而谈"的"土匪"性格。如果借用"集'叛徒'与'隐士'于一身"来概括林语堂的思想矛盾的话,那么,《论语》里的《戒条》,即使不是林语堂对"叛徒"的告别,至少也表明了他对"隐士"的向往。

《论语》第2期(1932年10月1日出版)的封里上,刊出了一份长期撰稿员名单:

章克标	刘英士	全增嘏	沈有乾	潘光旦	李青崖
孙斯鸣	邵洵美	郁达夫	章衣萍	林 幽	邵庆元
孙福熙	孙伏园	俞平伯	刘半农	章川岛	谢冰莹
岂 凡	陆晶清	赵元任	韩慕孙	季 露	宰 予

从这张名单可以看出,创刊之初,《语丝》的旧人是《论语》的台柱,孙福熙、孙伏园、俞平伯、刘半农、章川岛、章衣萍等人都是当年语丝派的骨干。同时,从这张名单还可以看出,创刊之初,《论语》尚嫌人员不足,所以章克标除以真名列名之外,还让他的"岂凡"也占了一席之地,有点虚张声势的味道。名单最后的"宰予"即是林语堂的笔名。

1932年9月16日《论语》创刊号出版前后,很有点手忙脚乱,临到发稿付印时,忽然发现封面刊头题字还没有准备就绪。封面等于人的面孔,刊头题字等于是这面孔上的一对眼睛,所以有影响的刊物,往往请名人题字。此刻马上要送印刷厂,哪里还来得及请人题字。在一旁帮忙的章克标见林语堂急得团团转,灵机一动,临时找来了老宋体的"论语"两个字,暂行充数,才算应付了燃眉之急。这时,林语堂本身的毛笔字经过勤学苦练已经能写一手很有功力的颜体。他特别喜欢书法家郑孝胥的字,后来就模仿郑体写了"论语"两字,作为刊头题字。因为这两个字的神形都极似郑体,所以不少人以为《论语》刊头是书法家郑孝胥的题字。

创刊之初,《论语》的稿源只限于同人的小圈子,后来,随着刊物影响的扩大,撰稿者日益增多,来稿数量激增,而林语堂自参加中国民权保障同盟后,社会活动越来越多,《论语》编务就应付不过来了。于是,请来陶亢德做自己的助手。陶亢德(1908—1983),笔名徒然、陶庵等,浙江绍兴人。陶亢德早年识字不多,但颇有天资,据说在东吴大学当清洁工时,每当打扫完毕,他就倚帚在课堂外听教师讲课。这位勤奋自学的"旁听生",居然就旁听完了大学文科的一些课程。后来成为翻译家的朱雯,当年是东吴大学学生,两人交往频繁,过从甚密,经常徜徉于书坊,交谈于酒肆。当然,陶亢德拉朱雯喝老酒,醉翁之意不在酒,而在于向朱雯请教学问。朱雯一面输入老酒,一面向陶亢德输出学问,两人谈得非常投机。1929年初秋,两人在松鹤楼饮酒时,商议要出版文艺杂志,宣传自己的文学主张,决定先在东吴大学成立一个"白华文艺社",然后由这一文艺社团出面主办《白华》旬刊;朱雯负责《白华》的设计安排和组稿工作,陶亢德则承担了相当一部分经费,还为印刷、销售四处奔波。虽然《白华》只出了八期便停刊了,但这次办刊的尝试,使陶亢德对编辑工作产生了浓厚的兴趣,决定了他以后的编辑生涯。陶亢德原先根本不懂英文,但在当编辑时,花了三个多月时间边学边问边译地翻译起文学作品来,而且硬是攻克了翻译关。《白华》停刊后,他一度在邹韬奋办的《生活》周刊当编辑,已经是一位有经验的编辑人员了。

林语堂把陶亢德请到《论语》以后,陶亢德就成为林语堂的得力助手,充分施展了他的编辑才干。

林语堂很会发现人才,继陶亢德之后,他又提携了徐訏。说来也巧,徐訏和陶亢德一样,也是个有点传奇色彩的人物。偏偏这两个"奇人"都让林语堂遇上了,而且林语堂又不失时机地使之为我所用。

徐訏,字伯訏,浙江慈溪人,生于1906年,父亲是前清的举人,北伐后曾任"中央银行"秘书,是孔祥熙的智囊人物。徐訏幼承庭训,学有根底,不幸幼年丧母,在继母和姨太太手里讨生活,养成了他孤僻冷峭的癖性。虽然家境并不贫困,但在求学期间得到家里的资助却有限,是一个经济拮据的穷学生。据说,他在北京大学学习期间,在沙滩的饭铺里吃了四年饭,从未付过现金,一直靠赊账度日的。那时北大在城内沙滩,附近街头小饭铺林立,也许是近朱者赤,那些饭铺主人也都沾染了北大风气,不乏风雅之士。穷学生到饭铺吃饭,可不必付现款,只在水牌上记账,等到有了钱一起付清,没有钱便算拉倒,很少有向学生索取欠账煞风景的事。"有几位常欠饭钱的穷学生,竟有当上部长的高官后才来归清欠账的,徐訏便是这样的人。不过,他不曾做过高官,只是毕业以后到上海有了职业才还清饭钱的。"[1]穷则思变,赚点稿费来补贴生活,这也是促使徐訏写作的一种动因。徐訏给《论语》的稿件,深得林语堂的青睐,几乎每一期《论语》上都有徐訏的文章。后来,徐訏毕业后,就来到上海帮林语堂编幽默刊物,与陶亢德一起,成了林语堂的左右手。林语堂在上海办的刊物本本畅销(《论语》达三四万份,《宇宙风》达四万五千份),[2]原因自然是多方面的,但是,有陶、徐这样的得力助手也是相当重要的因素。

---

[1] 周劭:《文坛鬼才徐訏》,刊于 1989 年 11 月号《上海滩》。有关徐訏资料多数来自周劭先生与笔者口述时的录音记录稿。

[2] 据周劭先生说,当年老牌的杂志《生活》销售数是十二万份,商务的《东方》八万份,下来就是林语堂办的那些刊物最畅销。

第十五章　中国民权保障同盟的"宣传主任"

"土匪"心又复活了——抗议希特勒的暴行——面对总部和胡适的矛盾

正当《论语》办得热火朝天的时候,林语堂的社会活动也骤然增多,这是因为他参加了中国民权保障同盟并担任了"宣传主任"的职务。

中国民权保障同盟(以下简称"同盟")的诞生是30年代社会矛盾空前尖锐的必然产物。

1931年9月18日事变以后,日本帝国主义迅速占领了辽宁、吉林、黑龙江等省。1932年1月28日,日军又在上海发动进攻。蒋介石政府奉行"攘外必先安内"的政策,一方面,1932年10月对红军的中央根据地发动了第五次军事围剿;另一方面,1932年12月,国民党三中全会通过了关于起草宪法的议案,并于1933年1月21日正式成立宪法起草委员会,发起制宪运动,声称"还政于民"。1932年12月17日由宋庆龄、蔡元培、杨铨(杏佛)、黎照寰(曜生)、林语堂等在上海发表了中国民权保障同盟发起宣言。"同盟"在成立宣言中,明确宣布了自己的三项任务:

一、争取释放国内政治犯,反对目前到处盛行的监禁、酷刑和处决的制度。本同盟首要的工作对象是大量的无名囚犯。

二、予政治犯以法律的辩护及其他援助,调查监狱的状况和公布国内剥夺民权的事实,以唤起舆论的注意。

三、协助关于争取公民权利,如出版、言论、集会和结社自由的斗争。

1932年12月29日下午4时,假上海南京路华安大厦招待中外记者,蔡元培、林语堂等发起人出席了记者招待会,由于宋庆龄(时任国民党中央执委)因病未能参加,临时改由蔡元培(时任国民党中央监委、中央研究院院长)主持,并代为宣读宋庆龄的书面谈话,指出:

> 我们的组织的宗旨在于支援为争取结社、言论、出版、集会自由等民主权利而进行的斗争……本同盟首先关切的是援助那些拥塞在监狱中的大量无名无告的政治犯。你们新闻界当然知道有无数同胞被非法逮捕与监禁,知道那中世纪的残余——秘密军事法庭的存在。

接着,由杨铨(时任中央研究院总干事)报告会务,宣布了"同盟"全国执行委员会分工名单为:主席宋庆龄,副主席蔡元培,总干事杨铨,宣传主任林语堂。

五年前,大革命的腥风血雨曾冷却了林语堂那颗一度曾沸腾过的心,他"增进一点自卫的聪明",不愿再因涉足政治而去招来"死无葬身之地的祸"。所以,他虽然内心充满愤懑不平,但终于"沉寂"下来了。这时,"沉寂"了将近五年的林语堂忽然变成了"同盟"的积极分子。林语堂的变化,也是合乎逻辑的。首先,因为南京方面三中全会前后放出了"还政于民"的"制宪"气球,使政坛上飘起了一朵"民主"的云彩,酷爱自由的林语堂仰望着这朵美丽的云彩,那"沉寂"已久的心又活动起来……其次,那时林语堂任蔡元培的英文秘书,而蔡元培正是"同盟"的副主席。"同盟"主席又是林语堂"奉为中国女界第一人"的国母宋庆龄,能与宋庆龄、蔡元培这样的前辈一起去争取"民权",林语堂引以为荣。再加上五年来,在教科书和创刊《论语》等事业上一连串的成功,使林语堂正处于踌躇满志之中,于是,那颗"土匪"的心又悄悄地复活了。

林语堂年富力强,精力充沛,在"同盟"中是宋、蔡最得力的助手之一。在全国执委会委员里,他是一个办实事的人,史沫特莱女士2月2日给胡适的信证实了这一点。史女士在信中说:"我应孙逸仙夫人和林语堂博士之请,现将附寄一份文件送给民权保障同盟北平分会,请您及时进行处理。"史

第十五章 中国民权保障同盟的"宣传主任"

沫特莱所说的文件,实际上是一封给"同盟"北平分会的信件。信的开头是这样的:

> 朋友们:
> 　　我们的中国成员之一,林语堂博士,由于工作繁忙,不能写信给你们,因此我应他之请,向你们转达几件事……

从史沫特莱执笔的这两封信中可以看出,林语堂在"同盟"的地位和作用。他和杨铨一样,是宋、蔡的左右臂。所以,《申报》2月2日在刊载"同盟"执委会议消息,报道出席者名单时,把林语堂排在仅次于宋、蔡的第三位,绝不是偶然的,而是反映了林语堂在"同盟"内和社会上的声望。

1933年5月11日下午,中央研究院底层的大休息室里,"同盟"正在开会,会议的气氛凝重,每一位与会者都在倾吐积郁在心头的怒火,无数团怒火正在凝聚着,似乎在等待爆发的时机。原来,"同盟"在讨论如何抗议德国法西斯的暴行:自从1931年1月希特勒上台后,对外扩张侵略,对内独裁统治,残酷迫害异己者。疾恶如仇的林语堂和所有与会者一样,慷慨陈词,怒斥法西斯。林语堂一向痛恨独裁者,在他的笔下,希特勒始终是一个被讽刺嘲笑的对象。现在,他又少不了对希特勒嬉笑怒骂一番。会议最后决定,起草一份《为德国法西斯压迫民权摧残文化的抗议书》,递交德国驻上海的领事馆。

5月13日上午,林语堂与蔡元培同车来到中央研究院,宋庆龄、鲁迅等也先后到场,大家联合签署了《抗议书》,稍作安排,宋庆龄、蔡元培、杨铨、鲁迅、林语堂等亲自来到坐落在外滩黄浦路四十号的德国领事馆,递交《抗议书》。长期以来,国内的一些论著在谈及"同盟"向德国领事馆递交《抗议书》时,往往仅提宋、蔡、杨、鲁的名字,不提林语堂,这是一个不小的疏漏。

"同盟"成立之初,林语堂与宋庆龄、蔡元培、杨铨、伊罗生、邹韬奋、胡愈之等七人既是中央执委,同时又兼任上海执委。1933年3月18日,在上海分会的会员大会上,根据"同盟"会章上中央执委不得同时兼任分会委员的规定,林语堂等七人辞去了上海分会执委的职务,并在会上补选了郁达夫、洪深、吴迈、沈钧儒、王造时、钱华、宁明予等七人为上海分会执委,加上原来在1月17日的上海分会成立大会上投票选出的鲁迅和陈彬和两人,上海分会的执委共有九人。

"同盟"北平分会是1933年1月30日正式成立的。会上选出胡适、蒋梦麟等九人为分会执行委员,2月1日再投票选出胡适为分会主席,李济之为副主席——历史是那样的巧合,继20年代在北大共事后,1932—1933年间,林语堂、胡适、鲁迅又在"同盟"的舞台上相遇了——北平分会成立不久,因发表报道北平陆军反省院的情况一事,胡适与"同盟"中央执委会发生摩擦,林语堂在事件中的先后态度的变化,展现了林语堂某些与众不同的性格特征。

胡适曾在1月31日与杨铨、成平一起视察北平陆军反省院及另外两所监狱,了解在押政治犯的情况。然而,还不到两天,风云突变,起因是史沫特莱女士曾收到一份《北平军委会反省院政治犯 Appeal(控诉书)》,这份材料详细揭露反省院里种种酷刑和非人道的情况。"同盟"中央执委会开会时,史沫特莱把《控诉书》提交执委会传阅,会上决定将《控诉书》分送中西各报刊登,并写有英文和中文的缘起。2月1日,宋庆龄在上海举行的一大型记者招待会上,以"同盟"总会主席名义签发了北平寄来的《控诉书》,2月2日和5日,英文《大陆报》、中英合刊的《燕京报》先后刊登,由于新闻检查之故,中文报章直到11日才由《中国论坛》2卷1期刊出全文。而史沫特莱在2月1日记者招待会后,即应宋庆龄和林语堂之请,匆匆致函胡适,并附寄文件一份给"同盟"北平分会,请胡适及时采取措施,"防止使这个敢于送给我们这份呼吁书的罪犯受到迫害"。2月4日,胡适收到史沫特莱航空邮寄的英文本,读后即断定《控诉书》是捏造的,并给蔡元培、林语堂写信,表明自己的立场。信还未寄出,5日清晨,胡适从英文的《燕京新闻》上看到了正式发表的《控诉书》,更不以为然,便再给蔡、林两人写信,情辞相当激烈了。

林语堂和蔡元培、杨铨读到胡适2月4日和5日两封信之后,感到如果《控诉书》确系捏造,问题不小。2月9日,林语堂在复胡适的信中,明确表示了自己的态度,全文如下:

第十五章 中国民权保障同盟的"宣传主任"

适之兄：

　　得来札，知道北平监狱调查报告出于捏造，此报告系由史沫特莱交来，确曾由临时执行委员开会传观，同人相信女士之人格，绝不疑其有意捏造，故使发表。不幸事实如先生来函所云。接信后蔡、杨及弟皆认为事情极其严重，须彻查来源，弟个人且主张负责纠正。大约明日开紧急会议，恐会议上即将发生重要波折。但以弟观察，现此临时组织极不妥当，非根本解决不可。此事尤非破除情面为同盟本身之利益谋一适当办法不可。

　　所幸此报告中文原文因某种关系尚未发表，否则更难补救（你来函态度之坚决，使我们更容易说话）。

　　本会现此情形，谅你由份子之结合可推想得到。

　　知道你关怀，所以先写几字，作为私人的答复。开会后当有正式的信报告一切。

弟　语堂 2 月 9 日

可是，胡适未等林语堂的复信，就向社会公开了自己与"同盟"总会的分歧。2 月 5 日，胡适致函《燕京新闻》编辑，亮出了他和总会的不同观点，他说："……我认为，送交孙夫人的那封呼吁书十分可能是一封伪造的匿名信，而她又没有采取实地调查的步骤来加以核实。"最后，他又以"再者"的形式，强调自己的态度：

　　我写这封信，并没有意思认为此地监狱的情况是满意的。民权保障同盟北平分会将尽一切努力来改善那些情况，然而我不愿依据假话来进行改善。我憎残暴，但我也憎恨虚妄。

2 月 13 日，蔡元培、林语堂致胡适一信，虽然名义上是两人联合签署的，但因为林实际上是蔡的私人秘书，所以可以肯定信是由林执笔的，这封信与前信相比，语气大变。看来，2 月 9 日，林是在相信《控诉书》系"捏造"的前提下写第一封复信的，从"本会现此情形，谅你由份子之结合可推想得到"等语，可以看到林对总会工作也有不少意见。"你来函态度之坚决，使我们更容易说话"一句表明，是胡适说出了林语堂想说的话，可谓不谋而合。然而，到了2月13日，林语堂的态度就不一样了。

林语堂在2月13日信中，是在肯定《控诉书》是真实的前提下，代表总会的立场与胡适对话。林语堂不仅肯定"此等酷刑，在中国各监狱或军法处用之者，本时有所闻，故亦不甚置疑"。而且林还退一步讲，即使"此文若不宜由本会发表"，总会执委会的全体成员准备共同承担责任。

林语堂既是执委会的"宣传主任"，他自然也准备承担胡适所指摘的那种责任。对于胡适指责"一二私人可以擅用本会最高机关的名义，发表不负责任的匿名稿件"一节，他针锋相对地回答："决非一二人之过，亦决非一二人擅用本会名义之结果也。"

这样，在"同盟"总会与胡适的摩擦中，林语堂明确地站到了总会这一边，与他自己2月9日对胡适的"私人的答复"里的表态，判若两人。应该说，2月9日的林语堂是完全站在胡适一边，准备第二天在执委会上"破除情面"，兴师问罪，甚至提出"此临时组织极不妥当，非根本解决不可"等。可是，四天之后，他的态度来了一个一百八十度的大转变，他完全站在总会的立场上，把"同盟"的利益置于自己与胡适的私谊之上。他的胸襟是磊落的。

而胡适则在2月19日出版的《独立评论》第38号上发表了《民权的保障》一文，公开反对"同盟"会章中的"释放政治犯"的条款。2月21日，英文《字林西报》又刊出胡适以"同盟"北平分会主席身份向该报记者发表谈话，把自己与总会的分歧向新闻媒介完全曝光，并明确表示"民权保障同盟不应当提出不加区别地释放一切政治犯，免予法律制裁的要求"。

3月3日，"同盟"全国执委会通过开除胡适会籍的提案。3月17日，蔡元培、林语堂两人具名通告全体会员，于18日下午4时假上海八仙桥青年会九楼召开临时会员大会，讨论会务，其中一项为追认执委会开除胡适会籍的决议。18日，会议如期举行，"大会无异议通过追认执委会决议，以胡适严重违反会章，予以开除会籍处分"①。

---

① 关国煊：《胡适与中国民权保障同盟》，刊于《传记文学》第52卷第6期。

开除胡适时,林语堂在"同盟"是仅次于宋庆龄、蔡元培、杨铨的第四号"当权派",如果林语堂坚持反对意见,那么开除胡适的提案是不会"无异议"通过的。现在的事实是,执委会的决议在临时会员大会被"无异议"地追认。可见林语堂也是赞成开除胡适的。

宋庆龄是林语堂最崇敬的中国女性,蔡元培是他极敬重的前辈,而胡适则是为他雪中送炭的朋友。林语堂的心理天平倾向于宋、蔡这一边,这是合乎他的为人准则的。林语堂在"同盟"的表现,突现了他富有正义感的性格亮点。在30年代与林语堂有过交往的唐弢曾说:"他有正义感,比一切文人更强烈的正义感……"①这一评价并不过分。

林语堂有着一颗"孩子的心",有时,他会像孩子般地率真地坦露自己的灵魂,当他发现真善美的时候,他常常会不顾一切地追求。由于坦白,所以世人看得见他勇猛的进击,同样也看得见他悲观失望、惊慌失措的表现。其实,他的消极面并不比有些人更严重,正像他的积极面也并不比另一些人更辉煌那样。然而,问题是,他不故意炫耀自己的亮色,更不刻意虚饰自己的弱点,因此,与善于作假的人相比,他那些不加掩饰的弱点似乎路人皆知。

当人们理解中国国情、理解中国文人的各种痼疾之后,也许会恍然大悟地发现:原来林语堂主动坦露的弱点正是另一些人以整个生命的主要精力来加以伪饰的东西,而林语堂却没有为伪饰而浪费生命……如果把林语堂和他的同时代人,全都剥得一丝不挂地放在历史的天平上展示真身时,不少人将为失落的假象而痛苦,又为暴露真相而羞愧,而林语堂大概不会再有更多的痛苦或羞愧了,因为,从一开始,他就习惯于向世界展示自己的真身。

在30年代中国社会的大舞台上,林语堂充分突现了自己性格的矛盾性和多面性,他那"叛徒"与"隐士"的矛盾个性在同一时期里得到充分的表现。他在中国民权保障同盟的活动是他"叛徒"精神的最好说明。

---

① 唐弢:《林语堂论》。

第十六章 欢迎萧伯纳

上海刮起一股"萧"旋风——与萧伯纳共进午餐

1933年2月17日,诺贝尔文学奖金获得者、著名的爱尔兰幽默作家、世界反帝大同盟名誉主席萧伯纳,环游世界途中在上海停留了一天。于是,黄浦江畔升起了一股"萧"旋风,十里洋场,满城争观萧伯纳,其热闹程度远胜于当年泰戈尔访华时的场面。

1933年本来就是上海文坛上有名的"幽默年",碰巧萧伯纳是一位著名的幽默大师。欢喜看热闹的上海人就把萧伯纳当成"西洋唐伯虎",不仅在新闻传布媒介上到处充塞着他以往的那些幽默轶事和讽刺名言,而且,把他在上海的短短数小时里所说的每一句话,全都拉扯到幽默上去了。

林语堂也是"萧"旋风的卷入者之一。16日这一晚,林语堂和所有准备欢迎萧伯纳的人一样,一夜没有睡好,因为,萧伯纳夫妇乘坐的昌兴公司豪华客轮英国皇后号的吨位大,无法深入黄浦江,只能停泊在吴淞口,所以,欢迎者们,特别是新闻界为抢新闻,都准备跟随昌兴公司去接萧伯纳的小火轮一起去吴淞口。可是,萧伯纳,尤其是他的夫人一贯不愿接触新闻记者,他们拒绝做小市民的观赏物,也不愿意接受有组织的隆重欢迎。所以,他们在乘坐英国皇后号时,就事先与轮船公司立下约,要公司保证他不受一切看热闹者的干扰。因此,上海昌兴公司不仅拒绝了二百多位记者要求搭乘小火轮去吴淞口接客的要求,甚至连小火轮起航的时间也故作玄虚地秘而不宣……因此,萧伯纳还未踏进上海的土地,迎萧一事就充满了神秘感,有人从16日下午起便打听小火轮去吴淞口的时间,但每次答复都不一样,使人坠

第十六章 欢迎萧伯纳

入了五里雾之中。

宋庆龄与萧伯纳一样都是世界反帝大同盟的名誉主席,所以,迎萧工作由宋庆龄和世界笔会中国分会共同组织。林语堂倒是事先知道宋庆龄的迎萧计划的,但为了尊重萧伯纳,使之不受凑热闹者的搅扰,他对迎萧的安排守口如瓶。

17日,天还没有亮,林语堂便急忙赶到新关码头。凌晨5时,宋庆龄偕同杨铨等数人,在几名水警的随同下,由新关码头乘小火轮驶往吴淞口。林语堂、邵洵美、洪深、应云卫等人,上海各学生剧社援助义勇军游艺大会代表团,及崇拜萧伯纳的青年男女四百余人,则留在原地等候。10时30分,宋庆龄陪同萧伯纳登陆后,先到亚尔培路中央研究院拜访蔡元培,然后,与蔡元培一起赴莫利哀路二十九号孙宅。这边在码头上等候的林语堂,接到水警电话后,赶紧直奔孙宅。

中午12时,宋庆龄用中式肴馔招待萧伯纳。林语堂与蔡元培、鲁迅、杨铨、伊罗生等作陪。能够与萧伯纳共进午餐,林语堂十分高兴。林语堂对萧伯纳的演讲、著作都有相当的研究,萧伯纳驰骋纵横的机智和辛辣的讽刺,是林语堂"拿来"取法的幽默营养。萧伯纳是以其车载斗量的幽默精品而获取幽默家的头衔的,相比之下,林语堂的这项"幽默大师"的桂冠,倒真有点得来全不费工夫了。他心里十分清楚,人们谑称其为"幽默大师",并不是因为他已经有了可以与萧伯纳并驾齐驱的成就,而是因为在传统文论中没有"幽默"这一术语的中国,他最早提出"幽默"的主张。所以在迎萧过程中,他没有因为别人谑称他为"幽默大师"而忘乎所以地去争夺迎萧的优先权,他很有自知之明地让比自己更有社会声誉的前辈名人们出头露面,满足于以一个陪客的身份出现在宋庆龄家里的餐桌上。

现在,林语堂借着与萧伯纳共进午餐的机会,同萧伯纳做了亲切的交谈。可能谁也没有意识到,在孙夫人的家里,记录着世界幽默文学史上的一件轶事:爱尔兰的幽默大师和中国的"幽默大师"在这里进行了一次充满着幽默韵味的谈话。

那是在宋庆龄的客厅里,萧翁正坐在靠炉大椅上,眼光时看炉上的火,态度极舒闲,精神矍铄,一对浅蓝色的眼睛里像是隐藏着各种怪诞神奇的思想。因为还有几位客人未到,所以林语堂便和萧翁随便闲谈起来,他们谈到赫理斯和亨德生分别为萧伯纳写的传记。林语堂说,赫氏的传记比亨氏的文章好。

"文章好,是的。"萧氏回答,"但是赫理斯这个人真没办法。他穷极了,所以要写一本耶稣的传。书店老板不要,教他写一本萧伯纳的传。这是他作传的原因。但是他不知我的生平,他把事实都记错了。刚要脱稿时,他不幸逝世,将手稿托我出版。我足足费了三个月光阴编改纠正及增补书中所述事实,但是赫氏的意见,我只好让他存在。"

"赫理斯说他原要写耶稣的传,但是据说下笔时情感太冲动了,所以写不下去。"林语堂尽量利用自己所掌握的有关资料,勉强凑上去说。

"是的。赫理斯遇见狂浪的人在座,他便大谈起耶稣人格之崇高,但是与安立甘教牧师同席时,他又大放厥词——如同巴黎最淫荡的神女交谈一般……他死时,只是留给他的妻两袖清风。"

宋庆龄在上海寓所宴请访华的萧伯纳。左起:史沫特莱、萧伯纳、宋庆龄、蔡元培、伊罗生、林语堂、鲁迅

第十六章 欢迎萧伯纳

林语堂想不出什么妙论可发挥,只得问:"我想他的妻子现在可以拿到这本书的版税了吧?"

"自然的。可笑的是,有些我的朋友写信给我,对书中许多奚落我的话提出抗议,说赫理斯不应该说这些话,而我却很希望他发表。其实这几段话是我自己写的。"

林语堂仔细地观察萧氏讲话时的神态,见他浅蓝的眼睛不时地闪烁发光,使人觉得他是神经锐敏的人,有时又似有怕羞的神情。最特别的是他如有所思时,额头一皱,双眉倒竖起来,有一种特别超逸的神气,这就是萧伯纳的讽刺画中常看见的有名的眉梢。

林语堂看着这位身材纤瘦的爱尔兰文豪,想到他纵横古今语出惊人的议论,使读其书的人,必生畏心,以为此老不可轻犯。然而一见其为人,又是朴质无华的文人本色,也是很近人情守礼法的先生。此刻,林语堂想起了萧翁素来以真话为笑话的名言。常人每以萧氏的幽默出于怪诞炫奇,却不知这滑稽只是不肯放诞,不肯盲从,撇开俗套,说老实话而已,这是萧翁被人认为怪诞的缘由。

在席上,萧氏谈到素食、中国家庭制度、大战、英国大学的教授戏剧、中国茶等问题。他只是在他学用筷子夹物之时,随便扯谈,相当自在。然而在林语堂听来,真如看天女散花,目不暇接。

餐后大家到花园中。那时清淡的阳光射着萧翁的白发苍髯,萧氏人又高伟,有一种庄严的美丽。

"萧先生,你福气真大,可以在上海看见太阳。"有人说。

"不,这是太阳的福气,可以在上海看见萧伯纳。"这位机智的爱尔兰人回答。

林语堂立即联想起穆罕默德的名言:"穆罕默德不去就山,让山来就穆罕默德。"①

据宋庆龄回忆,她原来想让萧伯纳和鲁迅对话的,可是由于林语堂的英文会话水平较高,同时又主动地向萧氏讨教,所以,在客厅和餐厅里,滔滔不

---

① 林语堂与萧伯纳会面的情况,详见林语堂《水乎水乎洋洋盈耳》。

绝的林语堂成了萧伯纳的主要对话者,而鲁迅反而没有机会同萧氏谈话。①

幽默家萧伯纳在幽默杂志大走鸿运的 1933 年来到上海,并且与"幽默大师"林语堂共进午餐,随之《论语》第 12 期(1933 年 3 月 1 日出版)又出了迎萧的专号。刊出了蔡元培、鲁迅、朱春舫、邵洵美等人的迎萧文章,而林语堂自己就一口气撰写了《萧伯纳与上海扶轮会》《萧伯纳与美国》《水乎水乎洋洋盈耳》《欢迎萧伯纳文考证》《再谈萧伯纳》等五篇文章,在迎萧专号上同时刊出。

迎萧的人,几乎都想请萧氏说几句于自己有益而刺着别人的话,大家都想把萧当作凹凸镜,在他之中看一看自己的"伟大"和"粗壮"。而事实上各人自己做了凹凸镜,把萧的影子,按照各人自己的模型,照得像一副脸谱似的,村的俏的样样具备。虽然,所有的欢迎者都想借萧来照出自身的"粗壮"②,但是,在"萧"旋风的风势逐渐平息下去的时候,冷静地回顾一下,萧伯纳到上海一天,得分最多的却是"幽默"。"萧"旋风对于《论语》创刊以后就开始升温的"幽默热"倒是起了"火上加油"的作用。萧伯纳来沪前后,上海的新闻媒介、街头巷尾,无不以谈幽默为时髦。正是成了"轰的一声,天下无不幽默……"③林语堂在公众里的知名度也随之而直线上升。

---

① 宋庆龄:《追忆鲁迅》,刊于《文艺论丛》1977 年第 1 辑。
② 详见瞿秋白编校的《萧伯纳在上海》第 101 页,四川人民出版社 1983 年 3 月版。
③ 鲁迅:《花边文学·一思而行》。

第十七章 杨铨被暗杀以后

> 血溅亚尔培路——他没有参加入殓仪式,但参加了出殡下葬仪式——"要谈女人了!"和《论政治病》

1933年6月,中国民权保障同盟已有半年的寿命了。半年来,"同盟"在国内外产生了相当大的社会影响。

"同盟"的重要会议都有外国记者参加。届时,林语堂用英语、鲁迅用德语,对外国记者发表谈话,宋庆龄、蔡元培或挥笔疾书或宣读宣言、抗议。史沫特莱、伊罗生及其他外国记者用电报把这些宣言发到国外,西欧和美国的知名人士如萧伯纳、爱因斯坦、罗曼·罗兰等,曾根据这些资料签名抗议中国当局,或发宣言打电报给南京政府。短短半年的时间,世界舆论界已经熟悉中国民权保障同盟的名字了。南京当局对此颇为恼火,认为"同盟"损害了自己的国际形象。

于是,"中央党部想暗地下手整垮这个组织,据说曾考虑要干掉谁,然而干掉谁呢……"①宋庆龄、蔡元培在国内外都有极高的声望,碰不得,所以就向他们的左右手开刀,是杨铨,还是林语堂?1933年6月18日见分晓了。

6月的早晨,原该是阳光灿烂的时刻,而现在却愁云密布,阴霾漫天。已经是8点多了,可是这阴沉的天色叫人分辨不清是早上还是黄昏。

上海法租界亚尔培路上,行人稀少,一辆小汽车刚驶出三百三十一号中央研究院的大门,正要向北奔驰时,突然,"啪"的一声,车里的一位少年以为是车胎爆裂,想探头向外张望……

---

① [日]内山完造:《上海霖语》。

"啪！啪！啪！……"

原来不是汽车爆胎，而是枪声。车内的一位中年人急忙把那少年推倒在车厢底板上，并立即扑到他身上，用自己的身体保护着少年的生命……凶手们击枪以后就逃散了，并未抢掠车中人的钱财，所以不像是强盗拦路行劫。要说暗杀，这在法租界可还是破天荒第一次哩！

次日（6月19日），《申报》的新闻报道揭开了人们心中的疑团。《申报》以醒目标题写道：

杨杏佛昨晨被暗杀
汽车甫出研究院门　身中三枪当场身死
其子小佛腿受枪伤　暴徒高德臣亦自戕
中央研究院院长蔡元培电请缉凶

国立中央研究院副院长杨铨即杨杏佛，昨晨8时15分，由法租界亚尔培路三百三十一号中央研究院率其长公子小佛，乘车出游，车头甫开出大门，道旁突有短衣暴汉四名冲上，持盒子炮围集车身射击，弹如雨发，车夫强祥生胸部首中二枪，受重伤，生命危殆，杨氏蹲伏车中，被击三枪，命中要害，旋即殒命，公子小佛右腿亦中一弹，伤势颇重，凶手一人，当场自戕。中央研究院院长蔡元培，昨电中央请缉凶维法纪，杨氏尸体昨尚停放广慈医院，定今晨9时检验后，即移往万国殡仪馆收殓。

暗杀杨铨，是对"同盟"的警告。当年，法国租界当局是不容许在其租界内搞政治暗杀的，现在居然敢开杀戒，毫无顾忌地杀到租界，表明了南京政府方面要镇压"同盟"的决心。同时，特务又放出空气进行恐吓，说"蓝衣社"有一张五十六人暗杀名单，同盟领导成员皆在其中，而首当其冲的是宋庆龄和蔡元培。[①]

一时间，谣言四起，传说纷纷。法租界当局也因此向南京政府提出抗议，并派巡捕保护宋庆龄在法租界上的住宅。林语堂一家也陷入恐惧之中，

---

① 《钩命单》，《中国论坛》第2卷第8期。

第十七章 杨铨被暗杀以后

接连有两星期,在忆定盘路四十三号 A 的林宅门口,总有两三个身份不明的人在游荡,廖翠凤为丈夫的安全提心吊胆。林语堂也因此而有将近两个星期没有出门,因为林语堂深知"头颅一人只有一个","死无葬身之地的祸是大可以不必招的"①,所以,他不会在这种时候去把自己的脑袋撞到守候在门口的那些人的枪口上的。

按照流行的说法,杨铨被暗杀后,林语堂贪生怕死,不敢参加悼念活动。但如果仔细核对一下史料,有些情况还是应该辨正的。

最早批评林语堂不敢参加吊唁活动的是鲁迅。那天,鲁迅在许寿裳陪同下前去送殓,而林语堂没有去,鲁迅对许寿裳表示了他对林语堂的不满。认为:"语堂太小心了。"② 20 日当晚,鲁迅遇见冯雪峰,又提起了这件事:

>……送殓回来,当晚我(按:冯雪峰)就见到他(按:鲁迅),他谈了送殓时的一些情形,对于孙夫人和蔡元培先生表示了感佩的意思,说:"今天蔡先生是去的,他很悲哀。……打死杨杏佛,原是对于孙夫人和蔡先生的警告,但他们两人是坚决的。"接着又带着赞许的口气提到他的老友许寿裳(季茀)先生,说:"季茀也去的。"于是说到了林语堂:"这种时候就看出人来了,林语堂就没有去;其实,他去送殓又有什么危险!"③

鲁迅认为"又有什么危险"的事,林语堂的家属却觉得是非常危险的。据林太乙回忆:

>我记得杨杏佛被杀之后,父亲有两个星期没有出门,而在我们的门口总有两三个人站着,不知道他们是谁,我很害怕。后来他们不再站在门口了,父亲才敢出去。

其实,杨杏佛被刺后的吊唁仪式共举行两次,第一次是 6 月 20 日的入殓

---

① 林语堂:《剪拂集·序》。
② 许寿裳:《亡友鲁迅印象记》。
③ 冯雪峰:《回忆鲁迅》,人民文学出版社 1957 年 8 月版。

仪式(这时,可能因为林家门口总有两三人站着,所以林语堂没有去参加入殓仪式),第二次是7月2日的出殡下葬仪式。据1933年7月3日《申报》报道,林语堂参加了7月2日的出殡下葬仪式,而鲁迅参加的是6月20日的入殓仪式。

从《申报》所载的消息来看,参加入殓仪式的,均是社会各界的知名人士,不仅有宋庆龄、蔡元培、鲁迅、洪深、沈钧儒、刘海粟等人,而且还有孔祥熙、傅斯年等。因为杨铨在国民党内的地位和社会声望,使他的被刺震惊朝野,南京政府中的当权派为杨案奔走者不乏其人。比如行政院长汪精卫在6月20日电致蔡元培表示哀悼,并谓已令市政府严缉凶手。《申报》报道,最早去吊唁杨铨的知名人士是于右任、朱家骅,杨铨遗体从广慈医院移往万国殡仪馆的当天(19日),他们即前往吊唁,比宋庆龄、蔡元培、鲁迅吊唁的时间还要早一天。号称"四大家族"之一的孔祥熙参加了6月20日和7月2日两次仪式。当然,不同的人是抱着不同的目的去参加杨铨的吊唁仪式的,但对于"同盟"的骨干来说,以当时的情势而言,无论是参加第一次还是第二次,都是冒着生命危险的。

杨铨被暗杀后,"同盟即停止活动"①。后来,曾有一种流行的说法,说是林语堂要求"同盟"停止工作,说否则"同盟"的会员都会遭暗杀——要林语堂去承担"同盟"自动消亡的历史责任,这倒是有点抬高林语堂在"同盟"中的实际地位和作用。因为林语堂作为"同盟"的"宣传主任",他只是"同盟"正副主席的意志的忠实执行者,他绝不会越过他所崇敬的宋庆龄、蔡元培,而去直接操纵"同盟"的生死存亡。

6月18日事件以后,林语堂每次到中央研究院上班时,面对着杨铨遇难的地方,他总是心潮澎湃。最能表明林语堂心灵深处波澜起伏的,莫过于他自己留下的一些自相矛盾的文字。

1933年7月16日出版的《论语》半月刊上,发表了林语堂的《谈女人》。文中写道:

---

① 宋庆龄:《追忆鲁迅先生》,收入《鲁迅回忆录》一集。

近来更觉得已钻入牛角尖之政治，不如谈社会与人生。学汉朝太学生的清议，不如学魏晋人的清谈，只不要有人又来将亡国责任挂在清谈者之身上。由是决心从此脱离清议派，走入清谈派，并书："只求许我扫门雪，不管他妈瓦上霜"之句，于案上玻璃片以下以自戒。书完奋身而起曰："好！我们要谈女人了！"

杨铨遇难后的第二十八天，林语堂声称"不管他妈瓦上霜""要谈女人了！"表面看来，这又像是林语堂因贪生怕死而不问政治的公开声明，暴露了林语堂逃避现实斗争的消极态度，显示了资产阶级自由主义的软弱性和动摇性。但如果深入剖析，就不难发现，所谓"谈女人"等，都是曲笔，是讽刺没有言论自由的反语。实际上，林语堂根本没有把"只求许我扫门雪，不管他妈瓦上霜"的声明压在玻璃片下以自戒。"谈女人"，不过是个烟幕弹而已。那把所谓只扫"门雪"的扫帚，无时无刻不在伺机往"他妈瓦上霜"扫他一下——同年 10 月 16 日，也就是他声称要"谈女人"而不谈政治之后的三个月，《论语》刊出了他的《论政治病》一文。他在文中写道：

……我知道，做了官就不吃早饭，却有两顿中饭，及三四顿夜饭的饭局。平均起来，大约每星期有十四顿中饭，及二十四顿夜饭的酒席。知道此，就明白官场中肝病胃病肾病何以会这样风行一时。所以，政客食量减少消化欠佳绝不稀奇。我相信凡官僚都贪食无厌；他们应该用来处理国事的精血，都挪起消化燕窝鱼翅肥鸭焖鸡了。据我看，除非有人肯步黄伯樵、冯玉祥的后尘，减少碗菜，中国政客永不会有精神对付国事的。我总不相信，一位饮食积滞消化欠良的官僚会怎样热心办公救国救民的。……

《论政治病》以"政治"为题目，直截了当地谈政治，矛头直指南京政府上层的当权派，尖锐地讽刺了荒淫无耻的官僚生活，表现了林语堂对腐败政治的憎恶。

第十八章 "有不为斋"斋主

畅谈"读书的艺术"——忆定盘路四十三号（A）的庭园——廖翠凤是位贤内助——"有不为斋"的独特情调

林语堂曾谦虚地说："我读书极少。"

实际上，林语堂的阅读视野非常开阔，他广泛涉猎古今中外各方面的著作。虽然他对经院式的哲学著作和烦琐的概念分析没有兴趣，但他却掌握了希腊思想家的各种学说的来龙去脉，而且他能专心致志地吸收知识海洋中的丰富营养，把各种有用的知识信息大量地储存于自己的信息库。他选择读书的习惯也与众不同，他喜欢读最上乘和最一般的书，而不喜欢第二流的作家。他从最上乘的作品，比如孔子、老子、庄子、柏拉图那里寻找人类思想的源头，又从最通俗最一般的民间歌谣、苏州船户的小曲中获取生动而新鲜的艺术原料，所以，他说："老子的《道德经》和苏州船户的歌曲，对我均为同等。"

林语堂自夸他"读一本书得益比别人读十本的为多"。熟悉他的朋友觉得，他的自夸是有事实根据的，他并没有夸大事实。林语堂自幼刻苦读书，能得心应手地掌握"读书的艺术"，发挥自己博闻强记的天赋，把学到的零星知识融会贯通。各种书本知识经过消化吸收，汇成了智慧之海，读书就成了这智慧之海的永不枯竭的活的源头。

林语堂觉得，在古今中外汗牛充栋的书海文山中，要得到自己所需要的有用的文化知识信息，不仅要有阅读的战略，还要有精当的读书艺术。中国古代不乏博览群书的鸿儒，宋代有朱熹的"循序而渐进，熟读而精思"的读书法,元朝有程端礼的《读书分年日程》,明末有陆世仪的《论读书》,等等,林语堂似乎都不欣赏,他最欣赏的是他自己的读书法,他认为自己就是靠这读书法而成才的。

他认为,读书主要靠自修,有一本字典在手,问题迎刃而解,他的英文就是得益于那本无所不包的牛津字典,无论到哪儿去旅行,那本体积只占两双袜子的字典,总是他永恒的旅伴。

他说,读书是"至乐之事"①,他主张自由看书,无论什么书有兴趣就看,人人必须自寻其相近的灵魂。所以他只想读令他心悦诚服的东西,对于学校规定学生必学的某些课程——由于不喜欢——他总是十分反感。他觉得为升留级、为分数而读书,等于是一种"苦役"。

林语堂很推崇杜威的一句名言:读书是一种探险,如探新大陆,如征新土壤。他也赞成佛兰西的另一句名言:读书是"魂灵的壮游",随时可以发现名山巨川,古迹名胜,深林幽谷,奇花异卉。

刚从圣约翰大学毕业时,林语堂曾为自己贫乏的中文知识而万分自卑。这自卑感成了他发奋读书的动力,十几年中,他读了不少线装书,又喝过洋墨水,已经摸索出一套读书的方法和经验,又由于这些行之有效的读书法,使他的学术事业蒸蒸日上,他开始自信自己读书法的科学性。当初在《语丝》诸子面前自惭形秽的样子,已荡然无存。现在"幽默"文学席卷上海文坛的现状,使林语堂踌躇满志。于是当年的自卑变成了现在的自负,在号称"幽默年"的1933年,他以一个成功的读书人的姿态,曾多次应邀向圣约翰大学、光华大学、复旦大学、大夏大学的学生介绍他的"读书的艺术"。

1933年10月26日,林语堂应邀到母校圣约翰大学演讲,"幽默大师"旧地重游,感慨万千,心情格外激动。当年学生时代的苦乐酸甜,都一一涌上心头。在台下师弟们的热烈的掌声中,他以学长和一个成功的读书人的双重身份走上讲台,发表了题为《读书的艺术》的演说。

林语堂不顾在场的校方人员的频频蹙眉,大力推崇离经叛道的读书方法。他提倡学生用看《红楼梦》《水浒》的方法去看哲学、史学、科学的书。他

---

① 林语堂:《读书的艺术》。

告诫学生,不要按校方"注册部"规定的方法读书,因为那样方法只能使学生读成"洋绅士""洋八股",而得不到真正的学问。

由于林语堂在圣约翰大学的演讲深受听众欢迎,所以,11月4日,光华大学又邀请他去讲《读书的艺术》。12月8日,复旦大学也慕名前来相邀,林语堂就换了题目,改讲《论读书》,其实内容还是差不多。他那幽默风趣的语言,又受到复旦听众的热烈欢迎。接着,12月13日,他把在复旦讲过的在大夏大学又讲一遍。他那与众不同的读书观和读书法,使青年大学生们耳目一新。

林语堂对复旦大学和大夏大学的学生们说,人的本性都是好学好问的,长大以后,由于被种种俗见俗闻所蔽,毛孔骨节上如蒙上一层包膜,失却了聪明,逐渐顽腐。而读书的目的和功用,实际上就是将这层蔽塞聪明的包膜剥下来,使人复归自然的本性。他先强调"读书的主旨在于排脱俗气",他引用了黄山谷的人不读书便语言无味,面目可憎的典故。然后点明:读书艺术的要害全在一个"味"字上。他说:

> 读书须先知味。这味字,是读书的关键。所谓味,是不可捉摸的,一人有一人胃口,各不相同,所好的味亦异。所以必先知其所好,始能读出味来。有人自幼嚼书本,老大不能通一经,便是食古不化勉强读书所致。袁中郎所谓读所好之书,所不好之书可让他人读之,这是知味的读法。若必强读,消化不来,必生疳积胃滞诸病。

正是这个"味"字使林语堂的读书观蒙上了浓郁的"性灵"色彩。他所总结归纳的那套读书经验,确有不少智慧的结晶,但也不无夸张之处,剔除那些故作惊人之语,倒也不乏真知灼见。但他的读书法是他的个性特征的产物,是适合于林语堂这样的智力和气质的才子派的读书法。他揶揄古人的"追月法""刺股法""丫头监读法"等苦读型的方法,宣扬轻松和潇洒的才子型读书法,他认为凡读书成名的人,只有乐没有苦,兴味一来,不论任何环境都手不释卷,这才是读书人。所以他盛赞顾千里不避暑气炎热,裸体读经,欣赏欧阳修不论在马上或厕所里,文思一来,非作文章不可的癖嗜。在课堂、马路、洋车、厕所、图书馆、理发室等任何地方都可以读书的人,才是林语堂心目中真正的读书人。

林语堂所介绍的读书法,获得了大学生们不绝的掌声,成为校园里的热门话题。

对于他以幽默的语言所宣扬的那些读书的方法,你可以听,也可以报之以热烈的掌声。但是,如果你不具备与"幽默大师"相似的素质,可千万不要轻易去尝试,否则,东施效颦,适得其反。林语堂的读书法只是林语堂的成功之途,而不是放之四海而皆准的模式。

讲究"读书的艺术"的林语堂,同样也讲究收藏书籍的艺术——把书房变为一处未经探索过的新大陆——这是他布置书房的原则。他反对把公共图书馆里的分类法,搬到个人的书房里来。他在北京清华学校任教时,参观过一位同事的个人书房,这书房里的书全是正式贴了标签和分类的,从一到一千,照美国图书馆的分类法。林语堂向其借一本经济学史时,他很快地找对了,编号是〔580·73A〕。那同事是一个标准的美国留学生,对"美国式的效率"非常得意和自傲。可是林语堂却不以为然,他认为把书分类是一种科学,但不把它们分类则是一种艺术。

作为艺术的藏书,林语堂主张让各种不同类型的书自由搭配,把书架变成一个丰富多彩的小天地,文学小说、科学刊物、侦探小说不妨来一个大杂烩。他的理想是要把自己的书房布置得具有一种令人陶醉的神秘感。他说:

> 这样,一层神秘与可爱的轻纱将永远笼罩着你的书室,你始终不会知道你会找到什么。总之,你的书室便将有一种女人的乖巧与大城市的秘密了。[①]

如果按照上述的清华学校的那位同事的藏书方法,效率自然是高的,但那种探索新大陆时的神秘感失落了,飘逸的神韵失落了,效率扼杀了雅兴,在林

[①] 林语堂:《爱与讽刺·我的书室》。

语堂看来,这是得不偿失。所以,他十分欣赏"论语八仙"之一姚颖的图书收藏法——"自然的方法"。

随着经济地位和社会地位的变化,林语堂的人生理想也日见"高"与"雅"。想当年,十来岁的小和乐在鼓浪屿的海边默祷上帝,祈求赐给他"在路上拾得一只角子"。而此刻"幽默大师"的人生理想已与当年的"一只角子"不可同日而语。

他在《言志篇》中说,他要一间自己的书房,可以安心工作,并不要怎样清洁齐整。不需要《三弥克里的故事》中的阿葛萨,拿着揩布到处乱揩乱擦。他理想中的书房应有几分凌乱,七分庄严中带三分随便,要亲切舒服,切忌像一间和尚的斋堂。他甚至异想天开地希望天花板下最好挂一盏庙里的长明灯,稍有点油烟气,书房里要有烟味、书味及各种不甚了了的房味,在沙发上置一小书架,横陈各种书籍,可以随意翻读。种类不要多,不可太杂,只放喜欢读的、经常要读的书——即使是天下人皆骂为无聊的书也无妨。没有什么一定的标准,只以个人口味为准,古今中外都兼收并蓄,但不要太牵强板滞乏味的理论书。林语堂以袁中郎的话为座右铭:读不下去之书,让别人去读。

刚到上海时,林语堂住在善钟路(今常熟路)的一套西式公寓房子里,有书斋、客厅、卧室、厨房间及卫生间,但没有停车间,也没有佣人住的下房。经济大改观后,林语堂搬进了忆定盘路(今江苏路)四十三号(A)的花园洋房。

忆定盘路一带属于租界越界筑路。所谓越界筑路是半殖民地的上海社会的一个怪胎,简单地说,就是列强的租界当局,越过租界界限所筑的路,这是列强扩展自己的势力范围的一种手段。凡是越界筑路的地方,马路上和小巷里的门牌号码都是统一的。所以,林语堂的住宅虽然是在忆定盘路上的一条狭窄的巷子深处,但门牌号码仍是按忆定盘路上的顺序排列下来的。

这是一所精致的现代住宅。林语堂所以选中它,主要是因为它有一个绚丽多彩的花园。出生于闽南山村的林语堂,成年以后,身居城市,心向自然,找一个带花园的住宅,也算是对他那向往自然的一种心理补偿。林语堂是按照住宅与庭园是一个有机整体的中国传统文化观念来安排自己的庭园的。所以,忆定盘路四十三号(A)的"庭园"的"园"字,不是西方文化观念中的花园里的一块草地或一些几何形的花床,而是指一块能供种菜、种果树,能坐在树荫下乘凉的地方。

林宅的庭园中,除白杨外,还有桃树等果树,同时有菜园。又根据"两脚踏东西文化"的原则,庭园里还有专为三个孩子所设置的秋千、滑梯等儿童体育设备,有一块属于孩子们的儿童乐园。

在寸金之地的上海,这可是一个不小的庭园啦,园里的白杨树就有四十多棵。春天来了,白杨树枝便长出小小的嫩芽,接着树叶也逐渐长大,直到茂密的树叶把园外的野景完全遮住。春天,庭园里的万物都欣欣向荣,鸽子在屋檐的巢里生蛋。园内的三棵桃树开着美丽而又鲜艳的花朵,但所结的桃子,却全是又小又酸的果实。各种小花也都从墙隙中挣扎出来,首先报春的是紫色的常春藤,它在林语堂的"有不为斋"书房外面默默无闻地开放。当墙上的树叶越来越稠密的时候,就是玫瑰要开花的预告。林宅庭园里的玫瑰花品种繁多,色彩鲜艳。

林夫人是家政的总理,也是一切家庭计划的制订者和现场总指挥,庭园是她大显身手的场所,她制订了管理和发展庭园的各种方案——什么地方、什么时候种什么花,等等,全由她一手安排。玫瑰花盛开的那些日子里,她一早到园里为玫瑰花除虫。人人爱花,爱花的人常常会情不自禁地去采花,于是她又对采花规定了细则:刚开放的花不许采——应该让它们自然地生长在花枝上展现它们的自然美,要等到墙上的蔓藤异常繁密时,才允许孩子们采些花来放在客厅的花瓶里,或是各人的屋子里;但有时亲友们来了,林夫人就亲自用剪刀剪几枝给他们;当群芳争艳的高潮过去以后,也允许家里女佣人采花插在自己的发髻上。

林语堂十分醉心于春天的庭园。清晨,他到庭园去散步,一手牵着小女儿,边走边欣赏各种飞鸟的歌唱,大女儿和二女儿则活蹦乱跳地游戏着……

庭园里动人的春色曾孕育了林语堂的文学灵感。那年从安徽旅行回来,他看见春的脚步已悄悄地踏进家园的草地,春的手指正在抚摸着墙上的蔓藤,春的气息吹拂着柳枝与桃树的嫩芽,玫瑰枝条上长出了蓓蕾;蚯蚓又在园中的花台上钻起一小堆泥土,甚至连堆放在园地上的白杨枝也奇迹般地萌出了青葱的新叶,万物都散发出生命的光辉。园内那些没有思想的动物,从鸽子到狗也都因为春天而演出了原始的悲剧或喜剧。有大脑思维的人,从厨子、阿金,到书店里常来送稿子或校样的小伙计,则更是陶醉在春色之中了。春天奇妙的威力,家园里那些变化,使林语堂文思如涌,写下了那篇优美的散文:《家园之春》。

夏天,蝉栖息在白杨树上,整天不知疲倦地唱着单调的歌。林语堂从上海老城皇庙里买来两只荷花缸,那只二尺半高的荷花缸,直径有二尺光景,粉红色的荷花美丽悦目。清早,林语堂带孩子们散步时,总可以看到面盆般大小的荷叶上,散布着许多小水珠。孩子们跑过去摇动荷叶,水珠便向叶中央汇集,先是滚成几颗大水珠,接着几颗大的又滚在一起,有时大水珠会变成许多小水珠,在金色的朝阳下闪闪发光。清新芬芳的荷花香味迎面扑来,令人赏心悦目。

一次阵雨之后,屋后的溪水上涨了,林语堂发现那里有许多三寸光景的小鱼,这些鱼的嘴上生着五根细毛,孩子们随便叫它们"五须鱼"。林语堂和孩子们用网捞钩钓,捕捉了四五条,放进荷花缸。缸里有三分之一的清水和三分之二的泥,所以"五须鱼"一放进缸里立即就钻入污泥不见影踪。几天以后,经过生存竞争,小鱼吃掉了荷花缸的老居民——小蝌蚪。于是,整个夏天,荷花缸都成为"五须鱼"的天地。林语堂和孩子们经常来园里观看小鱼在缸里自由地游泳。当荷花结出莲蓬以后,林语堂一家人高兴地剥着莲子吃,而小鱼则和荷花一起消逝了。

园里的白杨树每年都要修剪,这项工作由廖翠凤女士亲自规划和实施,林语堂不大参加,只偶然从"有不为斋"跑出来,对关键的事情向夫人面授机宜。修剪四十多棵白杨树,可不是一件轻而易举的事,全家出动总要忙三四天时间,主要的体力劳动落到阿金和阿根等佣人的肩上,廖女士来来去去地指点着哪棵树的哪一枝条要砍,哪一枝条要留。孩子们则把砍下的枝条围成篱笆,并用石头和绳子来加固篱笆,不久,便在庭园里出现了一个属于孩子的小花园。

在生活中让孩子们发挥自己的天性,这是林语堂教育孩子的基本方针。

第十八章 "有不为斋"斋主

他看了孩子们粗糙而幼稚的建筑,很高兴。虽然他预料到这篱笆的寿命不会太长,任何一次暴风雨都可以把它们摧毁,可是他并不越俎代庖,而是让孩子们按自己的设想做下去。于是,在林语堂的听其自然的方针下,一些小花木被移植到小花园里来了;一些石块被搬进来当凳子了。三个女儿还郑重其事地把这小花园命名为"三珠园",她们用一块纸牌写上"三珠园"三个字,表示正式落成,邀请爸爸妈妈去参观她们的工程。

不过不出林语堂所料,"三珠园"很快就毁于夏天的阵雨。但是,林语堂和孩子们都没有责怪那无情的阵雨,因为,那天天气异常闷热,一屋子人都嚷着热得难熬,一阵倾盆大雨,带来了千金难买的清凉,大家拍手称快,也就不惋惜"三珠园"的覆灭了。

浇花,是夏天的日常工作。每天下午四五点钟样子,佣人阿金用接在自来水龙头上的水管向花上喷水。这时,林语堂和孩子们常常跑来帮忙,林语堂欣赏着枯萎的花朵在水的滋润下苏醒过来以后又生气盎然的神态。

菜园是这庭园的一部分,这是林语堂为了让孩子们从植物生长过程中体验"造物主的神秘"而特设的。根据季节的变化,菜园里轮流种着番茄、豆子、芹菜、南瓜,皆由孩子们施肥照料。有一次,林语堂心血来潮地要孩子们尝一尝亲自栽培的粮食是什么滋味,便在 4 月种下了稻子。开始,在林语堂和孩子们的精心培育下,稻子长势很好,夏天,林语堂带全家上庐山去避暑,回来的时候,稻草长得比孩子还高,可是却没有吃上稻子……

一个美满的家庭在动荡的社会生活中是人生最可靠的避风港,林语堂幸运地遇到了廖翠凤这样的贤内助,使家庭成为他发展事业的后方基地。

林、廖的婚姻是奇妙的结合,这是两个个性完全相反的人。林语堂出身一个充满欢乐的牧师家庭,而廖翠凤则在一个重男轻女的钱庄老板的家里长大。廖女士对社会上的事情不大知道,.不仅对国家大事不太关心,甚至对林语堂为什么要在《语丝》上写文章骂人,后来为什么又要提倡幽默,为什么想发明中文打字机,编纂字典等工作,她都不大清楚。

在《语丝》时期,林语堂写文章,任意而"骂",廖翠凤担心他的安全,劝他不要再写"批评政府的文章"。可是,林语堂不听,廖翠凤生气了。

"你为什么不能好好地教书?不要管闲事了!"她厉声说。

"骂人是保持学者自身尊严,不骂人时才是真正丢尽了学者的人格,"他答道,"凡是有独立思想,有诚意私见的人,都免不了要涉及骂人。"

"你在'邋遢讲'!"她骂道。这句厦门话,意思是胡言乱语。①

即使到了上海,林语堂的"幽默"文章已风靡文坛,廖女士对丈夫经常开夜车写文章,仍认为是在胡说八道"邋遢讲"。但这时,她已不再"厉声"呵骂了,夫妇间的对白像说相声一样有趣:

"堂呀,你还在邋遢讲,来睡觉吧。"

"我邋遢讲可以赚钱呀。"

"你这本书可以赚多少钱?"

"不知道。你要多少?"

"多少都要。"……使她惊异的是,他胡说八道,居然有这么多人欣赏,居然可以赚钱。有一次,算命的说她是吉人天相,逢凶化吉。她听了非常高兴。这多年来语堂没有出事,也许是因为她的关系。②

如果说,在家庭生活中,林语堂像一块岩石,那么廖翠凤像海葵,牢牢吸住林语堂这块岩石。廖翠凤少女时受过严格的旧式教育,不仅被灌输了三从四德的封建道德,而且被灌输了基督教的严厉戒律和清教徒般的信念。林语堂与廖翠凤结婚以后,就向她宣扬李白的那套"浮生若梦,为欢几何?"的人生哲学,教她享受人生,把她被约束的天性解放出来。林语堂把生活视为永无止境的追求和探险,他随时都会有新的体验和发现,而对于廖翠凤来说,时间和空间是凝固的,只有面前世界才是真实的。她只谈现实,也只面对现实。有一次在欧洲旅游,林语堂带她游览希腊古迹:一座建筑在山丘上的卫城。她爬得精疲力尽,上山后的第一个反应是:"啊唷!我才不要住在

---

① ② 林太乙:《林语堂传》。

这种地方！买一块肥皂都要下山,多不方便!"这是一个操劳家务的主妇的真实的感受,林语堂非常欣赏她的直感。

　　林语堂一生的成就,与妻子的全力支持是分不开的。林语堂专心致志地笔耕,廖女士则尽心管理家务,安排他的饮食起居,照料他的日常生活,还要提醒他注意社交上的仪表,使他不失面子。

　　林语堂在妻子面前,常常像一个顽皮的大孩子,一些生活琐事非经再三催促,才肯去做,尤其是不喜欢理发。女儿们曾生动地描写了廖翠凤如何像哄骗小孩似的要丈夫去理发的过程:

廖:语堂,你的头发该剪了。

林:不！还好哩。我从未见过有人像我这样的整洁。

廖:但是太长了。你去照照镜子看。

林:现在你看？并不长。我是整洁得不像作家了。

…………

廖:请你听我的话。你明晚要去演讲。我见你有这样长的头发站在讲台上,真要觉得惭愧的。

林:假使让听众见到林语堂的头发这样的整洁,我也要觉得惭愧的。

廖:穿上大衣吧。……街上有一所理发店,很近的。

林:我知道。但我不要给他们做生意。

　　这一天,林语堂胜利了,他没有去理发。但廖翠凤盯住丈夫不放,次日,妻子又来哄丈夫去理发:

廖:你到理发店去吗？

林:不,我要预备演讲。

廖:不,请你吃过中饭再去吧。

林:啊,中饭后我要睡觉。

廖:那么在下午散步的时候再去吧。

林:请你不要烦,我不是你的儿子。

　　廖:但你也许是的。

　　林:我不是。

　　廖:现在,语堂,不要生气,去吧。

　　林:为了避免淘气,我就去吧。

　　廖:啊,是的,你应当去。不要忘记叫他们洗洗头,太脏了。还告诉他们剪去半寸长。

　　林:对的,香!

　　廖:谢谢你。①

林语堂在这里又恢复了坂仔小和乐的顽童性格,而廖翠凤则代替了当年的母亲和二姐的位置,她好不容易地管住了这个顽童。

　　阴阳互补,林、廖是很相称的一对。林语堂常对朋友说:"我像个气球,要不是凤拉住,我不知道要飘到哪里去!"

　　廖翠凤听了直点头,她骄傲地附和道:"要不是我拉住他,他不知道要飘到哪里去!"

　　林语堂成名后,廖翠凤怕他喜新嫌旧,林语堂叫她放心。他说,我不要什么才女,我要的是贤妻良母,你就是。廖翠凤听了放心了。林语堂生性不喜欢弱不禁风的少奶奶,讨厌装腔作势的交际花,所以,他不嫌打扮老实的妻子。

　　廖翠凤不赶时髦,头上梳的是一个简单的髻,穿的是样式普通的旗袍,戴着一副无框夹鼻眼镜。唯有高鼻梁的人才适合于戴这种眼镜,廖女士非常偏爱它,她用自己的高鼻梁夹住了这副德国眼镜,一边有个细小的链子勾在耳朵后面。

　　她出身于旧式家庭,以家为中心的观念根深蒂固。同时,年轻时又曾就读于玛丽女校,学过西方的家政管理,又会一手秀丽的书法,在当年上海文人太太们的社交圈里,她是遐迩闻名的治家能手。她在牢牢地拉住林语堂

---

　　① 林如斯等:《吾家》。

这只气球的同时,家里的上上下下,她都掌管得有条有理。在她的规划下,家中的五六名男女佣人各尽其责,赏罚分明。她注重家庭卫生,首重饮食,常帮助仆人烧饭,借此监督厨房卫生。笨重的大衣和名贵衣料做成的西装,她宁肯自己洗刷,也不送到洗衣店。

上海有一位从事妇女书刊编辑工作的人,曾专访林语堂夫妇,问廖女士对林语堂的态度。她说:"双方取互助合作的态度,家常事务,全由我负责,比较重要的,共同商量,决定办法。"

那编辑又向廖女士请教"治家"经验,廖女士介绍了四点"经验",除经济公开、收支平衡、厨房自主之外,她尤其强调对儿女的教育。她说:"对儿女从小养成自动的习惯,不假手于婢仆,发展其个性,不用威力强制;如小孩犯过,用面部表情,使其觉悟;不能时常责骂,多骂必失其效力;有时可借他人的、间接的训导……"[①]

林语堂夫妇非常重视儿女的教养,注意培养孩子们的各种动手的能力,因为林语堂夫妇绝对不希望孩子们成为衣来伸手、饭来张口的寄生虫。但是对孩子们的饮食起居,廖翠凤事必躬亲。当女儿们还小的时候,她宁可留在家里,与女仆一起照顾孩子,而不出去参加社交活动。有时,迫不得已,必须与林语堂一起外出,她的心也总是在惦念家里的孩子,因此,人在外面,心在家,一切都没有兴致。有一次,林语堂带妻女去无锡作周末旅行。是时,小女儿林相如只有四岁,所以不曾同去。廖女士到了无锡就心不在焉,惦记着四岁的幼女,突然,决定立即夜车赶回上海,把林语堂和两个女儿留在无锡过夜。

随着林语堂社会声誉的增长,各种社会交际和应酬也日益增多。读林语堂的文章,往往误会他是一个潇洒放浪随随便便的任性者,其实他的生活是非常有规律、拘谨严肃、井井有条的。"他不喜爱宾客","平常他绝不喜同朋友随便来往聊天"。[②] 办《论语》等杂志时,总是尽量利用电话联系各种编务工作,必要时碰个头,谈完正经事就散。但"在宴会的时间,他很高兴接待

[①] 黄寄萍:《新女性讲话·林语堂夫妇访问记》,1937年3月8日联华出版社印刷兼发行,收入《快乐家庭》丛书中。

[②] 徐𬣙:《追思林语堂先生》。

朋友,大家聚在一起闲谈一阵"①。同时,他也乐意带着廖女士去参加朋友的宴会。相比之下,廖翠凤爱热闹,喜欢应酬。出门时,她总戴着耳环、戒指、胸针、手表,再加上那副国内罕见的德国夹鼻眼镜,风度十足,是个端庄太太的典型。她会讲英文,是基督教女青年会的一位活跃的会员,在女青年会的合唱团里,她是唱女高音的。有一次她居然参加了青年会组织的踢踏舞班,但主要不是为跳舞,而是为了减肥。因为,自从成年以后,胖,一直使她烦恼。虽然他俩的性格不同,但由于能配合默契,夫唱妇随,所以,在社交场上,林语堂夫妇是令人羡慕的一对。

林语堂"不喜爱宾客",并不是因为不爱社交,不交朋友。恰恰相反,只要不是浪费时间的闲谈,林语堂还是不拒绝正常的社交活动的。林语堂的择友原则,符合他的自由开放的个性。他说他要好友数人,不必拘守成法,完全可以熟不拘礼,相互能尽情吐露自己的苦衷,能坦诚相告,无拘无碍,对柏拉图与《品花宝鉴》念得一样烂熟,还能说笑话。在精神方面必须富有,朋友们必须各有癖好,对事物必须各有其定见。这些人要各有自己的信念,同时也尊重别人的信念。当时,林语堂是论语派的主帅,但根据他的择友标准,"论语八仙"未必都是他心目中理想的知心朋友。

"不喜爱宾客"的林语堂,偏偏有一个覆盖面很宽阔的社交圈,而且居然能应付下来,不得罪人。这多半要归功于廖女士,她从不欠人一顿饭。不论有朋友来家里或一起上饭馆,她都能成功地扮演好自己的角色。作为女主人,她总是亲切地招待来客,时常注意他们的盘子是不是空了。她宁可自己少吃一点,只要客人们快乐,她便非常得意。大女儿林如斯回忆说:"客人一到我们家,母亲总要看着他们吃饭,母亲常预备着精美的菜肴,有时候把所有的东西,都吃得空空如也;但她一点儿也不吝啬,她的脸上流露着诚恳的笑容。"②

林语堂的小书房在楼下,取名为"有不为斋",这既是他的书斋也是客厅,布置得十分幽雅。斋里铺着寸把厚的地毯,家具富丽堂皇,书架上则是

---

① 徐訏:《追思林语堂先生》。
② 林如斯等:《吾家》。

洋装书和线装书并存,墙壁上挂着梁启超亲笔书赠的一副对联:

两脚踏东西文化
一心评宇宙文章

梁氏书法笔墨肥浓,挺拔峥嵘,令人观玩难释,使"有不为斋"风雅倍增。

林语堂是一位勤于笔耕的作家,绝不在闲谈中虚度时光,但《论语》《人间世》等幽默小品杂志创刊后,为了组稿、编务等事情,他也不得不常在家里请客吃饭,或在"有不为斋"里接待客人。所以"有不为斋"一度也曾出现过"谈笑有鸿儒,往来无白丁"的盛况。

幽默风趣的斋主林语堂,以他那渊博的知识和见多识广的经历,使他总能成为社交场合的中心人物。他的谈锋甚健,古今中外,天南海北,奇闻轶事,无所不谈。而且妙语连珠,常使人忍俊不禁,客人们都在轻松的气氛中,度过美好的时光。

林语堂提倡吸烟,所以,宾朋满座时,"有不为斋"必然是烟雾弥漫的。平时,林语堂最喜欢用烟斗吸烟,这烟斗在他的手里已不是单纯的吸烟的用具,而是一件多功能的道具。比如,圆的那一端因燃点烟丝而发热,他喜欢用微温的烟斗在鼻子上轻轻地摩擦,所以,他的鼻子和烟斗常是油光可鉴的。说话时,烟斗就像教师手中的教鞭、交通警察手中的警棍一样,成为他加强语气的一种道具。林语堂说,没有了烟斗,他什么事也做不了,有时他找不到烟斗,便满屋子乱翻乱找一气,嘴里还会嘀咕着:"我的烟斗!我的烟斗在哪儿?烟斗,烟斗。"找到后便满意地哈哈大笑。所以,他的女儿说:"父亲常为他心爱的烟斗而发狂。"

但是,他不吸香烟。为招待客人,"有不为斋"备有国产的香烟,不备洋烟。宾客中有位久居海外的谢保康,嗜好洋烟,抽不惯国产烟,一次竟自备美烟"开麦尔",林语堂也不介意。偶尔,有好友来访,他以荷兰产的"阿尔培多"牌雪茄待客。这时,他也会陪着客人吸雪茄,宾主同享这种一元大洋五支的好烟。①

---

① 林语堂以雪茄招待客人一事,见周劭先生与笔者谈话的录音稿。

"有不为斋"是文友们以文会友的地方,也是烟友们畅谈吞云吐雾之美的场所。《论语》常有谈论吸烟的小品文,不了解内情的人,还以为《论语》是拿了烟草公司的广告费哩!据说"饭后一支烟,赛过活神仙"这句话,最初就是出自林语堂之口。[①] 后来竟成为烟草公司的最佳广告用语而广为流传,这是林语堂所始料不及的。

福建人爱喝茶,尤嗜功夫茶。功夫茶虽然可口,却颇费功夫,忙于笔耕的林语堂,惜时如金,"功夫"比茶更可贵。所以,"有不为斋"虽备有好茶叶,但主客都不愿在喝茶上下"功夫",何况他们也常常喝咖啡。

林家有自备的厨师,拿手菜是"八宝鸭"。家中待客时林语堂常叫厨师做闽菜献技,其中"水鸡(青蛙)汤"一味,令人回味无穷。其实,廖翠凤的烹饪技术在厨师之上,能做得几手颇为出色的厦门特色菜。最受欢迎的是清蒸白菜肥鸭,鸭子蒸烂了,吃起来又嫩又滑,白菜在鸭油里蒸烂,入口即化。她做的厦门菜饭也很好吃,将猪肉丝、虾米、香菇、白菜、菜花、萝卜炒过后,再加进饭里焖熟,吃的时候撒胡椒,加黑醋。她的焖鸡尤其拿手,用姜、蒜头、葱把鸡块爆香,再加香菇、金针、木耳、酱油、酒、糖,用文火焖烂。她的厦门卤面更是别有风味,面里放猪肉、虾仁、香菇、金针、菠菜等作料,用鸡汤熬成。这些佳肴使"有不为斋"的来客们难以忘怀。

林语堂的生活有严格的规律:平时,每天上午到中央研究院办公,下午和晚上都是读书和写作的时间。星期四下午,是他所兼职的《中国评论》周报的例会,雷打不动。每周六或周日的下午则一定带妻女们去看电影。了解他生活习惯的人,都不在上述时间内拜访他。实际上,剩下来可以会客的时间是很有限的。林语堂见缝插针,充分利用有限的空闲进行社交活动。所以每星期天总有客人来吃午饭或茶点。几年之内,"有不为斋"接待了上海的大部分文化名人,如鲁迅、郁达夫、邵洵美、钱杏邨、桂中枢、朱少庵、全增嘏、徐懋庸、唐弢、赛珍珠、施蛰存、赵家璧,以及章克标、简又文、陶亢德、徐訏、周黎庵、刘大杰等论语派同人。

"有不为斋"特有的情调和殷勤好客的主妇,促进了林语堂社交活动的

---

① 章克标先生与笔者谈话的录音稿。

第十八章 "有不为斋"斋主

良性循环,而对于那些"徘徊在中西文化之间,想找一条和谐的出路"的"骚人墨客"们,"有不为斋"具有一种不可抗拒的吸引力。因为"两脚踏东西文化"的林语堂,实际上是这批徘徊者的精神领袖。这批徘徊者是20世纪以来中西文化大碰撞的产物,他们自幼受传统文化的深刻影响,后来又都出洋留学,于是,多种文化并存于一身,就成了他们的共同特点。他们聚在一起时,以讲英语自豪。其中,温源宁是英国剑桥大学的留学生,回国后装出的模样,比英国人还像英国人。他穿英国绅士的西装,手持手杖,吃英国式的下午茶,讲英语时学剑桥式的结结巴巴的腔调,好像非要找到恰当的字眼才能发言。谈论起他所崇拜的艾略特和侯司门来,滔滔不绝。另一个叫吴经熊,是美国哈佛大学的留学生,曾师承美国最高法院法官霍姆斯,回国后还与霍姆斯保持多年的通信联系。他经常不厌其烦地向别人夸耀这段经历,引以为荣。吴经熊是个白面书生,风度翩翩,文质彬彬,但他不肯穿西装,讲英语时故意带点宁波口音,在这批讲英语的文人圈子里,是个古怪的人物。后来他成为虔诚的天主教徒,常为自己的种种矛盾心理呻吟。① 新月派诗人邵洵美也是"有不为斋"的常客,邵洵美面白鼻高,堪称希腊型的美男子,曾在英国剑桥大学攻读英国文学,在留学期间,与徐志摩、刘海粟、徐悲鸿、张道藩、谢寿康等人为友。他虽有百万家产,却热衷于文学和文化出版事业,可惜又不善经营,经常做赔本的买卖。每天开着轿车到英租界来找朋友,逛书店。他生活浪漫,公开与美国女作家韩美丽(Emily Hahn)同居。据说,一生有两件事情使他耿耿于怀,其中之一便是:1933年萧伯纳来上海访问时,他作为国际笔会秘书负责接待工作,因为萧伯纳不吃荤,所以,以笔会名义叫了一桌"功德林"的素菜,耗资四十六块银元,是他掏的腰包。参加宴会的有宋庆龄、蔡元培、鲁迅、杨铨、林语堂和邵洵美,但是当时新闻媒介刊出这一条消息时,都没有提到邵洵美的名字。② 邵洵美还宣称厌恶一切旧思想、旧风俗,按说应是十分新派的人物,但是家里却不仅有妻,还有妾,平时也不肯穿西装。

这一群徘徊于两种文化之间的骚人墨客,后来都是英文《天下月刊》的

---

① 以上资料来自林太乙的《林语堂传》。
② 据1990年春节贾植芳先生与笔者的谈话记录。

编辑或撰稿人。《天下月刊》由温源宁主编,林语堂、吴经熊、全增嘏、姚克等任编辑,由中山文化教育馆印行。这是辛亥革命以后,水平最高的英文学术刊物。林语堂与其他《天下月刊》同人们的主要区别在于:林语堂没有仅仅停留在"徘徊"上,而是很快地超越了"徘徊"阶段,决定把"两脚踏东西文化,一心评宇宙文章"作为两种文化融合互补的基本框架。

刚开始时,事无巨细,到了林语堂这里就变成了两种文化之间的选择:是要西方的,还是要东方的;是要新的,还是要旧的。他常常为这种选择而绞尽脑汁。林语堂在衣着打扮方面的反复变化,具体而生动地反映了他在东西文化接合部上徘徊彷徨的足迹。

刚从外国回来时,他西装革履,后来改穿中式布袍,有时加马褂。足穿青布鞋子,有时也穿皮鞋。他戴过西式的帽子,后来又认为中式的小帽舒服。从头到脚,如何穿戴,如何选择,他都有讲究。他常借题发挥,以服装来比较中西文化的长短优劣,成为他幽默文章的题目。他从西装意在表现人身形体,中装意在遮盖身体的中西服装哲学之不同上说开去,洋洋两三千字,褒扬中式服装合乎人体的自然形状,宣传中式长衫的优越性,贬抑西装领带之束缚人性,痛斥"狗领带"。而在现实生活中,林语堂为社会应酬的需要,也同样经常穿他所不愿穿的西装,并戴上被他斥为"狗领带"的玩意儿。

平常居家,他以身体的舒畅为最高原则,穿着随便、自由、闲散,不时髦的长衫和称脚的旧布鞋,是必备之物。夏天穿背心,半裸身体,喜欢淋浴。

但在社交场合,他必然仪表端肃,一副金丝架眼镜,中式长褂、布鞋,口衔西式的烟斗或雪茄,一副中西合璧的派头。然后在中西合璧的书斋里,接待徘徊在两种文化之间的文人墨客,这一切构成了"有不为斋"的独特情调。

除了上述所说的文化界的各种各样的朋友、熟人,林、廖两家的亲戚同乡,也在忆定盘路四十三号(A)的林宅中常来常往。接待,成了家庭生活中的一项不可缺少的内容。

三哥林憾庐来得最勤,他那张笑嘻嘻的脸,很讨人喜欢。那时,他从家乡逃难出来,生活有困难,林语堂就帮他在《论语》安排一份差使。这件事使时代书局经理章克标十分不满,认为林语堂慷书店之慨接济亲属,过于重利轻义,有些看不惯。无奈邵老板洵美同意聘用林憾庐为编辑,章经理无法阻

第十八章 "有不为斋"斋主

拦。其实,当时《论语》确实需要人,不能因为林憾庐是林语堂的哥哥,就偏偏不用。再说,林憾庐也是一位很忠厚和蔼的人,后来与巴金非常接近。林家的兄弟姐妹们直到成年以后仍然保持着童年时的那种亲近。记得那一年,全家支持二哥玉霖去圣约翰大学读书。玉霖毕业后,留圣约翰任教,补贴林语堂在上海读书的费用……一人有难,众人相帮,这是林家的家风,现在三哥有难,林语堂岂能袖手旁观。

二哥林玉霖,六弟林幽,这时都住在上海。玉霖有七男一女,林幽有两个女儿,大家经常见面,相当热闹。林幽总是笑嘻嘻的,讲起笑话来自己先笑个不停,要等他笑完才讲得出来。为了提携弟弟,林语堂与他合编过《开明英文讲义》。玉霖的大儿子林疑今曾留学美国哥伦比亚大学,也是个文人。早年参加过"左联"的活动,但因为联络员是姚蓬子,所以不大愿意提起这段历史。① 林语堂与这位侄子的艺术趣味不大一样,所以,两个人谈不到一起。林疑今也是个聪明人,看问题有自己的主见,不盲从,比方说,谈到胡适,他会说"算不了什么",谈到徐志摩,他也会说"没有什么",林语堂不喜欢他的这种态度。② 林疑今的弟弟林国荣,在银行里工作,林语堂夫妇都喜欢他,后来帮助他留美。

廖家是厦门有钱有地位的富商。那时,廖翠凤大哥的女儿桐琴、舜琴两姐妹,在上海中西女塾读书,与忆定盘路上的林宅只有一墙之隔,周末也常来林家住,廖翠凤就带她们一起去逛商店,买衣料皮包,等等。这两姐妹打扮得很好看,后来,廖翠凤为那美貌的舜琴做媒,嫁给了在纽约做副领事的宗惟贤。

天有不测风云,廖翠凤父亲廖悦发的豫丰钱庄倒闭了! 那年,豫丰钱庄由于海外和内地来往的公司欠巨款不还,所以垮了,债主们封了廖悦发的产业。儿子们不但不能为他分忧,倒过来还要破了产的父亲来养活他们,这都是廖悦发以往纵容儿子的结果。廖翠凤有兄弟姐妹六人,三男三女,除二哥在圣约翰大学毕业后去美国学医之外,廖翠凤的大哥三哥都没有好好念书,平时过着娇生惯养的日子,只会花钱吸烟喝酒玩女人,什么正经事情都干不

---

① 根据黄典诚教授1989年1月27日在厦大招待所与笔者谈话的记录。
② 徐訏:《追思林语堂先生》。

了。廖悦发外貌威严,平时脾气暴躁,是家庭的暴君,动不动便骂人,老婆和女儿都是他的出气筒。钱庄倒闭后脾气愈发暴戾,有时在三更半夜发脾气,闹得全家鸡犬不宁。廖翠凤知情后就经常寄钱回去。廖悦发当初重男轻女,想不到,到头来还是女儿贴心。

  廖家的亲戚也常来忆定盘路,从厦门带来廖家自制的萝卜糕,煎好后蘸黑醋,撒胡椒吃,非常可口。亲戚还带来金瓜果、龙眼干、凸柑,还有一种用糖水香料腌的杨梅,叫咸酸甜,当然还有廖家自焙的肉松。林语堂夫妇最喜欢亲戚们带来的漳州乌龙茶——铁观音,这是"有不为斋"待客的佳品。还有那水仙花球茎,也是漳州的特产。亲戚们把这些东西装在网篮里,一篮一篮地带到上海;亲戚们回去时,廖翠凤也要买许多礼物,请他们带回去分赠。因为那时从厦门到上海可是一件大事啊!

第十九章 活跃于文坛的"幽默大师"

论语派的主帅——退出《论语》编辑部——《人间世》创刊——关于"论语八仙"种种

在20世纪30年代的文坛上,以林语堂为中心,以《论语》《人间世》《宇宙风》等刊物为阵地,有一批积极提倡幽默、性灵、闲适的作家,组成了一个文学流派,人们称之为论语派。

论语派是以不左不右的姿态踏上文坛的。当然,从左翼文艺运动方面来看,论语派和新月派、"民族主义文学"、"自由人"、"第三种人"一样,都是无产阶级文学的对立面。而实际上,论语派问世的文学背景与新月派等涉足文坛时的历史背景不尽相同,至少有一点可以断定,林语堂及其论语派在主观上不是以左翼文艺的对立物而出现的。《论语》半月刊创刊伊始,林语堂就再三表明《论语》不左不右的中间立场,并且在每一期的《论语》的封里还刊出十条《论语社同人戒条》,提醒所有的撰稿者要以"戒条"为准则,与编者一起保持刊物的中立态度。这种小心翼翼的做法,表明林语堂及其朋友们主观上不想得罪左右双方。在艺术上,林语堂也独树一帜,公开倡言:

> 以提倡幽默为目标,而杂以谐谑,但吾辈非长此道,资格相差尚远。除介绍中外幽默文字以外,只求能以"谑而不虐"四字自相规劝罢了。①

兼收并蓄,这是林语堂的办刊方针。《论语》创刊之初,宋庆龄、鲁迅、茅

---

① 《论语》创刊号,第45页。

盾等著名的左翼人士都曾为之撰稿,特别是鲁迅,仅1933年2月至9月短短七个月的时间内就为《论语》撰写了《学生和玉佛》《谁的矛盾》《由中国女人的脚,推定中国人之非中庸,又由此推定孔夫子有胃病》《王化》《两封通信(复魏猛克)》《"论语一年"》等六篇杂文。同时,《论语》第8期的"月旦精华"栏里,刊登了柯桑记录的鲁迅在北大的演讲稿:《帮忙文学与帮闲文学》,还先后转载过鲁迅的《航空救国三愿》《从讽刺到幽默》《从幽默到正经》《踢》《现代史》等杂文。1934年6月16日出版的《论语》第43期的"古香斋"栏里,又刊登了鲁迅为《玄武湖怪人》所写的按语。也就是说《论语》曾刊发过鲁迅的十二篇文章,可见鲁迅与林语堂及其论语派的交往之一斑。

1934年4月5日,林语堂创办的《人间世》发刊时,也是对各派作家采取了兼收并蓄的态度。创刊号上公布的特约撰稿人就有四十九人之多,当年的知名作家大多罗列在内。仅在创刊号上发表诗文的就有蔡元培、周作人、刘半农、徐懋庸、朱光潜、黄庐隐、郁达夫、废名、傅东华、丰子恺、阿英、徐訏、李青崖、简又文、陈子展、刘大杰、全增嘏等各种不同政治倾向的作家或学者。1935年9月,林语堂创办《宇宙风》时,列入"撰稿作家题名"的竟达七十二人之多,有蔡元培、胡适、郭沫若、老舍、吴宓、蒋廷黻、郁达夫、叶圣陶、朱自清、谢冰心等,简直是中国文坛精英大荟萃。除了"民族主义文学"派之外,几乎包容了各种不同政治倾向的著名作家。当时,人们曾戏称论语派的经常撰稿人是"三堂"和"三老"。"三堂"即知堂(周作人)、鼎堂(郭沫若)和语堂;"三老"是老舍、老向和老谈(何容)。

自然,绝不是说,在论语派刊物上发表文章的人都是林语堂的同道者,也不是说凡在论语派刊物上撰文的人都赞同林语堂的艺术趣味。但是,从论语派这方面来说,林语堂能一视同仁地为各种不同倾向的作家提供发表文章的园地,这种开放的态度是难能可贵的。当时,左翼书刊屡遭查禁,许多刊物都不愿登左翼作家的作品,而林语堂甘冒风险刊出左翼作家的文章,至少说明了林语堂们对左翼作家的友好态度。

虽然,林语堂及其论语派以不涉及党派政治为标榜,实际上,要保持绝对的中间立场是不可能的。论语派的刊物,一方面确实刊发了大量的幽默作品和为玩笑而玩笑的作品,引起左翼作家的反感;另一方面,也刊出过许多尖锐地讽刺现实社会的文章,使右翼方面头痛。比如,《论语》的"半月要闻"、"雨花"、"群言堂"、"补白"和各地通讯等专栏中的大部分文字,都是批判现实生活中的种种不合理现象的:有的批评南京政府外交上的崇洋媚外;有的嘲笑封建主义的顽固、愚昧;有的暴露官场的腐败、统治者的无知无能;等等。如《论语》第38期的"半月要闻"栏里,报道复旦大学学生张文烈因手上冻疮显露出红色,竟被公安局的密探当作共产党抓进巡捕房;山东军阀韩复榘派军用装甲车到北平运尚小云的戏装去济南;太原第一模范监狱全体"罪犯"因要求改善待遇不遂而绝食。第39期的"半月要闻"里,批评国民党当局对伪满傀儡国的暧昧态度;嘲笑北平市参议会改选正副议长时的丑态;等等。《论语》每一期上的"雨花"专栏,也以社会上的种种怪现象为题材,写几十至一二百个字,以笑声去否定形形色色的病态现象。《论语》的"古香斋"专栏专门将当时的报刊文章、政府布告、要人讲话等摘抄公布于众。林语堂觉得现实中的许多事情都被颠倒了,而那被颠倒了的东西却又被当成指导生活的正常原则,所以,那些自以为是一本正经地写出来的正面文章,实际上极其荒谬可笑,林语堂借助于这种反面文章正面做的艺术表现手段,勾画出丑极力自炫为美的种种滑稽相。

"盟友—论敌—盟友",这是林语堂及其论语派与左翼作家关系发展的三个阶段。

1932年9月16日,《论语》诞生,由于林语堂采取"完全公开"地盘的办刊方针,所以大批左翼作家为之撰稿,林语堂们与左翼作家保持良好关系。1933年之所以被称为"幽默年",实际上是当年文坛精英们共同造就的,仅仅依靠林语堂及几个论语派同人,是无论如何也掀不起"轰的一声,天下无不幽默"的声势。健康的幽默文学应该是中国现代文学的宝贵遗产,过去的文学史家们把创造幽默文学的历史功绩,全部记在论语派独家的功劳簿上,实在是太大方了。实际上,作为中国现代文学的一项有特色的成果——幽默文学——是林语堂及其论语派、左翼作家和其他一大批作者集体铸炼的精神财富,对它的任何褒贬都应该共同分享,无论是胡萝卜还是大棒。

然而,好景不长,到1934年,左翼方面逐渐增强了批判林语堂及其论语派的火力,主要的靶子是林语堂们的趣味主义和自由主义的倾向。要说趣味主义和自由主义,这是林语堂从语丝派那里所承续的一份精神遗产。其实,左翼方面早就察觉到了林语堂们的这种艺术倾向,可是为什么迟至1934年下半年才把林语堂影响下的那一批幽默刊物升级为"麻醉文学"呢?原因是复杂的。

因为,《论语》诞生之时,正值左翼作家与"自由人""第三种人"的论战的白热化时期,无暇分兵出击。同时,林语堂们也没有全面展开论语派的艺术主张,没有形成"天下无不幽默和小品"的局面。1933年以后,情况就不一样了。一方面是幽默文学风靡一时,大有席卷文坛之势;另一方面,周扬在1933年11月发表了《社会主义的现实主义与革命的浪漫主义》一文,第一次向国内介绍了"社会主义现实主义"的理论模式,从而使左翼方面获得了评价幽默文学最新的理论武器。于是,一场论争势在必行了。

走在最前面的是鲁迅。即使在人人争当幽默家的时候,鲁迅对幽默的态度始终是极冷静的。从幽默文学兴起的那一天起,鲁迅就持保留意见,因为,他觉得,在"炸弹满空,河水漫野"的中国大地,没有幽默可言。他说"中国没有幽默"的真正含意是:现在不宜在中国提倡幽默。① 于是就出现一个奇怪的现象,不赞成提倡幽默的鲁迅,为林语堂的幽默刊物写文章。因此,在幽默问题上,鲁迅和林语堂的联系是十分脆弱的。1933年6月20日,鲁迅在杨铨的入殓仪式上没有遇见林语堂,出于对林语堂的反感,鲁迅当晚在答复林语堂的约稿信中,直截了当地拒绝为《论语》撰稿写打油诗。信的全文如下:

语堂先生:

顷奉来札并稿。前函令打油,至今未有,盖打油亦须能有打油之心情,而今何如者。重重迫压,令人已不能喘气,除呻吟叫号而外,能有他乎?

不准人开一开口,则《论语》虽专谈虫二,恐亦难,盖虫二亦有谈得讨厌与否之别也。天王已无一枝笔,仅有手枪,则凡执笔人,自属全是

---

① 详见拙著《鲁迅美学风格片谈》,黄河文艺出版社1987年8月版。

第十九章　活跃于文坛的"幽默大师"

眼中之钉,难乎免于今之世矣。专复,并请

　　道安。

　　　　　　　　　　　　　迅　顿首　六月廿夜

尊夫人前并此请安。

信中所说的"虫二",是"风月"两字的代号,鲁迅并不隐讳自己对《论语》的内容是有看法的。鲁迅又在同年9月16日出版的《论语》上,公开表示自己在幽默问题上与林语堂的分歧。他说,林语堂提倡的东西,"我是常常反对的。先前,是对于'费厄泼赖',现在呢,就是'幽默'。我不爱'幽默'……'幽默'在中国是不会有的"①。

但总的来说,在《太白》创刊前,林语堂及其论语派与鲁迅及左翼作家之间,还没有形成一种论敌的关系,有时在一些宴会上相遇,大家谈笑风生,看不出有多少感情上的隔膜。徐懋庸和唐弢都曾提到1934年1月6日的聚会,在聚会上林语堂与鲁迅等人曾有过幽默诙谐的谈话,林语堂与鲁迅的不同的个性,以及林语堂当年活跃于文化界的神态,都跃然纸上。

那天中午,在汉口路的"古益轩",《申报·自由谈》编辑黎烈文做东,为郁达夫王映霞夫妇饯行,因为当天下午郁达夫夫妇要回杭州的"风雨茅庐"去了。参加者有林语堂、鲁迅、曹聚仁、陈子展、唐弢、徐懋庸、周木斋等十二人,这十二人都是经常为《自由谈》撰稿的作者。同时,除林语堂之外,其余的人都是接近鲁迅或在鲁迅影响下的作家。

这一天,林语堂廖翠凤夫妇到得最晚,他俩进来时,大家已经入席。林语堂刚坐下,就与鲁迅交谈起来。

林语堂问:"周先生又用了新的笔名了吧?"

那时,由于环境所迫,鲁迅经常变换笔名,他先后用过一百五十个左右的笔名,已经很少再用鲁迅的署名发表文章了。所以,对林语堂的问题,没有人感到奇怪。在《语丝》时期,林语堂和鲁迅曾是并肩战斗的战友,所以,林语堂自以为熟悉鲁迅的文风,每当《自由谈》上刊出类似鲁迅笔法,又署名

---

① 鲁迅:《南腔北调集·"论语一年"》。

陌生笔名的杂文，就疑心是鲁迅的化名。有时，也被他猜对过几次。这一回，他又满有把握地猜起来了。但鲁迅没有正面答复，而是反问道：

"何以见得？"

林语堂说："我看新近有个'徐懋庸'，也是你。"

鲁迅听了，哈哈大笑起来。因为徐懋庸不是鲁迅的笔名，而是一位浙江上虞籍的青年作家，文风与鲁迅相似，正巧，这天也在场。鲁迅便指着这位二十四岁的初露头角的青年，对林语堂说："这回你可没有猜对，徐懋庸的正身就在这里。"

林语堂和在座的人都笑了起来。

当时，美国女作家赛珍珠刚把《水浒》译成英文，林语堂对这本译成英文的洋《水浒》赞不绝口。林语堂说，《水浒》里有不少宋代的俗语、土话、行话以及江湖黑话，不是一般外国人所能翻译的，但赛珍珠译得不错，林语堂已校读过她译本的第一回，只发现一处错误，那就是将"朝廷"的"朝"译成"朝见"的"朝"（Presence）。而过去有的译者将《水浒》译英时，竟把武松打虎时称老虎为"大虫"，硬译成"Great Worm"，弄得狗屁不通。听了林语堂的语，大家又笑了起来。

郁达夫笑着接嘴道："这样说来，李逵嘴里的'鸟官'，就该译作 Bird Officer 了。"

席上又爆发了一阵哄堂大笑。

林语堂接着谈到赛珍珠的译本，使《水浒》扬名全球，获得了世界文坛的好评，有的外国评论家甚至把《水浒》作者施耐庵比作希腊史诗《伊利亚特》和《奥德萨》的作者荷马。赞扬《水浒》是中国的《伊和亚特》《奥德萨》。林语堂又说："不过赛珍珠本人很担心——现在正当'小猪八戒''闲话扬州'诉讼案连续发生的时候，而《水浒》里写了开黑店，吃人肉等等，也许有人会说她有意暴露中国人的野蛮。"

所谓"小猪八戒"和"闲话扬州"案，是当年轰动出版界的诉讼案。前者指北新书局出版的童话《小猪八戒》，里面触犯了回族的禁忌，引起抗议，北新书局因此一度停业，改名青光书局；后者指易君左所著的《闲话扬州》一书，因描写扬州风俗，为扬州人所反对，经调解，由出版该书的中华书局登报道歉。赛珍珠怕《水浒》里有关江湖黑店卖人肉馒头的描写,也会引起类似的不愉快事件。

郁达夫认为赛珍珠过虑了,他满不在乎地说:"那算什么!外国人一样吃人肉!"

林语堂又谈到赛珍珠为《水浒》取了一个英文的书名:*All Men Are Brothers*,中文的意思是"四海之内皆兄弟",林语堂激赞这个英文的书名,构思得妙极了,体现了《水浒》的主题思想。

鲁迅不以为然。他说:"便是梁山泊的山寨里,也有主仆,有上司下属,哪里都能称得上兄弟!"显然,鲁迅是以"阶级观点"来看待《水浒》中的人物关系。所以他看到的是阶级对立,而林语堂则是人道主义、人性论的眼光。正是仁者见仁,智者见智。

这天,东道主黎烈文邀请的客人都是活跃于《自由谈》上的杂文作者。幽默讽刺家欢聚一堂,当然是诙谐百出,妙语连珠。他们的谈锋就和他们的笔锋一样出色,所以,谈话的内容异常精彩。席间,最活跃的是林语堂,鲁迅则总是言简意赅地说出自己的精辟见解,常常一语惊人。

觥筹交错、杯盘叮当。席间,大家抽起烟来,林语堂对吸烟颇有研究,他在《我的戒烟》一文中说:"凡吸烟的人,大都曾一时糊涂,发过宏愿,立志戒烟,在相当期内与烟魔决一雌雄,到了十天半个月之后,才自醒悟过来。我有一次也走入歧途,忽然高兴戒烟起来,经过三星期之久,才受良心责备,悔悟前非。我赌咒着,再不颓唐,再不失检,要老老实实做吸烟的信徒,一直到老耄为止。"

在林语堂主编的《论语》半月刊上,曾长期刊出《论语社同人戒条》,其中第九条,公开宣称论语社同人"不戒癖好(如吸烟、啜茗、看梅、读书等),并不劝人戒烟。"

此刻,在烟雾弥漫中,林语堂见到鲁迅别具一格的吸烟姿态,突发奇想,准备"幽"他一"默"。林语堂兴致勃勃地问鲁迅:

"你一天吸几支烟?"

"大概很多吧,我没有统计过。"鲁迅回答。

《论语》刚创刊时,鲁迅是《论语》的重要撰稿人,鲁迅十分清楚《论语社同人戒条》的内容,而且他肯定读过林语堂发表在《论语》第 6 期上的《我的戒烟》一文。但是,鲁迅认为,在 20 世纪 30 年代的中国,提倡西洋式的幽默是不合时宜的,在吸烟、戒烟之类的生活细节上大做幽默文章,简直是无聊之极。刚才,林语堂问他一天吸几支烟,鲁迅则从林语堂的眼神中看出对方又准备借抽烟来做幽默文章了。所以,鲁迅冷冷地反问:

"你是不是替《论语》找材料?"

林语堂坦白地回答:"我准备广播一下。"

"这其实很无聊,"鲁迅直率地说。左翼文学的旗手怎能充当林语堂的幽默素材?鲁迅决定扫一下林语堂的兴,朝"幽默热"泼一点冷水。所以,鲁迅不客气地说:"每月要挤出两本幽默来,本身便是件很不幽默的事,刊物又哪里办得好!"

已经进入幽默境界的林语堂,被这一盆冷水扫尽了幽默的雅兴。他不反驳,也不作声。须臾间,热腾腾的空气骤然降温,气氛突然紧张起来。东道主黎烈文看到这光景,便赶紧把话扯开去,把大家的注意力引向郁达夫夫妇。黎烈文以欢送郁达夫回杭州为名,殷勤地替郁达夫斟酒,气氛逐渐缓和了。可是,郁夫人王映霞见黎烈文向郁达夫频频劝酒,不得不出来加以干涉。王映霞说:

"达夫近来身体不好,遵从医生嘱咐,不能喝酒。"

陈子展打趣地问:"这禁酒令到底是太太的命令,还是医生的命令呢?"

郁达夫朝夫人笑了笑,这就暴露了王映霞假借医嘱来限制郁达夫酗酒的秘密。

接着,林语堂夫人与郁夫人相互交流管理家政的经验,倒也各具特色:林夫人按照欧美式的"科学"方法治家。在夫人的"管教"下,林语堂的生活作息安排得有条有理,吃饭、散步、写稿,都有一定的时间,像英国绅士那样,一切都循规蹈矩。而郁夫人则是采取放任自流的态度,因为王映霞女士是"管"不住不拘小节、放浪任性的郁达夫的,所以,郁达夫过的是东方名士的生活,潇洒自如。

林夫人夸耀自己的家政时,大家不约而同地朝林语堂望去,希望能从林语堂那里证实林夫人的"政绩"。可是,林语堂却王顾左右而言他,海阔天空

第十九章　活跃于文坛的"幽默大师"

地扯开去。他谈女人，介绍欧洲中世纪的贵族、骑士们在出征前用铁制的"贞操带"来锁住妻子下部的史实，那野蛮的、原始的、侮辱女性人格的暴行，在幽默家的口里，成了轻松的奇闻逸事。林语堂还谈雍正皇帝，谈旗人的婚礼，滔滔不绝，口若悬河，刚才在鲁迅那里碰了钉子以后的尴尬，已经一扫而光。

有林语堂这样健谈的客人在场，宴会是不会冷场的。但是，黎烈文掏腰包请客，可不是为了倾听林语堂介绍外国贵妇人的"贞操带"如何精致，而是为了请作家们在新的一年里继续为《申报·自由谈》撰稿。所以，席终前，黎烈文说了约稿的意思，鲁迅立即打趣地接话：

"你要是能登骂人的稿子，我可以天天写。"

"骂谁呀？"陈子展问。

"该骂的多着呢。"

"怎么骂？"

"骂法也多着。"

不知谁接上去说："鲁迅骂的，终不坏。"

于是，谈锋又转到骂人和批评上了。鲁迅所以要"将"黎烈文的"军"，问他敢不敢登"骂人"的稿子，这是因为鲁迅的那些匕首投枪式的杂文常常会遇到新闻检查上的麻烦。比如，1933 年 5 月 7 日，鲁迅作《王化》一文，抨击了国民党当局的"王化"政策，稿子寄到《自由谈》，但被新闻检查处抽掉了，没有登出。这时，鲁迅想到了林语堂，立即把《王化》转给《论语》半月刊。林语堂的胆子也真不小，居然接过稿子马上发刊在《论语》第 18 期上。所以，鲁迅"将"黎烈文的"军"，不是无的放矢。林语堂和黎烈文都清楚其中的原委。但不知情的人却在"骂人"上说开去了。王映霞说：

"尽管周先生会骂人，却骂不过他儿子！"

因为，当时周海婴还不满五足岁，所以郁夫人故意把幼童天真的言行引为谈笑。

林语堂也把鲁迅方才给他的难看置于脑后，接住郁夫人的话题打趣道："鲁迅的公子终不会忠厚的！"

因为是玩笑,所以鲁迅听了也不生气,一面笑着,一面赞同林语堂的意见。他说:"是的,我的孩子也骂我。有一次,他(指周海婴)严厉地责问道:'爸爸!你为什么晚上不睡,白天困觉!'又有一次,他跑来问我:'爸爸,你几时死?'意思是我死了之后,所有的书都可以归他;到了最不满意的时候,他就批评我:'这种爸爸,什么爸爸!'我倒真的没有方法对付他。"

大家听了都笑个不停。①

林语堂的刊物上允许鲁迅批评林语堂的"幽默"主张,两人面对面时,鲁迅给他泼冷水、让他碰钉子,他并不介意,照样与鲁迅说说笑笑,这是符合林语堂的个性的。而鲁迅呢,私谊归私谊,原则归原则,在宴会上与林语堂碰杯的那只手,在宴会散了以后,照样握笔写批判林语堂的文章。在《人间世》创刊以前,鲁迅已撰写了《从讽刺到幽默》(1933.3.7)、《从幽默到正经》(1933.3.8)、《二丑艺术》(1933.6.18)、《帮闲法发隐》(1933.9.5)、《"论语一年"》(1933.9.16)、《小品文的危机》(1933.10.1)等文章,畅谈了他对幽默讽刺的看法,批评了林语堂所提倡的幽默。

早在《人间世》创刊前四五个月,林语堂已经脱离《论语》编辑部了。

1933年11月1日出版的《论语》第28期上刊出了林语堂的《与陶亢德书》,以"今将有远行"等词,含蓄地表明自己已与《论语》编辑部脱离关系。所以,从第28期起,《论语》实际上已由陶亢德接编,但林语堂仍是《论语》主要撰稿人,在"我的话"等专栏上刊出他的幽默文章。

当时《论语》每期印数已达数万册,是文坛上最畅销的杂志之一,在大学生中特别受欢迎。中央大学校长罗家伦曾对林语堂说:"我若有要在公告栏内公布的事,只需要登在你的《论语》里就可以了。"这虽是戏言,却也反映了《论语》畅销的盛况。

正当《论语》兴旺发达的时候,为《论语》立下汗马功劳的林语堂却突然辞去《论语》的编辑工作,去为良友图书公司办《人间世》了。对此,外界有各种说法,议论纷纷。广为流传的说法是因为林语堂与邵洵美发生了矛盾。

---

① 关于这次宴会的情况,取材于唐弢的《回忆·书简·散记》和徐懋庸的《回忆集》。

当时,邵洵美是时代书店老板,《论语》的出版发行和一切杂务琐事都由时代书店负责包揽,杂志的盈亏全部由书店承担。在杂志还没有诞生时,销路、盈亏等,都是未知数,同人们首先考虑的是杂志的生存问题。"开头并没有提到编辑费和稿酬,谁也没有想到钱"①。

创刊号印出,销路意外的好。可是,起先同人们也没有计较过稿酬,无论是撰稿人还是编辑林语堂,都为《论语》——实际上是为时代书店——无偿地劳动了四五个月,直到1933年2月1日,《论语》第10期出版之后,时代书店才决定给林语堂每月一百大洋的编辑费。并从此给作者发稿酬,每千字二至三元,后来增加到五至十元,由编辑部门开单知照书店会计处付出,由书店直接寄交作者。以《论语》为时代书店所作的"创收"贡献而论,这样的报酬标准,规定得并不高。

在时代书店方面看来,没有时代书店,就没有《论语》,《论语》只是时代书店的一个刊物;至于编辑人员,可以找你林语堂,也可以找其他的张语堂或刘语堂来编;既然是"同人刊物",就不必计较钱财。而在林语堂这方面则认为,没有我林语堂就没有现在这样的《论语》,《论语》之所以一炮打响,应归功于"幽默"的招牌。因此,自己是有功之臣,对《论语》的事务,应该有发言权。于是,林语堂先是请陶亢德来帮忙,后来又把他的兄长林憾庐也安排到《论语》编辑部。这样,书店方面就不得不另付陶亢德和林憾庐两人的薪水。同时,林语堂又提出把他自己的编辑费从每月一百元增加到二百元。在林语堂看来,《论语》使时代书店发了点财,水涨船高,书店为编辑多开支一些,也是顺理成章。

时代书店老板邵洵美,也是30年代的文化名人,邵家颇有根底,先祖是雍正时的大官,曾祖父邵灿是清朝的漕河总督,相当于现在的粮食部长和水利部长,祖父邵友濂,字小村,做过湖南巡抚,在甲午战争时被任命为全权大臣赴日求和。他的外公就是盛宣怀。那时,外人以为邵洵美是靠阔太太用陪嫁钱作文学资本的登龙者。其实,邵、盛联姻是门当户对。邵家虽有百万家产,邵洵美却热衷于文化出版事业,可惜又不善经营,经常做赔本的买卖。

---

① 章克标:《闲话〈论语〉半月刊》。

邵洵美在文人朋友面前颇有阔少气派,耻于在钱财上斤斤计较。所以,对于林语堂的经济要求,几乎有求必应,逐一地满足了林语堂的愿望。

于是,邵洵美送了人情,林语堂得了实惠,却使一位夹在邵、林之间的当事人,大为恼火。此人就是时代书店的总经理章克标(1900—2007)。这位章经理早年留学日本,1925年考入京都帝国大学数学系研究生,后来因故弃理从文。1932年,章克标出任时代图书出版印刷发行公司总经理后,改革书店的经营管理方法,试图发展时代书店的业务。按说,林语堂要求增加编辑部开支等,属于经理的职权范围。可是,林语堂在与章克标相处一段时间后,知道自己的要求在章克标那里肯定会碰壁,所以,他就干脆越过章克标,直接和邵洵美打交道,终于达到了目的。

邵洵美答应过的事情,章克标当然不好公开反对,只能违心地为林语堂增加编辑部的开支,但日子一久,林语堂和章克标的矛盾就暴露出来了。

林语堂认为自己是邵洵美的朋友,邵洵美答应过的事,你章克标毋庸赘言。再说,就算没有这一层关系,以论功行赏的角度来看,时代书店为畅销的《论语》增加一点编辑部开支,也是无可非议的。

而章克标则认为林语堂"过于重利轻义了,于是有点隔阂。……有点看不惯,有点恼火"[①]。这是因为章克标站在书店总经理的立场上,要维护书店的利益,如果书店损亏,邵洵美绝不会去找林语堂算账,而是要唯章克标是问。所以,章克标觉得林语堂"门槛精",收入已经不少了,不应该唯利是图。

于是,林语堂和章克标有了疙瘩,但表面上仍旧一团和气,只是面和心不和罢了。正巧,良友图书公司准备办刊物,林语堂便以承包的方式到良友来办《人间世》。当时,良友付给《人间世》每期五百元,编辑薪金、作者稿酬都包括在内,另外由良友提供办公室一间,并负担办公室的用品。

林语堂脱离《论语》编辑部,另起炉灶,不知内情的局外人以为这是林语堂和邵洵美的矛盾,知情人则深知林语堂离开《论语》半月刊,主要是与章克标的矛盾。双方似乎是公说公有理,婆说婆有理,不过当时的社会舆论是倾向于林语堂的。鲁迅在这一时期给林语堂等人的信中,虽然没有直接对此

[①] 章克标:《林语堂与我》。

事表态,但就鲁迅在信中多次非议邵、章的言词来看,鲁迅在林语堂与时代书店的矛盾中,至少是间接地站在林语堂这一边的。

《人间世》和《论语》一样,也是林语堂主编的刊物,但这两个姐妹刊物在问世以后的遭遇却大不相同。如果说《论语》创刊,"轰的一声,天下无不幽默和小品",似是旗开得胜,那么,《人间世》则刚一诞生就成了众矢之的,出师颇为不利。

1934年4月5日出版的《人间世》创刊号上,刊出了林语堂撰写的《发刊词》。在《发刊词》上,林语堂提倡"以自我为中心,以闲适为格调"的小品文,并且界定了小品文的内容"包括一切,宇宙之大,苍蝇之微,皆可取材,故名之为人间世,除游记诗歌题跋赠序尺牍日记之外,尤注重清俊议论文及读书随笔,以期开卷有益,掩卷有味,不仅吟风弄月,而流为玩物丧志之文学……"这一段发刊词后来曾成为反对者攻击的靶子,文中的"宇宙之大,苍蝇之微"一句更是不知被嘲笑了多少遍。比《发刊词》更惹是生非的,则是周作人的那两首五十自寿诗。

总之,《人间世》发刊伊始就掀起了一场不大不小的文坛风波。而在这风波中,因为与时代书店的旧账,曾使林语堂一度产生错觉,并因此而发生误会,竟把左翼作家对他的批评,误认为是章克标的"系统的化名"攻击。……

先从周作人的五十自寿诗说起:按中国传统的计岁法,癸酉十二月初一(1934年1月15日)是周作人的五十大寿。为庆贺自己年过半百,1月13日,周作人写了一首"牛山体"的七律诗,15日,他步原韵又写了一首。两首诗的全文如下:

> 前世出家今在家,不将袍子换袈裟。
> 街头终日听谈鬼,窗下通年学画蛇。
> 老去无端玩骨董,闲来随分种胡麻。
> 旁人若问其中意,且到寒斋吃苦茶。

> 半是儒家半释家，光头更不着袈裟。
> 中年意趣窗前草，外道生涯洞里蛇。
> 徒羡低头咬大蒜，未妨拍桌拾芝麻。
> 谈狐说鬼寻常事，只欠工夫吃讲茶。

对这两首自寿诗，周作人非常欣赏，手书多份赠送亲友。林语堂接到赠诗时，正在筹备《人间世》。幽默大师灵机一动，立即构思了一个为《人间世》造声势的计划：把周作人的自寿诗再抄送当时文化界有影响的名流，向他们索取唱和诗。1934年4月5日《人间世》上柜，这创刊号的版面安排确实不同凡响，周作人的两首自寿诗，林语堂、刘半农、沈尹默的唱和诗，都以手迹刊出。在《人间世》第2期上，又印出了蔡元培、沈兼士、钱玄同的唱和诗手迹。这标新立异的创举，达到了为《人间世》扩大影响的目的。

林语堂的唱和诗的题目是《和京兆布衣八道湾居士岂明老五秩诗原韵》，全文如下：

> 京兆绍兴同是家，布衣袖阔代袈裟。
> 只恋什刹海中蟹，胡说八道湾里蛇。
> 织就语丝文似锦，吟成苦雨意如麻。
> 别来但喜君无恙，徒恨未能与话茶。

《人间世》刊出周作人自寿诗的同时，大型刊物《现代》杂志和一些小报小刊也一哄而上，相继转载自寿诗，唱和者接踵而至。由周作人自寿诗又引出了许多唱和诗，就像滚雪球似的，越滚越大，弄得满城风雨。林语堂为自己的这一绝招十分得意。

本来，周作人的诗含有讽世之意，内隐着不平，但由于曲笔隐晦，所以此种微辞已为一般读者所不明了。再加上名流唱和，倒反而变成近于肉麻的相互吹捧和自我吹嘘。林语堂原以为这是一桩颇有幽默感的雅事，想不到招来了一阵对《人间世》和自寿诗的激烈批判，这是幽默大师所始料不及的。

首先发难的是野容。这位野容就是三十二年以后在"史无前例的文化

第十九章 活跃于文坛的"幽默大师"

大革命"中被打成"三家村"黑帮分子的廖沫沙。当年的野容,是一位意气风发的小青年。4月14日,《申报·自由谈》上刊出他的《人间何世》一文,一看题目,便知道文章的矛头是指向《人间世》和林语堂的。文章第一段,就开门见山地直刺林语堂:

> 主编《论语》而有"幽默大师"之称的林语堂先生,近来好像还想谋一个兼差,先前是幽默,而现在继之以小品文,因而出版了以提倡小品文相标榜的《人间世》。有了专载小品文的刊物,自然不能不有小品文"大师",这是很逻辑的登龙之道吧。

紧接着,文章又掉转矛头,刺向周作人,他说当他揭开《人间世》封面,见到一幅周作人的十六吋放大肖像,还以为是错买了一本摩登讣闻呢!野容在引用了周作人1月13日写的第一首自寿诗以后,又用讽刺模拟的手法写了一首打油诗:

> 先生何事爱僧家?把笔题诗韵袈裟。
> 不赶热场孤似鹤,自甘凉血懒如蛇。
> 选将笑话供人笑,怕惹麻烦爱肉麻。
> 误尽苍生欲谁责?清谈娓娓一杯茶。

这篇一千五百多字的杂文,集中火力批判了《人间世》发刊词里关于"宇宙之大,苍蝇之微,皆可取材"的小品文内容,辛辣地说,在《人间世》上始终只见"苍蝇",不见"宇宙",并预言:刚刚创刊不到十天的《人间世》,肯定"和近来的《论语》相似,俏皮埋煞了正经,肉麻当作有趣"。在野容的眼里,林语堂的小品文和幽默一样,是将屠户的凶残化为一笑的麻醉品,是精神上的吗啡红丸。

《人间何世》一文,笔锋犀利,语言泼辣,而且对幽默、小品文毫不留情地全盘否定,这是林语堂自《论语》问世以来从未碰到过的。尽管,在《人间世》创刊前,鲁迅在有关幽默问题的杂文中,也有过"我不爱幽默""中国没有幽默"之类的词句,但鲁迅对幽默是采取一分为二的态度,在批判的同时,还肯定了幽默的社会效果,对林语堂个人的态度,也是友好的。像《人间何世》这样不客气地指着林语堂鼻子痛骂一顿的文章,是林语堂踏上上海滩以来,头一遭碰到。这篇杂文,对于准备在《人间世》上大干一番的林语堂,无疑是当头一棒。

如果仅仅是这一棒,也许,林语堂还能沉得住气。岂知,文坛的风向变幻无穷,神秘莫测,不久前,各报刊还是一阵风似的竞相刊出唱和诗,转眼间,舆论导向突然剧变,各报刊又争着批判自寿诗和《人间世》,同时又引出了批判林语堂的幽默小品的浪头。其来势之猛,出乎幽默大师的意料。

林语堂的第一个反应是:这是一场有组织有计划的围攻,是"系统的化名",虚张声势的捣鬼。因为,林语堂不知道野容是廖沫沙,所以他就按照侦探小说常用的推理方法来寻找这场围攻的策划者。他分析,这场围攻的目的是要搞垮《人间世》,那么《人间世》妨害了谁呢?对了,可能是时代书店方面搞的鬼。因为《人间世》和《论语》艺术趣味相同,所以两者面向着同一层次的读者群,一位过去的《论语》的读者,现在见书摊上放着新近创刊的《人间世》,他可以把《论语》和《人间世》都买回去,但也可能只买其中的一本。《论语》之所以出名,与"幽默大师"的招牌有关,可是眼下林语堂已改弦易辙为《人间世》效劳了,"幽默大师"的招牌挂到《人间世》了。因此,原先《论语》的读者,此刻完全可能不买《论语》而买《人间世》。这不等于是《人间世》抢走了《论语》的部分读者,损害了时代书店的利益吗!再说,林语堂与时代书店方面的经济矛盾,虽未演成表面冲突,但这是公开的秘密,各人心里都有数。所以,根据上述的思维导向,林语堂怀疑这一切都是时代图书出版印刷发行公司总经理章克标掀起的浪头。

事情也凑巧,当时章克标的《文坛登龙术》一书刚出版不久,这是一本用讽刺笔法写成的散文随笔,从文人应具备何种资格、气质、修养到如何生活社交、著作出版,如何宣传等,以辛辣的笔锋揭露和讽刺了文坛上种种恶劣的手段和行径,为读者展示了20世纪30年代文坛内幕的一角,书中有不少切中时弊的章节,所以《文坛登龙术》引起文坛上各路文士们的注意。有人说,这是一本奇书,它奇就奇在书中所揭示的时弊具有相当的典型意义,常以现实生活中人们所熟悉的事例为蓝本,因此,那些以歪门邪道登入文坛者,总觉得书里有他们自己的影子,认为章克标是在骂他们,惶惶不安。也有的人,以《文坛登龙术》借题发挥,比如鲁迅的《登龙术拾遗》、林翼之的《文坛登龙术要》等文,就是由章克标的这本书而引出的杂感。《文坛登龙术》出版时,在《论语》半月刊上登过广告,林语堂也是读过这本书的。而野容在《人间何世》一文中,讽刺林语堂办《人间世》是想当小品文"大师",是"登龙之道",符合《文坛登龙术》的思维定式,有点像章克标的文风。所以,林语堂就怀疑野容等署名文章,都是章克标攻击《人间世》的"系统的化名",以此来报《人间世》抢走《论语》读者的一箭之仇。

怀疑毕竟是怀疑,如果缺乏证据,那将永远是怀疑。所以,林语堂开始查访落实。

就在林语堂查访野容等笔名的正身时,鲁迅出来讲话了。鲁迅在4月30日给曹聚仁的信和5月6日给杨霁云的信中,都肯定了周作人自寿诗的"讽世之意",认为周诗"还是藏些对现状的不平的",而报刊上的攻击者不仅把周诗全部否定,而且还把"党国将亡"的责任推卸给"清流或舆论",鲁迅不以为然。4月30日,鲁迅在《申报·自由谈》上发表了《小品文的生机》一文,鲁迅既反对1933年幽默大走鸿运时,"开口幽默,闭口幽默,这人是幽默家,那人也是幽默家"的一窝蜂的做法;同时也反对有人趁机把"一切罪恶,全归幽默,甚至于比之文场的丑角"的偏激观点。鲁迅认为,现在大骂幽默的人,有的当初曾与林语堂志同道合地提倡幽默,只是看到幽默已从当年"大走鸿运"的高峰,落入了1934年"大塌台"的低谷,在幽默行情看跌的情况下,赶紧见风使舵,也出来骂几声幽默。于是"骂幽默竟好像是洗澡,只要来一下,自己就会干净似的了"。鲁迅十分厌恶这种趁机起哄的人,把他们比喻为改唱丑角戏的黑头。鲁迅觉得,林语堂和《人间世》被这种人攻击,不是坏事,而是好事,"这或者倒是《人间世》的一线生机罢"。

周作人的自寿诗和文坛精英们的唱和,不但没有使新开张的《人间世》大发利市,反而招来一片嘘声,林语堂感到意外,此刻听到鲁迅的公正的声音,心里非常宽慰。林语堂虽然断定是"系统的化名的把戏",但究竟是谁的化名,他缺乏真凭实据。4月30日,林语堂读到鲁迅的《小品文的生机》一文,他觉得鲁迅文章中所讽刺的"黑头",似是影射邵洵美、章克标等人。所以,原来就把章克标列入重点怀疑对象的林语堂,这时,立即写信给鲁迅,在感谢鲁迅的支持的同时,也说出了自己的怀疑。

5月4日,鲁迅收到林语堂的来信后,当夜作复,向林语堂分析了反对《人间世》的三种情况。鲁迅说:"窃谓反对之辈,其别有三。一者别有用意,如登龙君,在此可弗道;二者颇具热心,如……虽时有冷语,而殊无恶意;三则先生之所谓'杭育杭育派',亦非必意在稿费,因环境之异,而思想感觉,遂彼此不同、微词窅论,已不能解,即如不佞,每遭压迫时,辄更粗犷易怒,顾非身历其境,不易推想,故必参商到底,无可如何。但《动向》中有数篇稿,却似为登龙者所利用,近盖已悟,不复有矣。"鲁迅落款之后,言犹未尽,觉得应该让林语堂明白无误地意识到自己不赞成《人间世》的艺术趣味,所以,他又用"又及"的形式,批评了《人间世》的"空虚",并直言不讳地指出内容空虚,也是一部分人不满《人间世》的一个原因。

鲁迅分析了反对《人间世》的三种情况,并明确表示第二第三种情况的反对者,都没有恶意,矛头所指是第一种情况,即别有用心的人。鲁迅认为这别有用意者不是别人,就是"登龙者"。和鲁迅同时代的人都清楚:在鲁迅的文章里,"登龙者"是一个有特定指向的专用名词,自从章克标的《文坛登龙术》一书问世以后,"登龙者"就成了邵洵美、章克标等人的代名词。当然,鲁迅也没有确凿的凭据来印证林语堂对章克标的怀疑。在《自由谈》发表野容、胡风等批评《人间世》的文章之后,一天鲁迅问唐弢:"那些文章的作者究竟是谁?是不是如林语堂所怀疑的是章克标(岂凡)?因为批评周作人波及了《人间世》,林语堂说这是章克标干的。"①可见,鲁迅虽然不能肯定或否定林语堂的怀疑,但是,在林语堂与时代书店的矛盾中,鲁迅则明确地站在林语堂一边。但这并不等于鲁迅赞成《人间世》的倾向,这一点,鲁迅在1934年5月4日夜给林语堂信尾的"又及"中,表明了自己对《人间世》艺术倾向方面的批评态度。

林语堂并没有忽视鲁迅的原则立场,但在《人间世》四面楚歌的情况下,

---

① 唐弢:《回忆鲁迅及三十年代文艺界两条路线斗争》,《鲁迅研究资料》第1辑。

鲁迅的声音无论如何都是至关重要的。至少,在与时代书店邵洵美、章克标的对抗中,鲁迅是和林语堂站在一起的。

林语堂收到鲁迅5月4日晚的来信后,随即决定5月10日在忆定盘路(今江苏路)的寓中宴请鲁迅、唐弢、徐懋庸等十人,名义上是为《人间世》组稿而请客,实际上从参加者大多是平时接近鲁迅的作家这点来看,林语堂是想通过社交场合与鲁迅及其影响下的作家联络感情。

鲁迅应邀赴宴,并赠送林语堂磁制日本"舞子"一枚。席间,林语堂约请鲁迅等人为《人间世》撰稿——也许,林语堂有意要与鲁迅重温《语丝》的旧梦,然而,今非昔比,鲁迅已不是当年的鲁迅,林语堂也不是当年的林语堂了。鲁迅并没有积极响应林语堂的约稿,只是把唐弢、徐诗荃等人的文章推荐给《人间世》。对此,林语堂感激不尽,凡是鲁迅介绍来的稿件,他们大多照登不误。

人怕出名,猪怕壮。林语堂在1933年出尽风头之后,已成为上海文坛上一棵招风的大树。到1934年,不顺心的事情接踵而至。年初,十九路军在福建独立,成立"中华共和国人民革命政府"时,有人在报上造谣说,林语堂曾秘密回福建接洽。转眼间,林语堂成了新闻记者笔下的危险分子……《人间世》创刊后,又陷入了"左""右"夹击的火力网,如果说,"野容"们是来自"左"的方面,那么"微风文艺社"则代表了"右"的方面。这个站在南京政府立场上的"微风文艺社",竟把论语派和左翼作家等量齐观,把鲁迅和林语堂并列在一起,同时进行"声讨"。1934年7月26日的《申报》上刊出了"声讨"的情况:

>……大会提交声讨鲁迅林语堂应如何办理案,决议(甲)发表通电,由梅子、高完白、童赤民起草。(乙)函请国内出版界在鲁迅林语堂作风未改变前拒绝其作品之出版。(丙)函请全国报界在鲁迅林语堂作风未改变前一概拒绝其作品之发表及广告。(丁)呈请党政机关严厉制裁鲁迅及林语堂两文妖。(戊)警告鲁迅及林语堂迅即改变其作风,否则誓与周旋。……

"微风文艺社"对林语堂的"声讨",正好证明了林语堂及其论语派的那些幽默讽刺文章触到了当局的痛处。

林语堂曾以有"自省"精神而自诩。可是,在文艺观念上他却是一个固执的人,他喜欢标新立异,不愿盲从。所以,无论是"野容"们,还是"微风文艺社",都不能动摇他提倡幽默、性灵的信念。

30年代,他不仅勾画了中西文化融合的远景蓝图,而且还确立了"幽默—性灵—闲适"文艺观的理论框架。这时,林语堂已从周氏兄弟麾下的一员《语丝》战将,变成了掌着帅印的《论语》主帅。每当他的文艺主张受到大规模的攻击时,他都要挺身而出,保卫自己的文艺观念。所以,《人间世》诞生后所引出的一片反对声,并没有促使他去反思《人间世》的倾向与时代气氛之间的落差。他以固守牛角尖的那股牛劲,坚持走自己的路。作为应战,他写了《方巾气研究》一文,发表在《自由谈》上。

当鲁迅斥责"趁机起哄之士"是改唱丑角的黑头时,林语堂也写了《母猪渡河》,刊登在《人间世》第5期(1934年6月5日出版)上,他以诙谐风趣的文笔,把那些两年前热衷于幽默,两年后又大骂幽默的人,巧妙地骂为"蠢猪"!

"黑头"改唱"丑角"的,毕竟是少数中的少数。幽默派中的绝大多数人,也与林语堂一样,依然幽默如故。尽管已失去了"天下无不幽默和小品"的势头,但毕竟还没有到"大塌台"的地步。这是因为论语派虽然没有组织类似文学研究会这样的社团,但是,以林语堂为首的一批幽默小品家,始终坚守《论语》《人间世》等阵地,不管风吹雨打,仍旧大做幽默小品,他们的中坚力量就是世人所谑称的"论语八仙"。

"八仙"原是我国古代神话传说中的八位神仙:铁拐李、汉钟离、张果老、何仙姑、蓝采和、吕洞宾、韩湘子、曹国舅。自唐宋以来,八仙的传说已广为流传,《八仙过海》《八仙庆寿》的故事,几乎家喻户晓。特别是"八仙过海,各显神通"已成为常见的成语,用来比喻在一个集合体里,每个人都为共同的目标贡献出自己的办法,发挥自己的本领。当年论语派的台柱人物在共创幽默文学的过程中,倒也真像"八仙过海"一样,各显神通。

第十九章 活跃于文坛的"幽默大师"

至于"论语八仙"实指哪八位幽默家,那就众说纷纭了。因为首先论语派本身虽说是文学史上所公认的"流派",但是,几乎所有健在的论语派成员都异口同声地说,我们当初没有成立过什么"派"①!这也难怪,正像郁达夫所说:

> 原来文学上的派别,是事过之后,旁人(文学批评家们)替加上去的名目,并不先有了派,以后大家去参加,当派员,领薪水,做文章,像当职员那样的。②

事实正是这样,因为流派是属于艺术范畴内的一种文学现象,不是一个政治范畴,也不是一种社团的组织形式,而是在一定社会历史时期内,艺术风格相似的作家们,在特定条件下自觉或不自觉的结合。换句话说,流派的组成是以不同作家在创作实践中显示出来的艺术倾向和艺术风格的相似性为前提的。所以,后人把在《论语》等刊物上经常写幽默、小品的人称为论语派,完全是顺理成章的。世人戏称论语派的代表人物为"论语八仙",由来已久,但论语派的活跃分子远远超过八位,而"八仙"的限额是"八",又无法突破,所以,谁能坐上"八仙"交椅,不同的论者各抒己见,始终没有统一的意见。

比较常见的有三种说法。一说,"八仙"为林语堂、周作人、老舍、老向、老谈(何容)、姚颖、大华烈士、黄嘉音;另一说,没有何容和黄嘉音,而加上海戈和陶亢德;还有一说,则是林语堂、周作人、老舍、姚颖、大华烈士、俞平伯、丰子恺、郁达夫。以上三说共提到十三位经常为论语派杂志撰稿而文风又相似的作家。毫无疑问,他们都是论语派的骨干。但这三张名单中都忽略了几位极重要的论语派,比如,邵洵美、章克标、全增嘏等人都是《论语》的创始人,又是积极的撰稿人,如果没有邵老板和章经理的时代书店对《论语》在经济和人力上的支持,《论语》是难以开张的。另外,徐訏不仅是一位经常的作者,而且在编务上也出力不小。徐訏和邵洵美、章克标、全增嘏等,无论以

---

① 关于"论语派"的流派发展史,详见拙著《流派论》。笔者在访问大陆幸存的"论语派"成员时,他们都一致否认当年曾成立过什么"流派"。
② 郁达夫:《现代散文导论(下)》。

艺术风格而论，还是以对《论语》的参与而论，三张名单上都未提到他们的名字，实在是不小的疏漏。可见，流行的三种关于"论语八仙"的提法，都有不够完美之处。

林语堂对"论语八仙"的戏称，非常赞赏，在《宇宙风》创刊号上，他为姚颖的文章写跋时写道："本日发稿，如众仙齐集将渡海，独何仙姑未到，不禁怅然。适邮来，稿翩然至。"但林语堂也没有说明除姚颖外，其余的七位是谁。不过，林语堂倒没忘记《论语》"开国元勋"们的功劳。他在脱离《论语》编辑部时，曾在《论语》第28期上发表了《与陶亢德书》，明确表示："《论语》地盘向来完全公开。所谓'社'者，全、潘、李、邵、章诸先生共同发起赞助之谓也。"点明论语"社"的台柱，实际上是全增嘏、潘光旦、李青崖、邵洵美、章克标等人。

不管哪一种说法，林语堂、周作人、老舍、姚颖、大华烈士等五人都被选入"八仙"之列。而姚颖和大华烈士都是《论语》培养出来的作家。姚颖女士因为后来不知所终，所以在"八仙"中有关她的传说很多，她的名字被蒙上了一层神秘的色彩。据可靠资料表明，姚女士的丈夫是国民党中委、南京市政府秘书长王漱芳，姚女士从丈夫那里获悉许多官场内幕，写成幽默文章，实属独家新闻。林语堂为她在《论语》特辟"京话"专栏，颇受读者欢迎。抗战时期，姚颖随王漱芳到大后方，王漱芳在陕西做官，不幸坠马身亡，姚颖竟不知下落。因此有人推测姚颖此人实际上子虚乌有，是王漱芳的化名，王因为身居高官，用真名写文章去曝光官场内幕，有所不便，所以就制造了一个"姚颖"……实际上，当年曾刊出过姚女士的大幅照片，是位年轻美貌的少妇，读者记忆犹新。况且南京上海相距不远，如果姚女士真是子虚乌有的人物，在当时是不难被识破的。"大华烈士"四个字就是俄语"同志"的译音，原名简又文，在国民党当局担任过高级职务，有中将的头衔，《论语》也为他特辟"西北风"专栏。林语堂与姚颖、简又文原先都素昧平生，林语堂从来稿中发现了他们。林语堂与老向、何容、海戈、黄嘉音、徐訏等人认识的经过也大致相似，在耕耘幽默文学的过程中，他们以文会友，走到一起来了。林语堂无意在文坛上拉起山头，可是他在幽默园地里的成就，使他无形中成为论语派的精神领袖。相比之下，论语派的帮派意识比较淡薄，所以，当左翼作家发动声势浩大的批判攻势时,论语派方面,包括所谓"论语八仙"在内,都只顾埋头于幽默文学的笔耕,唯有林语堂一个人出来招架。

论语派的范围理应根据前述的流派标准来加以科学的界定,可是有人却根据幽默刊物上刊出的"长期撰稿员"名单来划定论语派的成员,这显然是不妥当的。因为,《论语》创刊时列入"长期撰稿员"名单的有二十四人,《人间世》公布的特约撰稿人有四十九人,《宇宙风》创刊时的"撰稿作家题名"有七十二人,三份名单加起来是一支百多人的庞大队伍,除个别的"民族主义文学"家之外,几乎把20世纪30年代的文坛精英大半网罗其中。这里有不少人(如郭沫若、钱杏邨、蔡元培等)的艺术趣味与林语堂是不相投的,甚至是相悖的。这些人当然不是论语派的成员。又由于,林语堂办的刊物"地盘向来完全公开","向来所刊外稿多而社稿少"。[①] 所以,也有的人经常为幽默刊物撰稿,但他们不仅不是论语派,而且还积极反对论语派的艺术趣味,如鲁迅、徐懋庸、唐弢、徐诗荃等,就是属于这种情况。

---

① 林语堂:《与陶亢德书》。

第二十章　与赛珍珠相遇

> 赛珍珠是个"中国通"——接住赛珍珠抛来的球——《吾国吾民》在庐山脱稿——《四十自叙》

机遇只垂青那些懂得追求它的人。林语堂就是一个懂得追求机遇的人。20世纪30年代中期,林语堂及时地抓住了赛珍珠所给予的机遇,使他的生活道路发生了重大的转折。

赛珍珠(1892—1973)是一位著名的"中国通"。刚出生四个月时,便随着她那当传教士的父母来到中国。1917年,二十五岁的赛珍珠与美国教会派到中国来的农学家洛辛·巴克结婚,在婚后随丈夫前往安徽宿县生活的五年中,她感受到中国农民的单纯、善良和聪明,因此萌发了要写下"为敬爱的中国农民和老百姓所感到的义愤"。她的第一本书是《东风·西风》,但奠定她在文坛上地位的,是1931年3月出版于纽约的《大地》。小说出版后,即被美国出版界所组织的"每月新书"推选为杰作,连续再版,很快被译成三十国文字。同年获得美国的普立兹文学奖金。1938年,《大地》荣获诺贝尔文学奖,赛珍珠成为美国第一个得诺贝尔文学奖的女作家。

赛珍珠经常自谓视中国如祖国,然而,看她的作品,毕竟是一位生长在中国的外国人。她所体验的,往往不过是一些浮面表层的现象。也许,赛珍珠自己也意识到了这一点,所以. 在1933年,她决定寻找一位中国作家用英文来写一本介绍中国的书。但这样的作家实在很难找,因为能用英文来写作的中国现代作家本来就有限,再加上赛珍珠的要求又相当高:她要求作者"在这混乱的时代并没有迷失方向。他们的幽默使他们能够正确地认识生活,这是多少代人用世故和学问培养出来的幽默。他们机智到足以理解自己、足以理解别人的文明。他们能够明智地选择自己民族所特有的东西"。她要求作者既能真实地袒露中国文化的优根和劣根,揭示中国文化精神的内核,又要在技巧上具有适合西方读者口味的那种幽默风格和轻松笔调。而在她看来,现代中国作家的作品,不是完全抄袭西方的,也是受西方的影响太深。因此,可供她选择的对象,屈指可数。起先,她曾想到请张海歆撰稿,因为张氏有精湛的英语写作能力。可是不久,当她全面地估价了张氏的文化素质之后,又认为他难以承担此项重任。

当赛珍珠快要失望的时候,正是林语堂在文坛上最出风头的时候。1933 年是"幽默年","幽默大师"理所当然地成了"幽默年"的新闻人物。早在这之前,赛珍珠已经读过林语堂在英文杂志《中国评论周报》的"小评论"专栏中的文章。1928 年,林语堂为该报撰写的《鲁迅》一文,是最早向外国读者介绍鲁迅的英文资料之一。几年来,林语堂的那些题材新颖的英文小品和他"幽默与俏皮"的文风,曾给赛珍珠留下深刻的印象。赛珍珠特别欣赏林语堂的小评论在抨击时弊时的"无畏精神"——在俏皮里包含着火辣的讽刺,言人所不敢言,在不宽容时,又绝不宽容……

1933 年的一天晚上,赛珍珠到忆定盘路林语堂家吃饭。

赛珍珠虽然已经四十出头,但岁月好像并没有消损她美丽的容貌,她的衣着和肤色都是西方的。可是她的幽静的态度和从容的谈吐中,显示出东方女性所具有的某些性格和心理。这时,她的《大地》已畅销世界,四十万美元的版税,使她成为一个富有的女人。她花了五年时间将《水浒》译成英文,这时已经在美国出版,林语堂十分欣赏赛珍珠中译英的《水浒》。一个是"中国通",一个是"两脚踏东西文化",他们有不少共同的语言,他们用英文交谈,谈得十分投机。

话题涉及某些在中国住过几年的西方人,回国以后就以"中国通"自居,著书立说。但是,这些著作充其量不过是海外猎奇,或者是对小脚、辫子之类的丑恶大展览。比如,1894 年,美国传教士 A. H. 史密斯,在《中国人的特性》一书中竭力丑化中国人,认为容貌丑陋、长辫小脚、不守时刻、不懂礼貌、爱好嫖赌、不讲公德、溺婴杀生、见死不救、虐待动物等是中国人的天性。美国老牌"中国通"甘露德,在 1923 年写的《中国的毛病何在》一书中,断言中国是一个劣等民族……对此,宾主都不以为然。

赛珍珠表示,她希望有一本阐述中国的著作,要避免上述的毛病。这本书应该渗透着中国人的基本精神,由中国人来写,要坦诚相见,不要为了取悦外国人而自惭形秽,因为中国向来就是一个骄傲的民族,具有坦率与骄傲的资本。

林语堂出其不意地说:"我倒很想写一本书,说一说我对于中国的实感。"

"那么你为什么不写呢?你是可以写的。"赛珍珠十分热忱地鼓励他写,"我盼望已久,希望有个中国人写一本关于中国的书。"

正是:踏破铁鞋无觅处,得来全不费工夫。两人一拍即合,林语堂就成了赛珍珠的特约撰稿人。

林语堂受约之后,不敢懈怠,立即构思。

林语堂写作时,常常在床上先打好腹稿。在幽静的深夜,他熄了灯,却并不睡觉,有时还从床上起来,走到窗口,眺望窗外的风景。黑暗中他的烟斗发出来的火星,像萤火般地闪烁。有时他静静地坐在窗口,陷入沉思。但他主要的工作场所还是在世人皆知的"有不为斋"书室。

这部后来被题名为《吾国吾民》的书,前后共花费了林语堂十个月的时间。为了使自己能进入创作境界。他把写作提纲抄写在纸上,又把纸贴在"有不为斋"的墙上。① 林语堂进入高度紧张的工作态度时,"有不为斋"就成了他生命的一部分,全家没有一个人敢在他工作的时候去惊扰他,除了街上小贩的叫卖声之外,整幢楼房像深夜一样的寂静,只有遇到非常重要的事情,廖翠凤不得不与之商量时,才敢走进去。仿佛怕泄漏什么秘密似的。廖女士一进去就迅速把房门关好,而那些天真的孩子则挤在钥匙孔上窥视那充满神秘感的书房,和那突然变得不可理解的父亲。

四面都是书架的"有不为斋",是一间舒适的屋子,安置在房间一角的那张写字台,平时总是十分整洁的。可是此刻写字台中间堆着一堆稿子,还有几本常用的书、毛笔、铅笔和放大镜,烟缸里挤满了烟头和烟灰。写字台的

---

① 据周劭先生与笔者谈话的录音记录稿。

周围,满地都是烟灰和火柴杆,整个房间烟雾腾腾,烟斗的气味刺鼻。

有时候,林语堂一边写作,一边微笑。这就暗示着他写得非常顺手。林语堂曾说,一个人心情忧郁的时候,无论怎样也写不出好文章来,因为作者自己就憎恶作品,又如何能引起读者的兴趣呢——林语堂的说法,来自幽默文章的写作经验。

《吾国吾民》最后是在避暑胜地庐山脱稿的。1934年7月上旬,林语堂夫妇携带三个女儿登上去庐山的江轮。7月7日半夜,舟抵九江。船靠岸后,舱内燠热不堪,林语堂全家都睡到甲板上。林语堂和两个女儿先是朝天仰卧,数天上的星星,又讲故事。天刚破晓,全家登岸,预备上山。到中国旅行社取得行李,再以每人八角的价格雇得数名挑夫和轿夫,行李由挑夫挑,人由轿子抬。庐山轿夫,一向以老实著名,但这一次却与林语堂发生了一点小争执。起因是林语堂把三瓶凉水带在轿上,以便途中解渴,而轿夫认为三瓶水增加了他的负重,所以沿途念念有词,表示不满,直到林语堂不得不将其中一瓶水倒于涧中,事情才算了结。

牯岭是庐山著名的避暑区,海拔一两千公尺,越往上走,山风越凉。全家五口,雇了三顶轿子,最怕别人说她胖的廖女士独坐一顶,大女儿坐一顶,二女儿和三女儿,一个八岁,一个四岁,两人合坐一顶,林语堂自己则徒步登山,走累了就和大女儿对换,上轿子坐一段。在险峻的地方,步行似乎比坐轿子安全,所以,大家都下轿步行攀山,让轿子空着。这是一个峻峭的山峰,一边是狭路,下面是百丈深谷,泉水在渊下滚滚而流,令人胆战心惊。

从山脚到山顶,约有两个半小时的旅程。途中,林语堂一家在路边的茶馆里稍事休息,吃些橘子,喝杯茶。到目的地后,中国旅行社把林语堂介绍到建筑得十分精巧的仙谷旅馆。客人们都住在平屋里,林语堂租了一套两间半的客房。

在屋中小憩一会,林语堂和大女儿二女儿来到"仙谷客舍"前潺潺的流泉边,脱去了鞋袜,步入水中玩耍。清凉凉的泉水使林语堂的神经异常兴奋,他仿佛又回到了西溪河畔。

次日,天刚亮,林语堂就醒来了,真是名不虚传的避暑胜地,和炎热的九江宛如隔了一个季节。早晨,凉气袭人,穿了一件夹袄仍嫌不够,林语堂只得再加一件夹袍子。三个女儿都穿起了羊毛衫。

"仙谷客舍"价格昂贵,伙食也不如意,据早来几天的游客介绍,山上另有空屋可租。于是,林语堂急忙搬出客舍,租到了一所避暑的别墅。这是一幢用山石建筑的房子,一边对着山岩,另外三面都是树林,像云雾中的仙境。在这里,林语堂饱览了庐山美丽的风景。早上可以看见密集的白云在山谷上游动,阳光从白云后面直照远山近谷。有时乌云从敞开的窗户里飘进来,房间里变得模糊不清,身上也觉得有点儿寒气,于是只好把门窗暂时关闭片刻。通向山峰的小径铺着碎石,平滑而清洁,两旁都是松树,阵风吹来,树枝晃动,犹如大海怒涛的吼声。

如此赏心悦目的良辰美景,本是奋笔疾书的大好时光,可是林语堂竟三四天没有动笔——原来,在这别墅的屋后,林语堂发现了一个有泉眼的小水潭,他灵机一动想把它改造成一个可以洗脚的小水池。动手以前,他自负曾是圣约翰大学的运动明星,以为做这点小事不费吹灰之力。半天下来,才知道不那么简单,由于长期忽略体育锻炼,肌肉已经开始退化,今非昔比。然而,既已动工,林语堂的个性又不允许半途而废,只好硬着头皮干下去。孩子们觉得好玩,也参加帮忙,父女们半是游戏,半是劳作,仅在小潭的四壁砌起小石块,就花费了父女四人两天半的时间,终于筑成了一尺深、一尺多长、一尺多阔的水潭。小水潭里充满了一定水位的泉水,从不外溢。看着这么好的水质,林语堂舍不得用这来之不易的水洗脚,而把它当作"土冰箱",每天早晨把橘子、苹果、果子露或西瓜放进水潭,到中午取出来吃,清凉清凉的别有风味。可是,这"土冰箱"的建筑师林语堂,却由于这两天半的劳动臂酸手痛,一握笔手就颤动,拇指发硬,伸屈不便,竟然三天不能写字,这对林语堂来说是个不小的损失。廖女士见到此情此景,不禁怜惜地笑着说:"可怜的孩子,一点气力都没有。"但林语堂并不认输,他照样向女儿们夸耀自己当年在大学运动场上雄姿英发的光荣历史。

虽然不能写作,林语堂也绝不会浪费时间,他趁机读完了《野叟曝言》,颇有心得。几天后,林语堂开始在英文打字机上创作《吾国吾民》。他工作的时候,孩子们也在练习毛笔字、读书、画图,各不相扰。

第二十章　与赛珍珠相遇

尽力工作,尽情作乐,这是林语堂的信条。他工作时,高效率高节奏;休息时,充分愉快地游乐。在写作间歇时,有几次,林语堂带全家去寻访庐山的名胜古迹,从上海家里赶到庐山的那位厨子也常与他们同行。他们提着盛装水果、毛巾和泉水的篮子,攀缘在高山峻岭之中。每到一处,就听和尚们讲述神话传说和古迹的来历,沿途的山路旁常有野百合花及其他美丽的花朵。林语堂和女儿们一样,兴奋地奔跑着去采集野花。正午,烈日当空,林语堂和女儿们一起脱掉鞋袜,在路边的小溪中洗脚,双脚浸入冰凉的泉水中,真痛快极了。

旅途中,林语堂和家人们常在寺院里午餐,由僧人供给他们素斋,还品尝了用庐山山泉冲泡的庐山云雾茶,最难忘的是那次用"天下第七泉"的水所泡的云雾茶。大家都知道:名泉泡名茶,机会难得,所以每个人都喝得肚子发胀方才罢休。临走时还用瓶子装了一瓶泉水带回别墅。

江西是中国名瓷的故乡,庐山附近就有瓷器的贸易集市,景德镇的美丽工艺品,使林语堂夫妇为之流连忘返。林语堂买了一套用茶点的瓷器和几只装饰用的花瓶,其中一只天蓝色的花瓶,瓶口上装饰着一条天蓝色的小龙,十分惹人喜爱。允许买卖双方随意讨价还价,这是中国民间集市的习惯。出身于钱庄老板之家的廖女士,以家庭主妇的精明,成功地应付了商贩的狡猾。面对着商贩们的漫天要价,林语堂常不知所措。这时,幽默感是属于"幽默大师"的夫人的,廖女士沉着地还价道:

"打对折,否则我们不要。"

"不行,不卖。"老练的商贩一口回绝。

林语堂很喜欢这些瓷器,他担心妻子杀价太狠,会使他失去心爱的瓷器,他用福建方言暗暗提醒妻子:打对折的要求是否有点过分。可是妻子没有理会丈夫的眼色,继续与商贩还价。看来她胸有成竹,经过两分钟的讨价还价,商贩知道遇到了对手。于是,现实主义的态度占了上风,双方都做出让步。结果,常常是以开价时的六七折成交。

有一次,廖女士欲擒故纵,装出不想买的样子,拉着林语堂走出集市。最后,商贩不得不追出来,叫住他们,喊道:"卖给你们吧!"当然,廖女士也不是常胜将军,在另一次买卖中,他们往返两次,最后终于屈服于商贩的价格——因为林语堂实在喜欢这些瓷器,妻子不愿让丈夫扫兴。而在女儿们看来,这有趣的交易,简直是一种艺术。

1934年的牯岭镇,规模很小,没有电影院,却有一家大书店,这是林语堂经常光顾的地方。牯岭的店铺大致分成两部分,一部分专做外国游客的生意,而另一部分做中国人的生意。后者大部分是小店铺。太阳西斜时,林语堂在一天紧张的写作之后,也需要放松一下,这时,他就常带着孩子们到镇上的小茶室里去吃冰淇淋。

经过一个多月的埋头苦干,《吾国吾民》的书稿终于杀青,林语堂的避暑生活也就告一段落。

8月下旬的某日,林语堂全家依依不舍地离别了庐山,来到九江,等候回上海的轮船。林语堂在九江鄱阳湖畔的"花园旅馆"租了一间临湖的房间。这家中式旅社有一个美丽的花园,从这里可以远眺在白云中忽隐忽现的牯岭山峰。然而,此地热浪逼人,与牯岭上的清凉世界有天渊之别。

晚餐,林语堂带全家到有名的老菜馆里享受了一顿丰盛的九江菜。餐厅里有人拉大扇,当拉扇人拉动绳子时,用餐者就得到阵阵凉风。电气化时代到来之前,这也算是先进的降温通气设备了。

晚上,林语堂热得睡不着,就租了一条小船,夜游鄱阳湖。船家是一男一女,他们让船慢慢地在湖心摇荡。月光在水上闪动,妇女们则乘夜晚的凉风在湖边捶洗,有节奏的捶衣声和轻快的谈笑声不时地传到船上,孩子们偎依在母亲的怀里,静听船夫演绎那古代的传说和故事。林语堂吸着烟,他的心又回到了少年时代西溪的五篷船上,他静静地回忆着自己的一生。

次日,林语堂全家登上了回上海的江轮。轮船顺水而下,只见江水滔滔,漫无边际,两岸青山滴翠,江上舟船往来。林语堂极目骋怀,神游于天地之间,不觉精神一爽。他的心潮,也像江水一样的汹涌奔腾——按照中国的传统的年龄计算法,生于1895年的林语堂,在这一年已经是四十岁了。孔子说"四十而不惑"。"不惑"之年的林语堂已经以"幽默大师"而蜚声文坛,所以他踌躇满志地回顾了自己所走过的生活道路,写下了一首题为《四十自叙》的七言长诗:

第二十章　与赛珍珠相遇

我生今年已四十　半似狂生半腐儒
一生矛盾说不尽　心灵解剖迹糊涂
读书最喜在河畔　行文专赖淡巴菰
卸下洋装留革履　洋宅窗前梅二株
生来原喜老百姓　偏憎人家说普罗
人亦要做钱亦爱　踯躅街头说隐居
立志出身扬耶道　识得中奥废半途
尼溪尚难樊笼我　何况西洋马克思
出入耶孔道缘浅　惟学孟丹我先师
总因勘破因明法　学张学李我皆辞
喜则狂跳怒则嗔　不懂吠犬与鸣驴
掣绦咭笼悲同类　还我林中乐自如
论语办来已两载　笑话一堆当揶揄
胆小只评前年事　才疏偏学说胡卢
近来识得袁宏道　喜从中来乱狂呼
宛似山中遇高士　把其袂兮携其裾
又似吉茨读荷马　五老峰上见鄱湖
从此境界又一新　行文把笔更自如
时人笑我真聩聩　我心爱焉复奚辞

我本龙溪村家子　环山接天号东湖
十尖石起时入梦　为学养性全在兹
六岁读书好写作　为文意多笔不符
师批大蛇过田陌　我对蚯蚓渡沙漠
八岁偷作新课本　一页文字一页图
收藏生怕他人见　姐姐告人抢来撕
十岁离乡入新学　别母时哭返狂呼
西溪夜月五篷里　年年此路最堪娱
十八来沪入约翰　心好英文弃经书

线装从此不入目　毛笔提来指腕愚
出洋哈佛攻文学　为说图书三里余
抵嘴坐看白璧德　开棺怒打老卢苏
经济中绝走德国　来比锡城识清儒
始知江戴与段孔　等韵发育界尽除
复知四库有提要　经解借自柏林都
回国中文半瓶醋　乱写了吗与之乎
幽默拉来人始识　音韵踢开学渐疏
而今行年虽四十　尚喜未沦士大夫
一点童心犹未灭　半丝白鬓尚且无

　　　　　　　　　　　　　　语堂
　　　　　　二十三年八月下旬自序于长江舟上

第二十一章 "据牛角尖负隅"

生活里不完全是鲜花和掌声——和鲁迅"疏离"——"欲据牛角尖负隅以终身"

然而,生活之舟,却不像那只顺流而下的江轮那样一帆风顺。当林语堂还在庐山一面畅游牯岭、一面写作的时候,7月26日,上海《申报》刊出了"微风文艺社"对他的"声讨"。而当他带着踌躇满志之作《四十自叙》踏上黄浦江岸时,迎接他的不是掌声和鲜花,而是一批有分量的批判文章。

林语堂及其论语派是从美学的、艺术的和趣味主义的角度切入文学的,所以,林语堂及其伙伴们看到的是幽默、闲适、性灵,是"表现即艺术"和"艺术即表现"。而鲁迅等左翼作家是从时代性和阶级性的角度切入文学的,所以,他们认为,在热河失守、榆关吃紧的国情下,在炸弹满空、水灾遍地的土地上,无法幽默也无法闲适,更谈不上抒发性灵。面对林语堂们刮起的"幽默风",左翼作家忍无可忍,决定不再让其放任自流地占领文坛。所以,《人间世》创刊后围绕周作人五十自寿诗的风波,实际上是批判趣味主义和自由主义倾向的前哨战。

经过一段时间的酝酿,1934年9月20日,《太白》在鲁迅等左翼作家的支持下创刊。围绕着《太白》等刊物,以鲁迅、茅盾、陈望道、胡风、聂绀弩、徐懋庸、唐弢、陈子展、夏征农、曹聚仁等人为骨干,形成了一个"太白派"。他们以抵制论语派的幽默小品为己任,提倡"新的小品文"。可以这样说,1932年9月16日创刊的《论语》,不是作为左翼文艺的对立物而出现的,但是1934年9月20日创刊的《太白》却是以批判论语派为目标。

长期以来,很少有人从中国现代散文发展史的方位上去看待太白派与论语派之争。实际上,两派的分歧,不仅代表着两种艺术倾向的对立,而且也是语丝派分化和解体之后的一种正常的流变现象。如果把鲁迅视为太白派的精神导师,而把林语堂、周作人当作论语派的精神首领,那么就会发现一个有趣的文学现象——现在剑拔弩张的论战双方,当年曾是同一战壕里的亲密战友。鲁迅、林语堂、周作人、刘半农、俞平伯、章衣萍等,作为语丝派的中坚人物,都为创立"语丝文体"而贡献过各自的一份力量。"语丝文体"的基本特色:"无所畏惧地反抗旧世界的束缚和桎梏,勇敢地抨击一切不合理的社会病态现象;文章尖锐泼辣、风趣生动,并且善于将讽刺、幽默、滑稽等喜剧性因素熔铸于简短的杂感之中。"①这本是语丝派共同创造和共同占有的精神财富,语丝派解体以后,他们又从不同方面继承了语丝派的某些流派特征。随着思想文化战线的新的分化和组合,鲁迅和林语堂在继承《语丝》的幽默讽刺传统的同时,又从各自不同的角度为现代散文小品注入了新的内容和形式。

鲁迅在接受马克思主义的世界观之后,他的幽默才能帮助他以特定的艺术形式来表现他的政治立场。杂文这种文体,也因为鲁迅而变成文艺性的论文,战斗的"阜利通"(feuilleton),用鲁迅自己的话来说:"生存的小品文,必须是匕首,是投枪,能和读者一同杀出一条生存的血路的东西……"②这是鲁迅从现实性战斗性的方位上对现代散文小品的导向。因此,鲁迅也就越过了《语丝》的境界,而成为太白派所代表的"新的小品文"派的缔造者。而林语堂周作人们则从幽默、闲适、性灵、趣味的世界里去缔造自己的散文小品王国。林语堂主张小品文的题材内容应包括宇宙之大、苍蝇之微,无所不包。他说:

> 信手拈来,政治病亦谈,西装亦谈,再启亦谈,甚至牙刷亦谈,颇有走入牛角尖之势,真是微乎其微,去经世文章甚远矣。所自奇者,心头因此轻松许多,想至少这牛角尖是我自己的世界,未必有人要来统制,遂亦安

---

① 见拙著《中国现代文学流派论·从"语丝文体"到"论语格调"》,第176页。
② 鲁迅:《小品文的危机》。

之。孔子曰:汝安则为之。我既安之,故欲据牛角尖负隅以终身。①

对于小品文的笔调,林语堂主张多样化。他说:

> 至于笔调,或平淡,或奇峭,或清新,或放傲,各依性灵天赋,不必勉强。惟看各篇能谈出味道来,便是佳作。味愈醇,文愈熟,愈可贵。但倘有酸辣辣如里老骂座者,亦在不弃之列。②

林语堂们在邵洵美的客厅里七嘴八舌地筹建《论语》之时,并没有想要在文坛上造成什么声势,更没有统一文坛的雄心壮志。大家只是好玩而已,刊物能生存就不错了。③ 林语堂说:"《论语》提倡幽默,也不过提倡幽默而已,于众文学要素之中,注重此一要素,不造谣,不脱期,为愿已足,最多希望于一大国中各种说官话之报之外有一说实话之报而已,与救国何关?《人间世》提倡小品文,也不过提倡小品文,于众笔调之中,着重一种笔调而已,何关救国?"④

但是,把文学当作无产阶级革命事业一部分的左翼作家怎么会按照林语堂的逻辑来看待幽默小品的异军突起。为了抵消论语派的影响,他们在《太白》《新语林》等刊物上以"新的小品文"来矫正闲适、幽默小品的弊端。他们号召左翼作家"写出包括宇宙之大的小品文来跟论语派比赛,让读者决定两者的命运"⑤。可见,太白派方面是摆开了决一雌雄的架势。

早在《太白》等刊物问世之前,鲁迅就发表过不少有关幽默、小品文问题的文章。他强调社会现实和幽默的关系,他认为,林语堂及其论语派在失掉笑的时代,偏要提倡"为笑笑而笑笑"的艺术,岂不是故意点缀太平盛世吗?他毫不留情地指出,有些所谓幽默文章,其实并不幽默,不过是以造作的笑声来掩盖血腥的现实,把社会痛苦趣味化。鲁迅的尖锐态度代表了当年左

---

① 林语堂:《我的话·序》。
② 林语堂:《论小品文笔调》。
③ 参加《论语》筹建过程的章克标先生对笔者的谈话记录。
④ 林语堂:《今文八弊(中)》。
⑤ 茅盾:《关于小品文》,《文学》1934年3卷1期。

翼文艺方面的原则立场：以革命的逻辑来对待幽默小品问题。

鲁迅对幽默小品的态度反映了他和林语堂之间不可调和的思想分歧，这一原则分歧，必然影响到林语堂与鲁迅之间的私人友谊。

如果按两次"相得"和两次"疏离"来说明林、鲁交往的阶段性的话，那么，从1934年8月29日以后，两人的关系进入了"疏离"阶段。因为从那一天，林语堂的名字从鲁迅的日记中消失了。

林语堂说，他始终没有跟鲁迅"闹翻"过，如果说林语堂心目中的"闹翻"的含义是指拍桌子骂娘，那么他确实没有和鲁迅"闹翻"过。但要是"闹翻"是思想上的决裂，那么，1934年8月前后，他们的的确确已经完全"闹翻"了。林、鲁决裂的根本原因是政治、思想立场和文艺观点、美学趣味上的不可调和的分歧。当然也不排斥有偶然性的因素掺杂其中。决裂——或者就按林语堂的说法"疏离"——的导火线是关于翻译问题的通信。1934年8月13日鲁迅在给曹聚仁的信中透露出了一些蛛丝马迹。鲁迅说他曾对林语堂说，劝他不要再提倡幽默、性灵、小品文之类的玩意儿，建议林语堂去翻译一些英国文学的名著。但林语堂回信说：这些事等他老了再说。鲁迅很恼火，因为鲁迅一向重视翻译，并用诗的语言赞美翻译工作是：为起义的奴隶运送军火！当时鲁迅自己也正在积极从事这项"运送军火"的活动，而且鲁迅又年长林语堂十四岁。因此鲁迅认为，等"老了再说"一语，是林语堂讽刺他"老了"。根据这个思维定式，鲁迅愤愤地说："这时我才悟到我的意见，在语堂看来是暮气，但我至今还自信是良言，要他于中国有益，要他在中国存留，并非要他消灭。他能更急进，那当然很好，但我看是决不会的，我决不出难题给别人做，不过另外也无话可说了。"

林语堂和鲁迅之间的隔阂，传到了陶亢德的耳里，陶问林语堂到底是怎么回事。林语堂笑道："迹近挑拨呢。我的原意是说，我的翻译工作要在老年才做，因为我在中年时有意思把中文作品译成英文。孔子说，四十不惑，五十而知天命，现在我说四十译中文，五十译英文，这是我工作时期的安排，哪有什么你老了，只能翻译的嘲笑意思呢？"[①]

[①] 根据陶亢德先生和笔者的谈话记录，并参考林太乙《林语堂传》。

第二十一章 "据牛角尖负隅"

　　林语堂没有接受鲁迅的"良言",这是因为,当时林语堂的思维中心已转移到向西方人介绍中国文化,正在酝酿《吾国吾民》的书稿,而鲁迅的思维中心是希望林语堂向中国人介绍外国文化,两者相距甚远。鲁迅认为,他的"良言"出自对朋友的关心,用鲁迅的话来说:"语堂是我的老朋友,我应以朋友待之。"按鲁迅的逻辑:林语堂不接受,就是辜负了朋友的好意,既然如此,鲁迅就认为自己也不必再"以朋友待"林语堂了。

　　由于反感,就话不投机半句多了。比如,有一次,《涛声》主编曹聚仁请客,林语堂、鲁迅等人都在座。席间,林语堂谈起他在香港的一件逸事:当时有几个广东人在讲广东话,滔滔不绝,说得非常起劲。林语堂说:"我就插进去,同他们讲英语,这可就把他们吓住了……"

　　鲁迅听到这里,放下筷子,站起来责问林语堂:"你是什么东西!你想借外国话来压我们自己的同胞吗?……"

　　林语堂大吃一惊,不知说什么好。① 林语堂挨了鲁迅的骂不回口。有人说,这是林语堂的"气量、风度",也有人说这是林语堂的"聪明",因为他自知不是对手,只好退避三舍。

　　曹聚仁请客的时候,林、鲁还没有真正决裂,因为鲁迅是极有个性的人,如果事先知道同席中有他所厌恶的人,是绝不会赴宴的。当年,周氏兄弟反目,而两人又都是《语丝》台柱,语丝社每月一次在北京中山公园"来今雨轩"聚会或吃饭,鲁迅常常不出席,主要是为了避免与周作人照面的缘故。在1934年8月29日以后,凡有林语堂参加的宴会,鲁迅就设法避开。大约是1934年,徐訏回宁波结婚,上海的熟友们都送了贺礼。徐訏回沪之后,在福州路大观楼补办喜酒宴请朋友。大观楼是一家很负盛名的旧式京帮菜馆,一进大门便是宽阔的扶梯,直登楼上雅座,宴席只设一桌,都是熟人。林语堂夫妇当然是被邀请的贵客之一。那天,林语堂夫妇是来得最早的客人,他俩面对楼梯落座。其余客人陆续来临,可是徐訏一直不让开宴,大家都知道他肯定还在等候一位贵客,但却不晓得这位姗姗来迟的贵客是谁。忽然,只见扶梯响处,上来一位破帽遮颜的贵客,踏上扶梯还只露出半个身子,一眼

---

① 据陈望道《关于鲁迅先生的片断回忆》。

瞧见林语堂夫妇,略作踌躇,便掉身出门,徐訏也看到此一光景,连忙下楼去寻,但那位来客早已消失在闹市的人群里。这位贵客就是鲁迅。① 原来,徐訏虽被人目为论语派的健将,但他孤芳自赏,不屑依傍他人门户,而且,徐訏非常崇拜鲁迅,鲁迅对他也倍加青睐。在林、鲁第二次"疏离"后,徐訏就不得不周旋于林、鲁之间,也实在难为了他。这次因补请喜酒而冒失地同时请了两人,不料鲁迅坚持不与所恶者共席,见林氏夫妇在座,他就毫不犹豫地扭头便走,于是就发生大观楼菜馆里的那一幕。

1934年11月18日,鲁迅作《骂杀与捧杀》一文。那时,在林语堂的影响下,刘大杰标点了袁中郎全集,集子由林语堂校阅后出版。刘氏的标点本比较粗糙,错误不少,鲁迅在《骂杀与捧杀》中对林语堂、刘大杰以学者的招牌来介绍袁中郎的做法,很不以为然。

《骂杀与捧杀》在11月23日的《中华日报·动向》上刊出后,鲁迅一发不可收。11月25日,他又写了《读书忌》,针对林语堂、刘大杰等论语派们推崇袁中郎和明人小品,鲁迅提倡读野史、笔记。几天之后,1934年12月11日,鲁迅作《病后杂谈》,以野史所记的明、清帝王权臣的灭族、凌迟、剥皮等虐政,影射当时的现实斗争,并批判林语堂们用"君子远庖厨"的方法,充耳不闻,以保全"性灵",或则虽到了庖厨里,看见了残杀,却"依然会从血泊里寻出闲适来"的帮闲手法,并指出林语堂们对世事的态度是"浮光掠影","蔽聪塞明","彼此说谎,自欺欺人"。

写就《病后杂谈》半个月后,12月26日,鲁迅又作《论俗人应避雅人》,矛头直指林语堂等"雅人",此文后来刊于《太白》2卷1期(1935年3月20日)。

针对林语堂"赞颂悠闲,鼓吹烟茗",1935年1月25日,鲁迅作《隐士》一文,辛辣地讽刺了隐士的秘密:所谓"归隐"与"登仕"一样,也是啖饭之道,是假"清高"。他说:

泰山崩,黄河溢,隐士们目无见,耳无闻,但苟有议及自己们或他的

---

① 据周劭先生与笔者谈话录音记录稿。周先生点明这位迟到的"贵客"就是鲁迅。而在周的《文坛鬼才徐訏》一文中,没有点出鲁迅的名字。"大观楼"的插曲,资料来自周先生的文章与口述。

第二十一章 "据牛角尖负隅"

一伙的,则虽千里之外,半句之微,他便耳聪目明,奋袂而起,好像事件之大,远胜于宇宙之灭亡者,也就为了这缘故。其实连和苍蝇也何尝有什么相关。

林语堂看了这段话,心里自然明白:在《人间世》创刊后所引起的风波中,林语堂曾向鲁迅打听过"系统的化名"的来历等。鲁迅在 1934 年 5 月 4 日夜给林语堂的信中还帮林语堂分析了"反对之辈,其别有三",等等。七个多月后,鲁迅重提旧事,"半句之微"等语便是挖苦林语堂当时打听消息的情况。

1935 年 1 月 26 日,鲁迅又作《"招贴即扯"》,讽刺林语堂抬出"中郎爷""当做招牌",把袁中郎"变成一个小品文的老师,'方巾气'的死敌"。其实"中郎正是一个关心世道,佩服'方巾气'人物的人,赞《金瓶梅》,作小品文,并不是他的全部","中郎之不能被骂倒,正如他之不能被画歪,但因此也就不能作他的蛆虫们的永久的巢穴了。"林语堂读罢,心里有数,"蛆虫"就是骂他和其他的袁中郎的崇拜者的。

1935 年 3 月 7 日,鲁迅作《寻开心》一文。文中说林语堂提倡的"玩玩笑笑,寻开心","就是开开中国许多古怪现象的锁的钥匙"。4 月 20 日出版的《太白》第 2 卷第 3 期的"掂斤簸两"栏目中,刊出了鲁迅的《天生蛮性》,全文只有三句语:

辜鸿铭先生赞小脚;
郑孝胥先生讲王道;
林语堂先生谈性灵。

把林语堂与复古派的辜鸿铭、伪满洲国总理大臣郑孝胥相提并论,足见鲁迅对林的厌恶,已经远远超出朋友间的龃龉。

从 1935 年开始,几乎每一期《太白》上都有鲁迅以其他的笔名所写的批林文章。林语堂虽然深谙鲁迅的笔法,但由于他采用了每写一篇文章就换一个笔名的办法,所以连林语堂也猜不出哪些是鲁迅的化名了。这回,林语堂才算是真正领教了"系统的化名"的厉害。《太白》第 2 卷的头三期上,每一期都刊出了鲁迅化名的批林文章。第四期稍停,第五期上鲁迅以"直入"的署名,发表了《"有不为斋"》一文。全文如下:

孔子曰:"不得中行而与之,必也狂狷乎,狂者进取,狷者有所不为也。"
于是很有一些人便争以"有不为"名斋,以孔子之徒自居,以"狷者"自命。
但敢问——
"有所不为"的,是卑鄙龌龊的事乎,抑非卑鄙龌龊的事乎?
"狂者"的界说没有"狷者"的含糊,所以以"进取"名斋者,至今还没有。

林语堂心爱的书室"有不为斋",在鲁迅的眼里不屑一顾。在《太白》2卷 7 期上,鲁迅又以"直入"的化名写了《两种"黄帝子孙"》一文,指名批评林语堂。

为纪念创刊半年,《太白》推出了一本名为《小品文和漫画》的纪念特刊,由鲁迅、茅盾等五十八位太白派作家撰稿。其中,周木斋的《小品文杂说》、聂绀弩的《我对于小品文的意见》、洪为法的《我对于小品文的偏见》等一批为数不少的文章,都是批判论语派的文艺观的。比如周木斋的文章几乎是对《人间世》发刊词里的"以自我为中心,以闲适为格调"的主张逐条批驳。可以这样说,《太白》社的这本纪念特刊,把批林浪潮推到了高峰。

声势浩大的批判声浪,并没有使林语堂改弦易辙。相反,林语堂在弄清了火力点的方位主要在左翼之后,他已无法掩盖自己的真实想法了。

从庐山下来,他在长江的江轮中,手抚《吾国吾民》的英文手稿,疾笔写就的《四十自叙》中,向世人表明他坚持"自我"的决心。

林语堂要为捍卫自己的文艺观点而战。声称:"欲据牛角尖负隅以终身。"①他写了《作人与作文》《我不敢再游杭》《今文八弊》等文章,回答反对者的攻击。其中《今文八弊》一文,分上、中、下三篇,先后发刊于《人间世》第27、28、29期。他把文学上的流弊归纳为八种表现形式:

一　方巾作祟,猪肉熏人;
二　随得随失,狗逐尾巴;
三　卖洋铁罐,西崽口吻;
四　文化膏药,袍笏文章;
五　宽己责人,言过其行;
六　滥调连篇,辞浮于理;
七　桃李门墙,丫头醋劲;
八　破落富户,数伪家珍。

他把近几年来论敌们的观点几乎包罗在这"八弊"之内。他从"文学革命"的观念破题,洋洋数千言,算是对论敌们的一次总的回击,他想以这颗重型炮弹一炮轰毁对方的火力点。然而,谈何容易。尽管他声明只想办一个幽默刊物而已,并无统治文坛的野心,但这又有什么用呢?再说,《今文八弊》中的林语堂,也是手持大刀长矛的凶神恶煞,摆出一副背水一战的架势。

可是,林语堂自以为是重型炮弹的《今文八弊》,论敌们毫不介意。首先对"反击"反击的,当然是鲁迅。就在《今文八弊》(下),刚在《人间世》发表后四天,6月9日,鲁迅写了《"题未定"草(一至三)》,针对《今文八弊》中第三弊"卖洋铁罐,西崽口吻"这一条,全力反击。鲁迅说,林语堂的观点如同西崽在下班之后喜爱穿缎鞋绸衫,拉皮胡,唱《四郎探母》一样,好像是国粹家,其实正是西崽相,用这种眼光来观察文学,正是"倚徙华洋之间,往来主奴之界,这就是现在洋场上的'西崽相'"。

这是因为林语堂在《今文八弊》中攻击鲁迅等人译介西班牙诗歌巴尔干

---

① 林语堂:《我的话·序》。

小说和吸收外国语法的做法是"洋场孽少的怪相,谈文学虽不足,当西崽颇有才。此种流风,其弊在奴……"。很明显,林语堂所说的,"西崽"是那些攻击论语派的论敌们,而鲁迅把林语堂扔过来的这顶"西崽"帽子又物归原主,扔还给林语堂,采用了"以其人之道还治其人之身"的战法。

1935年8月23日,鲁迅作《逃名》一文,刊于《太白》2卷12期。鲁迅说:"捣一场小乱子,就是伟人,编一本教科书,就是学者,造几条文坛消息,就是作家";"……或拖明朝死尸搭台,或请现存古人喝道,或自收自己的大名入辞典中,定为'中国作家',或自编自己的作品入画集里,名曰'现代杰作'"。他列举文坛上种种欺世盗名的行径时,把林语堂的编英文教科书和推崇明朝袁中郎,都列入了文坛丑恶现象加以鞭挞。

林语堂则在论语派的刊物上连续撰文,对因提倡幽默、性灵而招致的一片嘘声,感到不解。他说:

办幽默刊物是怎么一回事?不过办幽默刊物而已,何必大惊小怪?原来在国外各种正经大刊物之内,仍容得下几种幽默刊物……充其量,也不过在国中已有各种严肃大杂志之外,加一种不甚严肃之小刊物,调剂调剂空气而已。原未尝存心打倒严肃杂志,亦未尝强普天下人皆写幽默文。现在批评起来,又是什么我在救中国或亡中国了。

……现在明明是提倡小品文,又无端被人加以夺取"文学正宗"罪名。夫文学之中,品类多矣,吾提倡小品,他人尽可提倡大品……

……《人间世》出版,动起杭育杭育派的方巾气,七手八脚,乱吹乱擂,却丝毫没有打动了《人间世》。连一篇像样的对《人间世》的内容及编法的批评,足供我虚心采择的也没有。例如我自己认为第一期谈花树春光游记文字太多不满之处,就没有人指出。总而言之,没有一篇我认为够得上批评《人间世》的文字。只有胡鲁一篇攻击周作人诗,是批评内容,但也就浅薄得可笑,只攻击私人而已。《人间世》之错何在,吾知之矣。用仿宋字太古雅,这在方巾气的批评家,是一种不可原谅的罪案。①

即使在左翼方面连续不断地批判幽默小品、性灵的时候,林语堂仍然坚持"不左不右"的中间立场和自由主义的办刊方针,在论语派的刊物上,对左翼作家的来稿照登不误。同时,林语堂还写了《国事亟矣》(1935.12.16)、《外交纠纷》(1936.1.16)等文,讽刺当局的"无脊梁外交"。

远在莫斯科的"第三国际"也注意到了林语堂的文学活动在中国文坛上的影响,通过萧三多次写信指示上海的左翼作家们,要设法把林语堂这样有知名度的作家团结到"中国共产党领导下的抗日民族统一战线"的旗帜下。1935年8月11日,萧三《给左联的信》表明,即使在尖锐地批林之际,左翼作家的领导决策层也仍然看到了林语堂的积极方面。萧三在信中说:

> 统治者的虐政,尤其是卖国政策大遭一般知识者的非难,林语堂的"自古未闻粪有税,而今只有屁无捐",可谓谑而之至。……当民族危机日益加紧,民众失业,饥荒,痛苦日益加深,所谓士大夫、文人在民众革命潮流推荡之中有不少"左倾"者,他们鉴于统治者之对内反动,复古,对外失地,降敌,卖×(国),亦深致不满;中国文坛在此时本有组织广大反帝联合战线的可能……

萧三把林语堂列入"不满"现实的并应作为团结争取对象而参加联合战线的"有影响的作家"之一。这实际上反映了当时的左翼文艺对林语堂及其论语派的基本态度——针对其两面性(或者说中立性),采取有团结有批评、既争取又斗争的方针。

萧三在肯定林语堂的可争取性的同时,批评了左翼作家的战斗堡垒"中国左翼作家联盟"(简称"左联")工作中的错误,他在信中说:

---

① 林语堂:《方巾气之研究》。

> ……当民族危机日益加紧……中国文坛在此时本有组织广大反帝联合战线的可能,但是由于左联向来所有的关门主义——宗派主义,未能广大地应用反帝反封建的联合战线,把这种不满组织起来,以致在各种论战当中,及以后的有利的情势之下,未能计划地把进步的中间作家组织到我们的阵营里面来……

萧三的信指明了"左联"对林语堂的策略导向。

林语堂及其论语派本来就无意与左翼文艺对抗,林语堂早就声明决无以幽默统一文坛的野心。所以,"左联"方面伸出的团结之手,立即得到了林语堂方面的呼应。1935年,左翼方面的"文学社""太白社"等与"论语社"共同签署了《我们对于文化运动的意见》,反对读经救国的复古运动。

萧三写信给"左联"的时候(1935年8月),也正是中共中央发表《为抗日救国告同胞书》(即《八一宣言》)的时候。同年12月,中共中央在瓦窑堡召开政治局会议,通过《关于目前政治形势与党的任务决议》,提出了建立抗日民族统一战线的策略。在这种形势下,太白派对林语堂的批判自然就停止了。1935年12月2日,鲁迅的《杂谈小品文》大概可以算是左翼文艺对林语堂的最后一击。

第二十二章　向外国人介绍中国文化

《吾国吾民》一炮打响——举家赴美

种瓜得瓜,种豆得豆,林语堂在庐山牯岭苦干一个夏天,所播下的种子终于收获了。1935年9月,《吾国吾民》在美国出版,一炮打响……

林语堂果然不负赛珍珠的厚望。当赛女士读罢那厚厚的一叠原稿,忍不住拍案惊呼:这是"伟大著作"！并亲自为该书撰写序言,誉之为:"这一本书是历来有关中国的著作中最忠实、最巨大、最完备、最重要底成绩。尤可宝贵者,它的著作者,是一位中国人,一位现代作家,他的根蒂巩固地深植于往者,而丰富的鲜花开于今天。"

《吾国吾民》分两部分,第一部分谈中国人的生活背景,种族上、性格上、心理上、思想上的特质;第二部分介绍中国人生活的各方面:妇女、社会、政治、文学、艺术。林语堂用英文写作的《吾国吾民》,越过了语言的隔膜,使外国人对中国文化有了比较全面的了解。因为,那时的美国读者对中国人的认识极其肤浅,他们在美国所见到的中国人,大多数是在中国餐馆和洗衣店里的华人,他们只知道在遥远的东方,有许多黄脸的东亚病夫,对于中国文化,他们只知道孔夫子、龙、玉、丝、茶、筷子、鸦片烟、男人头上的辫子、女人的小脚、狡猾的军阀、野蛮的土匪、保守的农民以及瘟疫、贫穷和各种痼疾等等。总之,中国和中国人对他们来说是神秘的,他们怀着好奇的心理急切地想揭开这神秘的面纱。

"读林先生的书使人得到很大启发。我非常感激他,因为他的书使我大开眼界。只有一个中国人才能这样坦诚、信实而又毫不偏颇地论述他的同胞。"这是克尼迪(R. E. Kennedy)发表在《纽约时报》星期日书评副刊第一版上的书评中的话。

"林先生在欧洲、美国都住过,能以慧眼评论西方的习俗。他对西方文学有丰富的认识,不仅认识而且了解西方文明。他的笔锋温和幽默。他这本书是用英文写作以中国为题材的最佳之作,对中国有真实、灵敏的理解。凡是对中国有兴趣的人,我向他们推荐这本书。"著名书评家伯发(Nathaniel Peffer)一向以持重而闻名于评论界,可是他在《星期六文学评论周刊》上竟以"最佳"等形容词来评价《吾国吾民》。

《吾国吾民》问世后的社会效果,使林语堂和赛珍珠同样感到激动。仅在 9 月至 12 月间的四个月中,就印了七版,在当年美国畅销书目上名列榜首。一本中国人的著作,能列入 Best - seller 十大名著之一,畅销美国,这在西方世界是破天荒的。林语堂在美国一举成名。林语堂在美国读者中获得声望,也为赛珍珠和她的后夫华尔希的出版公司带来了实利。作为出版家的赛珍珠夫妇,从接受美学的角度,认准了林语堂的这支笔与西方的读者心理是对路的,所以他们建议林语堂到美国从事写作。但林语堂正忙于写《中国新闻舆论史》,同时又与陶亢德、黄嘉德和黄嘉音两兄弟筹备《西风》(这个以"译述西洋杂志精华,介绍欧美人生社会"为发刊宗旨的新刊物,在 1936 年创刊)。虽然对赛珍珠夫妇的建议动心了,但没有立即做出决断。

《吾国吾民》在国外的声誉传到国内文坛,引起正反两种反响。有的人认为中国作家能在国际文坛出名,这是中国人的光荣,许多团体请他写文章、演讲,林语堂又一次成为新闻人物。也有的人说,林语堂发财了,《吾国吾民》得到了三万美元的版税(实际上,林语堂拿到六千美元版税)。更有甚者,将 *My Country and My people* 的书名译成为"卖 Country and 卖 People",意思说是"卖国卖民"。最滑稽的是有的人在没有看到《吾国吾民》的中文本时竟然把上述的俏皮话作为根据,说《吾国吾民》是一本卖国的书,是一本出卖民族利益的书,而且几十年来,以此为据,转辗引用,作为批判《吾国吾民》的定性材料。

1936 年初,夏威夷大学请林语堂去执教,赛珍珠夫妇又不断催他去美国写作。林语堂终于下了决心——走! 这是林语堂生活史上的一次重大决策,影响到他整个后半生的命运。

林语堂为什么决定去美国?

有人认为,当年林语堂在上海文坛还没有落到"山穷水尽"的地步,他之所以赴美另有隐情:林语堂是《天下》作家群的主要成员,英文刊物《天下》是用孙科的中山文化教育基金创办的,所有的兼职编辑都是当时的社会名流,如法学家吴经熊,《中国论坛报》主编桂中枢,北大英文系主任温源宁、全增嘏等,编辑部在中山公园附近。这批人几乎都被聘为立法委员——每月六百四十元大洋,仅每周去开一次会,没有实际工作,是个肥缺——唯有林语堂和另一年轻的编辑姚克没有被聘为立法委员,使林语堂的自尊心受到极大的损害,所以他决定去美国。①

又有人说,是邵友濂的一个遗训萌发了林语堂想去美国避难的念头。邵友濂字小村,是邵洵美的祖父,前清时官至湖南巡抚,甲午战争时,被任命为全权大臣同张荫桓赴日本求和,伊藤博文认为他们资望不孚,拒绝谈判,一定要李鸿章去。邵友濂受侮回来罢了官,后来病死。他生前给后辈留下一条遗训,大意说,几十年之内,必然要发生世界性大战,在战乱中,我国将成为各国列强军队混战的战场,没有一片净土可以逃难,只有去美国避难才安全。在初创《论语》时,邵洵美在一次闲谈中谈及祖父的这条遗训,林语堂及《论语》的同人们听后相互戏言,说一起逃到美国去,在美国出本《论语》杂志,也许还可以过下去。因此,有人就以此为据,认为林语堂所以在1936年出国,是因为看到中日必战,"想起了邵小村的这个遗训,想到现在正是要逃难避地的时候,只有去美国才对"②。

其实,没有当上立法委员,或者邵小村的遗训,都不可能是林语堂去美国的主要原因,而是各种内部和外部原因的合力,才促成了林语堂的这一重大的决策。

林语堂的一位朋友讲,他最大的长处是对外国人讲中国文化,而对中国人讲外国文化。林语堂觉得这个评价是一语中的的,他还为自己做了一副对联:"两脚踏东西文化,一心评宇宙文章"。梁启超以其优美的书法录写的

---

① 笔者访问周劭先生录音记录。
② 章克标:《林语堂在上海》。

这副对联,成为"有不为斋"的重要装饰。如果说,在做这副对联时,林语堂"两脚"所使用的力量大致上是均衡的,那么,1935年《吾国吾民》出版后的意外成功,促使林语堂重新设计了自己的创作道路:不再平均地使用"两脚"的力量,而把重心倾斜到向外国人介绍中国文化的那只"脚"上。

要全家五口旅居美国,必须得有充裕的财源为后盾。好在这时的林语堂和1919年去美国留学时的情况已大不一样,因为仅《开明英文读本》等教科书的版税,每年便可得六千元。他还有开明书店的股份八千元,人寿保险七千元,中国银行存款两千元,《宇宙风》股份四百元,再加上为中外刊物撰稿所得的稿费,经济实力是雄厚的。当然迁居也需要一笔额外的支出,仅船票费用就要一千二百美元,再加上各种杂用支出,大约共需两千美元。但林语堂算过细账后觉得到美国后,靠演讲、写文章的收入就可以维持全家生活,不必动用在中国的收入和《吾国吾民》的稿酬。

然而,举家赴美,非同小可,光是各种烦琐杂事,就很不容易处理。但林语堂不为此操心,因为廖女士是出名的贤内助,有关家政方面的事可以放心地交她全权安排,房子退租,家具处理,衣服细软该带的带,该卖的卖,该添的还得添。一部分家具送给三哥林憾庐,一部分寄存二哥玉霖和六弟林幽家,其余的寄存朋友家。廖女士还把一些东西标价贱卖,不少朋友买了林家的便宜货,比如陶亢德买了一把沙发。廖女士里里外外地忙了一个多月,总算把大小事情处理得有条有理,唯一不用廖女士操心的东西是书,这必须由林语堂自己来选择,虽然,他把十箱书寄存商务印书馆,但要带到美国的书籍仍旧非常多,仅仅是有关苏东坡的各种参考书籍就达十三类一百多种,其他各种珍本古籍也应有尽有。这是因为林语堂到美国是以写作为生,书籍资料是他写作时不可缺少的原料,所以,他不顾古籍线装书体积大、分量重,决定把大批必读书籍,甚至连孩子们的教科书也都装箱运走,因为他要让孩子们在国外继续学习中文,并由他亲自执教。从书籍在他赴美时的行李中所占的比重,也可以看出他的生活态度,如无此深谋远虑,日后他怎能在美国连续不断地写作和出版那些有关孔子、老子、苏东坡、武则天等人的著作呢!

临行前,林语堂还专程去北平一次,向文化古都告别。北平有他熟悉的琉璃厂书肆,有《语丝》时代的故人和现在的论语派同人……他在中山公园"来今雨轩",抽着烟斗,在袅袅的烟雾中,他重温了《语丝》时的"土匪"生涯……这里埋葬着他青年时代的梦。此刻,一个新的梦,隔着他自己所吐出的烟雾,在太平洋彼岸晃动……

当年,坐落在跑马厅附近的国际饭店,是上海,也是远东最高的建筑物。1936年8月9日,星期天,《中国评论周报》的桂中枢、朱少屏假国际饭店十四层楼的宴会厅欢送林语堂夫妇赴美。

参加欢送会的有《申报》马崇淦,《新闻报》汪仙奇,《时事新报》董显元,《大公报》王文彬,《字林报》胡德海,《大陆报》费休、吴嘉崇、宋德和、唐罗欢,《纽约论坛报》金维都,美国合众通讯社马立司,《密勒氏评论报》鲍威尔等中外新闻界人士,还有美国商务参赞安立德,工部局总办钟思,工部局情报处主任钱伯涵。"论语八仙"中的简又文,论语派骨干全增嘏,林语堂的六弟林幽,温源宁教授偕夫人,钱新之、李之信偕夫人,陈湘涛偕夫人,茀立子偕夫人,邝耀坤偕夫人,伍连德,殷企勤,朱青,林引凤,全增秀,李爱莲,姚辛农等四十余人。

这一个多月来,上海文化人已多次为林语堂饯别,他也多次谢别,但这却是临行前的最后一次大型欢送会,因为第二天林语堂一家就要启程了。东道主桂中枢、朱少屏殷勤招待,中外新闻界人士和来宾们也向林语堂夫妇频频祝酒,宾主们谈笑风生,最后又合影留念。来宾中的伍连德博士还准备了一艘"伍员"号小火轮,停靠在外滩仁记路码头,准备次日下午把林语堂一家送上"胡佛总统号"海轮。

1936年8月10日,对于林语堂一家是个异乎寻常的日子。从上午10点钟开始,送别的人络绎不绝,善于应酬的廖翠凤女士,一向深得她所熟悉的那个社交圈的好评,可现在,大概是过分激动了吧,面对着一批批带着礼物来告别的至爱亲朋,她突然变得语汇贫乏起来,只能紧握每一位惜别的来客,连声说:"谢谢!谢谢!"在这一迭声的道谢中,掺进了一种复杂的离愁别绪。

远涉重洋,告别那曾给他带来"幽默大师"称号又给他带来各种甜酸苦辣的上海,林语堂的心极不平静,但他极力掩饰自己心里的波澜,故意显出十分轻松的样子,吃完午饭,还像往常一样午睡……

下午,林语堂全家登上了朋友的汽车,车里放着朋友们送的两只大花篮。在水上饭店左边的码头上,一大群送别的朋友都站在岸边。林语堂一家下车后就被欢送者簇拥着踏上了"伍员"号,小轮载着林氏一家向停泊在江心的"胡佛总统号"驶去。下午6时左右,林语堂踏上了"胡佛总统号"的甲板。

晚上11时,海轮在阵阵汽笛声中起航,向辽阔而神秘的大海驶去,把"探险的孩子"送上了新的征途。

第二十三章 人生旅途上的新航程

临别赠言——对美国文明的感受——与鲁迅等人在《文艺界同人为团结御敌与言论自由宣言》上签名——"西安事变"在美国的反响

1936年8月10日深夜,美国客轮"胡佛总统号"驶出了长江口,劈开万顷波浪,闯入夜幕笼罩下的太平洋。甲板上,林语堂凭栏凝视着越来越远的故土,直到身后传来妻女们的叫唤声,他才依依不舍地进入船舱的客房。

林语堂心潮难平,他明白,这是人生旅途上的一次新的航程。前途,像眼前的大海一样,广阔无边,充满希望;同时,在海水下也潜伏着看不见的暗礁……命运像一个瞎眼的、喜怒无常的养娘,它对它所抚养的孩子常常是毫无选择地随意慷慨施恩,问题是你能不能抓住那施恩的机遇……林语堂祈求在今后的生活航道上一帆风顺。但他也明白,好运不会在人们等候的那个地方自然而来,而是经过弯弯曲曲与困难得难以想象的道路降临的,要得到它,就必须准备先付出。

回想送别的场面,亲朋好友云集码头,挥手扬巾,五彩缤纷,真可谓盛况感人,与1919年赴美留学时的场面已不可同日而语。单是朋友们送给孩子们路上吃的糖果就有十八匣,而大大小小的花篮竟达三十只之多。在船舱的客房里,最引人注目的东西就是花,桌上、地板上……整个房间放满了表达欢送者心意的花篮,连开房门都感到不便,林语堂不得不把其中的一部分放在餐厅里。

横渡太平洋的旅程是漫长的,再加上中途的停泊,"胡佛总统号"要在茫茫的大海里航行十多天才能到达美国。当然,林语堂岂会白白浪费时间,于是,船舱成了他在旅程中的"有不为斋"①。送别时,友人要他写离国杂感寄回《宇宙风》发表。林语堂觉得,告别故土,千绪万端,确实有感可言,但也不必把所有的感想全部倾泻出来,不如借此机会重申自己的文艺观点,表明他不是为了躲开批判的锋芒才离开上海到美国去避风头的。于是,他写了一篇《临别赠言》,先谈文学观点,再谈思想观点。

林语堂认为,提倡幽默,本不必大惊小怪。然而,偏有人惊之怪之,倒反而证明确有一部分人不懂得什么是幽默,这就更表明有提倡的必要。他说,幽默与悲壮、激昂等一样是文学的一种要素,所以反对幽默是"道统遗毒"。在诚恳、亲切、自然、近情的文风中,幽默必不期然而至。中国文章向来是训语式的,非谈心式的,现在提倡幽默,倒不是叫文人个个学写几篇幽默文,而是叫文人在普通行文中化板重为轻松,变铺张为亲切,使中国散文从此较近情,较诚实而已。

林语堂根据同样的思维定式,又谈到了性灵问题。他说,提倡性灵,纯粹是文学创作心理上及技巧上的问题,本来也不该引起什么争论,性灵和幽默都是叫人在举笔行文之际较近情而已。这些在西洋文学都已经是常识,而在中国要提倡却如此之难。林语堂预言:

> 今日提倡之难,三十年后人见之,当引为奇谈。但是我仍相信此为中国散文演化必经之路。

在思想观点上,林语堂左右开弓,对左右两派各打五十大板。他讽刺号称为"革命""前进"者,惴惴岌岌,怕人家说他落伍,一味抹杀中国旧文学,否认中国祖宗。同时,林语堂又批判军阀贪官,开口仁义,闭口道德,一味复古,也只是黠者之丑态。他说,"无理的急进"与"无理的复古"是两个极端,都因为缺乏中国文化精神中的理明心通,宽大自由的态度。他赞赏"五四"前后的北京大学,可以兼容复古派林琴南、辜鸿铭和激进派陈独秀、胡适在同校讲学的宽大态度。

---

① "有不为斋"是林语堂上海住宅内的书斋的斋名。

在这篇临别赠言中,林语堂还把他从"不谈政治而终于谈政治"的思想演变经过和心得体会公布于世,等于公开声明,他又要毫无顾忌地发表政见了。

8月14日,船到日本横滨,林语堂的《临别赠言》杀青,寄往上海。几天后,陶亢德收到稿子,立即发排于《宇宙风》第25期(1936年9月16日),这是林语堂离国后,在国内发表的第一篇文章。

途中,轮船在夏威夷停靠,想不到这里也有欢迎的人群。二十多人聚集在码头上,摄影师忙着拍照,闪光灯发出刺眼的光,按照当地的风俗,欢迎者向来宾敬献了鲜花编成的大花环。林语堂和夫人的脖子上大约各被套上了八个花环,甚至连三个女儿也接受了十四个花环。说来也巧,上海的欢送者送给他三十个花环,而夏威夷的欢迎者所赠的花环也是三十个,这倒是一个生动的注脚,说明了他当年在中外读者中的声望。

夏威夷岛土地肥沃,花果茂盛。当地人热情好客,乐观、活泼,一年四季有二十个欢乐的节日。林语堂一家下船后,游览了檀香山,只见到处是花,美不胜收。海滩上白浪翻花,岸上旅馆林立,水族馆和植物园都吸引了大批游客。

林语堂一家在一艘玻璃底的船中,观赏水中奇景:透过玻璃,满眼都是大大小小、各种奇形怪状的鱼在海水中游动,五彩缤纷,光怪陆离。各种美丽的珊瑚,是林语堂从未见过的奇观,真是大开眼界,惊叹不已。

到美国已经是9月份了。林语堂最初落脚在位于宾夕法尼亚州乡间的赛珍珠家。那时,赛珍珠与她的第二任丈夫华尔希结婚不久。赛珍珠眉目清秀,满面红光,华尔希风度翩翩。他们拥有大片土地,还有专门招待客人的一幢空房屋,屋外是一片苹果园,为省下采集苹果的开支,赛珍珠竟让成熟的果子落了一地,任其腐烂。廖女士见这种浪费感到可惜,说:"真作孽!真作孽!"她捡了不少苹果,但也吃不完……这是美国生活方式给林语堂一家的第一堂课!

林语堂在赛女士的别墅里,饱享异国乡居的风味,饥来园中摘苹果,兴发涧上捉鱼虾,不常去纽约参加各种社交活动。原想久宿乡间,享受大自然的山林美景,可是,不到一个月,问题就来了。一是附近没有中国饭店,虽然爱吃牛肉的林语堂可以对付,但是三个女儿一时还无法立即适应当地的饮食;二是要看戏,要听音乐,还得常常跑到纽约,往返半天,浪费时间。最后,林语堂决定定居纽约,在中央公园西边的一幢老式楼房的七楼上租了套公寓。

纽约是富有者的天堂,也是罪恶的渊薮:有名冠全球的亿万富翁,也有乞丐;有资本主义者,共产主义者,社会主义者,自由主义者,无政府主义者;有来自各国的名流、美女,也有被逐的帝王、亡命的公侯和避难的革命家。纽约也是冒险家、骗子、强盗、毒枭、杀手出没藏身之所,它是一个五光十色的不夜城,车水马龙,昼夜不息,充满了生气和活力。然而,它也有许多叫林语堂不舒服的地方——那千篇一律的高楼大厦,就像一队队穿着同样制服的兵士,远不如欧洲城市的多姿多彩。纽约是繁荣的,同时也喧哗得叫人心烦,缺乏宁静和美感。地下铁道的月台和阶梯都很龌龊,拥挤的车厢里,空气混浊得令人窒息。卓别林主演的《摩登时代》里的那种崇拜机器的现象更是俯拾皆是。

林语堂一家旅美之初,虽然享用了各种现代化的生活设施,却处处感到不舒服。这当然是和他们原先在上海的生活相比较而言的。

在上海,林家独住一座花园洋房,园中四季草木长青,仅白杨树就有四十棵之多。园里还有一小块菜地,轮流种着番茄、芹菜、南瓜等各种蔬菜;而在纽约,举目都是摩天大楼、柏油路、车辆和人群。林家在上海至少有四五个仆人,一度还有过在室内听差的书童。而在纽约,劳动力就不像中国那样廉价了。每周来帮忙的零工按钟点付工资,只有阔人才专门雇人。因为写作需要,林语堂已经雇佣了一位秘书,专职的仆人就雇不起了,仅有一位黑人每周来两次打扫房屋及洗衣服。于是家务劳动的重担就压到廖女士的肩上。过去,她只是家务劳动的组织者,现在变成了家里的主要劳动力,这个变化确实不小。不过,林夫人毫无怨言。因为,早在二十年前订婚时,钱庄老板的女儿廖二小姐就决心与穷牧师的儿子同甘共苦一辈子的。好在林语堂和女儿都不是养尊处优的老爷小姐,于是,全家都争着帮廖女士分担各种杂事。

第二十三章 人生旅途上的新航程

自己动手,成了家里的风气。林如斯学会了炒鸡蛋,还管做咖啡、面包、吐司;林太乙拿牛奶,拿报纸,拾掇房间,擦拭椅桌;林相如做一些倒烟灰缸之类的轻巧事。最难整理的是林语堂的房间,桌子下积满了火柴梗和烟灰等杂物。午饭后,林语堂常帮忙洗碟子,速度相当快,可以在五分钟内洗好并擦干全家五口用的碟子,但是损耗却令人痛心,经常打碎餐具,所以,只要听到乒乒乓乓的声音就知道准是林语堂在厨房里洗餐具。

林语堂觉得在美国管家,要比上海容易,购物可用电话预订,到时送来,寄信不必上邮局,投入楼里的邮筒便了。即使打电报也可以用电话告诉电报局,月底和电话费一起结账。有关中国的信息,每天的报上都刊有 AP 及 UP 通讯社及各报社驻华通讯员的来电。因此,他虽与故国远隔重洋,却能及时了解国内的重大事件。

林语堂不得不改变自己的生活方式。一般人看来,这不过是一个"适应"与否的问题,不值得多费心思。可是"两脚踏东西文化"的林语堂,却在入乡随俗的过程中,悟出了东西互补的大道理,把一切思考都纳入了他的东西融合的思维逻辑之中。所以他在享受西方物质文明的同时,没有拜倒在这物质文明的脚下,他在受益于西方机械文明的同时,也深察了这文明的缺陷。

以纽约的生活起居为例,林语堂觉得方便,但舒服倒不见得,电梯、汽车、地铁、抽水马桶,皆方便之类,却不见得如何舒服。有人以为自己驾小汽车,十分逍遥,可林语堂认为在高速公路上长途驱车,挤得水泄不通,成长蛇阵,把你的汽车挤在中间,此时欲速不能,欲慢不得,根本不逍遥也不自在,一不小心,发生车祸,性命攸关,心惊肉跳。

那么,坐地铁如何?林语堂打趣地说,轰而开,轰而止。车一停,大家蜂拥而入,蜂拥而出。你靠着我,我靠着你,前为伧夫之背,后为小姐之胸,小姐香水,隐隐可闻,大汉臭汗,扑鼻欲呕。然而,四十二街至八十街,二英里半的路程,五分钟即达,方便得很,可是舒服却未必。

可是,生活上一点暂时的不习惯,与他到美国后所得到的东西相比,毕竟是微不足道的。美国为他提供了一个介绍中国文化的广阔天地。林语堂早就向往这样的自由境界:像在大荒漠中的孤游者,"其佳趣在于走自己的路,一日或二三百里或百里,无人干涉,不用计较,莫须商量。"

到纽约后,林语堂与美国文艺界有了广泛的接触。在宴会上,他认识了戏剧家奥尼尔(Eugene O'Neill),诗人佛洛斯特(Robert Frost),德国小说家、1929年诺贝尔文学奖得主托马斯·曼(Thomas Mann),舞蹈家邓肯(Isadora Duncan),女诗人朱莱(Edna St. Vineent Millay),女明星姬希(Lilian Gish),戏剧评论家那森(George Jean Nathan),作家及书评家卡罗·范多伦(Carl Van Doren),诗人马克·范多伦(Mark Van Doren),摄影家范凡克顿(Carl Van Vechten),华裔女明星黄柳霜(Anna May Wong),等等。这些都是当年美国文艺界的精英人物,林语堂在与他们的交往中,对西方文化的现实水平有了进一步的直感体验。

1936年10月5日,《纽约时报》和全国书籍出版者协会共同主办了第一届全美书展。书展在刚落成不久的洛克菲勒中心举行,展出各家出版社的新书和各种新式的印刷技术,同时还邀请受公众欢迎的名作家讲演。林语堂是应邀演讲的主讲作家之一。那天,他身穿中国长袍,风度潇洒,充分表现一种自由自在和无拘无束的个性,他以幽默风趣的口吻畅谈自己的写作经验和人生观。演讲的结束语和结束的方式更是别开生面,他说,中国哲人的作风是:"有话就讲,讲完就走。"说完后,他不等听众们举手发问,挥了挥他的长袖子,飘然而去。

林语堂到美国后,上海新闻媒介刊出了《文艺界同人为团结御侮与言论自由宣言》,代表不同政治倾向的二十一位知名作家在《宣言》上签名。他们是:巴金、王统照、包天笑、沈起予、林语堂、洪深、周瘦鹃、茅盾、陈望道、郭沫若、夏丏尊、张天翼、傅东华、叶绍钧、郑振铎、郑伯奇、赵家璧、黎烈文、鲁迅、谢冰心、丰子恺等。

《宣言》主张"全国文学界同人应不分新旧派别,为抗日救国而联合","不必强求抗日立场之划一,但主张抗日的力量即刻统一起来!"《宣言》同时主张"言论自由"。

1936年下半年,日本侵略气焰日甚一日,亡国之祸,迫在眉睫。东北早已陷入敌寇铁蹄,华北五省与福建又危在旦夕,在这中华民族的生死存亡关

第二十三章 人生旅途上的新航程

头,抛开政治和文艺上的歧见,把国家民族利益放在第一位,这是深得人心的。同时,《宣言》中对创作自由和言论自由的呼吁,与林语堂的自由主义立场不谋而合。所以,他在上海时,就在《宣言》上签了名。当《宣言》在1936年10月1日出版的《文学》第7卷第9号上刊出时,林语堂已经离开上海一个多月了。

1936年12月12日,清晨5时,张学良和杨虎城在西安华清池扣留了蒋介石和一批高级将领,提出改组政府,停止内战,抵抗日本等八项主张。

当天上午,电讯传到太平洋彼岸,成千上万旅美的中国人都被这个消息震动了。西安事变成了美国民众最关心的热门新闻。西安,这座对大多数美国人还显得陌生的城市,一天之间变成了街头巷尾人们所瞩目的中心。《纽约时报》大厦的屋顶上,有霓虹灯打出的大字,报道新闻,大多讲的是西安的事情。时报广场上的广播里也不断在播放有关西安的消息,各种来源的消息,传递着各种不同的说法,那里的事情变得叫人难以捉摸。

林语堂的心已经飞越了大洋,回到了他熟悉的故国。他深深感到自己的命运是与故国的亿万同胞联系在一起的。他嫌报纸的新闻太晚,常常到时报广场去打听来自中国的最新消息。

一天,时报大厦顶上的霓虹灯映出大字:

"中国政府向苏俄抗议。"

"陈立夫约见第三国际代表潘汉年,请潘汉年致电第三国际援救蒋介石。"

"蒋夫人委托顾问端纳前往西安探视蒋介石。"

"斯大林电宋庆龄,说西安事变是日本阴谋所造成,蒋介石如改变政策实为领导抗日之唯一人物,中共应争取西安事变之和平解决。"①

接下来,广播报道莫斯科《新闻报》和《真理报》社论,斥责"张学良之反动行为,足以破坏抗日势力之团结"。②

---

① ② 有关美国新闻媒介对"西安事变"报道的混乱情况,详见张漱菡的《赤心巨笔一书生》,《中华杂志》1986年第283期。当时,美国新闻媒介有关"西安事变"一些报道,显然是失实的,本书引用这些原始资料的目的,是为读者提供历史背景材料。

广播又报道:"陈立夫会晤潘汉年,希望由周恩来进行调解。"①

林语堂知道,把西安事变说成是"日本阴谋",真是牛头不对马嘴。美国新闻传播媒介中的报道,对他只是"参考消息",他自信:他,一个刚离开祖国一两个月的中国人,对本国的国情要比纽约的新闻界有更深的了解。

1936年12月19日,美国的几个团体在哥伦比亚大学举行一个有关西安事变的公开讨论会。登台演讲的有三个美国人,三个中国人。中国人里第一个发言的是林语堂,其余的两位发言者一位是著名的教育家陶行知,另一位是来美作短期逗留的胡秋原。

当时,欧美的新闻媒介,称西安事变为Kidnap,如果译成中文是"绑架"。新闻标题大多是"蒋被张所绑"或"张绑架了蒋"。而英文的张(Chang)与蒋(Chiang)仅一字母(i)之差。阅读时稍不注意便会把两者混淆。而且读音也没有多大区别。林语堂在与美国朋友交谈中发现了这一点。所以,在讨论会上发言时,林语堂首先向美国听众指出Chang与Chiang的区别。

林语堂是语言学家,他的语言学知识发挥了作用,他先用国际音标来区别这两个字的读音,再介绍张学良和蒋介石的不同身份,以及两者在西安事变中的不同的地位和作用。他对美国听众说:张学良将军软禁蒋介石的目的,是为了抗日救国,否定了美国公众中流传着西安事变是"日本阴谋"的说法。

林语堂肯定了张学良将军的行动,并且很有把握地预测,根据中国的民族性和中国人的智慧,西安事变的结局肯定是喜剧而不是悲剧。最有意思的是,他竟大胆地推断,张学良不仅会释放蒋介石,还会友好地陪同蒋介石一起回到南京。

林语堂采用谈心式的口气来发表自己对时政的见解,亲切动人,像朋友间谈心一样。这一席漂亮的英语演说博得了听众们的阵阵掌声。

不久,西安事变顺利解决,果然不出林语堂所料,张学良陪蒋介石同机飞回南京。但是,林语堂恐怕没有预料到蒋介石一下飞机就把张学良将军软禁起来,使这位少帅在长达半个世纪的漫长岁月里失去了人身自由。

---

① 有关美国新闻媒介对"西安事变"报道的混乱情况,详见张漱菡的《赤心巨笔一书生》,《中华杂志》1986年第283期。当时,美国新闻媒介有关"西安事变"一些报道,显然是失实的,本书引用这些原始资料的目的,是为读者提供历史背景材料。

第二十四章 《生活的艺术》畅销美国

> 东西文化比较研究观的总纲——推出"生活的最高典型"的模式——异想天开的"公式"——幽默大师的玩笑——"每月读书会"的特别推荐书

一脚踏上"胡佛总统号"轮船的甲板,"两脚踏东西文化"的林语堂就清楚地知道,出国后,他应该把劲儿使在哪一只脚上。

万里之行,始于足下,一切宏伟的行动都拥有一个微不足道的开始。起初,林语堂想翻译一些可以代表中国生活艺术及文化精神的名著。比如,《老残游记二集》,《影梅庵忆语》,《秋灯琐忆》,张心斋的《幽梦影》格言,曾国藩和郑板桥的《家书》,李易安的《金石录后序》,等等。但赛珍珠的丈夫出版商华尔希认为:从《吾国吾民》的轰动效应来看,西方读者对《吾国吾民》的最后一章《生活的艺术》最感兴趣。生活在高度工业化的西方社会中的现代人,被飞速的生活节奏压得透不过气来。因此,林语堂在书中所宣扬的那种中国诗人旷怀达观、高逸退隐、陶情遣兴、涤烦消愁的人生哲学,对于医治西方人的"现代文明病",正好对症下药。所以,《吾国吾民》出版后,很多美国女人都把书中的最后一章奉为生活的法则。华尔希针对美国读者的心理,要求林语堂写一本介绍中国人生活的艺术的书,比如,如何品茗、如何行酒令、如何观山玩水、如何养花畜鸟、如何吟风弄月等等。这位西方的出版商把士大夫阶级的趣味,当作整个中国人的生活情趣,把士大夫精神当作中国文化精神的真谛,这显然是对中国人和中国文化的片面理解。

充塞着商品经济的价值观的美国出版商,是不会以准确地介绍中国文化为己任的。所以,华尔希对《生活的艺术》的要求,首先是畅销,其次是畅销,最后仍是畅销。而林语堂,也许是为了迎合出版家的口味,也许果真是他的文化观与华尔希的出版观不谋而合,不管是什么原因,从后来出版的《生活的艺术》中可以明显地看出,林语堂是按照这位不懂中国文化却深谙经商之道的美国书商的思路构思并撰写了《生活的艺术》。

在书中,林语堂对美国读者说他根据自己的生活体验,觉得应在美国人的头脑里注入"闲适"的情调,以放松一下在高频率运转下所造成的心理桎梏。崇拜成功女神,重物质而轻精神,这是西方文化价值取向的有机组成部分,但在林语堂看来,美国人过分讲求效率、讲求准时及希望事业成功的愿望,剥夺了"享受悠闲生活的天赋权利",使他们错过了"许多闲逸而美丽的可爱的下午茶"。他要从人性论的观点出发,向美国读者介绍东方的生活趣味和生活方式。

1937年3月初,《生活的艺术》开笔,两个月就写下二百六十页,进展迅速。5月初的一天晚上,林语堂酝酿写序,回过头来检查书稿,觉得自己从批评西方现代物质文化弊端破题的写法,事倍功半,很不理想……他狠了狠心,将原稿全部毁掉,决定推倒重来。5月3日重写第二稿,到7月底,全书七百页打字稿完成。在这三个月里,林语堂自喻"如文王囚在羑里一般"[①],一步也走不开。如受军事训练一样,一切纪律化、整齐化、严肃化,但他并不叫苦。只要睡眠充足,只要烟好茶好心情好,也没有什么腹稿,"一面抽烟,一面饮茶,清风徐来,鼻子里嗅两下,胸部掀动,精神焕发,文章由口中一句一句一段一段念出,叫书记打出初稿,倒也是一种快乐。"

《生活的艺术》涉及面极为广泛,对品茗、赏花、赏雪、听雨、吟风、弄月等细节的叙述非常详尽,这完全归功于他的先见之明——不顾行囊的沉重把大批线装古籍带到了美国——陈眉公《宝颜堂秘笈》,王均卿《说库》,开明圣经纸五册《廿五史》,《文致》,《苏长公小品》,《苏长公外纪》,《和陶合笺》,《群芳清玩》,《小窗幽记》,《幽梦影》,等等,当初笨重的行李,使他今日得益匪浅。

林语堂在《生活的艺术》中向美国人推出的生活的艺术,表明了林语堂

[①] 林语堂:《关于〈吾国吾民〉》。

第二十四章 《生活的艺术》畅销美国

个人的艺术选择和人生选择。他所推出的带着全民标记的东方式的生活趣味和生活方式,实际上仅仅是少数不愁温饱的中国士大夫和文士们的生活趣味。在西方读者中间,那些等待领取失业救济金的美国人,显然无法尝试这种东方情趣,而那些有可靠的经济来源的中产阶级,则把林语堂所宣扬的东方情调,当作医治西方社会的病态心理的灵丹妙药。

《生活的艺术》认为,无论古今中外,人类的天性生来就是一半属于儒家的积极人生观,一半属于道家的消极人生观。中国人"最崇高的理想"就是不必逃避人类社会,而本性仍能保持原有快乐的人。如果一个人离开城市,到山中去过着幽寂的生活,那么他也不过是第二流隐士,因为他仍是环境的奴隶。林语堂说,"城中隐士实是最伟大的隐士",因为他对自己具有充分的节制力,不受环境的支配——林语堂关于"城中隐士实是最伟大的隐士"的药方,对于那些不可能脱离自己的工厂、企业、商店而到山里隐居的美国中产阶层,真是如获至宝!当然,对于20世纪30年代的中国来说,广大人民群众正处于民族危机和阶级矛盾的双重煎熬之下拼死搏斗,时代呼唤力挽狂澜的战士,而绝不是什么城中的隐士。

林语堂之所以把花费了两个月时间写成的二百六十页初稿全部作废,是他觉得《生活的艺术》的思维导向不应该是批判一种文化的弱点,或弘扬另一种文化的优点,而是应该着力于发掘人类天性中的共同点。看来,不承认阶级斗争的林语堂是不可能以阶级斗争的学说来指导《生活的艺术》的写作的。

林语堂在《生活的艺术》中出示的他的东西文化比较研究观的总纲,是把交融的过程视为人类共同天性被重新发现的过程。所以,《生活的艺术》的逻辑终点是向西方读者展示东西文化大融合的前景。

他用"牝"来代表东方文化,而以"牡"来代表西方文化。他说在老子的哲学里,喜欢用子宫或山谷来比喻,如老子说:"……为天下谷;为天下谷,常德乃足。"罗马帝国的凯撒大帝要做乡村中第一个人,而老子反之,老子的忠告是:"不敢为天下先。"认为出名是一桩危险的事。林语堂还把庄子讽刺孔子夸耀智论的那篇文章,全文引入《生活的艺术》。

《生活的艺术》向美国人推出了一个所谓"生活的最高典型"的模式——"中庸生活"。林语堂对美国读者说,这是一种介于两个极端之间的一种有条不紊的生活。这种中庸精神在动作和静止之间找到了一种完全的均衡。理想人物,应属一半有名,一半无名;懒惰中带用功,在用功中偷懒;穷不至于穷到付不出房租,富也不至富到可以完全不做工;钢琴也会弹弹,可是不十分高明,只可弹给知己的朋友听听,而最大的用处还是给自己消遣;古玩也收藏一点,可是只够摆满屋里的壁炉架;书也读读,可是不很用功;学识颇广博,可是不成为任何专家;文章也写写,可是寄给报纸的稿件一半被录用另一半被退稿……林语堂说:"我相信这种中等阶级生活,是中国所发现最健全的理想生活。"他用李密庵的《半半歌》来形象地说明中庸生活的具体内容:

> 看破浮生过半,半之受用无边。
> 半中岁月尽幽闲,半里乾坤宽展。
> 半郭半乡村舍,半山半水田园。
> 半耕半读半经廛,半士半民姻眷。
> 半雅半粗器具,半华半实庭轩。
> 衾裳半素半轻鲜,肴馔半丰半俭。
> 童仆半能半拙,妻儿半朴半贤。
> 心情半佛半神仙,姓字半藏半显。
> 一半还之天地,让将一半人间。
> 半思后代与沧田,半想阎罗怎见。
> 酒饮半酣正好,花开半时偏妍。
> 帆张半扇免翻颠,马放半缰稳便。
> 半少却饶滋味,半多反厌纠缠。
> 百年苦乐半相参,会占便宜只半。

林语堂还向美国人介绍了一种"最优越的哲学"模式——把道家的现世主义和儒家的积极观念融合为一的中庸哲学。他说,因为人类是生活于真实世界与虚幻的天堂之间的。中庸哲学之所以最近人情,最健全,最理想,是因为它介于尘世的徒然匆忙和完全逃避现实的人生之间。

林语堂在美国读者面前扮演了人生导师的角色,他把陶渊明誉为中国文化上"最高人格的象征"。把陶渊明作为"人"的标本,介绍给西方读者。陶渊明所以能荣获林语堂所授予的这顶桂冠,并不是因为陶氏有什么盖世之功,也不是因为他留下了什么不朽的文学巨著,而是因为林语堂认为陶氏是中国文化上最和谐最完美的产物——他的生活方式和风格是简朴的,他热爱人生,他心中虽有反抗尘世的欲望,但又并不逃避人世。在林语堂看来,陶渊明代表了一种"中国文化的奇怪特质",即一种不流于制欲的精神生活和耽于肉欲的物质生活的奇怪混合。在这种奇怪混合中,灵与肉始终是和谐的。林语堂赞赏陶氏的和谐的生活已经达到炉火纯青的境界,所以,"看不见他内心有一丝一毫的冲突,因之,他的生活也像他的诗一般,那么自然而冲和"。

林语堂把中国古代的各种哲学、宗教思想以简单的"杂烩"的办法融合在一起,然后当作中华民族文化的精粹而推出,这显然是不妥当的。特别使国内知识界反感的是,他廉价地滥用最高级的形容词,什么"最优越的哲学""最高人格的象征""生活的最高典型""最崇高的理想"等,比比皆是。严肃的文化评价,有时竟变成了商品推销员的广告式的宣传,实在是很煞风景!如果以是否准确地介绍了中国文化作为评价《生活的艺术》的依据,那么,这部向外国人介绍中国文化的著作,是非常值得商榷的。中国的批评家们正是从这一思维导向切入了《生活的艺术》,因此,非议者,大有人在。而外国的批评家们则从书里丰富的文化信息中受益匪浅,拍案称奇。把它誉为"奇书"的,在西方,也大有人在。然而,一本满足了西方人对中国文化的猎奇心理的畅销书,未必是介绍中国文化的好书。如果,作者以迎合西方人的猎奇心理为出发点,那么他只能写出仅有娱乐性的商品化的书,而难以推出学术性的有文化价值的书。

"发前人未发之论,方是奇书。"如果这就是奇书的标准,那么,《生活的艺术》,虽有平庸之笔,甚至败笔,但仍不失为"奇书",因为《生活的艺术》确实有不少"发前人未发之论"。比如,林语堂在卷首第一章里就别出心裁地把人类分成两大类：一类是理想主义者；另一类是现实主义者。他认为，理想主义和现实主义这两种动力，在一切人类活动里——个人的，社会的，或民族的——都互相牵制着，而真正的进步都是来自这两者的合力。立足于现实，用适当的幽默感把梦想或理想主义调配起来，就能产生智慧或高智能的思想。

《生活的艺术》奇就奇在，他异想天开地要用公式来表示人类的进步和历史的变迁。公式如下：

"现实"减"梦想"等于"禽兽"

"现实"加"梦想"等于"心痛"（普通叫作"理想主义"）

"现实"加"幽默"等于"现实主义"（普通叫作"保守主义"）

"梦想"减"幽默"等于"热狂"

"梦想"加"幽默"等于"幻想"

"现实"加"梦想"加"幽默"等于"智慧"

为了研究分析世界各民族的特点，林语堂发明了一个拟科学的公式。他说：

我用"拟科学"这种字眼，因为我不相信一切表现人类活动或人类性格的死板的机械公式。把人类的活动归纳于一个呆板的公式里，其本身就缺乏幽默感，因此也就缺乏智慧。……下面是我替某些民族的特性所定的公式：这些公式完全是我个人所定，绝对无法可以证实的。随便什么人都可以反对它们，改变它们，或加上他自己所定的公式，只要他不宣称他能用一堆统计的事实和数字去证明他私人的意见。以"现"字代表现实感（或现实主义），"梦"字代表梦想（或理想主义），"幽"字代表幽默感——再加上一个重要的成分——"敏"字代表敏感性（Sensibility）。再以"四"代表"非常高"，"三"代表"高"，"二"代表"普通"，"一"代表"低"。这样我们就有下列的拟化学公式可以代表下列

第二十四章 《生活的艺术》畅销美国

的民族性了。……

现三　梦二　幽二　敏一　等于英国人
现二　梦三　幽三　敏三　等于法国人
现三　梦三　幽二　敏二　等于美国人
现三　梦四　幽一　敏二　等于德国人
现二　梦四　幽一　敏一　等于俄国人
现二　梦三　幽一　敏一　等于日本人
现四　梦一　幽三　敏三　等于中国人

列出上述公式后,林语堂又赶紧声明,上列公式本身就很靠不住,每一公式都足以引起严厉的批评。这是唯有林语堂才会冒出这种幽默的奇想。林语堂在书中还用这公式分析了一些中外著名文人的性格,标列数值:

莎士比亚	现四	梦四	幽三	敏四
海　涅	现三	梦三	幽四	敏三
雪　莱	现一	梦四	幽一	敏四
爱伦坡(Poe)	现三	梦四	幽一	敏四
李　白	现一	梦三	幽二	敏四
杜　甫	现三	梦三	幽二	敏四
苏东坡	现三	梦二	幽四	敏三

果然,不出所料,林语堂这个"公式",引起了强烈的反响,国内的批评者认为这个公式歪曲了中国人的民族性格,外国的评论家却认为很新奇。而朋友则对"公式"的疏漏之处提出了建设性的意见。比如,论语派的大将徐訏曾对林语堂说,似乎还应加一种"神秘感"。林语堂听了,顿悟似的大为称赞。

民族性和名人的性格,本是一种极为复杂的精神现象和社会文化现象,林语堂显然无法对其进行全方位的关照,他选择了一个自以为最佳的摄景角,从"幽默—性灵—闲适"的文化视角出发来分析世界各国的民族性。视野是有限的,你可以批评其不尽如人意之处,但却不能不承认这是一独特的视角。

林语堂进而认为,许多受人尊敬的知名人物,都是由三种特质所构成的:一、嬉戏的好奇心,二、梦想的能力,三、纠正这些梦想的幽默感……在分别论述这三种特质时,关于幽默感的那一节发挥得最精彩,他以幽默的笔法对外国读者宣扬了他自己的幽默观。他为了突出幽默的重要性,以夸张的口气宣扬幽默在人类社会生活各个领域中的无限作用。他用半真半假的态度强调幽默改变人类文化生活的可能性。他嘲笑德皇威廉由于缺乏笑的能力,因此丧失了一个帝国,并使德国人民损失了几十亿元。他说:

> 威廉二世在私生活中也许会笑,可是在公共场所中,他胡须总是高翘着,给人以可怕的印象,好像他是永远在跟谁生气似的。并且他那笑的性质和他所笑的东西——因胜利而笑,因成功而笑,高踞人上而笑——也是决定他一生命运的重要因素。德国战败是因为威廉二世不知道什么时候应该笑,或对什么东西应该笑。他的梦想是脱离笑的管束的。

《生活的艺术》写作于战云密布的时代。他故意夸大其词,要用幽默来防止世界大战,缔造和平。他说:"派遣五六个世界上最优秀的幽默家,去参加一个国际会,给予他们全权代表的权力,那么世界便有救了。"他还天真地设计了一个十分滑稽的幽默避战法。他说:

> 假如世界真要避免战争的话,最好各国政府行一种制度,每隔十年募集二十岁至四十五岁的人,送他们到欧洲大陆去做一次旅行,去参观博览会一类的盛会。现在英国政府正在动用五十万万金镑去重整军备,我想这笔款子尽够送每个英国人到利维埃拉(Riviera——法国东南地中海边名胜区)去旅行一次了。他们以为战争的费用是必须的,而旅行是奢侈。我觉得不很同意!旅行是必须的,而战争才是奢侈哩。

第二十四章 《生活的艺术》畅销美国

这些,自然是属于幽默大师的"玩笑",但从这些幽默的玩笑中,也可以窥见林语堂对幽默的社会功能寄予不切实际的期望。

幽默、性灵、闲适,都是林语堂所设计的"生活的艺术"(或者说"抒情哲学")系统中的三个艺术支撑点。幽默也是林语堂的"理想人性"三要素中的一个基本要素。因此,幽默既是幽默大师的幽默生涯的起点,也是他的艺术逻辑的起点,幽默观在林氏的艺术体系中占有举足轻重的位置。

林语堂在《生活的艺术》中尽情地发挥了他的幽默观,更确切地说,他是以幽默的态度、幽默的笔调来撰写这本书的。在《论语》时代,他的长篇论文《论幽默》刊出后,鲁迅曾多次撰文对林氏的幽默观进行批判。鲁迅不赞成无限地夸大幽默的社会功能,鲁迅说:"只要并不是靠这来解决国政,布置战争,在朋友之间,说几句幽默,彼此莞尔而笑,我看是无关大体的。"①可是,林语堂不以为然,他在《生活的艺术》中不仅坚持幽默万能的观点,而且故意提出要用幽默来"解决国政"、防止战争之类的重大事件,很明显,这是对上海的批评者的回答。细心的读者肯定会发现:《生活的艺术》处处显露出上海那场论争所留下的痕迹。对于那些不了解中国文坛的西方读者来说,未必能看透《生活的艺术》的深意和作者的用心。

《生活的艺术》出版后,在欧美等西方国家的读者中,形成了一股"林语堂热",出现了一批"林语堂迷",他们把林氏著作当成生活指南和"枕上书"。一位澳大利亚读者的经历尤其使人感动。1942年2月15日,日军攻陷新加坡,十九岁的炮兵士官西登·皮尔顿被俘后,关押在樟宜战俘营里。在去战俘营前,西登·皮尔顿把一本林氏的《生活的艺术》塞进了自己的背囊,初到樟宜的头几天,他每天把这本书从背囊里取出来三四次,但只是细看封面、装帧以及封面的插图,而不急于看书的内容。因为,西登·皮尔顿已拿定主意,要像守财奴一样珍惜书中的每一个字,慢慢品读每一句话,就像穷人在花他的最后一块钱。在一个日落后的黄昏,他在牢房的院子里,坐在木头堆上,凭借灯光,把《生活的艺术》慢慢地翻开,欣赏那上面的画,那长达三页半的目录中的章节标题,花费了整整两个晚上。他沉迷于《生活的艺

---

① 鲁迅:《花边文学·一思而行》。

术》到了如醉如痴的地步。朋友们以为他精神错乱了。实际上他这"特慢阅读"是为了使《生活的艺术》能长久与他相伴。两个星期过去,他才读到正文的第十页。一段片语,一个句子,常常使他仔细分析,再三品味,像一个钢琴家研读乐谱,一小节,一小节,细心演奏,想发现作曲家要传达的精神意境,并把它一模一样地重新创造出来。西登·皮尔顿在读到《生活的艺术》中描写如何准确烹茶待客时,仿佛看到一炉炭火,听到精巧的茶杯相碰发出的清脆声音,也几乎可以尝到芳菲的茶香。黑压压的文字,变成了活生生的体验。两个月后,他读完了《生活的艺术》。那时,林语堂的烹茶哲学已经变成了他的读书哲学:速读固无不可,缓读其实更佳。《生活的艺术》使这位年轻的战俘在绝望的痛苦中获得了生活的勇气。

《生活的艺术》给予人们的是如何肯定生命原生态的一种艺术。林语堂企图用宗教的、哲学的、道德的理由来解释、批判或虚饰人性的弱点,把人欲的卑劣和伟大暴露给在遮遮掩掩的困窘中寻求精神寄托的中国人和外国人——主要还是外国的读者。

在对人生的宗教理解、哲学理解和道德理解中咀嚼着人生,享受着人生,这就是他的《生活的艺术》的主要脉络。他把本来可以去探索世界、去进行全人类的灵魂探索的巨大热忱和精力,推推挤挤地滑向一己的天地。

《生活的艺术》展示了林语堂个性特征的一个方面:坦率真诚,憎恶虚伪,愿意暴露出自我的矛盾、弱点。

林语堂边写边将稿子送交华尔希和赛珍珠夫妇审阅。与那种不准编辑改动一个字的文人恶习相反,林语堂高兴地接受编辑对书稿提出的宝贵意见,随时修改。《生活的艺术》出版后,被美国"每月读书会"选为 1937 年 12 月特别推荐书。书评家 Peter Prescott 在《纽约时报》上撰文说:"读完这本书之后,令我想跑到唐人街,遇见一个中国人便向他深鞠躬。"

《生活的艺术》成为 1938 年全美最畅销的书,在美国高居畅销书排行榜第一名,而且持续五十二个星期之久。它的畅销也是由于适逢其时,因为当时的西方读者对中国历史文化的了解是十分片面的。林语堂的二女儿在美国学校里的遭遇就是一个典型的例子。那些美国同学以好奇的心理向林太乙提出了一连串荒唐的问题：

"你为什么不裹小脚？"

"你的身后没有辫子吗？"

"你吸鸦片烟吗？"

"你是用鼓棒吃饭吗？"

"你吃鸽子臼窠吗？"

"在中国有车吗？"

"你不戴碗形的帽子吗？"

"你也穿睡衣上街吗？"

…………

上述问题的提出，足以证明当年的美国青少年对中国的情况是多么隔膜。他们头脑里有关中国的知识，大部分是被歪曲和变形的东西。所以，《生活的艺术》写得正是时候。它不仅在认识功能上填补了西方读者对于中国情况的知识空白，而且摆出了一副为西方文化人生价值取向的弊端寻找疗救药方的架势，以东方文明的悠闲哲学来批评美国高度工业机械化所造成的人的异化。但林语堂也没有简单地以中国文化的人生价值取向来替代西方的东西，而是着眼于重新唤醒美国人头脑里也曾经有过但此刻却已失落掉的自然主义哲学的精神。因为是有的放矢，所以《生活的艺术》按准了美国读者的脉搏，风靡一时。

《生活的艺术》所以能脍炙人口，除了内容上对症下药，符合西方读者的口味之外，也借助于那种把读者当作知心朋友吐露肺腑之言的笔调，使读者亲切地感到："林语堂在对我讲他的真心话。"这种形式很适应西方读者的阅读心理。

《生活的艺术》发行以来，在美国重印到四十版以上，并被译成十几种不同的文字，英国、法国、德国、意大利、丹麦、瑞典、西班牙、葡萄牙、荷兰等国的版本，也同样畅销。三四十年而不衰，确定了林语堂在国际文坛的地位。

美国《纽约时报》一年一度要举行"全国图书展览会"，在1938年的展览会上，主持者搞了一个节目叫"林语堂比赛"。比赛的内容是根据《生活的艺术》第一章里的那个"拟科学公式"制定的。比赛的规则是：提出十位当代世界名人,请参加比赛者按照林氏公式,估定这十位名人的性格。节目主持人先请林语堂将他自己的答案写出来,作为标准答案,密封保存,然后将参赛者的答案与标准答案比较,最近似者得头奖。林语堂的标准答案如下:

名人姓名	现实	梦想	幽默	敏感
美国总统罗斯福	3	3	2	2
德国元首希特勒	3	4	1	1
意大利元首墨索里尼	3	2	1	1
苏联斯大林	3	3	1	1
德国科学家爱因斯坦	2	4	2	4
英国音乐家史多可斯基	2	3	1	4
美国劳工领袖路易士	3	2	1	1
英国逊位国王温特莎公爵	1	3	2	3
瑞典女明星葛勒泰嘉宝	2	2	1	3

结果是纽约的金士伯先生获得头奖。也真是亏他们想得出来,把《生活的艺术》中的公式作为抽奖游戏的题目。但是,绝不能以此作为评价《生活的艺术》的唯一标准,因为这种所谓"林语堂比赛",不过是出版商们别出心裁的广告术,借此来扩大自己的产品的社会影响而已。

第二十五章　卢沟桥的炮声传到大洋彼岸

林语堂深信中国必胜——廖女士担任了妇救会副会长——勇敢者的足迹:全家爬上了冒烟的活火山——从佛罗伦萨到巴黎

1937年7月7日,日本挑起卢沟桥事变,全面抗战爆发。林语堂在美国和旅美华侨一起,敌忾同仇,以各种方式支援战乱中的故国。

美国一向有孤立主义,即所谓"门罗主义"的倾向。意大利侵略阿比西尼亚时,美国国会竟通过了中立法案,对侵略国与被侵略国一律禁运武器。表面上好像一视同仁,实际上则不然。因为,意、日、德等侵略国都有强大的军火工业,他们不怕禁运。所以,禁运实际上限制了对被侵略国的援助。后来,西班牙内战爆发,美国又修正中立法案,命令美国船只不得接近危险地区。1937年5月,又规定物资出口,必先付现款,并以外国船只运输。这样一来,海运力量极其薄弱的中国,就难以得到美国出口的物资。所以,中立法是有利于海上强国日本的。

"七七"事变后,美国国务卿赫尔宣布:美国对日本保持"友好的、不偏不倚的立场"。一部分坚持孤立主义立场的美国人,主张美国应避免介入中日冲突的旋涡;另一部分同情中国的美国人则痛斥这些貌似不偏不倚的"和平家"及"中立家"。

林语堂应美国《新共和周刊》主笔之约,撰文痛斥了这些美国的"中立家"。《纽约时报》也请林语堂撰文阐释中日战争的背景。

中国驻美大使王正廷请林语堂去华盛顿,向美国人阐述中国的立场。

8月29日,《时代周刊》发表了林语堂的《日本征服不了中国》一文。

这时,《吾国吾民》第十三版即将开印。林语堂奋笔疾书,补写了八十页,变成第十章,加在书中,题目是《中日战争之我见》,表明了他的中国必胜、日本必败的坚定信念。林语堂对祖国的前途充满了信心。他说:

> 这样一个四万万人团结一致的国家,具有如此高昂的士气……绝不会被一个外来势力所征服。我相信,经过西安事变,中国获得真正团结之后,她就度过了现代历史上最危急的时刻。这样一个发展过程,我在新增加的一章中作了阐述,它的标题是《中日战争之我见》。其中,我记述了中国是如何一步一步地获得新生,成为一个现代国家的;1932 年至 1937 年奠定的抗日基础;那些年代中无法忍受的局面,以及我自己的看法——武装冲突已不可避免,中国通过战争而获得新生也同样不可避免,不言自明;最后是我对最终胜利的预见——中国最终会成为一个独立和进步的民主国家。①

全面抗战为中华民族带来了再生的希望。因此,林语堂从一开始就没有把战乱给个人造成的损失放在心上。上海"八一三"战事爆发后,炮火焚毁了林语堂多年的心血——已经编好的五十二册中文词典底稿,只剩下了他带到美国的那十三册底稿。

1936 年 8 月 10 日离国时,林语堂一家买的是来回船票,期限一年,不能延长。原先,林语堂打算回国后到北平定居。而"七七"事变后,北平沦陷,接着,上海战事爆发,打乱了林语堂在一年前设计的全盘计划,林语堂决定推迟回国。

当时,支持中国抗战的美国公众发起了抵制日货运动。因为日本生丝出口的 85% 都是销往美国的,所以丝货成了抵制运动的主要对象。在日本的丝货中妇女穿的丝袜是主要的品种。因此,在抵制运动的高潮中,由 Smith 女子大学发起,美国各大学女生都不穿丝袜,改穿细棉织品。在新闻纪录片中,拍摄了 Rocheste 书院的数百名女生,由礼堂排队而出,手中各执一丝袜,

---

① 林语堂:《吾国吾民·1939 年版序》。

扔入垃圾桶里,而男生则宣布:不与穿丝袜的女生跳舞。

林语堂在美国积极宣传鼓吹抵制日货,并向国内军民报道了美国人民抵制日货、支持中国抗战的感人事例,鼓舞中国军民的抗战士气。

那时,旅美华侨有七八十万人,大多从事洗衣业、制衣业等体力劳动,集中居住在纽约、华盛顿、旧金山、檀香山、洛杉矶、波士顿、芝加哥等大城市的唐人街里。

林语堂在美国耳闻目睹了华侨的爱国热情,深受感动。他参加了华侨的各种抗日救亡集会,同时,他还支持妻子参加救亡工作。

纽约的华侨妇女组织了中国妇女救济会,精明而消瘦的王正绪夫人任会长,廖翠凤任副会长。在林语堂的鼓励下,廖女士每天上午11点钟到第五十七街的救济会去办公,中午也不回家,而在救济会吃午饭,到下午5、6点下班。虽然是没有报酬的义务劳动,但救济会的十多位工作人员,都认真负责地向美国公众宣传中国抗日军民的正义斗争,最忙的时候,她们昼夜办公。第一批募集到三万美元后,立即直接汇到中国。在募捐大会上,有的华侨唱京剧,有的拍卖古董,还向纽约的贵妇们分送宣传品、信件,还召集有关救济中国难民、孤儿的各种会议。

廖翠凤女士在救济会里提出的许多建议和计划,常令人拍案叫绝。日子一长,廖女士透露了其中的奥妙。原来,林语堂不仅支持廖翠凤丢开家务杂事,外出参加社会活动,而且还经常为廖女士的救济会工作出谋献策,所以,廖女士的那些高见,往往是来自幽默大师的锦囊妙计。

林语堂还经常向国内读者报道旅美华侨怀着赤子之心支援故国抗战的动人事迹,以鼓励抗日军民的斗志。他在一篇《海外通信》中写道:"三月来美国华侨所捐已达三百万元,洗衣铺、饭馆多按月认捐多少,有洗衣工人将所储小币全数交给中国银行,精神真可佩服。所望为何?岂非中国国土得以保存?国若不存,何以为家?此华侨所痛切认识者。"

林语堂宣传抗日救国的文章,在美国公众里产生了很大的反响。因为,抗战爆发之时,正是林氏著作风靡美国之时。美国读者见到自己所喜爱的畅销书作者林语堂站出来批评"中立主义",呼吁支援中国抗战。这些读者带着信任或崇敬林语堂的心情,接受了林语堂的观点。

林语堂在《论语》时代的伙伴徐讦在回忆当年的情况时,认为,林语堂对美国公众的影响,使日本舆论界感到自愧,日本文化界的一些人认为,中日正式宣战后,美国舆论倾向于中国,是因为中国有林语堂等为美国读者所熟悉的著名作家在美国大造舆论的结果。"当时日本舆论界觉得他们没有一个林语堂这样的作家可以在世界上争取同情为憾事。"①其实,美国公众同情中国抗战的舆论,来自整体的宣传效应,不能把影响美国舆论的功劳,全记在林语堂一个人的账上。然而,我们也不能否认,当时,《生活的艺术》一书正畅销美国,可以想见一位美国读者所熟悉的知名作家的声音,在宣传上的效果。

1938年2月初,林语堂偕全家离美旅欧。游览了欧洲的名胜古迹,领略了各国大自然的美丽景色和民情风俗。一年之内,英国、意大利、法国、瑞士、比利时等地都留下了他们的足迹。

但林语堂去欧洲,主要不是为了游览,而是为了节省开支。因为欧洲的生活水准要比美国低。现在,林语堂是一位靠版税过日子的专业作家。1937年,他的总收入是一万三千美元,包括《吾国吾民》的版税、演讲费、稿费,以及国内开明书店的版税,而在美国的支出是一万元。到1937年底,林语堂一算账,结余三千元,他把1938年的生活费寄托在新书出版后的版税上,但在没有得到足以维持一年生计的版税之前,林语堂决定减缩开支,到欧洲找一个生活费用低的小镇,从事写作。

在意大利,富有探险精神的林语堂带领全家爬上了正冒着烟的活火山——维苏威火山——的火山口。

那天中午,林语堂全家在维苏威山脚下吃过便餐,便搭车上山。起初,汽车沿着乡间道路行进,从车窗向外看,可以望见一座为白雪所覆盖的高山。在山坡上的一间小屋里有几位专为冒险者导游的向导,在向导的带领下,林语堂一家向着浓烟重雾的山顶前进。最后那一段路途,必须徒步,妻子和女儿们开始犹疑起来,她们怕维苏威突然怒吼,她们就会葬身于烈火熊

---

① 徐讦:《追思林语堂先生》。

熊的岩浆里。但是,以冒险为乐的林语堂坚持上山,他拉着小女儿,大女儿和二女儿手拉着手,而廖女士则由意大利向导重点保护。大家紧张地、小心翼翼地接近那火山口。

向导和廖女士在最前头开路,廖女士还不时回过头来喊:"呀——啊!"作为前后联络的代号。

林语堂神情坦然,幽默如故,他突然提出一个问题:"假使岩浆喷射出来,我们怎么办?"

母女四人一致回答:赶紧滚下山去,不要坐以待毙。

一开始,向导曾说只要走二十分钟就可以到山顶了。但大家都觉得,这"二十分钟"实在太长了。不知走了多少时候,他们忽然听到海啸般的一阵咆哮声,历时三分钟光景。这是从火山口传来的岩浆流动的声音。

终于到了火山口。林语堂踏着已经硬化的熔岩,虽然山上冷风嗖嗖,但这股二十天前从火山口流出来的溶液,依然还保持着微温。这些已经凝固的岩浆,曲折蜿蜒,像一条巨蟒,也像一条下垂的绳索,直通那黑森森的火山心脏。这是一座随时随地都可能会突然喷射岩浆的活火山,只有在熟悉火山活动规律的向导陪同下,才能趁两次喷发的间歇,见缝插针地去做冒险的"死亡游戏"。

就在林语堂一家离开火山口后十五分钟,维苏威又喷火了——如果林语堂晚走十五分钟,人们就永远也见不到《京华烟云》了——林语堂清楚地看见相距不远的火山口里,那火红的巨蟒随着一声震耳欲聋的啸声,腾空飞跃。有一滴溶液竟飞溅到林语堂的身边,吓得廖女士惊叫起来,可是林语堂却面无惧色。

山上到处都是罅隙,从罅隙中还可以见到红色的熔岩。有的裂缝里在冒烟,透出难闻的气味。他们像一群误入恐怖世界的探险者,到处是死神的阴影。周围没有树木,没有生物,每一裂缝下面都隐藏着不可预测的灾难。他们已经找不到上山时的原路了,因为地壳在运动,地形随时都在改变。上山的路,这时也许已经被刚喷出的熔岩所覆盖,死神在与这些中国的冒险家做伴。

在向导的带领下,林语堂一家好不容易才走出了火山口周围的死亡地带。兴奋代替了恐怖,虽然四周仍是烟雾弥漫,但他们已经走到有雪堆的山腰间。幽默大师开玩笑地告诉妻女们,现在,即使火山大爆发,也不必害怕了,因为他们可以从这里的积雪上安全地滑下山去。

回到旅馆,想起刚才在火山口附近的险情,连林语堂也觉得有点后怕。此刻,平安归来,共进晚餐,全家人都感受到一种劫后余生的大团圆气氛。

一般人是不会带着妻女们去做如此危险的旅行的,而林语堂却觉得应该让女儿们见见世面。林语堂的目的达到了,这次难忘的历险记,在女儿们的脑海中成了生活史上的一段惊心动魄的经历。直到很久很久以后,女儿们还经常绘声绘色地追忆这次恐怖的历险,她们为自己有这样一位敢于让女儿们去冒险的父亲而骄傲。

意大利的城市中,林语堂最喜欢佛罗伦萨。

佛罗伦萨是西方文艺复兴运动的发祥地,热衷于中西文化融合的林语堂,从佛罗伦萨整个城市的设计中感受到了人类的尊严和生命的价值。

林语堂一家下榻于亚诺河边的一所旅馆里。他散步到米开朗基罗广场,眺望那碧水如镜的亚诺河上横贯着的几座虹桥。这里,是意大利文艺精英的摇篮。当年,但丁、米开朗基罗、达·芬奇等文艺大师都曾居住此地,真是人杰地灵。

米开朗基罗广场中央矗立着大卫的雕像,这不朽的艺术品是米开朗基罗青年时代的杰作,现在被视为佛罗伦萨的灵魂。林语堂在大卫像下沉思:大卫美俊昂然的神态,那充满智慧和毅力的眼神,那自然健美的身躯,表现了人类的自信心和自豪感。林语堂在这里看到了西方文化观念中的理想人格的样品,这是他建构中西大融合的文化观时,一项重要的原材料。

为旅游业服务的商店和旅馆大都分布在河岸上。林语堂为廖女士在商店里选购了一串美丽的珊瑚,每人都买了一只皮夹。可是,林语堂在品尝美味的意大利炸面卷时,竟把那只精美的皮夹丢失在卖炸面卷的店里了。

去参观佛罗伦萨大教堂时,林语堂雇了一辆出租汽车,那司机居然会说几句生硬的中国话,林语堂高兴地与其攀谈起来。富丽堂皇的佛罗伦萨主教堂是世上最雄伟、最华丽,也是最有艺术价值的大教堂。从1296年破土到

1471年圆顶,全部工程历时一百七十五年光景。

佛罗伦萨的名胜古迹展示了西方的文化价值取向。对于执着追求东西文化互补融合的林语堂,在这文艺复兴的发源地,生动地感受了西方文化价值取向与东方文化价值取向之间的异同。为探寻两种文化的互补交融,积累了丰富的感性资料,进一步启发了他在比较研究方面的理性思考。

初到意大利,林语堂住在边境小镇蒙顿。这时,他受蓝登书屋(Random House)之约,为其"现代丛书"编写《孔子的智慧》一书。这套"现代丛书"规格很高,只出版名家名作。所以,他对自己能被蓝登书屋约稿,介绍中国文化名人孔子,感到很光荣。因此,当蓝登老板与林语堂洽谈出版条件时,他认为撰写《孔子的智慧》,是在实现自己的理想:把中国文化介绍给外国人,为理想而写作,报酬在其次。书商则吃准了他的这种心理状态,乘机以六百美元的低价,买断这本书的版权,使林语堂蒙受了经济上的损失。

对林语堂来说,在蒙顿这个幽静的小镇里,他可以专心写作,不受社交活动的干扰。但廖女士觉得小镇生活太冷清,她没有朋友,又不会讲法语,同时,三个孩子也应该入学读书。所以,在蒙顿住了一个月,他们便搬到巴黎。

十八年前,林语堂夫妇就到过法国。但当年,经济拮据的林语堂为了积累继续留学的费用,不得不全力以赴地工作,空余时间自修德语。所以,他在法国东部乐魁索城的中国劳工青年会工作时,竟连巴黎都无暇去游览。事隔十八年,现在林语堂作为名作家,携带全家漫游巴黎,今非昔比,兴奋异常。

两脚踏东西文化的林语堂,来到号称艺术之都的巴黎,与其说是游览,还不如说是在两种文化的比较研究中对西方文化的特征做了一次实地的观察。林语堂像一块干燥的海绵,竭力从巴黎汲取他所感兴趣的艺术水分。

闻名全球的罗浮宫是西方文化艺术的精品,位于康果特广场东面,塞纳河畔。罗浮宫的建筑过程本身就是一部法国"文艺复兴"的建筑史。14世纪时,法王菲力普六世(1328—1350)为加强国防工程,就沿巴黎塞纳河建了一座堡垒,后经历代王室的扩建,到1852年才在拿破仑三世的手中完成了具有现在这样规模的罗浮宫。罗浮宫是世界最大的艺术画廊,也是法国的国宝库。法国大革命后,王宫雕刻、名画和宫廷宝物,大多集中保存在此;拿破仑从外国得来的名画珍物,也陈列在这里。单是分类陈列名画的长廊就有三公里,琳琅满目,林语堂看了赞叹不已。其中三件无价之宝,使林语堂尤其惊讶不已。第一件是1820年在米罗出土的维纳斯雕像,据考古学家考证,雕像作于公元前100年左右,有一个半人之高,缺了两只臂膀,上裸半身,婀娜而立,体态高贵,线条柔美,是世上最古老和最精美的雕塑作品。第二件宝物是达·芬奇的名画蒙娜丽莎永远微笑的肖像。第三件是胜利女神像。

爱丽舍大街和凯旋门,也使林语堂流连忘返。巴黎人常常自夸说,爱丽舍大街是世界上最美丽的街道。爱丽舍大街的魅力还应该包括大街一端的星形广场上的凯旋门。

林语堂在爱丽舍大街的咖啡馆里找到了他在《生活的艺术》中所宣扬的那种抒情哲学的情调。1938年的爱丽舍大街上,有着巴黎最豪华的咖啡馆,有乐队和女歌星伴唱,一座咖啡馆就像一个音乐厅。在天气晴朗的假日里,咖啡馆里挤满了人,人们常常要一杯咖啡就在那里消磨整个下午,你可以读报,读小说,或是与知己朋友谈心。大街上,红、黄、白、黑等各种肤色的行人,穿着不同的民族服装,梳着不同的发型,像是一个时装展览的天然舞台。因为,巴黎人喜欢穿着自己心爱的时装来这里散步。还有不少来自世界各地的旅游者,他们穿着漂亮而奇特的民族服装,把爱丽舍大街变成了世界性的民族服装大汇展。

林语堂住在巴黎时,常带全家去爱丽舍大街光顾一家匈牙利咖啡馆。那里有一群女乐师,约摸十五六人,身着色彩鲜艳的服装,演奏着匈牙利舞曲。巴黎的顾客们,在兴头上常会在乐曲伴奏下唱唱跳跳。林语堂没有这种习惯,只在一旁观赏。

雄伟的凯旋门为爱丽舍大街增色不少。凯旋门矗立于星形广场的中央,是专为纪念拿破仑战功而建筑的。1806年奠基,1836年完工。右墩巨柱上雕刻着1792年到1815年的法国战史,呈现着忠烈雄健的民族精神。左墩巨柱是象征博爱和平的女神浮雕。门上端有无数争先恐后、冲锋克敌的士兵浮雕,以及代表胜利的三十四个盾牌。拱门下有一座"无名英雄墓",地面嵌有文字,中央燃着"长明之火"。门内有"阵亡将士纪念碑",刻记着五百五十八位将军的英名。凯旋门可通过电梯及石阶到达顶点,石阶有两百多级,举目眺望,十二条林荫大道,自广场辐射展开,气象非常壮观。每年 7 月 14 日,国庆阅兵式,各军种的盛大列队从凯旋门下通过。凡对国家有贡献的政要名流,身后之灵柩,也要经过凯旋门,借申荣宠。

巴黎的繁华、舒适,巴黎阔人们穷奢极侈的生活,都无法掩盖世上所存在着的苦难——在远东,中国人民在日本侵略者的铁蹄下呻吟;欧洲,希特勒正在磨刀霍霍。

1938 年的巴黎,给予林语堂的最珍贵的东西是《京华烟云》。因为,这部日后被提名为诺贝尔文学奖候选作品的长篇小说,就是诞生在世界艺术之都——巴黎。

第二十六章 《京华烟云》问世

"我在写一段非常伤心的故事"——"现代中国的一本伟大小说"——林语堂心目中的理想女性姚木兰——约请郁达夫译成中文

1938年春天,《孔子的智慧》脱稿后,林语堂曾想把曹雪芹的《红楼梦》翻译成英文。后经再三考虑,觉得《红楼梦》距离现实生活太远,所以改变初衷,决定借鉴《红楼梦》的艺术形式,写一本反映中国现代生活的小说。

1938年3月,林语堂开始构思《京华烟云》的人物和情节结构。经过五个月的酝酿,8月8日开笔,第二年8月8日脱稿,历时一年。这部呕心沥血的力作是林语堂小说艺术百花园里最美丽最鲜艳的花朵,这朵灿烂的鲜花根植于民族精神和爱国主义的土壤。

七十万言的《京华烟云》,是林语堂的第一部长篇小说。它的成功,奠定了林语堂作为小说家在文学史上的地位。

以前从未涉笔小说创作领域的林语堂,能够写好计划中的鸿篇巨著吗?当他在酝酿写作计划时,家属们都对小说创作的成功率,表示疑问。可是,他却信心十足——一个人在哪儿都能找到自己的天地,只要他肯付出代价。

有一次林语堂向女儿们透露了他之所以能胸有成竹的原因。他说:"以前,在哈佛大学上'小说演化'课时,白教授(Prof. Bliss Perry)的一句话给我的印象特别深,就是西方有几位作家,四十岁以后才开始写小说。我认为长篇小说之写作,非世事人情经阅颇深,不可轻易尝试。因此素来虽未着笔于小说一门,却久蓄志愿,在四十岁以上之时,来试一部长篇小说。而且不写则已,要写必写一部人物繁杂、场面宽广、篇幅浩大的长篇。所以这回着手撰《京华烟云》,也非意出偶然。"

1938 年,林语堂已经四十三岁,他的幽默小品在中国文坛自成一家,而他的英文著作《吾国吾民》和《生活的艺术》更是蜚声欧美文化界。他以为自己已经具备白教授所说的写小说的各种条件,于是他决定把"久蓄"的宏愿寄托在《京华烟云》这部长篇小说上。

"七七"事变后,抗日民族解放斗争的烽火点燃了林语堂的爱国主义的烈焰。他在给郁达夫的信中坦露了《京华烟云》的创作动机:是为"纪念全国在前线为国牺牲的勇男儿,非无所为而作也"。

"不到山河重光,誓不回家乡。"这是《京华烟云》结尾时,抗日军民所唱的歌词,也是林语堂在写作时的心声。林语堂觉得,作为一个中国知识分子,在国难当头的时候,应该把自己的命运和祖国人民的命运联系在一起,参加到抗日救亡的时代洪流中去。但作为一个作家,最有效的武器是作品。演说、宣传和政治论著,当然需要,但小说却更具有深入人心的艺术感染力。所以,他认为要使读者如历其境,如见其人,超事理,发情感,非借小说不可。当时,有的人未解林语堂的深意,误认为《京华烟云》写的是"才子佳人"的故事。林语堂在给老朋友郁达夫的信中,揭开了内中的秘密。他说:

> 弟客居海外,岂真有闲情谈说才子佳人故事,以消磨岁月耶?但欲使读者因爱佳人之才,必窥其究竟,始于大战收场不忍卒读耳。

这一段话,亮出了林语堂寓抗日救亡宣传于"才子佳人"故事的良苦用心。

当决心做一件事情时,林语堂常常具有不达到目的誓不罢休的精神。他把所有的力气,所有的手段,所有的条件,所有的一切都花上去,盯住不放。《京华烟云》开笔前,仅打腹稿,就花费了林语堂几个月的时间。他把人物的年龄、性格、经历和人物关系等都用图表画出来。1938 年 8 月在巴黎开笔后,每天早晨伏案写作,一天写两页、八页、十五页……都有,书中穿插了许多佳话或奇遇,都是涉笔生趣。

《京华烟云》使林家全家牵肠挂肚,大家都关心它的问世。特别是爱好文学的大女儿和二女儿，简直着了迷。二女儿林太乙每天放学回来，连大衣都来不及脱，就跑到书房争着阅读林语堂当天写出来的稿子。有一天，林太乙没有敲门就冲进父亲的工作室，发觉父亲眼泪盈眶。太乙问："爸，你怎么啦？"

正在聚精会神写作的林语堂，已经完全沉浸于自己所创造的那个艺术世界里，并成为其中的一个角色了。女儿的发问，使他从创作境界回到了现实世界，他惊愕地抬起头来，说道："我在写一段非常伤心的故事。"

原来，他正好写到红玉跳水自杀那一段，他动了真情。他为红玉之死而悲伤。林语堂先取出手帕擦了擦眼睛，然后笑着说："'古今至文皆血泪写成'，今流泪，必至文也。"

林语堂与作品中人物同呼吸共命运的真情实感，深深地打动了女儿们的心。在父亲的感染下，女儿们早已对文学发生兴趣，见到父亲对作品中人物的深厚感情，女儿们不禁又想起在上海时，父亲的一段教诲："要做作家，最要紧的，是要对人对四周的事物有兴趣，要比别人有更深的感觉和了悟。要不然，谁要听你说话？"

父亲的话，使女儿们悟出一个道理，作家必须要热爱生活，对世界抱冷漠态度的人，是写不好作品的。父亲以自己的言传身教在女儿们幼小的心灵里描绘着"作家"的形象。不知是出自对父亲的爱，还是出于对"作家"的崇敬，女儿们在此刻的感受是："天下没有什么比做作家更高尚的了。"

林语堂全身心地投入到紧张的脑力劳动之中，当他凝神贯注地写作时，有时廖翠凤跟他讲话，他会听不见。即使不动笔时，他也常聚精会神地构思作品。为了保证不受任何干扰，他曾住到城外松树林中的夏令营简单的木屋里。把一张桥牌桌子搬到树林里，一个人专心致志地写作，甚至连头发长了也顾不得理发，他说不写完《京华烟云》就不去理发！

1939年8月8日早上，林语堂郑重地向家人宣布，下午6点半完稿。全家人都激动不已。这一天，他奋笔疾书，写了十九页。在爱国主义精神的感召下，撰写到结尾的壮丽场面时，他眼眶里充满了泪水……

当写到最后一页时，他心情万分激动，把妻子和三个女儿都叫来，大家围着他的桌子，等他写完最后一句，画上最后一个句号，放下笔来，全家都拍手欢呼,女儿们还唱歌,以示庆贺。

晚上,林语堂驾车带全家去一家中国饭馆,吃了一顿龙虾饭。第二天,他去理发了。

林语堂立即把书稿杀青的消息电告赛珍珠夫妇。对方兴奋地复电说:"你没有意识到你的创作是多么伟大。"

1939年,《京华烟云》由纽约约翰·黛公司出版后,便被美国的"每月读书会"选中,成为12月特别推销的书。《时代周刊》发表书评说:"《京华烟云》很可能是现代中国小说经典之作。"

对于《京华烟云》,林语堂的自我感觉也是很好的。他说:"我写过几本好书,尤其以写《京华烟云》自豪。"

《京华烟云》最早的读者、最热烈的崇拜者是林语堂自己的女儿。小说还没有出版时,她们就每天阅读手稿。小说问世后,大女儿林如斯说,《京华烟云》是"现代中国的一本伟大小说"。二女儿林太乙说:"在现代中国小说中,《京华烟云》是首屈一指的杰作。"女儿们的话,显然不是对这本书的科学的书评,而只是表露了父女间的一种深沉的感情——对名人的崇拜和亲情间的至爱的结晶。

如果说,《吾国吾民》《生活的艺术》是以散文论著的形式向外国人介绍中国文化,那么《京华烟云》则是以艺术形象来向外国人全面地描述中国的历史文化,林语堂按照赛珍珠丈夫华尔希的要求,采用了中国传统小说的艺术表现方法——这对中国人来说是陈旧的,但对外国人来说却是新鲜的。

在向外国人介绍中国文化的系统工程中,《吾国吾民》、《生活的艺术》与《京华烟云》是互相呼应、互相补足、相辅相成的两个子系统。有的批评家不理解这个系统工程的总的思维定式是向外国人介绍中国文化,所以,见《京华烟云》不厌其烦地介绍一些中国人所熟悉的风俗人情、历史知识、社会情况,感到多此一举。岂不知——这些对中国人来说是路人皆知的常识,对外国人却是新奇的见闻。林氏的初衷是把《京华烟云》当作全面介绍中国社会的一扇大门,不熟悉中国国情的异域读者从这扇大门里伸头探入中国社会,然后登堂入室。小说像是一位无声的导游,引导外国读者随意观赏各种景致,同中国人一起生活、一起喜怒哀乐。

《京华烟云》以书中人物的悲欢离合为经,以时代变迁为纬,通过姚、曾、牛三大家族的兴衰浮沉,以传神的水墨画式的素描笔法,描写了从庚子年间义和团事件起至"七七"抗战为止的四十年间中国社会生活的画面。其中有佳话,有哲学,有深谈,有闲话;有历史演义,有风俗变迁;有宋庆龄、傅增湘、林琴南、辜鸿铭、齐白石、王克敏及文学革命领袖穿插其间;有袁世凯的阴谋、张勋的复辟、安福系的造孽、张宗昌的粗犷;有伟大的"五四",有流血的"五卅",有"三一八"的屠杀,有语丝派和现代评论派的论战,有革命军的北伐,有青年的"左倾"和日伪的贩毒走私……社会风尚的变易和时代潮流的起伏均收其中。除了一般小说所应具有的文学性、思想性之外,林语堂根据中西文化融合的系统工程的需要,加强了知识性和可读性。

姚木兰和姚莫愁两姐妹、立夫、姚思安等四人为小说的主人公。全书重要人物约八九十个,丫头就十来个。林语堂在给郁达夫的信里曾说,全书人物,"大约以红楼人物拟之,木兰似湘云……莫愁似宝钗,红玉似黛玉,桂姐似凤姐而无凤姐之贪辣,迪人似薛蟠,珊瑚似李纨,宝芬似宝琴,雪蕊似鸳鸯,紫薇似紫鹃,暗香似香菱,喜儿似傻大姐,李姨妈似赵姨娘,阿非则远胜宝玉。孙曼娘为特出人物,不可比拟。至曾文伯(儒),姚思安(道),钱太太(耶),及新派人物孔立夫(科学家),陈三(革命),黛云(女革命),索兰('白面女王'),莺莺(天津红妓女),巴固(留英新诗人),则远出红楼人物范围,无从譬方。以私意观之,木兰、莫愁、曼娘、立夫、姚思安(木兰父,百万富翁,药店茶号主人)、陈妈、华大嫂为第一流人物。孙亚、红玉、阿非、暗香、宝芬、桂姐、珊瑚、曾夫人、锦罗、雪蕊、紫薇、银屏次之。他若素云之势利,环玉之贪污,雅琴之懦弱,莺莺之无耻,马祖婆(牛太太)之专横,姚太太(木兰母)之顽固,不足论矣。以全书结构而言,木兰、莫愁、立夫、姚思安,为主中之主。孙亚、襟亚、曼娘、暗香、红玉、阿非、迪人、银屏为主中之宾。牛黛云、牛素云、曾夫人、钱桂姐、童宝芬,为宾中之主。珊瑚、莺莺、锦罗、雪蕊、紫薇、环儿、陈三、陈妈、华大嫂又为宾中之宾。……"

《京华烟云》的地理背景以京津为主,苏杭为宾。故事情节以八国联军侵华时的"逃难"开头,又以抗日战争中的"逃难"为结尾。全书三卷,每卷首都引用庄子的话开头。卷上《道家的女儿》,卷首引《庄子·大宗师》:"夫道……在太极之先而不为高,在六极之下而不为深。先天地生而不为久,长于上古而不为老。"卷中《庭园悲剧》,开头引《庄子·齐物论》:"梦饮酒者,旦而哭泣;梦哭泣者,旦而田猎。……是其言也,其名为吊诡;万世之后,而一遇大圣知其解者,是旦暮遇之也。"卷下《秋之歌》,开头又引《庄子·知北游》:"故万物一也,是其所美者为神奇,其所恶者为臭腐,臭腐复化为神奇,神奇复化为臭腐。"这种结构安排表明,在《京华烟云》的哲学思考阶段中,林语堂主观上要以庄周哲学来拢住全书。

林语堂的大女儿林如斯认为,《京华烟云》的主要贡献不在于创造了哪些艺术形象,而在于传递了一种哲学思想——"浮生若梦"!这是林语堂赋予小说的主旨,他希望读者在细嚼余味时,忽然恍然大悟:何为人生,何为梦也。林如斯还认为,倘若小说能给读者人生如梦的印象,"即成为伟大的小说"。

知父莫如女。林如斯一语道破了父亲的秘密:《京华烟云》是道家思想的传声筒。事实也正是如此。比如,卷下《秋之歌》就是以庄子哲学的生死循环之道为宗旨:秋天树叶衰落之时,春天已经开始,循环起伏,是宇宙的法则。以此来借譬抗战中的中国,在旧中国的衰亡中孕育着新中国的萌芽——这就是书中所说的"晚秋落叶声中,可听出新春的调子,及将来夏季的强壮曲拍"等。书中还有一段关于人的永生与宝石的永生的论述,林语堂根据庄子的哲学精神强调了人的永生是种族的延绵、新陈代谢。

在《京华烟云》的人物中,林语堂倾注了自己的理想和爱恨。

曼娘是林语堂以自己所熟悉的一位处女寡妇为原型的,她是林语堂的教母,她与鼓浪屿一位富有的医生(吕家)的儿子订婚后,还未过门,未婚夫就死了。在封建礼教的束缚下,她以处女之身守"望门寡",成为传统道德规范的牺牲品。林语堂是她的教子,在厦门鼓浪屿读书时,林语堂经常得到她的照料。她为林语堂梳头发,她的精美的化妆品所发出的高雅的香味,给林语堂留下了深刻的印象。这位教母后来就成了《京华烟云》中的曼娘的模特儿。《京华烟云》出版后,林语堂曾说:"在《京华烟云》这本小说里,曼娘我最熟悉。"

但是,林语堂心目中的理想人物不是曼娘而是木兰。他说:"若为女儿身,必做木兰也!"

木兰是他理想的化身,以古代代父从军的女英雄花木兰的名字来命名小说的人物,意味是深长的。姚木兰出生富商之家,但她不迷恋于纸醉金迷的物质生活享受,却向往幽雅山居的村妇生活,把自己看成是刻苦忍耐的民众海洋中的一滴水。林语堂把经过自己的文化道德规范所筛选出来的东方和西方的女性美,全部糅合于姚本兰一身。因此,姚木兰实质上是东西联姻所生出来的一个文化混血儿,林语堂就是这次跨国联姻中的媒婆。

形体美和心灵美的高度统一并升华到理想美的境界,这是林语堂为姚木兰所规定的美学框架。林语堂笔下的姚木兰,综合了曹雪芹笔下的林黛玉的才智,薛宝钗的美貌和史湘云的风姿。小说中的姚木兰像"饱满的月亮一般的美丽","除了她两眼具有迷人的魅力和婉转娇弱的声调之外,她真有一种神仙般的姿态。"

木兰的父亲姚思安是老庄的信徒,所以,木兰是"道家的女儿"。嫁到曾家后,又成为儒家的媳妇。林语堂实际上是以儒、道互补的思维定式来塑造姚木兰的,在姚本兰身上——其实整部小说也是这样——到处是儒道并存,"出世"和"入世"的交替。

小说中的姚木兰,不仅是中国文化思想的理想组合,而且也是中西文化思想的辩证统一。林语堂所赋予姚木兰的社会价值取向,既不是纯粹的传统型的,也不是全盘西化的,它体现了林氏女性观中的中西融合的结构框架。作家让木兰在婚恋生活中扮演了一个难演的"双重角色"——又中又西,不中不西——一方面她顺从地接受了"父母之命",并力图进入"贤妻良母"的角色;另一方面她又在自己纯洁的情爱圣殿里,为情人孔立夫保留了一个座位,任何时候都甘愿做一个殉情者,为之赴汤蹈火。

在卷下《秋之歌》里,林语堂把姚木兰推进了矛盾的旋涡:当孔立夫因经常撰文针砭时弊而被军阀逮捕,危在旦夕时,林语堂让木兰冒着被污辱的危险,向军阀下跪求情,才换得了释放孔立夫的"手令"。

林语堂不仅竭力想把西方文化的爱情至上与传统文化的家庭至上这两种情爱观在木兰身上统一起来,还把他自己的特殊的女性观加之于木兰。

比如,林语堂不反对纳妾,所以木兰也被塑造为纳妾的支持者,甚至主动劝丈夫纳妾。在林语堂的下意识里,他偏爱浪漫的有风趣的俏皮女性,他喜欢《浮生六记》里的芸娘,像芸娘乔装男子去看戏,为丈夫物色姨太太等举动,林语堂赞叹有加,视为女性的美德。姚木兰身上就有芸娘的影子,主动为丈夫物色妾,在林语堂看来,正是理想女性所具有的开放意识。

姚木兰性格发展的历史,也就是她的理想美境界升华的过程。开始,木兰的政治意识非常淡薄,即使在"三一八"惨案中,她也只是从母爱的角度倾泻了失女之痛。爱和恨,都停留在人道主义的层次上,而到小说结尾时,木兰的爱和恨已经包容了民族主义和爱国主义的激情。

林语堂没有仅仅在"朱门闺秀"或"山居贤妇"的狭小的生活圈子里来刻画姚木兰,而是把他心目中的理想女性置于天翻地覆的时代大动荡的历史背景中,从义和团事件到"七七"事变前后四十年间的悲欢离合里,写出木兰个人遭际与时代潮流休戚相关的联系。

木兰生活于新旧交替的社会大变革中,革命的风云造就了一批呼风唤雨的战斗女性,她们在腥风血雨或刀光剑影中为祖国人民的事业献出了一切,她们是站在历史潮流最前列、引导潮流的新女性。而木兰显然不是冲锋陷阵的英雄。但是,不必苛求每一个中国女性都必须以同样的方式去追随历史潮流。无论如何,姚木兰是面向未来的。在命运为她所安排的生活环境里,她力所能及地改变着旧的传统,力所能及地追随着时代的新潮——尽管有劝丈夫"纳妾"等败笔,但在上层社会的女性中,她仍不失为一个"新人"的形象。

《京华烟云》既是为"纪念全国在前线为国牺牲之勇男儿"而作,所以,小说脱稿后,林语堂就急于让抗战中的故国同胞能读到它的中译本。1939年9月4日,他亲自写信请好友郁达夫把此书译成中文。为什么自己不译而请郁达夫翻译呢?一则因为他忙于英文创作,无暇于此,同时,他也颇有自知之明,知道自己的"京话"功底不深,能否译好小说中的北京话,心里没有把握;二则,郁达夫精通英语,又精通现代小说创作,而且两者都是高水平的,能够胜任此事;三则,林语堂痛恨白话文中"假摩登之欧化句子",而郁达夫的行文中没有这一弊病。所以,林语堂把英文版的小说里所引用的出典、人名、地名以及成语等签注了三千余条详细的注解，前后注成两册寄到新加坡。为了使郁达夫能静下心来工作，不为生活所扰，林语堂还给郁达夫附了一张五千美元的支票。

郁达夫接受译书邀请时，正值郁、王婚变前后，心情极端恶劣。所以译事只开了个头，在英国情报部主办的《华侨周报》上连载过，但没有译多少便停止了。1940年5月21日，林语堂给郁达夫写信，提起译稿，并约郁达夫到重庆见面。林语堂经过香港时，与郁通了电话。郁达夫回答说不可能回重庆，而译稿则可以从7月份开始在《宇宙风》上连载刊出，但这一许诺没有兑现。

郁达夫未能践约，却花掉了那五千美元，觉得自己很对不起朋友。在当时，大家只知道林语堂请郁达夫翻译《京华烟云》，而林语堂却从未向外人提起过曾预支郁达夫五千美元的事。此事在文坛上被传为美谈。徐訏在重提旧事时说："语堂对谁都谈到过该书交郁达夫翻译的事，但从未提到他先有一笔钱支付给郁达夫。这种地方足见语堂为人的敦厚。"①

郁达夫为什么半途而废？众说不一。一般人分析是由于婚变后心情不好，无法安心译书；另一说是郁在生活上一向"放浪形骸"，没有计划，也不想计划，所以事情被糊涂过去了；还有一说，当时有人知道郁接受译事后，就说："你怎么为林语堂做翻译？"言外之意——以郁的文学地位去翻译林氏的作品，是有失身份的……总之，不管出于什么原因，《京华烟云》未能由郁达夫翻译，是非常可惜的。

在《京华烟云》的中文全译本难产之际，日本在1940年却已出版了三种日译本：即明窗社出版的藤原邦文的节译本《北京历日》；今日问题社出版的鹤田知也的译本《北京之日》；四季书房出版的小田岳夫、中村雅男、松本正雄合译的《北京好日》。由于小说中有明显的抗日救亡的意识，所以这些日译本不仅都经过删削，甚至还歪曲了作者的原意。这是问题的一面，问题的另一面，日译本竟比中译本早出版，这是值得中国出版界深思的。

---

① 徐訏：《追思林语堂先生》，《传记文学》第31卷第6期。

第二十七章　怀念战乱中的故国

巴黎上空战云密布——把钱存入中国的银行——抚养六个中国孤儿

林语堂周游欧洲的时候,正是第二次世界大战前夕。德国法西斯疯狂地向外扩张,吞并周围的弱小邻国,进而争夺欧洲中心的战略要地,而英法美等国却采取所谓不干涉政策,对侵略者纵容姑息。

曾获得德国莱比锡大学语言学博士学位的林语堂,1938年带领全家踏遍欧洲,却唯独没有去德国。这是因为当时的德国法西斯已经成为世界和平的严重威胁。林语堂一向憎恨希特勒,这个独裁者的形象是他的作品中讽刺鞭挞的对象。慕尼黑事件爆发时,林氏一家正在巴黎。法西斯的侵略行径直接影响到他们的正常生活,曾迫使《京华烟云》的写作暂停了五天之久。

1938年初,林语堂全家抵达欧洲时,希特勒已加快了鲸吞邻国的步伐。1938年2月12日,希特勒在别墅召见奥地利总理舒士尼格,甚至未让他坐下,就粗暴地要求吞并奥地利……在英法"绥靖"政策的纵容下,3月11日傍晚,德国二十多万正规军在飞机大炮掩护下侵入奥地利,开进维也纳。三天后,德国政府宣布,奥地利并入"德意志第三帝国"版图,称为"东方省"。

1938年7月14日,林语堂带领家人去参观法国国庆日阅兵式。作为德国的邻国,每一个法国人都已感受到德国的战争威胁。不祥的阴云笼罩着整个阅兵式。那天清早,林语堂一家花了四十法郎占了四把椅子。林语堂和孩子们站在椅子上争观阅兵式的盛况,只见一队队骑兵、步兵,以军乐队为前导,列队而过;涂着青灰色保护色的坦克车旁边,是头戴钢盔身穿蓝制服的兵士；飞机呼啸而过，声如雷鸣，吓得鸽子到处乱飞……林语堂想起了战乱中的故国。

8月8日，《京华烟云》开笔时，捷德边境的形势已异常紧张，一触即发。9月15日，英国首相、六十九岁的张伯伦匆忙飞到德国贝特斯加登，与希特勒会谈，建议由英法从中调停。希特勒要求立即得到苏台德区。经与法国总理达拉第协商，英法两国决定牺牲捷克。22日，张伯伦又飞往德国，在哥德斯堡第二次会见希特勒。而法西斯的开价更高了，希特勒提出了对捷克领土的更多要求。希特勒的狂妄野心震动了整个欧洲，英法两国陷入了战争恐怖之中。

巴黎上空，战云密布，法国政府宣布巴黎实行灯火管制。征集适龄壮丁入伍，召集后备兵入伍的名单就贴在林语堂住所旁边的电线杆上。同时，巴黎街头也出现许多失败主义的传单，宣扬除了对德让步外，别无选择。

在紧张而恐怖的临战气氛下，战备工作正在加紧进行，市政府派人挨户向居民分配黄沙，准备扑灭燃烧弹，家家户户都在储备食品、蜡烛，以防开战时突然断粮停电。在第一次世界大战和上世纪的普法战争中，德军都曾包围巴黎。因此，巴黎人在备战方面还是有一定经验的。林语堂一家当然随大流，去买了一百斤大米，几瓶油，几袋盐和一些蜡烛，以防不测。

9月27日，巴黎整天下着雨。林语堂也和巴黎人一样，到处阅报或买报，急切地想知道最新的消息，焦急地分析新闻媒介所传递过来的各种信息。同时，也害怕真的听到什么坏消息。林语堂看到许多巴黎人脸上都流露出一种恐惧感，他们摇着头，耸着肩，失去了平常的那种满不在乎的神态。旅游者也收起了好奇的笑容，满脸懊恼地埋怨自己来得不是时候。匆匆忙忙地去抢购离开法国的船票。五光十色的霓虹灯再也不激动人心。那耀眼的色彩似乎是它毁灭前的最后的闪光，悲愁笼罩了巴黎。

林语堂主张立即回美国去。但廖女士却不相信马上会大难临头，想留在巴黎静观其变。丈夫以安全第一为理由，据理力争，终于说服了妻子。尽早离开巴黎！这是最后的一致意见。于是林语堂马上去抢购最早离法的船票，廖女士则到银行去取款，女儿们在家翻箱倒柜整理行李。

两天后，船票已有消息：10月5日有一艘亚斯加尼船驶出，假使不被当

第二十七章 怀念战乱中的故国

局征发去运军队,那么林语堂一家可以在船上得到两间空房。这样就得 10 月 1 日到勒哈佛去候船。剩下的时间不多了,必须抓紧时间收拾东西,最重要的当然是林语堂的手稿和书籍、资料,廖女士整理衣服杂物,还有一件事也非办不可,那就是到美国领事馆去签证护照。平时,这是不甚费事的例行公事,现在美国却成了人们向往的避难地方。大家争先恐后地拥到美国领事馆,签证处就排起了长队。已经排队轮到林语堂了,临时才知道要交照片。前功皆弃,只得赶快回家通知全家立刻到附近的照相馆去拍快照。

第二天早上,林语堂再去排队,而廖女士先到中国领事馆去盖印,大女儿林如斯去取照片。等林如斯把照片送到美国领事馆时,林语堂前面只剩下两个人了。两分钟后,廖女士也来了,刚巧正好,全家配合默契,一点也不误事,林语堂高高兴兴地进去办完了去美国的签证手续。

签好护照,订好船舱,万事俱备,只等 10 月 5 日一到,就可以远离战雾弥漫的巴黎……

在风云激变的那几天里,林语堂每天都要收听柏林的广播。这天晚上,客厅里的收音机播出了希特勒的广播演说。在追随者的狂热的欢呼声中,独裁者喊出野心勃勃的战争狂言,法西斯的魔影在欧洲上空游动。10 点半,广播结束时,林语堂再也克制不住自己的感情,他愤怒地喊道:"世界是没有上帝的!假使是有,应当使希特勒在演说中间停止其心脏的跳动,以挽救世界和平。"

突然,传来了慕尼黑会议的消息,巴黎人都感到和平还有一线希望。那是 9 月 29 日,在德国慕尼黑召开了德意英法四国首脑会议,参加者为希特勒、墨索里尼、张伯伦和达拉第。当天深夜,他们签订了所谓《慕尼黑协定》。捷克的苏台德区被"转让"给德国了。捷克的代表被排斥在慕尼黑会议之外。当四大国首脑签字后,他们才被召见听取这个协定。

9 月 30 日,报纸登出了慕尼黑签约的消息。希特勒、墨索里尼、张伯伦、达拉第四巨头签约的大幅照片刊登在欧洲各报的头版头条,出卖捷克的张伯伦和达拉第成了缔造和平的"英雄"。

一场虚惊过去了,林语堂在重新执笔撰写《京华烟云》之前,计算了一下,整整浪费了五天的时间,这五天原来可以写不少文章的。"和平"使林语堂的幽默感又悄悄地跳了出来。他开玩笑地说,损失五天的工作时间,按每天一百元计算,共计五百元,要希特勒赔偿这笔经济损失。

慕尼黑事件前后的战争恐怖气氛,使林语堂体验到日寇侵略者铁蹄下的祖国人民的苦难。林语堂在《生活的艺术》里曾开过以幽默来防止战争、维护和平的药方,可是,现实生活中,侵略者(德国、日本、意大利)的战争机器无情地碾碎了幽默大师的幽默梦。

国内文坛上,对于林语堂的英文著作在国外畅销后的经济收益,曾有过不少传闻和猜测。一位妇女读物的作者在访问林语堂夫妇时,直截了当地问道:

"听说林先生新近在美国出版的《吾国吾民》一书,获得三万美金的稿费,可有这回事?"

"全是人家造谣,哪有这回事!书是去年秋天出版的,销数确是可观,而且列入 Best-Seller 十大名著之一;照例每年抽版税两次,至今尚未结算过。"林夫人插言道:"外间常说林先生发了财,真笑话,不过中国人的著作,能列入十大名著,在美国畅销,可以说是破天荒,这是事实。"

是否"发财",这是相对而言的。与美国华尔街的百万富翁相比,林语堂的这点稿费当然算不上什么"财",但与国内爬格子的穷作家相比,林语堂的收入是可观的。所以,林夫人也不必谦虚。

1938年,《生活的艺术》出版后,林语堂的收入倍增,全年收入三万六千美元,开支一万二千元,包括捐款救济国内难民及给亲戚的补贴(廖家破产后,一家二十口全靠廖悦发的一点储蓄维持生活,坐吃山空。廖翠凤的大哥因吸毒而死。林语堂的大姐夫也去世了,留下大姐瑞珠和八个孩子。林语堂的大哥去世后,也留下一群子女。二哥玉霖失业,有七个孩子。三哥憾庐所编的《宇宙风》,因战争而影响了出版发行,三嫂及多病的孩子们滞留漳州)。1938年结余的美元,按说完全可以存入美国银行。可是,林语堂对中国货币有信心,用一万六千美元买了十万银元,存入中国银行,两年可得年息七又四分之一厘。稍后又以二万三千美元兑换十三万银元,分存七年、十年、十四年的长期存款。因为,这时他大女儿十五岁,二女儿十二岁,三女儿

第二十七章 怀念战乱中的故国

八岁,这三笔定期储蓄都算准年限,在她们二十二岁那年到期,每人可得本息十万银元。①

有人说,林语堂会算账,当年因编写英文教科书而与开明书店谈判版税时,有人就"以为此人门槛精,太斤斤计较"②。又有人说他在离沪赴美时,把家具拍卖给亲友,也要亲兄弟明算账。③ 上述追忆,即使是事实,也仅是林语堂金钱观的一方面。

然而,林语堂不是守财奴,该花的钱,他并不吝惜,对亲属也很厚道,林、廖两家的亲戚大多曾受惠于他的接济。抗战爆发后,他不仅为国内难民捐款,而且还在国外捐赠四千三百二十法郎,承担了抚养六个中国孤儿的义务。那是在1938年旅法期间,林语堂为救济在战争中失去亲人的中国孤儿,来到了一个法国的事务所。那里有五十张中国孤儿的照片,等待林语堂夫妇挑选。一年花七百二十法郎就可以抚养一个中国孤儿。

廖女士没有生过男孩,所以她主张选五个男的;而林语堂则认为男女都一样,只要脸相端正。

"啊,一个好脸相!"林语堂不时地赞赏着手里的照片。廖女士接过来一瞧,凡是林语堂赞赏的好脸相,全部都是女孩,廖女士立即否决。

根据照片,初选出八个孤儿,全部是男的。林语堂说,全选男孩,不公平。最后选定四男二女。林语堂夫妇十分满意,决定捐款抚养。

捐款以后,他对家里人说:"金钱藏在我们自己的口袋里,而不去帮助别人,那钱又有什么用处呢?金钱必须要用得有价值,又能帮助人。"

这豪言壮语式的"家训",显示了林语堂金钱观的另一面。

---

① 关于经济细账,来源于林太乙的《林语堂传》。
② 章克标:《林语堂与我》,《明报月刊》1988年3月。
③ 徐訏:《追思林语堂先生》。

第二十八章　从法国到美国

> 在国际笔会上声讨希特勒——出名后的苦闷——从一个奇特的视角阐述中国古代的妓女、姬妾

1939年，欧洲像一只即将爆炸的火药桶。各国人民都在谈论战争，结论是一致的：开战只是时间问题。林语堂不愿在火药桶里提心吊胆地过日子。在希特勒入侵波兰之前，他就带全家回到纽约，住在曼哈顿东边八十六街的一所公寓里。

1939年林语堂荣幸地应邀参加了国际笔会第十七届大会。

1939年5月9日，第十七届国际笔会大会在纽约举行。美国历史学家卢龙担任大会主席，在会上发表演讲的作家有诺贝尔文学奖获得者德国的托马斯·曼，法国著名作家莫洛亚和中国的林语堂。

林语堂演讲的题目是《希特勒与魏忠贤》。太监魏忠贤，在中国历史上是邪恶与奸佞的化身，这个遗臭万年的恶棍是林语堂最痛恨的人。现在，林语堂把法西斯狂人希特勒比作无耻的魏忠贤。他在演说中说："当今有德国人以希特勒喻耶稣，就像中国有一位儒者倡议擅政独裁的魏忠贤与孔子应当有同样的地位。唯有这么歌功颂德，才能保住差使，而反对他的官吏给残杀了。但是魏忠贤虽是声势显赫，却免不了人民的暗诽，其情形与今日之德国如出一辙。魏忠贤后来迫得只好自杀。"林语堂激动地强调，"自杀乃是独裁暴君的唯一出路。"五年后，林语堂的预言应验了，穷途末路的希特勒不得不以自杀结束其罪恶的一生。

林语堂向参加国际笔会的各国作家惊呼：人类文化即将毁灭。他号召

各国作家应当担负起对世界的也即是对自己的职责,面对思想、艺术、文学遭受摧残之际,作家的重要使命是保卫自己的思想信仰的自由,也就是保持个性,以维护人类的自由。

他在演说中声援了以托马斯·曼为代表的富有正义感的德国作家,同时谴责了极少数为独裁者希特勒张目的败类。他着重指出:法西斯政府蔑视人类自由、剥夺人民权利的恶行是不可能长久的。因为人类"只是猴子的后裔","并非牛的后裔","牛与独裁者可以相处无事,人类却不会长此隐忍独裁政治的胡作非为"。

这篇题为《希特勒与魏忠贤》的演说词的中文稿,半年后发表在上海出版的《宇宙风乙刊》第17期(1939年11月16日)。整篇发言,义正词严,同时又幽默机智,体现了林语堂一贯的文风,生动地反映了林语堂的反法西斯立场。

《生活的艺术》《京华烟云》等英文著作的轰动效应,提高了林语堂在欧美文坛上的知名度。当时著名的书评家费迪曼(Clifton Fadiman)编辑了《我的信仰》一书,书中收集了在欧美读者中众望所归的十九位世界当代文化名人的文章。其中有爱因斯坦,美国名作家韦尔斯,西班牙哲学家及诗人桑塔雅那,英国哲学家罗素,1938年的诺贝尔文学奖获得者赛珍珠,托马斯·曼,哲学家杜威,美国经济学家魏白等,在十九位世界当代文化名人里中国占了两位:林语堂和胡适。应该指出,费迪曼是以资产阶级的文化观点来选择"世界当代文化名人"的,因此,列入《我的信仰》一书,并不等于林语堂和胡适真是当时中国的最有名望的学者。

林语堂对自己跻身于"名人"之列,喜忧参半。喜的是,他向外国人介绍中国文化的宏大设想,已初见成效;忧的是,随着知名度的提高,意外的"干扰"也接踵而至,两者是成正比的。也许,这就是生活的辩证法:没有任何满足不带有缺陷,正如没有任何欢乐不伴随着忧虑,没有任何和平不连着纠纷,没有任何爱情不埋下猜疑,没有任何安宁不隐伏恐惧……

摆脱一切杂务,专心写作。这是性喜在大荒中孤游、在寂寞中思考的林语堂决定离沪旅美的原因之一。刚到美国的头一两年,林语堂的确是比较清静的,可是这样的日子并没有持续多久。《京华烟云》问世后,林语堂由名人成了忙人,各种演讲、邀请,纷至沓来,使他应接不暇。每天都会收到一大堆崇拜者的来信,有的表示敬意,有的请教问题,还有多情女子倾诉衷情的,光是阅读这些信件就得花费几个小时,如果再一一作复,那么就会占去许多的时间。没有办法——林语堂只好委托女儿拆阅信件,让女儿把关:在大量来信中挑选出一些特别有意思的、或非由他亲自答复不可的信,交给他阅读和处理。回信也由他口授,女儿打字……女儿成了他忠实的小秘书,减轻了他的不少负担。

信件可以由女儿拆阅,来访者却无法拒之门外了。许多慕名"幽默大师"的朋友、中国留学生,常常会闯到家里,一进门便对林语堂高声叫道:"林博士,林博士,我有个笑话说给你听听!"

然而,一旦说出内容,有的也并不幽默,有的简直令人啼笑皆非。这些络绎不绝的来访者常常搅扰得林语堂无法安心写作。

有一次,林语堂在北大英文系的老同事张歆海来访。这位张教授一度曾被赛珍珠看中,想请他写一本关于中国的书,只是由于张歆海生性疏懒,赛珍珠才改变初衷,请林语堂撰稿……这时,张歆海也在美国,眼看昔日的同事,现在却名震欧美文坛,真是士别三日,刮目相待,心里有说不出的滋味。交谈中,稍不留神,流露出自己的情绪,他对林语堂说:"语堂,我是来看看,你变了没有?"林语堂觉得自己在海外出名后,没有忘乎所以,想不到老朋友竟如此看待,心里极不痛快,接连好几天都没有恢复情绪。

然而,真正使他为难的,还是来自女性的搅扰。

一天,林语堂带家人去划船。一件意想不到的事发生了:有个三十多岁的"林语堂迷",曾多次向林语堂投书求爱,因为得不到答复,单相思得感情失控了。那天,这个女人见自己心中的偶像林语堂在小河里划船,她就站在岸上,故意当众把全部衣服脱得精光。然后,一丝不挂地跳入水里,游向林语堂的小船。林语堂赶紧把船划开,而那女的紧跟着小船游泳。想不到女"林迷"竟选择这样奇特的方式来表达她对林语堂的崇拜,使林语堂和家人们目瞪口呆,不知如何是好。

又有一天,一位在国内时就熟悉的交际花来访。不知是美国的"林语堂热"影响了她,还是她早有此意只是在上海时没有找到示爱的机会。所以,这次她瞅准了廖女士外出买菜的机会,来到林家,直奔书房,居然一跃而坐在写字台上,向林语堂卖弄风情。幽默大师先是一怔,接着是万分尴尬。最后,他灵机一动,以幽默的方式使交际花碰了一鼻子灰,颓然而去。可见,林语堂在对付性干扰方面,还是有办法的。

林语堂倾向于把性看作正常的人类感情,一种正常的生理机制,把性和家庭、繁衍后代以及道德观念联系在一起。

他说,《野叟曝言》是他一生见过的在性问题上具有最明智的观点的著作。其实,这是一部彻头彻尾的宣传儒家观点的长篇小说。书中揭露并嘲笑了和尚们的放荡生活。小说的主人公是一位儒教的"超人",竭力劝说那些光棍强盗与强盗姑娘结婚生育,光宗耀祖。从林语堂对《野叟曝言》的欣赏中,可以看出他对婚姻和家庭的重视,以及对母性的张扬。

在对妻子的忠诚和尊重、对家庭的责任感方面,林语堂的一生是无可指责的。但这不等于说他内心没有矛盾,更不等于他是目不斜视的理学家。恰恰相反,他非常轻视那种迂腐的旧道德。他对妻子的忠诚,不是出自封建的家庭观念,而是因为他和廖翠凤的关系建立在相互爱慕、相互信赖的基础之上,是高尚的情爱生活。

一次,徐訏对林语堂说:"我非常敬佩你与胡适之那样对太太的忠诚。"

此语出自徐訏之口是由衷之言。因为徐訏觉得当代文人学士,婚变者,比比皆是,徐訏自己就曾多次结婚离婚。徐訏与林语堂的婚恋观截然不同。徐訏深受尼采、叔本华的影响,认为妻子好像沙漠旅行者肩上的一个包袱。晚上露宿时没有它简直不行,但白天走路要带着它上路,却是非常累赘而又讨厌。林语堂深知徐訏的婚恋观,所以,他听了徐訏对他和胡适的评价,不大高兴。他认为徐訏误解了他的家庭生活。

林语堂忠于爱情和家庭,但在异性面前也不是一个自我封闭的男子,在社交生活上,他是开放型的。林语堂的开放型与现代的所谓性解放的含义是不同的,他始终坚守"发乎情止乎礼义"的原则。在上海,他也跟着时代书局的朋友去舞厅,并且很喜欢一个舞女。别人曾凑热闹起哄,怂恿他与那舞女撮合,但他却不愿越过雷池一步。

从一个特殊的文化角度——不是从玩弄女性的角度——去接触"欢场"妇女,这是他的中西融合的文化观的一个组成部分。当林语堂把苏东坡等古人作为东方文明的体现者而介绍给西方读者时,他曾从一个奇特的视角阐述了中国古代文人与妓女、姬妾的关系。他说:

"最有名最受人尊敬的一些文人学者如苏东坡、秦少游、杜牧、白居易都曾光顾妓院,或者纳妓为妾……"

"妓女在中国的爱情、文学、音乐、政治等方面的重要性是怎么强调都不会过分的。男人们认为让体面人家的女子去摆弄乐器是不合适的,于她们的品德培养有害;让她们读太多的书也不合适,于她们的道德同样有害。绘画与诗歌也很少受到鼓励。但是男人们并不因此而放弃对文学与艺术上有造诣的女性伴侣的追求。……在这种气氛中,学者们在寻找那些在诗歌、音乐、绘画以巧妙应答方面出类拔萃的艺妓。……"①

"许多男青年在结婚前失去了求爱与浪漫的机会。这种需要就由妓女去满足了……"林语堂不歧视妓女,他对女儿说:"那些女人是因为穷,所以不得已要过这种生活,我们不要看不起她们。"而林夫人则截然相反,她对女儿说:"她们是坏女人,是过皮肉生涯的,随便让男人碰她们的身体。"②在上海时,林语堂曾多次带孩子去体验"欢场"气氛,了解妇女生活。林语堂认为孩子们除了学校之外,应到社会大学堂里去见识见识。据林太乙回忆:"有时我们和他的朋友去吃馆子,他们会在馆子里叫局。""有时,我们一家人去吃饭,也叫条子,那些女人来了,爸爸就跟她们讲话,问东问西,于是我们看出她们和平常人没有什么不同。"③

林语堂回避了妓女问题中不道德的、违反人性、摧残女性的一面,而从艺术的角度,从爱情补偿的角度去看待封建社会中的妓女问题,这是林氏女性观中标新立异之处。但是,尽管有着"爱情补偿"之类的美丽动听的词藻,也仍然掩盖不了妓女问题的丑恶实质,无论在什么时代,也不论是什么样层次的妓女,妓女总是社会的丑恶现象的牺牲品。要是一定在这里发现什么"艺术"的东西,这种所谓的"艺术"也只是一种畸形文化或畸形文化的遗迹。

---

① 林语堂:《中国人》,郝志东、沈益洪译,浙江人民出版社 1988 年 1 月版。
② ③ 林太乙:《林家次女》,西苑出版社 1997 年 11 月版。

第二十九章 回到抗战中的故国

> 在香港痛斥日、汪——到国外去为抗战做宣传——向"文协"捐献私宅——以抗战为背景的《风声鹤唳》

1939年9月1日,欧洲战争爆发时,林语堂已经回到纽约。11月12日,他的《真正的威胁不是炸弹,是概念》(*The Real Threat: Not Bombs But Ideas*)在《纽约时报》周刊发表,后来又为《读者文摘》转载。林语堂在文章中表露了他对人类的前途充满信心,尽管法西斯猖獗欧洲,侵略者威胁世界,但他坚信文明一定会战胜愚昧,他说:

> 战斗跟求生一样,是人生本能,但二者相比较,我相信求生的本能比战斗的本能为强,所以求生的本能绝不会丧失;求生的本能既不会丧失,那么文化,或者说生活的艺术,当然不会毁灭了。

1940年5月上旬,林语堂一家要从美国回国,路经菲律宾马尼拉。当年"有不为斋"的贵客朱少屏最近新任马尼拉副领事,听说林语堂要借道马尼拉,立即组织侨胞隆重接待林语堂。举行了多次演讲会,出售演讲券作为慈善基金。林语堂虽然身体不适,但盛情难却,只得坐手摇车登台演讲。

5月10日林氏一家抵港。林语堂接受了在马尼拉的教训,闭门谢客。除数度拜访孙夫人宋庆龄及旧友吴经熊、温源宁等人外,一切酬酢,多被婉却。但据说,他还是赴了论语派同仁简又文的宴会。后来,记者们还是通过林语堂的哥哥林憾庐的关系见到了林语堂。

5月14日下午,毛子明、唐碧川、杨纪、王启煦、吴东、林玲和袁某等七位记者,在德辅道威士文餐厅,共同招待了林语堂。林语堂准时赴约。他身穿平时所爱穿的中式长衫,一袭淡灰色加细花点的中国绸衣。斜分的头发,白片金脚的眼镜,口衔烟斗,一面悠闲地吐出淡淡的烟雾,一面以舒缓有序的节奏回答记者们的问题。

记者无所不问,林语堂无所不答。

外间有传闻,说林语堂回国是为"做官"。

林语堂胸有成竹地声明:"我是书生,做人民的父母之官,非我书生本色,所以,我到内地之后,仍不放弃文人生活。"对于传闻的"做官",他直截了当地回答:没有"官瘾"。林语堂又说,做官有做官的良心,做人有做人的良心,做官不同做人,做官的要有做官的手腕,做官的方法,他自己就缺乏这种手腕和方法。

林语堂根据自己的人生哲理就文人与政治的关系方面,发表了见解。他说,白居易、苏东坡、袁子才等人,虽都入过仕途,但终于挂冠而去,看来,许多文人都是不适合做官的。当然也有会做官的文人,比如曾国藩,也长于政治……

谈到美国对中日战争的看法时,林语堂很兴奋地说:"在广州、武汉相继失守之初,一部分美国人以为中国不行了,快要崩溃了。比如,美国最有影响的政论家华特列门,也对中国抗战的前途很悲观。其实,这是由于这些美国人对中国了解不够而产生的错觉。到了去年,许多事实逐渐证明中国愈战愈强,有三件事情改变了美国人的观感。(一)去年,日本议员斋藤隆夫在议会中公开质问:中国事件何时了结?他的质问充分透露出日本人民的厌战情绪。(二)根据驻东京的美联社和合众社不断发出的电讯,报导了日本目前严重的米荒、煤荒、电力荒、人源荒,暴露出日本的资源不足。(三)日军自南宁战役后,精疲力尽,再进攻宾阳,即被击退;说明已无力侵入中国腹地。这三个事实,改变了一些美国人的看法。"

接着,林语堂乐观地说:"中国方面正在一天天的好起来,各种报导都说中国民气士气非常旺盛。近二三个月,许多人都看到中国愈战愈强,日本已陷入山穷水尽。"

第二十九章 回到抗战中的故国

有记者提起汉奸政府汪精卫时，林语堂愤怒地说："汪精卫是个什么东西？有学问见识的美国人都晓得他不过是日本枪尖上一个傀儡，最近本人曾和《纽约时报》的一位评论家聚餐，原来打算揭露一些汪精卫伪政府的情况，使国际舆论了解真相，谁知道，坐下来一聊，发现我的计划完全多余，因为这位评论家对汪精卫的了解，比我更加清楚。"林语堂又用幽默的语言介绍了美国报纸上对汪精卫及其伪组织的讽刺性报道，引得记者们都哈哈大笑起来。①

1940年5月22日，林语堂一家从香港飞回抗战中的故国。在重庆，林语堂又成了记者们追踪的新闻人物。但新闻媒介的热点倒不是他誉满欧美文坛的那些英文著作的出版情况，新闻界急于从林语堂那里收集美国朝野对中国抗战的态度。另外，林语堂本人在政治态度上的重大变化，也使记者们觉得大有文章可做。因为，出国前的林语堂一向以"不左不右"的中间派自居。可是，四五年不见，此刻出现在记者们面前的林语堂，已不是当年只谈幽默不问政治的幽默大师了。一到重庆，他的明显的"亲蒋"立场，非常引人注意。

到重庆的次日，林语堂便"晋见"了蒋介石夫妇。他在《新中国的诞生》一文里说，"蒋介石……的智慧及道德观念，足以应付日本的侵略以及国共的纠纷"。把抗战胜利的希望和中国的命运寄托在蒋介石身上，这是林语堂的由衷之言，不然，他是不会把美元换成中国货币，存到中国银行的。然而，这个虔诚的信念，却因为法币的贬值而使林语堂日后蒙受了巨大的经济损失，这是后话，暂且不提。

林语堂一家是在日机狂轰滥炸的高潮中来到重庆的。他在北碚饱尝了空袭、跑警报、躲防空洞的滋味，不久便搬到缙云山的一座庙宇里。幸亏及时迁移，因为他们在北碚的住房后来就在空袭中被日机扔下的炸弹炸了。

与国外优裕的写作环境相比较，笼罩在空袭的恐怖气氛中的重庆，显然不是林语堂理想中的工作环境，朝不保夕，又如何能写作？他毕竟不是中流

---

① 有关林语堂与记者们谈话的资料，来源于1940年5月15日香港《立报》；1940年5月23日香港《大公报》；1940年5月15日香港《星岛日报》；1940年5月15日香港《国民日报》。上述资料，全部由香港中文大学卢玮銮教授提供，特此致谢。

砥柱式的战士,他熬不住抗战的艰苦生活,萌发了重返美国的念头。在旁人看来,他是逃兵,可是林语堂却心安理得,因为他有自己的逻辑:在国外为中国抗战做宣传,要比在国内跑警报更有贡献。所以,他在给宋美龄女士的信中表达了上述的意思,并征求她的意见。

林语堂全家福。1939年摄于四川北碚,前排左起:林语堂,三女林相如,廖翠凤;后排左起:长女林如斯,次女林太乙

在宋美龄女士的支持下,林语堂准备离开重庆,返回美国。临行前,蒋介石夫妇在官邸招待林语堂一家。林语堂接受了蒋介石侍从室"顾问"的头

第二十九章 回到抗战中的故国

衔——1940年之前,他的"游客签证"使他们全家不得不每六个月离开美国一次,然后再重新申请入境;有了"顾问"的头衔,他就可以享受"官员签证"的待遇,不必每隔六个月就重办一次手续了。

1940年8月,离开重庆之前,为表示对抗战的支持,林语堂慨然将他的私宅——重庆北碚蔡锷路二十四号"天生新村",那套四室一厅的住房连同家具,捐赠给中华全国文艺界抗敌协会使用。捐赠时,他给"文协"写了一封信,全文如下:

> 敬启者,鄙人此次回国,不料又因公匆匆去国,未得与诸君细谈衷曲为憾。惟贵协会自抗战以来,破除畛域,团结抗敌,尽我文艺界责任,至为钦佩。鄙人虽未得追随诸君之后,共抒国难,而文字宣传不分中外,殊途而同归。兹愿以北碚蔡锷路二十四号本宅捐出,在抗战期间,作为贵会会址,并请王向辰先生夫妇常久居住,代为看管。除王先生夫妇应住二间及需要家具外,余尽公开为会中器物,由理事会点查处置。聊表愚忱,尚希哂纳。并祝努力。
>
> 弟与诸君相见之日,即驱敌入海之时也。
>
> 此致
> 中华全国文艺界抗敌协会
>
> 林语堂敬上(1940年)8月17日

"文协"总务部主任老舍收到这封信和房子后,在北碚的"文协"会员大会上公开宣读了信的内容,并推选以群和光未然两人来管理蔡锷路二十四号林宅的内部事务。

刚到重庆没几天,又要全家赴美,消息传来,舆论界议论纷纷:

"林语堂镀金回来啦!"

"林语堂拗不住跑警报,又回美国去啦!"

就连大女儿林如斯对父亲离国的决定也非常想不通。她宁愿像千千万万的中国普通青年那样,穿草鞋,吃糙米饭,在国内抗战到底,而不能因为是林语堂的女儿而受到特殊照顾,离开艰苦的环境到美国去过安逸的生活。

在香港等候去美国的轮船时,林如斯哭得很伤心,她不愿意离开苦难的祖国……为了纪念这段不平常的日子,林如斯把她在重庆的见闻写成《重庆风光》一书,在1940年出版。

在一片指摘声中,郁达夫挺身而出,力排众议,为林语堂说话。郁达夫说:

> 林语堂氏究竟发了几十万洋财,我也不知道。至于说他镀金云云,我真不晓得,这两个字究竟是什么意思。林氏是靠上外国去一趟,回中国来骗饭吃的么?抑或是林氏在想谋得中国的什么差使?文人相轻,或者就是文人自负的一个反面真理,但相轻也要轻得有理才对。至少至少,也要拿一点真凭实据出来。如林氏在国外宣传的成功,我们则不能说已经收到了多少的实效;但至少他总也算是为我国尽了一分抗战的力,这若说是镀金的话,那我也没有话说。总而言之,著作家是要靠著作来证明身份的,同资本家要以财产来定地位一样。跖犬吠尧,穷人忌富,这些于尧的本身当然是不会有什么损失,但可惜的却是这些精力的白费。

郁达夫在为林语堂的辩护中,同时也包含着对林语堂的期望。

林语堂不负朋友和同胞的厚望,回到美国就积极为国宣传。《纽约时报》以《林语堂认为日本处于绝境》的标题,刊出了记者写的采访报告。林语堂还亲自投书《纽约时报》,指责美国政府的两面手法:对中国冷淡,却把汽油、武器和大量军用物资卖给日本,发战争财。这些揭露美国"中立主义"支持侵略者屠杀中国人民的信件,其中有五封被刊登在《纽约时报》的读者来信专栏中。

他利用自己在美国读者中的声望,频频地向《新民国》(*The New Republic*)、《大西洋》(*The Atlantic*)、《美国人》(*The American*)、《国家》(*The Nation*)、《亚洲》(*Asia*)及《纽约时报周刊》等刊物投稿,谈论中西关系、中日关系、西方对亚洲的策略等问题。

第二十九章　回到抗战中的故国

1941年,约翰·黛公司出版了林语堂用英文写作的第二部长篇小说《风声鹤唳》。小说以抗日战争为时代背景,描写了男女主人公在民族解放的洪流中获得新生的故事。

《风声鹤唳》的主人公姚博雅就是《京华烟云》里的姚思安的孙子。1937年,"七七"事变后,日军侵占北平,博雅留居在祖父的遗产"静宜园"中。博雅即将离开北平去上海前,美貌的崔梅玲闯入了他的生活,两人一见钟情,在热恋中相约同去上海。然而,博雅却没有想到,年仅二十五岁的梅玲是一个经历非常奇特、曲折和复杂的女人,她父亲是个作恶多端的大军阀,抛弃了她的母亲,所以梅玲是在贫困中度过她的童年的。十七岁时,母亲去世,父亲遭人暗杀。梅玲与"中国商人航海公司"买办的儿子相爱、同居。可是,无巧不成书,那买办曾受过她父亲的迫害,所以就设法报复她。幸亏买办的妻子是个好心的老太太,及时通风报信,让她逃跑。梅玲为了生活,在上海、天津当舞女,或做阔人的外室。"七七"事变时,她正与天津一家工厂的梁老板同居。梁老板参与了以齐燮元为首的汉奸集团,梅玲的住所成了这个汉奸集团的联络点,他们借用梅玲的名字来收接各地汉奸的信件电报。

一天,梅玲拆开了几封信,其中有王克敏从香港寄来的信。她明白了梁老板的汉奸行径,就决心离开这个卖国贼。8月14日,上海战事的第二天,良知使她再也无法忍受下去了。她收拾了衣物和珠宝,准备到上海去,同时她又向抗日爱国志士举报:把自己和梁老板同居的公寓的地址告诉他们,说里面有汉奸的罪证。当天晚上爱国志士突袭了那家公寓,拿到了汉奸集团的重要文件,由于各地汉奸寄来的信件上,收信人的名字都写着崔梅玲,所以,爱国志士方面误认为梅玲是参与卖国阴谋的汉奸集团成员,她成了国民党追捕的对象。

而汉奸方面以为崔梅玲是中国政府打入汉奸内部的坐探,现在偷走了文件,交给中国政府了。所以,敌伪的报纸上登出了某某的姨太太崔梅玲席卷珠宝钱财潜逃、警察正在搜捕的消息。

崔梅玲在两方面的追捕下,历尽险阻,从天津逃到北平,又从北平到天津,再逃到上海,又从上海到香港,然后又到汉口。在大后方,她参加了难民救济工作。在老彭的人道主义精神熏陶下,她在精神上获得了新生,从利己的人生观转变为利人的人生观,由追求个人的爱转变为把爱布施给受难者。她以巨大的热情协助老彭安置难民,老彭离去之后,她独自主持难民屋工作,被难民们称为"观音姐姐"。林语堂通过小说的艺术形象,表现了资产阶级人道主义精神如何使一位中国少女在抗日工作中走上新生之路的故事。

在全民抗战的时代大潮中,崔梅玲从一个丧失了自我的寄生者脱胎换骨成为一个有独立人格的新女性。原先,崔梅玲在婚恋生活中扮演了一个卖弄风情、追随阔少、依附男人、玩弄男性的角色。小说让时代洪流激发起梅玲的女性意识,推动她去追求灵肉合一的理想爱情,她摆脱了玩物的命运,不再是戴着原罪的桎梏匍匐在男性脚下喘息和乞怜的可怜虫,她升华为爱情海洋中的一个自由的嬉水者。

最初,梅玲热恋博雅,主要是羡慕姚家富有安逸的生活。她把博雅当成人生旅途中的一个安全的避风港,以往的生活经历的惯性,使她甘心臣服在博雅脚下呈献自己的尊严和肉体,她以能成为博雅的情妇或姘妇为荣。起先,她追求的是物质的享受和感官的刺激,而逃亡过程中的曲折经历,使她感受到民族解放事业的神圣和崇高,民族意识唤起了梅玲的女性意识的觉醒。

《风声鹤唳》的男主人公姚博雅既有纨绔子弟寻花问柳、游戏人生、玩世不恭的一面,又有仗义疏财、见义勇为的一面。他思路开畅,像军事学院的理论教员那样,研究战争,分析历史上的战例,在"七七"事变以后,没有一次战役或军事行动曾逃出他的关心。他的作为,与其说是关心祖国人民的命运,还不如说是在对自己做一次智力测试。在风流场里,他又是一个颇能吸引异性或被异性所吸引的人。

博雅与梅玲的相遇,开始时,不过是两个情场老手的又一次新的逢场作戏而已。然而,在相互的了解中,他们的感情逐渐纯化,而战乱的环境又把他们抛入了时代的洪流,他们的思想感情都有了不同程度的升华。

博雅原先相信"自私是人类一切行为真正的动力",是个人主义者。在时代的熔炉中,他变成了舍己为人的英雄——那是在他从西南来到汉口,又追随梅玲的足迹到徐州时,他突然发现梅玲已经爱上了老彭。他就故意毫无掩护地单身持枪去阻击十二个敌人的骑兵。这是一场必死的战斗,为成全梅玲和老彭的幸福,他慷慨赴死——当他打死三名敌军后,壮烈牺牲。纵绔子弟博雅在抗日的洪流中飞跃为献身于友情、献身于抗日战争的双重英雄。梅玲选择了一句宗教的名言作为他的墓志铭:"为友舍命,人间大爱莫过于斯。"说明他生命的终点正是他生命的顶点。

《风声鹤唳》中的另一个有传奇色彩的人物是老彭。他出身于小康之家,从事过农、商活动,但都一事无成,靠着银行利息过着一种闲适的生活,精神上倾向于佛教禅宗。十年前,妻子去世后,独居北平,他交游广阔,三教九流皆有来往。日军占领北平后,他憎恨日本侵略者屠杀无辜。他用纯粹的人道主义的观点来看战争,把亿万同胞的苦难当作自己的苦难。以巨大的热情投入佛教红十字会的救济难民工作,但从来不向别人募捐,也不呼吁帮助,只是默默地用自己的钱来收容难民。凡是住过老彭的难民所的人,不分男女老幼,都把老彭看作救苦救难的大善人。

林语堂把老彭作为人道主义的理想人物,以老彭的高尚品德和无私奉献的精神,来对比残暴凶恶、惨无人道的日本侵略者。老彭对异性的态度也是与众不同的,当崔梅玲被日、伪追捕时,老彭掩护她逃到上海。一路上,他们以叔侄相称,他像对自己的亲女儿那样对待梅玲,途中同睡一个大炕也丝毫不生异念。当梅玲(后改名丹妮)与博雅失去联系,而梅玲与博雅同居时所怀的身孕又日益明显时,老彭为保全梅玲的名誉,而主动提出让生下的孩子姓彭。不久,博雅与梅玲取得联系,消除误会并准备结婚时,梅玲却已经移情于老彭,在郑州直接向老彭表露心迹,但老彭为成全博雅的婚姻,婉言拒绝了梅玲的爱。

梅玲、博雅、老彭之间的关系,如果一定要说是三角恋爱关系的话,那么这个等边三角形的三条中线的焦点不是庸俗的情场角逐,而是由抗日战争所激发出来的民族意识和人道主义精神。小说通过三个男女主人公对人的价值的重新认识,顺利地解决了由三角关系造成的矛盾。小说里展开情节和发展性格的动力不是三角恋爱的纠葛,而是时代洪流对个人命运的冲击。这强大的冲击力就是促进主人公精神世界飞跃的引爆力和触发力。

林语堂力图通过主人公们在抗日战争期间的巨大变化,向外国读者宣传中国人民在抗日战争时期的新风貌,这也是林语堂在海外"为国家做宣传"的一部分内容。

第三十章　再回抗战中的故国

提出治世药方的《啼笑皆非》——在大后方高谈
东西文化互补——《赠别左派仁兄》

20世纪40年代初,世界形势和中国的时局都处于光明和黑暗大决战的前夜。林语堂在他的政论著作《啼笑皆非》中把国内外时局概括为四个字:"啼笑皆非"。客观地说,把整个国际形势说成"啼笑皆非",显然不妥,但如果用来形容蒋介石政权和美、英盟国领导人之间的复杂而微妙的关系,倒也有几分神似。

幽默大师眼中"叫人哭不得笑不得的一种局面"[1],正是历史大转折时期的一个侧影或折光。那时,德、日、意法西斯轴心国与世界反法西斯力量在全球范围内展开了生死搏斗。1941年10月,日本近卫内阁下台,由陆相东条英机上台执政,日本加紧准备发动太平洋战争。

1941年12月7日,日本海空军偷袭美国在太平洋上的海军基地珍珠港,击沉美国军舰八艘,炸伤十二艘,击毁美机二百五十多架,使美国太平洋舰队受到重创。12月8日,美英对日宣战,接着澳大利亚等二十多个国家也对日宣战。12月11日,德意日三国缔结新的军事协定,规定三国对英美联合作战到底,保证不单独缔结停战协定或和约,第二次世界大战进一步扩大起来了。接着日本对西太平洋和东南亚各国发动全面的侵略攻势。美英方面由于长期以来执行纵容日本侵略的"东方慕尼黑"政策,所以没有积极备战,在日军进攻面前,节节败退。12月8日,日军侵入菲律宾和泰国,9日侵

---

[1] 林语堂:《论东西文化与心理建设》。

入马来亚,18日进攻关岛,19日进攻香港,23日进攻威克岛。1942年1—5月,日军先后侵占了新加坡、印尼、缅甸、新几内亚和所罗门群岛等地,取得了暂时的军事优势。

当时,美英援华物资大部分是通过滇缅公路运入中国腹地的,日军占领缅甸等地后,切断了这条战略公路,向正在与日军浴血奋战的中国军民的后背捅了一刀。在日军侵占缅甸前,美英盟国漠视这条战略公路的重大作用,一直以傲慢的态度来对待战火中的中国。有强烈的民族感情的林语堂,目睹美英等盟国对中国的不友好和不平等态度,万分恼怒。作为幽默家,林语堂选择了寄愤怒于幽默的曲笔,来表达自己的强烈感情。

与其说是"啼笑皆非",还不如说是受损害的民族自尊心在痛苦地呻吟。他的心在哭泣,所谓"笑",只是无可奈何的苦笑和轻蔑愤怒的冷笑。林语堂生活在强权政治的世界里,一方面,他是深受国际公众崇敬的文化名人,另一方面他又是备受强权政治欺凌的弱国国民。他在饮誉世界文坛之际,没有忘记中国在世界上的屈辱地位。祖国的屈辱,就是他的屈辱。所以,在《啼笑皆非》一书的卷首,他毫不隐讳地表白了作为弱国国民对强权政治的抗议,对世界局势的回顾和展望,深沉的民族感情涌动在字里行间。

他说,国际形势的发展,使他迷离恍惚,如在梦寐间。"回想起来,一片漆黑,只记得半夜躺在床上憋闷,辗转思维,怎样攻破这铁一般的华府对援华的封锁线。还半夜不寐,揣摩罗斯福总统给我们的闷哑谜。罗斯福说:'就以目前而论,我们空运输入中国的物量和滇缅公路所运相等。'这句话委实俏皮,可是令我不快,我不愿听人家对于我国战时急需品之接济说俏皮话。到底航运多少吨量,我有确数,这确数中外官方始终不敢公布出来。这真是最后一根草,把这沉着负重的中国骆驼压坏了。恍惚有人打我一记耳光,耳鸣眼昏,不省人事。"

林语堂又说:"在我国与日本作殊死战时,谁打中国的耳光,就同有人伸手打我一样。"他接着说,近来他已多次被人打耳光——也就是中国多次被人"批颊"——第一次是"七七"事变后,美国坚持"中立主义",却供给日本汽油废铁。第二次被"批颊"是英国政府既无意用自己的军队去坚守缅甸,却又不肯早让中国军队入境抗日,以致使日军轻易地占领缅甸,切断了援华物资的必经之路:滇缅公路。第三次,"批颊"是根据租贷案运到缅甸的援华物资被扣留。第四次"批颊"是滇缅公路被封锁后,美国官员"从中作梗,抵赖搪塞,不肯稍尽微力,以适宜航空运输补救维持"。第五次"批颊"是中国军事代表团去华盛顿,"协助友邦拟订共同攻日战略,却遭人冷落不理"。第六次的重巴掌,是侮辱中国的谣言传遍华盛顿,说中国政府是"法西斯蒂",是"帝国主义",是"将资济物品'囤积'起来"。这些谣言用意,是"表示中国不值抬举,所以不给援助,甚为合理,并且活该。"接着,美英苏三巨头在卡萨布兰卡开会,却把盟国中国排斥在外,会议结束后,英美方面又巧词遁饰,林语堂愤怒地指责:"简直撒谎!"

这些接连不断的"批颊",打在中国身上,也同样是打在林语堂脸上的一记又一记耳光,使林语堂一个月来,"昏迷若在梦中"!

梦醒了,林语堂决定调整自己的视角,用西方人的眼光来看时局:穿越时间的局限,放眼未来,研究中国在世界政治中的地位和作用。

梦醒了,严酷的现实使林语堂不得不正视"强权政治之存在",然后由强权政治的存在,推及物质主义病源,再由此追溯西方近百年来学术思想上的弊端。林语堂开出了医治这一弊端的药方:"改造哲学基础,复建精神与物质之平衡配合,使人道主义得超越自然主义之上。由人道与自然之新配合,宇宙观人生观必随之而变,即见老庄与恩斯坦相去不远,东西哲理,可以互通,而人道得以重立于人间。"

构思东西互补的世界文化新结构,这是林语堂一贯追求的目标。原先,他只是在许多论著中提出了零星的设想,把东西文化的优劣作比较研究,直到《啼笑皆非》问世,林语堂的新结构的框架才开始初具规模,林语堂在《啼笑皆非》中文译本序言里说:

一、本书原著,系为西方人士而作,所谓对症下药也。不知其病,便不解医士何以开此药方。若物质文明,提高生活程度,非不美也。矫而正之,因其过犹不及也。提高生活程度,不应反对;惟以提高生活程度为人生文明之全部,混文明文化为一谈,便须反对。……

二、物质文明好,物质主义不好,言其过也。是犹充实国防好,穷兵黩武不好,亦言其过也。……惟日本学西洋物质文明,并学其物质主义,及其所生之商业主义,侵略主义,帝国主义,是则不可不于理论思想上,先为之防。

三、东方西方,皆有精神文明,皆有物质文明。……故言东西文明之异同,乃言各有畸轻畸重而已。西方学术以物为对象,中国学术以人为对象。格物致知,我不如人,正心诚意之理,或者人不如我。玄通知远,精深广大之处,我不让人;精详严密,穷理至尽,人定胜我。是故上识之士,以现代文化为世界共享共有之文化,本国文化,亦不熔铸为世界文化之一部,故能以己之长,补人之短(如欲发展中医,必先能将中医打进"西医"——即世界唯一共同之医学——圈子里去,混为一部,然后可以贡献于世界医学)。尝谓近代真能学贯中外者惟总理一人,因其能兼容并蓄,融会贯通,故并能救西方资本主义之弊。……

第二次世界大战加剧了各种社会力量重新分化组合,使国际政局呈现出光怪陆离的变化。当时,西方的一些社会科学家,热衷于以预言家的姿态来分析形势、指示未来,为当权者出谋献策,或者是抨击现有政策的失误,出现了一股"政论热"。

在"政论热"的情势下,林语堂推出了他的《啼笑皆非》。林语堂从批评美英大国的远东政策破题,以中西互补的文化观作为建立世界新秩序的灵丹妙方,提出以"老子不争哲理以破强权思想","相信孔夫子,相信礼乐治国"。"孟子,倒给我们恢复了人的精神观,给我们定了人类平等的原则,世界合作的基础,以及自由的可能性"。林语堂以西方的人道主义调和儒、道、释等中国传统的哲学思想,这就是林语堂的东西互补的哲学道德框架。

《啼笑皆非》出版于国际反法西斯力量与法西斯殊死决战的1943年前后。当时,世界各国人民所关注的是战火纷飞的世界大舞台。在这人类命运的十字路口,即使林语堂有闲情逸致去探索东西文化的融合之途,广大读者也失去了欣赏这种高论的雅兴。本来,在此时此地推出《啼笑皆非》,已经是一种背时之举,再向国内读者大肆宣传这本书的观点,更说明林语堂对中国的国情和民情隔膜到什么程度!

1943年7月,《啼笑皆非》由纽约约翰·黛公司出版。从《吾国吾民》开始,林从不亲自动手把自己的英文著作翻译成中文,唯有《啼笑皆非》是一个破例,他把该书的前半部分十一篇亲自译成中文(后十二篇由徐诚翻译)。

1943年秋天,林语堂带着译成中文的《啼笑皆非》,随着访美归国的宋子文一起乘飞机,从美国迈亚米市飞到开罗,再飞到加尔各答,越过喜马拉雅山抵达昆明,再到重庆。

林语堂回国后,显得十分活跃,或乘车或乘机,飞驰于重庆、宝鸡、西安、成都、桂林、衡阳、长沙、韶关等地。在参观访问的同时,多次发表演说。重庆的当权者向林语堂热情地伸出了欢迎的手臂。在半年多的时间里,蒋介石夫妇接见林语堂达六次之多。在重庆时,他先住在熊式辉将军家里,后来住在孙科家里。当局为他安排了访问国家要人,以及到前线和后方参观等各种活动。

1927年以后,在相当长的一段时间内,林语堂与蒋介石政府曾保持一定距离。可是,现在,他的政治倾向非常明朗,许多人对林语堂的亲蒋态度、特别是他接受蒋介石侍从室"顾问"的头衔,颇有微词,可是林语堂却理直气壮地回答:"我敢说,我在蒋委员长侍从室那些年,只是挂了个名儿,我并没有向'中央'政府拿过一文钱;只是为拿护照方便一点儿而已。"①

抗战中的中国和大战中的世界一样,使许多人产生一个直觉:在现实生活里,飞机大炮最有发言权。来自太平洋彼岸的林语堂,没有把握住大后方人民的心理,下"机"伊始,对久违的同胞高谈东西文化互补,推出了以文化建设和心理建设来治世的药方。

10月16日,林语堂应重庆中央大学之请,发表了题为《论东西文化与心理建设》的演说。11月13日,他又在西安青年堂作了《中西哲学之不同》的演说。林语堂在重庆中央大学对听众说:

今日讲的是东西文化与心理建设。何以挑这题目?因为我觉得国人还是缺乏自信心;自信心不立,就是没有心理建设,物质的建设便感

---

① 林语堂:《八十自叙》。

困难。孔子曰:"立国之道有三:足食、足兵、足信。""自古皆有死,民无信不立。"所以可以去食、去兵,而不可去信。信就是心理建设,而兵、食,就是物质建设。……

每思今人,思想庞杂,流于片断零碎,对于我国文化,信心未固,见诸行事,便失大国风度。据我观察,不平等条约虽然取消,不平等心理未改。因其未改,侍奉洋人越殷勤,越引起洋大人的轻蔑。西洋人最要人自尊,看得起自己,你越自菲薄,越招外侮。这于近年来中外接触的事件上,处处可见。吾尝谓东方之道,让然后得;西方之道,攘然后得。鞠躬雅事也,但对西方人万万行不得;你鞠躬时,他从你背后一抽,你怎么办呢?桀骜不驯与叩头谢恩,两事都行不得,都不是大国之风!妄自尊大与妄自菲薄,都不是大国之风度。最要于与外人接触时,有自尊心,不必悖慢无礼,也不必卑躬逢迎,不卑不亢,是为大国的风度。事有必争便须争,若19世纪半殖民地心理未解除,怕得罪洋大人,便一切外交无可办。

在上述两次演说里,林语堂都宣扬和平哲学,即耶稣、释迦、孔子所倡导的精神及老庄的柔胜刚的道理。

1943年11月28日,林语堂乘邮车到成都,接见记者,谈论"民主政治"的必要。12月初,由成都飞桂林,又到衡阳、长沙。1944年1月14日,吃过长沙李合盛的牛肉,游览了八角亭之后,在中山堂发表了《论月亮与臭虫》的演说,宣传他的东西互补的文化观。

"东西哲理,可以互通"的立意,本来是无可非议的。从哲学文化思想角度探究现代世界的病灶,其用心也是好的。可是,在"武器的批判"主宰人类命运的战乱时期,林语堂把"批判的武器"作为救世、治世的药方,就有悖于社会的心理,其后果当然是事与愿违。因为,在重庆防空洞里躲警报的百姓,在长沙大火中逃生的难民,所关心的是如何战胜日本侵略者,他们无暇去比较东西方的精神文明与物质文明之异同,也无暇去讨论如何使两者取长补短。

坚信批判的武器不能代替武器的批判的左派作家们,对林语堂的言行更是极为反感。郭沫若在重庆《新华日报》上首先发难,他把林语堂的新著《啼笑皆非》改了一个字,变成了自己的文章题目:《啼笑皆是》。郭沫若在文章中对"突然以说教者的姿态出现于陪都"的"幽默大师"极尽挖苦讽刺之能事。接着,田汉写了《伊卡拉斯的颠落——读林语堂先生〈论东西文化与心理建设〉》,秦牧写了《恭贺林语堂博士》等文。一时间,重庆《新华日报》、《大公报》、延安《解放日报》都发表了批林的文章。有一天,在桂林,一位记者请林语堂对"论战"发表意见。林语堂很不服气地说:

> 郭沫若的文章,根本是歪曲的,谩骂的。他们那般人,天天劝青年不要读古书,说古书有毒,《三国》、《水浒传》里忠孝节义的话有毒,其实他们还不是天天看线装书么!我说要读古书,就是希望我们知道自己固有的文化。我的英语好不好,只有让英国人、美国人,总之是懂得英语的人去批评,郭沫若是没有资格批评我的英语的。至于读《易经》,郭沫若也是读的,我林语堂也是读的,我林语堂读了不敢说懂,郭沫若读了却偏说懂,我与他的分别是这一点。

林语堂在西安遇见沈兼士,谈起周作人的情况,沈兼士告诉他,北大沙滩大楼里囚禁着许多中国青年,夜半人静,里面常传出受刑者的挨打号哭之声,惨不忍闻,而周作人竟装痴作聋,熟视无睹。林语堂说:"周氏弟兄,趋两极端,鲁迅极热,作人极冷。……作人太冷,所以甘作汉奸。……冷尤可怕,这又是放逸文士之所不为。可怕,可怕。"①

除在桂林向记者谈话时骂了郭沫若一通之外,林语堂对其他的批评文章,没有一一答辩。只在离国赴美之前,写了所谓《赠别左派仁兄》的打油诗三首,把他与左派作家的矛盾看成是"文人相轻"和个人意气。

---

① 林太乙:《林语堂传》。

第三十一章　美国出版商的警告

> 怀着双重的抱憾离国——何应钦给过他两万美金吗？——接受三所美国大学的荣誉博士称号——林语堂的苦恼

1944年,林语堂离开重庆,又回到美国,先在纽约市哥伦比亚大学附近的公寓住下。

这次归国观光,在重庆当局的影响下,使林语堂对美国的对华政策,特别是对史迪威将军的反感更加强烈了。早在"七七"事变之后,林语堂就对美国当权者的"中立主义"的烟幕和东方慕尼黑的阴谋,义愤填膺,曾多次撰文抨击。《啼笑皆非》一书更是尖锐地批评了美英盟国的远东政策。

只要一提起史迪威等美国对华政策的执行者,林语堂都要咬牙切齿地予以痛斥。他说:

……那时史迪威来到中国,犹如到印度去对一个印度酋长作战一样。……史迪威就像个独裁暴君一样,他不是来帮助中国,他是来破坏中美的团结……无论如何,美国派到中国来的应当是个外交家,不要派个粗野的庄稼汉,要派一个中国人认为具有绅士风度的人来。……①

在重庆,林语堂问何应钦:"在过去几年史迪威给了中国什么?"

这位蒋介石政府的军政部长回答:"只有够装备一个师的枪弹而已。"

---

① 林语堂:《八十自叙》。

1944年,林语堂在大后方看见疲惫不堪的毛驴,经过万里行程的长途跋涉,把大西北玉门油田的石油驮到大西南的昆明,此情此景,使林语堂痛苦得"真要为中国哭起来"!他把这一切归罪于美国援华政策的失误。

回国前,林语堂抱憾中国未被盟国理解;回国后,林语堂发现自己未被国人理解。因此,他是怀着双重的抱憾离开中国的。

到了美国,林语堂以重庆当局的忠实支持者的形象出现在美国公众面前。他在广播电台上说:"现在在重庆的那批人,正是以前在南京的那批人,他们正撸胳膊,挽袖子,为现代的中国而奋斗。"

林语堂的声音与美国新闻媒介有关中国情况的报道大相径庭。然而,林语堂的声誉,并没有改变一般美国人在中国问题上的既定的心理定式,美国听众哗然。就在电台上播出林语堂的讲话的第二天,林语堂接到一个严厉的警告,告诉他:"不可以,也不应当再说那样的话。"①

这个警告不是来自国内左派人士,而是林语堂著作的出版商 Richard J. Waish,一个普通的美国公众。

林语堂的声誉在下落,不是因为文章的失误,而是由于他的政治选择。

但林语堂仍然负隅抗争。回忆往事,林语堂坦率地说:"那时……我是唯一为蒋中正先生效力的。当时,我把喉咙都喊哑了。"

林语堂意识到自己是在进行一场毫无胜利希望的战斗,他成了失利一方的一名伤兵。

尽管因为亲蒋的立场,使林语堂在美国公众中间的声誉受到了损害。但他仍像20世纪30年代中期那样,"欲据牛角尖负隅"对抗。他把自己回国后的见闻,用英文写成了一本抗战游记《枕戈待旦》,1944年由纽约约翰·黛公司出版。

《枕戈待旦》问世后的遭遇,使林语堂感触很深。因为,在此之前,林氏的英文著作在美国本本畅销,而《枕戈待旦》出版后,由于书中的亲蒋态度,使美国的"自由主义者"对他"突然冷落"。

种种流言广为传播。林语堂最恼火的是不少人都在传言,说林氏已被

---

① 林语堂:《八十自叙》。

重庆用重金收买,接受了何应钦给的两万美金。这是赛珍珠,JJ. Singh 和史沫特莱等三人分别当面对林语堂说的。背后的议论者自然更多。

林氏自信是清白的,因为他没有拿过重庆政府的一分钱,面对无中生有的流言,他非常愤慨。他觉得他的收入是正大光明的,全部来自版税。

从总体来看,随着时间的推移,林语堂国际声誉也在不断地提高。1940年,纽约艾迈拉大学(Elmira College)授予他荣誉文学博士学位。该校校长表扬他说:

> 林语堂——哲学家、作家、才子——是爱国者,也是世界公民;您以深具艺术技巧的笔锋向英语世界阐释伟大中华民族的精神,获得前人未能取得的效果。您的英文极其美妙,使以英文为母语的人既羡慕钦佩又深自惭愧。
>
> 我们盼祷您不断以中英文表达人类高尚的精神、标准,那是人类共同的愿望。
>
> 鉴于您的卓越成就,艾迈拉大学得颁赠予您荣誉文学博士学位,倍感荣幸。

1942 年,美国新泽西州若特格斯大学(Rutgers University)授予林语堂荣誉文学博士学位。

1946 年,美国威斯康辛贝路艾特大学(Beloit College)授予林语堂荣誉人文学博士学位。该校校长是这样评价林语堂的,他说:

> 林博士,东方学者,世界文士,您具有国际思想,为中华民族扬眉吐气,您的卓越不凡的写作已使您在世界上成为非官方的中国大使。
>
> 基于贝路艾特大学教职员和校董会所授权力,我现在以荣誉人文学博士学位颁赠给您,司仪现在将垂布加在您的学位服上,我谨以文凭呈献给您并欢迎您成为贝路艾特大学的一员。

就在林语堂"成为非官方的中国大使"之际,另一位为美国人所熟悉的中国文化名人正在华盛顿担任驻美的正式大使,他就是林语堂的老朋友胡适博士。"七七"事变不久,胡适被任命为中国政府驻美特命全权大使。胡适上任后,就积极争取美国朝野支持中国抗战,他发挥了擅长演说和善于社交的优势,到各地巡回演说,仅在1942年的头四个月里,胡适就行程一万六千英里,发表演讲百余次,差不多平均每天有一次。1942年9月8日,胡适离职后,仍留在美国,而且还和林语堂住在同一个城市纽约。林语堂比胡适小四岁,林氏留学期间,经济拮据,靠一罐麦片苦撑一个星期时,胡适曾雪中送炭,两次给林氏汇款,每次一千大洋,解救了林语堂的燃眉之急。1923年,林氏学成归来,在胡适的引荐下,在北大英文系任教,胡适是系主任。胡适的学术地位和社会地位也都在林语堂之上,所以按理说,现在两人同在纽约,自然应该是林语堂主动去拜访胡适。可是,实际情况恰恰相反,由于林语堂生性不喜宾客,对胡适也不例外。所以,明知胡适在纽约,"他则从不探访","也没有两人无事相约在外面吃一个便饭之事"。①

德国著名诗人歌德最讨厌事先未曾约定而来访的朋友,他认为这是对他的工作的干扰。他总是以严峻的面孔来对待这样的来客,往往不同其谈话,即使对有地位的客人,他也只是敷衍几句马上结束谈话。就这一点而言,林语堂是继承了歌德的待客之道,与胡适的待客之道截然不同。那时,即使卸任大使以后,胡适仍有频繁的社交活动,他的客厅里,常常宾朋满座。胡适十分好客,特别欢迎从国内来的人去拜访他,听客人报道国内的最新信息,并同客人讨论各种有关中国的问题。而林语堂则除约定的宴叙以外,极少访友,不欢迎不速之客,也不大同来客谈论中国的现实。林氏是以自己的创作和文坛声誉来施加影响的。他交往的美国人大多在文化出版界,不像胡适那样,广泛接触美国政界和社会各界人士。但从客观效果来看,两者殊途同归。

抗战胜利后,逃离各地的文人们,带着辛酸的经历,又回到了这座远东

---

① 徐訏:《追思林语堂先生》。

第三十一章 美国出版商的警告

大都会——上海。

邵洵美的时代图书出版公司再次打出《论语》旗号,由林达祖主持复刊后的《论语》的编务工作,一度曾达到五万份的销售数。《西风》等30年代论语派的杂志也陆续复刊。不少当年《论语》《人间世》的老读者都在怀念林语堂。人们估计,已蜚声西方文坛的林语堂大概要来重整旗鼓。谁知,出人意料的是,昔日论语派的主帅没有卷土重来。

这一段日子林语堂过得并不称心如意。本来嘛,要使整个人生都过得舒适、愉快,这是不可能的,因此人类必须具备一种能应付逆境的本领。所以,实际上,人生有价值的事,并不是人生的美丽,却是人生的酸苦。

第一个打击是经济上的。抗战胜利后,物价飞涨,法币贬值,使林语堂在中国银行的存款变得分文不值。1939年时,林语堂曾以两万三千美元兑换十三万银元,分存七年、十年、十四年的定期储蓄,他计划让每个女儿在二十二岁的时候,都可以得十万银元。可是,抗战胜利后,通货膨胀到了令人吃惊的地步:与抗战前相比,上涨了六万倍!因此,林语堂的存款,连本带息从银行取出来,等于是一堆废纸。

养女玉华被迫回国,对林语堂也是一个不小的打击。玉华姓金,原由西安的一家孤儿院抚养。1943年,林语堂回国时,在孤儿院观赏了她的歌舞表演和钢琴演奏。十二岁的玉华,以她可爱的容貌、优美的舞姿和多才多艺的文化修养吸引了林语堂。他觉得自己的三个女儿已逐渐长大,他希望经常有天真烂漫的儿童与他做伴,所以就决定把玉华收为养女,带她去美国。玉华和她的母亲在惊喜中答应了林语堂的提议。但孤儿院的规矩,林语堂可以认她为女儿,并且为她提供教育费,但不能离开孤儿院。抗日战争结束后,林语堂费尽心机,总算把玉华弄到了美国。十四岁的玉华,长得眉清目秀,又弹得一手好钢琴,博得了林语堂的欢心。但是廖女士却不怎么欢迎,因为领养玉华的事,林语堂事先没有与夫人商量,就先斩后奏。廖女士觉得家里已经有三个女儿,再要一个做什么?不是她生的,她不要。而金玉华的哥哥这时也反对妹妹去做林家的养女,认为这是使金家丢脸的事。而玉华本身患有风湿性心脏病,难以医治,恐怕寿命不长。于是玉华只好又回到母亲和哥哥身边,成年结婚,四十岁去世。

金玉华被迫离开林语堂,对林语堂是一个大打击。"他的伤心,没有办法对人讲。在他心灵深处,藏着几个伤痕,他毕生不能忘怀。但是他憨直浑朴的个性并没有因此改变。"①

在这段时间里,大女儿林如斯的婚姻问题也把林语堂搅得心烦意乱。林如斯是一位深得父母欢心的长女。1943年,二十岁的林如斯回到中国,投身于抗日救亡的时代洪流,先在昆明军医署林可胜医师手下服务。这位林可胜大夫是林语堂的好朋友。1926年,林语堂在北京被列入通缉名单时,曾藏在林可胜家里避难三个星期,林可胜的父亲就是厦门大学校长林文庆博士。1926年林语堂出任厦大文科主任也是由林可胜引荐的。所以,当林如斯坚决回国参加抗战工作时,林语堂就放心地把女儿托付给了林可胜医师。

1945年,林如斯在昆明认识了汪凯熙医师,打算与他到美国结婚。林语堂夫妇都很赞成大女儿的这门亲事。当这对恋人来到美国后,林语堂夫妇就忙于张罗女儿的订婚仪式,向亲朋好友们发出订婚宴会的请帖后,林语堂以为这一下可以坐下来松一口气了。谁知就在亲友们都准备前来参加订婚宴会的前一天,林如斯突然和一个美国青年私奔了。这意外的消息,犹如晴天霹雳,林语堂夫妇不知如何是好。

这个美国青年是林如斯去昆明前认识的一般朋友,名叫狄克,父亲是纽约一家广告公司的老板,很有钱。狄克是个浪子,中学时被学校开除,不务正业,靠父亲养活,仪容平常,却颇有口才。林如斯为什么会迷恋狄克,林语堂不明白,可是生米饭已经煮熟,只得承认现状。

从此,林如斯跟着狄克过着不安定的生活,他们常常迁居。每次回到父母家里,廖翠凤都要烧出六七样菜来款待,把女儿女婿当作贵宾招待,生怕女儿不肯回家。

女儿喜欢狄克,父母不喜欢也得装出喜欢的样子,廖翠凤总是热情地招呼女儿女婿"吃,吃呀!"

林语堂面对现实,无可奈何,凭他的阅历,总觉得狄克靠不住,把爱女的终身大事交托给这样一个靠不住的美国浪子,林语堂不放心,同时也很

---

① 有关养女玉华的资料来自林太乙的《林语堂传》。

伤心。

"憨囡囝,"林语堂对家里人说,"怎么做出这样的事来?我现在比以前更加疼她。我舍不得。"①

---

① 以上资料来源于林太乙的《林语堂传》。

第三十二章 发明中文打字机的苦与乐

发明中文打字机的苦与乐——面临倾家荡产的绝境

雄心是生活的动力,也是一切灾难的渊源。在20世纪40年代中后期,对林语堂个人和家庭生活影响最大的,还是来自因发明中文打字机的宏图而产生的冲击波。

林语堂和中国现代文学史上的一些著名作家一样,并不是读不了数理化才被迫去读文科的。他自幼热衷于发明创造。小学里学到虹吸管的原理后,他花了几个月时间思考改良水井的吸水管设备,想使井水自动流到园内。青年时代,在去厦门的途中,他又对轮船上的蒸汽机着了迷。后来在中学物理课上看见了一幅活塞引擎图,兴趣浓厚,很想当物理教员。

林语堂说:"初入圣约翰时,我注册入文科而不入理科,那完全是一种偶然。"还说,"如果等我到了五十岁那一年……我忽然投入美国麻省工学院里当学生,也不足为奇。"这后一句话倒不是林语堂故作惊人之语。因为,五十岁那年,他虽然没有成为工学院的大学生,却专心去研制中文打字机了。

林语堂的一生与中文打字机有不解之缘。早在1916年,他就对中文打字机及中文检字问题产生了兴趣,后来,他在上海买了《机械手册》,进行自学。他把各种型号的外文打字机买来,拆拆弄弄,到处摆放着拆散的打字机零件,"有不为斋"快变成了打字机修理厂。

发明中文打字机,干吗要去摆弄外文打字机?这是因为现有的中文打字机需要大盘大盘的铅字,十分麻烦,林语堂想设计一架类似外文打字机的新机器。从1916年起,经过30多年断断续续的研究,他发明了"上下形检字法",取字之左旁最高笔形及右旁最低笔形为原则。放弃笔顺,只看几何学的高低。根据这个"上下形检字法",他发明了一键盘,用窗格显示首末笔的办法,在电脑问世之前,可以说是了不起的发明创造。

林语堂说:"一点痴性,人人都有,或痴于一个女人,或痴于太空学,或痴于钓鱼。痴表示对一件事的专一,痴使人废寝忘食。人必有痴,而后有成。"林语堂自己则痴于打字机。40年代中期,林语堂已在国外出版了七八本畅销书,到1946年已累积了十几万美元的财产,他认为在经济上已具备了研制中文打字机的财力。所以他没有求助什么基金会的资助——以他当年在美

林语堂1946年在纽约寓所

国的声望,如果提出一项有关中文打字机的发明计划,是会得到某些基金会的资助的。但是,"痴"于打字机的林语堂,竟然没有认真地估计成本,也没有设想一下可能遇到的各种问题,就像着了魔似的,每天清晨起床,坐在书房的皮椅子上,抽烟斗、画图、排字,把键盘改了又改。他决心发明一部操作简单、人人可用的中文打字机。

他的发明构思是新颖而独特的,但难度却极大。样机的零件都需要人工制造,在高度机械化的美国工业社会,手工制造的费用特别昂贵。但已经开了头,并已投入大量的精力和财力,就不得不硬着头皮继续投资,否则就会半途而废。付出的时间和人力也是无法计算的,他亲自到唐人街请人排字铸模。在纽约郊外找到一家极小的机器工厂制造零件,并请一位意大利籍的工程师协助解决机械方面的问题。越接近成功,碰到的难题越多,经济支出也越大。这架打字机像一个永远填不满的无底洞,一声不响地吞噬了林语堂的十万美元。

林语堂不得不向华尔希——赛珍珠的丈夫——借钱。从《吾国吾民》开始,林语堂的畅销书几乎都是交给赛珍珠夫妇经营的约翰·黛公司出版的。这家出版社靠林语堂的书发了不少财,何况从私交上说,赛珍珠夫妇又是林语堂的朋友。所以,林语堂以为请华尔希预支给他几万美元,应该是不成问题的。岂知这位多年的老朋友竟然不顾林语堂为约翰·黛公司立下的汗马功劳,拒绝预支稿酬。幸亏古董商卢芹斋先生借了一大笔钱,又向银行贷款,中文打字机的原型才艰难问世。

这架打字机高九英寸、宽十四英寸、深十八英寸,备字七千个。每字只打三键。字模是铸在六根有六面的滚轴上。打字机即将完成时,1946年4月17日,林语堂通过律师向美国专利局申请专利。专利书长达八万多字,附有三十九幅蓝图。历时六年半,到1952年10月14日,这项专利申请才获得批准。

提出专利申请后,林语堂就多方接洽,宣传和推销他的发明,希望能有一家实力雄厚的打字机制造公司生产他所发明的中文打字机。

1947年5月22日,是林语堂全家难忘的一天。一个凝聚着林语堂全部心血的宠儿——中文打字机,在这一天诞生了。上午11时,林语堂夫妇和二

第三十二章 发明中文打字机的苦与乐

女儿林太乙从工厂把打字机取回家里。林语堂深情地抚摸着这个宝贝疙瘩,它花费了林语堂十二万美元和多年的心血……

林语堂让二女儿试机,他随便捡起一张报纸,要林太乙照打,不管打得快慢,能打出字来,就是成功。林太乙就像打英文打字机时所谓 hunt and peck(寻到键钮就打),字打出来了!发明成功了!

由于方块字的特殊性,使当时的中文打字机显得非常复杂和不方便。比如,流行数十年之久的商务印书馆的中文打字机,有个容纳常用字的字盘,而别的字则按照使用次数的多寡放在另外的几个字盘里,需要用时再由打字员找出来放进常用字盘。使用这样的打字机,打字员必须要经过几个月的专门训练,其速度与手工书写差不多。而林语堂发明的打字机,以六十四键取代了庞大的字盘,每个字只按三键,每分钟可打五十字,不需要经过复杂训练,任何人在获得指导后都可以进行操作。这架打字机的诞生,在汉字世界里,是一项革命性的创举,林语堂对它抱着很高的企望。

雷明顿打字机公司对林语堂的发明有一定的兴趣,消息传来,全家欢呼。林语堂把打字机小心翼翼地装在一个木箱里,木箱外面再包着油布,不顾外面正下着倾盆大雨,唤了出租汽车赶到雷明顿打字机公司在曼哈顿的办事处,因为雷明顿公司正在等着看这架打字机的示范表演呢。

十几位高级职员坐在长方形的会客厅里。打字机放在客厅一端的小桌上,二女儿林太乙坐在打字机前面。林语堂简单地介绍了这项发明的重要意义,阐明了打字机的操作原理。然后,指示林太乙作示范操作。

整个客厅呈现出一派静穆的气氛,那些好奇的美国人以审视的目光注视着林太乙的一举一动。"咔嚓"一声,林太乙按了键,可是打字机竟毫无反应;再按一键,还是没有反应,又按键,仍然没有反应。打字机公司的专家们已经发现问题,有的人开始窃窃私语。林语堂感到情况不妙,心想:也许是女儿太紧张了,操作失常。他赶紧走到打字机旁,亲自试打。会客厅里静悄悄的,只有林语堂按键钮的声音……头一天晚上在家里试打的时候,还是打得很顺利的,偏偏在这节骨眼上出了毛病,林语堂的心像掉进了冰窟窿。

经过几分钟的摆弄,打字机仍然不动,林语堂只得尴尬地向大家道歉。然后一声不吭地把这架使他当众出丑的打字机装入木箱,包在湿漉漉的油布里,狼狈地离开了雷明顿公司的办事处。

林语堂以巨大的心理承受力应付着眼下的突然变故。回家的路上,他一言不发,大雨打在计程车的车窗上,林语堂的心被不安搅动着……第二天召开记者招待会的通知已经发出,原先是想把今天在雷明顿公司示范表演的消息及时通报新闻媒介,以便造成轰动效应。可是现在第一次公开试机失败了,明天难道把这出师不利的消息告诉新闻界?取消原来的议程吧,也总得向人家解释清楚原因……

回到家里,林语堂有了主意:当务之急是设法排除打字机的故障!他二话不说,先给那位意大利工程师打电话。工程师立即赶来,只用一把螺丝刀,不到几分钟就把打字机修理好了——原来是一点微不足道的小毛病。林语堂松了一口气,但给雷明顿公司所留下的印象已经无法挽回了,现在所能做的是把以后的事情做好,尽力恢复中文打字机的形象。

次日,记者招待会顺利召开,他把自己的发明取名为"明快打字机"。他骄傲地指着打字机对记者说:"这是我送给中国人的礼物!"

各大报以显著版面刊登了林语堂发明中文打字机的消息。林语堂把自己在纽约曼哈顿区的私宅向公众一连开放三天,欢迎各界人士来参观和试验他的新发明。

中国驻联合国军事代表团团长何应钦,参观了中文打字机之后致函林语堂说:"明快打字机是第一部无需记得字位或字码,甚至无需看键盘即可打字的打字机。这特色仅仅是该打字机许多明显的特色之一,但只凭这个键盘,明快打字机已经比其他所有中文打字机高明。本人诚挚向所有用汉字书写的人推荐。"

著名的语言学家赵元任写信对林语堂说:"语堂兄,日前在府上得用你的打字机打字,我非常兴奋。只要打两键便看见同类上下形的八个字在窗格出现,再选打所要打的字,这是个了不起的发明。还有个好处是这键盘不用学便可打。我认为这就是我们所需要的打字机了。"

正在美国访问的南京政府的外交部长王世杰,目睹了明快打字机的表演后,说:"我对这部打字机的简易打法非常惊奇。这不但是中文打字机的改良,而且是极有价值的发明。"

第三十二章 发明中文打字机的苦与乐

诸如此类的赞扬之词,举不胜举。

唐人街的华侨、旅美的华人和中国留学生们,纷纷奔走相告,涌向八十一街十二楼里的林宅。把正在操作明快打字机的林太乙团团围住,争先恐后地把要求打的字写在纸片上递给林太乙……

正当鲜花、贺电、贺信和参观、祝贺人群像潮水般地涌向林宅时,林语堂也接到了一封意想不到的挂号信,说"明快打字机"不是林语堂发明的,这封信的作者就是那个意大利籍工程师,他从新闻媒介那里了解到"明快打字机"的轰动效应,以为有利可图,就来与林语堂争夺发明权了。他说自己是打字机的发明者,他要与林语堂打官司。这个意大利籍工程师连一个中文字都不认识,却要窃取中文打字机的发明成果,林语堂感到骇然,只得找律师来应付他。

其实,明快打字机并不像工程师想象的那样可以赚大钱,因为样机虽已研制成功,但要获利,必须得把发明成果投入商品生产领域。林语堂与许多公司联系,但由于中国又燃起了内战的烽火,精明的商人们不得不考虑今后的商品市场问题,他们不愿对一项销售市场不稳定的商品大量投产。所以,竟没有一个资本家愿意接受这项新发明。负债累累的林语堂感到很失望,廖翠凤则常常伤心得哭起来。结婚二十多年,廖女士总是与丈夫同甘共苦,在打字机制造过程中,她眼看多年的外汇储蓄逐渐减少,以致借债,焦虑万分。但她还把希望寄托在发明成功后所得到的补偿上。现在,样机试制成功了,可是却无人肯投产,许多打算都落空了,廖翠凤知道他们已为打字机而倾家荡产,她怎能不伤心呢!

但是,林语堂却没有后悔。因为发明中文打字机过程中所遇到的困难,是奋斗者在前进途中的挫折。智慧对于人的作用,就是要竭尽全力地达到自己所企望的目标。对于中文打字机,林语堂只有智者的反思,而没有反悔叹气。

不走运的发明家默默地吞噬着破产的苦果,林语堂不得不为当初的莽撞而付出代价。

一天,林语堂和林太乙坐在一辆计程汽车里,林语堂一面玩弄着一个纸型键盘,一面得意地对女儿说:"我这个打字机的发明,主要在利用上下形检字法的键盘,其他机械上的问题是不难解决的。"

"那么,你假使只把汉字照上下形检字法分类,弄个纸型键盘,像你手里拿的一样,不就可以向人推销吗?"太乙战战兢兢地问,"当时有没有制造模型的必要?"

林语堂朝女儿看了一眼,太乙的话,触到了他的痛处,他轻声地说:"也许不造模型也可以推销。但是我忍不住,我一定要造一部打字机,使我可以真正的打字。我当然没想到要花那么多钱。"

"明快打字机"试验成功的消息像一个巨大的冲击波,越过宽阔的太平洋,波及遥远的中国大地。上海滩的许多报纸都刊登了中文打字机发明成功的新闻,而一些好事者则又编织出不少神话式的"传闻",到处流传着林语堂又发大财的消息。还是胡适出来说了"公道话",叫那些人不要胡说八道,林语堂已经为打字机弄得倾家荡产……①

---

① 本章的部分资料来源于林太乙的《林语堂传》。

第三十三章　林语堂和苏东坡

他最偏爱的作品:《苏东坡传》——苏东坡是他的精神榜样

1947年,林语堂准备离美赴欧前两天,真正感受到了经济破产对自己生活的严重威胁。

去法国,是为了出任联合国教科文组织美术文学组主任一职。那一年,中国驻联合国教科文组织代表陈源(西滢)在事先征得林语堂的同意后,提名林语堂为教科文组织美术文学组主任。

一向以"吃草或素食"自居、不愿做官的林语堂,在债务的重压下,看上了教科文组织优厚的高薪,十分乐意地接受了陈源的提议,决定带着夫人和三女儿林相如去巴黎任职。他卖掉了纽约的公寓和家具,偿还了部分债务。林语堂有数千本必须随身携带的参考书,每次迁居,它们都是最沉重的负担。虽然林语堂已经自己设计了一种木箱,旅途中装书,到达目的地后,打开来便是书架。但要带着二十多只这样的木箱作跨国旅行,也是相当费事的,廖女士一听说迁居,就马上想到这些叫人头痛的书箱。头痛归头痛,整理行李时又不得不小心伺候好这些书籍,因为它们都是林语堂的宝贝。

出发前的准备工作大致就绪,还有两天就要启程了,林语堂突然收到美国税务局的一封信,通知他必须要缴清积欠的个人所得税三万多美元,才能获准离开美国! 真是晴天霹雳!

"我的天呀!"林语堂看完信,拍着额头大声叫道。

幸亏卢芹斋先生的借款和《苏东坡传》的部分版税及时到手,才算为林语堂解了围。

《苏东坡传》是林语堂最偏爱的一本英文著作。一般作家都垂青自己的成名作,而林语堂最喜爱的,倒不是畅销西方的《生活的艺术》,也不是后来荣获诺贝尔文学奖提名的《京华烟云》,而是人物传记《苏东坡传》。林语堂偏爱《苏东坡传》,是因为他偏爱苏东坡的才气和悯人讽己的"幽默"。

《苏东坡传》开笔于 1945 年。虽然,林语堂在《苏东坡传》的原序中声称,他写这本书并没有什么特别理由,只是以此为乐而已。但实际上,《苏东坡传》从酝酿到脱稿,历时一二十年之久,是呕心沥血之作。早在 1936 年,林语堂举家迁美时,他变卖了上海家中绝大部分的动产和不动产,却不顾行囊的沉重和旅途的遥远,把有关苏东坡的参考资料、珍本古籍,全部带到美国,总计有十三类一百多种材料。书籍,特别是有关苏东坡的书籍,在林语堂的行李中占有相当的比重。可见,林语堂早就把《苏东坡传》列入了他的写作计划。

林语堂厚爱苏东坡的原因在于:他不仅从苏东坡的著作中汲取了精神营养,而且从苏东坡身上看到了自己的身影。于是《苏东坡传》中的苏东坡,多少有点现代化了,因为这是一个经过林语堂艺术加工的苏东坡。

因此,《苏东坡传》也许并不是研究苏东坡的最重要的史料,但却是研究林语堂内心世界的难得的材料。

林语堂说,苏东坡是个秉性难改的乐天派,是悲天悯人的道德家,是黎民百姓的好朋友,是散文作家,是新派画家,是伟大的书法家,是酿酒的实验者,是工程师,是假道学的反对派,是瑜伽术的修炼者,是佛教徒,是士大夫,是皇帝的秘书,是饮酒成癖者,是心肠慈悲的法官,是政治上的坚持己见者,是月下的漫步者,是诗人,是生性诙谐爱开玩笑的人。一提到苏东坡,在中国总会引起大家亲切敬佩的微笑,也许这话最能概括苏东坡的一切了。

林语堂认为,苏东坡使其他诗人"不能望其项背的"是他的人品:他几乎是一个多才多艺的天才,有高度智力和天真烂漫的赤子之心。由于这些品质汇聚一身,所以苏东坡成了天地间难得的凤毛麟角。

林语堂说他之所以喜欢读苏东坡的作品,是因为苏东坡的作品中流露出作家的本性,亦庄亦谐,莫不真笃而诚恳,完全发乎内心。苏东坡的写作除去自得其乐外,别无理由,字字皆自真纯的心肺间流出。

第三十三章 林语堂和苏东坡

　　林语堂被苏东坡的魔力所倾倒,这魔力不是巫师的法术,而是天才的智慧之光。林语堂觉得苏东坡身上有一股"道德的力量,非人力所能扼制,这股力量,由他呱呱落地开始,即强而有力在他身上运行,直到死亡封闭上他的嘴,打断了他的谈笑才停止。他挥动如椽之笔,如同儿戏一般。他能狂妄怪癖,也能庄重严肃,能轻松玩笑,也能郑重庄严,从他的笔端,我们能听到人类情感之弦的振动,有喜悦、有愉快、有梦幻的觉醒、有顺从的忍受。……总之,我们所得的印象是,他的一生是载歌载舞,探得其乐,忧患来临,一笑置之。"林语堂认为苏东坡的这种魔力曾使无数中国的读书人所倾倒、所爱慕,他的《苏东坡传》就是尽力描写苏东坡的这种"魔力"。

　　因此,在林语堂笔下的苏东坡,是一个具有"魔力"的人,这"魔力",多半是林语堂赋予苏东坡的。《苏东坡传》中的传主,融合了佛、道、儒各家的哲理,是一个被林语堂所理想化了的人物。历史上的苏东坡是否真的到此境界,这已经是次要的了,重要的是,从《苏东坡传》里的苏东坡折射出20世纪40年代的林语堂的精神世界。

　　就书论书,无论从文学价值还是史学价值方面来看,近三十万字的《苏东坡传》都是相当出色的。不仅对资料有翔实的考证,对是非善恶有透彻的判断,而且剪裁提炼非常得当。既体现了学者的系统的治学方法,又有哲学家的思想高度和文学家的艺术技巧。作品超越了枯燥的史料堆砌,而富有浓郁的生活气息和动人的艺术魅力。可以毫不夸张地说,《苏东坡传》是林语堂在学术上和艺术上成熟的标志。难怪林语堂本人和他的"知己"们都非常推崇这本书。

　　日后,如果苏东坡研究也能形成"苏学"的话,那么,林语堂是当之无愧的"苏学"家。他不但掌握了苏东坡本人的大量史料,编写了《苏东坡年谱》,研究了《南行集》《钱塘集》《超然集》《黄楼集》《毗陵集》《兰台集》《海外集》等苏东坡诗文的早期版本,而且还对苏东坡的家庭和家族的情况做了考证。因此,书中那些精彩情节,虽然未必字字有来历,但确是熔铸了林语堂对苏东坡的独特认识和理解,至少也可以算是林语堂在苏东坡研究中的一家之言。

不知道九百年前的苏东坡是不是真有如此的幽默风趣,但书中的苏东坡,倒是真够得上幽默大师了。传中写东坡少年时,由四川来到汴京考科举,考题是《刑赏忠厚之至论》。东坡才气横溢,想取功名,心情迫切,胆大包天,伪造史料,竟然在试卷内写道:"当尧之时,皋陶为士,将杀人,皋陶曰杀之三,尧曰宥之三。故天下畏皋陶执法之坚,而乐尧用刑之宽。"这段故事完全是苏东坡杜撰的。苏东坡以这一段杜撰的情节,突出了贤君在罚罪之时恻然有哀怜之心,以免无辜受戮。考官们都是博学鸿儒,对苏东坡的才学异常赞赏。读到这段妙文,虽然谁也记不清出于何典,但谁也不敢说没有见过这个典故,免得失了"博学鸿儒"的身份。在考官们的这种心态的掩盖下,这段杜撰的文字,经过宋朝第一流学问家们集体审议后,居然弄假成真,混了过去。于是,1057年4月14日,东坡以第二名的成绩考中了进士。后来,考官梅圣俞私下问东坡:

"尧和皋陶这段话见于何书?我一时想不起在何处读过。"

年轻的苏东坡承认:"是我所杜撰。"

梅圣俞大惊道:"你所杜撰!"

东坡回答说:"帝尧之圣德,此言亦意料中事耳。"

林语堂十分赏识苏东坡伪托尧典取得进士的胆量,林语堂认为这是东坡的刁皮处,亦是他才气过人之处。林语堂在书中渲染了东坡的这种幽默性格。林语堂敬重他的人格,因为他"其大处为国为民,忠贞不渝,至大至刚之气,足为天下师"。林语堂喜爱东坡的性格,认为"其可爱处,偏在他的刁皮"①。

常人以为东坡的不大规矩之处,正是林语堂所偏爱的。林语堂写到东坡在元祐时当了主考官。那时闱考考官看卷子,全留在禁中,与外间隔绝二三十天。秦少游等考官忙着看卷子,而主考官苏东坡却觉得无聊,跑来跑去,顽皮作谑,弄得别人无法凝神阅卷,而林语堂觉得这正是东坡可爱的地方。

《苏东坡传》写出了东坡性格的复杂性和矛盾性,林语堂说:

---

① 林语堂:《闲话说东坡》。

第三十三章　林语堂和苏东坡

东坡是一个复杂的人,多面,不易了解。他是一个哲学家,可不是一个清教徒。他是一个儒教的道学家,可同时也是一个酒徒。他了解生活,高估生活的价值,因此,他要浪掷光阴在醇酒妇人中去消耗它。他是一位赞美自然的诗人,因此用着真正了解自然的眼光看人生;一个紧靠着自然生活的人,在四季的转移、风雪的变化、山水的围绕中接受自然的熏陶,决不再会歪曲他对人生的观察。

人生难得真知己,林语堂一生只找到了一位"真知己",他就是苏东坡。《苏东坡传》的英文原题是 *The Gay Genius*,直译原意是"快活天才"。历史上的东坡确是"天才",但其一生坎坷,未必"快活"。"快活天才"一语,与其说是对苏东坡的总结,还不如说是林语堂的自我总结。因为,林语堂倒的确是一个幸运儿,生活道路基本上一帆风顺,即使有烦恼或挫折,也是成功途中的一些插曲。而苏东坡则一生颠沛流离,没有几天安稳的好日子。虽有"快活",也是苦中作乐。两人的生活经历,顺逆悬殊。可是林语堂在写作过程中,发掘并扩大了苏东坡性格中的幽默素质,把传主当成了古代的"幽默大师",强调了东坡苦中作乐的那一面,所以,东坡变成了"快活天才"。

东坡在顺境中的生活确实是"快活"的,林语堂叙述了东坡被贬到黄州之前的"快活"生活。他朝气蓬勃,又不谙人情世故,他坦白率真,有话就说,不计后果。林语堂用中国传统文化中的一个"气"字来形容年轻有为的东坡,凭着孟子的所谓浩然之气这股道义动力,克尽做人应尽的责任,保持不屈不挠的奋斗精神。疾恶如仇是东坡可贵的地方,却也因此而闯祸。书中的东坡曾对弟弟子由说:"我自知,经常说话不计轻重得罪人。但我感到不对时,好像吃东西发现了一只苍蝇,不把它倒出来,永远于心不安的。"

严酷的现实,使发扬踔厉的东坡逐渐沉着而成熟起来。林语堂把贬遣黄州当作苏东坡的一个转折点来写。苏东坡穷到非自耕不能度的困境……再度挫折贬遣惠州,最后流放到海南岛。林语堂剖析了东坡之所以能在逆境中保持心理平衡的原因:因为东坡深通易理、洞悟生死的宗教修养,使其获得了精神上的寄托。

苏东坡日记里有一段自述海南岛生活困境的记载,很容易被人忽视,可是林语堂却以此为透视点,发掘了"快活天才"的内在张力。这段日记说,东坡住在一所漏雨的小屋里,"食无肉,病无药,居无室,出无友,冬无取暖,夏无饮泉,生活所需全都欠缺,所可自慰者,还没有发现疟疾。"面对这种逆境,林语堂笔下的东坡,坦然处之,反而对朋友说:"我还保持这个肉身,把它交给造化,让造化随着永生的循环,由命运决其进止。因此,任何遭遇我处之泰然,不必为我担忧。"

林语堂写到苏东坡受到饥饿的威胁时,竟有心情在日记中写一则"吞日光疗饥"的小故事以自嘲。书中写道:"在洛阳有一人一天跌进一个山洞,好久不得出,饥饿难忍。天明时,日光从岩缝中射入,见许多蛇和蛙在抢着把日光吞下去。他饥饿着了慌,也学样吞日光,不料奇效,不饿了。此人出洞后,永远不想吃东西了!"这简直是现代的"黑色幽默"故事。

林语堂分析,东坡之所以能彻悟人生,不计困苦超然物外,这是因为他从小深悟儒家养生之道,中年时又从弟弟子由处学到了道家的静坐,再加上平素跟一些佛教高僧过从甚密,尤其晚年流放惠州与海南岛时,常得到吴德古的访问照顾,受其感化至深。因此,林语堂的结论是:东坡晚年的人生观是在儒家思想的基础上融合了道家和佛学的东西,三者糅合在一起的结晶体。

在评价东坡的文艺成就时,林语堂说苏东坡是一位多面的天才,多变而幽默,具有一颗巨大智慧与无邪的赤子之心。他的自然与真诚表现在诗文里,像春禽秋虫配合着自然的旋律在鸣奏乐章;又像岭上啼猿,天边鹤唳,在大自然中歌唱自己活跃的生机。他的作品给人的感应像美女,像名花,其美妙,可以意会,难作言传。他的最动人处也就是关心他的人最担心处:因为他疾恶如仇,该说该写,无所顾忌,所以每每招灾惹祸,没有人能阻止他。在他的笔端,可以听到人类悲欢离合的乐章。林语堂认为,东坡的一生就在这歌唱中愉快地生活着,即使悲惨压迫而来,他也以微笑迎之。

"过得快乐,无所畏惧,像一阵清风度过了一生","享受人生的每一刻时光"。这就是林语堂描写的"快活天才"的"快活"生活。林语堂说,苏东坡在气质上,"是道地的中国人的气质。从佛教的否定人生,儒家的正视人生,道家的简化人生,这位诗人在心灵识见中产生了他的混合的人生观。……

他尽情享受人生。这就是这位旷古奇才乐天派的奥秘的一面。"

这也是"幽默大师"林语堂自己的"奥秘的一面"。因为,林语堂在苏东坡盖棺论定的时候,无意中道出了他的生活价值观。"尽力工作,尽情作乐"是林氏的信条,这信条,多少反映了东坡对林语堂的一些影响。

即使用"偏爱"一词也无法概括林语堂对东坡的感情,东坡的一切,都能引起林语堂特殊的兴趣。他饶有兴味地考证了苏东坡的家谱,证明东坡有姐姐,但没有妹妹。从而否定了民间广为流传的苏小妹嫁秦少游的故事。他还对东坡的婚恋史做了全面的调查,发现东坡有过悲剧性的婚外恋,悲剧的女主人公是东坡的堂妹小二娘。林语堂的说法是有道理的,绝不是望文生义。他说:

> 我读东坡文集至其《祭亡妹德化君文》,及哭墓一段,恍然觉东坡与其堂妹小二娘有一段发于情止于礼的姻缘。此堂妹系柳仲远妻,并非东坡亲妹。后人附会苏小妹故事,都因未曾细读文集,为"妹"字所误。①

林语堂考证,东坡十二岁至十六岁,与他堂妹小二娘,同在眉山,两小无猜,青梅竹马,但因为同姓,自然不能结婚。林语堂从东坡诗文中对小二娘的称赞、爱慕和怀念中,推测这就是东坡的初恋。东坡爱堂妹,看来却没有什么越轨举动,后来大家各自婚娶,成为东坡的隐痛。

《苏东坡传》出版后,林语堂把自己对这出爱情悲剧的考证,陆陆续续地发表在一些散文中。在《苏小妹无其人考》《苏东坡与其堂妹》《答庄练关于苏小妹》等文中,他有事实有分析地提出了令人心服的结论:苏小妹难新郎的民间传说,纯属虚构。因为传说中的那位文思敏捷、才学兼优、头额凸出的苏小妹,实为子虚乌有的人物。

一天午饭后,在地中海海滨城市坎城的"养心阁"别墅里,林语堂正在花园里晒太阳。二女儿林太乙突然问他:"人死后还有没有生命?"

林语堂环顾这布满了彩色鲜艳的九重阁的美丽花园,处处都是胭脂红

---

① 林语堂:《苏东坡与其堂妹》。

的、紫玫瑰的、铜橙色的、砖红色的、杜鹃红色的花朵,蜜蜂在其间嗡嗡作响……他肯定地回答:"没有!你看这花园里处处都是生命,大自然是大量生产的。有生必有死,那是自然的循环。人与蜂有什么分别?"

林语堂为了进一步说明自己的意见,引用了一首苏东坡的诗:"人生到处知何似,应似飞鸿踏雪泥。泥上偶然留指爪,鸿飞那复计东西。"

林太乙望着父亲双鬓斑白,目光炯炯的神态,感到时光的流逝已使父亲正在变老,不觉一阵凄凉,甚至恐怖,她忍不住问:"人生既然这么短暂,那么,活在世界上有什么意思?"

"我向来认为生命的目的是要真正享受人生。"林语堂在《苏东坡传》中就是这样来解释东坡的人生观的。现在他又以同样的思路来向女儿阐明他对生与死的看法,他说,"我们知道终必一死,终于会像烛光一样熄灭……"虽然如此,他却仍教育女儿们要珍惜有限的生命,要决心明智地、诚实地生活。谈到这些,林语堂又想起了苏东坡。他说:"苏东坡逢到悲哀挫折,他总是微笑接受。"

林语堂在自己的日常生活中确实时时以九百年前的苏东坡为榜样,微笑地接受挫折所带来的后果。正如莎士比亚所说:"人们在被命运眷宠的时候,勇、怯、强、弱、智、愚、贤、不肖,都看不出什么分别来;可是一旦为幸运所抛弃,开始涉历惊涛骇浪的时候,就好像有一把有力的大扇子,把他们扇开了,柔弱无用的都被扇去,有毅力、有操守的却会卓立不动。"①

相比之下,夫人廖女士就显脆弱一些。在因发明"明快打字机"而负债的严峻事实面前,原先十分精明能干的廖翠凤竟变得有点唠叨,成天重复地说:"我们没有钱了,我们欠人家钱。……"

也许,正是苏东坡的精神力量,使这位不走运的发明家这几年来经受住了破产的打击,在一连串的波折面前,始终保持了乐观的态度。

---

① 莎士比亚:《特洛伊罗斯与克瑞西达》。

第三十四章 在 坎 城

> 在海边别墅"养心阁"——反映华侨爱国主义精神的《唐人街》——把孔子和老子做比较——明快打字机最后的命运

1947年夏,为了还债,林语堂接受了联合国教科文组织的高薪职位,到巴黎任职。

其实,不喜欢做官的林语堂,从1927年起,还是断断续续地做过几任官的,与当蔡元培的秘书、担任中央研究院国际出版物交际处处长的闲职相比,联合国教科文组织的美术与文学组主任一职是相当辛苦的。每天要准时上下班,工作时讲究效率,开会讨论问题,通过议案,写备忘录,应付人事问题,等等,每天下班回来,都精疲力尽,躺在沙发上,动也不想动。

"明快打字机"折腾得他心力交瘁,而教科文组织的紧张的官场工作,更使他在个性上难以适应。林语堂开始秃顶,人也显得苍老和消瘦了。他终于提出辞职,并从巴黎搬到地中海边风景优美的坎城,再度以写作为生。

林语堂一家在坎城住在朋友卢芹斋的海边别墅"养心阁"里。"养心阁"位于山坡上,面向地中海。卢芹斋的法国夫人为他生了四个女儿,所以,设计"养心阁"时,不仅有卢芹斋夫妇的房间,而且还有四个女儿和女婿及外甥们的住所。但是卢氏成年累月地为事业忙碌,常住巴黎或纽约处理各种业务,女儿们又各有自己的小天地,所以"养心阁"常年闲置在那里,平时由一对园丁夫妇来照料。

林语堂在卢氏的别墅里领略了法国南部的美丽风光,一向以"山地的孩子"自诩的林语堂,这时,从地中海的宜人景色中又复归自然了。

林语堂口含烟斗,在花园的棕榈树下,欣赏着异国的海光山色,他的心飞回了坂仔的青山和西溪的沙滩。他自信,他的智慧和道德信仰来自故乡山水所给予的灵气,此刻,他把往日对坂仔山水的迷恋移情于这地中海边的自然景色。他要借助大自然的力量使自己从破产的打击中尽快地复苏过来……

傍晚,他在岸边观赏满载而归的渔船,分享着渔人的忧乐,或者坐在露天咖啡室喝一杯浓咖啡。这里的生活费用比纽约便宜得多,有新鲜的鱼虾、蔬菜、水果。对于经济拮据的林语堂来说,在这里租个公寓,倒是个理想的写作环境。

发明打字机时所欠下的债务,给廖翠凤造成了巨大的心理负担,她整天唠叨着:"没有钱了。""欠人家钱怎么办?"等等。而林语堂却没有从此一蹶不振,他对前途仍充满信心。当廖翠凤唠叨时,他抓住她的手,说:"凤,我们从头来过。你别担心,我这支邋遢讲的笔还可以赚两个钱。"

林语堂和夫人1950年在法国

第三十四章 在坎城

地中海的山水使他文思如涌,长篇小说《唐人街》就是在坎城开笔的。

早在"七七"事变以后,林语堂就开始构思《唐人街》的某些情节了。那时,旅美华侨的抗日救国热情,深深地打动了林语堂,他想写一部反映海外华侨爱国主义精神的小说。

"五四"以来,虽然也有人描写过中国留学生或华侨旅居海外的生活,如郁达夫的《沉沦》、老舍的《二马》和许杰的一些小说,但以美国唐人街的华侨劳动者为题材的作品,却并不多见。而三四十年代,在海外的华侨,大多数都是含辛茹苦的体力劳动者。林语堂旅美期间,美国约有七八十万华侨,其中大多数从事洗衣业、制衣业、饭店业。纽约、华盛顿、旧金山、檀香山、洛杉矶、波士顿、芝加哥等城市都有唐人街。

林语堂的《唐人街》反映了纽约华侨劳动者的生活。主人公汤姆是一个华侨子弟,十三岁随同母亲、妹妹背井离乡,从广东新会来到纽约。汤姆的父亲是一位旅美三十年的老华侨,在唐人街开了一家小小的手工洗衣店。汤姆到美国后,在学校是一位勤奋好学的学生。回到家里,又是洗衣店里的强劳力,过着半工半读的生活。

小说描写汤姆在美国经受了种种的生活磨炼,他自觉地保持一个中国人的尊严,从容对付美国学生的种族歧视。父亲病逝后,洗衣店在母亲的主持下逐渐兴旺,又扩大经营范围,开了一家饭店。1937年"七七"事变后,全面抗战爆发,强烈的民族意识像熊熊的烈火点燃了华侨们的爱国心,唐人街像一锅煮沸的开水,沸腾起来了。洗衣工人、餐馆老板们都把自己的辛苦钱捐献出来,支援受难的故国同胞。

汤姆积极参加唐人街华侨的各种民族救亡活动,并结识了中国女学生艾丝。小说描写了这对青年男女的爱情波折和矛盾心理,但有情人终成眷属,小说在庆贺汤姆母亲六十大寿的欢乐气氛中以大团圆而告终。

《唐人街》中的华侨劳动者艰苦创业的经历,在海外华人社会中具有相当的代表性。由于林语堂在旅居纽约期间,经常去唐人街,与华侨有实际的接触。"七七"事变后,他耳闻目睹华侨的爱国热情,曾多次撰文报道华侨心向故国的感人事迹。林语堂根据自己的切身体验,在小说中真实地反映了华侨勤劳、勇敢、刻苦、耐劳的民族传统,同时也真实地反映了海外游子的赤子之心。

"两脚踏东西文化"的林语堂,在《唐人街》里也形象地描绘了西方文化的现代观念与中国文化的传统观念之间的差异。以汤姆为代表的年轻一代华侨,在西方文化的熏陶下接受了现代观念。比如,汤姆和他的同辈认为,在经济尚未独立的求学期间,自己无力抚养妻子,就不应该结婚成家。在上一代的老华侨看来,这种现代观念简直是荒谬绝伦。小说中,以汤姆母亲为代表的老一代华侨,仍以中国传统的文化观念来支配自己的生活,拒绝接受美国的生活方式。汤姆的母亲曾说,美国的"所有的事情都不对,儿女长大了不肯和年迈的双亲住在一起,孩子不奉养他们的父母,而父母也不要孩子的奉养,这就是为什么我们常常可以看到老年人在担任电梯服务员和洗衣妇的原因了"。她认为"那全是傻事,而且是有罪的"。

林语堂在小说中客观地反映了现实生活中的两代海外华人之间的代沟。但小说并没有把两代人在观念上的差异描写成水火不容的矛盾。林语堂让两者调和起来,把读者的思路导向他所设计的中西文化互补的逻辑轨道,在这一点上,《唐人街》是成功的。

《唐人街》中寄托了林语堂对理想的婚恋观的向往。熟悉林语堂的人都知道,青年时代,他曾因为不能与心爱的姑娘陈锦端结合,经受了巨大的打击。那无法逾越的门第观念的鸿沟,是失恋的主要原因。对此,他一直耿耿于怀。陈锦端成了他毕生不能忘怀的一个隐痛,他把自己对陈锦端的纯情珍藏在心灵的神殿之中,他常常会悄悄地去抚摸这块心灵深处的伤痕。有时,他以作画自娱,画的女人总是留着长发,用一个宽长的夹子夹在背后。有一次,二女儿林太乙忍不住问道:"为什么老是画这样的发型?"林语堂并不隐瞒自己的真情,他回答说:"锦端的头发是这样梳的。"在林语堂的小说创作里,总是喜欢歌颂敢于冲破门第樊篱的青年男女。比如,《风声鹤唳》《朱门》等小说中主人公,都是这一类人物。可见,那次失恋在他的生活中留下了多么深刻的烙印,直接影响到他的文学创作的取材和构思。在现实世界中失落的东西,他在艺术世界里得到了补偿。

《唐人街》中的汤姆和艾丝也是一对并不门当户对的恋人。艾丝出身于福建的书香门第,而汤姆则是手工劳动者的儿子。可是,林语堂却让这对门户悬殊的青年男女,经过一番周折之后,完满地结合了。

《唐人街》1948年由美国纽约约翰·黛公司出版。可惜,由于艺术技巧上的缺陷,无法成为林语堂小说行列中的上乘之作。

在坎城住了一段日子以后,林语堂夫妇又曾去瑞士小住过一段时间,但因为瑞士要交纳的所得税奇高,他们不得不又搬回坎城。这时,二女儿林太乙已经结婚,三女儿林相如在纽约市哥伦比亚大学巴纳德书院就读,林语堂夫妇挂念女儿,于是又搬回纽约。但原来的公寓和家具都已出让,现在只好租了一套公寓,一切从头开始。

恢复专业作家的生活之后,林语堂就得靠写作卖文为生了。

《唐人街》问世不久,1949年他又撰写了《老子的智慧》一书,被列入只出版经典之作的蓝登书屋的"现代丛书"。与他十一年前为同一"丛书"所撰写的《孔子的智慧》,七年前由蓝登书屋出版的《中国印度之智慧》是姐妹篇。① 1950年,约翰·黛公司又出版了他的《美国的智慧》一书,但是销路却并不好。

在《老子的智慧》中,林语堂通过孔子和老子的对比,比较出儒道的差别,进而论述了两者互补的必要性和互补的前景。

《老子的智慧》表明,林语堂对中国古代思想的总体认识,这时已初具轮廓。他认为,儒道互补形成了中国古代哲学思想人生理想的整体框架。他在《序论》中说,孔子学说的人生观是积极的,而道家的人生观则是消极的。孔子以义为礼教,以顺俗为旨,维护人类之教育与礼法,而道家呐喊重返自然,不信礼法与教育。林语堂说,儒道两家的差别,早在公元前一百多年之前就明显了:官吏尊孔,作家诗人则宗老庄;然而一旦作家诗人戴上了官帽,却又走向公开赞赏孔子、暗地研究老庄的途径。林语堂说:

> 这两家最大的异点:儒家崇理性,尚修身;道家却抱反面的观点,偏好自然与直觉。②

---

① 《中国印度之智慧》曾被列为美国的大学教科书。
② 林语堂:《老子的智慧·序论》。

林语堂认为,孔子学说的本质是都市哲学,而道家学说的本质为田野哲学。没有天堂地狱,没有天神的秩位等级,也没有创世记式的神话——林语堂认为这是孔子学说中的特点,同时也是弱点——孔学过于崇尚现实而太缺乏空想的成分,而道家则以神奇幻异的世界丰富了中国人的精神世界,填补了儒学所留下的空白。

林语堂认为,如果说孔教是中国古代思想的经典派,那么道家哲学是中国古代思想的浪漫派。因为道家哲学自始至终是浪漫的:一、道家主张重返自然,因而逃遁现实世界,背叛儒家文化;二、道家主张田野式的生活、文艺,并崇尚原始的淳朴,提倡返璞归真;三、道家代表奇幻的世界。林语堂说:

> 中国人曾被称为实事求是的人民,但也有他的特性的罗曼斯的一面,这一面或许比现实的一面还要深刻,且随处流露于他们的热烈的个性,他们的爱好自由,和他们随遇而安的生活。这一点常使外国旁观者为之迷惑而不解。照我想来,这是中国人民之不可限量的重要特性。每一个中国人的心头,常隐藏有内心的浮浪特性和爱好浮浪生活的癖性。①

道教是中国人民的游戏姿态,而孔教为工作姿态,这是林语堂的归纳。他说,每一个中国人当他成功发达而得意的时候,都是孔教徒,失败的时候都是道教徒。道家的自然主义是镇痛剂,抚慰着中国人受伤的灵魂。

后世道教的"长生不老"术,或各种符咒巫术,实际上与老子无涉。林语堂说,老子的学识是政治的放任主义与伦理的自然主义的哲学。理想的政府是清静无为的政府,自由自在而不受他人干涉地生活。老子把人类文明看作退化的起源,视圣人为最恶劣的腐化分子,"圣人不死,大盗不止。"就是这个意思,正像尼采把苏格拉底看作欧洲最大的坏蛋。

老子的《道德经》,被林语堂推崇为"全世界文坛上最光辉灿烂的自保的阴谋哲学"。林语堂说,老子觉察了人类智巧的危机,故尽力鼓吹"无知",以

---

① 林语堂:《老子的智慧·序论》。

为人类之最大福音。老子又以为人类的劳役是徒然的,所以教人以"无为"之道,以节省精力而延寿养生。老子的消极人生观影响到整个东方文化的色彩。

林语堂始终以儒道对比的角度来阐发他自己对这两种中国古代哲学思想的认识。他认为许多中国人都在"入世"与"出世"两种观念的此起彼伏或矛盾统一中度过一生。明代的袁中郎如此,现在的梁漱溟教授也是这样的人。

林语堂借《老子的智慧》,发表了他对道家思想和道教的研究心得。林语堂说,后来道教本身的范围又扩展到医药生理学、宇宙学、符咒、巫术、房中术、星相术、天神的秩位政体说,以及美妙的神话。而尤其重要的是,道教贡献了一种锻炼养生法,主要方法为深呼吸,所谓吐纳丹田之气,据称久练成功,可以跨鹤升天而享长生之乐。林语堂说:

> 道教中最紧要而有用之字,要算是一"气"字,但这气字未知是空气之气,还是嘘气之气,抑或是代表精神之气?气为非可目睹而至易变化的玄妙的东西,它的用途可谓包罗万象,无往而不适,无往而不通,上自彗星的光芒,下至拳术深呼吸。以至男女交媾,所可怪者交媾乃被当作追求长生过程中精勤磨炼的技术之一,尤多爱择处女焉。道家学说总而言之是中国人想揭露自然界秘密的一种尝试。

林语堂常以自己是道家的信徒而自诩。如果仅仅只读过《老子的智慧》这一本书,那么,也许就会对他的自白深信不疑。因为,他在《老子的智慧·序论》中又一次重申自己的"宗教信仰"是"道家"。但如果通读了林语堂的全部著作,就可以发现:当他推崇某一个人,赞扬某一种思想、观念时,他几乎都要对被推崇被赞扬的对象倾泻一连串最高级的形容词,这是林语堂的文风。例如,在《孔子的智慧》中,林语堂对孔子的学说、为人和儒家精神,也同样推崇备至。他激赞孔子学说中的人性观点和人道主义,认为,虽然孔子的封建思想是陈腐的,但他主张个人道德修养的观点,仍在现代社会生活中有伟大的价值。林语堂在《孔子的智慧·导言》中说:"我认为儒家思想,仍不失为颠扑不破的真理。"

只有把握了林语堂的这一独特的文风,才有可能通过林语堂的著作去研究林语堂的思想。不然的话,读了他的《孔子的智慧》,会相信他是儒家的信徒;读了《老子的智慧》,又坚信他是道家的信徒;再读了《从异教徒到基督教徒》又觉得他是耶稣的信徒。所以,与其从《老子的智慧》中去寻找林语堂是道家信徒的依据,还不如把《老子的智慧》当作测定道家思想在林语堂的文化框架中的方位时的一项参考资料。

1951年,林语堂开始时来运转。出版了几本著作之后,欠卢芹斋和银行的债务已逐渐还清。特别是9月6日与默根索拉公司的签约,使发明家异常兴奋!

三年前,1948年5月18日,默根索拉排字机公司为研究制造"明快打字机"的可能性,曾与林语堂签订了一个六个月至两年的合同,在此期间由该公司探索将这项发明投产的可能性,每六个月,公司向林语堂付款五千美元。虽然这个数字与林语堂为发明打字机所耗资的十二万美元相比还不到一个尾数。但是,林语堂却有一种绝处逢生的获救感,因为终于有人要认真考虑他的发明成果了——自己的发明无人问津,那是一个发明者最大的悲哀。

1951年9月6日,默根索拉公司经过三年多的研究后,决定以二万五千美元买下"明快打字机"的专利。协议还规定,假如"明快打字机"正式投产,每制造一部打字机,公司还要付给林语堂定价百分之五的版税。林语堂还保留了打字机键盘的文学财产的所有权。

"明快打字机"虽好,但由于零件复杂,造价高,成本大,估计投产后每架售价至少一千美元以上。默根索拉公司怕卖不出去,只得把那架样机束之高阁完事。十多年后,林语堂应聘为香港中文大学研究教授,他所主编的《当代汉英词典》所用的就是"上下形检字法"。林语堂父女们又惦记起那架"明快打字机"。这时,林太乙已担任《读者文摘》中文版总编辑,利用去美国旅行的机会找到了当年在默根索拉公司负责研究这项发明的工程师。林太乙在电话里说明了想要回"明快打字机"原型的意向。

第三十四章 在坎城

"啊呀,你来迟了三个月!"那工程师听了,在电话里遗憾地叫道,"那部打字机一直放在我的办公室,放了十九年。三个月前,我们公司从布克林区搬到长岛,我的办公室堆积的东西实在太多了,我把许多东西,连你父亲发明的打字机在内,丢出去了。"

林太乙听了急忙问道:"丢到哪里去了?"

"丢到垃圾站。"

"会不会有人捡去呢?会不会有人看中那漂亮的木箱,捡去了?"

"可能性不大。"

"我可否在贵公司的告示板贴个广告,悬赏若干元,以求追回那部打字机?"林太乙还抱着一线希望。

工程师在电话里笑了。他说:"我想是没有用的。垃圾车早也把它收去了。"

"明快打字机"的命运不佳,但使用"上下形检字法"的打字机键盘,却不断地受到有关方面的重视。后来,万国商业机器公司和爱特克公司为美国空军研制华英翻译机器时,就运用了"明快打字机"的键盘。根据合同,默根索拉公司由于允许上述公司使用"明快打字机"的键盘,而向林语堂付款一万美元。[1]

旅欧期间,林语堂有时也到蒙的卡罗的赌场上去碰碰运气,但他不嗜赌成性,很能适可而止。因为,他不指望由此发财,只是好玩。正像他刚在美国纽约定居时,一度曾热衷于猜奖的游戏。猜奖的办法是凑齐某种牌子的纸烟空壳五十个,然后就解答公司所出的问题,头奖是十万美元。林语堂和几个女儿为猜奖而日夜忙碌。有些知识性的题目很有难度,林语堂不得不去哥伦比亚大学图书馆寻找资料。他不愿用自己的名字去猜奖,用了"林语珠小姐"的化名寄出答案。廖翠凤女士见丈夫像孩子一样地成了"猜奖迷",就数落他是着了魔。可是林语堂却说:"假使别人可以得奖,为什么我不能。我也并不在一般人水准之下呀。"不久,猜奖的标准答案公布了,一查对,林语堂发现自己的答卷有两个错误,十万美元自然就落空了。

---

[1] 有关中文打字机的资料,来源于林太乙的《林语堂传》。

第三十五章 塑造理想的女性

《杜十娘》与《朱门》——李香君、芸娘、李清照

1950年,林语堂根据《杜十娘怒沉百宝箱》的故事用英文改写成《杜十娘》(*Miss Tu*)一书,由伦敦威廉·海涅曼公司出版。1951年,约翰·黛公司出版了林语堂的英文编著《寡妇、尼姑、歌妓》(*Widow, Nun and Courtesan*)一书,书中节译了老向的《全家庄》、刘鹗的《老残游记二集》,再加改写的《杜十娘》。1952年,林语堂又在约翰·黛公司出版了《英译重编传奇小说》(*Famous Chinese Short Stories*),林语堂把二十篇唐代著名的传奇作品,用英文改写,但他认为这不是翻译,而是重新编写,因为他以现代西洋短篇小说的技巧对原著加工改造,是他的精心结构之作。这些著作出版后销路很好,使林语堂获得了可靠的经济来源。

20世纪50年代初,海外的华文报刊很少,林语堂的二女儿林太乙和女婿黎明从毛里求斯回到纽约后,与林语堂商量,大家投资办一份类似当年《西风》的文艺性月刊,林语堂欣然同意。刊物名为《天风》,由林语堂任社长,具体的编务工作则由林太乙黎明夫妇承担。1952年4月,创刊之初,声势赫赫,大有重振当年论语派雄风的势头,许多旅美的文化名人都列名为《天风》的特约撰稿人,如胡适、李金发、沈有乾、陈受颐、陈香梅、黄文山、熊式一、高克毅、黎东方,以及在港台的徐訏、简又文、谢冰莹等,美国女作家赛珍珠也跻身其中,唐德刚、刘厚醇、萧瑜、蒋彝、杨联陞等人也经常给《天风》投稿。这个撰稿人的阵营还是颇有实力的。《天风》借了《"中央日报"》在唐人街的办公室里的一张写字台作为营业点,而大部分编务工作则在林太乙夫妇的家里完成。在筹备阶段里,黎明和林太乙出力最多,可是出刊前,

第三十五章 塑造理想的女性

黎明考入联合国机构任翻译,这是个有经济保障的"金饭碗",黎明就把主要精力放到这份差事上了,于是《天风》从编辑、校对、发行到包装等工作,几乎都落到林太乙一个人头上了。

看见女儿忙得焦头烂额,《天风》的挂名社长林语堂也坐不住了,只得亲自出马来帮女儿的忙。办杂志,林语堂是识途老马,原先以为只要在编务上做方向性的宏观指导,而现在却要卷起袖子直接干包装杂志、开汽车把杂志运送到邮局去发行等粗重的体力工作了,但为了《天风》的生存,林语堂毫无怨言地做着力所能及的事。

尽管连林语堂也到了第一线,《天风》却仅仅出了几期就停刊了。

1953年,林语堂出版了英文写作的长篇小说《朱门》。林语堂把《京华烟云》《风声鹤唳》《朱门》这三部小说合称为"林语堂的三部曲"。因为三者有着内在的联系,都寄托了林氏的文化理想和人生理想。《京华烟云》和《风声鹤唳》在故事和人物上还有一定的联系,而三十万言的《朱门》在故事和人物上与前两部小说没有任何关系。《朱门》采用直缀的艺术构思方式,以师范学院女生杜柔安和上海《新公报》驻西安记者李飞的恋爱经历为主要线索,在20世纪30年代初中国西北部的社会背景中,表现善与恶的冲突、正义与非正义的较量。

按照故事情节的发展,《朱门》分为六部分。

第一部的标题是《大夫邸》,这个所谓大夫邸是前西安市长杜芳霖和他哥哥杜忠的府第。小说开头描写了杜忠的女儿,也就是杜芳霖的侄女杜柔安在西安学生声援"一·二八"战争的游行示威中受了轻伤,在现场采访的记者李飞将她护送到医院治疗。这次邂逅,在两个青年人的心田里播下了爱情的种子。第二部《满洲客》,描写东北的大鼓艺人崔遏云来西安献艺,博得西安听众的好评,却被不怀好意的西安权贵扣押。民间帮会首领方文波杀死卫兵,救出崔遏云,在杜柔安的掩护下,崔遏云去兰州避难。同时,李飞杜柔安双双坠入爱河。第三部《三岔驿别庄》,三岔驿是个地名,那儿有杜忠兄弟的别墅。杜忠隐居在三岔驿山上的喇嘛庙,而杜芳霖和他的儿子杜祖仁则在那里建闸养鱼。杜芳霖父子为富不仁,为增加鱼产量,在湖口建闸,切断水源,损害了当地回民的利益,于是发生冲突。这时,杜柔安来三岔驿看望父亲,李飞去新疆采访途中与杜柔安在三岔驿相聚一周。杜忠见过才气横溢的李飞后,认可了这对青年的爱情。第四部《玉叶蒙尘》,李飞在兰州看望了逃亡的崔遏云,随后去哈密,被当地军方扣押。在西安,杜忠、杜芳霖兄弟因在对待湖水建闸等问题上的分歧,矛盾激化,精神受到刺激的杜忠死于突发性的脑溢血。这时,杜柔安已怀着李飞的孩子,想要独吞家产的杜芳霖,乘机攻击侄女不守妇道,杜柔安毅然放弃继承遗产的权利,去兰州打听李飞的下落。第五部《兰州》,杜柔安当了自食其力的家庭教师,并打听到李飞被关押在迪化(今乌鲁木齐)的监狱里。通过一个飞行员,杜柔安和李飞取得了联系。新年后,杜柔安生下了一个男孩。杜芳霖父子依旧作恶多端,由于他们的告密,大鼓艺人崔遏云被捕,在押回西安的途中,崔遏云跳水自尽。第六部《归来》,杜柔安母子被李飞的母亲接回西安李家居住。李飞也逃出监狱,辗转回到西安与杜柔安团圆,并补办了婚礼。而杜芳霖因水闸纠纷,酿成民族冲突,遭到愤怒的回民的围攻,在仓皇逃窜中陷入泥沼而死。小说的结局是善有善报、恶有恶报。除了男女主人公大团圆之外,郎如水与湘华、方文波和春梅等次要人物也都花好月圆,有情人终成眷属。

《朱门》是一曲真、善、美的颂歌,林语堂歌颂了杜柔安、李飞、崔遏云、方文波、郎如水、杜忠等人。鞭挞了假、恶、丑,设置了杜芳霖、杜祖仁父子背天逆人不得好死的可耻下场。书中人物不同的结局,表现了林语堂的是非观和爱憎观。

林语堂把东方的女性美和西方文化的女性价值观有机地糅合在一起,塑造了一个体现林氏女性观和婚恋观的理想人物杜柔安。

爱情是一种崇高而纯洁的感情,用杜柔安的话来说:"爱情会是一件美事。"为追求爱情,作为"朱门"之女的杜柔安敢于冲破一切世俗的羁绊,毫不犹豫地越过了门第的鸿沟,来到"寒门"出身的李飞家。与杜柔安相比,《京华烟云》中的姚木兰虽然也是林语堂塑造的理想人物,但是《京华烟云》的故事情节的规定性,使木兰始终不必面对门第观念的严峻考验。杜柔安和姚木兰都是林语堂艺术世界里的宠儿,都是被林氏理想化的女性,她们两个人构成了林语堂女性观的全貌。她们都出身于"朱门"富户,受过高等教育,知书达理,纯真善良,聪慧练达,有正义感,有爱国心,内心世界和外形容貌都是美丽的。《京华烟云》突出了姚木兰在中国传统家族制度下的复杂的大家庭生活中,处理父女、夫妻、婆媳、妯娌等关系的艺术。在婚姻和爱情的矛盾中,在传统的家庭观念和现代意识的个性自由的冲突中,姚木兰接受了传统的安排,但在林语堂精心设计的舍身救立夫的惊险剧中,她的强烈的个性意识也得到了充分的表演。但她的家庭、伦理、婚恋等观念,基本上都没有越出传统的规范,所以她是一夫多妻制的信徒。而《朱门》中的杜柔安,在个性解放意识上,要比姚木兰激进得多。

在杜柔安的时代,婚姻自主、妇女解放等早已不是惊世骇俗的奇谈怪论。然而,理论上的承认,不等于实践中的行动。多少向往妇女解放的女性,常常在只要付诸行动就可以把理想变成现实的节骨眼上,突然犹疑了,失去了可能把握命运的最佳时机,而又重新陷入传统的泥沼。《朱门》中的杜柔安却不是这种常见的空想家。她不是一个奢谈女性独立人格的女权主义者,她是一个蔑视门第观念的实践者。敢不敢冲破门第的束缚,是林氏理想女性的一个重要标准,杜柔安不愧是按照林氏的婚恋观塑造出来的一位理想人物。

林语堂说,《朱门》中的人物"纯属虚构",但小说的历史背景却是完全真实的。《朱门》是在民族矛盾、回汉冲突的真实背景下,展开故事情节的,不少真人真事穿插在小说的情节中。例如,率军移民新疆的左宗棠;1864—1878年领导回民起义的雅库布贝格;哈密废王的首相约耳巴司汗;在南京受审判后,被枪决的新疆省主席金树仁;后来成为新疆"土皇帝"的盛世才;企图建立中亚回教帝国的回族将军马仲英;等等。《朱门》还描写了"新疆事变"在1933年那一年的情况。

把真实的历史人物和事件糅合在虚构的人物和情节中,这是《京华烟云》《风声鹤唳》《朱门》这三部长篇小说的一个共性特征。

林语堂所以要把《朱门》和《京华烟云》《风声鹤唳》合称为"林语堂的三部曲",不仅因为这是他自我感觉最良好的三部小说,而且,也因为这三部小说是最能体现林语堂的东西大融合的文化理想的作品。林语堂把自己的理想、希望和爱憎全部寄植于"三部曲"中的那些理想人物身上了。所以这"三部曲"实际上是林氏的文化观、人生观、世界观的形象说明。

杜柔安、姚木兰等形象，并不是林语堂凭空想象出来的，而是以林氏所赞赏的一些中国古代妇女为模特儿，加工设计而成的。

林语堂最崇拜的古代妇女是李香君，他把《桃花扇》中李香君痛骂奸贼阮大铖的一段唱词与岳飞的《满江红》相提并论。这段唱词是：

妾的心中事，乱似蓬，几番要向君王控，拆散夫妻惊魂迸，割开母子鲜血涌，比那流贼还猛。做哑装聋，骂着不知惶恐。

堂堂列公，半边南朝，望你峥嵘，出身希贵宠。创业选声容，后庭花又添几种。把俺胡撮弄，对寒风雪海冰山，苦陪觞咏。

东林伯仲，俺青楼皆知敬重。干儿义子从新用，绝不了魏家种。

冰肌雪肠原自同，铁心石腹何愁冻。

奴家已拼一死。吐不尽鹃血满胸！吐不尽鹃血满胸！

林语堂认为，李香君一个弱女子能代表东林党人骂阮大铖之类的魏忠贤的党羽，骂得好，骂得痛快，与岳武穆的《满江红》一样，是惊天地、泣鬼神的文字。

林语堂把秦淮名妓李香君推崇为奇女子。20世纪30年代在上海时，他托朋友由杨季眉处购得一幅李香君的画像，挂在书房里，使全室珠光宝气不复有童骏气。从此，这幅李香君画像成了他的终身伴侣，不论到哪里，都带在身边。他说能得到此画，是一生快事。兴致所至，还在画像上题了一首打油诗：

香君一个娘子，血染桃花扇子。气义照耀千古，羞杀须眉男子。

香君一个娘子，性格是个蛮子。悬在斋中壁上，叫我知所观止。

如今这个天下，谁复是个蛮子？大家朝秦暮楚，成个什么样子？

当今这个天下，都是贩子骗子？我思古代美人，不致出甚乱子。

这首打油诗，借古讽今，寓庄于谐，寄寓了林语堂的爱恨好恶。林语堂特别欣赏李香君舍身取义的侠胆忠心。在林氏小说中的那些理想人物身上（如姚木兰、崔遏云、杜柔安等），几乎都可以找到李香君式的侠义性格和侠义行为。

《浮生六记》中的芸娘也是林语堂所崇拜的古代妇女。林语堂认为《浮生六记》是古今中外文学中最温柔细腻的闺房之乐的记载,他欣赏芸娘与沈复促膝畅谈书画的场面。他爱芸娘的憨性,一次,芸娘见了一位美丽的歌妓,想暗中替她丈夫撮合娶为侧室,后来那歌妓为强者所夺,芸娘因而生了一场大病。《京华烟云》中的姚木兰竟也像芸娘一样,想为丈夫物色小妾。林语堂为《浮生六记》中的芸娘夫妇的那种爱美、爱真的精神和他们的知足常乐、恬淡自适的天性,几乎感动得如醉如痴。他在《浮生六记》英译本的序言中曾说:

> 我现在把她的故事翻译出来,不过是因为这故事应该叫世界知道;一方面以流传她的芳名,又一方面,因为我在这两位无猜的夫妇的简朴生活中,看他们追求美丽,看他们穷困潦倒,遭不如意事的磨折,受奸佞小人的欺负,同时一意求享浮生半日闲的清福,却又怕遭神明的忌。在故事中,我仿佛看到中国处世哲学的精华在他们夫妇的生平上表现出来……蹭蹬不遂,而仍不改其乐……我们看见她的爱美的天性与这现实的冲突——一种根本的,虽然是出于天真的冲突。

20世纪30年代,林语堂曾请在东吴大学读书的周劭帮他在苏州郊外的福寿山上寻找芸娘夫妇的坟墓。① 林语堂准备要备香花鲜果,供奉跪拜于这两位清魂之前,可惜,这对平民夫妇的坟墓早已湮没在野草乱石之中,难以寻觅。林语堂只好放弃了他的祭奠计划。但芸娘的影子却总是不断出现在林语堂的小说作品中,成为他塑造理想女性形象不可缺少的艺术材料。

著名的女诗人李清照也是林语堂所赏识的古代妇女。李清照的才华,特别是李清照与其丈夫赵明诚即使典当衣服也要买回碑文,夫妻相对赏碑

---

① 据周劭先生与笔者谈话的录音整理稿。

帖的潇洒态度,使林语堂羡慕不已。他在对圣约翰大学和光华大学学生介绍自己的读书经验时说:

> 我认为最理想的读书方法,最懂得读书之乐者,莫如中国第一女诗人李清照及其夫赵明诚。我们想象到他们夫妇典当衣服,买碑文水果,回来夫妻相对展玩咀嚼的情景,真使我们向往不已。你想他们两人一面剥水果,一面赏碑帖,或者一面品佳茗,一面校经籍,这是如何的清雅,如何得了读书的真味。易安居士于《金石录·后序》自叙她们夫妇的读书生活,有一段极逼真极活跃的写照,她说:"余性偶强记,每饭罢坐归来堂烹茶,指堆积书史,言某事在某书某卷第几叶第几行,以中否角胜负,为饮茶先后,中即举杯大笑,至茶倾覆怀中……故虽处忧患困穷,而志不屈……于是几案罗列,枕席枕藉,意会心谋,目往神授,乐在声色狗马之上。……"你们能用李清照读书的方法来读书,能感到李清照读书的快乐,你们大概也就可以读书成名,可以感觉读书一事,比巴黎跳舞场的"声色",逸园的赛狗,江湾的赛马有趣。①

林语堂喜欢李清照、芸娘等古代妇女风雅洒脱的性格,所以他笔下的理想女性,多少都带有几分不食人间烟火的贵族气。

---

① 林语堂:《读书的艺术》。

第三十六章　和赛珍珠决裂

林语堂后悔莫及——林、赛的政治分歧

1953年出版的《朱门》，是林语堂交给赛珍珠夫妇的约翰·黛公司出版的第十三部著作，也是该公司为林语堂出版的最后一本书。因为，此后林语堂和赛珍珠夫妇便绝交了。

二十年前，林氏夫妇和赛氏夫妇的跨国友谊，曾被国际文坛引为佳话。可是，二十年后，竟然情断义尽。这两位文化名人的决裂，使旁观者感到惊讶。而在知情者看来，这是原来被掩盖着的隐患在适当条件下的必然暴露。

林语堂的知己朋友郁达夫，早就说过："林语堂生性憨直，浑朴天真……惟其憨直，惟其浑朴，所以容易上人家的当……"①

不幸而言中了！林语堂之所以同赛氏夫妇决裂，在林语堂看来，是因为赛氏夫妇让他上了十九年的当，他忍无可忍了。

矛盾的焦点是版税。当年，在美国出书，一般来说，出版社提取10%的版税，可是，赛氏夫妇的约翰·黛公司居然提成50%，超过别人四倍之多，而且版权还不归林语堂，而是归出版社。如此巨大的经济损失，林语堂竟然在吃亏了十九年后才如梦初醒，也真是"憨直"和"浑朴"得到家啦！

有人说，恐怕正因为这家出版公司是赛珍珠夫妇经营的，才能把林语堂蒙蔽十九年之久。换言之，是林语堂和赛氏夫妇的特殊交情使林语堂竟然会被蒙蔽十九年之久。平心而论，林、赛的友谊的确非同一般，1934年赛珍珠主动把机遇的彩球抛给林语堂，接下来才会有《吾国吾民》的问世，而该书

---

① 郁达夫：《现代散文导论（下）》。

在美国的巨大反响,也与赛珍珠的大力推荐有关。赛氏在美国公众还不熟悉林语堂的情况下,亲自为《吾国吾民》撰写序言,给予极高的评价。实际上,等于是赛珍珠以自己的声誉为林语堂做了信用担保。《吾国吾民》畅销后,赛珍珠又邀请林语堂到美国去写作。1936年8月,林氏一家五口,远涉重洋,到美国后,最先的落脚点就是赛氏在宾州的乡间住宅。① 所以,从这个角度来看,没有赛珍珠的扶植,也就不会有《吾国吾民》,林语堂也不会去美国写作。如果不去美国,日后也未必能有《生活的艺术》《京华烟云》等著作的诞生。

但从另一个角度来看,赛珍珠的球不抛给林语堂又能抛给谁呢?再说,正是林语堂的畅销书为赛珍珠夫妇的出版公司带来了丰厚的利润。从1935年到1953年间,林语堂成了约翰·黛公司的一棵摇钱树。

赛珍珠在林语堂身上的感情投资,获得了意想不到的收益——林语堂多次拒绝了其他出版商高额版税的诱惑,坚持把那些畅销书全部交给约翰·黛公司出版,让赛氏夫妇去赚钱——因为他不是一个忘恩负义的人。

可是,赛珍珠夫妇却是以西方文化的价值观念来看待与林语堂的关系的。赛氏夫妇认为,朋友是朋友,赚钱是赚钱,朋友的钱照赚不误。所以,赛氏夫妇在与林语堂签订的那些出版合同中,毫不手软地"宰"了林语堂。

林语堂虽然在自己的著作中把东西文化取长补短的前景描绘得极其乐观,而在现实生活中——在签订出版合同的时候——这两种文化观念却实在难以调和。林语堂明知吃亏,但认为大家是朋友,不好意思斤斤计较钱财,为了报答赛珍珠的知遇之恩,也就心甘情愿地接受了赛珍珠夫妇以美国生活方式所提出的签约条件。结果,所谓出版合同,成了赛珍珠要怎么样就怎么样的东西。

如果事情仅仅到此为止,那么,周瑜和黄盖扮演完各自的角色,也就相安无事了。谁知,偏偏节外生枝,插进了一个发明打字机的小插曲:作为"发明家"的林语堂,实在不走运,耗尽了多年积蓄的十二万美元,到了倾家荡产的地步,一度曾穷到靠借债度日,借钱的第一个目标当然是好朋友赛珍珠。

---

① 有关林、赛友谊的情况,参见拙文《林语堂出国以后》(《文汇月刊》1989年7月号)和拙文《林语堂和赛珍珠》(《文学报》1989年7月20日)。

第三十六章 和赛珍珠决裂

因为,赛女士是林氏全家最亲近的美国朋友,不仅赛女士夫妇和林氏夫妇过从甚密,而且连两家的孩子们也成了好伙伴。不料,见林语堂张口借钱,赛氏夫妇一反往日殷勤有礼的常态,冷冰冰地接待了这位倒霉的"发明家"。赛氏夫妇前后判若两人的变化,使林语堂看到了美国社会世态的炎凉和人情的淡薄。

一向以中西文化比较研究而闻名于世的林语堂,直到被"宰"了十八九年之后,才恍然大悟,这也足以证明,林氏虽然在许多著作中侃侃而谈东西文化融合的必然性,然而在世俗生活里,想以中国古代"名士"的潇洒、风雅态度去感化货真价实的西方文化价值取向,怎能不吃亏呢?他不得不感慨地说:"过了一二十年才明白,朋友开书局也是为赚钱的,这损失的版税也就可观,但是已后悔不及了。"

"后悔不及"的林语堂回想自己过去对钱财的"潇洒"态度,再对照眼下赛氏夫妇在他患难之际的冷酷无情,不由得勃然大怒——林语堂轻易不发怒,但一怒则大怒而特怒——他委托律师与赛氏夫妇交涉,将所有的著作的版权全部收回,而且毫无妥协的余地。

赛氏夫妇面对这一"突然袭击",非常惊奇,以为林语堂发神经病了,赶紧打电话给林太乙。赛珍珠在电话里问道:"你的父亲是不是疯了?"于是,这对跨国朋友终于闹翻了。

友谊上的损失换来了经济上的收益。林语堂与约翰·黛公司决裂的消息传开后,许多出版商都主动来找林语堂签订合同,提供的签约条件自然要比约翰·黛公司优惠得多。吃一堑长一智,林语堂了解了美国出版界的行情后,就直接与出版公司洽谈出版新著的条件,而在美国以外的地方,林语堂则委托英国大经纪公司蔻蒂斯·布朗(Curtis Brown)代表他与出版商接洽。——约翰·黛公司失掉了一棵摇钱树。

1954年,林语堂准备出任南洋大学校长,去新加坡前,他从纽约给住在宾夕法尼亚州的赛珍珠的丈夫华尔希打电报辞行,而赛氏夫妇居然置之不理,这意味着蔑视。从此,双方情断义尽。直到二十年后,提起往事,林语堂还耿耿于怀地说:"我看穿了一个美国人。"

如果仅仅看上述现象,那么,很容易把林、赛的断交当作是经济纠纷引爆了感情上的危机。其实,经济纠葛只是问题的表象,而在这表象下面,隐藏着更深刻的思想原因。

首先,赛珍珠是有能力来资助林语堂的。早在她荣获诺贝尔文学奖之前,《大地》已为她带来了四十万美元的版税。获奖以后,赛氏的经济收入更是扶摇直上。林语堂破产时,赛珍珠已是名副其实的百万富翁——她死后,留给救济混血儿的基金就有七百万美元的遗产。其次,赛珍珠也不是守财奴式的悭吝者。就在冷淡林语堂的同时,赛氏正和许多宗教改革者一起开展多种社会福利事业,为美国兵在日本、朝鲜、越南留下的混血孤儿,设立"赛珍珠基金会",创办"儿童之家",致力于美亚混血孤儿的救济工作。她本人曾收养过五个美亚混血孤儿。

可是,在救济工作上慷慨解囊的赛珍珠,为什么对有二十年交情的林语堂竟如此失礼呢?主要症结还在于思想上的分歧。

在20世纪50年代,赛珍珠与斯诺有过一次意味深长的谈话。那天,斯诺去拜访赛珍珠,她告诫斯诺说:"当前你必须在共产主义中国和自己的祖国之间做出抉择。"

斯诺说:"我没有什么好选择的,我是一个新闻记者,只要我活着,新闻就在中国。"言外之意即采访中国是他的职责。

赛珍珠则说:"我必须选择自己的国家,现在美国人比中国人更需要我工作。"

这段对话表明,赛氏是以一个美国人的立场来观察中国和中国人的。而四五十年代的林语堂,早已抛弃了30年代时的所谓自由主义的"中间立场",他怀着对美国对华政策的强烈不满,尖锐地批评美国政府和中央情报局对华政策的失误。[1] 换句话说,在中国与美国之间,林氏选择的是中国,更确切地说,是蒋介石统治下的中国;而赛珍珠选择的则是美国。林语堂对与他论战过的所谓"左派仁兄",抱着对立的情绪,而赛氏则接触各种不同政治信仰的中国人。

---

[1] 林语堂:《八十自叙》。

第三十六章　和赛珍珠决裂

赛氏是一位成功的女作家,同时又是一位成功的出版家,凭着勤奋、才智和机遇,她成了百万富翁。斯诺的前妻海伦·福斯特称她为"美国奇人"。然而由于她生活在东西方意识形态极端对立的时代,她意识中和事业上的几个世界,既给她带来成功、荣誉和欢乐,也招致现实中的各个世界的种种非议。所以,她又是一个悲剧人物,一生孤独而艰辛。她受到的攻击、误解与她所获得的荣耀几乎是成正比例的。

早在1949年以前,赛氏在对蒋介石政权的评价上,就与林语堂发生了根本分歧。1944年,林氏的《枕戈待旦》出版后,书中的亲蒋立场使美国"自由主义者",对林氏"突然冷落",当"何应钦付给了"林语堂"两万美金"的说法在美国流传时,赛珍珠就是流言的散布者之一。林语堂非常恼火,认为这是一个"中伤的谣言"①。林语堂还把传布和听信"谣言"的人统统归之于"同情共产党的一派人"②,赛珍珠自然也被包括其中。在与约翰·黛公司签约时颇为"温良恭俭让"的林语堂,对这个所谓"谣言"却很计较,也许这才是林、赛之间的真正的裂痕。

林语堂把赛珍珠也归入"同情共产党的一派人",显然是对赛氏的误解。说来话长,还在蒋介石刚上台的时候,赛珍珠曾有过恐共的心理。那是因为1927年3月24日北伐军占领南京时,在战乱中,她家被抢了,她的同事,一个意大利神父被杀了,还有其他侨民遇害。事后,东北军阀张作霖和北伐军总司令蒋介石派遣的调查组分别向国内外宣传说,这次排外行动是苏联驻华使馆和中国共产党指使的,不明真相的赛珍珠信以为真。实际上,肇事者是北伐军中的不良分子,混迹革命的军阀溃兵和地痞流氓。共产党的将领曾为平息事端做出努力,但后来在宣传中却又强调这次事件是由于帝国主义干涉中国革命引起的,客观上姑息了革命队伍中的流氓无产阶级意识。经过这次排外事件后,她对蒋介石的南京政权的看法一直处在矛盾之中。当年她住在国民政府的首都南京,目睹一批新贵成了官僚、军阀,新政府面临着自身的堕落和各种尖锐的矛盾。随着蒋介石政权的阴暗面的日益暴露,赛珍珠对中国共产党领导下的民主革命斗争有了新的认识。1934年,她

---

① ②　林语堂:《八十自叙》。

在返美定居前夕,和美国《亚洲》(Asia)杂志主编理查德·沃尔什在北平访问了斯诺夫妇,约请他们做该杂志的主要撰稿人。此后,在她担任顾问编辑的该杂志上,译载了不少鲁迅等中国左翼作家的作品及有关的介绍;选登了斯诺《红星照耀中国》的片断《毛泽东传记》等资料;以巨大篇幅报道了"一二·九"学生运动。1942年赛珍珠重返中国搜集抗日题材,创作了《龙种》(Dragon Seed)和《生路》(The Promise),前者暗示抗战的前途在西北,后者以更明白的语言颂扬了山区游击队的英勇善战。与林语堂的《枕戈待旦》把抗战前途寄于重庆当局的思路,有很大的分歧。①

不管麦卡锡分子对赛珍珠如何评价,赛珍珠实际上是美国对华政策的忠实辩护者。而赛珍珠所肯定的东西,正是林语堂所竭力反对和攻击的。比如,林语堂认为蒋政权的失败,罪魁祸首是美国。②

四五十年代,林语堂和赛珍珠在中国问题上的分歧,使他们之间的思想裂痕越来越深,但表面上,特别在社交场合中,彼此仍保持着礼遇,外人不易察觉到他们的内在矛盾。比如,1946年,老舍和曹禺访美时,赛氏举办茶会,招待中国客人,并请美国女剧作家弥莱·哈尔门和林语堂等人作陪。茶会上,曹禺讲到文学应当具有社会意义时说,"社会意义"这个词在英文中也可以当作"社会主义""共产主义"的意思。精通英文的林语堂便站起来,对曹禺的说法加以诘难。同时,林语堂又从趣味主义角度介绍他的非功利主义的文学观,否定了曹禺强调文学的"社会意义"与"社会主义""共产主义"之间的必然联系。

在文艺讨论中各执己见,这在西方文坛是司空见惯的。所以,林曹两人就"你一刀我一枪"地争论起来了。争到面红耳赤时,大家都有点窘态,直到赛珍珠出来和稀泥,争论才收场。可见,那时,林语堂和赛珍珠虽然已有严重的思想分歧,但他们还保持着很好的私谊,所以,当林曹争论得相持不下时,赛珍珠就出来解围了。当然,不使招待茶会不欢而散,这也是东道主赛珍珠应尽的责任。

思想分歧是友谊之舟最危险的裂缝,有裂缝的船只是经不起生活风浪

---

① 以上有关赛珍珠的资料皆由学友姚锡佩提供,特此致谢。
② 详见林语堂的《八十自叙》。

颠簸的。林语堂破产后赛氏夫妇的失礼行为,诱发了林赛矛盾的总爆发。然而,经济问题仅仅是导火线,存在已久的思想分歧才是地雷和炸药。总的来说,林语堂是站在亲蒋的立场上,一再指摘美国没有竭尽全力帮助蒋介石反对共产党,而赛珍珠则站在美国的立场上为美国政策辩护,这是林、赛之间的根本分歧。20世纪40年代以后,林语堂对左翼知识分子的态度,越来越敌视,而赛氏则以自由主义和人道主义的态度同情和支持在当年受迫害的中国左翼知识分子,这种政治思想上的对立,是造成林、赛最终彻底决裂的大前提。

第三十七章　南洋大学校长

> 南洋大学建校新加坡——提出当校长的条件——校长和校董会的冲突——谈判——决裂

1953年,南洋华侨效法陈嘉庚捐建集美学校、厦门大学的义举,集资筹建一所培养华侨子弟的大学,这座被命名为南洋大学的高等学府的校址设在新加坡。

新加坡直译是"狮城",传说在十二三世纪的时候,一个印度王子乘船经过这里,看到岸上有一只健壮的野兽在奔驰,他问侍臣这是什么?侍臣回答说可能是一头狮子。因此,"狮城"的名称就在马来人和印度人之间传开了,"狮子"就成了新加坡的象征。尽管事实上这个海岛上并不出产狮子,而老虎倒是在长时期里很猖獗的。

华侨选择新加坡为南洋大学的校址,不是偶然的。因为,新加坡虽有"世界人种博物馆"的诨名,在那里可以见到各种肤色的人种,但最多的是华人。当今世界上,除中国之外,新加坡是华人人口比例最高的一个国家。新加坡的华族占全国人口的75%。早在开埠之前,中国人就在那儿垦殖荒地,在新加坡从荒岛变成现代化城市的过程中,华人筚路蓝缕,做出了重大的牺牲和卓越的贡献。马六甲的古坟群中,有好些华人的墓,墓碑上刻着明代的年号,这大概和三宝太监郑和多次出洋有些关系吧。所以,无论从历史还是现实来看,培养南洋华侨子弟的大学设立在华人密度最高的新加坡,是顺理成章的。

1953年1月16日,新加坡福建会馆召集理监事联席会议,福建会馆主席陈六使在会上分析了新、马华文教育情况及未来华人前途后,提出必须兴办一所华人大学。他表示愿竭尽全力,甚至破产也在所不惜,并立即宣布捐款五百万元。在世界华人史上,下如此大决心,捐如此巨款,在海外建立一所华人大学,是前所未有的。这消息在新、马华人社会中引起了前所未有的震动,一时拥护之声四起,许多华人社团或个人纷纷发表声明,表示全力支持。在1953年2月10日,马来亚和新加坡二百九十七个华人主要社团代表推举陈六使和十二个华人团体共同组织了筹备委员会。2月20日筹备委员会举行首次会议,决定学校定名为"南洋大学"。"南洋大学筹备委员会"由陈六使出任主席,新加坡福建会馆带头捐出五百英亩土地作兴建南洋大学校舍之用。接着新、马各地纷纷成立了"南洋大学筹备委员会分会"筹集建校基金。整个新、马华人社会掀起了踊跃捐款热潮,从殷商巨贾至劳动阶层,从几十万元到小学生节约零用钱,集腋成裘,以促其成。人们争取捐献的感人场面,为海外华人办学历史所仅见![1]

南洋大学筹建工作开始后,成立了以陈六使为主席的南洋大学执行委员会。南洋大学最主要的发起人陈六使是新加坡华人社会的领袖,一位精明能干的巨富,在橡胶行业有举足轻重的影响。1950年,他曾主持一个千人大宴,庆祝中华人民共和国成立。陈六使发起筹建南洋大学的目的是为了保存中华民族的文化传统。1952年2月,他写信给林语堂说:"假如我们现在不设法保存我们的文化,十年之后,我们就不是中国人了。"从1953年至1969年,陈六使一直担任南洋大学执行委员会主席,为南大付出了心血。也正因为他担任了这个职务,使之与林语堂发生了一系列纠纷。

有了执委会主席,还得有具体运作的校长,那么,由谁来当校长呢?这是执委会首先要考虑的问题。鉴于50年代初新加坡特定的社会政治背景,执委会对南大校长的人选提出了三个条件:一、必须是新加坡当局可以接受的;二、既不能是共产党员,也不宜是国民党员;三、必须具有国际声望而又为南洋人士所崇仰者。这样,可供选择的人就很少了。执委会最先向"五四"时期"文学革命"创导者之一的胡适发出邀请,但胡适谢绝了。执委会又向梅贻琦试探,又被婉言谢绝。虽然,胡适和梅贻琦拒绝这一职务有着各自

---

[1] 上述有关南洋大学的资料,来源于《先驱者的脚印——海外华人教育三百年1690—1990》(陈国华编著),1992年4月版。该书由新加坡诗人槐华先生提供,特此致谢。

不同的理由,但有一点却是共同的——他们深知南洋的社会政治环境比较复杂,他们都不愿为此而耗费自己的精力。

在胡适、梅贻琦拒绝之后,有人提出林语堂,执委会即顺利通过,并委派连瀛洲赴美国征求林语堂的意见。1953 年 12 月,华联银行董事经理连瀛洲到纽约,与林语堂商谈。林语堂向连氏表示,南洋大学的创建,事关重大,必须群策群力,备有充分基金及开办费,务求在师资与设备方面达到世界第一流大学之水准,才不至于误人子弟。并且要有充足的建校基金,至少要七百万美元(叻币二千万元)。林语堂提出了出任南大校长的几项条件:

大学行政由他负"完全责任";

大学要有"极其纯正的非政治目标";

大学教员享有绝对的思想自由;

南大"无论在精神上、物质上都应该成为第一流的大学"。要实现上述目标,到 1954 年底必须筹到三百三十万美元,到 1955 年底也必须再筹得同样款项。

经过与连氏的多次接触,林语堂首肯。1954 年 1 月 9 日,连氏返新前,林语堂写了一封信,请连氏带给执委会主席陈六使。信中写道:

六使先生道席:

奉诵来札,过蒙奖饰,且拟委以南大重任,愈增惶愧。弟何人斯,曷克当此!且老马伏枥久矣,大不想吃六山草,此项衷情,屡向瀛洲先生言之。瀛洲先生却会真诚感人,乃与之作数夕谈。弟于吾国文化、侨胞福利、亚洲将来,未尝不关怀,乃以兹事綦大且繁,不得不详细考虑,一则任重道远,恐不称职,二则凡事创业维艰,筑室道旁,三年无成,权不专,信不坚,则事不成;三则南大之办,非仅关教育,盖亦寄保存发展吾国文化之愿望焉,必有雄厚基金物力,始能贯彻始终,争得学术界地位,成为亚洲东南第一学府。苟非诸公高瞻远瞩,志在必成,或恐沦为寻常又一大学,橘过江南而为枳,斯不足观。与瀛洲兄晤谈后,深知我公热诚为我侨胞谋幸福者如此,而深谋远虑见识过人者又如彼,窃为星洲华

第三十七章 南洋大学校长

侨幸,故已许附骥尾,追随努力,事有可为,则志在必行。余容瀛洲兄面详。

林语堂在信中向陈六使暗示,如要把南洋大学办成东南亚第一学府,必须要有雄厚的基金物力。同时,校长要有职有权。这是1926年的前车之鉴,那年,林语堂出任厦门大学文科主任之始,何尝不是雄心勃勃,想改变厦大文科的面貌,专意从北京请来了鲁迅、沈兼士等知名人士,一时间,名人联袂而至,学者云集鹭江。但因为没有财权和实权,眼看鲁迅等人被理科主任刘树杞博士逼走,①爱莫能助,最后连自己也不得不离开厦大,一走了之。鉴于当年的教训,所以这次林语堂要把话说到头里。林语堂给陈六使的信写得很婉转,但言外之意则很清楚,"无权无钱,势难办好"之意透纸而出。

陈六使收到林语堂的信后,以董事会的名义同意了林语堂的各项要求,回信表示:为办好南洋大学,"如有需要,愿牺牲我的全部家产",同时,立即以身作则,认捐一百七十万美元。到1954年初,陈六使告诉林语堂,南大建校基金已筹到四百万美元。陈六使认为南洋大学决不能低于马来亚大学的水准,因此,他坚持要给林语堂一辆起码与马来亚大学校长的座车同样大的轿车,还要让林语堂单独住一幢洋房。

1954年2月13日,南洋大学执委会召开第三次会议,正式任命林语堂为校长。

南大执委会的诚意感动了林语堂。1954年5月3日,他正式受聘,出任南洋大学校长。同月,在新加坡岛西端海滨一块五百英亩的土地上,推土机开始破土,南洋大学即将诞生。

1954年10月2日下午4点10分,林语堂夫妇、林太乙夫妇和三女儿林相如等人乘机到达新加坡。受到南大执委会主席陈六使、执委高德根、连瀛洲、黄奕欢、陈锡九等人,以及侨众代表共二百余人的热烈欢迎。

在离美赴新加坡之前,记者问林语堂有何感想,踌躇满志的林语堂又有了幽默的雅兴。他对记者说,因为南洋天气炎热,可以不戴领带,所以他愿

---

① 有关鲁迅在厦门大学的遭遇,本书采用了鲁迅在《两地书》中的资料和观点。

意去新加坡(原来,林氏一贯痛恨结领带,认为领带束缚脖子,曾斥之为"狗领带")。记者立即以花边新闻刊出了他的俏皮话。

"文章可幽默,做事须认真。"这是林氏的座右铭。在接受南大校长一职以后,林语堂确实认认真真地做了不少准备工作。首先,他赴新加坡之前,已与南大执委会签订了维护个人权益的合约;拟请一位经验丰富、曾经建造多所大学的建筑师来设计大学的校舍;制定了一个建校的经济预算;组织一套有效率的工作班子同往新加坡。所以,一下飞机,胸有成竹的林语堂就进入了"校长"角色。

第二天,林语堂在中华总商会召开会议。以南洋大学校长的身份当众宣布了办学的两大宗旨及八大方针。两大宗旨是:一、学生必学贯中西,所学能有所用;二、除文、商两学院外,设理工学院,使人人有一技之长。八大方针是:一、提倡电化教育;二、成人教育;三、设奖学金;四、行导师制;五、创设大学出版部;六、提倡学术研究;七、与英美大学成立交换教授方法;八、男女学生兼收。20世纪30年代,林语堂曾撰文批评现代大学的教育制度,把美国的哥伦比亚等名牌大学的教育弊端暴露无遗。有破必有立,此刻,林语堂既然立意把南洋大学办成第一流的理想学府,自然要推出自己的治校方针,于是南洋大学就成了他改革现代教育制度的试验田。

在林氏抵新加坡前后,一个他亲自选拔的工作班子也到达了南洋大学。这个由学者、专家组成的班子,人才济济,实力雄厚:

文学院院长	熊式一
理学院院长	胡博渊(前国立交通大学校长)
先修班主任	黎东方
图书馆馆长	严文郁
大学建筑师	杨介眉
会计长	林国荣

并由二女儿林太乙出任校长秘书,女婿黎明任行政秘书(相当于副校长的职权)。让才学兼备的黎明、林太乙夫妇来担任自己的主要助手,这是林语堂对"做事须认真"的一个生动的注释:内举不避亲!可惜,不少人不理解林语堂的用心,认为这样的人事安排是"任人唯亲"。而林太乙、黎明夫妇也

感到十分勉强,林太乙在回忆这件事时说:"父亲要黎明任行政秘书。创办大学牵涉到千头万绪的事,他要有个他能信任的人。黎明在联合国任翻译,那是个稳定的职位,对侨居美国的文科留学生来说,那是非常好的差事了。但是,那也是个没有多大意思的差事。然而,辞去这个金饭碗,实在需要胆量。我们犹豫不决,父亲有点不耐烦了。他说,他请了那么多位教师他们都去,难道你不去?我们想来想去,好像没有理由不去,何况黎明是在哥大师范学院念教育的。于是,他毅然辞去联合国的职位,我们一同去新加坡了。我在南大任校长秘书。"①

尽管,林语堂自我感觉良好,但熟悉他性格的人,从一开始就预料,林语堂肯定会碰得头破血流的,正像要原来吃素的人,改变生活习惯去吃荤,因而引起消化不良,肠胃功能混乱,以致病倒一样,像林语堂这样一个既"不懂人情世故",又颇有名士风度的"书生",去创办一座大学,显然是力不从心的。林语堂居然相信依靠"做事须认真"的信条就可以办好一所大学,也实在是太天真了。② 可见,林语堂并没有实行他在《吾国吾民》《生活的艺术》等著作中侃侃而谈的老庄的处世哲学和人生态度。

怀着理想主义宏图的林语堂,到新加坡不久,便一头撞到现实的墙壁上了,种种麻烦接踵而至,从生活到工作,似乎样样都不顺心。饭菜不对口味,不到一星期就换了好几个厨师,这倒还在其次,最主要的问题是建校的条件,与他在美国时所设想的,差距甚远。林语堂在美国费尽心机请了有经验的建筑师杨介眉来新加坡帮他设计"第一流"的大学校舍。可是,实际上,大学校舍早已破土动工,因为校董有的是建筑公司的老板,这样大的工程,岂能让肥水外流。杨介眉毫无用武之地。林语堂接着发现:"建筑地盘的契约有舞弊的事情,开土机也显然用以做不必要的工程借以增加利润。大学董事会也违反对他的诺言,不事先征询他对兴建校舍的意见,径行批准图书馆的一项极坏的设计,光线固然很差,藏书的地方也极少,而且已经率先开工建造。不独如此,他们也不事先征询工学院院长的意见就开始建造工学院

---

① 林太乙:《林语堂传》。
② 详见徐讦的《追思林语堂先生》。

大楼。"①

　　这时,新马各界掀起了一个为筹建南洋大学而捐款的热潮。南洋华人觉得在这块英国殖民地上有一所以中文为主、发扬中华文化的大学,是一切炎黄子孙的光荣。所以,"有钱出钱,有力出力"的捐款口号,得到了当地华侨的普遍响应,穷苦华侨对南大的一片赤忱,更是令人感动。在新加坡街头,一度还出现过的士司机和三轮车工友们为南大而义务劳动的动人场面。与此形成鲜明对照的是商人们的捐款越来越少。到1954年底,收到捐款只有一百三十万美元,而且大半来自三轮车工友、理发师、小贩、店员等新加坡的穷人,离原先预期的三百三十万美元,相差很远。陈六使本来答应捐一百七十万美元,现在也只有四十万美元到位。其他商界领袖,包括华商总会主席,都不肯交付认捐的款项。

　　与其说捐款数字反映了新加坡社会公众对南大的态度,还不如说,反映了对林语堂的态度。一方面是南大校董们对林语堂越来越冷淡,有的校董批评林语堂的亲台态度,指责林氏写给他们的信签署的日期是"民国×年",而不用公元,等等。另一方面,新闻媒介也不断传播各种舆论。开始时,一些报纸说他浪费大学的钱,说他是美国特务,甚至说他的英文很蹩脚……

　　一天,有家小报刊登了一个人的照片,并加以说明:"林语堂的兄弟,是一个吸毒的承办丧葬的人。"林语堂看到后,幽默地微笑道:"面貌倒有点像我。"

　　林语堂又收到了匿名信,威吓他辞职,否则要他的命,廖翠凤吓得几乎精神错乱。为了安全,林语堂接受朋友劝告,从东海滨路的平房搬到国泰大楼里的一套公寓里。新加坡当局也派了一名便衣警察来保护他的安全,同时还把紧急呼救的电话号码抄给了林语堂,要他一发现异常情况立即打电话。那封匿名信搅乱了林家正常的生活秩序,使全家都生活在不安和恐怖之中,他的女儿林太乙甚至还告诉幼儿园的老师,规定只有她自己亲自来接

---

①　林太乙:《林语堂传》。

孩子,不得让别人把孩子领走。①

在这种情况下,书生气十足的林语堂,仍旧推出了一个建造"第一流大学"的预算案。其中,庞大的预算数字超出了校董会的承受力。所以,在 1955 年 2 月 17 日举行的南大校董会新加坡执委会上,执委会否决了林语堂的预算方案。而且在会上,执委会主席陈六使批评校长"奢侈",不少执委都发表了尖酸刻薄的言辞。

执委会的态度使林语堂深感意外。第二天,林语堂即向当地中西各报发表书面声明:

> 本人见报载南大新加坡执委会关于本大学之水准及执委会与校长间职权分配之态度,极为诧异。此息若确,则本人及教职员为了创办第一流大学之一切辛苦努力,将尽归乌有。本人已以此意告知执委会主席陈君六使,陈君将于明日与本人及教职员作非正式谈判,甚愿双方歧见借此可以获得解决,又希望借此最后一次之努力,使星马学子,可得受高等教育之机会,而不辜负他们求学之热诚,倘双方仍不能获得解决方案,本人自当向社会公布前后经过,以明真相,特此声明。

同时,林语堂聘请美籍律师马绍尔为代表,于 2 月 18 日下午到陈六使的办事处,说明自己是林语堂的代表律师,希望南大校长和执委会的矛盾能早日解决。陈六使说:"本来就没有什么了不得的事。"

经马绍尔与陈六使协商决定:19 日双方在国泰大楼晤谈。陈六使、高德根、黄奕欢、林庆年、秘书王世熊等人代表执委会方面出席;另一方的参加者是:林语堂、胡博渊、黎东方、黎明、杨介眉、严文郁。律师马绍尔以调解人的身份参加。

---

① 上述资料根据林太乙的《林语堂传》。对此,著名的现代文学史家万平近先生有不同看法,他说:"……林太乙在《林传》中竟重复其父的旧调,甚且加油加醋,对陈嘉庚、李光前、陈六使诸先生发出不少微词,就令人难以理解。……林太乙不承认其父的弱点,硬把办校问题的分歧说成是'政治漩涡'……举不出令人信服的任何事实。"(详见《台湾研究集刊》1991 年第 2 期,第 89 页)

18日,《南洋商报》上刊出了南大校董会新加坡执委会17日会议的情况,并发表攻击林语堂的文章。这时,林语堂与执委会之间的分歧已完全曝光于新闻媒介。南洋大学还未招生上课,而校董与校长之间已经对立到水火不容的地步,社会舆论哗然。

19日,晤谈如期举行,双方剑拔弩张,空气异常紧张。

林语堂脸色冰冷,指着陈六使说:"你会行棋,我会看棋。"稍停一下,他又说,"我知道你是《南洋商报》的主席,昨天所载是你主使的。"

"我也是商报董事。六使是主席,实际上除了报社有事开会大家才到之外,平时不论主席或董事都不干涉报社的事。"林庆年赶紧插上来为陈六使解围。

接着,林语堂便指责陈六使背信弃义,用闽南话像连珠炮似的向对方发出了一连串的"我问你"式的责问。

责问过后,林语堂拿出一张字条要陈六使签字承认其中的条件。最后,陈六使吓得由客厅退到厨房,由厨房经后门溜走。这一天的谈判历时四个半小时,毫无结果。

事后,黎东方站在林语堂的立场上对这一轮谈判评论道:"校长的火气真大,他是要和这批人干到底。他是个斗士,是个绝不含糊的英勇斗士!"

而陈六使在回忆林语堂在连珠炮式的责问后,要他当场签字时说:"我当时未予一看,也不敢看。我告诉他,我无权代表南大答应任何条件,校长如有意见或条件,宜以书面送达委员会……我生平除在'昭南'时代被日军拘去受过刑受过辱之外,可说未有如是日之受人当面呵斥侮辱。"

既然林语堂是以这样的方式来拉开谈判序幕的,那么,所谓谈判的效果和结果,也就可想而知了。在三个星期的谈判中,执委会方面对林语堂的预算方案提出了各种具体的修改意见,林语堂也做了让步的姿态,同意把总预算从一百九十万美元削减到七十万美元。为了表示解决争端的诚意,林语堂又同意将设计和建筑大学校舍的责任交由一个委员负责。执委会方面提出的条件,他全都无保留地加以接受。而执委会方面,陈六使公开表示,1954年初他写信给林语堂,说到1954年底要捐足三百三十万美元,只不过是要使林语堂高兴而已,况且信是别人写的,他只不过在信上签个字,不能

第三十七章 南洋大学校长

对之负责,等等。

3月11日,林语堂接受了执委会提出的所有条件,问题似乎可以解决了。但南大的校董们突然不加解释地中止了谈判。直到3月19日,执委会方面的代表来了,郑重地提出一项新要求,要林语堂提出计划在1955年购买的九万本图书的书名和作者的详细表册。

3月21日,支持执委会的报纸用大号字体的标题登载一项消息,说林语堂提出"一项无法接受的要求,要独自控制大学的几百万元款项"。

3月25日,南大新加坡委员会召开第六次会议,选派八人全权代表,与林语堂等人就大学预算案及所提解决方案加以总检讨,并限期两周内全盘解决问题。

3月28日,林语堂与他所举荐的十一位教职员同时提出辞职。这次辞职声明一发表,陈六使就宣布以私人名义捐款十万美元,支付林语堂等十二人的退职金。

徐訏在评论林语堂与南洋大学校董们的纠葛时,说过一段很有意思的话:"语堂如果稍稍了解当时南洋的社会,老实说,要到那里去做校长,最好先接洽一笔洛克斐勒或福特基金的捐赠才好。这正如做人家媳妇,带一笔嫁妆才可以使人看得起。语堂熟读《红楼梦》,应知凤姐在大观园中之地位,也是有'嫁妆'的关系。语堂既然白手而去,自然更应当了解这些侨领对于'大学',也还是有'投资'的想法。老实说,像陈六使这样,怎么会知道什么是'大学',什么是第一流大学——这是语堂当时口口声声谈到的。……当陈六使对语堂的预算不同意时,陈六使如果不先公开批评,私下先同语堂商谈,应该可有商讨的余地;现在陈六使先公开发表谈话,显然后面已经有别种原因。语堂不知有否平易地问过陈六使,当时马上对陈六使发脾气,实在是非常天真的态度。倘若一言不发,对陈六使笑笑,不同他争利争是非,悄然引退,那就是最超脱的幽默态度。……我在这里,并不想论语堂与当时南大那一幕的是非,我只是想在这件事变中,分析语堂对于客观现实之不愿了解所引起之误会与损失。我们站在比较了解他的地位,觉得实在是很可惜的事。"[①]

---

① 徐訏:《追思林语堂先生》。

1955年4月3日,林语堂一行人接受遣散费,决定总引退。

4月6日,八人代表团与林语堂等人办理发给遣散费手续。随后,发表南大执委会和林语堂校长的联合声明。

按合约规定,林语堂辞职后领取了遣散费再加上薪水共计新加坡币七万二千二百四十一元五角(当时新加坡币与人民币的比值是1∶0.8)。

1955年4月17日,林语堂一家飞离新加坡时,许多学生和各团体代表去机场欢送,连陈六使也亲自到场相送,而新加坡当局则派佩枪的警察到现场保护林氏的安全。离开新加坡后林语堂在锡兰的科伦坡停留数日,为美国《生活》杂志撰写了一篇说明这场"南大预算案"的始末的文章,由于这篇文章有不少不符合事实的地方,所以,刚一发表,就被纽约出版的《中美周刊》刊文予以驳难。

在回顾这场轰动一时的"南大预算案"时,林语堂说:

> 我辞职是错误,又或是失信于劝我奋斗到底的自由世界的朋友?我支撑过了五十天、有许多波折、受人诬蔑而又毫无希望的谈判。事实显示,除非我完全放弃我的立场,我不能不辞职。套用军事术语来说,这个阵地已无法守卫,世界上的人显然都认为阵地上守军——我和我的同事——可以让他们牺牲掉。我冷静地根据常识命令全体撤退。

林氏1954年10月2日到新加坡,1955年4月17日离开,前后共六个半月,因为当时南洋大学还未开学上课,所以林语堂是在没有学生的南洋大学当了六个半月的校长,人们谑称他是南大的"影子校长"。林氏在新加坡的经历,是这位幸运儿一生中仅有的几次挫折之一。用美国的方式,以西方的价值观,去为华侨建立一所旨在保存中华文化的大学,这显然是新加坡侨领们难以接受的。更重要的是,1949年10月1日,五星红旗从天安门广场升起后,中国以巨人般的步伐震撼了全世界,牵动了南洋地区广大华侨的赤子之心。他们为祖国的新貌而欢欣鼓舞,心向北京,成了不可逆转的心理潮流。而亲蒋的林语堂,正是在这样的时刻来到新加坡,并且,他又无视南洋华侨的民心所向。因此,林语堂从接受这个使命的第一天起,已经注定了必然失败的结局。

几十年过去了,不少南洋华侨至今还对当年的"南大预算案"的风波记忆犹新,对林氏在新加坡的所作所为,褒贬不一,莫衷一是。也许,评价林语堂在新加坡的表现,不但得看他已经做过的事,还得看他的目的和冲动;好坏的真正依据,不是已成事实的行为,却是未成事实的意向。①

---

① 出任南洋大学校长,对于林语堂来说,是一段重要的经历,而对于南洋大学来说,初创阶段的"林语堂事件",也是其校史上难忘的一页。冲突双方,各执一词。这场冲突,曾是当年新加坡华文报纸的热点新闻,即使在六十多年后的今天,只要提起"南大纠纷事件",许多人仍然记忆犹新。1992年,笔者在厦门幸会新加坡诗人槐华先生,他对笔者所从事的林语堂研究十分关注。回国后,多次寄来大量有关林氏与南大纠纷的资料。面对这几十万字的珍贵的原始资料,笔者原拟撰写《林语堂与南洋大学》的专著,但因近年杂事缠身,暂时难以如愿。我认为,在一本全面评价林语堂的人物传记中,必须公正客观地摆出各种史料,以免"以偏概全"。因此,我们不能讳避这样的事实;由于林太乙的《林语堂传》在台湾的出版,书中有关"南大事件"的记叙,在新加坡等地掀起了一场轩然大波。新加坡传媒刊出了大量的文字对林太乙著作中有关南洋大学的章节,提出了不同看法,言词相当激烈。笔者作为一个忠于历史的传记作者,认为,当自己还无法对两种截然相反的观点做出明确的判断时,决不轻率地采用任何一家之言,我的办法是:提供资料,让读者自己去下结论。本书曾多处采用林太乙女士所著的《林语堂传》的资料,现在,为表明"兼听"的态度,我决定向那些对这桩公案有兴趣的读者推荐新加坡联合早报《茶馆》版上,从1992年7月6日开始连载的一篇文章:《给历史一个正确的交代——反驳一篇传记对"林语堂与南大纠纷"的歪论》(作者:张曦娜)。文章记录了当年南大秘书长潘受先生介绍"林语堂事件"的来龙去脉。由于该文长达数万字无法全文摘录,只能摘其前言中的一段,读者也可"一叶知秋":"创立于1956年,结束于1980年的新加坡南洋大学,是新加坡第一所以华文为主要教学媒介的大学,也是东南亚华人教育史上空前的一所由千千万万华人,以兴办高等教育、传承民族文化的热诚同心协力创立的民办大学。南洋大学从创立到落成,一直到成为历史陈迹,短短二十五年中,走过的是一段风雨飘摇、挣扎求存的坎坷道路。创办初期,来自英殖民地政府以及其他的重重阻力,来自建校基金、师资人选等的困难自不在话下,其中一度令当时广大爱护南大、支持南大的新、马、婆各阶层人士感到困扰和气馁,也令南大几乎胎死腹中的重大事件,则是轰动遐迩的林语堂事件。

"林语堂与南大的恩恩怨怨,原是一件令广大华人社会和知识界蒙羞的事,而新马华人一向本着宽容的心胸及家丑不外场的态度,力求息事宁人,避免张扬。现在,事隔三十余年,南大早已成为历史名词;林语堂及不少当事人亦已先后作古,所谓往者已矣,这段不太光彩的陈年旧事的确也无需再提;但是,我们在不久前,无意间看到台北联经出版社于1989年出版的由林语堂次女林太乙著的《林语堂传》之第二十章《南洋大学校长》之后,赫然发觉该文诸多歪曲事实、诬蔑南大执委会旧人,甚至词锋所至,污损及新马所有华人。……"

第三十八章 医治受伤的心灵

> 医治妻女们受伤的心灵——虚构了一个乌托邦的"奇岛"——林氏笔下的武则天

困厄无疑是个很好的老师,它使人认识生活;然而这个老师索取的学费很高,学生从它那里所得到的时常还抵不上所缴的学费。新加坡的匿名信、南洋大学预算案的风波和最后的全军撤退……一度像噩梦似的萦绕着林语堂,使他感到气馁。但幽默的人生态度使他的心理机制很快就恢复了平衡,他在超然一笑之中获得了解脱。

可是,廖翠凤却无法像林语堂那样超然,那样轻松,南洋大学的经历使女人脆弱的心受到了极大的损害。为了抚平妻子在新加坡所受到的惊吓,林语堂带着神经衰弱的廖翠凤,在法国南部风景优美的坎城租了一所普通的公寓,开始了疗养生活。

其实,在南洋大学的事件中,受打击最大的是林语堂。他向来是一帆风顺的幸运儿,除了那架不走运的"明快打字机"之外,新加坡的遭遇大概也算得上是这位幸运儿一生中少有的重大挫折之一。但是作为一家之主的林语堂,这时已顾不得自己,因为他的妻子和长女,比他更需要得到安慰——长女林如斯刚离婚,悲痛欲绝——医治妻女们的心灵创伤,自然是一个丈夫和父亲义不容辞的家庭责任。

在《生活的艺术》里成功地扮演过人生导师角色的林语堂,既然可以向全人类宣讲生活的艺术,现在自然要把《生活的艺术》中的道理实践在女儿身上,引导她走出误区,恢复对生活的信念。林语堂对女儿说,你还年轻,不应该把离婚看成天大的悲剧。这个世界假使样样照逻辑发展,生活就没有

第三十八章 医治受伤的心灵

趣味。人的心思不可理喻,有矛盾,所以可爱。人如果没有弱点,没有不可抗拒的情感,没有不可逆料的意欲,便没有文学。人容易犯错误,所以生命千态万状。如果我们都是理性的,则我们会沦为机械人。林语堂还劝林如斯找一份工作,空闲时看看书,可以试译唐诗。因为林如斯一向喜欢诗,在哥伦比亚大学时跟诗人马克·凡多伦学过写诗。

　　享受大自然的美景,忘却人间的痛苦和烦恼。林语堂把回到大自然当作解脱世俗烦恼的灵丹妙药,他曾说,人性的束缚,人事的骚扰,都是因为没有见过或者忘记这海阔天空的世界。要明察人类的渺小,须先看宇宙的壮观,所以,此时林语堂想用旅游来医治妻子和长女的心灵创伤。1955年夏天,他带着妻子、长女、幼女一行四人,漫游欧洲,这是一次真正的漫无目的之游,他们像流浪者一样,不仅没有规定旅游的日程,甚至连预定的目的地也没有事先规定,他们不需要任何向导,完全是凭着兴致所至。他们不为参观名胜古迹而赶路,不写明信片作纪念,连照相机也不带!因为林语堂一向对那些因忙于摄影留念而忘却了旅游的本义——欣赏良辰美景——的"俗人"们,嗤之以鼻。他曾在论著中讽刺在杭州虎跑泉品茶的游客,故作举杯饮茶的姿势让人照相。他说,虎跑品茶的照片固然好,但影中人为了照相而忘却了茶味。在林语堂的"生活的艺术"看来,到虎跑,应该是为名泉名茶,而不是为了摆姿势照相。把时间和精力消耗在拍照、取景、摆姿势上,必然无暇去欣赏大自然。这种本末倒置的做法,是一般旅游者的通病。

　　这是一次林语堂式的漫游,他以自己的"生活的艺术"安排了这次不拘形式的漫游。这是一次表现林氏个性的漫游,他早就向往能按照自己天性去游览世界,游览人生。他曾说:

　　　　如此游历,自有价值,因为如果我要游荡,我便独自游荡。我可以每日行卅里,或随意停止,因为我素来喜欢顺从自己的本能,所谓任意而行;尤喜自行决定什么是善,什么是美,什么不是。我喜欢自己所发现的好东西,而不愿意人家指出来的。[①]

---

① 林语堂:《自传》。

林语堂在奥地利凭吊天才音乐家莫扎特之墓，在莫扎特的铜像前面，林语堂流下了激动的眼泪。他说："莫扎特的音乐是那么细腻缠绵，是含泪而笑的。"含泪而笑，这正是林语堂经过新加坡的挫折后漫游欧洲时的心态。

这是一次实践"生活的艺术"原理的漫游，林语堂和家人们无拘无束地在欧洲列国漫游了几个星期。然后，又各奔东西了：林如斯和林相如回美国，林如斯按照林语堂的规劝拟在美国找一份工作，自食其力；林相如在哈佛大学研究院攻读生物化学，后来荣获博士学位；而林语堂夫妇仍留在法国坎城。

在这座异邦的小城里，没有人认识林语堂，他过着与世无争的隐居生活，与新加坡的那种紧张的气氛，截然相反，他的神经放松了，心得到了休息。林语堂曾说，真正的隐士，不必到深山老林去离群索居，在城市中的隐士才是最伟大的隐士。在坎城，林语堂夫妇过着城中隐士的生活，他在陌生的外国人中间，避免因"名作家"的身份而带来的社交活动，他卸掉了"知名度"给他的压力，随便穿着舒适的便服，与夫人手拉手一起上街买菜，而廖翠凤还兴致勃勃地在阳台上种马铃薯。在新加坡时，廖女士每天早晨都害怕看报纸，因为说不定又有骂林语堂的文章不知刊登在哪一张报纸上，而现在，廖女士能与丈夫一道提着菜篮子上菜市，她能在厨房里做心爱的厦门菜，她心满意足了，神经衰弱也逐渐痊愈了。

林语堂非常欢喜这种自由自在的生活，在这个人们不知道林语堂为何许人的地方，他可以拿下一切人格面具，按照自己的天性生活：有时，他在街上会发出兴奋的叫喊，坐在露天咖啡室里时大声打呵欠，别人看他，他也不在乎。他觉得人生活在社会上要承受来自各方面的社会性压力，有物质的、经济的、精神的和心理的，有形的和无形的。这些社会压力把许多人挤压得变了形。所以，他提倡"不羁"精神，认为人要有点胆量，我行我素，能独抒己见，不随波逐流。这"不羁"精神是人类最后的希望。

坎城成了林语堂精神上的世外桃源，在这世外桃源里，他恣情肆意，展示自己的心灵姿态与生命律动，他的神思旁骛八极，怡游万仞，他对生命的自然形态的爱，被充分释放出来了。他内心的生命律动这时已冲破了现代文明自设的心理樊篱而在文学创作中得了艺术的实现。这时，他以丰富的想象力,完成了科幻小说《远景》(又名《奇岛》)。1955 年,《远景》由纽约普兰蒂斯—霍尔公司(Prentice—Hall, Inc.)出版。

《远景》(*Looking Beyond*)的时代背景是超前的。小说虚构了一个 21 世纪初的乌托邦的故事:公元 2004 年,二十五岁的美国姑娘芭芭拉·梅瑞克和她的未婚夫保罗驾驶着科学考察飞机,由于迷航,迫降于南太平洋上的一个奇异的小岛。保罗为保护飞机,在与当地土人搏斗时,不幸身亡,梅瑞克在昏迷中被救醒。这是一个地图上找不到的小岛,名叫泰诺斯。三十年前,哲学家劳士和亿万富翁阿山诺波乐斯,带领了一批以希腊人为主体的欧洲人,远离战火纷飞的现实,乘船来到这里,和平接管了这个小岛。他们与岛上的土人友好相处,建立了一个带有原始风尚、没有战争的理想乐园。三十年来,地球上的其他地方已经爆发过第三次、第四次世界大战,不少城市荡然无存,许多国家宣告解体,而小岛泰诺斯则遗世独立,安然无恙。当岛上发生强奸、凶杀等刑事案件时,"共和国"的居民按古老的民俗,处置得有条不紊。美国女郎芭芭拉·梅瑞克为了适应岛上的希腊族的习惯,病愈后把自己的名字改为尤瑞黛,她受到岛上居民热情友好的接待。岛上的各种奇风异俗使尤瑞黛感到非常新鲜,小岛和平宁静的环境也使她十分迷恋。在岛上的人类学家、哲学家们的启示下,她适应了泰诺斯的生活规律,并爱上了一个当地青年,毅然放弃了回美国的机会,情愿在这大自然的怀抱里,在这没有战争纷扰的大同世界里做一个自由的居民。

《远景》的题材别开生面,故事情节引人入胜,小说所展现的乌托邦乐土,正是林语堂的理想社会的缩影——古希腊的田园风味和中国老庄的"无为而治"的糅合。奇岛,形象地描绘了林语堂心目中人类社会的远景,这远景便是中西融合的理想生活。小说形象地说明了林语堂的东西文化融合观中的许多具体细节。他认为,东方型的人,西方型的人,都不健全,只有按照东西互补的原则所造就的新人,才是健全的。由于现实世界中没有一块净土,无法提供塑造新人所需要的条件,所以,林语堂就以科学幻想的思维逻辑设计了泰诺斯这个乌托邦式的国家,这个国家的生活方式就是林语堂设计的人类所应该有的生活方式。

小说虚构了一个有中国血统的哲学家劳士,他是岛国的精神支柱,他从哲学和社会学方面建构了岛国存在的理论依据,并在岛国的生活实践中不断验证自己的理论的合理性。劳士口若悬河的各种高见,是林语堂本身的哲学观、人生观、人类观、国家观……的传声筒。林语堂借劳士之口批评现代文明的弊端。劳士把现代文明的整个问题归结为"要使人类健全,寻回自我"。要寻回失落的理想,使生活"多一点生趣,多一点诗歌、阳光,以及人类固有的自由和个性"。劳士所宣扬的社会责任,实际上就是林语堂的东西互补的文化理想的一部分——"要毅然面对人性,使它发挥最好的效果"。

《远景》问世之时,正值世界文坛上孕育着一股反战思潮。因为第二次世界大战所造成的经济上物质上和精神上的严重损害,在西方世界造成了难以愈合的心理创伤。可是,浩劫的阴影还没有过去,世界各地大大小小的各种有限战争此起彼伏。所以,从20世纪40年代末期以来,恐惧战争,否定一切战争的和平主义思潮弥漫于世界各地。同时,反战题材也成为各国作家的创作热点。《远景》以小说形式寄寓了林语堂的和平主义理想。

但在世界反战作品中,《远景》又是别具一格的。因为,幽默大师林语堂把幽默当作人生的一部分,当作一种人生观,所以他以幽默的态度来设计没有战争的未来世界。如果说,泰诺斯是一个充塞着各种各样的"奇人""奇事"的"奇岛",那么,以幽默态度来对待生活,是这座"奇岛"中的第一等"奇事"。在《生活的艺术》里,林语堂曾无限地夸大幽默的作用,认为幽默是万能的,可以防止战争,挽救和平。现在,在奇岛泰诺斯上,即使是非常严重的事也常以幽默的态度来解决。甚至对已被判处死刑的强奸杀人犯,林语堂也为之安排了奇怪的处决办法——"水上格斗":

> 他被判有罪。事实上,大家都渴望见到水中追逐的场面,如果判决不是这样的话,他们会很失望呢。
> 追逐开始了。他身边全是泰诺斯的游泳好手,在小舟里等他,手上拿着长棍子。有人跳下水去抓他,然后又故意放他走,欧克色斯做困兽之斗。他潜入水中,游泳逃命。真正的刺激开始了。为了让娱乐延长,犯人并未被绑住或用镣铐铐住,大家期望他好好靠自己表现一番。但是,即使是最好的游泳健将,也没有机会对抗几十个等在船里,一见他

第三十八章 医治受伤的心灵

冒出水面就把他压回去的人。即使他能逃到大海里,他也会像外籍兵团的逃亡者逃到了撒哈拉沙漠一样。现在他的头冒上来了,游者去追他。他又消失在水面下,他又在别处浮起来。这是一段漫长又惑人的追逐,游泳的人也必须是把好手。当他一出现在伸手可及的地方,他们就殴打他。这是科学化的熟练技巧,先把公牛追得精疲力竭,然后再刺杀它。

尤瑞黛深深感到恶心。她听艾玛说,泰诺斯人已答应劳士的提议,水中追逐以运动方式举行,那是大家的要求,不过一等他被捉到,就要把他痛痛快快地淹死。微妙安排的情境,使双方都很满意。

虽然犯人罪有应得,但并不是所有人都赞成这种以死者的痛苦为娱乐的处决方式,这种原始性的野蛮的游戏表现了林语堂的复古的梦想。犯人处死后的余音,实在出人意外。林语堂写道:

……如今欧克色斯已经死了,酒店里的人开始重新审判,像历史家所做的无益的死后忆旧。观众却有成见,有人说法官轻易地出卖了欧克色斯的生命,以便和泰诺斯人维持和平。提琴手兼酒店哲人皮耶多,着手研究一个法学上的问题,由于喝醉酒在节日间不犯法,酒醉惹事的人也该被赦免才对。这个讨论进行了好多天,没有谁提出更智慧的看法。

可是,欧克色斯的遗孀和两个孩子已有一番安排。由于欧克色斯对岛上和平的贡献,劳士在议会中提议他的遗孀应受到共和国所给予的荣耀。他建议,应该把一枚雕刻精美、发亮的铜制勋章颁给欧克色斯的妻子,以纪念第一位为共和国殉身的老兵,他子女的教育费也将由公家提供……安德瑞夫王子却为这个建议感到欣慰。他们花了好几分钟来讨论新创造的勋位名称:应该叫"荣誉军团"级勋章呢?还是"老鹰"级勋章呢?还是"圣尼古拉骑士"勋章?

特拉西马丘士抗议了:"欧克色斯并不是自愿为了和平而以身相殉的。"

劳士回答说:"战场上的英雄也不是自愿的。"

劳士下结论说,由于个人的牺牲,而使居民幸运地避开一场内战,更由于水上审判的景象,神秘地使大家心里侵略、毁灭的倾向得到发泄,欧克色斯对国家很有贡献。为了表扬这位罪犯淹死所带来的贡献,在他的死亡被警方验明之后,身为共和国总统的安德瑞夫王子,就在号角、喇叭齐鸣的典礼中,将勋章别在遗孀克莉门身上。为了进一步表达国家对死者的感激,他的两个孤儿获准享有公费教育。整个典礼给社会带来令人满意的法律感和秩序感,国家已荣耀了它的英雄。男男女女慢慢地回去工作,泰诺斯岛又恢复了往昔的平静。

《远景》中还穿插了书中人物关于"赤足之美"、衣着的艺术和裸体问题的讨论。林语堂把《生活的艺术》里的观点通过小说中的人物之口讲了出来。不仅如此,实际上"奇岛"中的衣食住行,大多可以在《生活的艺术》里找到理论上的根据。与林语堂的其他小说相比,《远景》最完整地寄寓了林语堂东西文化大融合的理想。林氏的理想国家是什么样子?人应该怎样生活?《远景》提供了全面的答案。

虚构的科幻小说《远景》,离奇曲折,但却并不荒诞,不仅故事情节有充分的历史根据,而且他以现实的逻辑来预测未来的生活。所以,小说中离奇的情节都有一定的生活基础。有的科幻小说主要从科技飞越进步的角度来预测未来世界物质文化的繁荣,而林语堂的《远景》则主要从和平主义、人道主义的哲学角度切入科幻的题材。他把自己对未来的理想整个地移植到小说中,读者在小说里可以感觉到林语堂的化身简直无处不在,奇岛泰诺斯的每一个角落里都有林语堂的影子在游荡。

《远景》反映了林语堂向往已久的生活理想:远离现代文明社会,寻找古朴的世外桃源。早在1933年8月18日的《申报·自由谈》上,林语堂就曾撰文说:

假定我能积一点钱,我要跑到太平洋之南的岛上,或是钻入非洲山林中。假使富春楼老六之辈,仍然不能消此浩劫,而欧洲文明全部焚灭了,那时我居在非洲深林的树上,可以拍胸说:"上帝啊,至少我是诚实的。"①

事隔二十多年,林语堂在反战文学方兴未艾的20世纪50年代又续上了二十多年前的思路,写出了长篇小说《远景》——它是林氏的东西文化大融合理想的说明书。《远景》出版后,获得了欧美读者的好评。这时,林语堂又转向中国古代经典著作的翻译工作。

1957年由台北世界书局出版的《英译庄子》是他自己比较满意的几本"好书"之一。《英译庄子》的出版,使林语堂对中国古代文化著作的翻译形成了一个配套的系列。因为在此之前,1938年已出版了《孔子的智慧》,向外国人系统地介绍了儒家的学说;1948年出版的《老子的智慧》和这本《英译庄子》,则全面地介绍了以老庄为代表的道家思想,从而比较系统地介绍了中国传统文化思想。再加上他的《中国印度之智慧》(1942年)、《美国的智慧》(1950年)等英文著作,形成了两个平行的系列,构成了林语堂的东西文化思想比较研究的基础工程。

迄今为止,许多欧美人,都是从林语堂的上述著作中了解中国文化的。因此,要把握20世纪三四十年代以后的欧美人的中国观和东西文化比较观,就不能不首先弄清楚:林语堂当年是如何向外国人介绍中国文化的。

1957年,林语堂的第二部历史传记《武则天传》出版。

如果说在《苏东坡传》中,林语堂是怀着崇敬的心情来描述这位"快活天才"的一生的,那么在《武则天传》中,林语堂对这个古代女强人的感情倾向是憎恶,甚至可以说是非常的憎恶。

《武则天传》不是历史小说,而是历史传记。书中的人物、事件、对白等资料,全部来源于《旧唐史》和《新唐史》。情节皆出于史料,叙述也尽可能客观、含蓄。但林语堂在撰写这部历史传记时,渗入了他的合理想象。在资料的选择、集中、概括、剪裁的过程中,也表现了作家的主观态度。

武则天在林语堂笔下,是中国历史上最浮夸、最自负、最专横、最声名狼

---

① 林语堂:《让娘儿们干一下吧!》。

藉的皇后。林语堂承认武氏是当时最精明强干的政治家,胜过那些学识渊博的儒臣,胜过历代的一些有雄心壮志的皇后。但林语堂并不因此而忽视了一个事实,武氏的后半生是一个暴虐的君王,是个淫荡的女人。他把武氏与汉朝的吕后相比,认为吕后的聪明智慧与刘邦不相上下,是一个精力充沛的妇人,吕后的情人没有别的长处,只是其势雄伟,房中术见长而已。吕后因为地位显贵,才弄得丑事流传,而武则天具有"那种原始的掠夺本性,再加以残忍、聪慧,这却是吕后所无"。而且武后虽非学者,但究竟读过"圣贤之书",可以随时引经据典,藻饰自己的言谈,所以林语堂的结论是"以读书之头脑,而役于原始掠夺之本性,自然比起愚蠢村妇之阴险狡诈,更为危险"。

《武则天传》写道:"武后的期望堂皇而远大。此外,只有与雄健的男人或俊美的少年调情放荡才是她的消遣,她借此寻求轻松愉快。她要行远大之举,成非常之功,为空前之事,但是都达到疯狂的程度,此种情形容后再表。总之,她醉心于权力,醉心于统治,以杀人为快,以施恩为荣。关于她后半生的统治,究竟为功为过,人们将争辩不已,意见之所以不同,大半系于观点之歧异。当时贪污横行,司法败坏,官制摧毁无余,当时学者王公之子竟不入太学读书,向官方检举邻人和朋友,便是升官发财的捷径。武后的政治把戏,争夺权力的把戏,的确玩得很高妙。万事万物似乎都协力相助,使她一帆风顺,得以威夺人主。高宗软弱多病,已如尸居余气,真是武后的福气。高宗一向就不是康强雄壮的人,如今是百病丛生,常常头痛头晕,心神不宁。……几乎全无自信,有时闹一阵子脾气,有时又固执刚愎。虽然有心尽力于朝政,总觉得一个安静的时候倒还舒服。在他的中年,他就觉得寂寞凄凉。他的身体本就虚弱,可是以武则天为妻,而没有中途离异,别的男人还做不到。现在高宗性情恬淡,与人无害,精神在被人辖制之下,在天天吹毛求疵的妻子折磨之下,个性已经渐渐消失。他变得虽然和蔼仁厚,不过是愚痴的仁厚罢了。"

林语堂曾宣称,《武则天传》中的事实,完全以《旧唐书》与《新唐书》为依据。而实际上,《新唐书》是《旧唐书》的修正本。《旧唐书》更具研究价值,而《新唐书》则以简洁文雅取胜。但《旧唐书》叙事较为详尽,直接对白较多,此外,《旧唐书》还包含很多书函奏表、朝廷告示,这是林语堂撰写《武则天传》的珍贵的资料来源,这两部唐史各具特色,其中"列传"占了十分之七八,所谓"列传"就是当时人的传记。唐史中有关礼仪、音乐、风俗、舆服、外藩、地理、天文、五行、星占等的记载,以及从双胞胎、四胞胎到三条腿的猪和母鸡变公鸡等怪事,都为《武则天传》提供了丰富的历史生活资料。

林语堂主观上力图以史家的笔来撰写《武则天传》,所以他并不盲目地迎合读者的猎奇心理。有关武氏早年与疯和尚的淫秽丑闻、下诏令百花在冬季开放等荒诞传说,虽然已广泛流传于稗官野史,但因新、旧唐书中都无记载,因此,林语堂就将其弃而不取。至于武氏与美少年面首张氏兄弟的纵情放荡,因已见于正史,所以林语堂就将其写入了传记。

《武则天传》的写法不同于《苏东坡传》,后者采用了历史人物传记常用的"作者全知"的叙事观点。而《武则天传》则借武则天的孙子李守礼的《唐邠王回忆录》的形式,以"作者参与"的叙事观点,描述了武则天的一生。林语堂认为这种写法能产生直接的真实感。

邠王李守礼(672—741),活了七十岁,目睹了武则天盛极而衰的转折。武则天是李守礼的祖母,太子旦是他的叔父。但皇室的高贵地位没有为他的青少年生活带来欢乐,十二岁到二十七岁,他都被幽禁在宫里。他亲眼看见两个弟兄被打死,两个婶母(太子旦的妻子)被谋杀,还有其他婶母被折磨而死。但是他终于看见了武则天的下场,在唐朝复辟后,邠王又在唐玄宗统治下过了二十九年富贵尊荣的太平日子。作为一个长寿的历史见证人,邠王的回忆录概括了武则天政治生活中的历次重大事件。

当武则天的权势登峰造极之时,她确信自己是半人半神之身,是弥勒转世。林语堂写道:"武则天是一个顽强任性野心极大而又非常聪明的女人。中国历史上,也可以说世界历史上,女人从未做过的事,她做出来了。在一般中国人的想象中她晚年的荒淫败德,使她执政时惊人的才干黯然失色。在中国历史上她的地位是无与伦比的,在世界历史上她当得的地位也足与伟大的邪恶之徒遗臭万年了。"

林语堂又说,武则天这个女人是古今少有,与其他高贵的女人是不易相比的。既不是埃及艳后克丽拉,也不是俄罗斯凯萨琳女皇,她一部分像法国享利二世的皇后凯萨琳·德·美第奇。她有那位英国女皇的精力,有法国皇后的残忍。她公然蔑视道德家,历史家不知把她在位的年间的年号怎样称呼,也没有办法称呼。因为她是皇帝的情妇,是篡夺帝位的人,是皇后,又是女皇帝,她粉碎传统,创始改革。她比历史上任何一个男人更阴险奸诈。

林语堂在撰写《苏东坡传》时,把苏东坡当作古今中外的理想人物来推崇,整本《苏东坡传》都倾注了作者对传主的深厚的爱。而撰写《武则天传》时,林语堂把整个创作过程当作对智能犯罪的一项科学研究。因此,《武则天传》不可避免地灌注了作者对传主的深恶痛绝。林语堂在《武则天传》的原序中,坦率地阐明了自己的创作动机:

> 我写这本武氏传,是对智能犯罪做一项研究。她的野心已到疯狂的程度,但方法则精确可靠,稳扎稳打,她冷静镇定,方寸不乱。疯狂与不疯狂,到底区别何在呢?谁有资格决定?无论如何,武则天的按部就班对她丈夫皇朝的推翻之所以成功,就是由于她敏锐冷静的智慧与厚颜无耻胆大包天的野心合而为一的结果。若是她的行动犯罪,她却时时能使之合理合法。她的狡黠,她的机敏圆滑,她的强悍无耻,是无可置疑的。自古以来,似乎是这样:杀一个人的人是凶手;杀三个,杀六七个,那他生来就是罪犯;若用组织完善的机构杀几百人,那他是头脑清晰的真正的凶魁罪首;倘若他杀了千万百万,他就为历史上的英雄,要想谦谢这个头衔,也终归无用了。

一千多年来,对武则天的评价,历来众说纷纭,仁者见仁,智者见智,褒贬之间,天壤之别。林语堂的《武则天传》,无论在资料的选择和写作方式上,都有一定的特色,不失为一家之言。

第三十九章 乡情:浓得化不开

初访台湾——反对"两个中国"的阴谋——
《匿名》和《从异教徒到基督教徒》

金圣叹批《西厢记》,列举"不亦乐乎"三十三事。其中一条是久客还乡之人,舍舟登陆,行渐近,渐闻本乡土音算为人生快事之一。久居异域的林语堂也有此同感,在远离故乡的时候他是多么渴望能听到熟悉的乡音……

林语堂在厦门大学时的学生马星野,是国民党当局的高级官员,在与林语堂的接触中,他深深地感受到林语堂已被浓郁的乡愁所牵萦,所以就极力劝林语堂到台湾去看看,因为台湾与林语堂的故乡闽南隔海相望,许多台湾人的祖先都是闽南的移民。所以,林语堂将会在那里找到乡音,体验到乡情的。

1958年10月14日上午11时,林语堂夫妇在松山机场下机,欢迎的人群如浪如潮。

从10月14日到11月1日的半个月时间里,林语堂竟接待了慕名来访的各界人士近千人。除了文人学者、亲朋友好之外,还有不少社会名流和党政要员。台湾当局的黄少谷、梅贻琦、于右任、张道藩、张厉生、郑彦棻等人都热情接待了林语堂夫妇。

10月16日下午5时,蒋介石和宋美龄在士林官邸会见首次访台的林语堂夫妇,在座的还有马星野、郑彦棻、梅贻琦及黄仁霖等人,当时正值"炮轰金门"的高潮时期,可是蒋介石竟然把金门补给之类的军务大事暂放一边,与林语堂大谈《红楼梦》的评述问题。

在台北的几家亲戚联合起来为这位稀客洗尘,林语堂在这里又尝到了道地的厦门薄饼,这是由一位小辈亲手制作的。在台亲属大多是林、廖两家的侄甥辈,虽说是亲属,不少人都是第一次见到这位长辈。林语堂见到这群生龙活虎的后辈非常高兴,尤其使他兴奋的是小辈中竟有两位作家,她们是侄儿媳妇毕璞和钟丽珠。

林语堂那满腔浓得化不开的乡思给所有人都留下了深刻的印象。见到家中晚辈、同乡,林语堂一律用闽南语交谈。他沉醉在乡音中了。他说:"回到台湾,就像回到闽南漳州的老家!"在台湾他感到最惬意的,就是能听到乡音。他说:

> 我来台湾,不期然而然听见乡音,自是快活。电影戏院,女招待不期然而说出闽南话。坐既定,隔座观客,又不期然说吾闽土音。既出院,两三位女子,打扮的是西装白衣红裙,在街中走路,又不期然而然,听她们用闽南话互相揶揄,这又是何世修来的福分。①

他还认为,这种蕴藏在乡音中的乡情和乡思,不足为外省人道也。

林语堂夫妇在台湾观光期间,受到台湾文化学术界的隆重欢迎。10月24日,他应邀在台湾大学做了《〈红楼梦〉考证》的学术讲演,对后四十回是否是高鹗所续这一"红学"的热门话题,发表了自己的意见。同时,在台湾的"中央研究院"院刊《庆祝赵元任先生六十五岁论文集》中,也发表了一篇《平心论高鹗》的长篇论文。

在台期间,林语堂向亲属们透露了一个久藏在心头的宿愿:他迟早会离开美国,落叶归根的。他说,在国外生活几十年,就像住在高高在上的大厦里一样,经常有一种根不能着地的感觉。他希望以后能把台北附近风景秀丽的阳明山麓,作为他回国后的定居处。

由于历史的原因,有人曾认为林语堂是属于"月亮也是外国好"的崇洋者。事实恰恰相反,林氏旅居欧美数十年,不论著书立说,还是讲课演说,处处表现出对民族文化和祖国人民的深情厚谊。要说有什么偏颇的话,林语

---

① 林语堂:《说乡情》。

堂的偏颇之处在于他有时会过分美化中国文化中不该美化的东西。"月亮也是中国的好",这才是林语堂的写照。

林语堂在美国哥伦比亚大学讲授"中国文化"课程时,当时的美国青年平常所听到的,都是关于中国如何愚昧野蛮的报道,现在林语堂博士不仅把中国文化说得光辉灿烂,而且还要以中国文化来补救西方文化精神的危机,使听课的美国学生耳目一新。但其中有一位女学生见林博士老是赞扬中国的一切,她沉不住气了,举手发问:"林博士,你好像是说什么东西都是你们中国的最好,难道我们美国没有一样东西比得上中国的吗?"说完后坐下,以为将了林博士一军,很自信地等待答复。林语堂在讲台上寻思片刻后,悠然回答:"有的,你们美国的抽水马桶要比中国的好。"林博士的妙语引得哄堂大笑。这意外的回答使那位女学生窘得脸红到耳根。

林语堂长期坚持反对"两个中国"的立场,在旅美华人中曾被传为美谈:1959 年 11 月 1 日,美国参议院外交委员会发表了所谓"康隆报告",由该委员会主席傅伯雷咨送参议院讨论。这个"康隆报告"由史加拉比诺教授执笔起草,是研究美国对亚洲的外交政策的。报告中提出了"两个中国"的谬论,使绝大多数旅美华人大为震惊,当即由赖景瑚发起,联络反对"两个中国"的同道者们撰文驳斥"康隆报告"。梁和钧以两个月的时间,精心深思,执笔操觚,写就《康隆报告的分析:亚洲人所见的谬妄和矛盾》,针对"康隆报告"原文中的谬见,义正词严地逐段驳辩。文章的英文译稿初定后,即请林语堂修正核定。

林语堂斟酌推敲,十分认真,逐一核定了长达十九页的英译文本。定稿后,林语堂在这份激烈抗议"两个中国"阴谋的英译文本上领衔签名。在林语堂的带动下,纽约《华美日报》的九位董事和一些有影响的华人也纷纷签名,表明华夏子孙共同反对"两个中国"的决心。

林语堂反对"两个中国"的立场,是他的民族感情的集中体现。在那段日子里,凡有人到纽约去拜访他,常常会听到他慷慨激烈地批评"两个中国"的言论。有一次,陈纪滢在纽约访问林语堂时,看到了林氏对"两个中国"的愤怒态度,和以尖锐词句批评美国的立场,给陈纪滢留下了深刻印象。后来,陈纪滢回忆道:

他说这段话时,是站着说的,浑身用力,双拳并举,两眼要迸出火星似的。我真没想到林氏是这样快人快语。可惜那一刹那间没留下镜头,否则必是一副动人的身影。虽然如此,我至今还记得这一幕景象。①

这确是令人难忘的一幕。那天下午,林语堂激动地在客厅里走来走去,他摘下眼镜,十分生气地说:"美国的两个中国观念是错误的,不只'中华民国'反对,就是毛泽东也不赞成,他们不了解东方,更不了解中国人。"

林语堂又谈到了蒋介石,他说蒋介石有"他妈的"和"去他妈"的劲儿,"如果美国迫他太甚,他会有大发脾气的一天"②。

在肯定林语堂的反对"两个中国"的立场的同时,也必须指出,林语堂是在视台湾当局为正统政权的前提下,从坚定的亲蒋亲台立场出发,来反对"两个中国"阴谋的,与大陆上一般人反对"两个中国"的立场,不可混为一谈。

1958年,伦敦的威廉·汉德门出版社出版了林语堂的政论集《匿名》。1959年,美国克利夫兰世界出版公司出版了他系统地论述儒家、佛教、道家和基督教思想的论著《从异教徒到基督教徒》。

从青年时代开始,林语堂一直是"人文主义"的信徒。但到20世纪50年代末,林语堂又从"无宗教信仰"回到了基督教信仰。正像他自己所说:"三十多年来我唯一的宗教乃是人文主义:相信人有了理性的督导已很够了,而知识方面的进步必然改善世界。可是观察20世纪物质上的进步,和那些不信神的国家所表现出来的行为,我现在深信人文主义是不够的。人类为着自身的生存,需与一种外在的、比人本身伟大的力量相联系。这就是我归回基督教的理由。我愿意回到那由耶稣以简明方法传布出来的上帝之爱和对它的认识中去。"

《从异教徒到基督教徒》记录了林氏数十年来在宗教信仰上的心路历程。这是一次灵魂探索的旅程,有探险,有疑难,还有迷惘。但林语堂仍称

---

①② 陈纪滢:《我所知道的林语堂先生》,刊于《传记文学》第31卷第6期。

其为"兴奋的旅程"。他认为，重要的不是在这旅程中得到什么，正像哥伦布是否曾在美洲登陆，这并不重要，重要的是哥伦布确实曾去探险，而且历尽探险途中所有的兴奋、焦虑和快乐。如果麦哲伦选择另一条更长更曲折的路绕过好望角抵达印度，那也无关紧要，重要的是要永远保持那种始终不渝的探险精神。

林语堂说，《从异教徒到基督教徒》不是自传，而是一次性灵上充满震惊与危险的旅程，他以生动的形象比喻这心灵旅程中的感情波澜：

> 其中常出现类似雅各在梦中与上帝搏斗的故事，因为追寻真理极少是种愉快的体验；常有出现类似令哥伦布船上水手们惊恐的风景，船难及罗盘偏差；也常出现疑惑、踌躇、叛变及渴望返航的威胁。我曾航行在恐怖的地狱之火的雪拉恶礁及法利赛党、文士，及有组织信仰该亚法派的旋涡。我是终于通过了，但费了不少手脚。

与林语堂的其他著作不一样，《从异教徒到基督教徒》是为特定的读者群所撰写的专著，他公开宣称：

> 本书不是为那些没有时间谈论宗教，且永远不可能加入追寻行列的人而写，因为本书不会引起他们的兴趣。也不是为那些完全满意于他所了解的，自觉已有可靠的寄托，那些永不会有任何疑虑且自满自足的基督徒而写。那些自信在天堂上已有定座的人，我与他们不起共鸣。我只对那些会问"在这次旅行中我们哪里去？"的人说话。旅客在航程中为求心安，认为必须先看测程仪，并且找出正确的经纬度，我是对这种人说话。

第四十章 美食之家

"伊壁鸠鲁派的信徒"——和张大千的
友谊——中西美食文化比较

1960年,法兰克福德国烹饪学会给《中国烹饪秘诀》一书颁发了奖状。这本书的作者是林语堂夫人廖翠凤及其三女儿林相如。

了解内情的人都说,这张奖状实际上应该发给林语堂。因为林语堂对美食和食谱有长期研究,耳濡目染,影响到他的妻女。这本《中国烹饪秘诀》不过是"夫唱妇随"或者说"父唱女随"的结果罢了。

研究饮食文化,这是历代文人的一个传统。在文学史上有不少文学家同时也是美食研究家。比如,屈原在《楚辞·招魂》中记叙了蜜渍杂饼、炖牛筋、叉烧羔羊、清炖甲鱼、煮天鹅、烩水鸭、卤鸡、酸辣汤、酸梅汤、冻甜酒等菜肴,生动地反映了当时楚国的饮食风味特色。林语堂所崇拜的苏东坡,对饮食更有研究,曾写过大量的与饮食有关的诗文,如《老饕赋》《猪肉颂》《酒经》等,他所创造的煮肉法,经过不断改进,成为现代名菜"东坡肉",苏东坡还做得一手好鱼羹,在杭州太守任上,他曾亲自烹鱼羹待客。清代文学家袁枚的《随园食单》更是对我国烹饪技术经验的总结,如"一席佳肴,司厨之功居其六,买办之功居其四"。这确是经验谈。[①] 提倡敞开胸怀享受人生的林语堂,则继承了美食研究的这一古代文人遗风。

林语堂在他的成名作《吾国吾民》中,曾以中华民族悠久的饮食文化而感到自豪。他认为应该认真对待"吃"的问题,公开承认"吃"是人生为数不

---

① 有关屈原等文学家的情况,参阅倪祖强《文学家兼是美食家》,《新民晚报》1990年3月10日。

多的享受之一,应把吃和烹调提高到艺术的境界上。他赞赏中国人领受食物像领受性和生活一样。所以伟大的戏曲家、诗人李笠翁和伟大的诗人、学者袁枚都把论述烹饪方法的论著当作自己的文化遗产,骄傲地传给了后代。

林语堂常以自己生来便是一个"伊壁鸠鲁派的信徒(享乐主义者)"自诩,他毫不掩饰地说:"吃好味道的东西最能给我以无上的快乐。"可惜幼年家贫,"那时所谓最好味道的东西只是在馆中所卖的一碗素面而已"①。直到与廖翠凤结婚后,他对美食的向往,才逐步变成了现实。

廖女士出身于鼓浪屿富商之家,从小受的是严格的旧式教育,让丈夫吃好,这是天经地义的,正是这样的家教造就了廖翠凤那一手高超的烹饪技术。她制作的美味可口的厦门菜,使林语堂赞赏不已。林语堂为自己的口福而得意到"忘形"的程度,他竟成了"廖翠凤迷"。妻子烧菜的时候,他站在一边观赏。有时会插嘴说:"看呀!一定要用左手拿铲子,炒出来的菜才会香。"

厨房是廖翠凤的天地,她可不喜欢丈夫在那里指手画脚。她说:"堂呀,不要站在这里啰唆,走开吧!"

林语堂乖乖地走开了,而且他还告诉家里人,吃饭做菜之类的事,大家都要听从夫人的安排。

林语堂社交的本钱是文章,而廖女士社交的基地是厨房,她爱热闹,常请客。一请客就大量买菜,像开大伙似的。她烧出大锅大锅的厦门卤面,作料是猪肉、虾仁、香菇、金针、菠菜,是用鸡汤熬的。她的焖鸡尤其拿手,是用姜、蒜头、葱把鸡块爆香,再加香菇、金针、木耳、酱油、酒、糖,用文火焖烂。还有厦门菜饭,也很好吃,是将猪肉丝、虾米、香菇、白菜、菜花、萝卜炒香,再加进饭里焖熟,吃的时候撒胡椒,加黑醋。她的清蒸白菜肥鸭是有名的,鸭子蒸烂了,吃起来又嫩又滑,连骨头都可以吮,白菜在鸭油里蒸烂,入口即化。有时全家都去唐人街,一起采购各种中国蔬菜、海鲜和活的家禽。清炖鳗鱼、清蒸螃蟹等也是廖女士常做给林语堂吃的厦门名菜。

厦门薄饼是最受大家欢迎的厦门名点了。但要到过年过节,做生日,招

---

① 林语堂:《自传》。

待贵宾时,才有机会品尝到这种佳肴。薄饼又叫春饼,是厦门著名的传统食品,相传明代福建同安人蔡复一,总督云贵湖广军务时,整日批阅公文,无暇吃饭。蔡夫人担心丈夫受饿,累坏了身体,便用面皮包着菜肴,让蔡公右手执笔左手进餐,方便简捷。这种吃法,后来流传开了,便成为薄饼的起源。

林语堂和妻女们都爱吃这种薄饼,三女儿林相如在母亲的教导下,已经掌握了烙薄饼皮这项烦难的工艺。这薄饼皮是用很薄很软的面粉皮做成的。包薄饼的料子有猪肉、豆干、虾仁、荷兰豆、冬笋、香菇,样样切丝切粒炒过,再放在锅里一起熬。熬的功夫是一项精细的工艺,料子太湿,则包起来薄饼皮会破,太干没有汁,也不好吃,太油也不好,要花费几个小时才能熬得恰到好处。

吃的时候,桌上放着扁鱼酥、辣椒、甜酱、虎苔、芫荽、花生米,还有剪成小刷子般的葱段,用来把酱刷在薄饼上。有了薄饼和佐料,还要包卷得法,薄饼才美味可口。包薄饼的时候,先把配料撒在皮上,然后把热腾腾的料子一调羹一调羹放上去。会包的人包得皮不破,也不漏汁。吃的时候,是用双手捧着,将薄饼送到嘴边。一口咬下去,有扁鱼的酥脆,花生米的干爽,芫荽的清凉,虎苔的甘香,中心的料子香喷喷,热腾腾,各种味道已融合在一起,色、香、味、形一应俱全,吃起来软中有酥,咸中有甜,芳香爽口,回味无穷,百吃不厌,实在过瘾。林语堂一家认为薄饼是天下最好吃的东西,但只有闽南人才懂得如何欣赏吃薄饼的乐趣,也只有同乡人在一起,薄饼才会吃出滋味来。

林语堂一家把吃薄饼视为愉快的节日,边吃边嬉笑,越吃越有趣:嘴巴馋的人会把馅放得过量,包得很臃肿,还没有吃完皮就破了。用两张皮包一卷的人功夫不够,为大家取笑。谁加汁太多,吃起来,汁会从手指缝里流出来,大家也要笑他。全家包着吃着,比赛谁包得最好,谁包得皮破了,说呀笑呀,胃口倍增!

《中国烹饪秘诀》一书的获奖,大大鼓舞了林语堂一家的美食研究,厨房变成了美食的实验室,其中三女儿林相如的兴趣最浓。那时林相如已在哈佛大学取得了博士学位,在纽约哥伦比亚大学进行生物化学的科研工作。闲来,在父亲的指点下,照着袁子才食谱,依葫芦画瓢,一一试验,真是做到

第四十章 美食之家

理论与实际相结合了。

那年,名画家张大千由巴西路过纽约到欧洲,林语堂设家宴招待。碰巧有朋友在这一天送来一个大鲤鱼头。廖翠凤做了红烧鱼头,林相如则以"扁烧青椒"向四川人张大千献技。席间开了两瓶台湾花雕,酒味虽有别于绍兴的正宗花雕,但毕竟是中国的酒啊。故国的酒勾起了两位老友的乡情和忆旧。他们回忆起1943年冬,林语堂由美国返华,而张大千则从敦煌临摹壁画回来,两人相遇于四川成都,张群为他们接风,座上陪客有沈尹默,大家相谈甚欢。时光荏苒,现在又相逢,却已在异国他乡……

不久,张大千由欧洲归来,路过纽约,由张大千做东,请林语堂到四海楼吃晚饭。张大千点的菜有鲟鳇大翅,林语堂生平第一次尝到这种产于南非的鱼翅,是稀物。还有一味"川腰花"是张大千发明的菜,另有一样酒蒸鸭,其味清香可口,有上海"小有天"的风味。

原来,张大千与林语堂一样,也对饮食文化颇有兴趣,在大陆时,经常出入名菜馆,品尝名厨的手艺。现在坐在纽约四海楼,心里却情牵上海的"小有天"。他对林语堂说:"上海'小有天'进门扶梯上去,迎面就是一幅郑孝胥的对联:'道道非常道,天天小有天',甚雅隽。"

林语堂机智地说:"且说话,莫流涎,须知纽约别有天。"

两位文化名人,又兼是美食家,难得相聚在异邦,边吃边谈,雅趣非常。

热衷于饮食文化,无可非议,但若过分挑剔,就容易引起别人的反感。1954年,林语堂出任南洋大学校长时,飞抵新加坡不到一个星期,就调换了好几个厨师。他的理由是:吃不好,人生还有什么意义?弄得接待他的人无所适从。反对他的报纸,刊出了这一消息。这些,后来都成了攻击他"奢侈"的具体材料。

其实,日常生活中,林语堂倒并不是一个饕餮客,因为他居家时,所最爱享用的美食,也不过是烤牛肉而已。对饮食的挑剔,那是成名和"暴富"以后的事。

林语堂在自己的论著中曾以大量篇幅从理论上探讨美食的必要性,而且还从中西美食文化比较研究的角度,发表自己的宏论高见。他说:

中国的烹饪有两点有别于西方:其一,我们吃东西是吃它的组织肌理,它给我们牙齿的松脆或富有弹性的感觉,以及它的色、香、味。李笠翁自称为'蟹奴',因为蟹集色、香、味三者于一身。所谓'组织肌理'的意思,很少有人领会;但是我们应该知道,竹笋之所以深受人们青睐,是因为嫩竹能给我们牙齿以一种细微的抵抗。品鉴竹笋也许是辨别滋味的最好一例。它不油腻,有一种神出鬼没难以捉摸的品质。不过,更重要的是,如果竹笋和肉煮在一起,会使肉味更加香浓,猪肉尤其如此,另一方面,它本身也会吸收肉的香味。这是中国烹饪有别于西方的第二点,即味道的调和。整个中国烹饪法,就是仰仗着各种品味的调和艺术。虽然中国人承认许多食物(像鲜鱼)就得靠其本身的原汁烹煮,但总的来讲,他们在将各种品味调和起来这方面,远比西方人做得多。例如,如果你没有吃过白菜煮鸡,鸡味渗进白菜里,白菜味钻进鸡肉中,你不会知道白菜的美味。根据这个味道混合的原则,可以烹调出许多精美可口的混合菜肴来。像芹菜,可以生吃,也可以单炒。然而,如果中国人在西方人的宴会上看到菠菜、胡萝卜之类也被分别烹煮,而且与猪肉或烧鹅放在同一个盘子里,他们未免会嘲笑这些野蛮人。①

在英文撰写的《生活的艺术》一书中,林语堂谈论饮食的篇幅就更多了。在《说肚子》一节里,他开门见山地认为:"凡是动物便有这么一个叫作肚子的无底洞,这无底洞曾影响了我们整个的文明。"他畅谈美食的必要性,直言"饮食是人生中难得的乐趣之一"。饮食是人的本性。

他赞美中国人把食品和药物相结合的药疗食物,总结出美食哲学的三要素:"新鲜、可口和火候适宜。""中国最贵重的食品,本身都同样具有三种物质,即无色、无臭和无味,如鱼翅、燕窝和银耳都属于这一类。这三种食品都是含胶质的东西,都是无色、无臭、无味。其所以成佳肴,全在用好汤去配合。"林语堂特别欣赏李笠翁的《闲情偶寄》中对饮食的研究。在《生活的艺术》和其他论著中,只要一谈到饮食问题,他必定要调动自己知识库里有关

---

① 林语堂:《吾国吾民》。

中西饮食文化方面的全部信息,引经据典,旁征博引,引申发挥,十分内行。

精通美食理论的林语堂本身的食欲也很好,消化力很强。他最喜欢吃烤牛肉,他的原则是:不和自己的肚子过意不去,饿了就吃,直到真正饱了为止,决不故作文雅的推辞。有时,半夜里,感到饥饿,他也会到饭厅去吃东西。

生病时,比平时吃得还多,甚至吃双倍的东西。他说,他的病要吃才会好。

有一次,他给廖翠凤写信时,风趣地夸张自己惊人的消化力,他说:"我的肚子里,除了橡皮以外,什么也能消化的。"

1969 年,廖翠凤和林相如母女又合著了一本《中国食谱》(Chinese Gastronomy),在美国出版。林语堂亲自为《中国食谱》撰写序言,林语堂激赞三女儿是一位天生的烹饪专家,对于饮食之道有强大无比的记忆力。他回忆有一次在法国南部某饭店吃了一顿晚餐,许多年以后,林相如还能记得那次所吃各道菜所用的材料和它们的味道。林语堂还告诉读者,《食谱》上所介绍的菜肴烹法,都由作者先做过几番实验,把所有的用料用量仔细地调整好,又将操作程序仔细推敲,然后再写出来的。差不多有两年功夫,林家的厨房成了研究美食的实验室。林语堂在无意中也变成了一个参加者,不过他的工作很轻松愉快——具体地说,品尝美味,就是他的"工作"。

第四十一章　尽力工作，尽情作乐

> 尽力工作，尽情作乐——一个旅行爱好者——
> 钓鱼的乐趣

关于林语堂的个性，人们常常可以听到一些相互矛盾的说法。比如，有人赞赏林语堂的精彩演说和他的热情好客；但也有人在文章中说他是一个不喜欢社交、不爱宾客、不爱演说的人，把他描绘成一个深居简出的孤独者。事实上，这些说法都不够全面。林语堂曾说：

> 生活的智慧在于逐渐澄清滤除那些不重要的杂质，而保留最重要的部分——享受家庭、生活文化与自然的乐趣。①

以享受人生为乐趣的林语堂，不可能是一个自我封闭的人。他的社交生活、精神生活都是开放的。但是他又是一位善于支配时间，并把生活作息安排得极有规律的人。

林氏以写作为生，为提高写作的效率，必须合理地使用时间，避免浪费。因此，他的日常生活是有高度节奏感的。该会客时会客，该演说时演说，该社交时社交，该写作时写作，该旅游时旅游……他把一切都计划得有条有理。所以他讨厌意外的来访来客，讨厌不着边际的闲谈，因为一切无聊的应酬，都是对正常生活秩序的粗暴破坏。

"文章可幽默，做事须认真。"这是林语堂的信条。可见他自己并不完全

---

① 林语堂：《生活的艺术》。

按照文章中的幽默去"做事"的。当年,在《无所不谈合集·新春试笔》里,他曾以幽默的态度宣传闲适的生活方式:

> 点卯下班之余,饭后无聊之标,揖让既毕,长夜漫漫,何以遣此。忽逢旧友不约而来,排闼而入,不衫不履,亦不揖让,亦不寒暄,由是饮茶叙旧,随兴所之,所谓或晤言一室之内,或因寄所托,放浪形骸之外,虽言无法度,谈无题目,所言必自己的话,所发必自己衷情。夜半各回家去,明晨齿颊犹香。

这种风雅的夜生活,仅是他文章里的"可幽默"的态度,在现实生活中"可说是绝无仅有之事"①。除了预先约定的宴叙之外,林语堂在纽约是不大串门子的。在文章里幽默得很的林语堂,在生活中却认真得很。但当胡适在普林斯顿大学任东方图书馆馆长为期两年任满后,住在纽约东边小公寓时,林语堂夫妇倒是常去拜访他的。胡适和林语堂已有五十多年的交情。1919—1923年,林语堂留美时,因廖翠凤两次住院开刀而在经济上陷入困境时,胡适曾掏腰包为林语堂汇款两千美元,正是胡适的雪中送炭,解了林氏夫妇的燃眉之急。几十年来,他俩的友谊非同一般,两人每次一见面,就谈笑风生,都是"不可救药的乐观者"。

长年旅居美国,使林语堂习惯了美国工业社会高频率快节奏的生活方式,他要挤出一切时间来为生存而拼搏。西方的生活方式在潜移默化中影响了林语堂的待人接物。比如,有事情用电话联系,非见面不行的,就事先约定时间。林语堂不愿充当不速之客去搅扰别人,同时也不欢迎不速之客去搅扰他。

做事严肃认真,讲究效率,不等于整天像机器人一样过着干巴巴的枯燥无味的生活。林语堂的生活,有规律有节奏,有张也有弛。在工作与游乐之间,存在着一种和谐,把两者巧妙地结合起来,生活的艺术就在其中了。他非常喜欢张潮《幽梦影》里的一句格言:"能闲人之所忙,然后能忙人之所

---

① 详见徐訏《追思林语堂先生》。

闲。"用他自己的话来说："尽力工作,尽情作乐。"

旅居欧美时,林语堂为自己规定每年出版一部作品,只要新的作品问世,他就给自己放一个月或两个月的假,外出旅行。

林语堂是一个旅行爱好者。他的足迹几乎踏遍西欧各国的游览胜地,他很懂得在旅行中寻找乐趣,所以他不赞成让照相机冲淡了对旅行的享受。他说："在巴黎、伦敦和台湾的横贯公路,我曾看到许多旅行的人,他们把时间和注意力几乎完全消耗在取景摄影上,以致没有闲空去细看周围的景物。"

林语堂每年一次或数次的旅游,就是为了享受大自然。在他的感觉中,大自然包括了一切声音、颜色、式样、精神和气氛。大自然本身永远是一个疗养院,即使不能治愈病患,至少也能治疗机械文明所造成的人类的自大狂症。他曾对人说,当今世界有多少人懂得利用闲暇,真正享受大自然?

林语堂讨厌某些现代旅游业把享受大自然的乐趣变成了商业性盈利的实业。让游览者坐着游览车去参观名胜古迹时,被迫聆听导游先生或小姐们职业性地背诵如流的导游词,是最煞风景的。有一次,他在美国,看见一位修女带着一群小学生旅行,当他们参观一座公墓时,修女拿出一本书来,告诉孩子们:葬在这地下的人的生死年月,结婚的年月,他的太太的姓名,和其他许多不知所云的事情。林语堂在一旁对朋友说："我敢断定,这种废话,必使儿童完全丧失了这次旅行的兴趣。"他认为,成年人如果在"导游"的指引下旅行,岂不也和这群被修女摆布的小学生一样。

林语堂觉得,旅游本来是激发人的观赏力和幻想力的赏心乐事,如果被"导游"强迫灌输了许多信息,预先接受了"导游"们武断的结论,那么就限制了自己与大自然或古人胜迹的心灵沟通。他虽不是职业旅行家,但也积累了丰富的旅游知识和经验,并且还有独特的旅游理论,可以算得上是一位行家了。

除旅游外,钓鱼也是林语堂在"尽力工作"之后,"尽情作乐"的一项内容。

第四十一章 尽力工作，尽情作乐

提倡"生活的艺术"的林语堂，对钓鱼也有一套自己的见解。他的高见的要点是：乐在钓而不在鱼。

他说，钓鱼的人，都喜欢上钩后会"斗"的鱼，如果一条鱼乖乖地被钓，十分驯服，毫不挣扎，就会感到乏味。一边拉线，一边与鱼斗，有的鱼出水后还会挣脱，这种一拉一斗，即使一无所得也好，与钓得一条大鱼纳入竹篓，其乐同样无穷。林语堂说那滋味和乐趣，都是很难与人描述的，唯有垂竿而钓的人才能体会。

林语堂喜爱钓鱼，是因为钓鱼可以调剂生活的节奏，放松一下绷紧了的脑神经。他长年旅居的纽约，地处大西洋之滨，北及长岛，南接新泽西州，钓鱼的风气甚盛，设备也好，鱼又多，钓鱼为乐的人亦不少。

有一次，林语堂到长岛近郊的 Port Washington 避暑，用手拿个铁筒，去摸蛤蜊，赤足在海滨沙上，以足趾乱摸。蛤蜊在沙下一二寸，一触即是，触到时，用大趾及二趾夹上来，扔入桶中，咕咚一声，五六十尺以外都可以听到。林语堂有时也参加当地人名为 dam-bake 的烤蛤蜊的宴会，其乐无穷。

长岛靠近大洋，由此地出入海的，多半是为捕鱼。林语堂在长岛北部避暑的那一年，他站在桥上看到螃蟹随海潮出入洲渚，只用长竿蟹网，入水便得。因为来得太容易，所以在此地吃螃蟹不要钱，林语堂大享口福。

长岛附近的羊头坞，是纽约人出海钓鱼用的船坞。夏天一到，常有三四十条渔船，冬天也有十来条。这些渔船一般船身都有八九十尺长，一切设备俱全，服务周到。午餐总是三明治、汉堡煎牛肉及啤酒、热咖啡之类，船上钓竿、钓钩及一切杂具，应有尽有。今天钓什么鱼，用什么饵，钓钩大小，鱼出何处，都由船员帮忙指导。船主掌握鱼类的活动规律，到何处去钓，了如指掌。所以，林语堂和女儿们，以及船上的那些钓鱼手们——不论内行还是外行——只要挥动鱼竿，即有收获，岂不快哉！

林语堂去钓鱼，每次都是早晨7时出发，一到船坞，就见许多船员在岸上为各自的渔船拉生意，每船约载客四五十人。林语堂上到一只渔船，像其他钓鱼客一样，占据一个钓位。每逢有人钓到大鱼，全船哗然，前呼后应，甚是热闹。然后水手跑过来拿长钩及网，帮钓鱼客制服猎物，以免鱼出水时，挣扎脱钩而去。

林语堂在纽约二三十年,长岛钓鱼是他生活中的一大乐趣。成年累月,也积聚了不少钓鱼的经验,知道夏季七八月间是捕捉蓝鱼(blue fish)的最佳时令。蓝鱼是一种勇猛的鱼类,以捕食其他鱼为生,每年鲭鱼出现时,蓝鱼就追踪而来。林语堂不喜欢钓温驯的鱼,比如像海底左目鱼之类,一上钩若无其事就拉上来,林语堂感到乏味。他喜欢蓝鱼的凶猛,钓蓝鱼就像人与鱼决斗一样,上钩以后,它还一路挣扎,鱼力又猛,非挣得精疲力尽,是不会轻易就范的。即使到了甲板,蓝鱼仍然活蹦乱跳,不让人轻易捉住。林语堂十分欣赏蓝鱼负隅挣扎坚持到最后一刻的搏斗精神。

蓝鱼是钓鱼者的宠物,每年蓝鱼旺季时,海面上常有上百条渔船。又因为钓蓝鱼以夜间为宜,钓者常是通宵战斗。林语堂既是蓝鱼的追逐者,自然也参加通夜钓鱼的行列。在夜色苍茫之下,月明星稀,海面灯火辉煌,另是一番气象。有一回,已是9月初,蓝鱼逐渐稀少,林语堂与三女儿相如兴致勃勃地参加夜渔,他们竟钓到了两条大鱼,一条装一布袋,长三尺余,看起来像两把雨伞,到拂晓4点钟才收竿回家。

林语堂每年夏天出去旅行或避暑之前,总要事先打听好旅途中有没有钓鱼的机会,如有就及早列入日程。因此,林氏到过的瑞士、奥地利、法国等地,都为林语堂留下了垂钓的回忆。

使林语堂难忘的是阿根廷的巴利洛遮(Bariloche)湖,这是钓鳟鱼的胜地。因为地形的变迁,这些鳟鱼不能入海,而与鲟鱼混种,称为Salmentrout。林语堂在美国所见的鲟鱼平常只有一二磅,大的三五磅,而巴利洛遮湖一带却有一二十磅的鲟鱼及二三十磅的鳟鱼。当地人告诉林语堂,美国已故总统艾森豪威尔也喜欢来此下钩。

巴利洛遮湖位于阿根廷与智利交界处,安狄斯大山沟的尽头。重峦叠嶂,湖山交映。那年,在旅游指南的引导下,林语堂来到湖上的Llao-Llao饭店,倚栏凭眺,碧空寥廓,万顷琉璃,大有鸿蒙未开的气象。晨曦初拂,即见千峦争秀,光怪陆离。层层叠叠的青峦秀峰与湖水的碧绿、阳光的红晕相辉映,被称为世界第一风景。

来此之前已做好钓鱼准备的林语堂,早知道这里钓鱼与纽约不同,实行"慢行拖钓"方法,为名Trollihg。林语堂入乡随俗,登上慢慢开行的汽船,所

第四十一章 尽力工作，尽情作乐

用鱼钩呈汤匙形，鱼竿插在舷上，任钓丝拖在船后百余尺以外的水中，随波浪旋转，以其闪烁引鱼注意，所以不需下饵，插在船舷上的鱼竿摇动之时，就是有鱼上钩了。

然而，渔翁之意不在鱼，而在于这捕鱼时的佳趣。林语堂在船舷上欣赏着一路流光照碧、宿雁飞落、夕阳斜晖、乱红无数的景色，忍不住赞叹：" 不复知是天上，是人间。"

这是1961年，林语堂在巴利洛遮湖上湖钓尽兴之后，又到了阿根廷首都布宜诺斯艾利斯东约一百五十海里的海滨避暑胜地"银海"去海钓。林语堂一个人租了一条约六米长的汽船，在烟雨蒙蒙中出发海钓，船中仅林语堂和船夫两人。船夫问林语堂怕不怕海浪，林语堂壮着胆子说不怕。到目的地停泊以后，两人开始垂钓。不用钓竿，只是手拉一捆线而已，一线三根钩，有鱼上钩，或一条，或三条。这样随放随拉，林语堂感到大有应接不暇之势，连抽烟的工夫都没有。不到半个小时，舱板上已有一百五十多条鱼，大半都是青鬣。返回时，船夫把雨衣雨帽扔给他，叫他蹲在船板底。船夫开足马达，在风急浪高中满载而归。到岸后，捡得两篓多鱼，送给了一家有名气的海鲜饭店。这是林语堂有生以来收获最大也是最满意的一次钓鱼。为了让廖翠凤与他一起分享收获的喜悦，他打电话给夫人，请她来饭店共尝海味。

林语堂经常畅言钓鱼的乐趣，千万不要因此而认为他是一个沉溺于钓鱼的游荡者。因为钓鱼只是他休假时、避暑时的余兴节目，在工作的日子里，他是不会轻易放下写作计划的。工作时拼命工作，休息时尽情欢乐，这是林语堂的生活准则。

第四十二章 《红牡丹》和《赖柏英》

> 应邀在美国国会图书馆做报告——中南美洲六国之行——一本"香艳"小说:《红牡丹》——乡情和爱情的叠合:《赖柏英》——《逃向自由城》与《无所不谈》

1961年1月16日,林语堂应美国国会图书馆之邀,到华盛顿做了《"五四"以来的中国文学》的讲演。

被这座号称世界上最大的图书馆邀请去演讲,这对林语堂是一项殊荣。因为美国国会图书馆以人类知识时间囊和美国国家记忆储藏库而闻名于世。比如,1983年美军在格林纳达登陆时,几十名新闻记者想通过接线员打电话到该岛,可是都不成功。但有一位机智的记者却接通了,他先打电话到美国国会图书馆,从那里取得格林纳达电话簿上几个重要的电话号码,终于接通了电话,获得了惹人注目的第一手消息。

图书馆位于美国国会大厦对面街上,馆内设有八百六十公里的书架,存放的书籍、物品超过八千五百万件,其中包括书籍两千万册,这里收藏的地图、地球仪、新闻影片、录音、活页乐谱、政府公文和私人文件,比世界上任何地方的图书馆都要多。国会图书馆也以拥有最老的影片、最早的印刷品和最小的书籍而自豪。每天送到图书馆收发室的新书、定期刊物和录音带都有三万多件,另外还有更多由学者、慈善家、传教士和其他人士赠送的图书报刊和文物资料。国会图书馆收藏的资料来自全球各地,藏书中有四百七十多种文字。它的阿拉伯文藏书之多为世界之最,收藏的西藏物品比西藏境内的还要丰富,有关苏联革命前的照片也多于苏联本身所藏。

林语堂在报告中继续宣传自己的文学观。认为文学是个人心灵的表

第四十二章 《红牡丹》和《赖柏英》

达,研究一个时代的文学也就是研究这一时代的精神。他在讲演中说:

> 无论在东方或西方,现代都是一个精神动荡的时代,现代文学和艺术正是这种动荡性的例证。在原子时代和现代艺术之间,有非常密切的关系,还没有为一般人所认识。艺术家是最先感受旧世界信仰分崩离析的人。非再现性的现代艺术,不论是"心视派"或是"立体派",都给人一种物体分裂的感觉,正好表达出人的心灵的分裂。戴理(Dali)的超现实派作品,只是对逻辑的一种抗议。这种趋势还会继续下去,难免到一天,任何一张现代画,将和我们所熟识的人物,一无相似。……现代中国,在五四运动(1919)之后,也经历了一个动荡的时代。我所要问的是,经过了这四十多年的动荡,究竟有没有什么有价值的东西留下。

在评论"五四"以来最杰出的中国现代作家时,林语堂说最好的诗人是徐志摩,最好的短篇小说作家是鲁迅、沈从文、冯文炳和徐訏。

林语堂最怀念的作家是老舍。他说:"我知道他是个正直君子。他的京片子是十分流利的,他的风格甚为幽默。他的故事富于北平的泥土气息。我在抗战时和他在重庆见面,后来又在纽约聚首。我记得他在谈政治时的兴奋。"

在评论具体作家时,林语堂谈得最多的是鲁迅——《语丝》时代的战友,《论语》时代的论敌——林语堂高度评价鲁迅"五四"以来的战绩,认为鲁迅在打倒旧中国方面是个主将,而在20世纪30年代使中国青年转向"左倾",鲁迅发挥了重要的作用。林语堂非常熟悉鲁迅的文风,他说:"鲁迅用讽刺作为利器,把旧中国活活剥皮。他的笔犹如锋利而涂有毒药的箭。他自以为是个战士而不是作家。他一箭中对手时的得意之状,还历历在我眼前(我在北平、厦门、上海,都和他极熟)。鲁迅有个敏感锐利的头脑,而他所处在的,又正是个难逃大变的社会。……事实上,他对旧中国是所知太多了,熟习那个社会的世故和为人之道。他曾在日本读书,但他是浙江绍兴人,而绍兴师爷那种一字定人生死的刀笔本领,正是他的文章风格的来源。"

当然,林语堂也没有忘记胡适,他突出地强调胡适在"文学革命"中的作用。他说:"'五四'运动的温床是北京大学,它的代表刊物是《新青年》。说来有趣,运动的第一炮,不是来自北京,而是发起于纽约,那时胡适正在哥伦比亚大学作研究生。他以明净平和的文笔,提出主张,要以现代白话代替文言,来作为文学的语言。这主张是革命性的,令人吃一大惊。因为从来没有人这样想过,而文言在中国是具有神圣不可侵犯性的。这真是一个大的挑战和解放。……胡适博士在 1918 年回到中国时是二十六岁,他受到全国的欢迎。他的旧学根底不差,又受了西方学术研究方法的训练,所以他满有资格领导这一革命。"

林语堂的这篇讲演坦露了他对中国现代文学的全面评价,其中不乏精当的论断,可称一家之言。但是由于林语堂片面突出胡适在"五四"运动中的领导作用,显然与胡适在当时的实际地位不符合。这里,林语堂的感情因素损害了历史评价的客观性。同时,又由于他立足于"文学是个人心灵的表达"这一基本观点,这就必然会使他忽略文学与时代的关系。可以这样说,林语堂是完全站在资产阶级的立场上来评价中国新文学运动的。该讲稿后来被收入美国国会图书馆出版的《透视俄国、中国、意大利与西班牙最近的文学》一书中。

1961 年,在马星野的安排下,林语堂偕夫人访问了中南美洲六国。由于中南美洲国家的人民,除巴西讲葡萄牙语外,其余都讲西班牙语,而《生活的艺术》等著作的西班牙语译本早已在这些国家广为流传,所以林氏伉俪在中南美洲六国到处受到热烈的欢迎。有一次在某大学讲演时,由于听众太多,警察只好将街道封锁起来。

林语堂应邀在各国发表演讲,介绍他的中西文化比较研究的成果。在委内瑞拉讲的是《一个不墨守成规的人的声明》,在哥伦比亚的讲题是《使不好的本能发生良好的作用》,在智利的讲题是《本能和合乎逻辑的思想》,在秘鲁的讲题是《阴阳哲学和邪恶问题》,在阿根廷的讲题是《中国的文化传统》,在乌拉圭的讲题是《科学和好奇心》等。这些讲稿后来都收集在 The Pleasures of Nonconformist(《不羁》)一书中,该书由美国克利夫兰世界出版公司出版。

第四十二章 《红牡丹》和《赖柏英》

在巴西的一个集会上,林语堂在讲演中插入了一段幽默风趣的话,他说:"世界大同的理想生活,就是住在英国的乡村,屋子安装有美国的水电煤气等管子,有个中国厨子,有个日本太太,再有个法国的情妇。"听众们忍俊不禁,当地报纸立即刊出。后来,这几句话成为广为传布的林语堂幽默妙语之一。

1961年,林语堂还出版了一本讲述北京历史的英文著作《辉煌北京》和小说《红牡丹》。

由美国克利夫兰世界出版公司出版的长篇小说《红牡丹》是林语堂的八部小说中"最香艳"的一本。小说通过女主人公牡丹在婚恋生活上的曲折经历,表现了一个清末的少妇在寻求爱情过程中的大胆追求,细致地刻画了情爱世界的奥秘。虽然,小说的时代背景是清末,但书中人物的意识却是现代的。《红牡丹》实际上是借古人的衣冠表现了一种适合于现代西方文化观念的女性意识。作者在书中所表现的价值观,与西方文化的价值标准十分接近。对爱情的哲理性的剖析,隽永妙语,含义深刻,引人深思。所以,该书在海外十分畅销,曾多次再版。

小说的女主人公牡丹,丧夫以后,在精神与肉体的双重饥渴中,她曾先后与堂兄孟嘉、婚前旧情人金竹、拳术家傅南涛、诗人安德年等异性接触,经历了许多风流韵事,胆裂神摧,遂扫尽铅华,归真返璞,隐居小镇,以教书为业,不料竟被盐商绑架。堂兄孟嘉,利用自己是朝中翰林的身份,竭尽全力组织营救,由江苏巡抚派海军在长江口的一个小岛上救出牡丹。这时,历经波折的牡丹,已厌倦人生,不顾亲属的反对,与出身下层社会的拳师傅南涛结合。

牡丹的情爱生活与中国传统文化的道德观念相距甚远,这是因为林语堂把现代西方新潮女性的"性解放"的观念和行动,寄植于20世纪初的一个中国寡妇身上了。所以,每当传统道德规范和原始性的生理冲动发生矛盾冲突时,女主人公都能毫无困难地越过了道德的樊篱,放任情欲的横流。《红牡丹》的译者张振玉说:"本书写寡妇牡丹,纯系自然主义之写法,性的冲动,情之需求,皆人性之本能,不当以违背道德而强行压抑之,本书之主题似乎即在于是。此种见解,今日恐仍难免为社会上一部分人所反对。……《红牡丹》中作者之写情写性,若与中国之旧小说与近五十年来之新文艺小说内之写情写性互相比较,皆超越前人。《金瓶梅》之写性只是干燥之说明叙述,而《红牡丹》之写性则侧重在气氛之烘托与渲染。……林语堂先生之敢于如此运用笔墨,推其缘故,主要原因,本书原系英文著作……与西方道德气温或人生观较为接近之故。书中对爱情之含义颇多隽永妙语,启人深思,可做'爱经'读,若谓有启聋振聩之功,亦无不可。"

看来,这位译者基本上把握了作者的写作意图。实际上,《红牡丹》所表现的情爱生活,是借古人的身躯来展示现代人的新潮意识。在家庭方面,林语堂也是借现实的环境来表现他的理想境界。比如,牡丹的朋友白薇夫妇俩在富春江畔的生活,诗情画意,恩爱伉俪,犹如不食人间烟火的神仙,这是一种比《奇岛》中的理想境界还要理想化的生活。

1963 年由美国世界出版公司出版的长篇小说《赖柏英》,林语堂称之为"自传小说",实际上是一部"半自传体小说"。

法朗士的那句"一切文学作品都是作家的自叙传"的名言,对中国的新文学家产生了深远的影响。郁达夫以此为信条,创作出许多动人的作品。郁氏的代表作《沉沦》就是非第一人称的自叙文学,也可称为半自传体小说或半自叙性文学。在这类作品中,作家写自己感受最深和体验最深的生活,往往较为真诚、真切,显得有个性,有很真挚的身世感和漂泊感。林语堂把《赖柏英》视为"自传小说",当然自有其理由。因为男主人公"新洛"身上有着不少林语堂自身的生活经历和身世。林语堂少年时乳名"和乐",小说中"新洛"的童年生活就是"和乐"早年身世的再现。小说的女主人公赖柏英在现实生活中确有其人,她是林语堂母亲的义女的女儿。按说,她是林语堂的晚辈,但由于年龄相仿,两人自幼青梅竹马是童年时的一对小伙伴。林语堂在《八十自叙》中曾说:"赖柏英是我的初恋情人。""成年后……我们自觉是理想的一对……我们相亲相爱,她能献出无私的爱心,不要求回报,但是环境把我们拆开了。结果我到北平,她则嫁给坂仔乡的商人。"而小说中"新洛"与小说中的赖柏英的关系,有些情节实际上是现实生活中的林语堂和赖

第四十二章 《红牡丹》和《赖柏英》

柏英初恋生活的翻版。

《赖柏英》虽有林语堂的自传成分,但又绝不能把它当自传读,因为小说中有许多虚构的情节和细节。比如,小说中写到"新洛"获得"法学士"学位后到新加坡当律师。同时与几个女性有过感情上的纠葛:与欧亚混血女郎韩星同居,而叔叔的姨太太琼娜又向他示爱,巨富千金吴爱丽小姐因失恋而自杀等情节,以及最后与赖柏英大团圆的结局,等等,都纯属虚构。所以,以自叙体文学的标准来衡量,《赖柏英》只能称是半自传体小说。可以参照小说来研究林语堂的思想,特别是他的妇女观和情爱观,但必须把它当小说来读,而不能当自传来读。

小说一开头描写了年轻有为的华侨律师新洛在新加坡陷入了韩星、琼娜、吴爱丽等三位女性的感情包围圈中,然而他心里却惦念着远在故乡的赖柏英——

新洛把头枕靠在床头板上,眼睑半闭地凝望着点点密云和海面,心底无形中浮现另一番景象。在海平面上的云彩上端,他仿佛看见故乡村庄里,十分熟悉的浅蓝色"南山"棱线,起伏的山丘,宜爽幽谧的树林和柏英的小屋。他依稀觉得自己听到了她的声音,在那荔枝林里回响。他为清晨美丽的时刻欢欣,尤其在这短暂的一刻,他可以让心神轻易的由现实飘到虚幻的世界。

小说描写新洛十九岁那年回到家乡,同初恋的心上人赖柏英欢度了一个愉快的假期,离别时,赖柏英送新洛到小溪,两人依依不舍地告别。这一段描写,是林语堂切身经历的艺术再现,所以写得十分真挚动人。

新洛激动地抚摸她的头发,盯着她的眼睛,把她的脸托起来。她似乎有点怕,迟疑了一会,然后就听任他轻飘飘吻在她唇上。她满面羞红,一句话也不说。刚才卫士般的理性还战胜了内在的情感,现在却柔顺异常。这一吻使她动摇,她忽然愁容满面。

"你不高兴和我在一起?"他问她。

"高兴。我真希望能永远这样。你、我和我的田庄永远聚在一块儿。"

"你的田庄,对你就那么重要?"

"是的。不只是田庄,那是我的家庭。你不懂……"

完美幸福的一刻已经过去,阴影向他们袭来。

回到河滩上,她说:"新洛,我爱你,以后也永远爱你,但是我想我不可能嫁给你。"

他们已经道出彼此的真情,双方都有新的谅解存在。到达山间的隘口,新洛抬头一看,太阳映着石坑崎岖的棱线,顶端有一个大山隘,也就是一个深沟,横在陡直的峭壁间,很像落牙留下的齿坑。近处则是一片绿紫相杂的山腰,围绕着他们。

柏英坐在草地上穿鞋袜。"你在看什么?"她发现他呆呆站着,就问他。

"我在想,我们有一天若能携手共游那石坑,不知有多好。我看你站在隘口中间,俯视我,召唤我。我会把一切丢开,追随你,追随你和群山。"

"我在这儿,山也在这儿。"她已经站起来,"你还要什么?"她银铃般的声音消失在山隘里,和鸟叫声融成一片。

那天下午,他们慢慢前进,高兴得忘了自己走了多少路。她不再害羞了,大部分时间都把手环在他腰上。有时候他们必须一上一下爬过小山。她的步子没有慢下来,反而加快了。有时候她上山下山,两步并作一步走。

有一刻,她对他说:"世界上还有比我们这儿更美的山谷吗?你已拥有这些山,也可以得到我。为什么你一定要出国呢?"新洛没答腔。她又说:"就算你住在漳州,我们也有香蕉、甘蔗、朱栾、桃子和橘子。还有各种鱼类和青菜。外国港口有的东西,我们哪一样没有呢?"

新洛告诉她,在西方世界、外国有很多东西;他一定要上大学去研究,他父亲也希望他去。

"你看到外国,会学到什么?"

第四十二章 《红牡丹》和《赖柏英》

"我不知道。"

"你觉得你会像我们现在一样快乐?"

"我不知道。"

她甩甩头,脸上有伤心的表情。

"好吧,那你去吧。我打赌你不会快乐。我想你也不会回到我身边,因为我那时一定嫁人了。"

她好像要打一仗逼他留在家乡似的,其实她只是说出自己平凡的意见。因为当时她语气十分肯定而自信,甚至带有一点挑战意味,所以他始终记得那几句话。

夜晚,在一座破庙里,赖柏英把童贞交给了新洛。赖柏英怀孕后,不得不招了一个老实的农民做丈夫……

新洛失去了赖柏英。在寂寞和空虚中突然狂热地爱上了混血儿韩星。可是韩星是个狂放不羁、水性杨花的女子。狂热过去后,新洛已不能满足她的各种欲望,为寻求刺激,她又另觅新欢,跟着一个葡萄牙船长远走高飞。新洛又一次失恋,他被推到了精神崩溃的边缘。

赖柏英在家乡也遇到了飞来横祸:赖柏英的丈夫被过境的败军杀害。新寡的赖柏英带着与新洛所生的孩子逃到新洛母亲的身边。在亲属们的安排下,赖柏英母子来到新加坡,新洛和赖柏英终于实现了大团圆。

表面上看,《赖柏英》讲述了一个有情人终成眷属的爱情故事。把它当爱情小说来读,也未尝不可。但如果穿透情爱故事的表层,就可以洞察到中西文化碰撞的火花。这是一个不寻常的爱情故事,支配故事情节发生发展的,不是原始性的欲望和冲动,而是林语堂所一再宣扬的"高地人生观"。作家以"高地人生观"为文化基点,尽情地向读者展示自己的情爱观和道德观,以及妇女观。随着时代文化基点的移动,观察视角的转换,不同的读者可以从《赖柏英》一书里发现和吸取不同的文化养料。可以把它当文化小说,也可以当情爱小说,还可以当道德小说,而饱蘸着浓郁的乡思乡恋,又使它无愧于乡情小说。于是,见仁见智,各取所需。

《赖柏英》的自叙性质使小说具有真挚的身世感,却缺乏哲学感上的升华——在20世纪40年代以后,林语堂想做而终于没有做成哲学家——但若与那些完全没有哲学感的小说相比,在《赖柏英》中还是可以找到作家的哲学思维的轨迹的。

人们常说,大作家都是潜在的哲学家、思想家,或者就是哲学家、思想家。虽然林语堂的哲学见解至今未得到人们的认同,但是任何人也不能否认他有非常独到的哲学思考。《赖柏英》通过艺术形象把林语堂对社会人生的独特体验和观照明白地告诉了读者:中西文化取长补短的观念;以爱和美为支点、以回归自然为走向的"高地人生观"。这些都是林语堂自己对社会对人生的体验,是别人所不可替代和不可重复的。你可以批评它,批判它,却不能否认这是林语堂在中西文化比较研究中的个人心得,是一种动人的存在,一种富有生命力的存在,它影响了林语堂自己的文化道路,也支配了他小说中的人物的思想和行为。

《赖柏英》中新洛在道德和哲学这两个文化层次中的自我冲突,正是林语堂本身的"一团矛盾"的折影。在道德层次上,新洛与赖柏英、琼娜、韩星、吴爱丽的矛盾,超越了情爱观和道德观的层面,实质上是中国和外国的两种不同文化观在主人公灵魂深处的碰撞,也是两种哲学选择的冲突。不管经历如何曲折,新洛坚定不移地选择了"高地人生观"。新洛的选择,实际上就是林语堂对人生道路进行哲学反思之后的文化选择,体现了乡土文化对林语堂的巨大的吸引力。

所以《赖柏英》的出版,破译了一个长期以来使人迷惑不解的"文化密码"——那就是为什么林语堂对家乡的"青山"和"山景"有一种异乎寻常的特殊感情。因为,乡恋乡思乡情,几乎是古今中外一切游子的共性,但是像林语堂这样对家乡山水迷恋到如此痴醉的,却并不多见。20世纪60年代初,林语堂怀着浓得化不开的乡愁,站在香港新界落马洲的山峰上,遥望大陆那边一片片的田地和薄雾笼罩着的山丘。眯着眼睛看,眼巴巴地看,他多么希望有一双千里眼,能穿越眼前的薄雾,一直透视到他出生的故土坂仔。

这时,站在他身边的女儿林太乙问:"爸爸,坂仔的山是什么样子?"

"青山。有树木的山。"林语堂回答道,"香港的山好难看,许多都是光秃秃的。"

第四十二章　《红牡丹》和《赖柏英》

在林语堂的心目中故土的山水是最美丽的风景,坂仔的一山一水,一草一木,不仅是无可比拟的,而且成了他判断其他事物的一个标准。他对纽约的"摩天大楼"不以为然,他觉得这些大厦居然以"摩天"自诩,真是少见多怪,因为与坂仔的巍峨高山相比,所谓"摩天大楼",犹如儿童游戏的玩具。此刻,他又以坂仔的秀丽青山为参照,觉得眼前香港的那些山,越瞧越难看,他忍不住说:"这些山好像长满疮疤,那是什么?"

女儿回答:"那是难民的木屋,使山的表面像蜂窝一样。"

父女俩登上山峰,在女儿看来,这里有绿树有青山,景色宜人。可是林语堂却直摇头,觉得这山与他家乡坂仔的山无法相比。

林语堂指着落马洲一带的水域,说:"环绕着坂仔的山是重重叠叠的,我们把坂仔叫作东湖。山中有水,不是水中有山。"

原来,他身在落马洲,心在坂仔,移花接木,他在寻找那些童年时的记忆,他的心已回到故乡深奥的山谷……

《赖柏英》的出版,把林语堂长期隐藏在心灵深处的秘密公开"曝光"了,人们才恍然大悟地把小说中所透露出来的初恋生活,与他几十年来对坂仔山水的痴情联系在一起。《赖柏英》中的男主人公新洛的几段"自白",是真正的点睛之笔:

"人若在高山里长大,高山会使他的观点改变,溶入他的血液之中……它更能压服一切……"

"换一个说法。假如你生在高山里,你用高山来衡量一切,你看到一栋摩天楼,就在心里拿它和你以前见过的山峰来比高,当然摩天楼就显得荒谬、藐小了。你懂我的意思了吗?生活中的一切也是如此,像是世上的一切人啦,事业、政治、钞票啦都一样。"

"曾经是山里的孩子,便永远是山里的孩子。可以说,人有高地的人生观和低地的人生观,两者永远合不来的。"

"柏英和我就在高地上长大。那是我的山,也是柏英的山。我想它们并没有离开我——永远也不会……"

原来如此——所谓"高地的人生观"是小说中的男女主人公共同的人生价值取向,也是现实生活中的林语堂与初恋情人的情感交会点和精神上的共区。

原来如此——林语堂痴恋坂仔山水的奥秘是:他以乡情、乡思、乡恋为载体,寄寓了铭心刻骨的初恋之情。

原来如此——把爱情寄寓于乡情,爱情和乡情互为表里;通过对家乡山水的痴恋折射了林语堂对赖柏英的思念,于是自然美和爱情美融合为一。

早在20世纪30年代后期,林语堂在《自传》中表露了他对家乡山水异乎寻常的爱恋。他说:"如果我有一些健全的观念和简朴的思想,那完全是得之于闽南坂仔之秀美的山陵。因为我相信我仍然是用一个简朴的农家子的眼睛来观看人生。……如果我会爱真、爱美那就是因为我爱那些青山的缘故了。"这实际上就是后来的"高地人生观"的雏形。可见,所谓"高地人生观"是林语堂长期的文化思考和哲学反思的结果,具有一定的哲理内涵和文化内涵,具有精神层次上多重的哲学意蕴。

"高地人生观"中的哲学见解表明,被一些人称为缺乏哲学思维的林语堂,借小说中的主人公的思想行为,不仅展示了他作为社会人的自我,而且也展示了他作为自然人的自我,把自我确定为不仅仅是社会的存在,而且是心理生理的存在,揭示了以乡情乡思为形式的一切乡土文化存在的充分根据——哲理层次上的根据。

林语堂借助"高地人生观"开掘了他自己在文化上的"根"。这是其他作家所无法代替的独创,林语堂的独创。他不仅展示了作为自然人的自我,而且还突出了只有回归自然,人才能实现自我的价值。林语堂从人类文化的共区上来俯视人生、反省人生、追溯自己的文化"根",使乡土文化无限地扩展了它那已经十分宽广的涵盖面,在拥抱自然中,他发现了沟通心灵的最佳通道,并由此而进一步发现了多种文化在世界文化范围内更广泛的对话、互补、融合……的新关系。

20世纪30年代,林语堂在《自传》中渲染过坂仔山水对他的神奇魔力;20世纪60年代的《赖柏英》又把故乡山水的神秘力量具象化为艺术形象,并通过主人公对"高地人生观"的夸张式的崇拜而表现出来。

在林语堂看来,无论是个人命运的归宿,还是人类命运的归宿,都应该是复归自然。在林氏的心目中,最美的、最高尚的、最纯洁的东西都在同一个地方——自然。作为一部自叙体小说,《赖柏英》成功地拥抱了自我,同时又成功地拥抱了自然,在这两者的有机结合中,林语堂的人生哲学渗透于小说的全部情节和整个作品的文化氛围之中,使小说超越个人历史思考而进入人生哲学思考和文化思考的更高层次。

《赖柏英》中的几个女性都不是无瑕之璧。然而,她们各自又都有一定的特点和长处,正是这些女性特征的总和,生动地体现了林语堂的女性观、道德观和家庭观。这些价值观念与所谓"高地人生观"构成了林语堂毕生追求的中西融合和互补的文化理想。

林语堂选择新加坡为小说的背景,是作者缜密构思的结果。因为新加坡以"人种博物馆"闻名于世,由于殖民地的历史和它在海上贸易、海上交通中的特殊地位,在新加坡有来自世界各地的各种民族。不同民族的文化在新加坡汇合、碰撞、交融。多种民族文化并存的洋华混杂的社会环境为林语堂提供了展开小说情节所必需的特殊的文化背景,新洛就是由这种文化背景所造就的一个开放型的中国人,中国传统文化的特色和西方文化的影响构成了他性格的基调。新洛的传统的伦理道德观是可以被以华人为主体的新加坡社会所接受的,而他在与欧亚混血儿韩星交往并同居过程中的开放生活,在殖民地社会中,也是司空见惯的。所以当地社会认同了新洛的生活方式,而这一生活方式在某些方面体现了林语堂所设计的理想的生活模式。

林语堂一度曾担任过南洋大学校长,旅居新加坡六个半月,熟悉新加坡的风土人情,小说所展示的那一幅幅新加坡的风俗画和民情图为作品增色不少。

1964年,林语堂用英文写作的长篇小说《逃向自由城》由普拉姆斯出版公司出版。

这是林语堂的最后一本小说,问世以后,争议极大。台湾新闻媒介对小说给予高度评价,而左翼文化人则认为这是一本反共小说,是对社会主义中国的污蔑和歪曲,即使在林氏的朋友中间,对这本小说持批评态度的,也不乏其人。当年论语派中的骨干分子徐訏就认为:"……《逃向自由城》,则实在是不应该发表的作品,很多在中共大陆耽过的年轻人都笑这本书,他们甚至同我说:'林语堂写这样的东西,怎么会享这样大名?'"许多批评者都认为,林语堂的这本书缺乏实际的生活体验,因此无法反映出事件全貌,特别在一些具体情节和细节的安置上,有不少失真之处和明显的漏洞。

可是,林语堂自己却不是这样看的。他承认情节与人物是杜撰的,但强调素材和背景是真实的。他在小说的《前言》中说:

> 我要感谢几位受过高等教育的逃亡者,他们现居香港,不过他们在本书中都没有名字。与他们多次的晤谈,使我对从中国大陆逃亡的情况、路线、沿途的趣事,以及他们所用的技巧和经历的危险,获得了第一手的资料。访谈中,最使我意料不到的一点,是他们逃亡途中的喜悦,他们几乎像朝香客一样,充满了希望和梦想,在朝圣的途中自有他们的乐趣,我还亲自去过边界,使这些资料得以添加补充。我到过沙头角和落马洲的边缘地带,还上过麻雀岭,远眺边界的那一方。

而批评者正好抓住他所说的话,反问道:仅仅凭借"远眺边界的那一方"就写出几十万字的小说,怎么可能真实地反映大陆的情况?林语堂无法正面回答这种反诘。客观地说,《逃向自由城》无论在思想内容上和艺术表现上都是不可取的。

1964年秋,马星野出任台湾的"中央通讯社"社长。同年11月中旬,马星野夫妇和女儿一行三人,自巴拿马返台,途经纽约,在陈裕清家的宴席上,马星野又见到了林语堂。师生俩寒暄叙旧后,马星野向当年的老师提出了一个出乎意外的要求:请林语堂向台湾"中央社"写专栏。

林语堂含笑不语,衔着烟斗,允予考虑。马星野回台湾后,又请陈裕清、高克毅、林太乙等人敦促。林语堂终于答应了,马星野喜出望外。

马星野从台北写信到纽约,谈到专栏的内容,不受限制,可以无所不谈。林语堂即回信说,就以"无所不谈"四个字作为专栏的名目。自1936年赴美

以后,林氏专著英文书籍,中文写作已搁笔近三十年,现在有机会重操旧业,他不免见猎心喜。在专栏第一篇《新春试笔》中,他说:

> 承星野兄之好意,嘱我撰稿。政治既不足谈,惟谈文艺思想山川人物罢了。我居国外,凡三十年,不教书,不演讲,不应酬,不投刺,惟与文房四宝为老伴,朝于斯,夕于斯,乐此不疲,三十年如一日。星野兄叫我拥重兵,征西域,必谢不敏。叫我挥秃笔,写我心中所得,以与国内学者共之,则当勉强。

从《新春试笔》开始,林语堂的《无所不谈》专栏于1965年2月10日,正式发稿,每月四篇。发稿之前,马星野又请已任《读者文摘》中文版总编辑的林太乙小姐撰写《我的父亲》一文,介绍林语堂的创作风格。

命运之神总是向不把它放在眼里的人大献殷勤。《无所不谈》专栏亮出旗号之后,海内外报刊纷纷向通讯社订购。《无所不谈》专栏共发表文章一百八十篇。起初是每周一篇,后来,因为林语堂忙于编著《当代汉英词典》,减为两周一篇,后又减为每月一篇。1966年2月,《无所不谈》一集由台北文星书店出版,收三十九篇,由马星野作序。序中说:"林先生这几十篇文字,虽然是每星期陆续写出的散文,可是一贯地表示出林先生对文学、哲学、宇宙、人生的看法。对于中西文化的评价,对于当代人物之臧否,其中有经纬脉络可寻。"

1967年4月,文星书店又出版《无所不谈》二集,收文五十余篇,卷首有林语堂手迹,题联:"文章可幽默,做事须认真。"还有林语堂的一篇自序,说:"这些文章,第一部分,是主张'温情主义',反对宋明理学。希望大家能明孔孟并非程朱,程朱也并非孔孟。又一部分,是讲读书的旨趣,及正当方法。大部分,是比较轻松幽默的文字,这种文字,庄谐并出,台湾还没有人敢写。"

《无所不谈》一二集出版后,供不应求。于是,1974年10月,台湾开明书店又把一二集连同1968年所写的,汇为合集,分类排列或略补注篇题,以求详备,重新用老五号字排印,这个修订本就是后来流传的《无所不谈》合集。

从合集所收的一百八十篇文字来看,林语堂虽然中文写作已辍笔三十年之久,然而一旦提笔,依然身手不凡,可谓宝刀不老。同时,"两脚踏东西文化,一心评宇宙文章"的主旨也仍然不变,幽默风格则更显得炉火纯青,题材也不拘一格。杂谈古今中外,文艺、思想、山水、人物、书评、忆旧等,应有尽有。当然,历史原因造成的政治立场也一脉相承地沿袭下来了。不同的是,20世纪30年代时林语堂以左右开弓的独立派自居,而《无所不谈》里就少有二三十年代的那种"浮躁凌厉"之气了。

《无所不谈》专栏在台湾引起两种不同的反响。有人认为,"中央社"以一个权威性的通讯社名义,应该发一些与国际政治经济以及时局有关系的文章,而林语堂的文章总是那一套,没有什么新鲜的东西,太没有意思了。美籍华人陈香梅女士也觉得林语堂的文章反映的生活面太狭小,不像外国作家那样与社会、世界有广泛的接触。特别是一些寓庄于谐或庄谐并出的幽默文字,在台湾竟然得不到读者共鸣。比如,林语堂写了《尼姑思凡英译》一文后,在台湾引起了一场轩然大波,连佛教界人士也提出抗议。[①] 对于这些非议,林语堂坦然处之。黄肇珩女士曾问他对那些非议的感想,他答复得很简单,也很有趣:"在台湾写文章真不容易。"接下来又说,"我不敢轻松。"

台湾舆论界对《无所不谈》的评价可以说是毁誉参半,除了上述的非议之外,舆论界也有不少人非常欣赏《无所不谈》的文笔。比如,香港的一位著名的作家在谈及林语堂的《无所不谈》集时也借用了上述批评家的意见,这位香港作家说,读林语堂的《无所不谈》集,就像读拜伦的诗一样,要读全集。虽然在那集子里,有许多平淡无奇的,甚至有故作幽默之处,但从整本《无所不谈》集来看,"那里正闪耀着语堂先生独特的风采与色泽。那里有成熟的思想家的思想,有洞悉人情世态的智慧,有他天真与固执,坦率与诚恳,以及潜伏在他生命里的热与光,更不必说他的博学与深思。在许多课题前,他始终用他独特的风格来表达他深厚的、有根据的见解,确切与健全的主张。"[②] 看了全书,犹如走进美丽的山野,其中虽有纤弱的小草,但更多的是丰硕美丽的花木,可谓灿烂缤纷,琳琅满目。在肯定林语堂的《无所不谈》的艺术价

---

① 20世纪90年代初,笔者在北京遇见了当年曾目睹这场轩然大波的白少帆先生,据白先生说,这场风波是促进台湾现代意识觉醒的几次重要事件之一。
② 徐訏:《追思林语堂先生》。

第四十二章 《红牡丹》和《赖柏英》

值的同时，我们还必须指出林语堂的反共亲蒋立场，使其中极个别文章简直不能算是散文，而是政治攻击。

林语堂在上海文坛上提倡幽默小品性灵时，曾造成过"轰的一声，天下无不幽默和小品……"的声势，林语堂也因此而获得了"幽默大师"的称号。然而，反对的声浪也始终不绝于耳。想不到在多年后的台湾，林语堂的幽默文字依然引起各种不同的反响。当然，这不是历史的重复。在不同时代，不同地方，林语堂的幽默小品两次引起了轩然大波，这倒是一种值得注意的、令人深思的文学现象。

第四十三章　归去来兮

> 庆祝七十大寿——再访台湾——不能自已的乡情

　　1965年7月,林语堂夫妇在纽约提前庆祝他们的七十双寿。林语堂生于1895年,按西洋算法,这一年正好是七十周岁,而廖翠凤比丈夫小一岁,但按中国算法,也是七十岁了,所以叫庆贺"双寿"。

　　那天,贺寿的客人坐满了好几桌,都是林氏夫妇的至爱亲朋。在香港任《读者文摘》中文版总编辑的二女儿林太乙,和丈夫黎明一起,带着孩子从香港飞抵纽约。林语堂全家大团圆,大家同聚一堂,举杯祝贺。林语堂自己不喝酒,却喜欢看别人喝酒,也鼓励别人喝酒,点名叫人对饮划拳。廖翠凤的酒量不错,林语堂就在一旁调兵遣将,鼓励大家较量较量。一时间,觥筹交错,热闹非凡。

　　祝寿宴会上的欢乐气氛,使林语堂兴致勃勃,诗兴大发。有人作了一首《临江仙》的词祝贺他七十华诞。他就依原韵填词一首致谢:

　　　　三十年来如一梦,鸡鸣而起营营,催人岁月去无声,倦云游子意,万里忆江城。

　　　　自是文章千古事,斩除鄙吝还兴,乱云卷尽縠纹平,当空明月在,吟咏寄余生。

　　趁兴,林语堂又填词《满江红》自寿,并答谢张群寄赠的贺寿诗。词曰:

第四十三章 归去来兮

七十古稀,只算得旧时佳话。须记取,岳军曾说发轫初驾,冷眼数完中外账,细心评定文明价。有什么了不得留人,难分舍。

林语堂 1965 年在纽约

林语堂旅美二三十年,这时却表露了对美国毫不留恋的离别之意——"有什么了不得留人,难分舍。"——而游子思归之情跃然纸上。

是还乡年纪应还乡,归来吧——看来,林语堂下决心要回归故土了。

1966年1月26日下午2时半,林语堂夫妇搭乘的飞机在台湾松山机场降落。

这是林语堂第二次访台。因为,有争议的《无所不谈》已在台湾脍炙人口,所以到机场欢迎的人很多,与八年前(1958年)的情况相比,可谓盛况空前。

马星野早就预料到这种盛况,所以事先请了黄肇珩小姐在林氏访台四天内,客串做他的临时秘书。

那天,冬阳艳丽,在狂热的人群中,林语堂不停地和欢迎者握手。在《论语》时代,林语堂曾在幽默小品中调侃过西方"握手"礼仪的不卫生和缺乏美感。现在,他忘情地把手交出去,当年幽默小品上那些话,早已丢到九霄云外!

突然,他向后转,悄悄地向刚结识不久的临时女秘书黄小姐发问:"我可以拿下脖子上的花环吗?"原来,欢迎者所赠送的花环实在太多了,一只只叠起来,快要挡住他眼镜了。黄小姐赶紧帮他取下了那些五彩缤纷的花环。

"留一个吧!"黄小姐建议。林语堂笑了,笑得那么纯真,那么朴实。

27日下午,马星野在自由之家,举行欢迎林语堂的酒会,岛上的文化界名流,几乎都到了。

28日,在马星野夫妇的陪同下,林语堂夫妇在高雄澄湖官邸见到了蒋介石。

林氏夫妇住在统一饭店,短短四天,访客无数,使林语堂应接不暇。访台期间,他收到最多的是名片和书籍。他留下名片,带走书籍。秘书黄小姐面对着成堆的书,感到难于处理,忍不住问:"林先生,您要读完这儿的每一本书?"

"我不会读完,我会翻完,找我喜欢读的。"

"用什么标准?"

"没有一定的标准,但必须合我的口味。"

"什么口味呢?"临时秘书黄小姐原是记者,记者的职业习惯,使她凡事都好刨根问底。

林语堂叼起烟斗,思索着如何向黄小姐说清楚:什么是自己的口味。他说:"没有冗长的诡论雄辩,没有满载冷酷的逻辑,不需要费很长的时间。……"这就是他的口味。在他看来,即使天下所有人都视之为无聊的书,或一般书评家所轻视的书,只要合他的口味,他都会喜欢读。

林语堂随手拿起一本封面艳丽的小说,翻了翻,又放回书堆上,他吟起袁中郎的话:"读不下去的书,让别人去读。"

黄小姐想,这真是一个坦率和洒脱的读书人。

在台期间,林语堂参观了台湾"中央研究院"。遥想三十八年前(1928年),"中央研究院"刚成立,第一任院长是蔡元培,林语堂应蔡先生之邀出任"中央研究院"国际出版物交换处处长。此时,不仅蔡元培早已作古,当年在亚尔培路上那幢楼房里办公的同事也所剩无几……

林语堂的好友胡适,在1957—1962年期间曾任台湾"中央研究院"院长。1962年2月24日,在"中央研究院"欢迎新院士的酒会上,胡适因心脏病猝发而辞世。他的寓所被辟为"纪念馆"。林语堂参观了"纪念馆",并在胡适墓前,回忆了一段鲜为人知的往事:五十年前,胡适刚到北京大学任教,积极为北大引进人才,为了把林语堂从清华"挖"到北大,胡适在林语堂赴美留学前,和他达成了一项君子协定:林语堂学成回国后到北大任教,而在他留学期间,北大每月资助他四十美元。——原来,林语堂是清华教员,据清华规定,在校服务三年的教员可以享受奖学金留美。全额奖学金应是每月八十美元,但林语堂只得半额,而林语堂又要带新婚的妻子赴美,所以经济是比较拮据的。胡适的建议正中林语堂的下怀。

后来,林语堂在美国因为妻子两次开刀住院,穷得靠一罐老人牌麦片维持了一个星期的生活,这时他急电胡适要钱。而胡适即以北大名义汇来两千美元,解救了林语堂的燃眉之急。1923年9月,林语堂一到北大就去向校长蒋梦麟道谢,衷心感谢北大对他的雪中送炭。

那时,胡适正在南方养病,蒋梦麟对林语堂郑重其事的道谢感到莫名其妙,直到林语堂说明了来龙去脉,蒋梦麟明白了事情的原委,忍不住哈哈大笑起来,事情才真相大白:原来,北大校方并没有授权胡适去资助林语堂的生活费,而求贤心切的胡适,为了抓住人才,竟私下和林语堂订了个君子协定。接到林语堂求援的电报后,胡适没有去惊动北大校方,而是私人掏腰包,两次寄钱给林语堂。明白真相后的林语堂,为胡适的友情所感动,并赶快把这笔钱全部还给胡适。这本是一段文坛佳话,奇怪的是,林语堂和胡适却长期对此缄口不提——现在,胡适已经作古,林语堂忍不住向陪同前往凭吊的人吐露了这段往事,闻者莫不动容。

在鲜花和掌声中,在赞誉称颂声中,林语堂不时想到成功途中的那些辛酸的往事。他对记者谈起五十多年前他从厦门寻源书院毕业后,为了要到上海圣约翰大学深造,起码要筹备一百元的旅杂费。可是父亲是个穷牧师,月薪二十元,根本无力负担。后来,他父亲的学生陈子达送来一个蓝布包,打开一看,里面竟是亮晶晶的一百银元,林语堂父子的眼睛也亮起来了。他又谈起在去上海的路途中,即将出嫁的二姐美宫从新娘子袄里掏出四角钱,含泪微笑着说:"我们是穷人家,二姐只有这四角钱给你。你不要糟蹋上大学的机会。我因为是女的,所以没有这种福气。你要立定决心,做个好人,做个有用的人,好好地用功读书,因为你必得成名。你从上海回家时,再来看我。"那时,他觉得自己好像是替二姐上大学似的。二姐的话好像有千钧之重,他感到非常难过、内疚、毕生难忘。说到这里,林语堂又老泪纵横了。

短短的四天,转眼过去了。这次访台,林语堂做出了一个重大决定:落叶归根,返回故土。

1966年6月,一个出人意外的消息惊动了台湾文化界,旅美三十年之久的林语堂要回台北定居了。

林语堂返台之日,正值台湾的"出国热"方兴未艾之时。20世纪60年代,在"出国热""留学热"浪潮的冲击下,不少旅美华人都想方设法争取绿卡,以达到长期定居美国的目的(中国旅美作家所创作的"留学生文学"中,曾对当年的这种风气做过生动而形象的描述)。所以,林语堂离美回台的逆向行动,是在"出国热""定居热"时风下爆出的一个大冷门。

在纽约,有人劝林语堂一家加入美国籍,也有人劝他们买房子扎根安家。但他回答说:"许多人劝我们入美国籍,我说这儿不是落根的地方;因此我们宁愿年年月月付房租,不肯去买下一幢房子。"

到台湾后,林语堂对当时一哄而起的"出国热"颇为感慨,他说:"台湾的

第四十三章 归去来兮

青年人难免会羡慕美国的文明……外国有一句谚语：'隔壁的草地特别绿'，在饭馆里看到别人点的菜总比自己的好吃，其实也不尽然。"对于那些没有接受过基本教育就匆忙出国的青年人，林语堂不以为然。

林语堂回台北的消息，在台湾产生了轰动效应，新闻媒介和崇拜者奔走相告，慕名而来的访问者、求教者，接连不断。好事者见林语堂放弃了别人求之不得的机会，不去争取定居美国的良机，当然要揣度林氏"反常"举动背后的真正意图。以争名逐利者度之，林语堂来台北是有所求的，大概想做官。但不久，事实证明林语堂根本不想做官——有一次，蒋介石要给他一个"考试院"副院长的职位，两人谈了好久。出来时，林语堂笑眯眯的。友人说："恭喜你了，你在哪部门高就。"他笑眯眯地回答："我辞掉了。我还是个自由人。"对此，褒之者认为：不做官，是林氏清高的表现；而贬之者则认为：林氏在台湾，以客卿的身份得到了蒋氏父子的礼遇。虽不做官，却享受了只有当权者才能享受到的厚遇，他高兴地接受蒋氏父子所给予的各种优惠，说明他是依附蒋政权的，他，并不清高。

其实，回归故土，是林语堂多年来的夙愿，随着年序增长，林语堂的乡思、乡恋之情，与日俱增，到了如醉如痴的地步。他一向不满西方社会高度机械文明的种种弊端，认为台湾虽然也进入了工业社会，但还保留着民族传统所固有的古风。况且台湾与他的老家闽南一衣带水，隔海相望，许多台湾人的祖籍都是闽南泉州、漳州一带的。在台湾，闽南话也是一种通用的社交语言。林语堂回到台湾，听到闽南话，牵动了乡情，如同重返故里，浑身舒服，他喜呼："不亦快哉！"

他兴奋地说："我来台湾，不期然而然听见乡音，自是快活。电影戏院，女招待不期然而然说出闽南话。坐既定，隔座观客，又不期然说吾闽土音。既出院，两三位女子，打扮的是西装白衣红裙。在街中走路，又不期然而然，听他们用闽南话互相揶揄，这又是何世修来的福分。"

一天上街，林语堂跨进五金店的门，买了一把锤子，一圈铜丝，和一些可买可不买的铜铁器物，就是因为店主说一口龙溪话。林语堂听到真正的故乡的音调，觉得有特殊的温情。林语堂和店主一谈谈到漳州的硷水桃、鲜牛奶，不觉儿时的欢欣喜乐，一齐涌上心头。后来，他在追忆这件事时，动情地说:"谁无故乡情,怎么可以不买点东西空手走出去?于是我们和和气气做一段小交易,拿了一大捆东西回家。……"

愈到晚年,林语堂的乡情愈见浓郁,对故居的苦恋,时时折磨着这颗游子之心。他说:"少居漳州和坂仔之乡,高山峻岭,令人梦寐不忘。凡人幼年所闻歌调,所见景色,所食之味,所嗅花香,类皆沁人心脾,在血脉中循环,每每触景生情,不能自已。"

正是这种"不能自已"的乡恋,促使林语堂不入美国国籍而回台湾定居。他在自传体的乡情小说《赖柏英》中借男主人公(林语堂的化身)之口抒发了自己的乡恋:"我们的童年的日子,童年时吃的东西,我们常去捉虾捉小鲛鱼,泡泡水使脚清凉一下儿的小河——那些简单幼稚的事情,虽然你并不常想,可是那些东西,那些事情,总是存在你心坎的深处的,并没有消失啊。"《来台后二十四快事》真实地记录了林语堂那浓得化不开的乡情。

第四十四章 阳明山麓的生活

> 阳明山麓有一块"生活的艺术"试验田——在台北结交的朋友们——请黄女士处理私人信件

　　水竹之居　吾爱吾庐　石磷磷乱砌阶除　轩窗随意　小巧规模　却也清幽　也潇洒　也安舒

　　这是林语堂回台湾前介绍给外国人的八首《乐隐词》之一。这些《乐隐词》寄托了他向往自然乡居生活的感情。

　　林语堂回台之后，他醉倒在醇厚的乡情和亲切的乡音之中，同时也专心致志地构筑自己的小天地，重建"有不为斋"。

　　一开始，他曾以不依傍门户、不进入政治圈子、不做官为标榜。但后来的事实表明：他仅仅在不做官这一点上，是言行一致的，而在政治上，他并不如自己所宣言的那样"独来独往"，而是与蒋氏父子过从甚密，是台北当局的文化贵宾。而在经济上，他却享受了比做官还优惠的生活待遇，比如初到台北时，他以一万元台币的月租在阳明山麓五福里租下了一幢白色的花园住宅，有游泳池。此屋位居山腰，难免潮湿。后来，蒋介石夫妇为礼遇林语堂，表示要为他建筑一幢房屋，林语堂接受了。

　　这幢新居在白屋斜对面，一切设计，全出自林语堂的心裁。这新居就是仰德大道二段141号。沿着大道有一堵白色的围墙，中间有一扇红色的大门。林语堂自行设计时撷取了东方情调与西方韵味——进大门后，跨过精致的小花园，穿过雕花的铁门，是一个小院子，周围有螺旋圆柱，顶着回廊。这个庭园面积达千余平方米。楼房建筑面积330多平方米。右边是书斋

"有不为斋",左边是卧室,中间是客厅饭厅,阳台面对绿色的山景。房屋下是斜坡,坡下便是草地,园内可以种菜种花养鸡。

乍看是中国传统的四合院建筑,细看之下却发现二楼顶着那一弯长廊,竟是四根西班牙式的螺旋形白色廊柱。这种融合东方和西方韵味的建筑情调,体现了林语堂东西合璧的文化理想。

这座雅致的建筑于1972年落成后,林语堂进入"世外桃源"的梦境。他在小院子中叼着烟斗,对着那上种荷花下游金鱼的小鱼池沉思着,他坐在阳台上望着远山、林木,心想,如果可以在园里养一只鹤,该有多好。

林语堂故居主楼

清晨和黄昏,林语堂总是在院内绿茵草坪上散步,或静静地坐在阶前的藤椅里,观赏着池畔的茑萝和墙边盛开的紫藤花。在这个宽敞的庭院中,鱼池假山,花木扶疏。虽乏淙淙清流之胜,却富苍苍林园之美。站在屋后的阳台上,七星山在望。青山翠谷,还有那浮动在山谷间的白云,似乎随手可掬。晚上,凭栏远眺,台北市的万家灯火,踩在脚下,就像是撒满一地璀璨耀眼的宝石,真是天上人间! 到了夜深人静,几回蛙鸣,数声虫叫,更使人几疑回到

第四十四章　阳明山麓的生活

漳州老家的田野间……

就在这林木苍翠、窗明几净的山寓中，林语堂每天含着烟斗，啸傲烟霞，临风览月，在烟斗上袅袅升腾着他的灵感。

台湾四面环海，本该是钓鱼的胜地，但林语堂到台北八个月没有去钓过鱼。一是没有时间，二是环境不熟悉，最重要的也许是因为台湾旅游业，没有意识到钓鱼也是一项有利可图的旅游资源，所以没有像纽约长岛的船主那样，为钓鱼者提供种种方便。作为补偿，林语堂在游泳池里养起鱼来，他亲自跑到中牛坜荣民鱼殖场选购了大大小小的鱼。他向客人们解释道："我喜欢在海边钓鱼，这儿有林泉之幽，就不能兼有海滩垂钓之胜。"

养鱼给林语堂带来了新的乐趣。每天，他亲自喂鱼。有一天，忽然发现鱼身上长白点。立刻坐车下山，为鱼求医，然后，带回一包食盐……他告诉朋友，这游泳池真有用，夏天给人游泳，冬天让鱼跳跃，他不出去钓鱼，也可以坐在池旁喂鱼观鱼。以持竿观鱼代替垂钩钓鱼，"其乐也融融"。

夫人廖翠凤也很满意山寓生活。旅美三十年，廖女士是家里的主要劳动力，虽说有电气化设备，但操劳家务总是辛苦。更何况林家是美食之家，对"吃"有一定的讲究，这就在无形中增加了主妇在厨房中的工作量。刚赴美定居时，廖女士才到不惑之年，精力充沛，尚能应付。三十年过去了，夫人已从壮年渐入老境，对家务常有力不从心之感，但在美国又雇不起佣人。到了台北，家里雇有佣人，廖女士不必事事躬亲。早上有人挑着刚刚从山上砍下来的竹笋来卖，中午杀一只鸡炖汤吃，那是在美国所难以尝到的美味。进城去，可以吃到各种风味小吃，有时夫妇俩坐汽车到日月潭玩玩。日月潭近似杭州西湖，差不多可以一览而尽。乌山湖可比扬州的瘦西湖，能尽迂回曲折之妙。

离开了美国的摩天大楼的公寓和城市的喧嚣，来到阳明山麓的静逸的庭园，三十年前《生活的艺术》中的那个遥远的理想，正在这座中西合璧的庭园里变成现实。这仰德大道二段141号，成了林语堂试验他的"生活的艺术"的实验室。

回台湾前，他曾向美国读者介绍过这样两首《乐隐词》：

短短横墙　矮矮疏窗　忔憪儿小小池塘　高低叠障　绿水边旁
也有些风　有些月　有些凉
　　懒散无拘　此等何如　倚阑干临水观鱼　风花雪月　赢得工夫
好炷些香　说些话　读些书

　　这种古代田园诗人的理想,现在已被林语堂搬到阳明山麓的庭园之中。他设计着,实践着……但总觉得还缺少点什么。一天,他终于想到原来缺少一只仙鹤。他对客人说:"我想在园中养一只鹤,它摆动那双长脚漫步,会带活周遭的一切……"

　　旅居国外期间,林语堂远离了国内文化人的社交圈。刚开始时,他为自己超脱了国内文坛的是是非非可以专心写作而感到高兴。然而时间一长,他不免感到寂寞和孤独。现在他又回到了既熟悉又陌生的文坛,回到朋友中间来了。

　　在台北,林语堂有许多老朋友,很快地又交上了一些新朋友。经常来往的有黄季陆、罗家伦、吴大猷、刘绍唐、查良钊、蒋复璁、沈刚伯、毛子水、李济、吴经熊、张大千、钱穆、刘甫琴、沈云戈、谢冰莹、阮毅成、钱思亮、何容、黎东方、陈石孚、魏景蒙、叶公超等。比较年轻的朋友有王蓝、姚朋(彭歌)、殷张兰熙、马骥伸、黄肇珩等。

　　台湾"故宫博物院"院长蒋复璁与林语堂过从甚密,林语堂的大女儿林如斯也在"故宫博物院"工作,林家的佣人都叫他蒋院长。有一天,林语堂在书房里创作,佣人进来通报:"蒋院长来了。"

　　"请他等一等。"正忙于写作的林语堂说。隔了一会儿,他走到客厅去会客,一看,原来是行政院院长蒋经国,这位蒋院长事先没有通知就来了。这样的"突然袭击",以后还有过几次。

　　林语堂定居台北后,不仅来访者络绎不绝,每天接到的来信的数量也相当可观。这些信件出自各种不同类型的人,有崇拜者的,有求教的,有请托的,有招宴的、有批评的。信的内容也是千奇百怪,包罗万象。林语堂处理书信也有一套有趣的办法:他把至亲老友的来信,摆在"书函待复"的夹子里,延搁好些日子,于是觉得此时没有回复的必要,这样那些信件又都被放

第四十四章 阳明山麓的生活

进抽屉里,然后锁了起来。

林语堂怕写信。旅美之初,由女儿代管来往信件,帮他复信。女儿一一出嫁后,由夫人负责写信。可是现在,来信数量猛增,远远超过旅美期间,这就不是廖女士所能承担得了的。于是,他想起了在第二次访台时充任四天临时秘书的黄肇珩女士,请她每周抽出两个半天来帮他处理书信往来。他告诉黄女士,帮他写回信时,不需要虚词客套或"戴帽穿靴",更不必去借鉴"勋右""道席"之类的尺牍。华丽的四六骈体,言不由衷的客套,公式化的开场白与结尾等,统统可以扔掉,就用白话文写。只要把事情讲清楚,就达到了写信的目的。他说写信不是做文章,他讨厌在信里故意"做"文章。

一批一批的信,来自世界各地,来自各个阶层,有的求题字、写序、撰文、写书评;有的求职、求助;有的谈今说古,有的注释古籍;有谈译文,有谈联考;有请改正英文习作,有请指点迷津;有赞美,也有指责,可谓五花八门。面对这高高的信"山",林语堂封封都读,而且读后封封都加批语。——这是他阅信的习惯,看信时用笔在上面画线,这些或红或蓝或黑的线,有的是提示回信的重点,更多的时候是指出其中的错误……然后,黄女士就根据这些批语来处理信件。这些批语,是林语堂幽默性格的自然流露。比如:

有一所大学的社团,请他讲演,他批:"两个月无暇,来秋如何?"

有位先生,在一封长信里引用许多成语诗句,林语堂看了颇为生气,他在信上批语:"不知所云。"又批道:"不通,不发?"再加一个批语:"还是好好写通顺白话为首要。"

有家杂志请他写自传或回忆录,他说:"愿意。"又写:"只因太忙,不能按月撰文,兴来则写为原则。"

一位高三的应届毕业生问他,该读哪一所大学,他回答:"读书在人不在学校。"

有一次,一百二十多位台湾作家、画家、诗人和文艺青年在文艺中心的大厅,为林语堂举行"幽默之夜"的盛会。在会上,幽默大师林语堂妙语连珠,使人喷饭。他以自己姓林为自豪,不仅提到林则徐、林黛玉,而且连美国的林肯也被他拉进了林氏家族。那晚,司马中原、林海音、楚戈、段彩华、孙如陵、朱桥都有精彩的表演。

第四十五章　他是一个"红学家"

林语堂和《红楼梦》——喜爱中国书画

林语堂回台湾定居前后,在《无所不谈》专栏上发表了不少有关《红楼梦》的文章,仅在台湾开明书店出版的《无所不谈》合集中,有关《红楼梦》的专题论文就有十二篇之多。他的"红学"视野是非常开阔的。

林语堂喜欢《红楼梦》,在台湾也算是一个新闻。因为,20 世纪 20 年代的朋友,知道他是语言学家和散文家;20 世纪 30 年代的朋友,知道他是"幽默大师";20 世纪 40 年代的朋友知道他擅长英文写作。想不到他对《红楼梦》还有不少独特的见解,这怎么不是新闻呢!

于是,《红楼梦》成了他与那些慕名的来访者的重要话题。其实这些来访者与其说是向林语堂请教《红楼梦》,还不如说是出于一种好奇心理,掂掂这位幽默大师的"红学"功底——因为,林语堂毕竟还称不上是"红学"权威。然而林语堂却不管来访者的动机是什么,只要有人提起《红楼梦》,林语堂必定兴趣盎然。

有一次,朋友问他《红楼梦》里最喜欢哪一个人物?

他回答:"最喜欢练达有为的探春。"

朋友问:"那么大观园里的男男女女中,最不喜欢谁?"

他侧过头来,悄悄地说:"妙玉,一个色情狂的小尼姑!"接着,他又说,"妙玉带发修行,尘缘未断,一个青春俏丽的少女,长伴青灯古佛,不免怅对春花秋月,蕴藏着满肚子的幽怨,而形成了变态心理。妙玉对宝玉颇有好感,甚至可说有仰慕之情。妙玉好洁成癖,整套的成窑五彩小盖钟,因为刘姥姥用过一回,她嫌腌臜,不许再拿进庵内,要把它丢了。但是却把自己日常用的绿玉斗斟茶与宝玉喝,表明了对宝玉的另眼看待。《红楼梦》四十一回"贾宝玉品茶栊翠庵",写妙玉与宝玉的谈笑,分明有调情之意。"

林语堂越说越带劲,他指出妙玉"欲洁何曾洁,云空未必空"。独坐禅床,胡思乱想,要不,怎么会听见房上两个猫儿发情、交配时一递一声的嘶叫,她就不觉心跳耳热,以至神不守舍,走火入魔。

林语堂从心理学的角度分析了妙玉的怀春,他说:"这一个风流小尼姑,耐不得寂寞,最后被强徒劫走,不会不从,因为她内心燃烧着一团火,找不到发泄的机会。曹雪芹写这个俏尼姑思凡,由老道婆的话,由惜春的慨叹,由'外面那些游头浪子造作的许多谣言',刻画入微,曲而能达。《红楼梦》的文学价值,也就在这些地方。"

他很赞赏曹雪芹对刘姥姥的生动描写,他说:"刘姥姥的言语举止虽然粗俗,但却保持着纯朴天真的村妇本色。曹雪芹写刘姥姥也最成功。'刘姥姥进大观园'成为一句流传最广的谚语,证明了刘姥姥所给予人们的深刻印象。"①

曹雪芹笔下的男男女女,是林语堂艺术世界里的常客。林语堂在向外国人介绍中国人的性格时,曾把《红楼梦》作为参照系。他以夸张的语言说:"欲探测一个中国人的脾气,其最容易的方法,莫如问他喜欢黛玉还是宝钗,假如他欢喜黛玉,那他是一个理想主义者,假使他赞成宝钗,那他是一个现实主义者。有的欢喜晴雯,那他也许是未来的大作家,有的欢喜史湘云,他应该同样爱好李白的诗。"②

1967年5月4日,台湾的中国文艺协会请林语堂作专题演讲,他以《〈红楼梦〉的新发现》为题,大讲《红楼梦》。他强调了史湘云在书中的地位,他还把自己所收藏的许多种不同版本的《红楼梦》放在文艺协会的堡垒厅里陈列展出。对于林语堂的这次演讲,有的听众觉得他在台下与人谈天时,其幽默风趣与胡适不相上下;但一上台,却不似胡适富有吸引力。

林语堂不同意胡适关于《红楼梦》后四十回的考证和结论,他根据程乙本考证推断:后四十回是曹雪芹的残稿并经作者修订补写而成。他还认为

---

① 以上资料详见羊汝德的《林语堂北山乐隐图》。
② 林语堂:《吾国吾民》。

《红楼梦》是"想象文学"。他说:《红楼梦》"是中国文学史上最伟大的一部创作,也是想象文学顶尖最高峰。我想应与托尔斯泰的《战争与和平》同列为世界十大小说之一。"不论这些观点是否站得住脚,但这确是他自己的心得,同时也显示过林语堂"国学"修养的功力。

当然,林语堂的观点仅仅是红学界的一家之言,《平心论高鹗》中的见解曾引起过红学者们的争辩。

林语堂对中国国画和书法有精当的研究。

1967年,林语堂编译并附导言的《中国画论》,由美国普拉姆出版公司出版。在《无所不谈》专栏里,又刊出了他的《谈中西画法之交流》等文。这些都是他多年来对中国传统国画艺术研究的结晶。

他在《中国画论》中向外国人介绍了中国国画的演变。他对西洋画也有相当的鉴赏力。在《谈中西画法之交流》中,他认为中西画法互相影响是必然的,应该各自发挥神韵或形态之所长,对那种"白被单上补上一块女人三角裤"的西洋现代画,十分讨厌。他揶揄有些现代画就"像一盘炒鸡蛋,或像北平东兴楼的木稚肉"。

对抽象画,林语堂并不一概而论地加以反对。他认为中国的书法,便是一种抽象画,当代的中国画家应该好好借鉴。

林语堂论画,不随时俗,坚持己见,他毫不掩饰自己对著名画家毕加索的反感。他以幽默讽刺的笔触挖苦了人们所崇拜的毕加索。他说:

> 有一个故事,话说巴黎有两位男人。一日甲对乙说:"你要恭喜我。我昨天交到一位美如天仙似的女朋友。"
>
> "真的?你可以介绍给我看吗?"
>
> "当然。"
>
> "什么时候?礼拜六中午,就在这咖啡馆好不好?"
>
> "我准时必到,没有问题。"
>
> 星期六中午,甲乙又到咖啡馆等那天仙似的女人。
>
> "你真爱她?"

"真的。你看见了就同意。"

不久,有一位漂亮女人经过。打扮得非常入时。乙心里狂跳,问是她吗?甲说不是。又一会儿,来了一位中年女人,衣服素淡,但是走来风韵犹存。乙又问,甲又说不是。又一会儿,来了一个乡下女子,自是小家碧玉,不施朱粉,天真烂漫,向他们微笑。乙准以为这就是了。甲又说不是。乙有点失望。正在他望眼欲穿的时候,走来一个腿如竹筒,弯鼻眯目的妇人,脖子下垂,肩背朝天,眼如白痴,欣欣向他们走来。甲就马上起立,向乙介绍。

"这位就是我跟你讲过的美人。"

乙呆了一会,不胜骇异。心里称怪,脸上却不肯表情。

"怎么?她不是非常美吗?你不喜欢吗?"

乙只好摇摇头。于是甲对乙说:"那末,可知你也不喜欢毕加索了。"

我曾见《"中央日报"·副刊》发表吴稚晖嘲谑抽象画的打油诗:"远看一朵花,近看是乌鸦。原来是山水,哎啊我的妈。"

我们可以作一转注,咏抽象派的女人肖像:"远看似香肠,近看蛋花汤。原来是太太,哎啊我的娘!"[①]

这个故事,对艺术大师毕加索实在是大不敬,但又十分幽默风趣,不同于浅薄的谩骂,或大批判文章。林语堂的绘画艺术观在台湾引起现代画家的强烈反响。

林语堂在20世纪40年代撰写的《苏东坡传》最全面地阐明了林语堂的绘画观,书中第二十章"国画",简直就是一篇深入浅出的画论。他在书中借苏东坡的绘画,畅谈了自己多年来对中国国画的研究心得,巧妙地和盘托出了自己的书法绘画观。

林语堂说,苏东坡天才横溢,神完气足,在中国艺术上,尤其是表现中国笔墨欢愉的情趣上,他能独创一派,这是不足为奇的。苏东坡最重要的消

---

① 林语堂:《杂谈奥国》。

遣,是他的"戏墨"之作,因为他的创造性的艺术冲动,非此不足以得到自由发挥。苏东坡不仅创造了他有名的墨竹,也创造了中国的文人画。他和年轻艺术家米芾共同创造了以后在中国最富有特性与代表风格的中国画。中国绘画的南派重视一气呵成快速运笔的节奏感,这一派诚然是在唐朝吴道子和王维的笔下所建立,与北派李思训之金碧朱红工笔细描是显然有别的。可是在宋朝,印象派的文人画终于奠定了基础。这一派,重点在于气韵的生动与艺术家坚强的主观性,其中含有的艺术原理与技巧对现代艺术自有其重要意义。

林语堂认为:"由苏东坡、米芾、黄庭坚所保存下来的艺术批评之中,我们能看出文人画在苏东坡生活里的起源,真是一件幸事。这几位文人都是诗人、书法家、画家。我们首先必须弄清楚的是,在中国是书画同源的。在技巧,在工具材料,在批评的精神与原理上,都是如此。……书法为中国绘画提供技巧与美的原理,诗则提供画的精神与气韵情调,以及对大自然的声色气味泛神性的喜悦。"

书画论是林语堂的艺术观中的一个组成部分,他的艺术观也是不落窠臼别具一格的。他说,艺术上所有的问题,都是节奏的问题,不管是绘画、雕刻、音乐,美是运动,每种艺术形式都有隐含的节奏。甚至在建筑上也如此,一个哥特式的教堂向高处仰望,一座桥梁横跨,一个监狱沉思。从美学上看,甚至可以论人品而说"猛冲""疾扫""狂暴",这都是节奏概念。在中国艺术里,节奏的基本概念是由书法确立的。中国的批评家爱慕书法时,他不欣赏静态的比例与对称,而是在头脑里随着书法家走,从一个字的开始到结尾,再一直到一张纸的末端,仿佛他在观赏纸上的舞蹈一般。因此探索这种抽象画的路子,自然不同于西洋抽象画,其基本的理论是"美是运动"("美感便是律动感")。

林语堂不仅以现代西方的艺术论,找出了中国传统艺术中的印象派作品,而且他还从哲学高度总结了中国的国画艺术。他说,所有绘画都是一种哲学不自觉的反映,中国画不知不觉中表示出天人合一与生命运行的和谐,而人不啻沧海之一粟,浮光掠影而已。由此观之,所谓中国的印象派绘画,不论是一竿修竹、一堆盘根,或深山烟雨,或江上雪景,都是爱好自然的表

现。画家与画中景物之完全融合的道理,解释得最为清楚的莫如苏东坡在朋友家墙壁上自题竹石的那首诗:

空肠得酒芒角出,肝肺槎牙生竹石。
森然欲作不可回,吐向君家雪色壁。

林语堂的书画艺术见解,是他自己的艺术实践的经验体会。所以不是纸上谈兵式的学院经典,而是理论与实践相结合的行家话,使人读来饶有兴味。有人对他《自传》中的自谦之词信以为真,只当他仅能用钢笔写外文,不会写毛笔字,这是天大的误会。林语堂写得一手形神皆备的毛笔字。他欣赏郑孝胥的书法,因此,有人说他的字是"郑体"。实际上,林氏的书法颇有功力,他把节奏、轴心、线条、体型、配合、对比、平衡、均匀等现代美术技巧运用到书法艺术中,所以他的书法是自成一家的。

林语堂喜爱国画,客厅里挂着宋美龄女士所绘赠的墨兰,清逸脱俗。阳明山麓的"有不为斋"的墙壁上,挂着国画大师张大千与幽默大师林语堂的合影。林语堂与张大千有数十年的交情,在台湾也过从甚密。"顶天立地,独来独往"八个字,就是林语堂赠与张大千的对联。《无所不谈》专栏上曾发表过《记大千话敦煌》《与大千先生无所不谈》等文,记叙了他对大千的推崇和他们之间历久长新的友谊。

客厅里还挂着一幅徐悲鸿的马,是复制品。他说,他曾试着画些花鸟、山水,但是他发现只爱马。1974 年 7 月,林语堂画了一幅马送给黄肇珩女士,画面是七匹水墨马,或立、或卧,疏疏落落,潇潇洒洒。20 世纪 30 年代末,他在美国写《生活的艺术》时,曾以捏泥马来消除他写作的疲倦;20 世纪 70 年代,他则以画马来排遣老年的寂寞。

林语堂还珍藏着一匹唐三彩马,后来赠给了台湾的"故宫博物院",现在还站在"故宫"的展览橱中。

第四十六章 "金玉缘"

> "金玉缘"——个性截然不同的一对夫妇——阴阳互补的美满婚姻

1969年8月9日,阳明山麓林宅的客厅里,一对喜烛高燃。林语堂夫妇正在欢庆他们结婚五十周年的"金玉缘"。

原先他们想悄悄地迎接这第五十个"蜜月",因为他们认为"蜜月"是属于两个人的事,所以不必兴师动众地邀请客人来参加。可是天下没有不透风的墙,马星野夫妇、黄肇珩夫妇等好友们都特意赶来庆祝,结果他们还是被至爱亲朋们包围了。

为纪念同甘共苦的五十年,林语堂把这金婚纪念日命名为"金玉缘",还把一枚别致的金质胸针献给廖翠凤。胸针上铸有"金玉缘"三个字,还刻了James Whitcomb Riley 的那首诗:*An Old Sweetheart*(《老情人》)。林语堂把这首诗意译为:

> 同心相牵挂　一缕情依依　岁月如梭逝　银丝鬓已稀
> 幽冥倘异路　仙府应凄凄　若欲开口笑　除非相见时

林语堂与廖翠凤的婚姻是由父母做主的。媒人陈天恩医师是陈锦端的父亲,陈医师知道林语堂已倾心于自己的女儿陈锦端,他反对这门婚事,为棒打鸳鸯,就为廖悦发的二小姐廖翠凤做媒。林语堂得知无法与心上人陈锦端结婚,哭得死去活来。后来,虽然和廖翠凤订婚,但他并不爱她,所以订婚四年后才肯与之完婚。可是林语堂的大姐了解廖翠凤,大姐预言林廖联

第四十六章 "金玉缘"

姻的前景将非常美满,她断言廖二小姐将来必然是个极贤惠的妻子。大姐的预言已经兑现了,他俩在互敬互爱中度过了半个世纪。他们是先结婚后恋爱,爱情由结婚才开始的。

宴席上,廖女士回忆,母亲对她提起这门亲事时,提醒她:"林家没有钱,但是玉堂这个青年人很有前途。"而她坦然地回答:"没有钱不要紧。"她又回忆起在哈佛大学读书时,她因患盲肠炎开刀住院,花完了所有的钱,但她无论如何不肯向廖家要钱。

"她有骨气。"林语堂在一旁赞赏地说。

来客中有人请教他们半世纪"金玉缘"的秘诀。夫妇俩抢着说,秘诀是两个字:"给"与"受"。在过去的一万八千多天里,他们互相之间尽量在"给",而不计较于"受"。

知父母者莫如子女,女儿们常说:"天下再没有像爸爸妈妈那么不相同的。"她们对父母的性格差别体会得最深刻也最细致,差别就是矛盾。以"一团矛盾"自诩的林语堂,觉得夫妇个性上的差异不一定是坏事。人们常以天生的一对来形容恩爱夫妻,在实际生活中,性格太相似的夫妻,未必是幸福的。而性格不同的夫妻若能相互容忍,阴阳互补,倒会成为幸福的伴侣。林语堂对人说,廖翠凤属水,水包容万物,惠及人群;而他自己属金,喜欢冲刺磨砺。他说:"我年轻时顽皮、乐观、不耐烦、不肯受羁束,甚至现在,我还是讨厌领带、腰带、鞋带。翠凤则刚刚相反,她是正正经经、规规矩矩的。我想我们很相称,相配得很好,她为我付出许多牺牲。我们是结了婚之后才开始相爱的。"他说:

> 妻是外向的,我却是内向的,我好比一个气球,她就是沉重的坠头儿。我们就这么互相恭维,气球无坠头儿而乱飘,会招致灾祸。她做事井井有条,郑重其事,衣裳穿着整齐,一切规规矩矩。吃饭时,她总拣切得周正的肉块吃,如鸡胸或鸡腿,她避免吃鸡肫鸡肝儿。我总是爱吃翅膀儿、鸡肫、鸡脖子,凡是讲究吃的人爱吃的东西,我都喜欢吃。我是没有一刻安静,遇事乐观,对人生是采取游戏人间的态度。一切约束限制

的东西我都恨,诸如领带、裤腰带、鞋带儿。①

林语堂和廖翠凤在个性、嗜好、生活习惯上的"矛盾",远远不止上述这些。比如,林语堂最喜欢吃烤牛肉,百吃不厌,而廖女士喜欢吃鱼,不管什么鱼,她都吃得津津有味。全家都知道她爱吃鱼,有时家人不喜欢吃的鱼,便全由她一人包办。

林语堂自诩有惊人的消化力。有一次,他在旅途中写信对妻子说:"我的肚子里,除了橡皮以外,什么也能消化的。"林语堂觉得肚子吃不饱就无法工作,所以即使是半夜,他如果觉得饿,也会起来吃东西。有一天晚上,他饿了,就煎了五个鸡蛋,还吃了两片脆饼。早晨,廖女士发现饭厅里狼藉不堪,林语堂无可奈何地承认:"昨天夜里我觉得饥饿,我一直想了十多分钟,不知道起来的好,还是不起来的好。我又觉得很惭愧,仅仅为了吃东西,睡了还要起来。不过我若不吃一些东西,让肚子空空的,那末,我便不能入睡了。"有时,他一边吃一边装出一副可怜的样子,开着玩笑说:"可怜我吧,我现在已觉得好些了,但仍旧有点饿哩!"在自己家的厨房里,林语堂可以随心所欲地饿了就吃,但到别人家里去做客时,情况就不一样了,社交上的礼节,使他有所约束。他最恨8点以后的晚宴,因为这种迟开的晚宴,常常使他等得饥肠辘辘。作为对策,林语堂就在家里先把肚子填饱,然后才去出席这一类以社交为目的的宴会。

而廖女士则与之相反。因为怕"胖",所以从少女时便注意节食减肥,规定每星期进食的限量。然而,越是怕发"胖"的人,越是"胖";而越"胖",又越怕人家说她"胖"。结婚时,林语堂的父亲林至诚牧师对轿夫说,迎娶新娘时应挑选一顶比较高大、结实的轿子,因为新娘很胖。这话传到廖家,把廖二小姐气昏了。但她也不得不承认事实,于是在结婚前几天拼命减肥——万一真把轿子压坍了,那可是特大的笑料啊!

一个饿了必须吃,另一个刻意节食减肥,表面上看,正好一对矛盾,然而他们却相安无事,不但从未因此发生冲突,反而相处得十分融洽。

---

① 林语堂:《八十自叙》。

第四十六章 "金玉缘"

出身于山乡穷牧师家庭的林语堂,和出身于鼓浪屿富商之家的廖翠凤,在不同的生存环境里养成了他们不同的生活习惯。比如廖女士在刷过牙以后绝对不吃东西,她始终如一地遵守自幼养成的这个习惯。而林语堂则常常吃了东西忘记刷牙,残存着山村"野孩子"的本色。他们互相间不强求对方改变自己的习惯,各行其是,但又都力图使女儿承袭自己的生活习惯。因此,有时他们会同时对女儿们发出互相矛盾的指示,让孩子们无所适从。

有一天,二女儿太乙(亚娜)正要睡觉。廖翠凤说:"亚娜,刷牙一定要用牙膏,牙齿刷得清洁些。"

这样,一场有趣的争辩便开始了。

林语堂反对道:"亚娜,牙膏是没有用的,只要拿一杯水漱漱口好!牙刷也不必用。"

廖女士说:"语堂,我不赞成,你应该让孩子用牙刷和牙膏。亚娜,你别相信父亲的话,现在去吧!"

"香,"这是林语堂对妻子的爱称,"你不知道科学家已经证明不应当用牙膏吗?"

妻子说她知道这种意见,但她仍主张刷牙至少要用些精盐。丈夫听了笑着说:"瞧,我明天要去牙医那里,让他检验一下我的牙齿,以后的五年中,我只用清水漱口。满五年时,我再到牙医那里去检验,看看我的牙齿有没有变坏。"

林语堂是一位烟不离口的"老枪",廖女士不禁止丈夫吸烟,但也不想掩盖吸烟的弊端。现在她针对吸烟对牙齿的损害,指出:"看你的牙齿,被烟熏得又黄又黑的。"

丈夫回答:"可以请牙医除去污垢。"妻子知道无法改变丈夫的嗜好,所以不再与之争辩,而把重点放在"争夺"下一代上。她坚持女儿要照她的意思去做。她说:"亚娜,时间不早啦,快用牙膏牙刷去刷牙吧!晚安!"

林语堂也不再阻拦女儿按母亲的指示去做。亚娜终于用牙膏刷了牙,林语堂显然有些失望。一场争辩结束,廖女士的家庭秩序,战胜了林博士的"自由主义"。当然,他第二天并没有去牙医那里检查。

家庭这部机器的操纵者是廖女士。在她所操纵的家庭机器中,林语堂是一个特殊的部件。

妻子尊重丈夫的个人爱好,从不强迫丈夫改变自己的嗜好。所以天性酷爱自由自在的林语堂,从未感到家庭对他的束缚。"宽严结合"是廖女士家政的一项"政策"。"严"的主要对象是三个女儿,而林语堂则享受着"宽"的待遇(当然,所谓"严",也是相对于林语堂所享受的"宽"而言的)。林语堂是一位有各种嗜好的文人,他嗜好之多,大概不会亚于他的"一团矛盾"。要不是廖女士"宽严结合"的治家方针,他的那"一团"嗜好也难以保存。

林语堂说:"人生必有痴,必有偏好癖嗜。没有癖嗜的人,大半靠不住。而且就变为索然无味的不知趣的一个人了。"① 可见,如果没有了这"一团"癖嗜,林语堂也就不成其为林语堂了。

他喜欢洗澡、散步、抽烟斗、钓鱼,爱读书。他说读书是文明生活中人所共识的一种乐趣,他激赞诗人黄山谷的话:"三日不读书,便觉语言无味,面目可憎。"他认为,一个人并不是为了要使心智得到进步而读书。因为读书时,如怀着这个念头,那么读书的一切乐趣便完全丧失。他认为凡是以勉强的态度去读书的人,都是不懂得读书艺术的人,更谈不上读书是娱乐,等等。上述这些都是一般的嗜好,不足为怪。林语堂的特别之处是他有一些与众不同的癖嗜,比如,他痴于当发明家。他费了多年心血,拆掉了不知多少架各种型号的打字机,而且还用掉十二万美元的外汇储蓄,制造了一架无法正式投产的中文打字机。这是一般人所不为的,唯有林语堂才会不顾一切埋头于这种无利可图的发明事业,这就是典型的"林语堂式的癖嗜"。如果没有妻子的支持、理解和容忍,这位倒霉的发明家恐怕难以坚持到底。所以说,在容忍丈夫的癖嗜方面,廖翠凤真是一位温顺得罕见的贤妻。

对脚的偏爱,这是林语堂又一特殊的癖好,而正是这一癖好的特殊性生动地表现了他的幽默个性。他认为,"生活中最奢侈的享受之一"就是不穿鞋子。在北京当大学教授时,他喜欢穿着袜子在系办公室的地毯上行走。他觉得"人的双脚,即因为上帝为了叫人行走而造成它们,所以是完美的。

---

① 林语堂:《论趣》。

对于它们,不能再有什么改良,而穿鞋是一种人类退化的形态。汤玛斯·渥尔夫曾在《望乡》一书中亲切地写道,天使脚趾翘起,因为他生来就是如此。"①他每次散步回来,总要洗一回脚,还常常很风趣地夸耀自己的脚是世界上最干净的脚。他对女儿们说:

我的脚世界上最清洁,有谁的脚,能够像我一样的清洁?罗斯福、希特勒、墨索里尼,谁都比不上我!我不相信他们能像我一样,每天要洗三四次脚。②

廖女士是有名的贤内助,大概是夫唱妇随吧,她也认为:"美的基础,就在脚上。"照此逻辑推论下去,爱美者首先应该爱自己的脚。也许是林夫人的美学观念养成了林语堂一天洗三四回脚的习惯。当然,逆定理同样成立,正因为林语堂特别偏爱自己的脚,林夫人才说:"美的基础,就在脚上。"

在家庭生活里,廖女士常常把丈夫当作一个大孩子看待。大女儿林如斯(阿苔)在回忆童年生活时说:"母亲也把父亲当作她的大儿子看待,她常把牛奶悄悄地倒在父亲的杯子里,要父亲不注意时喝下去。父亲有时把牛奶倒还给她,有时却听了她的话,喝下去。"

在事业上,林语堂以一个"探险的孩子"自喻。而在家庭生活中,他却像一个调皮的大孩子,和女儿们打打闹闹,做游戏,和妻子开玩笑。有时他故意说自己的钱包不见了,来吓唬妻子,当妻子信以为真,十分紧张时,他就突然宣布钱包找到了。丈夫为他成功的玩笑而高兴得笑出来,而妻子发现自己受骗后,对丈夫说:"顽皮的孩子,想来愚弄我吗?"③

童心未泯的林语堂曾说:"人生必有痴,而后有成。痴各不同,或痴于财,或痴于禄,或痴于情,或痴于渔,各行其是,皆无不可。"世人没有谁能比廖翠凤更理解林语堂的"痴"。夸张地说,廖女士把丈夫的"痴"当作他的最

---

① 林语堂:《从异教徒到基督教徒》。
② 林如斯等:《吾家》。
③ 上述引文均见林如斯等所著《吾家》。

宝贵的精神财产而精心保护。实际上,林语堂的"痴"是他的文艺个性和美学风格的一个有机组成部分,如果抹杀了这些"痴",那么他的艺术个性的特殊性也就被磨平了。

比如说,林语堂为沈三白夫妇和李香君流泪,是一种痴,为李香君悬像题诗也是一种痴。

沈三白的《浮生六记》,曾被林语堂誉为古今中外文学作品中最温柔细腻的闺房之乐的记录。沈三白和他的夫人陈芸的那种爱美、爱真的精神和他们身上所体现的那种中国传统文化的知足常乐、恬淡自适的天性,几乎使林语堂感动得如醉如痴。以提倡性灵而闻名的林语堂,他最崇拜的古代妇女是《浮生六记》中的陈芸和《桃花扇》中的李香君。陈、李两人是他心目中的真善美的化身。

说廖翠凤把林语堂"当作她的大儿子看待"这句话如果是指她在生活上对丈夫的关心照顾,倒也不过分,但如果以为林家是廖翠凤说了算的,那可就犯了"以部分代替全体"的毛病。因为,林语堂夫妇关系的实质还是"夫唱妇随"。廖翠凤的原则是,在没有危险、不损害健康的范围内,她给予林语堂以充分的自由,以利于他的个性发展。"廖家的女人有一种憨劲,生命力极强……廖家的女人善于跟踪,这是她们的长处。"[①]廖女士跟了林语堂五十年,一步也没有放松过,她继承了廖家女人的传统。

林语堂认为一个人必须既有严肃的一面,也有轻松的一面,"尽力工作,尽情作乐"就是这个意思。所以,每逢完成了大部头著作以后,他常会带家人外出旅游。他主张在闲暇时可以选择任何娱乐,一个原则:只要是自己所喜欢的。而凡是丈夫所喜欢的任何娱乐,妻子几乎都积极响应并尽量作陪助兴。林语堂喜欢旅游,廖女士是旅伴;林语堂爱好钓鱼,廖女士也常常奉陪,所以在地中海边的渔船上就留下了夫妇俩钓鱼时的合影。

爱是一座万能的桥梁,它能跨过冰封雪冻的江河,超越停滞不前的空间,即使关山阻塞,迢迢千里,即使云遮雾障,天寒地冻,爱也能使丈夫和妻子手携手跨进阳光普照的天地。因为有了爱,所以,林廖的婚姻是幸福美满

---

① 林太乙:《林语堂传》。

第四十六章 "金玉缘"

的婚姻,林语堂是幸运的。虽然不是廖翠凤造就了林语堂的性格,但至少她精心保护了丈夫的天性。在精神上,她尊敬他,崇拜他;在家庭生活里,她迁就他,并向他奉献了妻爱和母爱合铸而成的深情。

"爱情的艺术"是"生活的艺术"中的一颗灿烂的明珠。讲究"生活的艺术"的林语堂,对"爱情的艺术"自然也有其与众不同的高见。他和廖翠凤都是善于驾驭婚姻之舟的舵手,无论遇到什么惊涛巨浪,他们都能胜似闲庭信步,从容对待。

庆祝金婚五十周年的聚会,气氛热烈,林语堂廖翠凤像新婚夫妇那样,在宴席上表演了互点香烟等婚礼上常见的余兴节目。贺客们像闹新房似的要他们坦白恋爱经过,而林语堂也高兴地道出了他对自己婚姻的独特体会。他说:"婚姻犹如一艘雕刻的船,看你怎样去欣赏它,又怎样去驾驶它。"

贺客黄肇珩女士问他们,没有儿子是不是感到遗憾?林夫人爽快地回答:"我的确感到遗憾。"而林语堂却一点儿也不在乎,因为他觉得自己的三个女儿比许多人家的儿子有出息。

还在大陆时,上海的社交界就认为林语堂的成功有廖翠凤不少心血,所以廖女士在"家政"方面的业绩,早已名声在外。现在有的女客就乘机向廖女士悄悄地请教"治家"的秘诀。廖女士笑了,她用貌似平淡无奇的家常话做出了深含哲理的回答。她说:"不要在朋友的面前诉说自己丈夫的不是;不要养成当面骂自己丈夫的坏习惯;不要自己以为聪明;不要平时说大话,临到困难时又袖手旁观。"

而林语堂最欣赏廖翠凤能与他同甘共苦这一点。他说:"婚姻生活,如渡大海,风波是一定有的。婚姻是叫两个个性不同的人去共过一种生活。女人的美不是在脸孔上,是在心灵上。等到你失败了,而她还鼓励你,你遭诬陷了,而她还相信你,那时她是真正美的。你看她教养督责儿女,看到她的牺牲、温柔、谅解、操持、忍耐,那时,你要称她为安琪儿,是可以的。"

林语堂夫妇在幸福的回忆中,在亲朋好友们的祝贺中,愉快地度过了金婚五十周年这难忘的一天。

第四十七章　活跃于国际文坛

> 在国际大学校长大会上畅谈东西文化的调和——林语堂与国际笔会的历史渊源——国际笔会第三十七届大会上的《论东西文化的幽默》

1968年6月18日至20日，国际大学校长协会第二届大会在南朝鲜汉城①举行。五十多个国家的二百多位大学校长暨学术文化界人士出席了大会。林语堂也应邀参加了大会，并做了《趋向于全人类的共同遗产》的演讲。

林语堂的演讲着重分析了东西文化的差异及两者调和的途径。他指出东方文化与西方文化最基本的差异有下列几点：

一、中国人的思考以直觉的洞察力及对实体的全面反应为优先，西方人以分析的逻辑思考为优先。西方人多执着于抽象的、分析的思维方式，甚至认为非经过逻辑推演或非经过科学方法证实的，不能算是真知识。直觉或直觉的观察力在西洋逻辑系统中是没有地位的。西洋逻辑常将事物逐段分析研究，因而有时只见片断现象而忽视了整体。中国人的直觉观察力是一种明敏的了解方式，大部分凭借以往的经验，亦可称为经验主义，对事物易作全面的、整体的了解和估量。西方哲学特别着重探讨知识，尤其是自笛卡儿（1596—1650）之后，哲学方法普遍偏向于科学实证，在这种趋势之中，往往有时只见树木而未见森林，甚至只见枝叶而未见树木。由于忽视了全景的观察，对于精神方面的许多真理，例如常常谈到的信仰、希望、博爱等，又如爱国情操、精神不朽、良辰美景等，便很难得到圆满的解释。东方哲学除

---

①　汉城：2005年正式更名为首尔。

了研讨知识之外,对人生的探究也占很大的比重。东方人认为宇宙的奥妙,人生的美好,不是用三段论法的逻辑所能推演出来的。

二、中国人以感觉作为现实体不可分的一部分;对于事物的看法,不像西洋人专说理由,而多兼顾感觉,有时且将感觉置于理由之上。西方哲学家常假定事物是静止不动的,并将之分割为若干部分,以便于实验或求证。中国哲学认为事物是变动的,经常都在或快或慢的变化中,而初次感觉或自然感受所得的印象至为重要。这种感觉状态,很难像物质一样将它分解开来研究,只可做些比喻。例如两军作战,西方人的观点较重视兵力、装备、补给等因素,中国人除了这些之外,还重视军队的士气。又如医疗,在西方特别重视病人体温的升降,在中国则还要注意病人的感觉如何。

三、中国哲学的"道"相当于西洋哲学的"真理",但含义比"真理"广阔些。西洋的"真理",仅是指到达正当生活的途径;而中国所谓"道",平易近人,是指人人应该走,且是人人可能走的途径;是日常生活的一部分。孔子谓"道"不可须臾离开人生,可以离开人生的,便不是"道";但西方所谓"真理",纵使离开了人生,依然称为"真理"。

林语堂的报告中,不仅提到了东方文化在历史上对西方文化的影响及东方文化受西方文化冲击的情况,而且他还描绘了东西融合的远景。对于未来,林语堂认为,如果东方民族能对科学真理及政治民主养成更敏锐的观察和反应,西方哲学能跳出学究式的理论圈子而重返于人性社会及生活范畴,则东西文化更易于融合。这种融合的文化,将大有助于人类建立和平、合理生活方式的社会。这是林语堂为如何调和东西文化所开出的一张药方,也是他多年来潜心研究东西文化融合的心血和结晶。但是,林语堂对人类未来的预言或设计,显然是与马克思主义相悖的。

1969年,林语堂继罗家伦之后,被推选为国际笔会台湾分会的会长。

国际笔会是当今世界上最大的全球性的作家组织,也是联合国教科文组织所承认的唯一的一个国际作家组织。在世界各地设八十多个笔会中心,拥有一万余名会员。这个世界性的作家协会是由英国女作家道森·司各特发起的,1921年10月成立于伦敦。1923年春,伦敦总会聘请世界各国二十位著名作家为国际笔会名誉会员,其中有英国的哈代,爱尔兰的叶芝,法国的罗曼·罗兰和法朗士,比利时的梅特林克,丹麦的勃兰兑斯,苏联的高尔基,印度的泰戈尔和中国的梁启超等。这二十人囊括了当时世界文坛上最杰出的代表。梁启超的受聘,开始了中国作家与国际笔会的联系。

国际笔会中国分会的正式成立并开展活动,是在1930年5月12日。以蔡元培、胡适、叶恭绰、杨杏佛、谢寿康、徐志摩、林语堂、邵洵美、郑振铎、郭有守、唐腴庐、戈公振等人为发起人,在上海华安人厦召开了成立中国笔会的筹备会议。会上由胡适说明发起经过,通过中国笔会会章,会址暂设上海亚尔培路二〇三号。5月13日,上海《申报》以《笔会发起人会》的标题发布了这条消息。可见,林语堂是国际笔会中国分会的发起人之一。

又经过半年的筹备,到1930年11月16日,中国笔会在上海正式成立。有人说,当时推举蔡元培为"会长",林语堂为"执行秘书",邵洵美为"会计"。其实,这一说法不确。因为,在成立大会上,选举蔡元培、叶恭绰、徐志摩、郑振铎、邵洵美、戈公振、郭有守七人为理事,"又互选蔡子民君为理事长,戈公振君为书记,邵简(洵)美君为会计。"① 根据这一原始资料记载,林语堂没有选入理事会,笔会没有设"执行秘书"一职,林语堂也没有在笔会任职。后来,林语堂曾担任过中国笔会的理事一职,但那是1935年的事了。而从1933年2月17日,在上海接待萧伯纳之后,中国笔会的会务工作实际上停顿了两年之久,直到1935年,英国作家H. C.威尔斯接替高尔斯华绥出任国际笔会会长,伦敦总部函询中国笔会活动情况,中国笔会才在1935年3月22日召开会员大会,改选理事会。原来理事除蔡元培、邵洵美继续连任之外,全部由新理事所代替,林语堂就是在这次改选后,参加了理事会。新的理事会由十一人组成,除林语堂外,其余十位是:蔡元培、邵洵美、曾虚白、宋春舫、弗立茨夫人、柯柏成、傅东华、黎照寰、李青崖、全增嘏。从两届理事会的成分来看,当初中国笔会的中坚力量是新月派、论语派、真善美社和文学研究会。新的理事会"推定蔡元培为会长,弗立茨夫人为英文书记,曾虚白为中文书记,宋春舫为会计。"② 改选后的理事会也没有设"执行秘书"一职,

---

① 《笔会之成立》,1930年11月19日《时事新报》。
② 1935年3月23日《申报》。

由此可见，关于林语堂曾任"执行秘书"的说法有误。

林语堂是中国笔会的骨干分子，他不仅积极参加了1933年2月17日以笔会名义组织的欢迎英国幽默大师萧伯纳来沪的"迎萧"活动，而且，还在1939年5月9日在美国举行的国际笔会第十七届大会上，代表中国笔会发言谴责德国法西斯蔑视人类、剥夺人民的权利，呼吁维护人类的自由。

大概到1947年以后，中国笔会就不再以组织的名义参加世界笔会的活动了。直到十年以后的1957年，国际笔会准备在东京召开第二十九届大会时，经陈西滢（源）提议，台湾作家才重建了笔会组织，推举张道藩为会长，恢复了与国际笔会的联系。

林语堂继蔡元培、张道藩、罗家伦之后任笔会会长，不是偶然的。因为当时胡适已去世多年，林语堂就成了台湾文坛的当然领袖。

1969年9月，国际笔会第三十六届大会在法国南部海滨城市蒙敦（Monton）召开，在台湾的林语堂、马星野，在伦敦的陈源和在巴黎的苏秀法女士参加了大会。

1970年，第三十七届国际笔会在南朝鲜汉城举行。其中心议题之一是幽默（这可是林语堂的拿手戏）。美国小说家厄普戴克（John Updike）的讲题是《小说中的幽默》，法国批评家梅雅（Tony Mayer）的讲题是《论机智与幽默的区别》，南朝鲜诗人李殷相的讲题是《东方幽默的特性》。这些外国作家有的把幽默分类来分析，有的从世界名著中找幽默的例子，也有些人从本国的文学作品或民族艺术中去找幽默。虽然这些探索都是有益的，而且都有相当的学术水平，但结果使得大会的气氛变得学术性有余，而文艺性不足，会场上缺少了最重要的东西：幽默。

林语堂，中国20世纪30年代的"幽默大师"，终于发言了。他以《论东西文化的幽默》为题，向世界各国的文化精英们畅谈了自己对幽默的认识——这里凝结了他五十年来探索幽默艺术的心得。

从二三十年代开始，林语堂就在幽默文化的艺苑里辛勤耕耘，经过半个世纪的惨淡经营，终于建立起自己的幽默系统。而在国际笔会三十七届大会上的讲演，集中地体现了林氏在幽默研究中的最高成就，这是融合中西古今的林氏幽默观的最后的定型产品。

对幽默问题锲而不舍地追求终生的,在中国除林语堂之外,没有第二人。在中国现代文化史和文学史里,只要涉及幽默这个命题,不管是赞成或反对他的人,都无法回避他的存在。

林语堂不仅把西方的幽默移植到了中国,而且还敢于到欧美各国"班门弄斧",大谈幽默。甚至,还居然跑到世界文坛精英的荟萃之地国际笔会上,以《论东西文化的幽默》为题,向来自世界各地的作家代表们宣讲他的幽默观。林语堂的胆子真不小,因为这座会议厅里坐着不少当今世界的第一流幽默作家哩。

"幽默大师"谈幽默,自然不同凡响,林语堂的发言与前面发言的那些外国作家形成了一种鲜明的对比,即林语堂是以幽默的态度来讨论幽默艺术的,而不是板起面孔做学术报告。他开宗明义指出:所有的动物都会哭,唯有人会笑,幽默乃是人类心灵发展的花朵,它是心灵的放纵或者放纵的心灵。当文明发展到了相当程度,人才会为着他自己的或是别人所犯的错误而发笑,幽默于是产生。他认为,人间最美的笑容,乃是带着幽默的理解之微笑,也就是中国人之所谓"相视莫逆"而来的"会心的微笑"。

林语堂讲得最精彩的一段话,却是原讲稿中所没有的,他说:"幽默是一种精神,你不能用手指出一本书或一篇文章中的某几行,说这就是幽默。幽默是指不出但你可以体会得到的。"他引述了释迦牟尼、耶稣、孔子、孟子、老子、庄子,还有维多利亚女王的遗言、苏格拉底的悍妻和林肯的太太等幽默现象,生动活泼,吸引了在座的听众。

在三十七届国际笔会期间,林语堂与诺贝尔文学奖得主川端康成坐在一起时,两人总是交头接耳,窃窃私语,似乎已建立了深厚的友谊。他们都是亚洲文坛的明星,但他们的个性却迥然不同,川端康成如一杯加了冰的杜松子酒,冷澈,甘冽。林语堂则像一壶微温的陈年花雕,平易,醇厚。从亚洲第三届作家大会到第三十七届国际笔会,这两位风格各异的作家已结成了深厚的超国界的友谊。

第四十八章　五十年前的夙愿

主编汉英字典——阳明山麓的"有不为斋"——烟斗是他生命的一部分——写作是一项艰苦的脑力劳动——林语堂的孔子观

林语堂早年为自己设计的一幅幅理想的蓝图,不断地为他提供了成功的机遇。定居台湾后,林语堂就着手编一部简明的字典,他认为《康熙字典》的部首编排零乱,与现代人的需要相离太远。林语堂说:"五十年前我就反对它!"

事实也正是这样,半个世纪之前,林语堂已立志要做一番他自喻为"自有其乐,寻发真理,如牛羊在山坡上遨游觅食"的编字典工作。20世纪30年代时,他便请三哥林憾庐和张海戈编一部像《牛津简明字典》的中文词典。初稿编成后,由于中日战争,文稿毁于兵火,六十册的稿子,只剩下林语堂带到美国的十三册。

1965年底,林氏夫妇到香港探亲时,与香港中文大学校长李卓敏谈到他的抱负——编纂一部适应现代需要的汉英词典。林语堂的计划,得到了中文大学的赞助。1967年春,林语堂受聘为中文大学的研究教授,主持词典的编纂工作。在台北,有一个编写小组,承担资料的收集、查核、抄写等工作。

虽说中文大学赞助词典的编纂工作,但实际上中文大学的预算中并没有为林语堂提供编词典的经费。所以就只有寻求校外热心人士的慷慨解囊。功夫不负有心人,林语堂的计划终于获得太古轮船有限公司、利希慎置业有限公司和星采报业有限公司各十万元港币的捐赠。原计划三年完成,但因工作量太大,后来不得不延期为五年。其后,金山轮船公司和《读者文摘》也加以赞助。

词典编纂小组的办公地点在台北市双城街,工作人员有马骥伸、黄肇珩,他们担任收集资料、查核工作,后来增加了陈石孚。此外有秘书、抄写陈守荆和施佩英。

林语堂拟出词典的编辑体例概念,然后交给马骥伸、黄肇珩,要他们从实施的角度仔细研究,提出意见,帮助他完成正式的设计。

词典的检字方法是根据林语堂发明的"明快打字机"所用的"上下形检字法"修订而成,并采用他当年参与制订的"改良罗马字拼音"法。在体例方面,他深受《牛津简明字典》和汪怡《国语辞典》的影响。

最初的六个月,大体都花在体例问题上。林语堂有明显的恋旧倾向,他对自己早年创意的许多概念,有着浓烈的情感,非常希望能在这词典中一一展现出来。而马骥伸等工作人员则从实际出发,根据近年来词汇及使用方式等的演变提出一些异议。这就给林语堂出了一个题目:他必须在感情与理智之间做出抉择,他不惮烦琐,一再提出修正意见,经过讨论,甚至是辩论,最后决定了"大样"。词典正式编纂过程中,林语堂尊重助手们的劳动,采取分层负责的办法。由马骥伸等工作人员自订进度,自觉执行。在定期交稿的限期之前,他从不探询工作进程。

编辑小组开始试稿,工作人员帮林语堂选择中文单字和词句,加以注释,写在单张的稿纸上面,并依国语注音符号的次序排列起来。然后把稿子交给林语堂,由他审定再译成英文,稿纸的右边留有空白,以备他起笔之用。每天七八个,甚至十一二个小时,林语堂都在书桌前伏案工作,写出每个字和每个词句的英文意义。

凡发现草稿中有疑问,他绝不轻易放过,反复问明出处、用法。偶尔触发灵感,想到佳妙词语,立刻给助手拨电话,询问是否已经采录。译到得心应手,他会将纸片交司机立即送到双城街,让大家共赏。所有中英文原稿,他自始至终都一一过目,修改,并且一校再校。

渊博的语言学知识和文字学的功力,使他主编的词典颇具特色。当年他曾是中国有名的语言学专家,对中国文字学和音韵学的研究,很有心得。留学时,在德国莱比锡大学主攻语言学,回国后,20 世纪20 年代,他在北京的《新青年》《晨报副刊》等报刊上发表过主张汉字改革和有关语言学方面的文章。早在参加"语丝"社之前，林语堂已经是国内知名的语言学家。他撰写的《国语罗马字拼音与科学方法》《古有复辅音说》等文章，在语言学界有相当的影响。1925年9月，钱玄同、赵元任成立"七人会"，林语堂就是"七人会"的成员之一。"七人会"者，含有"竹林七贤"的寓意，集中国语言学界的精华，其余几位是刘半农、黎锦熙、汪怡和周辨明。"七人会"的宗旨是探索文字改革的途径，推广国语罗马字。后来，林语堂在上海编写的英文教科书之所以能风靡全国，除了各种外部原因之外，以质量取胜，是林氏英文教材能畅销全国的重要原因。因为他把渊博的语言学知识用之于英文教科书编写的实践活动，这是他的《开明英文读本》《开明英文文法》比其他编者棋高一着之处。

抱着"归隐林下"的目的来台湾定居的林语堂，实际上并没有沉湎于游山玩水之中，他的归隐生活的主要内容还是写作，先是为《无所不谈》专栏，后来是为编辑汉英词典。

不明真相的人总把幽默大师的生活想象得很轻松。其实，他的写作生活是不轻松的。

在台湾，他经常清晨5点钟开始工作，有时连续写十多个小时，当他放下笔来，点燃烟斗时，才发现时间的流逝。他说："有了兴趣，你是不会去计算钟头的。"

上海忆定盘路四十三号（A）的书房叫"有不为斋"，现在在阳明山麓的书房仍叫"有不为斋"。书斋中铺着红色的地毯，摆着黑色的沙发。两边都是落地书架，架上堆满了各种线装和洋装书，约四千余册。林语堂回台北时，从美国运回二十只大箱书籍，有中文、英文、法文、西班牙文、意大利文，还有希伯来文的。林语堂嗜书如命，在他眼里，书比金银财宝更珍贵——正像三十年前，林语堂搬上"胡佛总统号"的那几只大箱里，也没有装什么中国的古董或文物，而是装满了有关宋代大文豪苏东坡的一百多种研究资料。没有这部分资料，就不可能写出《苏东坡传》。到台北新居不久，林语堂的书架上又增加了许多中文藏书，其中最引人注目的是《四部丛刊》和《四部备要》。

　　书斋的布置,最能表现斋主的性格和爱好。凡是到台北"有不为斋"做过客的人,都知道林语堂不仅爱书,也爱国画。书斋里挂着一帧墨竹。林语堂认为,竹之美在其纤瘦,画竹只需三两根,这幅画就体现了他的这一美学观点。林氏晚年,常以字画自娱自乐,这幅墨竹是他晚年的作品。①

　　沉浸在静谧幽雅氛围里的"有不为斋",是笔耕的理想园地。书斋的角落里安置着一张写字台,桌面上放着笔、稿纸、放大镜、茶壶茶杯和书籍资料。许多文人的工作台常常淹没在堆积如山的书籍、信件和稿纸之中,可是林语堂的写字台却整洁有序,干净得一尘不染。桌上放着必备的烟灰缸,还经常摆着一碟花生米,几块糖或几片牛肉干,咖啡也是必备品。一切都很有条理,参考书籍用完后顺手送回原处,所有的信件分类放进颜色不同的"卷宗"。

　　烟斗是与林语堂形影不离的生活伴侣,是沉思的工具,在社交场合又是表现个性的道具。谈起烟斗和抽烟,林语堂有一整套理论。20世纪30年代的幽默杂志上,他曾以风趣的笔调大谈吸烟和戒烟种种。20世纪60年代到台北定居后,他又把"黄昏时候,工作完,饭罢,即吃西瓜,一人坐在阳台上,独自乘凉,口衔烟斗,若吃烟,若不吃烟。……若有所思,若无所思"的散逸洒脱境界,列入《来台后二十四快事》中的第五件"快事"。

　　烟斗几乎成了他的生活态度的一种标志。除了睡觉,林语堂的烟斗可以说是终日不离手,他与客人说话时,总是带着烟斗,他习惯用左手拿着,大部分时间,他只是拿着,遇到思考时,他话停下来,叼起烟斗,渐渐地满室飘散起尼古丁。一件事,一个问题,或是一席话,就随着烟圈绕转,一旦停滞,他拿下烟斗说:"我们下次再谈吧!"

　　他喜欢燃起烟斗,听人家谈话,不管对方是年长、年轻或是小孩,不管是男是女,不管谈的是国家大事、哲学思想或是街谈巷议,他都兴趣盎然,专注地倾听,一脸的真挚。可笑时,他往往是第一个笑;激动时,他挥起烟斗弯弯

---

①　原先,有人认为这幅墨竹是郑板桥真迹。1994年10月笔者应邀赴台北参加"纪念林语堂诞辰百周年学术研讨会"时,到阳明山参观林氏故居,实地验证,此画出自林语堂手笔。

第四十八章 五十年前的夙愿

的一端,或上或下,或前或后,直到它又回到他的嘴里。

有人说,烟斗,能引出哲学家的智慧,也能使愚拙者缄默;它能产生一种沉思的、富有创意的、无虚饰的乐天风格。林语堂曾说:

——我最欣赏抽烟斗的人,他们似乎比较真诚、亲切、坦率,也比较善于谈话。最重要的,我觉得他喜欢我正如我喜欢他一样。

——聚在营火前,叼根烟斗,坐在啤酒桶上,彼此交换意见,谈天说地,心灵交流,这是从古到今人类最大乐事之一。

——下班后,脱掉硬领衬衫,舒服惬意地躺在地毯上抽烟斗,这一来,才像个人。

烟斗,对林语堂来说,已经成为他的生理机制的一个有机的组成部分。他说:"我不知道如果没有烟斗我会怎么样……我想我会无法定下心来做事,也无法思考。"

侄媳妇钟丽珠是台湾的女作家,有一次,他们谈到抽烟与写作的关系。林语堂幽默地说:"有时候,当我翻阅自己的旧作,甚至可以从字里行间,嗅出在哪一篇、哪一段里所含的尼古丁最多!"

在他的吸烟史里,曾有过戒烟三个星期的小插曲。那三个星期简直是一场心灵搏斗,最后,终于抵不过良心的鞭策而又重新拿起烟斗。他说,这才是"正道"。

他曾向黄肇珩女士兴致勃勃地介绍抽烟的好处,找来许多可支持的论点,然后怂恿黄女士劝丈夫抽烟斗。

"为什么?"黄肇珩问。

"如果他要和你争吵时,你把烟斗塞进他的嘴里。"

不料黄女士模仿"幽默大师"的语调反诘道:"如果他用烟斗圆圆的一端敲我的头呢?"①

"幽默大师"哈哈大笑,很欣赏这位女弟子的机智。

---

① 黄肇珩:《烟斗、字典、马》,《传记文学》第32卷第1期。

林语堂的烟斗

享受了半个世纪烟斗乐趣的林语堂,认为抽烟斗的人都是快乐的。叼着烟斗沉思,是人生的一大享受。可是,由于健康的原因在去世前二十个月,他遵照医嘱,不得不恋恋不舍地与烟斗分手了。

写作是一项艰苦的脑力劳动。林语堂过了古稀之年,仍然辛勤笔耕,他不以为苦,反而引以为乐。他说:"写东西的时候,也是我最快活的时候;欲使心情安静,还是写文章。"

有一次,来访者向林语堂请教英文和中文创作在文字表达上的不同,林语堂叼起烟斗,悠然地说:"英文用字很巧妙,真可以达到'生花妙笔'的境界,英文可以语大语小,能表现完全的口语化。因此,往往感人深,一些看起来很平常的语句,却能永远留在人的心底。"

林语堂的手稿,英文部分,是清一色的硬皮笔记本,他说,这种本子容易携带,也不易散落。他常带着硬皮笔记本在飞机上、火车上写下他的生活和哲学,或塑造人物,虚构情节。《生活的艺术》《苏东坡传》这两部书稿,是由林语堂口述,秘书记录,整理后成书的。而他的大多数手稿都是手写的,一

第四十八章 五十年前的夙愿

行行密密的英文草书写在笔记本右边的那一面,空出左边的一整面的空间,留给修改补充时用。要修改的字句,通常用深色的颜色笔涂去,然后在涂去的地方依次编上号码,在左边那一面空白的地方,按号码写上修订后的内容。所以,林语堂的手稿整洁、清楚,容易排印和校对。在撰写《无所不谈》专栏的中文文章时,林语堂使用的是没有格子的暗行稿纸,因为长时间的英文写作,已使他不习惯于用有格子的中文稿纸写作了。

客人们问起中文写作,林语堂就嘲笑他十岁那年,老师的一个作文题目《铁路救国论》。他说,六十多年后的今天,想不到学校的作文还是跳不出这一类利国利民的文章体裁和文以载道的传统观念。他不满地说:

这真要命!……我们从小念《史记》《左传》就有"做文章"这个观念,仿佛一篇读起来可诵可歌,可以一唱三叹,才叫文章。"作文"这两个字,就害人不浅,大家因为要"作""文",因此以为需要特别技术,文字必须有别于说话,自自然然的国语似乎不够表达意思,常常要掉文舞墨,堆砌词藻。

林语堂痛恨这种痼疾,但他也很坦白地说:"我自己在中文写作时也犯了这毛病。"

"清顺自然",林语堂认为这四个字是中文写作的要领,他对有志于写作的来访者说:"提笔时,先抛开'做文章'这个观念,好好的,规规矩矩的用自然的国语,表达自己。白话是活的言语,它的生命是我们天天不断运用的说出来的,所以非常有力量。"

他还说,他特别佩服《红楼梦》,因为这是一部第一流的白话小说。林语堂的结论是"再没有写白话比《红楼梦》好的人。"[①]

慕名而来的拜访者们,常常会问及林语堂到台湾后的打算。林语堂则用他的七十自寿词中的句子作答:"从此是,无牵挂,不逾矩,文章泻。是还乡年纪应还乡啊!"

---

① 上述资料引自黄肇珩的《林语堂和他的一捆矛盾》。

天马行空,我行我素,这是他所选择的生活方式。

他还以幽默的口吻说,如果让他去当市长,"今天上台,必定也在今天下台。"

他说:"我不能忍受小政客的那副尊容,在一个机构里,这种人,我是无法与他们斗下去!我一定先开溜。"

"文章泻"——说明林语堂决定以写作为业。他对来访者说,在美国三十年,虽然平均每年写一部书,但都是英文的。今后要专写些中文的作品,并计划编词典。阳明山麓的宁静环境,是写作的理想场所。

有的客人知道林语堂热衷于发明中文打字机,并对中文的印刷排字也有过研究,所以特地告诉他,现在台湾的《联合报》已经使用中文自动排铸机,以代替旧式的人工排字铸字的方法,还整理出两千三百多个"常用字"。

林语堂听后,感到非常快慰,他说自己对华文打字机及华文检字的问题,曾有过五十年的思考,并为之倾家荡产。他又谈到整理汉字应删除重复、繁芜、不通、不经济、不合理、不需要及不适宜于今日的字。拟订"常用字",是整理汉字的一条途径,但还要顾到文字的"雅"和"便"。

来访的羊汝德回答道:《联合报》整理常用字的时候,这些都注意到了。林语堂听了,摸着没有胡须的下巴,连声称赞道:"好,好……"[①]

刚到台湾时,林语堂成了新闻人物,频繁的应酬使他应接不暇,文化单位、学校也常请他去演讲,有的大学还想请他去执教。他那"归隐林下"的写作计划大有夭折的危险。林语堂不得不想出对策,他对外界声称,自己现在有"三怕":怕教书、怕演讲、更怕烦琐的应酬。

"三怕"的声明流传开去以后,果然生效。社交活动有所减少,但仍不能杜绝,当然也不可能、也不应该杜绝。因为,社会交往是现代生活的一个必要组成部分,所以有些应酬,实在推不掉也只能勉为其难。以此心情去交际,自然很容易闹笑话。有一次,他勉强去参加台北某校的毕业典礼。会场上的发言者,似乎都想乘机炫耀自己的口才,一个接一个,都发表冗长的演说。林语堂坐在那里实在等得不耐烦了,轮到他发言时已经11点半。针对

[①] 以上资料引自羊汝德的《林语堂北山乐隐图》。

前面那些口若悬河的演讲者,林语堂站起来说:

"绅士的讲演,应当是像女人的裙子,越短越好。"

大家听了,先是一愣,然后哄堂大笑。第二天,台北各报都刊登了这条消息,新闻媒介评论道:幽默大师名不虚传。其实这是林语堂在被迫应酬的情况下,一时兴之所至,脱口而出的笑话。

台湾学术界有不少研究孔子的学者,可是林语堂却不怕别人说他凑热闹,从1966年以来,在《无所不谈》专栏中,发表了《论孔子的幽默》《再论孔子近情》《孟子说才志气欲》等以孔孟为题目的文章,而且在《论中外的国民性》《论东西思想法之不同》等中西文化比较研究的文章里,也畅谈了自己对儒家学说的认识。

林语堂最反感汉宋儒家对孔子的歪曲。他说,到了程、朱诸宋儒的手中,孔子的面目就被改动了。以道学面孔论孔子,必失孔子原来的面目。他批评宋儒的逻辑:仿佛说,常人所为,圣人必不敢为。殊不知宋儒所不敢为,孔子偏偏敢为。如:孺悲欲见孔子,孔子假托病不见,或使门房告诉来客说不在家,这也就够了。何以在孺悲犹在门口之时,故意取瑟而歌,使之闻之,这不是太恶作剧吗?林语堂说:"这就是活泼泼的孔丘。但这一节,道学家就难于解释。"

林语堂一针见血地指出,孔子经汉宋儒家的"拔高"和"神化",就变成失去人性的超人和圣人,成了敬而远之的偶像。而林语堂始终以还孔子本来面目为己任,凡属论及孔子之处,他都力图恢复孔子的血肉之躯,展现出孔子丰富多彩的感情世界,把孔子从九天之上接回人间。

"近情"是林语堂"抒情哲学"的落脚点,在林语堂的思想体系中占有特殊的地位。在向外国人介绍"抒情哲学"的专著《生活的艺术》一书中,他以"近情"一节压轴作为中国文化精神的理想境界,极力推崇。在林语堂看来,"近情精神乃是中国文明的精华和它的最好的方面"。"近情精神实是人类文化之最高的合理的理想,而近情的人实就是最高型的有教养的人"。所以林语堂的结论是:"近情精神是中国所能贡献给西方的一件最好的物事。"在林氏的论著里,"近情"是他对历史人物的最高评价。在中国文化史上,谁有资格接受这种最高的奖赏呢？林语堂说，是孔子。他说："孔子最近人情的，他是恭而安，威而不猛，并不是道貌岸然，冷酷拒人于千里之外。"①

林语堂在自己的论著里，塑造了一个林语堂式的孔子。几十年来，他不断以研究心得来丰富这个孔子形象。他向外国人介绍中国文化时，孔子和儒家是作为中国文化的一个重要方面推出的。旅居美国期间，出版了英文的《孔子的智慧》，被列入美国"现代丛书"。他以独特的孔子观向西方读者介绍了孔子的思想，不少西方人都是读了林语堂的论著才知道孔子的。所以说，林语堂的孔子观影响过整整一代外国读者。

在一般人的印象里，孔子是个一本正经的老夫子。但是在幽默大师林语堂的笔下，孔子也成了一位可爱的幽默大师。古今中外，论述孔子的论著汗牛充栋，但以幽默角度切入孔子的个性，林语堂是第一个。

在林语堂的文章中，孔子是一位乐天派的老先生，有许多轶闻趣事，待人和蔼可亲，又诙谐风趣，还经常和弟子们开玩笑，对门人全无架子，但有时也十分粗野，还要骂人。总之是一个很有人情味的读书人。

林语堂说，只有从幽默方面去看孔子，才能真正领略孔子的性格美。孔子是一个怀才不遇的人，怀才不遇却不慷慨悲歌，这就是孔子的幽默。他说，他爱孔子，但不爱成功时年少气盛杀少正卯的那个孔子，而是爱失败时很有幽默感的那个孔子，爱不愿做匏瓜系而不食的那个孔子。林语堂甚至夸张地说：

> 吾尝细读《论语》精读《论语》而咀嚼之，觉得圣人无一句话不幽默。②

把孔子说成无一句话不幽默，这显然是夸张。

孔子的一段精彩表演，使林语堂佩服得五体投地。有一次，孔子与门人相失于路上。后来有人在东门找到孔子，说他的相貌，并说他像一条"丧家犬"。孔子听罢，说："别的我不知道，至于像一条丧家狗，倒有点像。"——林

---

① 林语堂：《生活的艺术》。
② 林语堂：《思孔子》。

第四十八章 五十年前的夙愿

语堂对此拍案叫好,他不止一次地在论著中说,此情此景中的孔子"才是真正的孔子",一个十分幽默的孔子。

林语堂曾很感慨地说,古今中外,凡是伟大的人格,都容易被小人所误解。以孔子为例,林语堂认为,什么温良恭俭让,是后人强加在孔子头上的东西,他逐条驳斥道:

貌似阳虎,何尝温?

一方堕费,一方欲往见以费叛的公山弗扰,又骗蒲人不适卫而出围,出围后适卫而主张伐蒲,何尝良?

不见孺悲便罢,又何必取瑟而歌,与人难堪,何尝恭?

狐貉之厚以居,什么也不食,何尝俭?

不肯卖车葬颜回,何尝让?①

林语堂的孔子观的出发点是:现在人们所见到的孔子,早已被后人歪曲得面目全非了。若肯摘掉有色眼镜去重读《论语》,一个真正的孔子就会跃然纸上。

发掘出长期被后人所忽视的孔子个性中的某些方面(比如:幽默),纠正了以往研究中的偏颇,这是林语堂对孔子研究的特殊贡献。然而,在林语堂眼里,孔子居然变成了"无一句话不幽默"的幽默大师,这大概是矫枉过正所引起的逆反效应。

---

① 林语堂:《有不为斋随笔·再谈萧伯纳》。

第四十九章　悲剧发生在幽默之家

中风的"初期征兆"——长女自尽——廖翠凤患了恐怖症——《念如斯》

林语堂为编纂《当代汉英词典》呕心沥血。当初他推崇日本学者诸桥辙次所编的《大汉和辞典》，是以三十年时间完成的浩大工程，现在，几乎是同样大的工程，他却约定以三年时间完成，并答允亲自主理编译工作，而实际上他的助手只有三四个人。

词典如期交出了定稿，而林语堂的健康却在这超负荷的压力下受到了损害。在词典快要编好的关键时刻，林语堂日夜赶工，废寝忘食，写到最后几页，连字都看不清楚了。早上起来，廖翠凤注意到他的脸涨得通红，嘴巴有点歪，立刻送到医院检查。医生说这是"中风的初期征兆"，要他彻底休息两个月。

林语堂坐在病床上，谈笑如故，看上去似乎一切如常，但医生说，幸亏及时到医院里来，住几天便可以回家。但如果发现讲话不清楚，或动作不协调，比如不能把茶杯放回茶托上，便需立刻送回医院。

幸好只是中风的"初期征兆"，而不是真正的中风，他那思维敏捷的头脑没有受到损坏。他出院了，自我感觉良好，大家劝他不要再拼命工作。他说不会的，不再像以前那样连续工作十几小时了。

出院后两个月，词典工程胜利结束，书架上堆满了词典的稿子，香港中文大学就要派人把稿子装箱运到香港排印。林语堂如释重负，计划带妻子去欧洲旅行。然而，天有不测风云，一桩飞来横祸彻底打乱了林语堂夫妇晚

第四十九章　悲剧发生在幽默之家

年生活的节奏——他的大女儿林如斯自杀了!

读过金兰文化出版社印行的《京华烟云》的读者,都会熟悉林如斯这个名字。因为在中译本的《京华烟云》的正文之前,有她为该书所写的评论文章。这篇文情并茂的书评,显示出她的文学才能,真是有其父必有其女啊!然而,事实上,作为大女儿,她没有对林语堂的文学事业有过更多的帮助。因为,从二十二岁私奔逃婚开始,她的悲剧同时也给林语堂带来难以摆脱的精神压力和痛苦。而1971年她悬梁自尽,给了林语堂致命的打击,使林语堂夫妇处于精神崩溃的边缘。

林如斯是一个很有才华的人,林家独特的家庭环境和林语堂毕生所追求的中西文化融合观,使林如斯自幼获得了多种文化营养。她既具有西方文化的个性解放精神,又深受中国文化意识的熏陶。二十多年前她不顾父母的面子和社会舆论,在订婚前一天与人私奔。她的爱情是纯洁的而且是理想化了的,她把爱情看成是至高无上的,因此,一旦失落,便痛不欲生,整个生活大厦随之坍塌。20世纪50年代初,林如斯与狄克交涉离婚时,依照美国法律,按说她可以名正言顺地得到一笔赡养费。如果林如斯能拿出当年私奔时的勇气,以西方的价值观念来对付狄克,她就应该理直气壮地请律师为她去争取应得的经济权益。可惜这时的林如斯却突然以东方妇女的传统意识来处理自己的离婚案件。她不想与使她厌恶的人再有任何来往,只想尽快与狄克一刀两断,而且清高的她,耻于在经济上与之讨价还价,宁可不要分文赡养费,而以经济上的损失换取精神上的慰藉。

在版税问题上吃过哑巴亏的林语堂,对林如斯的离婚采取了比较现实的态度。他劝女儿冷静地想一想:跟狄克争赡养费当然是不愉快的,但是人要生活,不能没有钱,所以为了今后的生活,还是应该去争赡养费的。

涉世未深的女儿,坚持己见,没有听从林语堂的劝告。婚姻破裂给她带来的打击太沉重了,她无暇顾及以后的生活,更没有想到钱。离婚,仿佛抽掉了林如斯的精神支柱,她垮了,整个人软绵绵的,从此再也没有振作起来。

1962年,林语堂夫妇访问中南美洲六国之前,林如斯病了,住院治疗,林语堂几乎因此而放弃出访中南美洲的计划。临行前,林语堂夫妇与女儿依依不舍地告别：

"爸爸妈妈要去中南美,你会好好地照顾自己吗?"

"当然会的。你们放心去好了。"

"要是有什么事,你找妹妹好了。"

"妹妹在波士顿。"

"要不然我不去了。堂呀,你一个人去。"

"你们尽管去好了。我不会有事的。"

"你一个人住要小心,不认得的人不要开门让他进来。"

"我知道,我知道。"

"你钱够不够用?"

"够了,够了。"

"凡事要看得开,不要再伤心了。"

"我不会的。我自从出院之后好像变了个人,好像从前的拼图玩具少了一块,现在拾到了,完整了。"

"你要好好的工作,不要胡思乱想,知道吗? 你根本没有什么事,身体好,又聪明,年龄也不大,可以有很好的前途,只要你用头脑想清楚。"

"我对不起你们,每家都有一本难念的经。"

"快别那么说,我们回来之后你搬回家住。"

"我不是小孩子,我会照顾自己的。"

——真是:可怜天下父母心!

林如斯患了严重的精神忧郁症。这种病是神经官能性的毛病,由于脑部的构造损坏所致。情绪时好时坏,好的时候,像正常人一样,在一家出版公司工作,还在工作之余试译唐诗。情绪坏的时候就跌入了个人悲哀的小天地,无论林语堂夫妇怎样劝解都没有用。她搬到纽约林语堂所住的公寓大楼,住在父母的隔壁。为了照顾这个可怜的女儿,林语堂把墙壁打通,女儿的病使林语堂感到了很大的精神压力。有一次林语堂和二女儿林太乙同游香港落马洲,他忍不住小声对太乙说:"我把你妈妈照顾得快快乐乐,可你姐姐在慢慢地摧毁她。"实际上,林语堂比廖翠凤忍受着更多的精神折磨。因为外人会说,幽默大师的家庭生活并不幽默,不然,女儿怎样会得精神忧郁症呢?

第四十九章 悲剧发生在幽默之家

林语堂回台北定居后不久,林如斯也到台湾的"故宫博物院"工作。最初,她担任博物院蒋复璁院长的英文秘书,继又主编该院出版的英文《故宫展览通讯》,并且编译了《唐诗选译》,交给台湾"中华书局"印行。

林如斯不肯住进阳明山麓的父母家里,独自住在"故宫博物院"的职工宿舍,心情很不好,有时呈现恐惧焦虑的症状。有时她会与现实完全脱节,好像迷失了自我。她也极力想克制自己,不愿意表现出反常的行为,可是并不完全成功。

林语堂夫妇都为女儿的精神官能症担忧,但生性乐观的林语堂一直抱着积极的态度,认为只要鼓励她,用爱去医治她心灵的创伤,她一定会好起来的。而廖翠凤却被女儿的异常表现折磨得无所适从,她对林语堂说:

"我们生了三个女儿,同样照顾,为什么就是她有问题?是不是她小时候我做错了什么事,使她这样?"

"不,凤,你不能怪自己。"丈夫安慰自己的妻子道。

"她是我头一胎,我多么疼她。她小时候真乖,多听话,又聪明,像个大人一样,帮助我做家务,照顾妹妹。多乖、多听话。"

"她会好起来的。爱她,照顾她,不要批评她,她会好起来的。她根本没有事。"

林语堂是家庭的慈父,他以自己的生活哲学来开导女儿。但是他的生活哲学虽然影响过许多素不相识的读者的生活观,但实践于大女儿身上时,却是失败的。尽管如此,林语堂仍没有灰心,他极力重新唤起女儿对生活的信念。一天,他对女儿说:

"你不要一直想自己,想想别的,培养个人兴趣。人生快事莫如趣,那也就是好奇心。你对什么最感兴趣,就去研究,去做。趣是有益身心的。"

廖翠凤在一旁插嘴道:"堂呀,你不要跟她讲大道理了,她听不进去。我的骨肉,我的心肝,你不要这样子好不好?吃一片镇静剂吧,吃了就会好一点。你知道你爸妈都是七十几岁的人了,你要学会照顾自己,自食其力。我们是没有什么储蓄的,你爸爸的工作是绞脑汁,那是非常辛苦的工作,会疲倦的,你不要使他烦恼。"

"凤,你不要跟她讲这些,我很好,一点也不疲倦。"

"不,我要她明白。我们上了人家的当,我们存在'互惠基金'的钱不值分文了。那互惠基金的主持人因为舞弊被抓起来了,成千上万的人上了当,包括你爸妈。"

"喔?"林如斯可是第一次听到这个消息。她对母亲的话,表示惊讶。因为她知道父母原打算是用这笔互惠基金来养老的,现在受骗上当,使父母蒙受了巨大的经济损失,林如斯很难过。

廖翠凤还继续说下去:"这件事轰动全美,在报纸上已经登了许久……"

林语堂打断了妻子的话,他说:"凤,你不要跟她讲这些。"

"我要讲,我要她明白,你爸很辛苦绞脑汁赚来的钱不见了。赚钱是不容易的。你不要使他忧愁,听见没有?"

女儿的不幸像梦魇一样缠着林语堂……不可挽回的灾难终于发生了——1971年,林语堂因中风的"初期征兆"住院又出院后的两个月,一天中午,蒋复璁请林语堂在"故宫"吃饭,有人跑来说,工人去打扫林如斯的房间时,发现她吊在窗帘杆上,抱下来时已经断气,而桌子上的茶还是温的,可见是刚上吊不久,再早一点发现就好了。

林语堂在这巨大的悲剧面前几乎是精神崩溃了!林太乙曾以沉痛的心情回忆和描述了她和黎明、林相如等三人赶到台北所见到的第一印象:

> ……走进家里时,父亲扑到我身上大哭起来。母亲扑在妹妹身上也大哭起来。顿时我觉得,我们和父母亲对调了位置,在此以前,是他们扶持我们,现在,我们要扶持他们了。那"坦率、诚恳、乐观、风趣,怀着一瓣未泯的童心,现实主义的理想家;满腔热情的达观者"变成一个空壳子,姐姐掏去了他的心灵。那时父亲是七十六岁,母亲比他小一岁。
>
> 我们把两老送进医院,他们哭哭啼啼地对彼此说:"我们不要再哭了,我们不哭了。"
>
> 姐姐留了遗书给父母说:"对不起,我实在活不下去了,我的心力耗尽了。我非常爱你们。"[①]

[①] 本章有关林如斯和林家的资料,来源于林太乙的《林语堂传》。

第四十九章 悲剧发生在幽默之家

林语堂夫妇在台湾的几位晚辈亲戚帮忙料理了林如斯的后事。出殡之后,林太乙、林相如两姐妹把林语堂夫妇接到香港去住。在飞机场领行李处,廖翠凤突然晕倒,瘫在二女儿的怀中。家人吓得魂飞魄散,机场的人围过来,叫了救护车。醒过来后就被送到三女儿家。

沉重的打击使廖翠凤变成了另外一个人,她沉默寡言,吃得很少,心灰意冷,常常反复说:"我活着干什么?我活着干什么?"

一夜之间,林语堂也老了许多。他虽然勉强摆出笑容,但他的心碎了。

其实全家人的心都碎了。大家都不能接受林如斯自尽的事实。连林太乙也问父亲:"人生什么意思?"

"活着要快乐。"林语堂简单地说。他没有再往下说,因为眼前残酷的事实和他理想中的生活相距甚远,生活的支柱在动摇。

林语堂和女儿们带廖翠凤去看医生。医生告诉她,她为大女儿已经尽到了母亲的责任,没有理由自悔自责,只有接受事实。那位医生久仰林语堂的大名,接着就和林语堂谈论起他的作品来。

女儿们想方设法来减轻父母的悲痛。小女儿驾车带林语堂夫妇到处去散心。在浅水湾吃饭的时候,林语堂心不在焉,拿茶杯的手乱晃,茶水从杯子里溢出来,溅湿了上衣。一向注意仪容的廖女士,摆开双腿,神情冷漠地坐着……这时,浅水湾的阳光在林语堂眼里也变得暗淡无光了。

紧张的词典校对工作开始了。林语堂回到台北阳明山麓,投入了繁重的校对工作。眼睛看不清了,他用一座有电灯的放大镜校对。而廖翠凤因为爱女的死动摇了生活信念,正像二女儿所说:"她没有眼泪了。她变成一股精神,时时刻刻提防横祸再度降临。她像一头猫头鹰,睁大眼睛注意父亲每一个动作。她面色灰白,缩紧双唇,话很少。"廖翠凤患了恐怖症。她失眠,忧虑,对什么都不感兴趣,林语堂只好再带她到香港找女儿去。但即使住在香港的三女儿家里,廖翠凤也感到恐惧,只要有人按门铃,她都害怕,连送信的邮差她都不让进门。二女儿的孩子去探望外公外婆,林语堂说,就在这里吃午饭吧,廖翠凤赶紧说:"不要!家里没有东西给他们吃!"

第二天晚上,女儿们带林语堂夫妇到镛记饭店吃烧鹅。饭后林语堂突然大口吐血,大家赶紧把他送进玛丽医院。经诊断,医生说是由于身心过度疲劳引起十二指肠脱垂。出院之后,医生要他在家里休养。因为失血过多,有突发心脏病的危险。妻子和女儿们要他卧床休息,不让他起床。女儿们炖牛肉汤、鸡汤给他进补。两个星期过去了,他的精神开始复原。

养病期间,林语堂态度温和,关心女儿的生活,竭力不要麻烦别人。他悄悄地对妻子说:"女儿各有自己的事要做,我们不要搞乱她们的生活。"

他身在病床,心想着外面的世界。有一次,他对妻子说:"中共进了联合国。世界在变,我们要设法适应。"

他恢复过来了,原先的那个林语堂又回来了。原先的那个廖翠凤却是一去不返了。她神情冷漠,面部毫无表情。她不再讲国语或英文,从此只讲厦门话。她好像变成了父亲廖悦发的化身,她以父亲的那种标准衡量一切——与林语堂共同生活半世纪中所获得的社会人格,因爱女之死而毁于一旦。她对林语堂的一举一动抱着怀疑的态度,好像她自己现在仍然是廖家的人。

有一位老友来访,因为此人是富商,廖翠凤拒绝接见。她说:"我们没有钱,没有面子见人。"

二女儿林太乙、女婿黎明夫妇住在罗便臣道,离林语堂夫妇所住的小女儿家干德道很近。林语堂夫妇到二女儿家时,廖翠凤总是正襟危坐,态度客气,因为按廖悦发的观念,嫁出去的女儿像泼出去的水,现在是丈母娘到女婿家做客,所以她礼节周到,吃过饭告辞时,她总客气地对林太乙夫妇道谢:"多谢。"母女之间往日的亲情,消失得无影无踪。

廖翠凤的情况稍有好转,林语堂就带她回台北。但一离开小女儿相如,廖翠凤又焦虑起来,只有与小女儿住在一起,她才感到安全。可是林语堂不喜欢把自己关在香港狭小的公寓里,住久了精神就不好,他留恋阳明山麓秀丽的风景、美妙的自然环境和熟悉的"有不为斋"。他的心是接近大自然的,所以不习惯香港的都市生活,再说台北还有许多朋友哩。于是,一个要住香港,一个要住阳明山,他们只好来回往返在台、港之间,后来,住在香港的日子比住在台北的时候多。

1972年10月,被林语堂认为是他写作生涯的巅峰之作的《林语堂当代汉英词典》由香港中文大学出版,这部书花费了他五年的时间。词典的印刷和发行的费用由恒生银行有限公司借支。中文大学校长李卓敏在序中说："没有一部词典敢夸称是十全十美的,这一部自不能例外,但我们深信它将是迄今为止最完美的汉英词典。"

词典的成功,使林语堂从失女之痛中得到一些解脱,他为爱女写了一首悼亡诗《念如斯》:

  东方西子 饮尽欧风美雨 不忘故乡情 独思归去 关心桑梓
莫说痴儿语 改妆易服效力疆场三寒暑
  尘缘淡 惜花变作摧花人 乱红抛落飞泥絮
  离人泪 犹可拭 心头事 忘不得
  往事堪哀强欢笑 彩笔新题断肠句
  夜茫茫何处是归宿 不如化作孤鸿飞去

总之,长女的悲剧几乎摧毁了他的精神支柱,直接影响了他的健康。

第五十章 "一团矛盾"

在台港两地欢庆八十大寿——总结一生的《八十自叙》

1975年9月,第四十届国际笔会在维也纳召开。台湾笔会会长林语堂当选为本届国际笔会总会的副会长。这是一个荣誉职位,在亚洲作家中只有印度的光诗南、日本的川端康成担任过总会的副会长,林语堂是亚洲作家中荣膺此职位的第三人。

七十年前,福建漳州龙溪坂仔村的一个幼童,曾天真地对父亲说:"我要写一本书,在全世界都闻名……"七十年后,这位幼童的预言实现了。林语堂的《京华烟云》在这次大会上被推举为诺贝尔文学奖的候选作品。

这一年,林语堂八十岁,他已步履蹒跚,记忆迟钝,走路要用手杖,健康状况每况愈下。10月10日,林语堂八十大寿,朋友们在香港利园酒店为他祝寿。来宾除了中文大学的许多教授和利荣森、利国伟等,还有20世纪30年代上海论语派的老"战友"简又文、徐訏,以及张国兴等老友。

10月12日,林语堂夫妇在小女儿的陪同下回到台北,台北文化界的十个文艺、学术、新闻团体在大陆餐厅举行盛大的联合茶会,庆祝林语堂的八十华诞。

1975年,美国图书馆学家安德生(Arthur James Anderson)所编的《林语堂英文著作及翻译作品编目》出版。他在前言里说:

东方和西方的智慧聚于他(林语堂)一身,我们只要稍微诵读他的著述,就会觉得如在一位讲求情理的才智之士之前亲受教益。他有自信、有礼、能容忍、宽大、友善、热情而又明慧。他的笔调和风格像古时的人文主义者描述人生的每一方面都深刻机敏、优美雍容,而且由于顾到大体,所以在估评局部事物时能恰如其分。最足以描绘他的形容词是:有教养。他是最令人赞佩,最罕见的人——一位有教养的人的典型。

客观地说,把林语堂说成是"最令人赞佩,最罕见的人"实在是过誉之词。

同年5月,安德生编纂的《林语堂精摘》(Lin Yutang: The Best of an Old Friend)出版。林语堂在为这本书所写的序中说:

我喜欢中国以前一位作家说过的话:"古人没有被迫说话,但他们心血来潮时,要说什么就说什么;有时谈论重大的事件,有时抒发自己的感想。说完话,就走。"我也是这样。我的笔写出我胸中的话。我的话说完了,我就要告辞。

林语堂在向世界"告辞"了,他显然已有死亡的预感,他变得多愁善感,时常流泪:遇到风和日丽的气候,他流泪;听见山上鸟声,他掉泪——世界太美了,他怎么舍得离开!

然而,谁也无法抗拒生老病死的自然法则,林语堂也明白,自然韵律有一道法则,由童年、青年到衰老和死亡,一直支配我们的身体。但他尽量想使优雅的老化含有一份美感,他要在告别这世界之前回顾和总结一下自己八十年来的心路历程,他写下了《八十自叙》(美亚出版公司1975年出版)。

林语堂在论语时代的挚友徐訏,在肯定林语堂在中国现代文学史上地位的同时,不得不承认林语堂在文学史中也许是"最难写的一章"。徐訏真不愧是林语堂的"知己",一语道出了林语堂为文学史的研究者们所出的难题。著作等身的林语堂以自己的存在为文学史家们出了一道非常难答的试题,也许这道试题要使几代"考生"们感到难堪。

谁也不必企望有什么捷径可以轻易地获取这个答案。可是林语堂总算明白无误地告诉"考生"们,这个试题之所以难以解答,原因就在于:林语堂本身就是"一团矛盾",一团连自己也理不清的矛盾,外人要去清理出头绪,自然更不容易。

《八十自叙》是林语堂在耄耋之年追忆往事,用与读者闲谈的口气,信笔挥洒,用英文写下了这份简要的自传。

《八十自叙》计十三章,译成中文约五万字左右。开卷第一章叫"一团矛盾",这"一团矛盾"四个字真是画龙点睛,非常准确地把握了自己的思想性格的特殊性。能以"一团矛盾"来概括自己的一生,证明林语堂是一个有自知之明的人。

《八十自叙》与那些自我吹嘘的自传截然不同,林语堂没有摆出一副居高临下的面孔来炫耀自己的"丰功伟绩",而是坦白地把自己的弱点和矛盾,公布于世。第一章"一团矛盾"的开头,林语堂用闲谈的笔调说出了开卷之言:

> 有一次,几个朋友问他:"林语堂,你是谁?"他回答说:"我也不知道他是谁,只有上帝知道。"又有一次,他说:"我只是一团矛盾而已,但是我以自我矛盾为乐。"

"以自我矛盾为乐",这不是林语堂哗众取宠故作的惊人之语,而是林语堂深思熟虑后的自我评价。早在刚回台北定居时,林语堂就对作家黄肇珩承认自己是"一捆矛盾"。那天,他坐在舒适的沙发里,对着客人,毫不隐讳地列举着自己的性格矛盾,那是一幅生动的自我写照。他说:

> 他自认为自己是异教徒,心里却是基督教徒。
> 他献身文学,一直以没有进理学院为一大错误,他心近科学。
> 他爱中国人,但批评中国人比谁都诚实、坦白。
> 他崇拜西方,可是蔑视西方教育心理学家。
> 他是现实主义的理想家,也是满怀热情的达观者、冷静的观察家。
> 喜欢出奇制胜飘逸的文章、富有幻想力的作家,也喜欢论世文章,

第五十章 "一团矛盾"

具有实用主义常识的作者。

对文学、村姑、地质、原子、音乐、电子、电动刮胡刀、科学小零件都有兴趣。

他用泥巴做模型,在玻璃片上用蜡塑风景画、人像画。

喜欢雨中散步,能游泳三码……

以自我矛盾为乐的林语堂,平时曾多次与朋友笑谈自己的矛盾,在写文章时更不讳言自我矛盾,所以《八十自叙》以"一团矛盾"开卷就不奇怪了。其实林语堂的"一团矛盾"是20世纪以来中西文化碰撞中所迸发出来的思想火花。

因为,对于任何一个"五四"时代的中国知识分子来说,那场声势浩大的中西文化大碰撞,不可能不触发其内心冲突的波澜。矛盾、徘徊、选择、扬弃……甚至复归,正是那一代人的典型心态。

其实,在当年的新文化和新文学阵营中,内心怀着"一团矛盾"的,何止林语堂一人,只不过是林语堂比较敢于坦露自己的内心秘密而已。

由于林语堂是以全方位的开放型的姿态来接纳古今中外的文化思想的,所以他的文化构成必然是多层次的。一方面是中国传统文化的遗传复制功能的惯性,另一方面则是外来文化因素的新质所形成的摆脱惯性的强大离心力;一方面是中国文化的优质,另一方面是西方文化的弊端;再加上认识过程中的深化;等等,这些都是造成林语堂的一系列"矛盾"的原因。

林语堂是一个坦率的人,即便如此,由于认识上的原因,他也没有在《八十自叙》中把自己在文化艺术观方面的主要矛盾全部罗列出来。

比如,林语堂的幽默观与他在幽默文学上的创作实践是脱节的。他一方面在理论上主张淡化幽默的社会内容,他说,大概世事看得超脱的人,观览万象,总觉得人生太滑稽,不觉失声而笑。幽默不过这么一回事而已。他把幽默看成是冷静超远的"旁观者",对现实矛盾淡然处之,不会怒,只会笑,常于笑中带泪,泪中带笑。——可是,如果读一读林语堂的幽默文章,就会发现幽默大师的许多幽默灵感,都取材于现实生活的矛盾冲突。他在杨铨被暗杀后不到四个月,就撰写了《论政治病》一文,辛辣地讽刺了官场生活的黑暗面。而在第二次世界大战正式爆发前,他还以开玩笑的口吻说,要以幽默来挽救和平。"用幽默来改造世界"一语,几乎成了林语堂的口头禅。林语堂无限夸大幽默的社会功能,这显然与他的非功利主义的艺术观是相抵触的。从心理学的角度来说,这就是积极情感意识和消极情感意识的矛盾交织。

又如,"闲适说",这也是林语堂艺术观中的一个支撑点。他一方面提倡"闲适笔调",要求作者先有深远之心境,带一点我佛慈悲的念头,然后文章火气就不会盛……他在《论小品文笔调》里说,"闲适笔调"亦称"闲谈体""娓语体",笔墨极轻松,真情易于吐露,或者谈得畅快忘形,出辞乖戾。在《论幽默》中又谈到"闲适格调"应使读者有淡然之味,"使你于一段之中,指不出哪一句使你发笑,只是读下去心灵启悟,胸怀舒适而已。"可是,另一方面在创作实践上,林语堂自己的文章,有时也"火气"很大,并不自然清淡,而是有如烈火熊熊,浓烟滚滚,像《游杭再记》《我不敢游杭》《作人与作文》《今文八弊》《方巾气研究》等都是很有火药味的文章。

又如,林语堂主张要区别幽默和讽刺,常有贬低讽刺和抬高幽默的倾向。但实际上,林语堂自己的文章里又何尝把幽默和讽刺分开了。他的《萨天师语录》正是幽默和讽刺有机结合的典范。再看他的《涵养》中的一段:

> 中国式的陶养,越养越柔,到了优柔寡断地步,已经德高望重了。虽然儒家学说,并非如此,然在历史上,却是如此的结果。因为"涵养"两字,含义注重忍辱负重,和平达观,不露锋芒,喜怒不形于色,不轻易得罪人,不吃眼前亏,聪明的计算等。所以中国没受教育的人如危崖、如峭壁、如苍松、如古柏、如饿狼、如鹰隼、如雄马、如箭猪、如荆棘、如锉刀、如李逵、如武松、如泼妇、如一切不应对付的东西。受过教养的人如面条、如汤团、如肥猪、如家禽、如驯羊、如蜗牛、如西湖风景、如雨花台石、如绣球、如凤轮、如柳絮、如棉花、如阳萎、如悬疣、如谭延闿、如黎元洪、如好好先生、如一切圆滑的东西。

上述这段文字里,林语堂能分得清哪儿是幽默,哪儿是讽刺吗?

第五十章 "一团矛盾"

又如,在20世纪30年代,林语堂经常标榜不左不右的中间立场,宣称不谈政治,似乎超脱得很。可是只要翻开他的论著,与政治有关的文章比比皆是。除了《论政治病》外,《谈言论自由》《如何救国示威》《诵经却倭寇》《等因抵抗歌》《国事亟矣》《梦影》等都与社会政治有关。在《梳、篦、剃、剥及其他》一文中,林语堂简直是破口大骂起来,他说:"中国之官,只是读书土匪。中国文化之溃灭,及读圣贤书之人可杀,已充分暴露。"

又如,林语堂时而以老庄之徒自诩,宣传"出世",时而以孔孟的中庸主义自命。而实际上正像唐弢所说:

> 从林语堂身上找不出一点中庸主义的东西。他有正义感,比一切文人更强烈的正义感:他敢于公开称颂孙夫人宋庆龄,敢于加入民权保障同盟,敢于到法西斯德国驻沪领事馆提抗议书,敢于让《论语》出"萧伯纳专号",敢于写《中国何以没有民治》《等因抵抗歌》等文章,难道这是中庸主义吗?当然不是。①

唐弢先生评价了林语堂在前期并不中庸的政治态度,而在后期,林语堂也不是一个中庸主义者,他在《抗战游记》《逃向自由城》等作品中的亲蒋立场实在也是很坚定的,所以我十分欣赏唐弢先生的结论:"从林语堂身上找不出一点中庸主义的东西。"

又如:林语堂在理论上宣扬"出世"而实践上不忘"入世",他对现实的态度,时而"出世",时而"入世"。这种"出世"与"入世"相互交替的生活态度,在文艺上则表现为理论与实践的脱节。但这也不是绝对的,因为林语堂也有理论与实践一致的时候。比如他以轻松的笔调写了不少闲适小品,像《论西装》《怎样用牙刷》《论握手》《中国究有臭虫否?》等,这些文章所描写和叙述的都是"微乎其微,去经世文章远矣"的东西。但总的来说,在林语堂创作的各个发展阶段中,文艺理论与创作实践的矛盾是共时性的现象,而两者的统一却是历时性的。

---

① 唐弢:《林语堂论》。

林语堂身上的众多"矛盾",正是中西文化碰撞过程中的正常感应。矛盾的多寡,与碰撞空间的宽阔度,碰撞的力度,以及时间的长度都是成正比的。

为什么不是在别人身上,而偏偏在林语堂身上有那么多的矛盾呢?答案是显而易见的。因为,"两脚踏东西文化,一心评宇宙文章"的信条,在理论和实践两方面都为林语堂造成了优势,他的思想库和信息库为中西文化比较研究提供了广泛的场所,也为多种文化的融合,找到了理想的接合部。对此,同时代其他作家只能望尘莫及。他那众多的矛盾就是中西文化碰撞过程中所迸发出来的星星火花,正是这星星火花铸炼了他的东西互补的文化观。

所以他从不掩盖自己的矛盾,反而宣称,"我以自我矛盾为乐",并撰文著书,把这些"矛盾"当作他融合中西文化的硕果,公开地告白于世。

从时代意义上来说,林语堂的"一团矛盾"忠实地记录了中国一部分知识分子在其觉醒过程中的艰巨性、复杂性和曲折性,是一代知识分子所特有的心路历程。因此,这"一团矛盾",不仅仅是属于林语堂个人的,它同时也是属于时代的。

林语堂曾在《吾国吾民》中分析了中国现代青年在东西文化碰撞中的各种矛盾心理:"在他的胸膛中,隐藏着一种或不止乎一种顽强的苦闷的挣扎。在他的理想之中国与现实之中国,二者之间有一种矛盾。在他的原始的祖系自尊心理与一时的倾慕外族心理,二者之间尤有更有力之矛盾。他的灵魂给效忠于两极端的矛盾所撕碎了。一端效忠于古老中国,半出于浪漫的热情,半为自私;另一端则效忠于开明的智慧,此智慧渴望社会的革新,欲将一切老朽、腐败、污秽、干瘪的事物,做一次无情地扫荡。有时矛盾起于羞耻心理与自尊心之间,则此种矛盾更为重要,盖此矛盾介乎单纯的家族效忠心与事物现状的严重羞耻性……有时他的祖系自尊心理占了优势,则甚危险。有时则他的羞耻本能占了优势,而真切的革新愿望与肤浅的摩登崇拜,又只隔着一线之差。要避免此等矛盾,确非是轻易之工作。"林氏认为,这些矛盾心理使中国知识分子难以客观地评价中国文化。

对于中国知识分子在历史的惰性面前所表现出来的心理弱点,林语堂的分析基本是正确的。然而如果让知识分子单独来承担历史的责任,则显然是不会公正的。因为几千年的历史发展铸成了民族文化所特有的凝聚力、消融力和回归力。尽管中国传统社会"封闭的平衡系统"曾遭受到外来文化一次又一次的猛烈冲击,但历史的奇迹(也许这正是历史的悲剧)是:这个系统以特有的"超稳定"的弹性,使每次冲浪过去之后,深层结构中的文化内核都被幸免地保存下来。不少曾热衷于引进异域文化的中国先进分子,在这样的历史和现实面前,往往不知所措,终于不得不(或主动地或被迫地)以重返传统作为摆脱矛盾的途径。20世纪30年代初,教育和文化界的复古风,"新生活运动"的兴起,戴季陶建议兴修孔孟陵墓并制定奉祀官条例,上海十教授提倡"本位文化"说,等等,这些返回传统的倾向,正是上述社会心理的折光。

在复归传统的浪潮面前,林语堂没有以简单的复归来解决自己思想上那一大堆难以解决的矛盾。可贵的是,他旗帜鲜明地出来表态:"'中学为体西学为用'近日又得政府要人在日内瓦提倡,与南京某中委之'忠孝仁爱信义和平'论,同为复古思潮之表现。"

在《吾国吾民》一书里,林语堂对于"发掘出了西方文化的优美与荣华,但他还是要回返到东方"的中国人,颇有微词。因为林语堂是从东西互补的角度来看待中西文化的融合的,而完全的"回返",则违背了"互补"和"融合"的精神。

如果把林语堂的"一团矛盾"置于上述的时代背景中来认识,就不会因为他身上存在如此多的"矛盾"而感到惊讶。虽然表面上看来林语堂的"矛盾"不仅数量多,而且门类杂,形形色色,五花八门。其实头绪还是清晰的,除了属于性格、爱好、气质、习俗等方面的一大堆不成其为矛盾的"矛盾"之外,林语堂的所谓"一团矛盾",大致上有下述三种情况:

一、"矛盾"是思想混乱的表现,比如对一些政治问题的见解,常常如此。

二、因为林语堂是东西文化撞击中所造就出来的一个特殊人物,他一生都漫步在东西文化的接合部上。有时他用西方文化价值标准来过滤中国的传统文化,有时又用中国文化的价值标准来过滤西方文化,徘徊于西方文化本位和东方文化本位之间,难以做出取此舍彼的断然选择。

三、所谓"矛盾"体现了林语堂认识事物的一个过程。因为他的艺术观、文学观等,是在不断地发展变化中逐渐形成的。因此,有时他对某个问题的前后矛盾的认识,正显示了他的艺术思想矛盾发展的运动轨迹。比如,从20世纪20年代到70年代,林语堂的幽默观就是在矛盾运动中完善起来的。

总而言之,敢于和乐于在矛盾中探索艺术创造的真谛,这就是林语堂之所以成为林语堂的奥秘所在。

虽然从自传的角度来看,《八十自叙》不是一部完整的个人历史,但它还是概括了林语堂一生的主要经历。《八十自叙》是林语堂继《四十自叙》《自传》之后,为后世留下的又一份自传,在概述林语堂生活历程方面算是最详细的一部。但他的二女儿林太乙却认为,"《八十自叙》中有许多事实上的错误。这篇文章是用英文写的,文法拼法也有许多错误"。

有人说,每一个人都是一个月亮,他有一个阴暗面,从来不让任何人看见,这是他的忌讳之处。又有人说,"各人的生性里都有一种一旦公开说了出来,就必然会遭到反感的东西。"①而林氏的《八十自叙》,偏偏以"一团矛盾"的形式,过分坦率地公布了自己的另一面。因此,对于读惯了为贤者讳为尊者隐的传记作品的读者,这大概可以算得上是一部犯忌的自传。

---

① 歌德:《歌德的格言和感想集》。

第五十一章　在最后的日子里

发生在圣诞节前夕的事——念念不忘六十年前的恋人陈锦端——在最后的日子里

1975年12月,圣诞节前夕,林语堂寓居在香港的小女儿家里。

一天,二女儿林太乙带他到永安公司去购物。那里挤满了采购圣诞节礼品的大人小孩。商店里洋溢着一片喜气洋洋的景象,这节日的气氛感染了热爱生命的林语堂。他目睹各式各样的节日装饰品,耳闻圣诞颂歌,感到这世界太美丽了,而想到自己逐渐衰老,无限感伤。他突然在柜台上抓起一串假珍珠项链,泣不成声……

店员小姐自然不知道这位像小孩子一样哭泣的老翁就是大名鼎鼎的林语堂,更不理解这位消瘦的老翁为什么会在这样的场合哭泣起来。店员感到莫名其妙,误以为他精神不正常,因此以不礼貌的神气好奇地看着他。

在一旁的林太乙被店员的无礼态度所激怒,她想对那无知的店员说,你要是读过他的书,知道他多么热爱生命,才会知道他为什么要掉眼泪。让他抓起一个个装饰品,对着这些东西流泪吧。

圣诞节过后,林语堂的体力愈加衰弱,已经无法用自己的双脚行动,不得不坐上轮椅。他一天比一天瘦下去,每次伤风或患痛风之后,就失去身体一部分的功能。女儿们请中医来给他调理,费子彬中医开了方子,女儿们到余仁生药铺去抓药回来煎给他吃,但也不见成效。

后来,他连睡袍上的腰带也不会打结了。女儿们就教他怎么打结,而他像幼童一样耐心地学。

有时,半夜,他从床上掉到地下,衰弱得爬不起来了,就静静地躺在地上,等到天亮。小女儿看见老父在地上睡了一夜,心痛地说:"爸,你怎么不喊我?"

林语堂安详地回答:"你白天要工作,我不想吵你。"

女儿听了把眼泪咽进肚子里。

即使在轮椅上,有时也坐不稳,为了防止他从轮椅上跌下来,不得不用绳子把他捆缚在椅上,像个囚犯似的。这时他对女儿说:"我真羡慕你,想去哪里就去哪里。"因为他自己已经失去了行动的自由。

时间正像一个趋炎附势的主人,对于一个临去的客人,不过和他略微握握手;对于一个新来的客人,却伸开了双臂,飞也似的过去抱住他。欢迎是永远含笑的,告别总是带着叹息。林语堂的身体在不可抗拒的自然法则的支配下,几乎丧失了活动的能力,但他的心却仍然是年轻的。因为,对他来说,衰老的只是物质,而不是精神。——一天,六十年前曾与之相恋过的陈锦端女士的嫂子陈希庆太太到香港干德道去拜访林语堂。八十岁的林语堂仍念念不忘六十年前的恋人。他问起陈锦端女士的情况,听说她还住在厦门,高兴得像个小伙子似的,对陈希庆太太说:

"你告诉她,我要去看她!"

廖翠凤女士急忙插言阻止道:"语堂,你不要发疯,你不会走路,怎么还想去厦门?"

廖女士当然是为丈夫的身体着想,不知道她是否意识到,陈锦端是林语堂情感世界中的一座圣殿,永远在他的心灵深处占据着一个不可替代的位置。

只有当生命被清楚地看到是在慢慢死亡时,生命才是生命。林语堂已经清晰地听到了死神临近的足音。愈是在这最后的时刻,他愈是留恋生活,留恋爱情。他向往青春,回忆童年,怀念故土。他把自己的生命的火炬传给了下一代。他说:

我们的孩子长大了。她们有她们的前途,要过她们自己的日子,在

第五十一章 在最后的日子里

无常的世间独立面对各种多变的情况。

我回顾一生,觉得此生无论是成是败,我都有权休息,悠哉游哉过日子,享受儿孙绕膝的快乐,享受人生的最高福佑的天伦之乐。

晚年,林语堂把"天伦之乐"誉之为人生的最高福佑。他有一个外孙女、一个外孙,他一律以"孙儿"相称;他晚年最大的乐趣莫过于含饴弄孙。他说:"我和孙儿没有玩什么游戏,也不玩什么玩具。我喜欢和他们一块倒在床上,又说又笑,有时一高兴就来个两脚朝天。"

十多年前,两个外孙在美国纽约居住时,林语堂也住在纽约,他常常开着汽车把外孙接到自己家里,他忘记了年龄的距离,和外孙们做着各种幼童所喜爱的游戏,他把自己和两个外孙称为"我们三个小孩",在玩耍各种游戏时,林语堂和两个外孙自称一党,而把廖女士称为"大人",是另外一党。他还认真地把自己幼年时的相片和两个外孙的相片拼在一起,印晒出一张人工制造的"我们三个小孩"的相片。"三个小孩"还常常故意嬉弄"大人",当廖女士出去买菜时,"三个小孩"把他们的三双鞋放在饭桌上,而三个人都躲进藏衣室。当廖女士回来只见饭桌上的鞋子而不见人影,惊讶地喊:

"这是怎么回事?"

没有回答。"三个小孩"在藏衣室里得意地咯咯笑。

廖女士又问,仍没有回答。

最后,"三个小孩"忍不住了,突然从藏衣室里破门而出,扑到廖翠凤身上,两外孙高兴地大叫大笑。林语堂也像小外孙一样高兴地大叫大笑,他为自己所编导的儿童喜剧而得意洋洋。

"堂呀!你怎么教孩子胡闹?"廖女士假装生丈夫的气,其实她心里是高兴的,因为这样的游戏也使她年轻了几十年。

他痛苦地品尝着今昔的对比,当年和外孙们游戏时,他生龙活虎,活蹦乱跳,而此刻,他丧失了生活自理的能力,真像小孩一样,坐在轮椅上被人推来推去。他已经无法与心爱的外孙们做"我们三个小孩"的游戏了。他已经与心爱的烟斗诀别了,而这烟斗曾是他生命的一部分……往昔的成败荣辱,像电影似的不断地出现在他的信息银屏上。他清醒地等待着那最后一刻的来临。——他是痛苦的,因为他热爱这世界,他不愿离开自己所爱的人和所爱的生活。但除了对生命的留恋和对死亡的恐惧之外,林语堂还有他自己的生死观。他说:

> 我觉得自己很福气,能活到这一把岁数。和我同一代的许多杰出人物都已作古。无论一般人的说法如何,能活到八九十岁的人可谓少之又少。胡适、梅贻琦、蒋梦麟和顾孟余都去世了。斯大林、希特勒、邱吉尔和戴高乐亦然。那又怎么呢?我只能尽量保养,让自己至少再活十年。生命,这个宝贵的生命太美了,我们恨不得长生不老。但是冷静地说,我们的生命就像风中的残烛,随时可以熄灭。生死造成平等,贫富贵贱都没有差别。

正如林语堂自己所意识到的那样,宇宙的法则对任何人都是平等的,在林语堂面前并没有出现"长生不老"的奇迹,相反,意料之中的事情终于发生了!1976年3月22日,二女儿林太乙正准备去《读者文摘》编辑部上班,电话铃声响了,是她妹妹林相如打来的,电话筒里声音急促而不安:"你快点来。爸在吐血,我已经叫了救护车要送他到玛丽医院。"

林太乙急忙赶到干德道,姐妹俩陪着救护车一起到医院。检查结果是胃出血。

3月23日,为了进一步了解胃出血的情况,医生把探针从食管插入林语堂的胃里,这简直是活受罪。林语堂被折腾了好几个小时,心情很坏。幸好有女儿们在医院陪伴他,不断地安慰他。

3月26日,林语堂突然转为肺炎,心脏病突发,被送入加强医护部。呼吸困难,不得不戴上氧气罩,在戴氧气罩时,他的神态很清楚,看见从外面匆匆赶来的二女儿时,他还亲切地叫了女儿一声,这是他留给世界的最后一个声音。

病房的门经常开启,许多医生进进出出,紧张地抢救,七八个穿着白褂子的医护人员围着病床忙碌。林语堂的眼睛上贴着胶布,四五根管插在他的双臂上和身上。他在和死神做最后的搏斗。

病房外,两个女儿、二女婿黎明、廖翠凤和服侍他的女佣人等五六位家

第五十一章 在最后的日子里

属坐在那里焦急地等待着里面的消息。

然而,传出来的都是坏消息:

——在打强心针;

——肾功能失灵;

——脑部已经死亡,但心脏仍然跳动。

——心脏停搏,又起跳了;

——心脏第二次停搏……

——心脏一连八次停搏后,又起跳,直到第九次停搏后,才永远停止了跳动。那是1976年3月26日晚上10时10分。

他赤裸裸地平卧着,身上只盖着一条被单。他是赤裸裸地出世的,现在又赤裸裸地告别世界了。

3月29日,林语堂的灵柩由妻子、女儿、女婿护送到台北。

蒋经国亲自到机场迎灵。

国际笔会台湾分会、"故宫博物院"等八个团体负责治丧事宜。

3月29日下午4时半,林语堂生前友好五百余人在台北新生南路怀思堂为他举行了追思礼拜。周联华牧师说,林语堂曾用季节形容他写作的三个阶段——"春天是那么好,可惜太年轻了;夏天是那么好,只是太骄傲了;只有秋天的确好,它是多彩多姿的。"周牧师认为林语堂的晚年是他人生的秋天,这一时期完成的很多睿智之作也是多姿多彩的。

4月1日上午,在萧瑟的雨声中举行了林语堂安葬仪式。他的遗体安葬在阳明山的家园里,面对他所深爱的重峦叠翠。

本来按照当局的规定,在风景优美的阳明山住宅区是不准修造墓园的,但由于许多文艺界人士向当局建议,并由马星野奔走交涉,终于获准破例将林语堂的墓修在后花园。一抔黄土,一束素菊,覆上了枣红的棺木。一代文化名人、幽默大师林语堂,就长眠在他的故土上。

他是以一种不忧不惧的恬淡心情离开人世的。他实现了自己的愿望:"让我和草木为友,土壤相亲,我便已觉得心满意足。"

林语堂逝世的消息在海内外引起强烈的反应。

3月27日出版的《纽约时报》，详载林语堂的生平事迹和他对中西文化学术界的卓越贡献，并以三栏篇幅刊登他的半身照片。《纽约时报》对中国人如此郑重报道，创刊以来只有两次：一次是1975年4月蒋介石逝世，第二次就是林语堂逝世。该报说："他向西方人士解释他的同胞和国家的风俗，向往，恐惧和思想的成就，没有人能比得上。"

美国《圣路易邮报》在4月2日的特写中说："林语堂这位精力充沛的饱学之士在上星期五逝世后，使写讣闻的报人极感困扰。讣闻须描写一个人的性格，列叙他的成就，论述他的工作，从而综合归纳，称他为哪一门的专家。但是，林语堂不只是某一门类的重要人物，他在很多方面都获有优越的成就，实在无法一一罗列。"

华盛顿大学教授吴讷孙说："林语堂是一位伟大的语言学家、优良的学者、富于创造力和想象力的作家。不宁唯是，他是一位通人，择善固执，终于成为盖世的天才。要说哪一项造诣是他最大的成就，就已经错了。他向西方和中国人证明，一个人可以超越专家这个称谓的局限而成为一个通才。"

上面是外国人对他的评论，那么，中国人对他的评价又是怎样呢？台湾新闻媒介在以显著的版面登载他逝世的消息及有关生平事迹文章的同时，一些有影响的报纸还发表了社论。台湾《中国时报》的社论说："林氏可能是近百年来受西方文化熏染极深而对国际宣扬中国传统文化贡献最大的一位作家与学人。其《吾国吾民》及《生活的艺术》以各种文字的版本风行于世，若干浅识的西方人知有林语堂而后知有中国，知有中国而后知有中国的灿烂文化。尤可贵者，其一生沉潜于英语英文，而绝不成为'西化'的俘虏，其重返中国文化的知识勇气及其接物处世的雍容谦和，皆不失为一典型的中国学者。"

《联合报》的社论写道："他一生最大的贡献，应该是，而且也公认是对中西文化的沟通。因为论将近代西方文化引入我国者，从严复和林纾那一代起，固可说代有传人，甚至人才辈出；但论将我中华文化介绍于西方者，则除了有利玛窦、汤若望等外国人曾经从事之外，数献身此道的中国学人，林语堂虽非唯一人，却是极少数人中最成功的一人。"

台北《中央日报》以《敬悼平易严正、爱国爱人的林语堂先生》为题发

第五十一章 在最后的日子里

表社论道:"我们对语堂先生的怀念与悼惜,当然首先是由于他在文学上的卓越贡献。先生出生于清末民初、国事蜩螗之际,奋力苦学,卓然成家。英年即享盛名于当世,此后平均每年至少著书一卷,惟其用心之专,致力之勤,乃能以一介书生,凭等身著作,而赢得国际间普遍而久远的尊敬。许多外国人士对我博大精深的中华文化,仰慕之情虽殷,终难深切体会;论及中国的文学与思想,古代唯知有孔子,现代每每唯知林语堂。林先生曾撰联自说:'两脚踏东西文化,一心评宇宙文章',亦可略见其心胸抱负。林先生的作品虽未必能代表现代中国文学思想之全貌,但其透过文学作品而沟通东西文化、促进国际了解的影响与贡献,确乎是伟大的,甚至可以说求之当世,唯此一人。……"

悼念文章,出于对逝者的尊敬和哀悼,往往会感情因素大于理性的分析,这是此类文字的通例。那些国内外的悼林文章自然也不会不受历史惯性的影响。因此,持不同意见者认为,上述悼林文章不乏溢美之词。此说也未尝没有一定根据,但有一点却是肯定的——"若干浅识的西方人知有林语堂而后知有中国……""他一生最大的贡献,应该是,而且也公认是对中西文化的沟通","透过文学作品而沟通东西文化、促进国际了解……可以说求之当世,唯此一人",这些评价,还是恰如其分的。姑且不论林语堂是否全面地向外国人介绍了中国文化,但不可否认的事实是,林语堂影响过整整一代外国人的"中国观",而且直到今天,他的影响还没有消失。比如,1989年2月10日,美国总统对国会两院联席会讲演时说,在他准备访问东亚之际,读了中国作家林语堂的作品,内心感受良深。布什说:"林语堂讲的是数十年前中国的情形,但他的话今天对我们每一个美国人都仍受用。他说:'今天,我们竟然害怕善良、怜悯和仁慈这些纯朴的字眼。'朋友们,我们国家要成功,我们便必须重新领悟这些字的意思。"

歌德说,人生一世不就是为了化短暂的事物为永久的吗?要做到这一步,就须懂得如何珍视这短暂和永久。① 林语堂一生化"短暂"为"永久"的努力,主要体现在他的那些著作之中,这是人类文明宝库里的一份"永久"的遗产。

---

① 歌德:《歌德的格言和感想集》。

死亡,为林语堂"短暂"的尘世生命落了幕,同时又揭起另一个幕,映出了他的"永久"的一面——因为,无论是赞成他的人还是反对他的人,林语堂为人类文化宝库增添了有价值的思想资料,正是这些思想资料,使林语堂的名字成了中西文化交流史上不可抹杀的一页。

人生的一切变化,一切魅力,一切美都是由光明和阴影构成的。

"一团矛盾"的林语堂,同样也如此。

后 记

1970年七八月间，国际笔会第三十七届大会在汉城召开。

会议的中心议题之一是"幽默"。

美国小说家厄普戴克、法国批评家梅雅、南朝鲜诗人李殷相等著名作家，先后以"幽默"为题做了发言。他们的报告都有相当的学术水平，但听众们却觉得这些发言学术性有余，而文艺性不足，结果使讨论"幽默"问题的会场里缺少了最重要的东西：幽默。然而，一位中国作家的精彩发言，令人耳目一新，改变了会场的气氛。这位中国作家轻松自如地引证了古今中西的各种幽默现象，畅谈了自己几十年来研究幽默的心得体会。他的题为《论东西文化的幽默》的发言，博得了与会者的一致好评，掌声经久不息。

五年之后，也就是1975年，在国际笔会第四十届大会上，这位在第三十七届国际笔会上出尽风头的中国作家，当选为国际笔会总会副会长，并被提名为诺贝尔文学奖的候选人。

这位为中华文明争光的中国人就是林语堂(1895—1976)。

在国际文坛上，林语堂是一位知名度极高的作家，曾被美国文化界列为"20世纪智慧人物"之一。用英文写作来向外国人直接介绍中国文化，这是林语堂文化活动的一个特征。他曾出版过三四十种英文著作，每一部作品通常都有七八种版本，其中《生活的艺术》从1937年发行以来，在美国已出到四十版以上，英国、法国、德国、意大利、丹麦、瑞典、西班牙、荷兰等国的版本同样畅销四五十年而不衰。1986年，巴西、丹麦、意大利都重新出版过，瑞典、德国直到1987年和1988年仍在再版。1989年2月10日，美国总统布什对国会两院联席会谈到他访问东亚的准备工作时，说他读了林语堂的作品，内心感受良深。布什说："林语堂讲的是数十年前中国的情形，但他的话今天对我们每一个美国人都仍受用。"

布什的话表明,林语堂至今还在影响着美国人的"中国观"。

然而,在中国的大陆和台湾,他却是一位争议极大的人物。褒之者说他是"一代哲人""蜚声世界文坛的中国大文豪";而贬之者则斥之为"反动文人""洋奴"等。值得注意的倒是,不论是赞赏他还是批判他的人,不约而同地都公认一个事实:林语堂一生的主要活动是把中国文化介绍给世界,又把世界文化介绍到中国。正如他为自己做的一副对联中所说:"两脚踏东西文化,一心评宇宙文章。"

"林语堂是中国现代文学史上最难写的一章"。这是林语堂在《论语》时代的伙伴徐訏在《追思林语堂先生》一文中所发出的感慨。徐訏的感慨倒不是故作惊人之笔,因为,凡是涉足过林语堂研究的人,几乎都有此同感。不说别的,就说"幽默大师"这个称号吧,在外国,"幽默大师"是一种艺术造诣的标志,各民族都为自己本民族的"幽默大师"而感到自豪,引以为荣。可是在中国大陆,"幽默大师"对林语堂来说,却不完全是光荣的桂冠,因为反对他的人,在批判他的时候,也总是以"幽默大师"作为挖苦和讽刺他的话柄。因此,"幽默大师"一语,在林语堂身上就变成似褒似贬,又褒又贬,意义含混不清了。

林语堂的确是"最难写的一章"。主要难度在于林语堂本人思想、性格、气质、兴趣、爱好的多重性、复杂性和矛盾性。他集古今中外各种文化因素于一身,看似中西结合,却又不中不西,又中又西。任何事情,哪怕是一件芝麻绿豆的生活琐事,林语堂都会借题发挥小题大做。比如,戴什么帽子,穿什么鞋,吃什么菜,等等,只要他有兴致,都可以变成东西文化冲突或两种文化比较选择的大题目。别人所极力掩盖的,正是他着意要暴露的;别人梦寐以求的,他会不屑一顾。他不仅不回避自我的矛盾,而且以"一团矛盾"自诩。

伟大的"五四"新文化运动以来,中国文化界经历了一次又一次的分化。这种分化,深刻地体现了中国知识分子以及整个中华民族在其觉醒过程中的曲折性和艰巨性。如果说,鲁迅成为无产阶级的文学家是代表了分化的一种结果,那么,林语堂的复杂经历则体现了分化后的另一种结果。

但是，由于林语堂的影响早已超越国界，所以，若从世界整体文学的角度来评析林语堂的功过得失，那么，林语堂在中国文化史和文学史上的作用和地位，我认为主要不在于他在"分化"时的表现，而在于"分化"后，他作为中国文化走向世界的一个先驱者，为中西文化的交流而在世界文坛上所进行的锲而不舍的努力。

实际上，如果把林语堂的文化交流活动当作整个中华民族文化在走向世界过程中的一种探索或尝试，那么，也就不必拘泥这一探索的积极结果和消极影响各占多大比重——无论是正面的获得，还是反面的失去，都算是根深蒂固的中国传统文化在更新转型过程中所付出的一笔学费吧！

对于我，一个传记作者来说，我的责任是说真话。不管是红的、黄的、蓝的、白的、黑的，只要是传主脸上的本色，那么就不必再用化妆品去做人为的加工，让历史人物以本来的面貌登台亮相吧。无论是生命的亮色还是暗淡之处，都无须隐讳，更不必急于对传主作盖棺论定式的全面鉴定，因为历史往往要经过沉淀才会透视出真相，只要事实俱在，时间会做出判断。

近年来，我的那些有关林语堂的论著，一方面不断得到前辈、同行和读者的鼓励，另一方面也常有人问我："你是要重新评价林语堂？你是要……"我的回答始终如一："我只是力图如实地描绘这'一团矛盾'中的各种矛盾，为的是让人们了解真实的林语堂。"

1997年五六月间，应香港大学和香港中文大学的邀请，我访问了香港，对"过渡期的香港文学"这一国家课题，做了一次冲刺，目睹了回归前夕香港人民，特别是香港文化界、文学界的千姿百态，获益匪浅。我下定决心，准备抛开一切杂事，集中精力整理对香港文学的研究心得。

然而，一个偶然的因素改变了我的计划。在一本香港作家的著作中，突然发现了北京十月文艺出版社副总编辑李志强编审1996年上半年给我的一封信。我为自己的失信而汗颜。我们原来约定1996年秋天交《林语堂传》稿子的，可是，现在稿文在哪里？八年前，正是志强同志的雪中送炭使我的学术研究获得了社会的承认……在强烈的冲动下，我迅速地制定了新的写作计划。

这是一个不平常的夏天。20世纪90年代以来破坏力最强的11号台风从上海过境,外面狂风暴雨,而我则在书斋的灯下进行有趣的"灵魂冒险",其乐无穷。

当我为这本《林语堂传》画上最后一个句号时,我丝毫没有松口气的感觉。也许是徐讦的那句"林语堂是中国现代文学史上最难写的一章",给了我无形的压力。我总觉得,我,或者说我们这一代人,与这位博学的文化名人之间,有着一条历史的沟。要跨越这条沟,必须付出时间、精力和汗水。

十多年前,因为"流派研究"的课题,我接触了论语派和林语堂的一些资料。我惊讶地发现:原始的史料与文学史上的流行观点之间,竟有如此的距离。这样,林语堂和他的"一团矛盾",对我来说就成了一个"谜"。

为了解开这个"谜",这些年来,我阅读了我所能找到的林语堂的全部论著,查阅了数以千万计的资料,走访了林疑今、周劭、章克标、徐铸成、施蛰存、陶亢德等耄耋老翁,及时抢救和发掘了一批珍贵的史料,并在我的著作中运用了这些资料,特此说明并致谢。

经过种种曲折,在前后十年时间里,我先后寻访了福建平和县、厦门鼓浪屿、厦门大学、上海、北京、重庆北碚、台北阳明山、香港等地,对林语堂生活过的地方进行实地调查。1994年10月,我应邀赴台北参加纪念林语堂诞辰百周年学术研讨会时,有幸与林语堂的家属林太乙夫妇、林相如女士等人直接交流,并与林氏在台湾的大弟子黄肇珩、马骥伸夫妇以及台湾的学者专家们就林语堂研究直抒胸怀。我不仅在大会上宣读了论文,而且还针对各种尖锐的提问,进行了热烈的争辩。在阳明山上的林语堂纪念馆里,我饱览了台湾学者的研究成果。然而,1994年10月8日下午,在台北市立图书馆总馆国际会议厅里的"热烈的争辩",并没有得出双方都认同的结论。虽然,我本人很愿意对美国、中国香港和中国台湾学者提出的"尖锐"问题给予回应。但是,我终于尊重会议主持人的意见——因为,主持人认为这些"尖锐问题"与我准备在大会发言的议题离题太远,所以,暂不讨论。

我向学术研讨会提交的论文题目是《近十年来林语堂作品在大陆的流传与研究》。论文发言的时间是二十五分钟。为防止发言人超过发言时间,大会手册明确规定:"议事组备有铃声提醒发言人,时间终止前按铃一次,时间结束时持续按铃。"因此,在这种情况下,对于那些"尖锐问题"的回应被搁置了,我感到十分遗憾。

为了弥补这个"遗憾",由同济大学出版社出版的拙著《林语堂研究论集》所收集的十余篇论文已全面地评价了林语堂。同时,我也要再次声明:对于我的"文艺观"或"意识形态",我有选择的自由,那些自以为是幸福地生活在"学术自由"的环境中的人,请你们也要尊重别人的自由。

从1979年算起,至今已经第十八个年头了。《林语堂传》将是我"改正"以后出版的第十七本书。

1979年"改正"之初,我正值不惑之年。那时,我自觉地为那些比我年长的同行让路。到我年过半百以后,听到了"年龄是个宝"的打油诗,似乎在强调把机会让给年轻人。那些和我同样年龄同样情况的同行们感叹:"我们这个年龄段的人,一辈子也没有遇过真正的公平竞争——即使是在学术范畴内。"对此,我实在找不出具有说服力的论据来反驳他们。回顾这十多年来的风风雨雨,感慨万千!然而,作为一个中国现代文学研究者,我为"改革开放"以后学术界百家争鸣的繁荣局面而感到出自内心的喜悦,没有清明的政治和安定团结的形势,这一切都是不可能的。

记得1979年2月,那时还是河南人民出版社的一名普通编辑的于友先学兄,和带着刚刚收到"改正"通知书而仍在郑州某商业公司任业务员的我,去拜见复出不久的《奔流》负责人王大海。正是在友先和大海的共同扶植下,我在《奔流》发表了第一篇评论,在河南人民出版社出版了第一本书。一年后,在友先和其他许多河南朋友的关心下,我终于在夫妇分居十五年后调回上海,与家人团聚。

在王大海的办公室里,简单的酒菜放在一只矮小的桌子上,大家都坐在半尺高的小板凳上,除了友先之外,还有作家郑克西和当时在郑州铁路中学任教而后来成为理论家的鲁枢元。大家喝得不多,但谈得很多,我只记得后来张一弓入席后,话题就转了,他大谈"特异功能"的效果。使我永远难忘的是,临别前,友先和大海语重心长地要我今后应该"走出河南"——意思是应到河南以外的地方去发表文章,去开辟更广阔的新天地。

在他们的指引下,我走进了另外一个天地——外面的世界真精彩!

从当代文学评论到鲁迅研究、现代文学流派研究、林语堂研究和港台暨海外华文文学研究,我深深体会到学术研究中的任何成果,都是整整一代人甚至几代人共同创造的集体财富。如果没有师友们的扶植、帮助和关心,我肯定是一事无成的。

在这本《林语堂传》脱稿之际,除了感谢前面提及的那些师友之外,我还要感谢香港地区的曾敏之先生、庐玮銮女士、潘耀明先生,台湾地区的严鼎忠先生、李宽裕先生、林添福先生,新加坡的槐华先生,美国的非马先生,北京的李志强先生、陈漱渝先生、姚锡佩女士,天津的顾传菁女士、纪秀荣女士和上海的姚以恩先生、水渭亭先生,特别还要感谢那些出版拙著的出版社领导、责编和有关的"无名英雄"。

在拙著撰写过程中,我运用了林语堂本人的作品、自传,林太乙的《林语堂传》和万平近的研究成果,以及许多有关回忆纪念文章中的原始资料,特此说明,并致以谢意!

令人万分遗憾的是:在我的"林语堂研究"的起步阶段曾给我极大的精神支持的文坛前辈唐弢先生已经无法读到这本书了。记得在 1989 年 8 月,拙文《林语堂出国以后》刚刚在《文汇月刊》发表,虽然,8 月 2 日的《文汇报》和 8 月 3 日的上海人民广播电台,都为拙文的刊出发布专题新闻,但是,一些使人啼笑皆非的消息也接踵而至。就在那样的时刻,我收到了唐弢先生的信。他说:"尊作《林语堂出国以后》前已拜读,我以为持论公允,有许多材料,实为前此所未知,读此大增知识,尤其是 30 年代我和语堂先生曾有来往,更觉欣慰,专此致谢。"①

一个人的命运,实际上是理解他的人和不理解他的人的交叉感应的反映。因此,我要感谢在我学术研究的不同阶段一切理解我的人,特别是三十年来和我风雨同舟的妻子陈维莉女士,如果没有她的理解,我就不可能像现在这样的工作和生活,所以,最后,我谨将本书献给她和那些曾陪伴我度过寂寞长夜的梦。

施建伟

1997 年 8 月 18 日于上海无境斋

---

① 《唐弢文集》第 10 卷,第 588 页。

再版后记

后记,是作者一次写作过程中最后的情绪抒发。

我曾在另一本书的后记中把中国的后记分为两类:千恩万谢型和指桑骂槐型。无论哪一类,后记都是作者的禁脔,难容他人置喙。然而这一篇,我却越俎代庖了。远在上海的施建伟教授发来信息,托我执笔再版后记,言辞恳切,又不容置疑:"我想再版后记由您执笔,以我俩共同署名,简介重印的过程,以示重版是我俩友谊的结晶。请勿客气,我是真诚的!"

和施老的忘年交,始于2009年。那时我在一家传记类的小杂志任主编(主要的编辑),每当闹稿荒,就向比较熟识的作者求援。一天,做现当代文学研究的老学者姚锡佩先生发来电子邮件,推荐他的师弟施建伟教授,说施先生是做林语堂研究的,可以约一些文章。

虽然我的研究方向是中国古代戏曲,但对林语堂却一点不陌生。大学时期,一度纠结于虚无与逆反两种情绪之间,亟须找一个理想的人生范式,杂七杂八看了不少书,林语堂的"达观"一词最终使我豁然开朗,走出迷城。此后的十数年沉沉浮浮,或顺或逆,大多能以"幽默"的方式泰然处之,而作为人生范式的"林语堂"本尊,倒逐渐在脑海中淡出了。

按部就班地与施老通邮、通话,等到稿件一来,却不禁傻了眼。刺丁案?陈彬?和林语堂没有半点关系……

硬着头皮读下去,不由得肃然起敬起来。施老爬梳史料的功夫相当了得,文献、档案、口述等材料繁复而有序,经纬交织地再现了陈彬这个被历史遗忘的抗日烈士的形象。看得过瘾,当即编发。之后,我和施老又合作了"色戒"烈士郑苹如、"红色鼹鼠"李士群等佳作。当时正值谍战热,这些文章也在读者中颇掀起了一些波澜。

2012年秋,西风初起,忽有鲈鱼莼菜之思,于是挂冠而去,浪迹江湖。期间虽与施老继续鱼雁往来,但大多是老友间的例行问候,文章的事不再提及,林语堂的话题,更是渺无踪迹。

　　一年多后,主政华文出版社的老友红强兄不忍我再受呛水之苦,将我招致麾下,任传记出版中心编辑。再作冯妇,脑海中浮现的第一个选题就是林语堂。致电施老,他说,巧了,几天后我去北京,参加中央电视台一个节目的录制,咱们见面谈吧。

　　这是我和施老神交近五年后的首次见面。施老很清瘦,但精神矍铄,一点都不像一个年近八旬的老人。午餐时,施老点了红酒和牛排,他熟练地舞弄着刀叉,优雅地捏着高脚杯,"cheers":"我每天都要喝一点。"

　　这一餐,除了红酒和牛排,还吸收了太多。"刺丁案"的总指挥陈彬将军是施先生的岳父,我们合作的文章发表后终于查到陈将军在1970年入祀忠烈祠,施先生携妻、子于2014年10月赴台进行了祭拜;施老的夫人维莉女士,居然在襁褓之中就随母亲被抓入"76号",堪称魔窟最小的受害者;施先生本人也是烈士之后,他的父亲是活跃在苏浙一带的抗日将领,在数度重创日寇之后惨遭杀害……

　　当然,谈得更多的还是林语堂。我拿着施老十几年前出版的《林语堂传》直接说,这个版本有三个特点:设计老,印数少,影响小。

　　《林语堂传》有许多版本,我通读的只有施先生这一种。倒不是我看多了好文章眼界高,而是基于读书时的一点学术判断。林太乙的版本,难免要为长者讳;其他不知名的作者,基本是剪刀加糨糊——因为林语堂一贯的闲适做派,这几十年都不是学界关注的主流。施先生的这一版,史料极全面,态度很客观,最大限度地做到了传记写作中"还原"的要求。

　　再版的选题顺利通过,而我在不久后再次动了创业的邪念,去职经商。这一变故直接导致本书的出版延宕不定。

　　2016年秋,得同门师兄、北京工商大学林刚教授与楠竹文化倪天勇先生之助,赴沪与施老晤谈升级版《林语堂全传》策划事宜,最终确定先将原版林传重装再版,之后由施老与林刚师兄共同执笔,完成修订、年谱、轶事辑录三大工作,为或许成功或许不完美的"过客"林语堂做一个立体的画像。

再版后记

施先生说,林语堂理想中的女性在《京华烟云》中,而他自己对人生的理解,则在《苏东坡传》中,深有同感。再版事宜确定后,作诗四句为念:

> 东西文化通幽默,
> 宇宙华章半生活。
> 两脚浮槎游霄汉,
> 一心树槐向东坡。

本书在选题延期的情况下尚能顺利出版,需感谢李瑞虹、张明华二位编辑,她们专业而优秀,敬业而执着,在此致谢。

刘琳琳
丙申仲秋于静得斋